書畫名家年譜大系

周亮工年譜長編

朱天曙 孟晗 編著

上海書畫出版社

圖書在版編目(CIP)數據

周亮工年譜長編 / 朱天曙，孟晗編著. —— 上海 ：
上海書畫出版社，2021.1
　　（書畫名家年譜大系）
　　ISBN 978-7-5479-2519-5

　　Ⅰ．①周… Ⅱ．①朱… ②孟… Ⅲ．①周亮工（
1612-1672）－年譜 Ⅳ．①K825.72

　　中國版本圖書館CIP數據核字(2021)第014305號

周亮工年譜長編

朱天曙　孟晗　编著

責任編輯	曹瑞鋒
審　　讀	雍　琦
責任校對	朱　慧
封面設計	王　崢
技術編輯	錢勤毅　梁佳琦

出版發行　上海世紀出版集團
　　　　　上海書畫出版社

地址	上海市閔行區號景路159弄A座4樓
郵政編碼	201101
網址	www.ewen.co
	www.shshuhua.com
E-mail	shcpph@163.com
印刷	上海文藝大一印刷有限公司
經銷	各地新華書店
開本	635×965　1/16
印張	27
版次	2021年12月第1版　2021年12月第1次印刷
書號	**ISBN 978-7-5479-2519-5**
定價	**150.00圓**

若有印刷、裝訂質量問題，請與承印廠聯系

周亮工年谱长编

黄惇先生题签

禹之鼎 《周亮工像》 美國私人藏

賴古堂集序

櫟園周公旣卒之六年長君在浚寓書幣於友人
汪楫以授寧都魏禧汪君再拜屬禧爲公神道之
文禧受書反幣再拜而謂汪君曰嗟夫周公禧何
敢辭公之生也禧兄弟無葭莘交公尺牘選自先
徵君以下表章獎進者三世五人焉他日禧與公
同客吳門心欽欽然不敢以布衣見旣而聞公卒
竊悲悼將歸山中舟過上清河持曾子止山之書
以辦香入哭公而同舟人歲且盡不宵泊送悵望
而去至今猶不能釋諸懷也嗟夫周公禧何敢辭
禧竊見古今當代貴人傳誌之文皆非布衣所作

一

周亮工《賴古堂集》書影（一），
清康熙十四年周在浚刻本，哈佛大學圖書館藏

賴古堂集卷之一

浚水周亮工櫟園著

古樂府

出東門

出東門雨霏霏黃沙撲烏亂啼掉頭不飲酒驅我
病馬上大堤解一腰間弧矢鳴嚙齒解弓衣來朝城
南射虎今朝先射咄嗟兒解二咄嗟兒日暮歌鐘娛
客白晝殺人爲嬉日色蒼蒼河流瀰瀰生死甚重
未可知解三日色蒼蒼河流瀰瀰生死不重未可知
疾歌愼莫悲能報仇知爲誰解四

出西門

賴古堂印人傳序

印人傳櫟園先生未完之書也先生故精澊於
六書之學四方操是藝以登其門者往往待先
生一裁別以成名先生於其患難相從退食平
居之陳奮蕞其印列於左方人冠之小傳大要
指次其印學之所以然而其人之生平亦附著
然書固未完也予受而考之先生且百歲操是
藝以登其門者奚窮先生往後有作者既不幸
而不在此族矣若夫先生知其人得其印而又

印人傳

序

一

讀畫錄 卷之一

櫟下周亮工減齋撰　男在浚編次

李君實

李君實太僕日華一字九嶷別字竹懶于向未
見先生畫讀先生恬致堂集紫桃軒雜綴及畫
賸始知先生精繪事遍見其手跡不可得後見
先生與董獻可札子云項在貢院中偷讀古人
書意味泆心有欲起舞者大都古人不可及處
全在靈明灑脫不掛一絲而義理融通備有萬

周亮工輯《賴古堂文選》書影，中國科學院圖書館藏

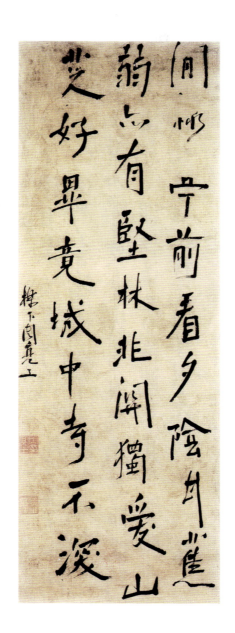

周亮工行書《懷心持上人安國寺詩軸》 南京博物院藏

瀲倒泥途漫自衰淺危許兩些叁臺天知鴻
跡終亞何住漸喜鷗憶岂下來絕代雄文當世
餘盈函妙石塊三災衾殘竟有悲揚思丽悵新
陸大海開　渭清道兄以海鷗集　見示並贈予
端石賦此請正　樽下同學周亮工

烽燧迷入無坑里小培起菊古城灣開畦自種
鄉珥稻隱八澗看馬耳山短褐殘書留舊德新
詩大海摧蒼顏絳紗帷外傳經士白首登堂淚
欲潸

癸卯冬杨過
逸菴老弟四本堂賦正
橡下古弟周亮工稿

周亮工行書《贈逸庵詩軸》　故宮博物院藏

先生玉貌許誰稱陰几褧書恨
未能謂老殘編寧是毒蟊微刪
綺語已如僧晨窺粟宦思
僅減歲驗詩瓢喜橐增痒
覈季華何處改最尋常濁
酒擁殘燈

除夕宿邵武城樓四
首之一　周亮工

周亮工行書《宿邵武城樓詩軸》　中國國家博物館藏

前　言

　　周亮工是明清之際的著名學者、詩人、書法家、藝術鑒藏家，歷仕明清兩朝，仕宦生涯複雜曲折，在當日文化界、學術界影響之大，時稱"先生言妙天下，文章風雅，冠絶當時，學者尊之若泰山，歸之若百川之赴海"（姜承烈《書影序》）。在那個風雲變幻的年代，他身上凝聚著明清之際文人的諸多特徵，正如著名學者傅璇琮先生所指出的那樣，周亮工這個人其實是一部歷史，"一部個人映現的明清之際文化史"，這樣説是一點也不誇張的。

　　周亮工先祖爲南京人，以仕宦留居江西金溪。祖父周庭槐始遷祥符，占籍於此。父周文煒復居南京。天啓三年（1623），周文煒以太學生爲諸暨縣主簿，不避强禦，多所平反，"不以秩卑自解，凡事不便民者，力争於令，必得當後已"（《行述》）。終因與縣令有隙，天啓五年（1625）左遷王府官，竟以病棄官回南京，以觴詠爲樂。周文煒善詩文，著有《詩觳》《四留堂詩集》《旅塵集》《適倦集》《觀宅四十吉祥相》等。

　　周亮工生於明萬曆四十年（1612），卒於清康熙十一年（1672），字元亮，號櫟園、減齋，別號甚多。河南祥符籍，生長於南京。五歲入家塾，誦讀過目不忘。十歲不到便嶄露頭角，誦經書識得聖賢大意。十三歲時，隨父遊賞諸暨、杭州，便知愛戀山水，寫詩寄情。劉遞生講學於南京佑國庵，周亮工聽受數年，頗有心得。稍長，文筆不凡，與友人高阜等爲文以復古自任，不肯隨附時調，當時有影響的文士艾南英曾驚嘆："斯文不墜，賴有斯人。"

　　明代科舉有南北籍之分，録取名額有限，士子之間競争激烈，周亮工以北籍居於南地，科考仕進備受排擠。無奈於二十歲時返居開封，苦攻舉業。二十二歲受知於當地名士張民表，生計艱難，遂入張家做了塾師，日間課童，夜則苦讀，學業日益長進。二十三歲時，受知於祥符知縣孫承澤，縣試、府試均得第一。崇禎十二年（1639）中河南鄉試舉人，十三年（1640）成進士，入京謁選。

　　崇禎十四年（1641），周亮工出任山東濰縣知縣，理繁治劇，祛弊發姦，政績斐然。十五年（1642）冬，清兵大舉入塞，率衆誓死守城。十六年（1643），舉天下廉卓行取入京師，濰縣人燃香步送至德州，時人以爲是"未有盛事"。且濰人感全城之德,爲立生祠奉祀。明亡時,周亮工方授浙江道監察御史,聞福王朱由崧南下,遂間道還南京。時弘光帝立,馬士英、阮大鋮用事,亮工不肯聽命彈劾賢臣劉宗周,遂奉父母隱居於牛首山,不入城内。

清順治二年(1645),豫親王多鐸兵下江南,首命周亮工以原官招撫兩淮,尋改兩淮鹽運使,再改兩淮鹽法道,清代鹽道之設自此始。其時揚州方經剪屠之後,亮工百計招徠,務使商復其業,力請削旧餉、行新鹽,積困盡蘇,國課日裕。陞淮揚海防兵備道,盡力彌合兵民之隙,恤遺黎,撫凋敝,置義冢,收白骨,禁告密,罷營房,使民樂業。民感恩德,爲建生祠於揚州,刻石紀功。

順治四年(1647),周亮工遷福建按察使。其時,清師初入閩地,山海之間叛復無常,烽火燭天,水陸俱阻。由浙入贛從杉關入閩,先抵光澤,即於邑中蒞任。十月抵邵武,日夜督戰守城。五年(1648)夏始抵福州。順治六年,陞右布政使。十年(1653),陞左布政使。其間又歷署兵備、海防、督學、建南、漳南、興泉諸道事。仕閩八載,历遍閩疆,周亮工平叛解圍,撫恤遺黎,加意造士,興利除弊,皆從草昧荆棘中,以扶士氣、拯民瘼爲己任,閩人咸稱頌之。十一年(1654),擢督察院左副都御史,離閩日丁壯號哭,老人兒啼,不忍其行。

周亮工抵任即疏陳閩海用兵機宜,後俱蒙採擇行。十二年(1655)春三月,擢户部右侍郎;六月,福建總督佟岱以閩事上疏參劾,奉旨解任候勘;十一月,革職赴閩質審。此前,按察使田起龍等據證佐定讞,謂亮工得贓四萬餘兩,應擬斬,籍没。及亮工至,質問皆虚,承問者優遊不敢決。時值鄭成功率部進圍福州,巡撫宜永貴以破敵之策相請,周亮工設計攻敵不意,身守射烏樓,親發大砲,擊死敵渠三人,城賴以全。順治十四年(1657),按察使程之璿合五推官會審,證佟岱所劾事皆莫須有。

因前後兩讞辭有異,詔逮下刑部復訊。十六年(1659),部議情罪重大,仍應立斬、籍没。十七年(1660)四月,三法司覆審,擬立斬,籍没。順治皇帝遣大臣慮獄,首訊當日在閩質審全城之狀。不久曉諭刑部,將監候之犯概從減等,依例改徙塞外。適帝病重,傳諭釋囚,始得出獄南還。十八年(1661)三月亮工抵南京,秋冬往虞山、至杭州、過揚州。康熙元年(1662)秋遊泰州、揚州,冬至真州。與舊友新朋詩酒唱和,時相過從。

康熙即位,追順治帝意,以周亮工守閩之功,起爲青州海防道。在青州,捕治不法,開諭愚蒙,剛方嚴肅,豪猾畏避。值大旱饑,疏請蠲振,蠲租之詔下,遣人馳詣各縣,榜示通衢,使胥吏不得爲奸。治農具數千施於貧民,民賴以爲生,自此無竊盜。朝廷遣部臣賑濟,單騎從行各州邑,察貧富虚實,逐户賑之。青人感佩,爲立德政碑。

康熙五年(1666),周亮工擢江南江安督糧道,六年(1667)受任。漕餉素稱難治,而江南爲尤甚,諸弊叢積,不可究詰,胥吏易爲奸偽。亮工抵任,即清察積弊,置積蠹三人於法,漕政肅然,百姓實蒙其利,有司積欠漸完十之六七。六月,代理安徽布政使。八年(1669)十月,漕運總督帥顏保以縱役侵扣諸款見劾,得旨革職逮問,論絞。九年(1670)十月,始遇赦得釋。

幾經宦海浮沉,久蓄拂衣之志。舊有《删定賴古堂詩》之刻,康熙八年(1669),周亮工復廣《賴古》之全,盡收諸集而次第之,增以近詩,合爲全稿,繕寫成書。十年(1671)二月間,一日忽有所感,慷慨太息,已刻、未刻諸作盡取焚之。晚年著意整理所藏印章、印譜、画作,留心刊刻時人著述,出遊吴越,訪友憶舊,直至終老。

周亮工方頤豐下,目光如電,性格駿爽,孝於父母,友於兄弟,數十年如一日。負經濟之才,臨事處機,鎮定自若。善讀書,喜詩文,雖干陬圄圂,未嘗一日廢吟詠。論詩論文主張轉益多師、自道性情,"樹千萬五色幟",力矯晚明以來囿於流派且浮靡輕佻之風氣。其爲文溯司馬遷以來及於歐陽修,詩取《古詩十九首》以下至於杜甫,往往根柢盤深,一稟秦秦漢骨;而獨辟性靈,機杼必自己出,蒼涼悲慨,極有時代氣息。詩文而外,雅愛書畫、印章,善書、能畫,精鑒賞,且富收藏。間亦好爲拆字家言,決人休咎,每多奇中。

周亮工交遊廣泛,嗜飲好客,平居未嘗一日無客。終生篤故舊,獎人才,搜遺佚,一時遺老多從之遊。宦遊所至,加意造士,在濰、在閩、在青州,均曾組織文社,物色士子相與講業,所獎拔之人,後多聞名於世。畢生以書爲業,編書刻書甚多。《徵刻唐宋秘本書例》稱:"司農世以書爲業,嘉、隆以來,雕版行世,周氏實始其事。遊宦所至,不遺餘力。"至卧病不起,還念念不忘要將許友書法勒石永傳。吴嘉紀半生苦吟,世未知其詩,周亮工序其《陋軒詩》,出資刊印。還曾搜輯、刊刻王惟儉、王猷定等人詩文,使之得以流傳於世。

周亮工宦遊一生,博涉多通,才氣高逸,著述閎富。《賴古堂集》是他的詩文總集,體現了他在文學上的成就;《因樹屋書影》爲受訊時追憶平生見聞所作筆記,或評詩賦,或論文風,或談掌故,或述佚事,涉獵廣泛;《閩小記》是記述福建地方風土、人情、物産、工藝、掌故的雜著;《通儔集》《全濰紀略》《白浪河上集》爲早年作令濰縣抗清守城的文獻記錄;《同書》是關於古代相類之人或事迹的筆記;所選《尺牘新鈔》三集是明末清初文人尺牘的彙集;《賴古堂文選》爲晚明以來文人的各類文章彙編,俱有闡幽發微之功。自三十歲始,周亮工受友人胡玉昆影響,即注意收藏書畫,晚年尤嗜書畫與印章。嘗集賴古堂所藏印章,於康熙六年(1667)鈐印成《賴古堂印譜》四卷。喜藏時賢之作,晚年撰《印人傳》三卷和《讀畫錄》四卷,表彰尤多。又據所藏山水册頁編成《周亮工集名家山水》一册,收錄明末清初名家山水三十六幅。

來新夏先生20世紀80年代在《周亮工和他的雜著》一文曾指出:"對這位學者進行專人專著的全面性研究,還很不够。"有感於此,我在卞孝萱、來新夏、蔣寅等先生鼓勵下,花了六年時間,編校整理成《周亮工全集》,2008年由鳳凰出版社出版。此書共 18 册,收録當時所見周亮工著述 16 種,主要包括:清康熙十四年周在浚刻本《賴古堂集》二十四卷、清康熙六年刻本《因樹屋書影》十卷、清康熙六年周氏賴古堂刻本《閩小記》四卷、清康熙十二年周氏刻本《印人傳》三卷、清康熙十二年周氏煙雲過眼堂刻本《讀畫録》四卷、民國二十四年十笏園石印本《通懂集》一卷、近代濰縣丁氏《濰縣文獻叢刊》本《全濰紀略》一卷、清康熙吳門種書堂刻本《字觸》六卷、清順治六年樓林刻本《同書》四卷,以及周氏編選刻印的清康熙周氏賴古堂刻本《尺牘新鈔》十二卷、《藏弆集》十六卷、《結鄰集》十五卷,清康熙六年刻本《賴古堂文選》二十卷、清乾隆刻本《賴古堂藏書》十卷、《續修四庫全書》本《集名家山水》、民國元年神州國光社影印本《賴古堂印譜》四卷。周亮工相關著述,包括近代濰縣丁氏《濰縣文獻叢刊》本《白浪河上集》、清康熙刻本《瑞木紀》、清康熙元年刻本《楊升庵朱郁儀兩先生著述目録》,也一併收入此書。此外,還收録若干《賴古堂集》未收詩詞、序跋、祭文、評語等。這些著述的收集和整理,爲進一步研究周亮工打下了堅實的基礎。

　　關於周亮工生平行迹的整理,清康熙十四年(1675)周在浚刻本《賴古堂集》後附録有周在浚所編《周亮工年譜》,大致勾勒出周亮工一生事迹,然僅千餘言,未得展開。我曾在此基礎上,編成《周亮工年表》,附録於《周亮工全集》的第 18 册。後進一步補正充實資料,編録整理成《周亮工事迹徵略》,附録於《感舊:周亮工及其〈印人傳〉研究》一書後,由於各種條件限制,亦未能展開。2007 年,孟晗君編撰成碩士論文《周亮工年譜》,條分縷析,收録得當,不僅對周亮工材料進行整理,而且對相關時事和人物事迹也有編録。這次上海書畫出版社約我編撰《周亮工年譜長編》一書,忝列爲《書畫名家年譜大系》叢書之一種,我們共同商議,在其所編《周亮工年譜》和我編校整理《周亮工全集》等所見材料基礎上再增補若干資料,遂成此《周亮工年譜長編》。此編對以往研究中的疏誤作了訂正,在書中增加了《周亮工現知家世表》,并附録有《周亮工名、字、號、別稱及室名一覽表》《周亮工著述考》《周亮工傳記資料》《周亮工集評》等內容,力求全面、系統地展現周亮工的一生行迹。此書出版,孟晗君在文獻整理、校對以及凡例、世系、徵引書目等方面做了大量細緻的工作,經由我們反復商議,逐條審核,最後定稿。黄惇先生題寫書名,上海書畫出版社王立翔社長對本書大力支持,吳雲峰、曹瑞鋒兩兄爲本書出版做了大量工作,特致謝意。限於各種條件,失誤及不足之處在所難免,懇請讀者批評指出,來日訂正,以免謬種相傳。

朱天曙

二〇一八年四月校訂於北京語言大學

凡　例

一、本譜以周亮工行迹、交遊與文學藝術活動爲中心，首時事，次譜主事迹，再次譜主相關之人事迹。

二、所列各年與周亮工相關之時事，主要依據《明史》《清史稿》，參以《明史紀事本末》《國榷》《明季北略》《明季南略》《清世祖實録》《清聖祖實録》諸書，行文之中不再詳注出處。

三、周亮工事迹部分，對其文學創作、藝術活動、唱和、交遊等作考訂，生平行迹隱而不彰或有争議之處，一併詳考。注釋分列於每一條目之下，所録相關資料，遇需説明、辨析之處，均以"按"字標出。

四、親屬、師友之行迹，凡與周亮工有較大關聯者，酌量採入，餘皆不録；其生卒年月，凡已見於一般工具書(如《歷代名人年譜》《歷代名人生卒年表歷代名人生卒年表補》《歷代人物年里碑傳綜表》)，而又無異説者，不再注明出處，餘皆注明。

五、本譜紀事，採用夏曆，但於年份下注明西曆，以便閲讀。所記年、月、日及相關節氣，以陳垣《二十史朔閏表》《中西回史日曆》及鄭鶴聲《近世中西史日對照表》爲準。

六、史傳、方志、筆記等爲考察周亮工生平事迹之重要依據，譜中詳加採録。散見總集、別集及相關文獻中與周亮工生平行實密切相關的資料，適當採録。

七、周亮工交遊人物，凡爲學者所熟知、史傳有載者，紹介從略，并列相關資料之目，以備檢索，遇有異説者，則徵引之，間加考辨，從其一説或另考；其餘非著名人物，除資料欠缺或身世無考者，皆引述其有關生平事迹之資料。

八、周亮工作品繫年，僅取其可考者，其中具體時間難以考知而知其在某個時間範圍之内者，或置於前，或置於後，視具體情況而定。

九、譜中所據詩文較重要者，或非覽全篇不能明其義者，皆引録全篇，餘者或節録或僅注出處。

十、本譜所引文獻有明顯錯字或有因避諱改字者，皆直録改回本字，文中不作標注。異體字一般徑改爲通行字。所引碑銘等，其題名過長者皆略去相關稱謂，如王熙《光禄大夫吏部尚書謚恭定郝公惟訥墓誌銘》簡稱《郝公惟訥墓誌銘》，少數不可略者予以保留；譜主本人此類傳狀文字，則直接簡稱《墓誌銘》《墓碣銘》《行述》《行狀》；另，譜主原有長子在浚所編年譜一部，簡稱《舊譜》。所引詩文題名一般不加標點，遇有過長者酌加標點，方便閲讀。

十一、譜中所引周亮工著述資料，以鳳凰出版社《周亮工全集》十八册所收録著述版本爲主，同一部書有不同版本者參校引述。

十二、凡譜主本人著述，引用時，均不注明作者。其他資料，均注明作者。全書徵引主要書目參見書後參考文獻。

世　系

周亮工，原名亮，譜（族）名圻，字元亮，又字伯安、百安，號櫟園，又號減齋，別稱甚多，主要有：櫟下、櫟下先生、櫟下生、褒庵、瞀公、笠僧、長眉公、櫟下老人、櫟下惰農、櫟園老人、櫟老人、櫟翁、元翁、笠公、陶庵、就園、太白學人、荔琴軒種蕉客、樵南種蕉客、金溪先生、雪舫先生、因樹屋主人、偶遂堂主人等。① 河南祥符（今河南開封）人。

　　王重民《四庫抽燬書提要》著録《印人傳》三卷："國朝周亮工撰。亮工本名亮，字元亮，號櫟園，又號減齋，祥符人。"《賴古堂集》卷三有詩《孫北海夫子爲亮買田》，卷五有詩《臣亮》，卷五《黃朗伯過訪便欲由粵東入燕趙走筆贈之》有句云："黃潛堪將相，亮也豈虛諆。"《賴古堂印譜》收録有"秣陵周亮"等印。錢謙益《列朝詩集小傳》丁集下《阮徵士漢聞》稱："門人張昌祚抱其遺集，避寇南下……浚儀周亮爲之叙，刻於廣陵。"

　　按：《賴古堂集》卷八有詩《儀封曹白公進士冠日夢予過訪，自稱今名，時白公實不知大梁有予，予時亦非二字名；越五年始從鄉牘中得予姓字；又二十年始過白門，以詩述其事命舍弟相寄；賤子易名，鬼神乃逆知於數載之前，誠異事也，賦此以答白公》，可知亮工確有易名之事，由一字名"亮"易爲二字名"亮工"，在後來與科舉相關的記載中只有"周亮工"之名，可推知易名之事發生在明崇禎十二年己卯（1639）鄉試之前。亮工在其前期詩作中常自稱"亮"，而在正式場合則只用二字名"亮工"。周亮工嘗爲阮漢聞刊刻遺集（《賴古堂集》卷十三有《阮太沖集序》），錢謙益叙及此事亦稱"周亮"，可見其改名之事時人亦多有知者。

　　《賴古堂集》附録周在浚撰《行述》稱："先大夫行圻三十七。"周亮工《楓枝圖》

---

① 　周亮工曾用別号、室名甚多，詳見附録《周亮工名、字、號、別稱及室名一覽表》。

(《周亮工全集》附)鈐有"字伯安"印。《賴古堂印譜》收錄有"周圻三十七"、"圻三十七周亮工百安氏"、"伯安"等印。按:據《行述》所稱,"周圻"當爲周亮工譜名或者説是族名,即他在家譜中所用的名字。《尺牘新鈔》卷十二、《藏弆集》卷八、《結鄰集》卷十四均收有周亮工尺牘,所録作者之名均爲"周圻,百安"。

《行述》:"先大夫行圻三十七,諱某,字元亮,號櫟園,又號減齋。"《賴古堂集》附録黃虞稷撰《行狀》:"先生姓周氏,諱□□,字元亮……自號櫟園,學者稱之曰櫟下先生。"魯曾煜《周櫟園先生傳》(《碑傳集》卷十):"周亮工,字元亮,籍江寧,遷汴,爲祥符人。以先世居櫟下,又號櫟園,海內稱爲櫟園先生。"鄭方坤《賴古堂詩鈔小傳》(《碑傳集》卷十):"周亮工字元亮,一字減齋,又別自號櫟園,學者稱之曰櫟下先生。"王愈擴《小傳》:"櫟下先生姓周,名亮工,字元亮,一字減齋,一字櫟園,曰櫟下先生者,學者之稱也。"按:古人字與名意義上相關聯,"櫟園""減齋"皆爲亮工之號,《行述》所言爲是。

《賴古堂集》卷十九《追報亡友黃漢臣書》:"櫟下同學周亮工謹頓首。"《賴古堂集》卷二十《與方與三》:"以君家一門,父子兄弟略出長技,與櫟下生一人角,人賦一詩,便已盈帙,弟即聚精力以當之,終是孤軍,疲於奔命。稍存不盡,使世之視龍眠、櫟下詩者,謂櫟下未必旗靡轍亂,但全師未畫出耳。"《賴古堂集》卷十三《賴古堂詩集序》:"褱庵督公自稱曰笠僧,人率稱曰櫟下生。本豫章人,籍大梁,然公寔生秣陵。……公生於壬子四月七日,今年四十有九。眉長垂頰上,人又呼之爲長眉公云。"按:"生"係對人稱己之謙稱,"櫟下生"當是亮工自稱,《賴古堂集》卷十六《祝龔芝麓總憲序》、卷二十《與陳原舒》,亮工于文中皆自稱"櫟下生"。又《賴古堂印譜鈔》收有"褱菴"印。

《賴古堂印譜》卷端題:"櫟下老人珍賞。"《印人傳》卷三《沈逢吉》:"壬子春盡,櫟下惰農書於紅菱舟中。是日目忽疼甚,遂誤三字,逸二字,老態畢見矣。放筆一嘆。"《賴古堂集》卷二十一《北雪小引》:"櫟園老人書于北雪舫。"同書卷二十《與張瑤星》(四):"弟遂六十……但希賦《情話軒酌酒與櫟老人歌》,則賜逾百朋矣。"《賴古堂印譜鈔》收有"櫟老人燈下草草"印。

《周亮工集名家山水》載李良年爲亮工題畫云:"泊舟揚子,將之都下,走別櫟翁先生,出數册見示,敬題一絶求政。"載惲壽平爲亮工題畫:"庚戌九月書正櫟翁先生。"載劉象先爲亮工題畫:"元翁社尊,自維揚秉憲,將之八閩,出示所輯此册屬題。"《書影》附周銘《跋》:"若宴殊《要略》……不可與吾叔櫟翁所著《書影》齊量而觀者也。"《賴古堂印譜》卷二收有"櫟翁"印。

龔鼎孳《定山堂詩集》卷二十七有詩《送有介南還和聖秋》,其三云:"故人倘遂生還事,先報江東鷗鷺行。"原注:"爲笠公也。"按:清順治年間,許友(有介)嘗同亮工同繫刑部獄;順治十七年(1660),許友先行南還,龔鼎孳賦詩送之,憂及在獄之亮工。詳見清順治十七年(1660)譜。另《賴古堂印譜鈔》收有“笠公周亮工”印。

《行述》:“至於所在官署,輒別置一室,題曰‘陶庵’,圖靖節像、自書《歸去來辭》於上而祀之。”《尺牘新鈔》卷十一載有陳台孫《與陶庵》書,卷五載有范驤《與就園》書,卷十二有彭而述《與就園》書。《賴古堂未刻詩》卷末周亮工自跋:“順治戊戌太白學人周亮工識於天月堂。”按:周亮工嘗有畫舫名“就園”(詳見清順治三年譜)。

《賴古堂印譜》卷二有“荔琴軒種蕉客”印。《賴古堂集》卷十一有《再至蕉堂》詩四首,其二:“荔琴客子舊蕉民,夜夜鄉思淚滿巾。”光緒《重纂邵武府志》卷三十《雜記·叢談》:“樵川試院舊多蕉與竹,蓋乾隆庚子督學朱笥河先生所手植也。有題壁二詩,道光乙巳改建後石碑猶存,其《種蕉》云:‘……感昔種蕉客,(原注:周櫟園先生自稱樵南種蕉客。)講武文未詧。’”

《尺牘新鈔》卷二載有張風《與偶遂堂主人》、黄經《答因樹屋主人》及陳翰《與雪舫先生》。黎士弘《託素齋詩集》卷二有詩《哭金溪先生庚子二月》。按:“偶遂堂”、“因樹屋”、“雪舫”皆爲周亮工室名。清順治十七年(1660)庚子,亮工在刑部獄,黎士弘聞訛傳之兇信,賦詩痛哭;亮工先人嘗居江西撫州之金溪(谿),故稱“金溪先生”。

《書影》卷十:“予按六書遺漏字不少,劉爲漢姓,六書中竟無‘劉’字;僕名亮,每爲僕作印者,執‘亮’字須用‘言旁京’之語,多作‘諒’,予甚以爲不然。俗書不可從者,謂古無此字,近人僞用者耳!若劉若亮,安得謂之俗字乎?”按:據此可知,周亮工并無“諒工”名及“元諒”字,《賴古堂印譜》所收周亮工常用印,“亮”字常見刻爲“諒”,只因《説文》未收“亮”字,印中“諒”字仍應釋義爲“亮”。傅抱石對此曾稱:“自用名印,安有僞舛?”此論甚當。詳見傅抱石《傅抱石美術文集》之《評〈明清畫家印鑒〉》。

周亮工先人宋進士匡公,世居白下(今江蘇南京市)金沙井;後以參江西撫州軍事,留居治所;後又徙撫州之金谿蔴山,又徙戊源。數傳至鄉貢進士蘭一公,遂定居櫟下(今金溪縣合市鎮霞澌村)。至曾祖石四公生珀十一公,珀十一公生琥二十四前山公庭槐,即亮工祖父,游大梁(今河南開封市),遂家焉。庭槐著有《大業堂書目》二卷。

《賴古堂集》卷十六《覺庵兄六十序》:“時予方少,則聞宗族中言,予族始自金陵。始祖宋進士匡公,世居白下金沙井。後參撫州軍事,留居治所,亦名沙井。

已徙金谿。"《行述》:"不孝孤先世自始祖宋進士匡公世居白下金沙井,後以參江西撫州軍事,留居治所,已徙撫州之金谿蘇山,又徙戌源,數傳至鄉貢進士蘭一公,遂定居檪下。至高祖石四公生珀十一公,珀十一公生琥二十四前山公,諱庭槐,爲不孝孤曾大父,以先伯祖文卿公封文林郎鴻臚寺序班。前山公遊大梁,遂家焉。"按:"戌源",《賴古堂集》作如此刻,考之史籍,實當爲"戌源",今金溪縣合市鎮尚有戌源村。

黃虞稷《千頃堂書目》卷十著錄有周廷槐《大業堂書目》二卷(原注:"金谿人。")。按:此"廷槐"當即亮工祖父"庭槐",姜宸英撰《墓碣銘》即稱亮工祖父爲"廷槐"。

庭槐娶喻氏,生三子,長即周亮工父周文煒。文煒,字赤之,號坦然,人稱如山先生;少以文自豪,尤喜賓客;嘗官浙江諸暨主簿,有惠政;謝官歸,長居秦淮(今江蘇南京城中);生平著述頗豐。

《行述》:"前山公……娶喻太夫人,生三子,長即先封公,誥封嘉議大夫、福建布政使司左布政使如山公。……先封公以撫顧兩幼弟,家貲中落,敝篋游南雍,久無所遇,慨然嘆曰:'丈夫焉能墨守章句,少親吏事,亦足庇一方,必高第自見耶?'於是出參暨陽。先封公不以秩卑自解,凡事不便民者,力爭於令,必得當後已。……暨人德先封公不置。"

雍正《江西通志》卷八十二轉引《江南流寓志》:"周文煒,字赤之,本金谿人,生於大梁。生平孤行己意,屹立不移,曰:'吾固坦然者也。'因自號'坦然'。入南雍,就選得暨陽簿,謝官歸,築室秦淮,曰:'壯爲五洩遊人,老作秦淮釣叟。於願足矣。'"

王晫《今世說》卷四《識鑒》"周櫟園被讒"條,原注:"赤之名文煒,素行屹立,人稱爲如山先生。周曰:'吾如山哉?吾乃坦然者耳。'因以自號。少以文自豪,尤喜賓客,嘗數致千金,爲人緩急立盡。初官諸暨簿,尋忤令,左遷王府官屬。會母喪過哀,竟以病棄官。教子成名進士。于所居爲'昔有園',與向時賓客觴詠其中,謂之秦淮釣侶。又豫置一棺,當風日晴好,被酒入臥,命諸孫群繞呼之;或擲梨棗出,使競相奔拾,以爲笑樂。更自撰爲墓誌銘。"

《藏弆集》卷八:"周文煒,赤之,坦然,江西籍,河南祥符人。《四留堂稿》。"按:《書影》卷一稱周文煒著述甚富,并錄有其《觀宅四十吉祥相》。黃虞稷《千頃堂書目》卷二八著錄有周文煒《詩敩》《四留堂詩集》《旅塵集》及《適倦集》,附小傳:"號如山,江寧人,亮工之父。"

母朱氏，明胙城王朱朝塦女，性慈惠。

　　《行述》："如山公娶故明胙城王朝塦公女朱太淑人，復居白下，遂生先大夫。"

　　錢謙益《錢牧齋全集・牧齋有學集》卷二十四《大梁周氏金陵壽燕序》："太公（指周文煒）居家爲吉人，居官爲廉吏……躬自食貧，好行其德。太夫人慈心忍行，努力以相之，所修者人世之教也。"

一弟，名亮節，字靖公，性豁達，喜交遊，能詩文，嗜印、愛佳凍，著有《醉耕堂集》。亮節一子，名在梁，字園客。

　　《行述》："先封公生先大夫，及先叔父靖公太學公伯仲二人。"《藏弄集》卷八："周亮節，靖公，河南祥符籍，江西金谿人。《醉耕堂集》。"《中州先哲傳》卷二十三《文苑一》："(周)亮節，字元泰，號靖公，諸生，入太學。詩有自得之趣，與紀映鍾、張文寺倡酬。……喜遊山水，亦時至聲歌艷麗場藉陶寫。……著《醉耕堂遺稿》。"《賴古堂集》卷二十四《祭靖公弟文》："弟少予十歲……殊豁達……有韻之言頗爲藝林重，且有推爲五字長城者。……頗自愛，亦頗能自適……四方之士無不願交弟，弟亦樂與交，以故人多就弟。"《印人傳》卷一《書靖公弟自用印章後》："弟靖公亦嗜印。……但性躁，不暇細究原委，又豪於飲，一印未成，醉即磨去，日輒磨數十石而卒無成。愛佳凍，得則手自摩挲，或握之登枕簟，竟夜不釋放，然見有健羨者，即脫手贈之，不置諸意中也。"

　　《中州先哲傳》卷二十三《文苑一》："(周)亮節……子在梁，字園客，世其學。"《行述》："庚戌，太學公捐館舍，先大夫……撫舍弟在梁，一如己出。"《尺牘新鈔》十二卷卷端皆有注："豫儀周在浚雪客、周在梁園客鈔。"

姊二人，妹二人。長姊配密縣文大士，四妹嫁在汴梁（今河南開封）。

　　《賴古堂集》卷二四《祭靖公弟文》："獨痛父母生我同胞兄弟姊妹六人，第三妹先没，二姊亦繼亡，去歲之春，老霜姊又以七十病卒矣。今弟又云亡，四妹遠在汴上，弟之凶問，四妹尚不知，何日聞之？"按：文大士明崇禎十五年殁于開封水患，詳見崇禎四年、崇禎十五年譜。長姊長期孀居，故稱"老霜姊"。

妻馮氏，馮育民之女，馮派魯之妹。馮派魯一子，名震生，有文名。

　　《行述》："元配馮淑人，故太學馮公育民女，溧水縣知縣派魯妹。"《中州先哲傳》卷二十三《文苑一》："閔派魯，字伯宗，本姓馮，祥符人。順治十年，官溧水知縣。先是里賦不均，徭役按里分派，民苦之，派魯均里平徭，勒爲一書，溧民獲蘇。

縣西南濱湖，水嚙田十餘萬畝，民苦虛賦，自明改折後復徵本色，民益不支，派魯以永折請，見許。艱歸。服除，補崇明。未赴，卒。……著《菱谿集》。子震生，有文名。"《賴古堂集》卷十五《閔伯宗詩序》："閔伯宗，性簡默，意致蕭遠……善詩，雅不欲以詩名。偶見所爲《愈疾吟》，清妙玄勝，大似吾鄉高蘇門。時與唱酬，一往深至，能開發人之神智。……間從吾師張林宗先生言詩，深嘆伯宗雅曠絕倫，爲後來之秀。"

按：嘉慶《新修江寧府志》卷二十七《名宦三》有閔派魯傳。《國朝文匯》載有馮派魯《大梁張林宗先生傳略》，内容與周亮工《張林宗先生傳》略同。馮派魯又是亮工堂妹之婿，罷官後以貧死，亮工經紀其喪，并爲撫育其子。《藏弆集》卷八載有周文煒《示佽婿馮伯宗》。《行述》："故溧水令馮公派魯爲家淑人兄，又不孝孤從姑父也，罷官後以貧死，所遺三喪未舉，表弟震等貜諸孤無所歸，先大夫爲之畢喪葬，飲食教誨，卑震得成立，入學汴梁，有聲庠序。"

《中州先哲傳》卷二十三《文苑一》："震生，字青門，復姓馮，亮工甥也。三歲喪母，祖母郭鞠之，俄郭亡，父派魯又卒。是時震生年十二，寄寓溧水，亮工爲移家營葬，割宅居之。督震生學，與亮工子在浚、在延同讀，學日博通，著譽大江南北。歸大梁，充康熙二十五年拔貢。震生氣豪喜飲，善詼諧。遍游齊魯燕趙吳越，所至交其賢豪長者，山水名勝流連登臨，日唱酬見志。翁祭酒叔元、林學使堯英、汪觀察楫、牟方伯欽元，咸賞其詩。……著《甘白堂詩集》。"

一妾名王蓀，字若蘭，河南宛丘人，性俠烈，能詩文，早卒。

《賴古堂集》卷七有詩《海上畫夢亡姬成詩八章》，自序云："姬王氏，父爲老諸生，歸余時即能爲有韻言，蓋本之庭訓云。隨予宦維揚，疾死署中，年纔二十又二。"《書影》卷一："宛丘王氏，十五歸予，即能詩。……詩二百餘首，小詞數十首，余欲傳之，輒欲自焚，曰：'吾懼他日列犵獠瞿曇後，穢迹女士中也。'蓋自來刻詩者，方外之後緊接名媛，而貞婦、烈女、大家、世族之詩，類與青樓泥淖并列。姬每言之，輒以爲恨。予嘉其志，書而藏之，不敢付梓，并其名字，亦不忍露也。"

胡文楷《歷代婦女著作考》："《貝葉庵詞》，（清）王蓀撰，《衆香詞》著録（未見）。蓀，字若蘭，河南宛丘人，大梁周亮工妾。《大家風範》，同上，《然脂集》著録（未見）。《因樹屋書影》云：有詩二百首，小詞數十首。又欲取有明以來名臣之配，封夫人孺人以下，諸言行見於金石者，爲《大家風範》一書，未半而卒。"

六子：在浚、在揚、在延、在建、在都、在青，次子在揚早夭，其餘皆有文名。六女。有孫（見於著録者）六：曾舉、仲舉，留舉、用舉、豐

舉、紹舉。孫女（見於著録者）二。

《行述》（康熙十四年周在浚撰）："生六子：長不孝在浚，貢監生，考充國子監官學教習，娶段氏，前光禄寺署丞段公廷璋女，己酉科舉人一潔妹；次在揚，幼有神童譽，聘吏部尚書加一級郝公惟訥女，未娶，殤；次在延，河南開封府祥符縣庠生，娶江西鄱陽縣知縣鄧公士傑女；次在建，國子監監生，娶翰林院少詹學士方公拱乾孫女，甲午科舉人育盛女；次在都，國子監監生，娶江西總鎮袁州、臨江等處地方總兵官都督同知趙公應奎女；次在青，幼未聘。女六人：長適京府經歷王公朝宸孫、茂才道浚公子、壬子科舉人廷棟，次適浙江督糧道布政使司參議張公天機子、河南蘭陽縣庠生質；三適户部員外郎顧公起貞曾孫、茂才竑祚公子、江寧縣庠生淳；四適巡撫福建督察院右副都御史佟公國鼎子、國子監監生世慶；五許字國子監監生王公重子、國子監監生者垣；六許字提督江南等處地方總兵官太子少保左都督楊公捷子、官蔭生候選治中懋綸。孫三：曾舉、仲舉，在浚出；留舉，在延出，俱幼，未聘。孫女：一在浚出，一在建出，幼未許字。"周在延雍正三年（1725）《書影跋》："較正字迹圈點則張子敬思、田子西疇，同予仲子用舉、季子豐舉、六子紹舉。"

《清史列傳》卷七十《文苑傳一》："周在浚，字雪客，河南祥符人。官經歷。……夙承家學，淹通史傳，嘗注《南唐書》十八卷，爲王士禎所稱。又嘗合《天發神讖碑》三段，貫以鉅鐵，重爲《釋文》一卷，考證精審，論者謂可正《金石》《集古》二録之誤。工詩，嘗作《金陵百詠》及《竹枝詞》，流傳最盛。著有《雲煙過眼録》二十卷、《晉碑》《梨莊》《遺谷集》《秋水集》。"《中州先哲傳》卷二十三《文苑一》："（周）在浚，字雪客，工篆刻，詩有淵源。著《金陵百詠》《汴梁野乘》八卷。"按：周在浚爲王士禎門生，又有《花之詞》一卷，具見王士禎《分甘餘話》《居易録》。

《藏弆集》卷八："周在延，津客，河南祥符人。"《結鄰集》卷七："周在延，龍客，河南祥符人。"《中州先哲傳》卷二十三《文苑一》："（周）在延，字龍客。從學吕留良，留良《四書語録》，龍客所編也。寓金陵，愛攝山幽邃，不復歸，與張鹿徵、黎士弘、黃虞稷、高阜遊，以詩唱和。著《攝山園詩集》四卷。"《四庫全書總目》卷三十七《經部三十七·四書類存目》著録周在延《朱子四書語類》五十二卷："其書乃于《朱子語類》中專取《四書》諸卷刊行，别無增損，亦無所考訂發明。"黎士弘《託素齋文集》卷五《周龍客攝山園詩集序》："《攝山園稿》乃周子龍客之詩，攝山則龍客讀書之所，而取以名其篇者也。龍客爲故司農櫟園先生令子，與其兄雪客、弟燕客各有名於世。……篤好程朱理學之書……又輒有詩……詩乃春容大雅，出入後山、劍南之間。"按：沈德潛《清詩别裁集》"周在浚"名下注："字龍客，河南祥符人。著有《攝山園詩》。龍客係櫟園侍郎次子，繼述家學，唯恐不力，時有蘇瑰有子之目。"將亮工長子、次子、三子混爲一談。

　　徐世昌《晚晴簃詩匯》卷四十:"周在建,字榕客,號西田,祥符人。歷官淮安知府。有《近思堂詩》。"附詩話:"榕客爲櫟園司農子,幼承庭誥,刻苦於學,當時耆宿如杜于皇蒼略、張瑶星、吴野人諸公皆與之遊。"張貞《杞田集》卷一《周榕客學莽詩稿序》:"吾師櫟下先生節鉞青齊,癸卯夏,手一編示余,則所著賴古堂詩也。……榕客爲吾師中子,一日出其學莽詩稿,屬余論序。余觀卷中之詩,磅礴鬱積,清麗閑放,一以爲陣馬風檣,一以爲飛泉駭瀑,寫景幽寂,有蘭茝之潔,言情華潤,有桃李之豔。於乎,何其詩之似吾師也。康熙癸酉八月丙子,安丘張貞序於龑社湖舟。"

　　袁行雲《清人詩集叙録》:"《雪舫吟》一卷、《桑乾草》一卷、《響山樓稿》一卷、《餐雲書屋稿》一卷、《盧溝送别詩》一卷,中國科學院圖書館藏抄本。周在都撰。在都字燕客,河南開封人。亮工第五子。亮工多子,存者六人……在浚、在延、在建詩僅見選輯,在都詩以抄本傳。"

　　《賴古堂印譜》卷四:"櫟下老人珍賞,周在都燕客、周在青雲客藏。"

周亮工家世現知情況表

周匡公(先祖)——蘭一公(先祖)——石四公(高祖)——珀十一公(曾祖父)——琥二十四前山公周庭槐(祖父)——

周文煒(父親)——周亮工——————————周在浚——曾舉

　　　　　　　周亮節——在梁　　　　　周在揚　　仲舉

　　　　　　　長女　　　　　　　　　　周在延——留舉

　　　　　　　次女　　　　　　　　　　周在建　　用舉

　　　　　　　三女　　　　　　　　　　周在都　　豐舉

　　　　　　　四女　　　　　　　　　　周在青　　紹舉

　　　　　　　　　　　　　　　　　　　長女(婿王廷棟)

　　　　　　　　　　　　　　　　　　　次女(婿張　質)

　　　　　　　　　　　　　　　　　　　三女(婿顧　淳)

　　　　　　　　　　　　　　　　　　　四女(婿佟世慶)

　　　　　　　　　　　　　　　　　　　五女(婿王者垣)

　　　　　　　　　　　　　　　　　　　六女(婿楊懋綸)

周文煥(叔父)

周文卿(叔父)

年 譜 正 文

明神宗萬曆四十年　壬子　1612　一歲

四月初七日,生於南京狀元境祖居。

《舊譜》:"明萬曆四十年壬子四月初七日子時,朱太淑人生公于金陵狀元境祖居,今所居宅廳事之右食舊庵即產公室也。"

父、母均三十歲。

黎士弘《託素齋文集》卷一《周如山先生朱太夫人雙壽序》:"壬辰春仲,士弘始歸自上京……具舟楫,就見櫟園夫子于劍浦。見之他日,夫子手其治之僚友子弟所爲兩尊人壽言見屬,曰:'子不可無一言。'……太翁與太君年上下,七十同時舉慶。"按:此"壬辰"爲清順治九年(1652)。

黎士弘《託素齋詩集》卷三有詩《壽周元亮先生》:"白下初陳酒,青山更致書。來稱君子壽,共寫綺園圖。(原注:'尊君方以今年上巳稱七十壽。')……一時推有道,五載治無諸。……寸心春草似,不爲被恩餘。"按:此詩亦作于順治九年壬辰(1652)。周亮工宦閩始于清順治四年(1647),至九年壬辰(1652),恰歷五個年頭。

長姊十三歲。

《賴古堂集》卷二十四《祭靖公弟文》:"去歲之春,老霜姊又以七十病卒矣。"按:此文作於康熙九年(1670),詳見康熙九年譜。

堂兄周開也十三歲。

《賴古堂集》卷十有詩《十八兄開也左右亮工患難數年於外,己亥七夕爲兄六十初度,亮工在請室中不能相祝,越三年辛丑,亮工南還,又一年,兄始別予還里,予始和諸君子詩爲兄壽,欣感交集,望始不及此矣》。按:此"己亥"爲清順治十六年(1659)。

師張民表四十三歲。

師孫承澤十九歲。

　　按:孫氏生年,《宋元明清書畫家年表》記爲萬曆二十年壬辰(1592),且自言是據《碑傳集》卷十及《歷代名人年譜》。而查檢《歷代名人年譜》,則記爲萬曆二十一年癸巳(1593),譜後附録《存疑及生卒年月無考者》又稱"孫耳伯,一作生於萬曆三十七年己酉。"《碑傳集》卷十《孫公承澤行狀》(王崇簡撰)僅曰:"順天府上林苑采育孫公承澤,字耳伯,號北海,年八十三。……年六十引疾,家食二十餘年而殁。……年甫六十,藉重聽乞身,營退谷以見志。"并無孫氏具體生卒年月的記載。《清史列傳》卷七九《貳臣傳乙·孫承澤》:"十年……先是,正月,承澤引疾乞休,上以其年力未衰,不許。三月,再請,乃許。……康熙十五年,死,賜祭葬如例。"可推知,孫承澤生於明萬曆二十二年甲午(1594),本年十九歲。

周亮工交游:

程嘉燧四十八歲。陳際泰四十六歲。陸求可三十六歲。林古度三十三歲。錢謙益三十一歲。艾南英三十歲。王時敏二十一歲。王鐸二十一歲。吳應箕十九歲。黃景昉十七歲。蕭雲從十七歲。陳弘緒十六歲。楊文驄十六歲。顧夢游十四歲。張縉彦十四歲。宋權十五歲。王崇簡十一歲。李清十一歲。萬壽祺十歲。陳貞慧九歲。程先貞六歲。陳子龍五歲。吳偉業四歲。黃宗羲三歲。方以智二歲。方文生。錢澄之生。宋之繩生。錢陸燦生。吳道凝生。

魏之璜四十五歲。(《宋元明清書畫家年表》)

方拱乾十七歲。(陸勇强《陳維崧年譜》)

陳洪綬十五歲。(黃湧泉《陳洪綬年譜》)

程邃十一歲。(徐邦達《歷代書畫家傳記考辨》)

沈壽民六歲。(温睿臨《南疆逸史》卷四十四)

釋弘仁三歲。(《漸江資料集》)

葛一龍四十六歲。

　　錢謙益《列朝詩集小傳·丁集下·葛理問一龍》:"卒於崇禎庚辰,年七十有四。"按:《讀畫録》卷一《葛振父》曰:"震父與大梁林宗張先生、侯官能始曹先生善,皆年七十三没。"应误。

周嬰四十三歲。

《同書》附周嬰《同書序》:"順治己丑秋日莆陽八十叟周嬰方叔氏頓首拜撰。"

曹學佺四十歲。

《明史》卷二百八十八本傳:"唐王立於閩中,起授太常卿……及事敗,走入山中,投繯而死,年七十有四。"《印人傳》卷二《陳叔度》:"丙戌之變,能始殉節。"

按:此"丙戌"爲清順治三年(1646),推曹學佺生年當爲明萬曆元年癸酉(1573),本年四十歲。關於曹學佺卒歲,《讀畫録》卷一《葛振父》曰:"震父與大梁林宗張先生、侯官能始曹先生善,皆年七十三没。余集三先生手迹都爲一卷,顔曰《三七十三先生手迹》,寶藏之。"而《列朝詩集小傳》丁集下《曹南宮學佺》:"殉節而死,年七十有四。"《明史》《歷代名人年譜》及《歷代名人生卒年表》亦載爲七十四。今從後説。

釋元賢三十六歲。

雍正《福建通志》卷六十《方外》:"永覺,名元賢,建陽人,邑庠生。……順治間示寂,年八十一。"《五燈全書》卷六二《青原下第三十五世》:"福州鼓山湧泉永覺元賢禪師……入滅實順治丁酉十月七日子時也。"按:"順治丁酉"爲清順治十四年(1657),據此可知釋永覺生於明萬曆五年丁丑(1577)。

胡正言二十九歲。

杜濬《變雅堂文集》卷五《胡曰從中翰九十壽序》:"曰從以今癸丑秋九月,巋然壽登九十。"按:此"癸丑"爲康熙十二年(1673)。

吳第二十二歲。

《賴古堂集》卷八有詩《同門吳曰庸先生徒步自泉州過慰》,序云:"曰庸吳先生諱第,予同門友,温陵人。……丙申春,予被饞入閩,雖寇氛阻絶,先生時惠良書,相念之意溢於筆墨外。秋冬之際,海水群飛,驛路阻塞,温陵去省會五百里,紆回德化山中,倍常道者又五百里,始得達。先生今年六十又六,貧不能謀輿騎,僅挾一稚僕,徒步旬有五日,始得晤予。"按:此"丙申"爲清順治十三年(1656)。

袁于令二十一歲。

康熙刊本《南音三籟》有袁于令所作序，末署"康熙戊申，七十七齡老人籜庵袁于令識"。按：此"康熙戊申"爲清康熙七年（1668）。

王猷定十四歲。

王猷定《四照堂文集》卷十一《祭萬年少文》："予多君五歲，先君謂予曰：'萬氏子才，汝識之。'"同書同卷《祭梁君仲木文》："戊戌秋七月廿六日，南昌王猷定聞清苑隱君梁仲木之喪，往哭之寶應。越明年，二月朔日，乃具酒脯，爲文以祭而告於其靈曰：'嗚呼！吾年六十而君死。'"

按：據羅振玉《萬年少先生年譜》及萬壽祺《隰西草堂集》，萬壽祺生於明萬曆三十一年（1603）；"戊戌"爲清順治十五年（1658）。兩例皆可推知王猷定生於明萬曆二十七年（1599），本年十四歲。

謝彬十一歲。

《賴古堂集》卷十二有詩《每至湖干，謝文侯輒爲余寫照，辛亥再來，余年六十，君亦七十矣，復爲余描寫老頰，慨然作此》。按：此"辛亥"爲清康熙十年（1671）。

馬長春七歲。

張貞《杞田集》卷十三《三如馬公誄并序》："維康熙二十年十一月二十五日，三如馬公卒。……七十有六，不可謂夭。"按："康熙二十年"即公元1681年，可推知馬長春生於明萬曆三十四年丙午（1606），本年七歲。

張怡五歲。

嘉慶《新修江寧府志》卷三十四《人物·儒林》："張怡，一名遺，初名鹿徵，字瑤星，上元人。……康熙三十四年，怡年八十八，以壽終。"按：康熙三十四年爲公元1695年。

梁以樟五歲。

王猷定《四照堂文集》卷三《贈鷦林梁公序》："余友上谷鷦林梁公，隱于寶應之免避村學道既十年，丁酉夏來廣陵，約余游攝山，六月癸未，爲公五十生辰。"按：此"丁酉"爲清順治十四年（1657）。

紀映鍾四歲。

紀映鍾《戀叟詩鈔》卷四《憶金陵舊游》之三：“千門萬戶日彤彤，鑾輿高陳暴上春。記我往觀年十二，袞衣珠襦羨真龍。”原注：“庚申六月，觀大内曬鑾駕。”按：此“庚申”爲明萬曆四十八年(1620)。

朱一是四歲。

李明嶅《樂志堂詩集》卷三有詩《朱近修六十祝之以詩三首》，其三有云：“吾老傷心五十年，君年加十意蕭然。”其一有云：“少小論交風雨秋，幾人能憶竹林游。”按：李明嶅生於明萬曆四十六年(1618)，詳萬曆四十六年譜。

杜濬二歲。

《變雅堂文集》卷五《六十自序》：“歲庚戌立春後三十有三日，杜子齒登六十。”按：此“庚戌”爲清康熙九年(1670)；《歷代名人年譜》記杜濬生年爲明萬曆四十年(1612)，誤。

陳台孫二歲。

杜濬《變雅堂文集》卷五《陳階六社長七十壽序》：“余與先生同庚。”嵇宗孟《立命堂二集》卷六《賀陳階六先生五十初度序》：“余鄉諫議公以庚子春正月五十初度，敬贊一言爲壽。”按：此“庚子”爲清順治十七年(1660)。

冒襄二歲。

《同人集》附韓菼撰《冒潛孝先生墓誌銘》：“其歿也，年八十有三，康熙癸酉十二月也。”

按：此“康熙癸酉”爲清康熙三十二年(1693)，上推冒襄生年，當是明萬曆三十九年辛亥(1611)。冒襄輯《同人集》卷四載周亮工《書》一封：“憶吾與老年台同甲子，少壯幾何，今俱成六十外人。”當是亮工誤記。

馮肇杞生。

《賴古堂集》卷二十三《書馮幼將畫竹卷後》：“予與幼將生同壬子，月日咸同，惟時差異耳。”

釋髡殘生。

《賴古堂集》卷二十《與張瑶星書》：“石公後我一日。”

謝成生。

　　《讀畫錄》卷三《謝仲美》：“仲美與予同庚。”

袁駿生。

　　魏禧《魏叔子文集》外篇卷十八《袁君泰徵同配吳節母合葬誌銘》：“萬曆甲寅春，以醉溺齊女門外，時年二十八。子駿三歲，驌未生。”按：此“萬曆甲寅”爲明萬曆四十二年(1614)。

田作澤生。

　　《歸德田氏家乘》卷六《世系》：“刺史公作澤……生明萬曆壬子十二月二十七日。”

明萬曆四十一年　　癸丑　1613　二歲

曹溶生。法若真生。歸莊生。孫默生。
劉素先生。

　　《賴古堂集》卷十《劉素先初度》詩有句云：“長君一歲君顏好，喜小陽春五十初。”

明萬曆四十二年　　甲寅　1614　三歲

姜垓生。陸圻生。宋琬生。
金堡生。（陳垣《清初僧諍記》及《釋氏疑年錄》卷十二）

明萬曆四十三年　　乙卯　1615　四歲

“梃擊案”起，朝政濁亂。

妻馮氏生。

　　孫枝蔚《溉堂集·溉堂續集》卷五有詩《壽周雪客母馮太孺人六十》，詩次甲寅(1674)。

龔鼎孳生。

明萬曆四十四年　　丙辰　　1616　　五歲

努爾哈赤建立金國,建元天命,以七大恨告天伐明。

入家塾,誦讀過目不忘,蒙師驚異。

《舊譜》:"丙辰,五歲。始入家塾,誦讀過目不忘,蒙師驚異,不敢以童子視之。"

胡介生。

胡介《旅堂詩文集》附陸嘉淑《傳》:"先是中春生日爲詩自壽,有曰:'四十九年人,意愴焉不懌。'投筆而罷,蓋彦遠生丙辰,竟以自識云。"

余懷生。
樊圻生。(《宋元明清書畫家年表》)

明萬曆四十五年　　丁巳　　1617　　六歲

曹爾堪生。鄧漢儀生。
杜岕生。

杜濬《變雅堂集·附録》卷二轉引方苞《杜蒼略先生墓誌》:"先生生於明萬曆丁巳四月初九日。"

明萬曆四十六年　　戊午　　1618　　七歲

努爾哈赤攻陷撫順,大敗明軍於薩爾滸。朝廷下令增收田賦,充作"遼餉"。

欽蘭生。

　　尤侗《西堂詩集·看雲草堂集》卷一有詩《欽序三四十初度長歌爲壽》,詩次丁酉(1657)。

張恂生。
冒襄《巢民詩集》卷三有《壽張稚恭五十即用庚寅余四十見贈原韻》,詩次丁未(1667)。

李明嶅生。
　　李明嶅《樂志堂詩集》卷三有詩《三十初度自壽》,原序有云:"憶辛巳秋,余年二十四。"同卷又有《奉寄錢牧齋先生二首》,其二有云:"三千里外雙行淚,二十年前一字師。"原注:"歲庚午,余年十三,以文干先生,輒蒙許可。"同卷又有《寄吳梅村先生》,原序有云:"歲甲戌,余年十七,從先生遊。"按:此"辛巳"爲明崇禎十四年(1641),"庚午"爲崇禎三年(1630),"甲戌"爲崇禎七年(1634),可推知李明嶅生於本年。

蔡宗襄生。
　　乾隆《濰縣志》卷五《藝文志·傳》録有安志遠《蔡漫夫傳》:"今年己卯孟夏而漫夫卒,年八十有二。"按:此"己卯"爲清康熙三十八年(1699)。

龔賢生。(林樹中《龔賢年譜》)
吳嘉紀生。侯方域生。施閏章生。尤侗生。黎士弘生。

明萬曆四十七年　己未　1619　八歲

備誦經書,已能識聖賢大意。
　　《舊譜》:"己未,八歲。時經書已備誦,雖未盡講述,已能識聖賢大意。"《行述》:"未十齡已讀等身書。"

吳綺生。
方其義生。(任道斌《方以智年譜》)
王澐生。
蕭孟昉生。

　　魏禧《魏叔子文集外篇》卷十一《蕭孟昉六十叙》：“戊午仲冬,予辭徽,興疾章門,吾友研鄰子會以蜚語羈郡舍。踰月,六十初度,研鄰諸子從泓,予門人也,來乞言。”按:此“戊午”爲清康熙十七年(1678),據此可知,蕭孟昉生於本年季冬,已是公元1620年。

明萬曆四十八年　　庚申　　1620　　九歲

萬曆帝殂,光宗即位,詔以明年爲泰昌元年。未一月,光宗卒,熹宗即位,詔自八月以後稱泰昌元年。“紅丸案”起,“移宫案”起。朝臣門户紛然,國勢漸衰。

孫枝蔚生。宗元鼎生。申涵光生。
方亨咸生。
　　方文《嵞山再續集》卷四有詩《兄子邵村五十》,詩次己酉(1669)。

許友生。

明熹宗天啓元年　　辛酉　　1621　　十歲

是年紀元天啓。宦官魏忠賢擅政。努爾哈赤陷瀋陽、遼陽。

楊思聖生。

明天啓二年　　壬戌　　1622　　十一歲

正月,大清兵攻廣寧,陷之,熊廷弼、王化貞俱論逮。

家貲中落,久無所遇,父周文煒出爲浙江諸暨主簿。
　　《行述》:“時先封公以撫顧兩幼弟,家貲中落,敝篋遊南雍,久無所遇,慨然嘆曰：'丈夫焉能墨守章句，少親吏事，亦足庇一方，必高第自見耶？'於是出參暨陽。"

　　按：據宣統《諸暨縣志》，周文煒天啓二年官諸暨主簿，至天啓六年離職。而《舊譜》有言："癸亥，十二歲。隨封公赴浙江諸暨主簿任。"此"癸亥"爲天啓三年（1623），則亮工父很可能是此年就選得浙江諸暨主簿，來年即天啓三年（1623）年初，攜亮工赴任。

弟亮節生。

　　《舊譜》："壬戌，十一歲。是年靖公弟生。"《賴古堂集》卷二四《祭靖公弟文》："弟少予十歲。"

鄭簠生。

　　震鈞輯《國朝書人輯略》卷一引張在辛《隸法瑣言》："余之謁鄭谷口先生也，在康熙辛未，先生已七十矣。"

　　按：康熙辛未即康熙三十年（1691）。鄭簠擅隸書，爲清代碑學先導者，與周亮工爲姻親。《國朝書人輯略》卷一："鄭簠，字汝器，號谷口，江蘇上元人。"宋犖《西陂類稿》卷十一《漫堂草》有詩《鄭谷口寄隸書韓詩喜而賦此》："雲陽遺法邈難窺，谷口農今擅此奇。寄自臨池呼酒後，快同駐馬看碑時。縱橫似出崋山格，排戛宜書韓愈詩。舞女插花人始愛，那從老櫟覓鍾期。"原注："谷口與周元亮先生最善。"《印人傳》卷二《書顧云美印章前》："予姻谷口鄭簠，以此名世。"

明天啓三年　癸亥　1623　十二歲

隨父赴浙江諸暨主簿任。

　　《舊譜》："癸亥，十二歲。隨封公赴浙江諸暨主簿任。"

郝惟訥生。毛奇齡生。嚴繩孫生。

明天啓四年　甲子　1624　十三歲

魏忠賢勢日盛。阮大鋮附之。楊漣、左光斗與之抗爭。

在諸暨。隨父遊五泄山，便知愛戀山水。

　　《舊譜》："甲子，十三歲。在諸暨，時隨封公遊於五泄，便知愛戀山水。"雍正《浙江通志》卷十五《山川》："五泄山，《水經注》：諸暨縣泄溪中道，有兩高山夾溪造雲壁立，凡有三泄，泄懸三十餘丈，廣十丈；中二泄不可得，至登山遠望，乃得見之；……此是瀑布，土人號爲'泄'也。舊《浙江通志》：縣西五十里。《輿地志》：山峻而有五級，故以爲名。刁約謂之'小雁蕩'。"

秋，以筆墨交陳洪綬，數同遊五泄山。

　　《賴古堂集》卷三有詩《贈陳章侯》，題下原注云："甲子歲，予侍家大人在暨陽，即索交章侯。"《讀畫録》卷一《陳章侯》："家大人官暨陽時，得交章侯，數同遊五泄。余時方十三齡，即得以筆墨定交。"宣統《諸暨縣志》卷三十九《寓賢傳》："祥符周亮工元亮，則以父文煒官諸暨，省親居主簿廳，以陳洪綬爲文字交。"按：據黃湧泉先生《陳洪綬年譜》，陳洪綬於天啓三年（1623）北上，四年六月底南返諸暨，秋冬間又有杭州之行，則亮工之交章侯當在此年秋。

　　陳洪綬，字章侯，號老遲、老蓮、悔遲，浙江諸暨人。工詩善畫，與萊陽崔子忠齊名，號"南陳北崔"。著有《寶綸堂集》《避亂草》《笻儀象解》等。傳見《讀畫録》卷一《陳章侯》，《南疆逸史》卷四十四《陳洪綬傳》，《清史列傳》卷七十《文苑傳一》。

過西湖，舟中信筆成詩，多雋句，同遊者驚異。

　　《舊譜》："甲子，十三歲。……過西湖，舟中信筆成詩，多雋句，同遊見者咸驚訝之。"

是年，葉畫往遊開封，與當地文人共組海金社。中州文社之盛，自海金社始。

　　《書影》卷一："葉文通，名畫，無錫人，多讀書，有才情。留心二氏學，故爲詭異之行，迹其生平，多似何心隱。或自稱錦翁，或自稱葉五葉，或稱葉不夜；最後名梁無知，謂梁谿無人知之也。當温陵《焚》《藏》書盛行時，坊間種種借温陵之名以行者，如《四書第一評》《第二評》《水滸傳》《琵琶》《拜月》諸評，皆出文通手。文通自有《中庸頌》《法海雪》《悦容編》諸集；今所傳者，獨《悦容編》耳。文通甲子、乙丑間游吾梁，與雍丘侯五汝裁倡爲海金社，合八郡知名之士，人鐫一集以行。中州文社之盛，自海金社始。後誤納一麗質，爲其夫毆死。……侯汝裁言，其遺骸至今旅泊雍丘郭外。"按：河南杞縣，古名"雍丘城"。

汪琬生。魏禧生。劉體仁生。

明天啓五年　乙丑　1625　十四歲

汪文言之獄起,楊、左諸君子并下獄死。熊廷弼亦論棄市。天啓帝下令
毀全國書院,榜示東林黨人姓名於全國。努爾哈赤建都瀋陽。

父周文煒諸暨主簿任上有惠政,邑人感戴。然亦因此,公事恒與令左,遂
左遷王府官。不堪受辱,拂衣返南京。
　　《行述》:"時先封公以撫顧兩幼弟,家貲中落……於是出參暨陽。先封公不
以秩卑自解,凡事不便民者,力爭於令,必得當後已。先封公嘗夜出,聞戶内女子
絮泣,趨詢之,女吳興人,北里朱某計購之,渡江逼與蕩子夜合,女弗從,日鞭撲無
完膚。先封公置朱子法,遣役召女母,與俱歸。有婦妒妾,以炮烙立斃者,屬先封
公往驗,先封公痛治之,夫復欲生婦,曰:'毆婢無死法。'先封公謂:'即毆婢無死
法,創非刑斃,人固當死。'奮筆予死。後令亦謂毆婢無死法,反撲妾父,數千人群
飛礫擊令,曰:'令乃不簿若!'先封公參署,不避强禦有如此,其他惠政不可盡述。
暨人德先封公不置,見先大夫,喜曰:"盛德必昌其後,高於門者在是矣。"《舊譜》:
"乙丑,十四歲。封公爲縣簿,多所平反,邑人見公,喜曰:'高於門者,其在是矣!'
封公以公事恒與令左,久之,左遷王府官,遂拂衣返白下。"

隨父返南京。始與高阜、羅燿、朱知郇、陸可三、魏百雉、汪子白及族兄周
敏求等互爲師友,一時聲名嘖嘖。
　　《舊譜》:"乙丑,十四歲。……公是年始與上元高康生阜、羅星子燿及族兄敏
求、南陵盛此公于斯輩互爲師友,一時聲名嘖嘖。"《讀畫録》卷一《朱知郇》:"朱知
郇……幼與陸可三、魏百雉、汪子白、羅星子、高康生、予從兄敏求及餘爲同硯
友。"按:據《賴古堂集》卷十八《盛此公傳》,周亮工交盛于斯是在崇禎四年
(1631),《舊譜》所記當有誤。
　　高阜,字康生,至性過人,有聲藝苑,以古法制舉業,頗得艾南英推獎。亦工
畫,尤工水仙。與周亮工關係甚密。其子高遇,字雨吉,亦工畫,嘗爲亮工作《落
霞晚眺》一册。具見《讀畫録》卷三《高蔚生》《高雨吉》。
　　《藏弆集》卷三:"羅燿,星子,江南江寧人。《詩虎堂集》。"
　　《讀畫録》卷一《朱知郇》:"朱知郇,字思遠,翰之先生子也。……才獨傑出,
頗有文譽。晚乃棄去諸生,工畫,力學爲詩。……君自北回,佚馬傷足,不良於

行，攜妻子入溧水山中。或名璆，或名遠，或字遠公。窮甚，衆悲其志。偶入城，病卒於承恩僧舍中，友人殮之。詩數卷，板行與未鎸各半，其子藏於家。"按："翰之先生"即七處和尚朱睿叅，《讀畫録》卷一有傳。

交高座寺傳公，當不早於是年。

《賴古堂集》卷六《得高座傳公書，訃音與俱至》之二："親柩勞公護，論交四十春。"按：此詩作於清康熙三年甲辰(1664)，詳康熙三年譜。

妾王蓀生。

《賴古堂集》卷七有詩《海上晝夢亡姬成詩八章》，原序云："姬王氏……隨予宦維揚，疾死署中，年纔二十又二，葬秣陵牛首之東，姬志也。"按：清順治三年(1646)，亮工官淮揚海防兵備道。

曾燦生。

曾燦《六松堂集》卷二《甲子上元雨集》："嗟予歲五周，明年又乙丑。……轉盼六十年，丱角未分剖。"《旅舍值先大夫辛丑初度不得展拜作此紀恨》："長年三十七，親于予何須。人誰不生子，生我不如無。"按：此"甲子"爲清康熙二十三年(1684)，"辛丑"爲清順治十八年(1667)，兩例皆可推知曾燦生於本年。

陳維崧生。計東生。

明天啓六年　丙寅　1626　十五歲

在南京。攻舉業。劉旋設講佑國庵，常往聽講，數年不輟。其所印證，頗有心得，後劉旋著《標鮮講義》，多採入集中。

《行述》："及先封公旋白下，先大夫猶在成童，攻舉子業，甫落筆便空群彦。"《舊譜》："丙寅，十五歲。劉遞生先生設講佑國庵，公每於講期潛詣聽之，數年不輟。其所印證，頗有心得，後遞生著《標鮮講義》，多採入集中。"

同治《上江兩縣志》卷二十二《鄉賢録》："劉旋，字遞生，江寧人。崇禎戊辰恩貢，選四川崇寧知縣。十年，獻賊寇蜀，州縣望風遁，旋誓死守。先事查盤倉庫，擇殷實紳衿散寄取領，獄囚取保，以備不虞。賊攻圍急，父老勸之去，旋笑謝之。城陷被執，大罵不屈，賊怒剜目剔腎而死。事平，倉庫俱全，衆囚投獄。子縣曾護印以俟代。事聞，贈尚寶司司丞，謚忠烈。乾隆丙申，賜謚節愍。"

是年，見支小白如增以所刻《小青傳》遍貽同人。

　　《書影》卷四："丙寅年予在秣陵，見支小白如增以所刻《小青傳》遍貽同人。鍾陵支長卿語余曰：實無其人，家小白戲爲之。儷青妃白，寓意耳。後王勝時語予：小青之夫馮某，尚在虎林。則又實有其人矣。近虞山云：小青本無其人，其邑子譚生造傳及詩，與朋儕爲戲，曰小青者，離'情'字，正書'心'旁似'小'字也。或言姓鍾，合言成鍾情字也。予意當時或有其人，以夫在，故諱其姓字，影響言之。其詩文或亦有一二流傳者，衆爲緣飾之耳。但虞山云傳出譚生手，而余實見小白持以貽人。或譚生爲之，小白梓之耶，抑竟出小白手也！鄭超宗謂陳元朋所改傳勝小白舊傳，殊不然。虎林徐野君譜爲《春波影》，荆溪吳石渠譜爲《療妒羹》，詞皆縟麗可觀。即無其事，文人遊戲爲之，亦何不可！惟是過孤山者必訪小青墓，若過虎丘必灑酒真娘者，則大可噴飯矣。"

　　錢謙益《列朝詩集小傳·閏集·女郎羽素蘭》附小青事："又有所謂小青者，本無其人，邑子譚生造傳及詩，與朋儕爲戲，曰小青者，離情字正書心旁似小字也。或言姓鍾，合之成鍾情字也。其傳及詩俱不佳，流傳日廣，演爲傳奇，至有以孤山訪小青墓爲詩題者。俗語不實，流爲丹青，良可爲噴飯也。"

　　張潮《虞初新志》卷一《小青傳》附張潮跋曰："小青事，或謂原無其人，合小青二字，乃情字耳。及讀吳□《紫雲歌》，其小序云：馮紫雲，爲維揚小青女弟，歸會稽馬髦伯。則又似實有其人矣。即此傳亦不知誰氏手筆，吾友殷日戒仿佛憶爲支小白作，未知是否，姑闕疑焉。"

倪燦生。

　　方文《嵞山再續集》卷四有詩《倪闇公四十初度》，詩次乙巳（1665）。《碑傳集》卷四十五喬萊撰《倪檢討燦墓誌銘》："康熙二十六年（1687）二月，以疾卒於官。……卒年六十有二。"按：《歷代名人年譜》及《歷代名人生卒年表》皆記倪燦生年爲明天啓七年（1627），誤。

汪楫生。王士禄生。王澤宏生。

明天啓七年　　丁卯　　1627　　十六歲

是年八月，天啓帝殂，信王即位，是爲崇禎帝，魏忠賢等伏誅。

家居攻讀。日裏遊行登覽，夜則讀書達旦，頗自淬礪。

　　《舊譜》："丁卯，十六歲。讀書恒以夜，自更初至達旦方一偃息，日則遊行登覽。常謂人曰雲影天光，皆足亂人心志，作此等功業，須是一隙不露，乃可静悟耳。"

莊回生生。

　　按：莊氏生卒年，説法不一。郭味蕖《宋元明清書畫家年表》引《毘陵名人疑年録》（原注：據莊氏《譜》。）作生於天啓七年丁卯（1627），卒於康熙十八年己未（1679），年五十三；《歷代名人年譜》及《歷代名人生卒年表》皆作生於天啓六年（1626），卒年無考。今從前者。

唐夢賚生。

明思宗崇禎元年　戊辰　1628　十七歲

是年陝西大旱，高迎祥等率饑民揭竿而起，攻鄜州。杭州、嘉興、紹興三府遭風雨、海溢，漂没數萬人。

九月，魏言贈蘭花圖。十月，魏之璜贈山水圖。

　　魏言贈蘭花圖款云："戊辰九月寫似亮工先生，魏言。"魏之璜贈山水圖款云："戊辰十月書似亮工詞友，魏之璜。"見金紅男《The Life of Patron》附圖。

　　《讀畫録》卷一《魏考叔》："魏考叔之璜，工山水，可稱能品，老年筆尤蒼勁。……余猶及交公，蒼顏修髯，似深山老煉士，望之使人肅然起敬。少孤貧……性孝友，養老親，撫諸弟，皆取給於十指，不肯干人。……年近八十，卒于秦淮水閣。册中皆七十餘外爲予作，以余喜其花卉，故較山水爲多。考叔行書橅《聖教序》，楷倣歐率更，別有卷軸。公詩如《問朗公病》……皆爲人傳誦云。"

與高阜等爲文以復古自任，不肯隨附時調，得到艾南英的賞識。

　　《舊譜》："戊辰，十七歲。與高康生輩爲文以復古自任，不肯隨附時調。豫章艾千子目空一世，獨於公敬異之，曰：'此道復振，賴有斯人。'"

　　艾南英，字千子，東鄉人。好學無所不窺。萬曆末，場屋文腐爛，與同郡章世純、羅萬藻、陳際泰以興起斯文爲任，乃刻四人所作行之世，世人翕然歸之，稱爲章、羅、陳、艾。《明史》卷二百八十八《列傳·文苑四》有傳。《尺牘新鈔》卷三載有艾南英《答楊淡雲書》，頗能體現其爲文復古之主張。

是年，始操觚選事，有小題《血戰》之刻。

　　《舊譜》：“戊辰，十七歲。……時公始操觚選事，有小題《血戰》之刻，一時爲之紙貴。”

　　按：周亮工生長於一個世代富有藏書的出版世家，自其祖父周庭槐，即已著有《大業堂書目》二卷，黃虞稷《千頃堂書目》卷十著録；其父周文煒經營大業堂書坊，以刻小説聞名當世。子承父業，世代相傳，亮工與弟亮節、子在浚、在延、侄在梁等亦是選業名手、版本内行；“大業堂”“醉耕堂”“賴古堂”等皆爲周家書坊號。具體可參看孫殿起《販書偶記》之著録，陸林先生《周亮工參與刊刻金聖嘆批評〈水滸〉、古文考論》（《社會科學戰綫》2003 年第 4 期）和陳聖宇《周亮工研究》（南京大學 2007 年博士論文）均有討論。

姜宸英生。

明崇禎二年　己巳　1629　十八歲

是年正月，詔定魏忠賢逆案。二月，裁驛卒，被裁者衣食無著，多加入義軍。十月，金帝親率兵分三道攻明，破遵化等城，京城告警。遼督袁崇焕率寧錦兵入衛，崇禎帝召見，咨以戰守策，未幾，下之詔獄。

秋九月，與同人集佑國庵，庵中青蓮復開，同作《傲霜蓮花詩》。

　　《舊譜》：“己巳，十八歲。佑國庵有十八瓣青蓮，時已九月，葉且凋矣，同人戲語之曰：‘子能令花復開乎？’公答曰：‘予年十八，花瓣亦十八，氣相合，必不棄我。’數日，果放一莖。同人異之，爲作《傲霜蓮花詩》，公作尤妙。”

張溥以興復古學爲號召，將諸文社合而爲一，名曰復社。是年大會於尹山，是爲復社第一次大會。

　　陸世儀《復社紀略》卷一：“吳江令楚人熊開元以文章經術爲治，知天下士慕天如名，迎致邑館。……於是爲尹山大會。苕霅之間，名彥畢至。未幾，臭味翕集，遠自楚之蘄黄，豫之梁宋，上江之宣城、寧國，浙東之山陰、四明，輪蹄日至。比年而後，秦、晉、閩、廣多有以文郵致者。是時，江北匡社、中州端社、松江幾社、

萊陽邑社、浙東超社、浙西莊社、黃州質社與江南應社,各分壇坫。天如乃合諸社
爲一,而爲之立規條、定程課,曰:'……溥不度德,不量力,期與四方多士共興復
古學,將使異日者務爲有用'。因名曰復社。"顧師軾《吳梅村先生年譜》引楊彝
《復社事實》:復社始於戊辰,成於己巳。

　　按:周亮工友楊廷樞、陳子龍、吳偉業、方以智、方文、吳應箕、冒襄、沈壽民、
沈壽國、龔鼎孳、曹爾堪、祁豸佳、黃宗羲、陸圻、杜濬、王崇簡、姜垓、姜埰等皆爲
復社中人,自是年起,陸續加入復社。

　　雍正《江南通志》卷十二《輿地志·山川二·蘇州府》:"尹山,在府葑門外十
八里。"

黃虞稷生。朱彝尊生。呂留良生。丘象升生。李澄中生。

明崇禎三年　庚午　1630　十九歲

是年三月,陝西義軍入山西,破趙城等地,聲勢日大。八月,袁崇煥論磔。
十二月,詔下再增田賦。

在南京,家居讀書。
　　《書影》卷九:"憶余庚午歲居金陵,讀書長干僧舍。"

秋,鄉試前後,諸名流雲集南京,張溥借機又爲復社大會。因便結識大批
名士及復社中人。又入吳鼒所創星社,與同社俞琬綸、吳道凝年皆十九,
林雲鳳賦《同庚詩》見贈。
　　陸世儀《復社紀略》卷二:"崇禎庚午鄉試,諸賓興者咸集,天如又爲金陵大
會。"夏燮《忠節吳次尾先生年譜》:"崇禎三年庚午……大會復社之士張溥等於金
陵,又與同里劉伯宗始舉國門廣業之社。"黃炳垕《黃梨洲先生年譜》:"崇禎三年庚
午。奉太母盧太淑人之南京應天府經歷署。……時南中爲大會,金壇周儀步仲馭
鑣招公入社。南司空何匪我喬遠又招公入詩社。九日,大會於鳳凰臺,南中詞人
如汪遺民逸、林茂之古度、黃明立居中、林若撫雲鳳、閔士行景賢皆與公相契。"
　　《書影》卷五:"吳門林若撫雲鳳,老而工詩。……庚午秋,吳衆香開星社於高
座寺,時社中惟予與餘姚黃太沖、桐城吳子遠,年皆十九,若撫賦詩贈予輩,曰:'白
社初開士景從,同年同調更難逢。誰家得種三珠樹,老我如登群玉峰。書寄西池

非匹鳥,席分東漢有全龍。慈恩他日題名處,十九人中肯見容。'"黃宗羲《思舊録·林雲鳳》:"吳子遠(道凝)、周元亮(亮工)與余同庚,若撫因作詩,有'誰家得種三株樹,老我如登群玉峰',流傳詩社。其後出處殊途,元亮猶寫此詩以見寄。"

　　按:周亮工與楊廷樞、陳子龍、吳偉業、吳應箕、沈壽民、沈壽國、黃宗羲、汪逸、林古度、黃居中、林雲鳳、閔景賢等人之相識,均當在是年鄉試前後。黃宗羲《思舊録·沈壽國》:"沈壽國,字治先,眉生弟也。庚午,同試南都。一日,月明如晝,余與治先過文德橋,叩周元亮之門,同訪崔昭,飲至夜半而散。"據此,周亮工此時與黃氏過從還頗爲密切,明亡後出處不同,逐漸疏遠。關於林雲鳳之贈詩,有不可解處,據黃炳垕《黃梨洲先生年譜》,黃宗羲生於明萬曆三十八年(1610),本年二十一歲,然而周、黃二人異口同聲稱同庚,讓人費解。另俞琬綸《林若撫梅詠引》(《明文海》卷二七一《序六十二》)有云:"崇禎庚午在南京,余從之學詩,見贈詩極多,今皆失去,止記其贈余及吳子遠、周元亮《同庚詩》'誰家得種三株樹,老我如登群玉峰'一聯而已,其詩稿不知落誰人之手,恐將埋没矣。"今以俞琬綸所述爲是。

　　吳山嘉《復社姓氏傳略》:"吳翻,字衆香,住城南委巷。"黃宗羲《思舊録·吳翻》:"吳翻,字衆香。住城南委巷,舉時文社於天界寺。集者近百人,拈題二首,未午而罷,設飲寺之丹墀。刻孫樵、皇甫湜文行世。"《尺牘新鈔》卷三載陳弘緒《再與櫟園書》,有眉批曰:"吳衆香名翻,歉人。"同治《上江兩縣志》卷十六《古今人譜》:"吳翻,字衆香,江寧人,黃宗羲贈詩有'一榻藏書君寂寞'句。"

　　黃宗羲《思舊録·何喬遠》:"何喬遠,字匪我,閩人。爲南司空,四方名士多歸之。九日,大會於鳳凰臺,分韻賦詩。所著有《萬曆集》,固一代之作手也。"

　　黃宗羲《思舊録·林雲鳳》:"林雲鳳,字若撫,長洲人,詞人之耆舊也。"《書影》卷五:"吳門林若撫雲鳳,老而工詩,滄桑後匿影田間,雖甚貧,不一謁顯貴。……予官閩中,若撫累欲訪予,不果。……捐館……貧不能治喪,予欲有所贈於若撫者,即付其子爲含殮費。……若撫詩數卷,其子藏之家。閩中與興公前輩,與若撫爲通家好,亦有若撫詩鈔,興公之子延壽藏之。脫余不死,會當爲亡友鐫行於世。"同書卷十:"若撫詩富萬首,論詩尤精。"按:《書影》中録有林雲鳳詩若干首、詩論數則,周亮工對林之論詩極爲稱賞。

　　嘉慶《新修江寧府志》卷十《古迹三》:"高座寺,在南門外雨花臺梅岡上。"陳作霖《金陵瑣志》:"高座寺,晉咸康中造。……庭中卉木蓊蔚,五穀樹、娑羅樹,皆海外異種。每當叢桂盛開,遊屐成萃,煮茗剥栗,作登高之會。"雍正《江南通志》卷四十三《輿地志·寺觀一·江寧一府》:"鳳遊寺,在府治西南,鳳凰臺之右……宋元嘉中,有鳳翔集此山,因建鳳凰臺於寺側。"

鄉試榜發，楊廷樞、萬壽祺、陳子龍、吳偉業均在此科中舉，吳應箕、黃宗羲及沈壽民、沈壽國兄弟下第。與諸君會飲秦淮舟中，時與萬壽祺初定交。

陸世儀《復社紀略》卷二：“崇禎庚午鄉試……是科主裁爲江右姜居之曰廣。榜發，解元爲楊廷樞，而張溥、吳偉業皆魁選，陳子龍、吳昌時俱入彀。”萬壽祺《隰西草堂文集》卷三《自志》：“崇禎三年庚午，中楊廷樞榜第五十九名。”羅振玉《萬年少先生年譜》：“庚午三年，二十八歲。舉南京試楊廷樞榜第五十九名。……榜後先生與沈治先壽國、沈眉生壽民昆季、楊維斗、陳卧子、吳梅村諸人會飲於秦淮舟中。時周減齋亮工、黃太沖宗羲始與先生訂交，亦與會。先生賦《秣陵舟宴》詩以記其事。”《印人傳》卷一《書沙門慧壽印譜前》：“若庚午舉於鄉，時沈治先、眉生昆季招維斗、卧子、駿公諸君子飲，予始識若。”夏燮《忠節吳次尾先生年譜》：“崇禎三年庚午……是秋，五應南都試，不第。”黃宗羲《思舊録·張溥》：“庚午，同試於南都，爲會於秦淮舟中，皆一時同年，楊維斗、陳卧子、彭燕又、吳駿公、萬年少、蔣楚珍、吳來之，尚有數人忘之。其以下第與者，沈眉生、沈治先及余三人而已。”

楊廷樞，字維斗，無錫人。爲諸生時即以理學氣節自命。後與張溥等訂復社，文章滿天下。崇禎三年，舉江南第一。其後屢應會試不第。明亡，避居光福山中，不久被逮，死。傳見《東林列傳》卷十二。

萬壽祺，字介若，一字若、内景、年少，徐州人。明崇禎三年舉人，爲復社成員。明末參與抗清鬥争，兵敗爲僧，法名慧壽，自號明志道人。嗜圖章，精六書。著有《隰西草堂集》。傳見《印人傳》卷一《書沙門慧壽印譜前》。

陳子龍，字卧子，一字人中，松江華亭人。幼而穎異，以經世自行，有文才。喜縱橫之術，與郡人別樹壇坫，名曰幾社，海内多宗之。中崇禎十年進士，選紹興推官。以定亂功擢兵科給事中，命甫下，而京師陷，乃事福王於南京。後受魯王部院職銜，結太湖兵欲舉事，事露就獲，乘間投水死。傳見《明史》卷二百七十七《列傳第一百六十五》、《南疆逸史》卷十四《列傳第十》。

黃宗羲，字太沖，海内稱梨洲先生，浙江餘姚人。究心經學，復旁求九流百家，於書無不窺。與其弟宗炎、宗會，有“浙東三黃”之稱。《清史稿》卷四八〇《列傳·儒林一》有傳。

吳應箕，字風之，後更字次尾，貴池興孝鄉人。家故習儒，少即獵治詩古文詞。骯髒負氣節，善獎誘人才，言當世事甚急。而貢高慢世，輕脱率己意，人目爲狂生。崇禎初，入復社，爲重要成員之一。明亡，起兵抗清，戰敗被殺。傳見《明季南略》卷四劉城撰《吳應箕傳》。

吳偉業，字駿公，太倉人。明崇禎四年進士。入清，初隱不仕，後薦授秘書院侍講，充修太祖、太宗聖訓纂修官。順治十三年，遷祭酒。學問博贍，詩文工麗，蔚爲一時之冠。傳見《清史稿》卷四八四《列傳・文苑一》。

　　沈壽民，字眉生，號耕巖，宣城人。爲諸生即有聲，重然諾，篤友誼。崇禎九年行保舉法，因應詔入都，抗疏論本兵楊嗣昌及總督熊文燦，不報，由是名動天下，亦以此罷歸。國變後，爲避仇，變姓名入金華山中，清順治十二年始返故園，隱居著述，窮餓終身。門人私諡曰貞文先生。著有《閑道録》《姑山文集》。傳見《南疆逸史》卷四十四。

顧寅錫自梁谿來訪，商榷選事，當不早於是年。

　　《印人傳》卷三《書王文安圖章前》：“庚午、辛未間，顧寅錫自梁谿來白門，與予商榷選事，攜有九龍社藝，予甚驚王人玉之才。”

王竹庵生。

　　《賴古堂集》卷二十二《題老蓮畫與王竹庵》：“予與竹庵性情嗜好無不同，數年以來，交遊亦無少異。所異者，予長竹庵十有八歲，予得交老蓮，竹庵不及見老蓮耳。”

屈大均生。

明崇禎四年　　辛未　　1631　　二十歲

是年思宗重派太監監邊鎮。八月，清皇太極攻破明大凌城（今遼寧錦縣）。

屢與試事，俱以北籍不得入院試。京兆詹公大收歲試童生，位列冠軍，人益忌之，百計相阻，無奈拂衣去。

　　《舊譜》：“辛未二十歲。公屢與試事，咸以北籍不得入院。京兆詹公大收日中完七藝，列公冠軍。人益忌之，百計沮公，公即拂衣去。”按：院試由各省學政主持考試，取中者爲“生員”。

隨父赴開封，探望文氏長姊於密縣，遂留居此地，嘗同姊丈文大士往遊雲巖宮。

　　《賴古堂集》卷三有詩《遊新密雲巖宮同文大士姊丈》。按：明代密縣屬開封府鈞州（又稱禹州）。關於周亮工初赴開封之時間，《舊譜》：“壬申，二十一歲。隨太封公赴汴梁，視文氏長姊於密縣，有《遊雲巖宮同文大士姊丈》詩。"而《賴古堂集》卷十八《盛此公傳》有言"歲在辛未，予自大梁來秣陵省家大人……亮因以父命往交此公"，是亮工崇禎四年辛未交盛于斯之前已赴開封，當是因"屢與試事，咸以北籍不得入院"頗受打擊，遂與父同往開封，留下讀書，父先回。

《閩小紀》卷二《命同》："家姊丈文大士，密縣人……尊人惺宇公爲通州守……大士以文名當時……生二子。"按：文大士從學于張民表，後與張民表同歿於開封水患，具見《賴古堂集》卷十八《張林宗先生傳》。

回南京省親，與盛于斯相識定交。

《賴古堂集》卷十八《盛此公傳》："盛此公名于斯，南陵人。……間復至秣陵，遯制舉義行之，非其志也。歲在辛未，予自大梁來秣陵省家大人，家大人好此公詩，語亮曰：'此間有盛此公，工爲詩，兒識之。'亮因以父命往交此公，此公獨異予，以爲恨不十載前識。"按：南京舊稱"秣陵"。

雍正《江南通志》卷一百六十七《人物志·文苑三》："盛于斯，字此公，南陵人。少負異禀，詩古文詞，倚席立就。爲人慷慨卓犖，雅有奇氣。後以家貧，落魄而歿。"《賴古堂集》卷十八《盛此公傳》："此公好爲古文詞，盲而死，無子弟爲之收拾，故多散亂；其所著，如《毛詩名物考》三十卷、《休庵雜鈔》十卷、《曆法》二卷、《輿地考》十卷、《群書考索》十二卷，今所傳者，獨《名物考》耳，他皆不傳。……此公初名筬，今《尺牘》中所傳盛筬侯是也。"《藏弆集》卷九："盛于斯，此公，玉郎，江南南陵人。《休庵遺稿》。"

與金鼎相識定交於南京。

《賴古堂集》卷十三《盛此公哭金冶王詩序》："金冶王鼎，京口人。好浮屠家言，年二十餘不娶，亦不出應有司試。辛未與予訂交白門。其人抗厲希古，不可一世。好爲古文詞，自以爲入龍門、扶風之室。……然遄遄好雜浮屠家言。性不妄交，與人交即以爲性命，每來白門，惟與吳衆香、盛此公暨余往返。……予兩人相異若此，乃相視顧莫逆也。"按："白門"即南京。

吳兆騫生。

明崇禎五年　壬申　1632　二十一歲

在南京。寒食日，同吳酤、盛于斯遊句容茅山。

《賴古堂集》卷三有詩《寒食同吳衆香盛玉郎句曲道上》。

雍正《江南通志》卷十一《輿地志·山川一·江寧一府》：“茅山，在句容縣東南，高三十里，周百五十里，《真誥稽神樞》云句曲山，古人謂爲金壇之虛臺，天后之便闕，山形似‘已’，故以句曲爲名，又名已山。”

盛于斯目病，又念母老，別歸南陵。

《賴古堂集》卷十八《盛此公傳》：“歲在辛未……明年，此公目病，數明晦，或不能視，予竊憂之，諷其勿讀書飲酒，此公曰：‘如是，不如其遂盲也。’會目病甚，又念母老，乃別予歸。”

張孟玖生。

光緒《重纂邵武府志》卷二十一《人物·文苑》：“張孟玖，字龍玉……順治五年，周亮工備兵駐樵，孟玖年十七，謁其門，爲所器。”

王鞏生。

明崇禎六年　癸酉　1633　二十二歲

高迎祥農民軍由陝入豫。耿仲明、孔有德叛於登州，後金政權勢日盛。

自南京返開封，受知於張民表，遂館於其家；日裏課童，夜則苦讀，凡八載，始別去。

《賴古堂集》卷十八《盛此公傳》：“又明年，癸酉，予自秣陵返大梁。”《舊譜》：“癸酉，二十二歲。在中州館祥符張孝廉林宗家，教其子讀書長欄中。公嘗言，年二十二三時，太封公罷諸暨歸，家中落，兩親年邁，以北籍沮于南試，不得已走汴梁，館張氏者八載。每當夜闌人靜，孤燈獨照，布衾如鐵，念兩親在白下，身已老大，無所成立，不覺擲書長痛，輾轉無可奈何，已，復拭淚誦讀，日復如是。”《賴古堂集》卷十八《張林宗先生傳》：“時予初見先生，先生謬語人曰：‘此德器也，吾家子弟行當付託之。’遂使三子問業於予。凡八載，至卯、辰，予幸博一第，始辭其家塾，別先生去。”

張民表，字法幢，又字林宗、塞庵，河南中牟人，世居祥符，明南京戶部尚書張孟男次子。萬曆辛卯(1591)舉人。子史百家，無不淹貫。善草書，爲詩渾脫瀏漓。其人放達,好施與,愛賓客,喜汲引後進,四方從遊之士甚夥。晚年自稱旃然漁隱,又號蕊淵道人,與尉氏阮漢聞、汝南秦鏞,號爲"天中三君子"。著述甚富,以崇禎十五年水陷開封,人與詩文俱没水中。傳見《賴古堂集》卷十八《張林宗先生傳》,雍正《河南通志》卷六十五《文苑》,《明季北略》卷十八,光緒《祥符縣志》卷十七《人物志·隱逸》。

　　按:入清,周亮工嘗收合張民表遺文,結集刊行。現《四庫未收書輯刊》第六輯收有張民表《原圃集》一卷,《塞庵詩一續》一卷,《二續》一卷,《三續》一卷,清順治周亮工等刻本。張民表有三子,《賴古堂集》卷十八《張林宗先生傳》稱:"長子允集、次子允隼、三子允隽。"《書影》卷六又有:"林宗先生三十外始就室,故得子最晚。……太占,先生長子也,亦没于水。"《賴古堂集》卷三有詩《圃田示張大占》,"大占"即"太占"。

爲躲應酬,張民表常往中牟避客。同張氏及内兄馮派魯、族甥唐堂等,城郊賞月、南陂泛舟,自是年始。

　　《賴古堂集》卷十八《張林宗先生傳》:"四方之至大梁者,自王公貴人以至走卒販夫,無不以得見先生顔色爲幸。先生以應酬頗煩,時避客中牟。中牟郭外有水泓然,蒲津二十四之一也,先生刳小舟蕩漾其中,有訪者即拉與俱,無日無客,無客不醉。先生集中有'南陂'諸詩,即其地也。"同書卷三有詩《同張林宗先生秋郊坐月》《同張林宗先生南陂秋泛》。張民表《原圃集》有《南陂秋泛同閔伯宗陳次玉有懷葛震父》《同周元亮閔伯宗陳次玉唐肯堂村中酌酒》等。

　　《中州先哲傳》卷二十三《文苑一》:"唐堂,字肯堂,祥符人,亮工甥也。從程石門遊學,爲詩而不自多,嘗以'詞人自矜一藝、頓忘天地之大'爲可恥。……左右亮工獄事,入都死,亮工爲刊其遺稿。"按:《尺牘新鈔》卷四載唐堂(原注:"肯堂,叔升,金谿人,祥符籍。遺稿。")《與減齋舅氏》書:"舅氏之明達俊偉,宜救八閩之艱危,毋圖一身之貴秩;宜秉正而自持,毋隨人而作止;宜以豐功令望,可輝耀於天下者自期,毋以高爵厚禄,可誇詡乎衆庶者自待。此非特區區之私望也,凡事利一身而有害於千百人者,身雖利,子孫必蒙其害;利千百人而無利於一身者,身雖不利,其利必歸於子孫。舅氏宜深念之,勿謂甥迂論。"讀其書,可想見其人。又有眉批曰:"肯堂刻詩凡八集,惜行世未廣,程伯建曾選其集刻於都門。"

與高永清相識訂交,當不早於是年。

　　《賴古堂集》卷一《高二澄甫將別予遊閩悲予及見高還得五十韻送之》:"高仲忠憲孫,承家澹以泊。努力事躬耕,歲歲硯田惡。焚硯走四方,恥爲詩書縛。憶昔在大梁，遇君古蘭若。琅玕照乘車，鐘鼓和南籥。雄文爛紫霞，新詩麗金艧。塞庵（原注：‘張’）蝶庵（原注：‘陳’）師，兩家大著作。進前爭譽君，爲聲不各各。我時年甚少，氣若魚龍躍。大言不賤貧，與爾抵掌約。談諧日淋漓，學余餐餺飥。”

　　按：高永清爲明代東林黨領袖高攀龍之孫，《藏弆集》卷十三：“高永清，澄甫，澂腑，無錫人。”

結識李三隨，當不早於是年。

　　《書影》卷六：“李三隨，字無塵，一字居貞，汴曲中人，能爲詩，畫蘭有逸氣。林宗、太沖諸先生酒坐中，非此君弗歡也。四方詞人之至者，咸願識無塵，與之唱酬，至今有道其姓字者。咸謂北之有李無塵，如南之有馬湘君也。無塵詩，如《長欄酌月》：‘新調從人翻水國，古弦不敢按中州。’《合歡樓春集》：‘花底斂襟依鶴步，歌中住拍讓鶯啼。’《譏窄衣》：‘不識曹衣真出水，任他吳帶自當風。’《聽小紅箏歌》：‘未是周郎獨顧誤，聲聲合拍也回眸。’《七夕分得王子喬返緱氏山》：‘白鶴乘來岩際望，神仙亦有故園情。’《陶庵夜坐》：‘杯沉雙影寂，雨壓一燈深。’《哭張烈女》：‘自嫌我有淚，敢謂世無人？’皆楚楚有致。予舊藏其稿，壬午，無塵同此稿俱没于水矣。惜哉！”

結識劉酒，當不早於是年。

　　張潮《虞初新志》卷十六有周亮工《劉酒傳》：“劉酒汴人，無名字，自呼曰酒，人稱曰劉酒云。畫人物，有清勁之致，酒後運筆，尤覺神來。人以爲張平山後一人，酒不屑也。凡作畫，皆書一‘酒’字款，其似行書者次，似篆籀者，其得意筆也。嘗爲上雒郡王作畫，王善之，曰：‘張平山後一人。’酒意嗔，急索畫曰：‘尚未款。’乃捲入旁室，縱筆書百十大‘酒’字於上下左右。王怒甚，裂其幅，驅之出，酒故怡然。酒於醉睡之外，惟解畫，他一無所知。坡公云：余奉使西邸，見書此數句，愛而録之，云：‘人間有漏仙，兀兀三杯醉。世上無眼禪，昏昏一枕睡。雖然没交涉，其奈略相似。相似尚如此，何況真個是！’酒索顔其草堂，予書曰‘略似庵’，以坡公所録前四句，去‘醉’、‘睡’字爲聯。酒得之，欣然意足也。”按：《書影》卷六亦記有劉酒事，内容略似而簡，且曰：“汴人劉酒……住林宗張先生宅旁。”

同姊丈文大士讀書超化寺，得見阮漢聞所作《楚西來傳》，當不早於是年。

　　《賴古堂集》卷二十一《題楚西來傳小引》：“西來之以情死，予聞其事於李居貞，會居貞亦以情死，汴上且不知有居貞，誰復能言西來者。在白門，見潘景升爲西來作傳,傳足以存西來,而憾其不備。渡江而北,與文大士讀書嵩之超化寺,大士出太冲先生此傳示予,與李居貞語予者合,文之古膩亦駕潘髯上,予謂大士曰:'足以傳西來矣。'黃流没汴,并此傳久付波臣。比在海陵,復見此篇,恐其復失也,謀梓之。"按:據此,周亮工得見阮漢聞所作《楚西來傳》,當在結識李三隨(居貞)之後,故不得早於是年。

雍正《河南通志》卷五十《寺觀》:"超化寺,在密縣城西南一十五里王村里。隋開皇二年創建,明洪武十七年重修。"

明崇禎七年　甲戌　1634　二十三歲

山西、河南大旱。農民軍陷陳州,攻洛陽。尚可喜叛明。後金軍入宣府,威脅京師。

陳卓生。(《龔賢年譜》)
宋犖生。王士禛生。
曹貞吉生。
　　張貞《杞田集》卷七《誥授奉政大夫禮部儀制清吏司郎中曹公墓誌并銘》:"公曹姓,諱貞吉……不意戊寅八月偶失食飲節,舊疾大作,而公不起矣,則康熙三十七年十一月四日也,距生崇禎七年正月二十二日,得年六十有五。"

高簡生。
　　曾燦《六松堂集》卷七有詩《高澹遊舊臘五十初度作此補祝》二首,其二:"懸弧五十逢初臘,雪窖冰天夢未安。半月應知開甲子,(原注:'君誕四日,距十九日立春之期正當半月。')六身還紀獲鄅瞞。漫將蕡莢占時泰,且頌椒花傲歲寒。長汝十年空自愧,浮生辜負釣魚竿。"按:曾燦生於明天啓五年(1625),據此可推知,高簡生於本年臘月初四日。

明崇禎八年　乙亥　1635　二十四歲

是年正月,張獻忠農民軍攻克鳳陽,焚皇陵,明廷震動。二月,金重編蒙古諸旗。五月,金兵掠寧遠等地。

在開封。受知于祥符縣令孫承澤，孫氏爲延譽，又捐金爲置田産，有詩答謝知遇之恩。

《舊譜》："甲戌，二十三歲。祥符令北平孫公承澤觀風得公卷，大異之，曰：'定非汴人。'公具以始末告，孫公大爲賞識，即取以冠軍，爲之延譽，又捐金爲公置田，公有《北海夫子爲某買田》詩。"雍正《河南通志》卷三十三《職官四》："開封府屬知州知縣……祥符縣……孫承澤，北直大興人，進士，崇禎八年任。"《賴古堂集》卷三《孫北海夫子爲亮買田》："依親已有歲，得食願逢年。……平疇春雨足，八口笑相牽。"

按：關於周亮工受知於孫承澤，《舊譜》記爲崇禎七年(1634)甲戌，而雍正《河南通志》及光緒《祥符縣志》均載，孫承澤崇禎八年始任祥符縣令，則亮工受知於孫承澤當不早於崇禎八年(1635)，《舊譜》所記時間有誤。孫承澤在祥符縣令任上治績頗佳，光緒《祥符縣志》卷三《職官表》附《宦績傳》："孫承澤，直隸大興人，崇禎間由陳留調祥符。時督逋甚嚴，承澤催科有法，不致困民，教民孝弟，懇切誠篤，刻功過格，口講指畫，務積誠感人，民多革心。在任三載，鄉農不睹勾攝悍吏，擢拜給諫，民臥轍乞留。"

孫承澤，字耳伯，號北海，又號退谷，大興人。明崇禎四年進士，官至刑科都給事中。入清，仕至兵部侍郎、吏部侍郎。有志於學，於古今治亂經濟，皆究其原委。家富藏書，善於鑒別碑版書畫。著述甚富，其著作有《庚子銷夏記》《春明夢餘録》《畿輔人物志》《天府廣記》《山書》《經翼》等。傳見《清史列傳》卷七九《貳臣傳乙》，事迹詳見《碑傳集》卷十《孫公承澤行狀》(王崇簡撰)。

邑、郡試俱第一，入祥符縣學。

《舊譜》："乙亥，二十四歲。邑、郡試俱第一，遂入祥符學。"《行述》："又數年，返大梁，受知於祥符令、今吏部左侍郎太子太保致仕北平孫公承澤，郡、邑試俱第一，補弟子員。"

冬，娶妻馮氏。

《舊譜》："乙亥，二十四歲。……冬，娶元配馮淑人。"

是年，與陳方策定交於開封。

《賴古堂集》卷二十一《書丙申入閩圖後》："立三與予定交，蓋在汴上乙亥，去今二十四年矣。與予交最久，第薑桂成性，凡予官地，未常一至，予亦未常少有所益於君。乃聞予難，輒奮不顧身，不以八十老親爲辭，慨然偕行……涉危履險無悔辭,事成而歸無德色。"張民表《塞庵詩一續》有詩《贈陳立三時至自靈寶》,題下原注:"名方策。"

明崇禎九年　丙子　1636　二十五歲

李自成農民軍攻克和州,是年春,陳兵逼江浦,南京騷然。是年四月,皇太極即位,國號大清,改元崇德,頻窺塞內。七月,高迎祥於周至爲陝西巡撫孫傳庭所敗,被俘而死。

是年秋,鄉試下第。

《舊譜》:"丙子,二十五歲。秋試下第。"《賴古堂集》卷二十《與高康生》(三):"即弟丙子下第時,情況正不爾爾也。"

於張民表座上初識馮肇杞,時與文大士等環觀馮肇杞畫竹。

《賴古堂集》卷二十三《書馮幼將畫竹卷後》:"幼將與予定交於大梁張林宗夫子座上,時爲丙子。予見幼將畫竹,即始於丙子。……回憶林宗夫子座上,與大士、戒公、澹生及予弟六嚴,環觀幼將寫竹,每當其得意時,輒歡呼雷動,如壁上觀。"

按:《宋元明清書畫家年表》載周亮工與馮肇杞定交於崇禎十年(1637),且自言據《賴古堂集》,誤。《賴古堂集》卷三有詩《寄沚川師三戒公》,戒公行迹待考。

《讀畫錄》卷四《馮幼將》:"馮肇杞幼將,越之會稽人。爲予總角交。少時間作山水人物花鳥,極奇秀,每出人意表。三十後遂棄去一切,惟寫梅、竹、蘭、石,有求者輒應之,取適己意,初不計工拙也。……性沖融,深理解……與物無忤,不見理遣情喻之迹。爲詩及詞曲雜文,有當世知名之士不能望其階阤者,而往往爲其所掩……書學南宮,通《內經》《素問》家言,醫藥多所奇驗,世皆不得而名之。多著述,詩予極賞之,以爲罕有。"

程林遊開封,與之定交,當不早於是年。

《印人傳》卷二《書程雲來印譜前》:"程雲來林,歙人。予之交君,蓋在丙子、丁丑間,君游梁時。後君見寇氛日熾,遂移家武林,得免於黃流之難,人咸服君有早見。君精醫,時時爲予講性命之學。乃好爲圖章,又以意爲花卉,悉皆有生致。予往來湖上必訪君,君又嘗顧予於閩,於白門,故得其手製最多。君爲印隨手而變,近益精醫,能起人於死,人争延致之,席不暇暖,遂不復唱渭城矣。"

王豸來生。

　　《賴古堂集》卷十七《送王庭一入楚序》:"丁亥入閩,儚居聖湖廠,時聞比舍兒讀書聲……數十日如一夕也。心異之……急令張子京大索之,乃知是王子庭一,因得見。庭一時方十二齡耳。"按:此"丁亥"爲清順治四年(1647)。

徐釚生。
董其昌卒。

明崇禎十年　　丁丑　　1637　　二十六歲

是年夏,兩畿、山西、江西大旱,浙江大饑。七月,山東、河南蝗災;清兵進攻瓦爾洛。十月,李自成離陝入川,破州縣多處。

是年,張民表會試又不第,特賦詩安慰之。

　　《賴古堂集》卷三有詩《涿鹿逢張林宗先生下第》:"天下方多事,上書胡復歸。文章誰較是,吾道未全非。弟子壼空缺,先生塵自揮。西山朝氣爽,澹欲上征衣。"

顧貞觀生。嵇永仁生。

明崇禎十一年　　戊寅　　1638　　二十七歲

是年六月,兩畿、山東、河南大旱蝗。九月,清軍分道入塞,前鋒抵牛欄山;十一月,薄德州,分道渡河,合于濟寧;十二月,犯鉅鹿,宣大總督盧象升陣亡。

八月,復社名士吳應箕等作《留都防亂公揭》,痛斥魏忠賢奸党阮大鋮。

　　夏燮《忠節吳次尾先生年譜》:"崇禎十一年戊寅……八月……先生與子方、定生成《留都防亂揭》。"朱希祖《明季史料題跋·書劉刻貴池本留都防亂公揭姓氏後》引陳貞慧《防亂公揭本末》："崇禎戊寅，吳次尾有《留都防亂》一揭，公討阮大鋮。"

明崇禎十二年　己卯　1639　二十八歲

是年正月，清兵南下陷濟南，又陷汶上，攻兗州。五月，張獻忠於穀城再起。六月，北畿、山東、山西、河南旱蝗。九月，清遣將攻錦州、寧遠。

秋，鄉試中舉，房師爲王世琇。孫承澤時已陞刑科給事中，復督餉中州，駐節於商丘，放榜日，漏四下時聞捷音，痛飲以賀。

《舊譜》："己卯，二十八歲。中鄉試。公常言，在闈中未午已完書藝，從鄰號生讀其卷，皆時尚之調，公慨然曰：'是安可與若輩競耶？'復更構思，乃得今所傳文。受知於歸德推官王公世琇，闈墨遂爲中州風氣之祖，至今天下傳誦之。"《行狀》："己卯舉於鄉，主司得先生牘曰：'此非中州士也。'得雋日引見先生，詢知籍於南也，顧侍者而笑。及程文出，海內傳誦，其所爲《孟子知言養氣義》，學者至今誦習之。時孫先生方以給事中督中州餉，駐歸德，榜發，先期張筵坐廳事，戒鼓吏曰：'周生捷音至，非時鳴鼓以聞。'漏四下，得報，爲浮一大白。"按：《碑傳集》卷十《孫公承澤行狀》（王崇簡撰）："歷任陳留知縣，調祥符縣，以卓異授刑科給事中。"雍正《河南通志》卷三十三《職官四》："開封府屬知州知縣……祥符縣……孫承澤……崇禎八年任。左懋泰……崇禎十年任。"是崇禎十年（1637），孫承澤已升授刑科給事中。

雍正《河南通志》卷五十五《名宦中》："歸德府……王世琇，直隸清苑人，崇禎丁丑進士。十一年，任歸德推官，清理冤滯，犴狴一空，重修講院，勸課士子，嚴飭酷吏，政績犖然。值歲大饑，捐俸施粥，活者甚衆。時土寇蠭起，聚衆數萬，琇畫計翦滅。升工部主事，御史高名衡特疏請留，從之。"

冬，過尉氏，阮漢聞與談《易》。

《書影》卷四："己卯冬，過尉氏，阮太沖先生與予談《易》。先生極推金谿傅文兆，言其所著《十一翼》，可盡廢從前作者。予索之十年不得。後在閩得之於蔣用發。"

錢謙益《列朝詩集小傳》丁集下《阮征士漢聞》："漢聞，字太沖，浙人，家于京師。積學嗜奇，留心當世之務。落落無所遇，與西亭王孫交好，遂倚西亭居汴。

西亭歿，以尉氏阮舊土也，遂徙家焉。太沖博覽墳素，篤志古業，天中之士，翕然師之，四方造門者，戶屨恒滿。……習兵家之學，上窮握機，下通鳥卜，著《尉繚子解》《詰戎》《踐墨》諸集。"

《書影》卷六："阮太沖、王季重皆浙人，俱生於都門。張太保公爲璽卿時，林宗先生侍養都門，三公垂髫，共硯席於演象所，常合刻其詩文以行。後太沖因皦生光之變，移家尉氏，時時過會城，宿林宗先生長欄中。予時讀書其地，見兩公雄談竟夕，如少壯時。太沖常呼張曰：張仲，爾一生爲詩，惟得'草細吳門棹，煙傷楚澤吟'二語耳。張曰：跛君，欲吾稱爾'潮回遠嶼青，日簸驚濤紫'耶？太沖晚年，足不良於行，故張以'跛君'戲之。未幾，阮沒于賊，張沒于水。回憶長欄中，兩白髮翁一燈對坐、縱橫雅謔時，遂成隔世事矣。爲之黯然！"

《書影》卷四："《十一翼》……此書神宗末年刻之金陵書坊中，時亦不久，不知何以不行於世？文兆於《易》，濫熟胸中，信手而拈，沖口而出，無非至理。余悲其不傳於世，又無力爲之復梓，因以歸之堵芬木，芬木許爲鐫於歷城。芬木信人，想終不負此諾也。"

是年，與馬御輦、馬仲侍兄弟定交於開封。

《賴古堂集》卷八有詩《次順德；涇陽馬元御、仲侍昆季己卯與予訂交汴上；越七年乙酉元御令如皋，沒於王事，予時治兵維揚，經紀其喪，俾返故里；乙未冬過邢臺，見仲侍壁上詩悽然有感，爲賦一詩悼元御兼懷仲侍》。按：此"乙酉"爲清順治二年（1645）。

雍正《江南通志》卷一百八《職官志·文職十》："如皋縣知縣……馬御輦，陝西人，舉人，順治二年任。"雍正《陝西通志》卷三十一《選舉二·舉人》："天啓元年辛酉科……馬御輦，涇陽人，知縣。"

是年，嘗至陳州，循蘇軾當年遊迹，尋訪厄臺寺及陳胡公墓。

《書影》卷六："坡公舊遊陳州，近城可遊觀者無不至。柳湖旁有丘，俗謂之鐵墓，云陳胡公墓也。城濠水注齧其趾，見其中鐵錮之。又有寺曰厄臺，云孔子厄于陳、蔡所居者。其說荒唐不可信。或曰：東漢陳思王寵敎弩臺，以控扼黃巾者，斯說爲近之。余己卯在陳州，過厄臺寺，見臺上祀先師并四科弟子，皆塑像，不知始自何時。……城東北隅水中，相傳有陳胡公墓，以鐵繩繫鐵棺；水漲與俱浮，水涸與俱下。訛傳耳，實無所見也。人緣鐵錮之説，遂誤謂鐵繫云。柳湖亦名西湖，湖中亭至今名子由。"

是年，嘗過商丘，訪宋權，與吳伯裔、吳伯徹同飲宋氏湖上齋。

《舊譜》："丁丑，二十六歲。遊於歸德，有《飲宋雨恭先生湖上齋》詩。"《賴古堂集》卷三有詩《雪苑不寐》《飲宋雨恭先生湖上齋同吳讓伯延仲》。

按：據宋犖《文康府君年譜》及《漫堂年譜》，宋權於崇禎十年(1637)請終養，五月攜家歸里，周亮工得從遊。《賴古堂集》卷九《少保商丘宋公錫謚文康紀一詩與令嗣牧仲》："在岳誰能方岱華，于人曾幸識歐陽。"原注："己卯過雪苑，即從公遊。"故將訪宋權事系於崇禎十二年己卯。

宋權，字元平，號雨恭，又號梁園，河南商丘人。明天啓五年(1625)進士，官至順天巡撫。入清，累官至內翰林國史院大學士，加太子太保銜。順治八年致仕，九年卒於家。順治十六年追謚"文康"。其子宋犖，纂有《文康府君年譜》。《清史列傳》卷七十八《貳臣傳甲》有傳。

雍正《河南通志》卷六十三《忠烈》："吳伯裔，字讓伯，商丘人。崇禎丙子舉人，以詩文名世，著有《牆東燕遊》等。壬午，流賊陷城，殉難死。"康熙《商丘縣志》卷九《文苑》："吳伯裔，字讓伯。少孤貧，與弟徹俱依其舅劉格。格饒於財，數以千金推伯裔，且延名師教之，於是淹通古今。爲人沉練英博，慷慨負大志。文章原本經術，歸之大家。每高自稱許，簡貴不交時人，獨與侯方鎮、方域、賈開宗、劉伯愚、張渭爲莫逆交。江左諸名士目爲吳、侯、徐、劉者，蓋伯裔也。……弟伯徹。"

康熙《商丘縣志》卷九《文苑》："伯徹，字延仲，風流文雅，美鬚眉。爲文溫麗，悉合矩度。崇禎乙亥，貢於廷。有中貴人聞其名，齎金求作妝樓記，卻不納。壬午城破，有人見兩賊以伯徹爲官執之，伯徹厲聲曰：'汝以我爲官，誠誤。即非官，豈從汝作賊耶？'兩賊疾驅之去，不知所終。"按：崇禎十五年壬午，李自成農民軍攻陷商丘。

是年，嘗回南京，閔景賢過訪于賴古堂，出所輯《布衣權》相訂。

《書影》卷六："徽人閔景賢，字士行，常刻《快書》前後百種……所輯有明三百年布衣之詩二尺許，顏曰《布衣權》，搜羅最廣。中頗有幽隱之士，未有聲稱於世者。士行應予鄉上雒郡王之聘，己卯過予賴古堂，出此書相訂，意欲予爲之鐫行。會予赴北海，不果。後聞士行與此集，俱在汴水滔天中矣。……或曰：《布衣權》猶有副本，在紫淀老人張文寺家。文寺歸道山，此書不知所歸矣。"

是年，納王蓀爲妾，王時年十五歲。

《賴古堂集》卷七有詩《海上晝夢亡姬成詩八章》，自序："姬與予共甘苦者七載餘。……隨予宦維揚,疾死署中,年纔二十又二。"按:清順治三年(1646),亮工官淮揚海防兵備道,時王蓀病卒,既言"共甘苦者七載餘",當是此年中舉之後,納王蓀爲妾。《書影》卷一:"宛丘王氏,十五歸予,即能詩。"

汪懋麟生。

　　張貞《杞田集》卷六《汪君蛟門傳》:"汪君蛟門……竟以此卒,則康熙戊辰四月十一日也,壽僅五十。"按:此"戊辰"爲康熙二十七年(1688)。

明崇禎十三年　　庚辰　　1640　　二十九歲

是年四月,清帝視師義州。七月,清兵在錦州一帶數與明兵戰。十二月,李自成進軍河南,災民群起依附。

春,奉師張民表北上赴京應會試,借宿鄴下南寺,張民表有題壁詩。

　　《賴古堂集》卷三有詩《庚辰春侍張林宗先生北上宿鄴下南寺越十年己丑與公子子顧再宿其地見先生壁上詩泫然泣下用原韻得詩四首》。

　　雍正《河南通志》卷五十一《古迹上》:"彰德府……鄴鎮,在臨漳縣西,即舊鄴縣地。"

是春,成進士。

　　《舊譜》:"庚辰,二十九歲。中會試。"按:友金堡、徐芳、方以智、郭文祥、吳晉錫、梁以樟、陳台孫、何平、吳第、彭而述、吕翕如、姜垓、李森先等均爲是年進士。

在開封,於張民表邸舍結交陳肇曾。

　　《賴古堂集》卷五《送陳昌箕北上》詩原注:"庚辰,予從林宗夫子邸中得交昌箕。"

　　《結鄰集》卷十:"陳肇曾,昌箕,福建侯官籍,長樂人。"

盛于斯寄書至開封,乞於其死後照拂其老母,爲其墓書石;得書不數日,遂聞其訃。

　　《賴古堂集》卷十八《盛此公傳》:"常以書寄予大梁,至數千言,言:'子當不長貧賤。他日擁節江上,取道南陵,魁湖之北,桃源之南,予墓在焉。子當登我堂,拜我老母,爲我書石,曰盛此公埋骨處,予願足矣。他則子之事也。'……予得其書,忽忽如失者數日,知此公將不永矣。不數日,亡聞至,予爲位哭之。會予成進士,官山左,不能即至秣陵。"

冬,入京謁選,妾王蓀及好友陸可三偕行。張民表有詩相送。

《賴古堂集》卷七《海上畫夢亡姬成詩八章》之六:"相懷馬瘦烽煙直,齊魯車輕雨雪瀍。"原注:"庚、辛間自相、懷入燕京,赴北海,時載道烽燧,予與姬策騎數千里。"張民表《原圃集》有詩《庚辰冬日送周元亮北上謁選》:"河冰猶未合,急赴選人期。命世才誰定,明君道自持。寒催屆酒滿,目切殿雲思。江左知名士,同行重此時。"原注:"同行者,秣陵陸可三也。"

《大清一統志》卷一百四十八《河南省》:"建置沿革……後魏初爲洛州,增置相、懷、陜、豫諸州。"雍正《河南通志》卷五十一《古迹上》:"彰德府……相縣故城,在府城西十五里,隋開皇間安陽縣治,唐武德中廢。"《大清一統志》卷一百六十《懷慶府》:"懷縣故城,在武陟縣西南。"

過內丘,晤喬磐石,聚飲喬氏西園。

《賴古堂集》卷七有詩《中丘贈喬磐石鴻臚庚辰與椵陸可三諸君飲磐石西園今并作古人矣》。《書影》卷四:"內丘喬磐石鴻臚,善以西瓜釀酒,味洌而性涼,頗宜予。予三過公家,公輒浮滿索醉。"

雍正《畿輔通志》卷十四《建置沿革》:"內丘縣,漢置中丘縣……隋開皇初避諱改名內丘……明屬順德府。"《明一統志》卷四:"順德府……內丘縣,在府城東北五十里。"

是年,與尚沙定交於漳河。

《賴古堂集》卷七有詩《庚辰與尚海臣沙定交漳河;越三年壬午,海臣舉於鄉;又六年出爲江夏令;又三年以病歸,甫抵里門,死矣。海臣年甫三十,際多難,恅惝出爲世用,堂有老親,恫怛以没,爲賦一詩,以當痛哭,但招其魂夢以告之,未敢示其老親也》。

雍正《河南通志》卷七《山川上》:"彰德府……漳河,其源有二……俱東至林縣合流,經安陽、臨潭、館陶界入衛河。"

金鼎卒,當不晚於是年。

《賴古堂集》卷十三《盛此公哭金冶王詩序》:"金冶王鼎,京口人。……年二

十九以疾卒於京口。先是浮玉僧夢冶王來爲寺神,明日冶王謝世,諸凡從冶王
游,曁習浮屠家言者,競侈其事,至肖貌祀之。……冶王既没,此公、衆香皆以英
壯之年相繼厭世。"按:《賴古堂集》卷三有詩《金梅郎讀書金焦没之前夕苾芻蘿君
來爲寺神肖貌祀之》,所紀當金鼎事。

劉酒卒,爲買棺收殮,當不晚於是年。

　　《虞初新志》卷十六録有周亮工《劉酒傳》:"酒與余交最久,無妻子,每謂予
曰:‘死以累君。’一日,方持杯大飲,忽然脱去,開口而笑,杯猶在手。余感其宿昔
之言,爲買棺殮之。"《書影》卷六:"汴人劉酒……住林宗張先生宅旁。余見之凡
七年,無夕不醉。"

長子在浚生。(《舊譜》)
葛一龍卒。(錢謙益《列朝詩集小傳·丁集下·葛理問一龍》)

明崇禎十四年　辛巳　1641　三十歲

是年正月,李自成攻陷洛陽,殺福王朱常洵。二月,張獻忠陷襄陽,殺襄
王朱翊銘。三月下旬,清兵大舉入塞,祖大壽禦之於錦州。五月,復社領
袖張溥猝然病卒。七月,清兵攻錦州,圍松山。八月,陷錦州。

在京師重逢陳洪綬,同金堡、伍瑞隆等結詩社,與陳洪綬遂成莫逆交。

　　《讀畫録》卷一《陳章侯》:"辛巳余謁選,再見於都門,同金道隱、伍鐵山諸君
子結詩社,章侯繆好余詩,遂成莫逆交。"

　　金堡,字道隱,號衛公,浙江仁和人。崇禎庚辰進士,官臨清知州。清順治乙
酉(1645)杭州失守,起兵山中,與浙東諸君遥爲聲援。未幾,入隆武朝爲兵科給
事中。又仕永曆朝爲禮科給事中。後爲僧,祝髮桂林,名性因,易名今釋,號澹
歸。爲人抗直,不畏强禦,遇事敢言。著有《清淵集》《徧行堂集》。傳見《尺牘新
鈔》卷五、《南疆逸史》卷二八、乾隆《杭州府志》卷一百七十一、《明季史料題跋·
康熙副本徧行堂集跋》。

　　伍瑞隆,字國開,一字鐵山,香山人。天啓辛酉解元,後至觀察。善寫牡丹,
工書。著有《懷仙亭草》。傳見《尺牘新鈔》卷七、《漁洋詩話》卷下、《歷代畫史匯
傳》卷四十五。

謁選得山東萊州府濰縣令。秋，將赴濰，張民表賦詩相送；方以智、張怡
過飲餞別；陳洪綬作《歸去圖》見贈，方以智爲書《歸去來辭》於其上。王
蓀偕赴濰。

《舊譜》："辛巳，三十歲。謁選人，得山東萊州府濰縣令。"

張民表《原圃集》有詩《送周元亮之官濰縣》："鼎沸海揚波，朝廷誰止戈。時
須規本計，道合罷催科。白浪田塍滿，丹橋飯顆多。（原注：'邑有流飯橋。'）吾知
宰天下，不及一同何。"

《賴古堂集》卷三有詩《方密之張瑤星過飲予將發北海》。《讀畫録》卷一《陳
章侯》："余方赴濰，章侯遽作《歸去圖》相贈，可識其曠懷矣。"方以智《浮山文集前
編》卷五《曼寓草》卷中《周元亮友聲序》："予既幸獲與元亮同門，嘗讀其詩歌，心
折爲才士。及令濰上，治聲溢都下。……元亮當之任時，予適送之，車馬在門，乃
出章侯所圖彭澤令像，命予書《歸去來辭》，予已嘆其風期遙遠矣。"按：據任道斌
《方以智年譜》，是年冬，方以智取道濰縣，離京南返，亮工赴濰當不晚於是年秋。

《賴古堂集》卷七《海上నꞓ亡姬成詩八章》之六原注："庚、辛間自相、懷入燕
京，赴北海，時載道烽燧，予與姬策騎數千里。"按：濰縣舊稱"北海"。

《讀畫録》卷二《釋無可》："無可大師，予庚辰同榜方密之也。公名以智。幼
稟異惠，生名門，少年舉進士。自詩文詞曲、聲歌書畫、雙鉤填白、五木六博，以及
吹簫撾鼓、俳優平話之技，無不極其精妙。三十歲前，極備繁華；甲乙後，薙髮受
具，躭嗜枯寂，粗衣糲食，有貧士所不能堪者。於是謝絶一切，惟意興所至，或詩
或畫，偶一爲之。然多作禪語，自喻而已，不期人解也。"

張怡，一名遺，初名鹿徵，字瑤星，上元人。父可大，明季總兵登萊，死國難，
怡遂以諸生授錦衣衛千户。崇禎十七年，李自成陷京師，乘間南歸，妻已前死，獨
身寄攝山僧舍，足不入城市。鄉人稱白雲先生。著述甚富，生前無板行。傳見方
苞《方苞集》卷八、《國朝先正事略》卷四六、《清史列傳》卷六十六、同治《上江兩縣
志》卷二十二。

至濰之明日，即往祀舊令王惟儉。

《書影》卷一："吾邑王公半庵，名惟儉，字損仲，官至工部侍郎。性敏慧，嗜
學，好收藏三代銅、玉器。常得漢玉觥，爲世所未有，因以'寶觥'名齋，日嘯詠其
中。公每謂諸史中，無如《宋史》煩猥，欲删潤之，以成一代之書。書成將半，而公
謝世。汴水奔騰，并其未成之本胥失之矣。予生也晚，未及見公，僅得交令嗣雁
澤。後在吳門市上，得公詩、文各一卷，予爲序而鑴之，以歸雁澤。公詩文皆不苟
作，矜慎自娱，故所存不多，然亦無不足傳者。公起家山左濰邑令，予初謁選之前

一日，夢公揭簾顧我，自言我同邑王半庵也。次日余適得濰令。公治濰多威惠，其去也，濰人德之，立祠祀公。予至邑之明日，即往祀公。蓋公蒞濰時甫廿餘，邑中至今呼爲小王公云。"

乾隆《濰縣志》卷三《名宦》："王惟儉，號符禹，進士。萬曆時宰濰，數決疑獄。民苦養馬，爲請而停之。輸粟遼左，民罷於役，爲酌而均之。礦税中使冠蓋相屬，商農咸病，爲言邑無礦，而民獲安堵。秩滿，升兵部主事。邑人立祠祀之。"

重九日，有感於邑内吳氏節烈之事，作《吳節婦傳》。

乾隆《濰縣志》卷五《藝文志·傳》收有亮工《吳節婦傳》："檪里周子令濰水，覽其山川人物之勝，未嘗不愾然有懷也。無何，陳氏子婦以節烈聞，周子書其事白當事，將聞於上，請明綸褒異之，乃寵幽且風勵厥俗也。……時崇禎辛巳重九日也。"

慮及山東數地曾遭清軍攻掠，著手固城守、善兵器、積糧芻，積極備戰。

《全濰紀略》載朱緒《周侯全濰血績紀》："濰侯周公……當綰綬初，詢戊寅奴虜陷濟掠青狀，愾然矢衆曰：'天方豢驕，當思有以禦其來，勿徒恃其不來也。禦之之具，曰城、曰器、曰粟，而尤莫要於人。城不堅完，與畫地同；器不弔善，與徒手同；粟不積溢，與枵腹同；人不和調不豫附，與烏合鳥散同。'於是因舊埤，爲之鞏其瑕，葺其敝，崇其陴垣，密其砲站，星列其火具，京峙其糗芻，守國之險稱備矣。諸所爲得道和人之事，凡二年間飲讀勸課皆是也。"按：崇禎十一年戊寅，清軍於九月分道入塞，十一月薄德州，分道渡河，合于濟寧。時德州屬山東濟南府，濟寧州屬兖州府，距萊州府不爲遠也。

政事之暇，獎藉文士，興濰社，試萊郡生童，首拔十六人，後以進士起家爲名宦者十二人，法若真、宋可發、匡蘭馨、王垓、王如辰、單若魯等爲其中最著者。

《舊譜》："辛巳，三十歲。……作濰社，合萊郡生童試之。首拔十六人，後以進士起家爲名宦者十二人。"《行述》："庚辰成進士，釋褐得山左之濰縣。……政事之暇，獎藉文士，無遠近，皆以文藝就質。因興起濰社，合萊郡士甄別之，首拔十六人，不六年，成進士者十二人。其最著者，則前秘書院試講、江南布政使司布政使法公若真，廣東布政使司布政宋公可發，吏部郎中匡公蘭馨，前御史侯補内府科王公垓，户部福建司主事王公如辰，侍讀學士單公若魯，皆勳名奕奕炳天壤。"

　　法若真,字漢儒,號黄石,亦號黄山,山東膠州人。性警敏,少爲明諸生。清順治二年,授内翰林國史院試中書舍人。順治三年進士,改庶吉士,授編修,充福建戊子正考試官,遷秘書院侍讀。外遷,歷任浙江糧道、福建布政司參政興泉永道、浙江按察使、湖廣布政使、江南安徽布政使。年八十四,卒於家。善用兵,有識見,爲政務持大體,不爲苛細。長於詩、文,工擘窠大書。著有《黄山文留》《詩留》諸集。傳見道光《膠州志》卷二十七、《國朝書人輯略》卷二。

　　宋可發,字艾石,膠州人。少孤,事母至孝,以學問自勵。順治六年成進士,授福建將樂縣知縣,有惠政,山寇款服。九年,以奏最入京師,擢河南彰德府知府。遷福建按察司副使海巡道,晉湖廣布政司參政兼管驛傳鹽法道。康熙三年,遷山西按察使,改補四川按察使。十年,遷廣東布政使。其冬告病歸,卒。傳見雍正《山東通志》卷二十八、道光《膠州志》卷二十七。

　　道光《膠州志》卷二十七《列傳七》:"匡蘭馨,字九畹,明世襲指揮德九世孫。弱冠爲諸生,有文名。事父純孝。崇禎十五年舉人,其年有兵警,蘭馨與侍郎高宏圖并守州城有功。本朝順治六年舉進士,釋褐授行人……遷吏部主事,歷考功、稽勳、驗封各司員外,文選司郎中。……蘭馨儀表豐碩、鬚眉偉麗,上甚器之……遷太僕寺少卿。十五年,出典山西丁酉科鄉試。後以病,免官歸。……卒年六十有四。"

　　道光《膠州志》卷三十一《列傳十一・僑寓外徙》:"王垓,字漢京……家貧力學,以舌耕供菽水。由順治六年進士授行人。康熙二年,值琉球請封,同官多避就,垓慨然往。……累掌户科,時三藩叛,度支皇皇,苦心會計,以佐軍需。典試浙江,所得皆知名士。分巡寧紹,海寇接境,垓嚴整斥堠,民賴以安。二十二年冬,七郡治艦於寧波,以冒寒董役得疾,卒於官。著有《使琉球記》一卷。"

　　道光《膠州志》卷二十七《列傳七》:"王如辰,字中台。……舉順治十二年進士,授交城縣知縣。山多藏寇,如辰下車七日,以計擒渠魁,歸京師戮之。……内擢主事,歷户部郎中,外遷廣西提學道按察司僉事。……(有惠政)粤人爲專祠祀之。著有《北野逸詩》。"

　　民國《高密縣志》卷十四上《人物志・文苑》:"單若魯,字唯之,一字拙庵。順治丙戌進士,由庶常累遷國子監祭酒。性謙和,篤友誼,教士先行後文。順治己丑,分校禮闈,甄拔多名宿。致仕歸,闢小園於城隅,顔曰秋水居,集子姪讀書其中,躬自督課。著有《語石齋詩集》。"

顔退食之堂曰"無事"。政事之暇,容與吟詠,合諸舊作,刻爲《友聲》。

　　《賴古堂集》卷二十三《又題蕉堂圖》:"記予作令濰邑時,邑故孔北海治地,予顏退食之堂曰'無事',取北海'座上客常滿,樽中酒不空,吾無事矣'。"《書影》卷三:"坡仙云:孔文舉曰,座上客常滿,樽中酒不空,吾無事矣,此詩甚得酒中趣;及見淵明云,偶有佳酒,無夕不傾,顧影獨盡,悠然復醉,便覺文舉多事矣。予在萊濰作無事堂,常曰:有客時學北海,無客時學淵明。意但飲酒耳,不知者以爲地近蓋公堂,有所慕而爲之。予滋愧矣。後一令至,曰:邑可無一事耶! 命撤之。諸生于鳴岐藏於家。"按:蘇軾嘗爲膠西守,建蓋公堂,作有《蓋公堂記》。

方以智《浮山文集前編》卷五《曼寓草》卷中《周元亮友聲序》:"及令濰上,治聲溢都下。……彈琴之暇,容與吟詠,合諸舊作,號曰《友聲》。予讀之,音指清拔,内藴温厚,大抵皆追惟昔所與遊,俯仰有感,超然興懷,旨哉此聲乎! ……詩稱求其友聲,如其同聲,蓋不待求而合也。"

在濰多惠政,濰人稱頌。

《行述》:"濰劇邑也,事繁叢弊,先大夫以書生受事,迎刃而理。濰相沿有三大害,一臨清米累,一櫃書征解,一驛遞雇役。先大夫下車未三月,諸弊盡除。濰人至今尸祝。濰俗多椎發任俠之雄,爲群盜藪。先大夫身率健兒,躍馬前出,賊各錯愕避去。人稱張子高、尹京兆復出云。"

乾隆《濰縣志》卷三《名宦》:"周亮工,字元亮……崇禎庚辰宰濰邑。時屢經兵燹之後,户口凋敝。下車加意撫綏,勸農課學,庶政次第修舉。民愛之如父母。"按:周亮工實於崇禎十四年(1641)始知濰縣,《濰縣志》所載宰濰時間有誤。山東在崇禎末年自然災害頻繁,"土寇"異常活躍,又常會遭受清軍侵略,所以形勢非常複雜,具見《明史》卷三十《五行志》、謝國楨《明末農民起義史料選編》、計六奇《明季北略》等。

是冬,緣方以智結識胡玉昆;時方以智南還,取道濰縣,胡玉昆與偕行,方南去,胡獨留。亮工蓄畫册,自胡玉昆始。

方以智《浮山文集前編》卷五《曼寓草》卷中《周元亮友聲序》:"及令濰上,治聲溢都下。嘗南還,過其境,道路輿論又過之。"

《讀畫録》卷二《胡元潤》:"褐公一字元潤,即長白之猶子玉昆也。君性孤僻,作畫如之,用筆設色,好作縹緲虛無態,故咫尺間覺千萬里爲遥。余蓄畫册自君始,入手便得摩尼珠,散璣碎璧,不足辱我目矣。予識君緣方密之,密之辛巳冬偕君過濰,密之南去,君獨留。後此數與往返,患難中時復相從,故余存君畫最多,爲君賦詩亦獨多。"按:長白,即胡玉昆之叔胡宗仁,亦善畫,傳見《讀畫録》卷二《胡長白》。胡玉昆與周亮工患難相從,交情甚篤,《賴古堂集》卷二一《書丙申入閩圖後》:"元潤嘗從予於濰、於揚、於閩，又兩從予入都。安則從，危則徙去，元潤不爲也。"

結識李浦珠，當不早於是年。

《賴古堂集》卷七有詩《臨洺關李浦珠送酒抵邯鄲賦此寄之》，"雪裏鴻飛萊子國"句原注："浦珠與予同官萊邑。"

光緒《廣平府志》卷五十《列傳五·明下》："李養廉，字太素，永年人。……(子)芳潅，字浦珠，天啓七年舉人，掖縣知縣。亂後閉户養病，以詩文自娛。著有《卧雲齋集》。"按：清代掖縣爲萊州府治。李芳潅伯父養沖、叔父養志皆爲明萬曆間進士，兄芳溏崇禎四年進士，并有能名；父養廉家居敦禮讓人，卒祀鄉賢。

陳際泰卒。

明崇禎十五年　壬午　1642　三十一歲

是年二月，松山副將夏成德開城納清兵，薊遼總督洪承疇被俘投降。三月，李自成陷河南州縣多處。四月下旬，圍困開封。五月，張獻忠克廬州。明祖大壽以錦州降清。九月，河決開封，城陷。十一月，清兵分道入塞。

三月，李自成農民軍攻陷商丘，王世琇死難。

《明季北略》卷十八《張氏商丘自焚》："壬午三月，李自成合袁時中、羅汝才等衆百萬攻商丘……合圍五日，攻益急，會知府某有外心，城遂陷。"

雍正《河南通志》卷五十五《名宦中》："王世琇，直隸清苑人，崇禎丁丑進士。十一年，任歸德推官……李自成來逼，琇登陴捍禦，城破不屈，郡民劉明遠、祝懷策、吳國仕請以身代，賊并殺之。"

是年春，復社成員又集會於虎丘，方以智、吳應箕皆與會，其間論起亮工在濰治績。

杜登春《社事本末》："復社自己巳至辛巳，十三年中凡三大會……壬午春，又大集虎丘，維揚鄭超宗先生之勳、吾松李舒章先生雯爲主盟……桐城方密之先生以智、直之先生其義……皆與焉。"吳應箕《樓山堂遺文》卷三《濰城紀略序》："憶壬午春，方密之自京師道濰來，予問元亮所以治濰者，密之曰：'吾即未遠方古人，然迹之所見，前有史公，後有元亮耳。'"

秋，充鄉試同考官，首薦王斗樞卷，遂冠東省；李呈祥、劉毓桂亦是科所得士。

《舊譜》："壬午，三十一歲。……秋鄉試，分校易經房，拔王公斗樞，遂冠東省。學士李公呈祥、推官劉公毓桂，亦是科所得士。"《書影》卷五："壬午……時予以濰邑令，分閱易經文，得一卷，喜其具前修法，首薦之。主試劉公謂闈中卷無踰此者，擬元。數日，忽謂予曰：所定元，'任重道遠'題，破誤作'聖人奈何'；然吾不以小疵失異才，君房中第二卷正堪元，不如以此爲次。予方愧校閱之疏，力欲去之……因即塗乙置之。公大爲惋惜，因欲以爲副卷首，而以第二卷爲元，即王君斗樞也。"

咸豐《青州府志》卷四十六《人物傳九》："王斗樞，字均五，諸城人。順治六年進士，授崇義知縣，調進賢。歲饑，力請蠲租稅。建書院壇山，與諸生講業，若布衣交。行取戶部主事去，縣人即其地，爲位祀之。"雍正《江西通志》卷五十九《名宦》引《進賢志》："王斗樞，字均五，諸城人。順治乙未進士，補進賢縣。新學禮士，繕城治兵，開墾荒田若干頃。奉檄進剿山賊湖盜，皆擒其渠魁，督撫交章薦其才。"

雍正《山東通志》卷二十八之四《人物四》："李呈祥，霑化人。前明崇禎癸未進士，授翰林院編修。國朝順治三年，任國子監祭酒，歷詹事府少詹。以建言謫居奉天。八年赦還，里居窮約，以教授生徒爲俯育之資。"《四庫全書總目》卷一百八十一《集部三十四・別集類存目八》："《東村集》十卷，國朝李呈祥撰。呈祥字其旋，一字吉津，號木齋，霑化人。"

雍正《山東通志》卷二十八之四《人物四》："劉毓桂，字宮培，壽光人。順治壬辰進士，授揚州推官。剖決明析，平反冤獄，發江洋大盜，置舞文吏於法。海寇掠江南，潤、浦、瓜、儀皆震，毓桂登陴城守，指畫方略，寇知有備，遁去。舉卓異，尋以詿誤歸里。"

鄉試事畢，自會城返濰，動輒病，病輒旬日臥。

周亮工《全濰紀略引》："予客秋自會城返，動輒病，病輒旬日臥，且性過疑畏，臨事恒憒憒。抱疴既久，火時炎上，性又時時不自耐也。"按：《全濰紀略》作於崇禎十六年清兵北還、濰城圍解之後。

四月下旬，李自成圍困開封；八月，開封久困食盡，人相食；九月，河決開封，士民溺死數十萬，開封遂陷。

計六奇《明季北略》卷十八《李自成決河灌開封》："先是崇禎十四年二月十三

日戊午,李自成合群賊圍開封,穴城攻之,七晝夜不息。巡按高名衡率司道官嬰城固守。……十二月,自成復圍開封,名衡與推官黃澍、總兵陳永福、遊擊左明國等力守。……及十五年壬午四月二十四日癸亥,自成復攻開封。以前兩攻不克,士馬多殺傷,自成乃申約圍而不攻,以坐困之。……八月,開封久困食盡,人相食。……九月,河決開封,勢如山嶽,水驟長二丈,士民溺死數十萬。……《遺聞》云:'自成決河灌汴,城中諸貴官欲爲自脫計,亦鑿堤引水,汴梁遂陷。'"民國十八年《河南新志》卷十八《大事》:"(崇禎)十五年九月,賊決河灌開封。城陷,水自北門入,貫東南門出,濤聲如雷,城中百萬戶皆蕩盡。得脫者,惟周王妃、世子及撫按以下,不及二萬人。"周在浚《大梁守城記》:"賊難以來,兵死、饑死、水死,得出者萬餘人而已。"按:關於此次黃河決水,歷來衆說紛紜,有說農民起義軍決開黃河,也有說是明朝政府爲消滅起義軍而決河。可參見《汴圍濕襟録》、《明紀》卷五十六、《弘光實録鈔》卷三、《國榷》"九月辛卯條"等處。今採《明季北略》說。

親串故人在開封者皆罹水患,遣弟亮節往視之,覓其逸出者載歸,厚爲存恤。

《舊譜》:"壬午,三十一歲。……是年河決汴梁,親串故人皆罹水患。公遣弟靖公往視,露宿河干,覓其逸出者載歸,厚爲存恤。"《賴古堂集》卷二十四《祭靖公弟文》:"黃流没汴,叔父與兄弟輩從波臣遊者凡十數人,親串又難以指計,而弟幸無恙。"《賴古堂集》卷四《伯宗誕日》四首之四:"汴水平沉後,知交漸已稀。"

張民表合室被難,文大士亦與俱死。張氏幼子允集獨幸獲救,流離河北,亮節覓得之,送來濰縣,遂撫之於濰縣家中。高名衡收張民表遺骸葬之於柳園。

雍正《河南通志》卷六十五《文苑》:"張民表……以崇禎十五年水陷大梁,人與詩文俱陸沉焉,士林聞而傷之。"張民表《原圃集》附其幼子所撰《行述》:"壬午九月十七日,河決灌城,人死殆盡。……時吾師元亮周公方令濰陽,聞黃流没汴,即遣使偵府君耗。有傳張氏一綫僅餘不肖集者,師復遣使齎衣糧,覓不肖於河干,三閱月始抵濰,顧復之愛,不啻子若。"《賴古堂集》卷七有詩《汴水奔崩,林宗張先生抱其詩文同長君、次君淪水中,季子子顧甫十一齡,浮木出,予弟靖公覓之河干三閱月,載與俱歸,匆匆十年矣,予役返里,躬送之至中牟,集其族子懋德輩與其老僕郭明拜而授之,紀以詩》。

《賴古堂集》卷十八《張林宗先生傳》:"壬午,寇圍大梁。……水灌城,先生急取所著詩文若干卷,自負之,至其內弟和玉炙家,結木筏登之。長子允集、次子允隼、三子允集及門人文大士輩咸與俱……水益大,號泣求登筏者益多,先生皆移筏救之,筏重且沉……而水益至,遂没項背,已且濡首矣。次子與文大士俱溺於先生之側。撫軍命舟來迎……舟至,先生亡已三日矣,僅載先生父子兩骸出。撫軍哭之慟,并葬之柳園……而先生自負之集,盡付波臣,廣陵散從此絶矣。三子允集時年十一……附浮木順流下,遇直指使雷臣王公濟人舟至……救之得免……流離河北。予弟靖公覓之,三月始得,予時令濰,遂如濰……撫於予家。"按:此"撫軍"指高名衡,與張民表友善,《明季北略》卷十八有傳。

此際詩作尚有:《賴古堂集》卷一《汴上謡》,卷七《汴水陷後送六嚴弟返豫章》、《送関子濬内兄下第將卜居吳中》。

是冬,清兵大舉入塞,山東城池相繼陷落,十二月初,兵薄濰縣。發動士紳民衆,周密部署,誓死守城;妾王蓀亦親冒炮矢,擂鼓助戰。

　　《明季北略》卷十八《清兵入塞》:"(崇禎)十五年十一月,清兵大舉入塞,二十四日庚寅,入薊州。閏十一月初六日壬寅,攻河間。……十二日戊申,入臨清。……二十五日辛酉,自臨清分五道攻略各郡縣。"民國《濰縣志稿》卷二:"十二月初九日,衆萬餘人圍(濰)縣城,知縣周亮工督邑人城守,三閲月不懈。清兵三穴城垣,卒未攻入。""(周亮工)妾宛邱王氏,年十九,能詩,桴鼓助戰,人咸擬爲梁夫人云。"《賴古堂集》卷七《海上晝夢亡姬成詩八章》,序曰:"姬與予共甘苦者七載餘,性悲壯,青陽城上矢死登陴。"其五:"危樓城上字青陽,一飯軍中盡激昂。旗影全開慚弱女,鼓聲欲死累紅妝。"

　　丁運隆《濰邑全城始末》(《全濰紀略》附):"自崇禎十五年十二月初一日聞警,邑侯櫟園周公當集紳衿父老,同盟於城隍廟。將城頭分爲四段,使都堂郭、中丞張、參政王、主事胡各主一面。惟青陽樓一段,使如夫人王少君主之。蓋少君素有膽略,故使督率家丁在此防禦,且使如逢緊急,每夜半煮粥分餉士卒。安置甫定,至初九日而賊騎四圍焉。"

　　《全濰紀略》載崇禎十五年十二月十六日《塘報》:"自虜騎長驅南下,卑職會同鄉紳郭尚友、張爾忠、王璔、胡振奇等,舉人郭知遜等并舉監生員計議戰守,一時義激,士紳各捐輸不貲,職又搜括微俸,凡戰守之具,各得粗備。……在城老幼男婦竭力一心,未字閨秀、青衿内室及嫠夫幼子,悉運磚石柴束。又如城上欲以鍋鐵雜砲子中擊賊,而合城中方欲舉火,即碎食鍋以酬急。人心至此,似千古未有。"十二月十九日《塘報》:"逆奴自十二月初九日,攻圍本縣七晝夜,至十六日臨明時分,將東北城牆挖倒,被我兵打退,大獲全勝。"

十二月二十五日《塘報》："十六日東北城倒，以守兼戰，幸而無虞。……不意逆奴行至寒亭地方，遇破昌邑之賊，鼓其餘勇，又仗所得昌邑紅夷大砲三尊，去三十里復來攻矣。天不亡濰，孤城又有十九日南面之捷。……賊至此實萌去之之心，不意行十里外，遇破平度之賊，説起濰縣傷他許多韃賊，自入口以來未吃此虧，大家發恨立意報仇，兩攻不利，遂仍用前番挖城之計。……是役也，孤城被圍十有九日，城墻連倒，四面環攻，卑職不避砲矢，奔走城頭，顧此瞻彼，拮据之狀，真有難以形容者。幸天不亡濰，孤城到底不失，人心到底鎮定。……至二十五日蚤，賊四關一齊發火，拔誉而南。"

《全濰紀略》載朱經《周侯全濰血績紀》："當穴城已深、外援不至之際，公刺血請兵者，三番暈僕於地，猶向持函馬卒稽首再拜，曰：'急行救吾闔邑生靈！'迨穴城將塌之際，公自署其職名於衣襟之上，而以縣印覆之曰：'賊入我死，識以覓我。'時無錫高忠憲公之孫在側，公令之書己胸膈間，曰：'濰令周某之屍。'一時慘動天地，從傍數百人皆痛哭失聲，不能仰視。及賊將登城之際，孝廉郭知遜、生員胡貞徹在公之側。公見戰士少退，輒舉刀示之曰：'戰不力，吾即死於此！'舉刀自刺，郭、胡二君持之而免。衆因自勵，一戰而虜退。……崇禎癸未季春朔青門朱經書於分守之迎旭樓。"

是冬，門生李允高攜家人往勞山避亂，嘗過濰城相見，對泣不止。

《書影》卷五："李允高，字坦之，壽光人，予壬午闈中所得士也……壬午之變，烽煙匝地，允高家固貧，自御短轅車，奉寡母瞽妻，避勞山。過濰城，繩而上，相對泣不止。事定又自御短轅歸……後寡母棄世，允高哀毀過甚，竟嘔血死。子震……字乾一，母督之甚嚴，能砥行自勵，有聲庠邑，邑人稱之。"

邵彌卒。

按：據徐邦達先生《歷代書畫家傳記考辨》考訂，邵彌卒於是年。邵彌，字僧彌，姑蘇人，隱於瓜疇，因自號瓜疇老人。受業於錢謙益。好學多才藝，詩書畫兼善，作品極爲吳人所重，爲"畫中九友"之一。嘗爲周亮工作《秋水圖》《結茅圖》等。傳見《讀畫錄》卷一《邵僧彌》，吳偉業《吳梅村全集》卷四六《邵山人僧彌墓誌銘》。

明崇禎十六年　癸未　1643　三十二歲

是年春，清兵自山東攻掠後入直隸，破承德，至懷柔，敗明八鎮後出塞。

八月，清太宗卒，子福臨嗣位，是爲清世祖，改元順治，詔以明年爲順治元年。十月，李自成破潼關，旋破西安，改曰長安，號西京。

二月，清兵陷萊陽，姜垓父姜瀉里守城死。將姜垓母親及幼女迎來濰署。

《明季北略》卷十八《清兵入塞》：“（崇禎）十五年十一月，清兵大舉入塞……十六年二月，入登、萊，合軍。”魏禧《魏叔子文集》外篇卷十七《明遺臣姜公傳》：“公名埰，姓姜氏，字如農，山東萊陽人也。……父瀉里，諸生。崇禎癸未，北兵破萊陽，瀉里守城死，幼子、三子婦、一女皆殉節。”姜垓《河上集序》：“母荷草巾席地坐車下，指顧流涕久之，謂：‘萊之陷，若翁死社稷，當無恨。我與若弟妹不獲以呎尺托斯城者，豈皆天之爲與！然猶不知爲子之友元亮氏所全也。’”《白浪河上集》收有郭文祥《春半得周元亮書知道廉老年母并幼女尚存迎在濰署感而賦此》。按：姜埰爲姜垓兄。姜垓、郭文祥與周亮工同爲崇禎十三年進士。郭文祥時爲膠州守。

姜垓，字如須，山東萊陽人。明崇禎九年（1636）舉人，十三年（1640）進士，授行人司行人。在司見紀名碑崔呈秀、阮大鋮等與魏大中同列，草疏極論，力去其名。十六年春，清軍陷萊陽，父瀉里死難，闔門死者二十餘人。徒跣奔喪，旋挈家至揚州。十七年甲申，遷蘇州。爲避阮大鋮之害，亡命浙東，隱於天台雁蕩山中，自號仡石山人。已，還蘇州，閉戶不交賓客，間與二三遺民賦詩、談文史，自號明室潛夫。清順治十年（1653）卒，享年四十。著有《篔簹集》《仡石山人稿》，現僅存《流覽堂詩稿殘編》六卷。傳見《明史》卷二百五十八、《魏叔子文集外篇》卷十八等。

三月，清兵北還，濰城圍解。

宣統《山東通志》卷十《通紀第二·通紀八》：“（崇禎）十六年春二月，遼東督師侍郎范志完、薊鎮總督趙光抃入援，會師於平原。三月，我大清兵北還。”

撤守饗士，適姜垓自京師歸，爲設木主哭其父。

姜垓《河上集序》：“歲壬午、癸未，匈奴大入犯，破薊州，破河間，破臨清、兗州，山東下者六十餘城。萊邑陷，先君子抗節死焉。孤既號泣嚙血，上書聞之天子，乃東奔。緜京師達家，凡二千里，其間城郭頹蕩，人民殺戮幾無餘。惟濰，攻三月，守愈堅，屢挫賊鋒，甚壯烈也。是時濰始撤守，大令周元亮氏方具牛酒饗士，聞余至，疾趣爲設木主哭之。”

高永清別歸。

《通懺·高澄甫歸》：“老友相憐過海濱，十旬荷戟此城堙。”《通懺·客返梁溪》："烽燧驅車返舊廬,逋亡猶負一囊書。何從掩涕風塵内,可奈依人矢鏃餘。胡虜力能環濟克,將軍勢欲逼淮徐。驚看時事紛如此,忍道江南是定居。"

按:據《全濰紀略》所載崇禎十五年十二月二十五日《塘報》,濰城被圍時閔派魯、高永清均在城中,且"不避矢石,指授方略,功未可泯",圍解之後均又參與詩文唱和,《白浪河上集》收有二人詩作各三首。《賴古堂集》卷七有詩《高澄甫念太夫人踉蹌別予去》,内容與《通懂客返梁溪》略同,祇第五、六句變爲"群盜力能環濟克,殘軍勢已逼淮徐"。

唐堂自南京來濰探望,與此間士人頗有唱和。

《白浪河上集》收有唐堂詩《虜後堂自白門過濰省舅氏元亮,下榻陶菴,笑談契闊,越數十晨夕,絶口不道及城守事。坦曠閒静,其意去彭澤幾許。比讀河上集,見高司馬句,愛其風雅宛篤,大爲吾舅寫照。而房都憲詩即用其結句爲起句,意味淵然,居然進吾舅於陶矣。即又以房之結語爲起,續成一詩,以視高、房兩先生諸什,何啻星之於月也》,又有《舅氏元亮殲虜全城》《舅氏元亮周侯守濰城次贈巴參戎韻》《次贈吳將援濰韻》《輓王門五節》《讀舅氏殲虜紀十韻》等。

圍解後,將守城相關之公文檔件輯爲《全濰紀略》。

周亮工《全濰紀略引》:"壬午冬,虜迫濰城,圍廿日餘,殪其酋首,虜遁而城全。……敬以先後事迹付之梓人,以明予之無所短長,而濰之存,皆鄉先生士民力也。"

《全濰紀略》附丁錫田《跋》:"《全濰紀略》者,明末清兵圍濰之役,周侯元亮所輯之公文檔件而刊行者也。……其亂中所爲《通懂》詩一卷已刊,與此書可以互證,爲吾邑考獻徵文之資焉。"

按:《全濰紀略》見《周亮工全集》第六册,所收有塘報、申文、憲牌、告示及《周侯全濰血績紀》《全城實略》《天地正氣録》等。其中,塘報及《周侯全濰血績紀》記守城事最詳,《全城實略》爲全城方略之條列,《天地正氣録》則專紀陣亡士卒之名諱。

作詩紀城守事,夏五月,結集爲《通懂》。

周亮工《通懂小引》:"《通懂》,虜退後作也。懂,猶慎也。草玄先生語:通懂,通慎也。胡爲虜退而懂也?虜迫濰,夫人而虜迫濰也,退則猶然濰之矣。猶然濰之,懂之所繇作也。若夫憑城拒戰,臨穴捉刀,胡肉數臠,飛矢雲集,時一城朝氣方如景星慶雲焉,懂何自哉?通懂,虜退後作也。癸未仲夏濰令大梁更生周亮工書。"

郭麐《濰縣竹枝詞》:"《通慟》《全城》立壯道,難忘不獨一周侯。"

此間士人賦詩紀城守事,唱和之作頗多,王洰、馬士奇輯爲《白浪河上集》。夏五月,序《白浪河上集》。

《白浪河上集》卷端題曰"濰陽虜退集詠",并題有"濰陽王洰大允輯,大澤馬士奇西垣訂"。丁錫田《河上集跋》:"《白浪河上集》一卷,乃明崇禎十六年清兵圍城退後,邑人王先生大允所輯當時士大夫詩歌。原書爲祥符周令元亮手寫,亦即刻於是年。……是書與周令所爲《通慟》詩刻、《全城紀略》,皆爲清代禁書目録所不載,然三書實吾濰保族禦侮之血史。"

周亮工《序白浪河上集》:"予讀王子大允、馬子西垣所訂《白浪河上集》,不禁泫然而泣下也。……濰之役,一垣而外,爲虜所塗毒者,實從來所未有。予方自懼,上負吾君,下負吾友,乃聖天子不加譴責,實屬厚幸。而諸君子又從而獎藉焉,賡和焉,兩君子又從而壽之梓。……若夫義激於衷,詞行於外,行墨之間,實足鼓一時暮氣而使之旦,則諸君子之言,又何可忽哉!於其成也,爰書數語歸之。癸未仲夏,濰令大梁更生周亮工書。"

秋七月,關捷先爲序《通慟》。

《通慟》附關捷先《序通慟》:"元亮氏以通慟命篇,繹之曰:'慟,猶慎也。'何慎乎?壬午冬逮癸未春,虜突二東,下六十餘城。元亮令濰,戰守凡三閱月,肩蔽矢,足創金,書胸函血,悲歌發憤,士女爲之助順,竟殲逆虜、保孤城。虜退而慟作焉。……崇禎癸未新秋南海社弟關捷先題。"

巡按余日新上奏摺於兵部,詳述全濰情形,建議旌表。舉天下廉卓行取入京師,濰人燃香步送至德州,千有餘里。

《明清史料》辛編下册《兵科抄出山東巡按余日新題本》:"濰縣自十五年十二月初十日,奴賊自西來圍攻七晝夜,至十六日打退,十九日復攻,又用砲打退,至二十四日,大衆齊來,烘頹城垣,岌岌危矣。幸人心固結,內架木城用命攻擊,賊始拔營南下。又有奮(原注:疑誤)營之捷。知縣周亮工忠膽激烈,恩威兼濟,士民用命,并力死守,危而復安。……濰縣知縣周亮工彈丸孤城,固結人心,經七晝夜而不惰,歷百戰而彌堅。雲梯百架,火攻立毀;城裂三版,設柵旋砌。賊徉去而復來,城垂危而復安。親冒矢石,身中三矢。斬首割級,功績鑿鑿。視己命若鴻毛,保危城若九鼎。血戰奇功,首應照軍功減俸行取,以示激揚者也。"

《舊譜》:"癸未,三十二歲。舉天下廉卓行取入京師,濰人燃香步送至德州,千有餘里,道中見者以爲未有盛事。"《書影》卷二:"癸未,舉天下廉卓十人,余與陳大樽、夏彝仲諸君同被舉。"

《明史》卷二百七十七:"夏允彝,字彝仲,弱冠舉於鄉。好古博學,工屬文……崇禎十年,與(陳)子龍同成進士,授長樂知縣……居五年,邑大治。吏部尚書鄭三傑舉天下廉能知縣七人,以允彝爲首。"

濰人感全城之德,爲立生祠。

宣統《山東通志》卷七十三《職官志第四・歷代宦迹八》:"周亮工……知濰縣。……壬午,復遭寇亂,攻圍兩月,嬰城固守,城賴以完,邑人德之。"《通懺》附丁錫田《周櫟園先生傳略》:"崇禎……十六年春,以全城功行取御史。邑人欲留不可,乃爲立生祠祀之。"

乾隆《濰縣志》卷二《壇廟》:"周公祠,在海道司街路西。因明邑令周亮工守城有功,邑人爲之建祠,塑像其中。"

是年,吳應箕嘗爲序《全濰紀略》。

吳應箕《樓山堂遺文》卷三《濰城紀略序》:"予友周元亮,以名進士蒞濰,未三年而治爲東國最。憶壬午春……乃未踰年,而奴復大入,所至處如疾風捲葉,不崇朝而城即陷,未有攻圍之久,幾於彌月,百道并進,而三來輒卻,若濰之靈光巋然者。"按:《濰城紀略》即《全濰紀略》,見《周亮工全集》第六册。

是年,姜垓嘗爲序《白浪河上集》。

姜垓《河上集序》:"兹以兄蒙難,奉母詣闕門乞貸,再經濰。……余故泫然而爲之序,以志同仇云爾。"按:垓兄埰爲給諫,方以言事下詔獄,垓正忙於奔走營救。

作別孫繩,當不晚於是年。

《賴古堂集》卷十有詩《青齊得從化孫斯百大令書予與斯百別於此地垂二十載矣》。按:此詩作於清康熙二年(1663),周亮工任青州海防道之時,詳見康熙二年譜。孫繩,字斯百,山東臨淄人,傳見康熙二年譜。

在京過訪魏師貞,當不早於是年。

《書影》卷四:"予在京師時過戚畹魏冷庵(原注:'師貞'),冷庵留予嘗酒。鱘壘雅潔，肴核精好，几前置一銀水火爐，列小銀壺十，壺各一種，約受數合許，嘗遍則更易十種。如是三四易，客已醺然，而主人之酒未能遍品也。都城破，冷庵盡驅眷屬於樓上，而縱火其下，身往赴之。……以武冠故，無稱之者。"按：《書影》卷四"癸未冬，親串有從余遊都門者"，可知是年冬，周亮工已在京師。

明崇禎十七年（清世祖順治元年）　甲申　1644　三十三歲

是年正月，李自成西安稱王，國號大順，年號永昌。三月十九日，李自成攻破北京城，崇禎帝縊死於煤山。四月二十九日，李自成在北京即皇帝位，此日棄城西撤。五月朔，多爾袞入北京，九月，清世祖自瀋陽遷北京。是年五月，明福王朱由崧由馬士英等擁至南京，十一月即帝位，改元弘光，詔以明年爲弘光元年。弘光朝朝政昏瞶，贓法賣官，中興難期。

春，與向遠林定交於京師。

《賴古堂集》卷十三《向遠林詩序》："歲在甲申……時余備官北臺，初與定交。"按：亮工"備官北臺"，交向遠林，當在三月十九日李自成破京師之前。

識梁褒於京師，托之以印章十數枚，會京師陷，不得。梁褒南歸，客死於途。

《印人傳》卷一《書梁千秋譜前》："梁千秋褒，維揚人，家白下，余識其人於都門，以十數章托之，會寇變，乃不得其一。"同書同卷《書梁大年印譜前》："大年兄褒，即世所稱梁千秋者，亦以此名。予在都門，以數十章托千秋，會兵變，千秋狼狽南歸，客死於途。"

行取授浙江道監察御史，甫授職，李自成破京師。遂間道還南京。

《舊譜》："甲申，三十三歲。授浙江道試御史。未十日，逆闖破京師，公投繯，爲家人救免。時傳聞上已南渡，公又念太封公、太淑人年邁，因與張錦衣鹿徵避於浣花庵，越日，偕鄭中丞二陽雜難民中逸出，遂間道歸白下。"《明季北略》卷二十二《倖免諸臣·周亮工》："周亮工……以知縣行取御史，命已下，見勢迫，不任而遁。"《清史列傳》卷七九《貳臣傳乙·周亮工》："流賊李自成陷京師，亮工間道南奔，從明福王朱由崧於江寧。"

方苞《方苞集》卷八《白雲先生傳》："張怡，字瑤星……甲申，流賊陷京師，遇賊將，不屈，械繫，將肆掠，其黨或義而逸之。久之，始歸故里。"雍正《江南通志》卷一百六十八《人物志·隱逸一》："張怡，字瑶星……甲申，流寇陷京師，逼怡降，怡不屈，械置復壁中，乘間逸歸，築室攝山白雲峰以終老。"

雍正《河南通志》卷五十七《人物一》："鄭二陽，號潛庵，鄢陵人。登萬曆己未進士，授德安司李，聽斷明允，事無冤滯，時逆瑞擅權，陽不爲屈，遂左遷。後晉都御史，撫安廬，群盜日熾，以孤軍保障南方，一時倚賴。"道光《泰州志》卷二十《名宦》："鄭二陽，字潛庵，鄢陵人。進士，崇禎八年(舊志作七年)以僉事備兵維揚。九年，流寇焚鳳陽陵寢，江北震動。二陽簡練士卒，戰守之具悉備。寇再躪徐州，陷六合，而揚無烽火之警者，皆其力也。時巨璫以核鹽至，責鹽司行屬謁禮，二陽屹然不撓，璫亦心折之。鹽政日壞，竈丁困甚，欲爲亂，二陽扁舟往撫之，皆流涕不敢萌異志。馭吏嚴，不事苛細，案無滯牘。公暇即賦詩屬文。後擢巡撫安廬都御史。"

時江南立弘光帝，馬士英、阮大鋮用事。見事不可爲，遂奉雙親棲隱於牛首山。

《舊譜》："甲申，三十三歲。……時江南立弘光帝，馬、阮用事。錦衣馮可宗誣公從賊，羅織下鎮撫獄，訊無左驗，復公官。馬、阮又欲公劾劉宗周，始肯補用，公笑謝之，遂奉兩尊人棲隱於牛首，幽棲間，不入城郭。"《賴古堂集》卷六有詩《得高座傳公書訃音與俱至》，其二有句云："當時鉤黨累，未見老僧嗔。"原注："予爲阮、馮黨陷，亦累公。"

按：據《小腆紀年附考》卷七及卷五記載，是年五月，馬士英在南京擁立弘光帝，并薦舉曾經投靠魏忠賢迫害東林黨人的阮大鋮入朝共事。一時彈劾阮大鋮的奏章紛至沓來。先是，項煜在北京城被攻陷時曾經投降過農民起義軍，此時也趁著弘光帝初立之機混入朝班，結果被群臣逐出，同時又有詔令規定：凡大臣從北京來者等待朝廷處分。其中有參與彈劾阮大鋮者。阮大鋮便借機攻擊彈劾者，稱："彼攻逆案，吾作順案與之對(以李自成的國號是大順，故稱)。"從而在南京掀起追究北歸諸臣之從逆大案。劉宗周，字啓東，號念臺，學者稱蕺山先生。甲申之變時，他正退職在家。南京弘光政權建立後，福王邀宗周參與新政權。劉宗周生性耿直，處處以國家爲重，看不慣馬士英、阮大鋮弄權亂政，因此，馬士英等必欲除之而後快。劉宗周最終被誣陷，離開南京小朝廷，後人評論"宗周以宿儒重望，爲海内清流領袖。既出國門，都人聚觀嘆息，知南都之不可有爲也"。

雍正《江南通志》卷十一《輿地志·山川一·江寧一府》："牛首山，在府南三十里。舊名牛頭山，兩峰峙如雙角，即佛書所稱'江表牛頭'者也。晉王導以其遠對宣陽門，指爲天闕，故又名天闕山。梁武帝建寺於石窟下，更名仙窟山。"

是年杜濬僑居南京，與之相識訂交。

　　杜濬《變雅堂遺集·附録》卷一引《黄州府志·隱逸傳》："杜濬，原名紹先……少慕張江陵之爲人，慨然有用世志。崇禎己卯中副榜。福藩擁立，考試七省貢生，因南下。見馬、阮用事，朝政不綱，遂絶意進取，僑寓金陵，改名濬，年纔三十餘耳。"《變雅堂遺集·文集》卷八《祭周櫟園侍御文》："濬辱交先生垂三十年。遭世之變，聊寄託於詩古文辭，荷先生推獎不一。"按：周亮工卒於清康熙十一年（1672）。

　　《清史列傳》卷七十《文苑傳一》："杜濬，字于皇，湖廣黄岡人。明副貢生。少倜儻，嘗欲赫然著奇節，既不得有所試，遂刻意爲詩。於并世人，獨重宣城沈壽民、吳中徐枋。避地金陵，寓居雞鳴山之右……性廉介，不輕受人之惠。晚年窮飢自甘……往來維揚間，遂卒，年七十七。……著有《變雅堂集》。"《變雅堂遺集·附録》卷一引《黄州府志·隱逸傳》："杜濬，原名紹先，字于皇，號茶村。……負才跅弛，意氣籠罩時人，江南諸老，或出或處，争引重焉。……作詩力追少陵……五言律尤高渾沉雄，自名一家。古文亦獨辟町畦，睥睨一世。……生平論詩極嚴，於時人多所詆呵，有富於財者，重價購其集焚之，世傳變雅堂詩古文，不及十之一二。"

是年在南京，搜得張民表遺詩若干首，彙爲《原圃集》，亟爲刊布於世。

　　張民表《原圃集》附其幼子所撰《行述》："府君詩文甚富，嘗言流傳著作是身後事，郡邑大夫有欲捐貲代刻者，匿不許，今皆付之波濤矣。……山陰季重王公與府君垂髫時都門同硯席，有《倡酬》諸刻。……程韋庵、陳蝶庵、滕伯倫諸先生，聞皆與府君有倡和。諸詩今皆不存。震澤葛震甫先生藏府君詩甚夥，今先生已作古人，遂不可復問。京師孫公令吾邑時，曾遣人就府君室中抄全集二十帙去。吾師在都門時，令公許付鑴，會寇陷都門，遂不果。今吾師從令弟公亮先生所搜得《借舟》《友聲》二稿，佐以吾師及不肖所記憶，僅得三十二葉，合爲二集，吾師已爲刊布。海内君子或尚有存府君遺稿者，即一臠亦希録寄，庶府君一生精力不致滅没云。"

嘗攜張民表幼子拜謁陳周政，陳爲張民表遺詩作序。

　　陳周政《張法幢先生遺詩序》（張民表《原圃集》卷前附）："先生門人元亮周子攜先生藐孤謁余，詢先生，并詢先生近日名山之業，乃人與書并屬慶忌雍觀捧去，僅得詩如干首。……夫先生之德之才之鑒，其忘年交我也。……崇禎末年臘八日蜀國社弟陳周政蝶庵書于吳之長干。"

按:《藏弃集》卷四:"陳周政,子鵾,蝶庵,四川營山人。《蝶庵存稿》。"《書影》卷五:"在宛丘時,常問'鹵簿'之義于陳蝶庵先生。"周亮工當是早年在開封館於張民表家時,因張氏而結識陳周政。

王思任得見張民表遺詩,爲作序。

王思任《張林宗先生遺詩序》(《原圃集》附):"客有馮君散木,從賊中辛苦逸出,持一帙,偕門人范中文謁我,云:'此中牟張林宗先生詩也。'予驚視之。有是哉? 尚有古詩不亡之事乎? 已而知爲柱史櫟園周先生所遺。嗟乎,林宗! 呼兄一字,肝花肺葉,血裂髓崩矣,安復計及兄詩? ……然櫟園先生是今之程嬰、荀淑,大梁尚有人在。山陰老友王思任題。"按:"柱史"爲"柱下史"之省稱,指御史,亮工是年初嘗受職浙江道監察御史。

梁袠卒。

清順治二年　乙酉　1645　三十四歲

是年四月,清兵陷揚州,屠城十日,明大督師大學士史可法死難。五月,清兵克南京,趙之龍、錢謙益、王鐸等迎降;明弘光帝走蕪湖,被執。七月,清兵連下蘇、常、杭,破嘉定、昆山。八月,陷江陰、松江、金山,皆屠戮甚慘。

閏六月,江浙抗清義師蜂起。明魯王朱以海監國於紹興;唐王朱聿鍵亦即帝位於福州。浙、閩兩政權形同水火。李自成於是年六月被地主武裝殺害於通山九宮山。

在南京。二月二十三日,龔賢、趙某來訪,觀畫册,爲題朱睿瞀畫。

按:據林樹中《龔賢年譜》,日本鈴木敬主編之《中國繪畫總合圖録》第二册爲《周亮工藏畫册》,内收胡玉昆、陳洪綬、朱睿瞀、高岑、施霜等人畫共八開,第三開朱睿瞀畫有題云:"乙酉二月望後八日,龔半千同觀,因嘆櫟園爲賞鑒巨眼,趙昌□記。"

因張天機得見王屋文集,自張昌祚索得阮漢聞集,爲作序刊布天下。

《賴古堂集》卷十三《王王屋文集序》:"石平張子與王屋同閭里,乙酉在白門出此集相視。余雖未交王屋，而悲王屋抱才而厄，嫉才者又以厄厄王屋也，因序而梓之。"

《賴古堂集》卷十八《王王屋傳》："蘭陽王王屋，初名澤久，字春腳，後更名斥。……生而敏，善諧謔，里中人率以爲狂生也。……辛未……以春秋魁多士，除滋陽令。公銳自見，又婞急剛鯁，……諸王孫黨構之，直指弗察，暴劾公，檻車徵繫。……下刑部獄，瀕死，賴惜公者力爭僅免，謫睢陽尉。年三十四，憤恚失志死。自預爲誌銘，以退之銘人者如銘己，即取以自銘，世共達之。公著詩一卷，文二卷；詩清婉有致，文則力追昌黎、柳州。……予憐其志，爲序而梓於秣陵。"按：宋犖《筠廊二筆》卷下有云："蘭陽王斥字仲連，崇禎辛未成進士，除滋陽令。……年二十九，佯狂病發死。……周櫟園侍郎刻其遺集。"二人所記王斥卒歲有異，未知何記爲是。

《賴古堂集》卷十三《阮太沖集序》："太沖返尉氏，門人張昌祚甫晉實左右之，太沖爲文一脱稿，甫晉即爲繕録梓之。甫晉避寇南下，盜啓篋，甫晉獨抱此集泣，卒幸無恙。乙酉予在秣陵，索而梓之。"

康熙《蘭陽縣志》卷七《人物》："張天機，字世平，號緯霞。崇禎庚午舉亞元，辛未成進士，除陝西渭南令。……正己率物，不畏強禦，惠聲遠聞。……左遷杭州府知事。尋陞常州府推官。方赴任，丁外艱。服闋，陞户部湖廣司主事。國朝定鼎，授江寧分守道右參議。……總制洪薦其賢，陞浙江督糧道，約己奉公，不取民間一錢，漕艘銜尾，諸弊厘清。以前任誤註屬官考語罷官。尋復職，總督馬特疏薦剡，堅不欲仕，遂歸林下。"按：據周亮工詩文，張天機字石平，非字"世平"。《書影》卷五稱"予姻張石平少參"。

五月，清兵下江南。降清爲兩淮鹽運使，旋改鹽法道。於揚州方經剪屠之後，百計招徠，力請削舊餉，行新鹽，積困盡蘇，課日以裕。

《江南聞見録》載順治二年五月清軍南下所發告示兩道，其一云："大清國攝政叔父王令旨：曉諭河南、南京、浙江、江西、湖廣等處文武官員軍民人等知道：……凡各處文武官員，率先以城池地方投順者，論功大小，各陞一級；梗命不服者，本身受戮，妻子爲俘。……檄到之處，民人毋得驚惶奔竄，農商照常安業，城市秋毫無犯，鄉村安堵如故。但所用糧料草束，俱須預備，運送軍前。兵部作速發牌出令，各處官員軍民人等，及早互相傳説，毋得遲延，致稽軍務。特茲曉喻，咸使聞知。"

《清史列傳》卷七九《貳臣傳乙·周亮工》："本朝順治二年，豫親王多鐸兵下江南，亮工詣軍門降，奏授兩淮鹽運使。"林佶《名宦户部右侍郎周公亮工傳》（《碑傳集》卷十）：“順治二年，王師南下，特徵君以原官招撫兩淮。尋授兩淮鹽運使，改鹽法道。”康熙《揚州府志》卷二十二《名宦》：“周亮工，字元亮，河南祥符籍，江西金谿人，進士。順治二年，王師下江南，命以御史招撫兩淮，尋授鹽法運使，行道臣事。時揚方經大變，亮工百計招徠，請以儀真所貯鹽還商，於是諸商鱗集。力請削舊餉，行新鹽，盡蘇積困，課因以裕。”

　　按：據《清史稿》卷一百二十三《食貨四》：“順治二年，諭各運司，鹽自六月一日起，俱照前朝會計録原額徵收。旋蠲免明末新餉、練餉及雜項加派等銀。”“先是，順治二年，世祖定巡視長蘆、兩淮、兩浙、河東鹽政，差監察御史各一，一歲一更代。”亮工即是分領兩淮者。清初，鹽税是清王朝重要的財政收入之一，而兩淮地區，東瀕黄海，西接運河，南北長達千里，沿海地帶有鹽場二三十處，煮海爲鹽，成本少而産量大，故自古煮海之利重于東南，而兩淮爲最。

　　《大清一統志》卷四十九《江蘇省》：“兩淮鹽運使，駐揚州府。”《清史稿》卷一百一十六《職官三》：“都轉鹽運使司鹽運使，從三品，掌督察場民生計，商民行息，水陸挽運，計道里，時往來，平貴賤，以聽於鹽政。鹽法道亦如之。”

是秋，結識程先貞於揚州。

　　《賴古堂集》卷十二有詩《重晤程正夫》，題下原注：“不見正公二十年矣。甲辰北上，公聞予至，出郭相視，衰鬢同蓬，使非通姓字，彼此莫識矣。二絶志感。”程先貞《海右陳人集》卷下有詩《答檪園投贈次韻己酉之秋與檪園別於維揚今二十年矣》。按：程詩亦作於康熙三年甲辰（1664），“己酉”當爲“乙酉”之誤，可參見康熙三年譜。

　　王士禛《漁洋詩話》卷下：“程先貞，字正夫，德州人，侍郎紹之孫也。有《海右陳人集》。才情不及盧德水（原注：‘世㴶’），而深穩過之，如《豐侯歌》《葛巴剌碗歌》《火蓮行》諸篇，皆有逸氣。”

偕王雪蕉至淮，與陳台孫、萬壽祺聚飲賦詩，最早當不早於是年秋。

　　《賴古堂集》卷七《陳階六坐中次王雪蕉韻與萬年少》：“淮流古岸惟餘咽，秋到荒城別有聲。笑爾杖藜何所適，始憐雨雪一身輕。”《印人傳》卷一《書沙門慧壽印譜前》：“酉、戌間，予官維揚，王雪蕉官泗，數以事偕至淮。予同年陳階六飲予輩，必延若俱。雪蕉不能飲，而好爲詩，每飲恒分韻爲詩。”

　　《尺牘新鈔》卷十一：“陳台孫，階六，山陽人。《蜃舫集》。”

是年在揚州，仍不遺餘力搜采張民表詩文，《塞庵詩一續》《二續》之刻當

在此年。

《賴古堂集》卷十八《張林宗先生傳》："予官南臺，遍徵先生詩文之散逸者，彙而梓之。"張民表《塞庵詩二續》有詩《邀宋獻孺薛沖若朱中泠阮太沖登吹台得先字》等，詩後原有張允集跋曰："此即不肖所述，獻孺宋公來游大梁，與太沖諸先生及先君子倡和諸詩也。太沖先生合鐫之，顏曰《雪籟》，小引中記爲萬曆丙辰作。今年乙酉，櫟園師過海陵，主天游袁君家，尊公觀察君與太沖先生及先君子善，因搜得此帙，并得一箋，予師爲詩，觀貽不肖，因附刻於此，并記所從來以誌感慨云。"同書又有《全魏孚勝飲長欄觀紫簫慶雲二妓以庭樹分韻得櫻字》等，詩後原有跋曰："右三首見楚中魏孚勝《吹臺集》中，維揚市上得之。"又有《送青林開士歸山》《哭弟晏父詩一百韻》，詩後張允集跋曰："右哭亡叔詩一帙，并前《送青林開士歸山》一章，俱從青林門人圓生方丈中得之，維揚兵燹之後，圓上人猶能守此，亦足重矣。"

按：張民表《塞庵詩一續》，卷端題"毗陵薛寀諸孟、西蜀陳周政蝶庵、宛丘季之駿千里輯"，一續之刻更應在二續之前。

初識錢謙益，當在是年。

錢謙益《賴古堂詩集序》（《賴古堂集》附）："癸巳春，余游武林，得櫟園《清漳城上》四章，讀而嘆曰：'余與櫟園別八年矣，久不見櫟園詩，不謂其筆力蒼老，感激悲壯，一至於此。'"按：此"癸巳"爲清順治十年（1653）。據金鶴沖《錢牧齋先生年譜》，錢謙益是年五月於南京降清，來年即順治三年（1646）正月，仕清爲禮部右侍郎。亮工之初識錢謙益當在本年。

錢謙益，字受之，號牧齋，江蘇常熟人。入清，官至禮部侍郎。爲文博贍，諳悉朝典，詩尤擅其勝，力振明季復古之風。家富藏書，自著詩文集有《牧齋集》《初學集》《有學集》等，今人錢仲聯編有《錢牧齋全集》。《清史稿》卷四八四《列傳·文苑一》、《清史列傳》卷七九《貳臣傳乙》均有傳。

馬御輦卒，甚悲之，經紀其喪，并爲之刊行《龍橋賦》。

《賴古堂集》卷八有詩《次順德；涇陽馬元御、仲侍昆季己卯與予訂交汴上，越七年乙酉，元御令如皋，没于王事，予時治兵維揚，經紀其喪，俾返故里；乙未冬過邢臺，見仲侍壁上詩悽然有感，爲賦一詩悼元御兼懷仲侍》。《賴古堂集》卷二十一《刻馬元御賦小引》："使元御早獻策當上意，其所設施，豈有量哉？乃使之鬱鬱不得志，流落江表不獲已，以一令死。同時有與元御避賊南下以憤死者，李叔則爲合傳之。……予與元御交十年，僅存其《龍橋賦》，則即爲之刻《龍橋賦》。予不悲其詩文散失，獨悲元御之死，且無以自慰，千秋萬世而下，誰更有諒元御之心者哉。刻成爲之泣數行下。"按：觀此文之意，周亮工爲馬御輦刻《龍橋賦》當在馬歿後不久；己卯（1639）至今，二人相交六年，此言"交十年"，當是虛益之。

雍正《江南通志》卷一百八《職官志·文職十》："如皋縣知縣……馬御輦，陝西人，舉人，順治二年任。朱邦政，宿遷人，順治二年任。"

結識王猷定於揚州，當不早於是年。

《賴古堂集》卷十三《王于一遺稿序》："于一其先南州人，世其尊人太僕公止敬先生家學，少有聲于時。自止敬先生歿，喪亂疊臻，始遊廣陵，遂家焉。余時在廣陵，知于一深且悉。"

王猷定，字于一，江西南昌人。拔貢生。入清，日以詩文自娱。爲人偁儻自豪。爲文多鬱勃，與侯方域齊名。行書楷法，亦自通神。著有《四照堂集》。《清史列傳》卷七〇《文苑傳一》有傳。

招梁年於揚州官署數月，梁爲治印甚多，當不早於是年。弟亮節亦嗜印，時在揚州，時時向梁年問刀法。

《印人傳》卷一《書梁大年印譜前》："梁大年年，其先蓋廣陵人，流寓白門。……好作印……所鐫皆有筆意。余致君於維揚署中，凡數月，爲予作甚多，今散失大半矣。君又能辨別古器款識。家固赤貧，晚益窘……卒以貧死。"同書同卷《書靖公弟自用印章後》："弟靖公亦嗜印。在揚署見梁大年爲予作印，輒時時向大年問刀法。"

在揚州，集露筋祠諸詩文合鐫之，當不早於是年。

《書影》卷六："予在維揚，既集露筋祠諸詩文合鐫之，然土人多稱爲《露涇》。《酉陽雜俎續集》載江淮間有驛，俗呼露筋，常有人醉止其處；一夕白鳥咕嘬，血滴筋露而死。據江德藻《聘北道記》：自邵伯埭三十六里，至鹿筋，故老云：有鹿過此，一夕爲蚊所食，至曉見筋，因以爲名。皆不以爲貞女事。余以事可以風，即以爲貞女事，無傷也。"

魏之璜作《林巒煙雨圖》，不久即卒。

《宋元明清書畫家年表》引《九華印室鑒藏畫錄》：魏之璜考叔順治二年乙酉（1645）作《林巒煙雨圖》，自題年七十八。《讀畫錄》卷一《魏之璜》："年近八十，卒於秦淮水閣。"

楊文驄卒。

楊文驄,字龍友,一字山子,貴陽人,家南京。明萬曆末舉於鄉,崇禎時官江寧知縣。福王立,起兵部主事,歷員外郎。入隆武朝,復拜兵部右侍郎兼右僉都御史,提督軍務。清兵渡錢塘,死。爲人豪俠自喜,性好結客,以此有聲士林。工畫能文,著有《山水移》。嘗爲周亮工作畫。《讀畫録》卷三、《南疆逸史》卷五六、《明史》卷二百七十七均有傳。

吴應箕卒。

清順治三年　丙戌　1646　三十五歲

是年三月,清廷首舉會試、殿試。六月,清兵破紹興,明魯王走舟山。八月,清兵入閩,破建寧,明隆武帝走汀州,不久即被擒殺。九月,清兵入福州。十月,清兵取漳州。十一月,鄭芝龍以閩降清;明桂王朱由榔即帝位於肇慶,以明年爲永曆元年。十二月,清兵破廣州,永曆帝奔梧州;張獻忠以抵抗清兵,於西充鳳凰山中箭身亡;鄭成功起兵海上,圖謀恢復。

在揚州,正月初七日,同張恂、程邃集趙而忭桐樓,分韻爲詩,當不早於是年。

《賴古堂集》卷五有詩《維揚人日同稚恭穆倩集友沂桐樓即席分得晴字》:"楚客高樓坐,枯桐亦有聲。江干烽燧滿,意外酒巵輕。珍重今宵集,難逢人日晴。天風吹戰伐,莫更賦蕪城。"

康熙《揚州府志》卷二十六《人物四·流寓》:"張恂,字稚恭,陝西涇陽人,先世以業鹺家江都。崇禎癸未成進士。恂人才雋邁,肆力於古文詩詞,兼工畫苑,潑墨渲染,備臻妙境。又風流蘊藉,傾倒一時,人皆樂與之交。官中書舍人。"《讀畫録》卷三《張稚恭》:"舍人詩文,雄視一世,尤好作畫,晨夕與程穆倩處士往來,故初年畫與穆倩無辨,後自變以己意,尤有雄渾之致。……稚恭自塞外歸,家既破,以賣畫自給,張小箋示人曰:一屏值若干,一筆、一幅值若干。人高之。"

嘉慶《長沙縣志》卷十九《人物》:"趙而忭,字友沂……少負奇才,讀書過目不忘。善雅談,髫年即以試藝見知於高秉旃諸牧遊。丙戌,湖廣補鄉試,登賢書。

後遊京師,錢牧齋、龔孝升咸與之遊,有才子之目。由任子授中書舍人。性豪邁,喜交遊,年未四十卒。所著有《孝廉船》《腐鼠集》等集。"

陞任淮揚海防兵備道。恤遺黎,撫凋瘵,置義塚,收白骨,禁告密,罷營房,惠民良多。民感恩德,爲立祠於揚州。

林佶《名宦户部右侍郎周公亮工傳》(《碑傳集》卷十):"順治……三年,擢布政司參政、淮揚海防兵備道,政績皆可書。"雍正《江南通志》卷一百六《職官志·文職八》:"分巡揚州道……周亮工,金谿人,進士,順治三年任。"

《行述》:"陞海防兵備道,惘恤遺黎,撫綏凋瘵。是時,地方初定,守兵蔑視小民居爲奇貨,動輒乘釁構難,比屋驚疑,迄無寧晷。先大夫身爲卵翼,務使人人樂業,驕悍俯首受法度。嘗爲民贖被俘子女無算。廣儲門外,白骨成山,置義塚埋之。……撫軍舊有標兵,議立營房,海陵之民惶懼不知所出,先大夫切陳不可狀,撫軍爲罷營房。先是,兵備道率駐海陵,至是奉撫軍移駐廣陵,海陵之人相與謂曰:'我公吾儕賴以生者,安可一日去耶?'相率人然一香,奔海陵署,願留公永駐,香煙繚繞,至不辨堂上下。平時巡行,往來廣陵、海陵、高、寶間,舟行至界,百姓郊迎數十里外,牽舟挽索,城中設香案,老稚匍匐仰視,皆曰:'我公來矣。'郡城建立生祠祀之,刻石紀功。"《墓誌銘》:"其備兵淮海也,禁告密,罷營房,海陵與維揚之人爭延公駐其邑,市爲之闐。"按:淮揚海防道原駐泰州(舊稱海陵),後又移駐揚州(舊稱廣陵,又稱維揚)。

康熙《揚州府志》卷二十二《名宦》:"周亮工……升海防兵備。時地方初定,告密者多,比屋驚疑。亮工爲煦嫗卵翼,人人樂業。一日有急裝自北來,叩轅門,踞地坐,諸將士倉猝不知所爲,亮工前曰:'吾奉命觀察此地,有事當告我。'乃出一牘,背耳語良久,則海陵豭奴蠱官室者反詞也,趣治兵掩捕之。亮工曰:'若誠反,當族。第君馬乏,且休之,偵其有迹,伍佰可生致也。'急裝者不得已止。越日,偵騎回,則點奴言果妄。一日,寢門闔矣,撫軍趨議事,傳呼甚亟,一市盡驚。亮工佯臥不起。撫軍促騎相望,彀弩白刃夾道立。亮工徐行至堂下,撫軍作色曰:'吏報某地賊起,吾待公至,急撲滅之,奈何來姍姍者?'亮工曰:'以某料之,必無是事。'撫軍恚甚,曰:'觀察能以百口保鼠輩乎?'亮工應曰:'能。第倉猝未蓐食,煩爲某置食。'食訖,出呼騎士譙讓之,曰:'撫軍趣吾會食,向驚呼奚爲者?'市人驚擾始定,然亦卒無賊也。"按:此二事,參見《行述》及陳維崧《陳迦陵文集》卷三《贈周櫟園先生序》。

雍正《江南通志》卷九十二:"淮揚海防道……整飭淮揚海防、江洋,仍分管揚州、儀徵、高郵等衛,泰州、鹽城、通州等所,京操官軍。"

夏秋之際,與龔鼎孳相識定交。

《賴古堂集》卷十六《祝龔芝麓總憲序》:“後叨一第,備兵維揚,潦倒風塵下吏中,幾不比於人數,而先生謬相引重,因出向所爲詩一卷奉質,則又謬爲許可,亦嘆相見恨晚。”

按:據《清史列傳》卷七九本傳,龔鼎孳於是年六月丁父憂,順治八年(1651)方回京以原官供職。這期間數年,龔氏遂借守制滯留江南,與江南文人墨客多有詩酒之會,《定山堂詩集》多此期遊宴之作。

龔鼎孳,字孝升,號芝麓,合肥人。明崇禎七年(1634)進士,授兵科給事中。入清,官至刑部尚書,兩充會試正考官。天才宏肆,千言立就。汲引英俊如不及。著有《定山堂集》。《文獻徵存錄》卷十、《清史列傳》卷七九《貳臣傳乙》、《清史稿》卷四八四《文苑一》均有傳。

秋,陳台孫以畫船見贈,顏之曰就園,索賦於龔鼎孳。

《賴古堂集》卷八《杭川舟中懷陳階六》詩有云:“畫船贈我看秋水,略記離觴四載餘。”原注:“舊以畫船贈予,予顏之曰就園。”按:此詩作于清順治七年(1650),具見順治七年譜。龔鼎孳《定山堂詩集》卷五《周元亮使君有舟名就園索賦》二首之二有云:“竟署茱萸汸,梟鷗妒此名。到來紛小築,臥起得秋聲。”

秋,朱睿䔲爲作墨畫《疏林遠岫圖》。

《周亮工集名家山水(一册)》:“右畫幅……十四,縱七寸二分,橫九寸二分。墨畫。疏林遠岫。自題:‘丙戌秋日,爲陶庵老先生。弟䔲。’鈐印一:‘翰之。’”

《讀畫錄》卷一《朱翰之》:“七處和尚,即朱翰之睿䔲也。以畫名江南者六十年。……晚乃削髮從苾蒭遊,自名七處,人稱之曰七師。數椽南郭外,蕭然瓢笠,不肯輕爲人落筆,但數過諸蘭若,衲子有求必應。册中皆當時在維揚爲予作者,其在高座寺作者,則絕筆也。……師望八始寂去。没後片紙尺素,人皆以多金購之,并南郭諸衲子所有,皆爲人所取殆盡,近則贗筆紛出矣。”

素有墨癖,蓄墨萬種,是年除夕,與匡蘭馨、程邃、胡玉昆爲“祭墨之會”。

《賴古堂集》卷七《丁亥除夕獨宿邵武城樓永夜不寐成詩四章》之四有云:“下榻懷人同拜墨。”原注:“客歲此夕,膠西匡九畹、黃山程穆倩、秣陵胡元潤宿予衙齋,爲祭墨之會。”按:此“丁亥”爲順治四年(1647)。“匡九畹”,即匡蘭馨,亮工官濰縣所取士之一。吳偉業《吳梅村全集》卷六有詩《周櫟園有墨癖,嘗蓄墨萬種,歲除以酒澆之,作祭墨詩,友人王紫崖話其事,漫賦二律》。

　　《讀畫録》卷三《程穆倩》：“程穆倩邃，自號垢道人，新安人，家廣陵。……道人詩字圖章，頭頭第一，獨於畫深自斂晦，惟予能知其妙，道人亦自喜爲予作。嘗自題其畫云：‘余生平有愧癖，方今海内宗工林林焉，不敢仰視其幟……余遂一意藏拙矣。周夫子納瓦礫于珠玉之側，爲之汗下不已。’”

是年，嘗遣屬吏往慰盛于斯之母，贖其田以佐饘粥；爲盛于斯置墓碑，贖書屋，鈔遺著，復請知府陳周政以其行誼補入郡乘。

　　《行述》：“南陵盛此公與先大夫爲垂髫交，不得志于時，嘗語先大夫曰：予不久於世矣。子曠代才也，異日必大貴，若擁節江上，題我墓曰盛此公埋骨處，於願足矣。後先大夫備兵廣陵，憶其言，寓書南陵令，爲勒石墓上。贖其田，供盛母饘粥；又贖其讀書之屋，祀此公其中，俾其老僕世守之；序其詩文，刻之廣陵。”《賴古堂集》卷十八《盛此公傳》：“常以書寄予大梁……予得其書，忽忽如失者數日，知此公將不永矣。不數日，亡聞至，予爲位哭之。會予成進士，官山左，不能即至秣陵。比至秣陵，欲買舟省盛母，會亂甚，又不果行。乃使掾往慰盛母，掾歸爲予言：盛母年且開八秩，妻倍孝謹，故無子，一女先盛没，一老僕樵以供兩孀婦；糗豆不贍，裋褐不完，敗屋數楹，不蔽風雨，行道見之咨嗟；而爲之友者，弔唁闃然。……予解橐金，復促掾往，贖其田之易於族人者，佐盛母饘粥，市石檄南陵令碑其墓，予自書‘盛此公埋骨處’，從其生時請也。西蜀蝶庵陳公時守宛陵，公在大梁，蓋常聞予數言南陵盛此公不置，邑屬公，公乃檄令視盛母無恙，手書‘盛此公讀書處’爲額，懸其常危坐繩床側，復允予請，以其行誼補郡乘。其讀書之屋，蓋已受值，期以盛母存没，不能待盛妻也，予歸其值，祀此公於中，俾其老僕世守之。……其所著……今所傳者，獨《名物考》耳，他皆不傳。予遣掾就其家鈔遺書，盛母泣而言曰：‘兒著書咸爲人竊去，惟存詩若干卷。……今且托之周君。’”

　　按：關於周亮工爲盛于斯序、刊詩文之時間，據上引周在浚所撰《行述》，當是本年在淮揚海防兵備道任上；而盛于斯《休庵集》卷前所附周亮工序則署爲“順治五年歲在戊子浚儀周亮工元亮氏題於樵川之詩話樓”，今以《休庵集》所附亮工序爲準。

　　雍正《江南通志》卷一百零九《職官志・文職十一》：“寧國府……知府陳周政，四川人，進士，順治二年任；周日宣，奉天人，生員，順治四年任。”

是年，方其義嘗過訪，文酒留連就園者匝月，爲治印一方，乃返。

　　《印人傳》卷一《書方直之一印前》：“直之名其義，予同門進士以智、今青原和尚弟也。幼時同和尚有‘雙丁’、‘二陸’之譽。才氣奔放，其性又不受拘縛。嘗遊雲間,與陳大樽、李蓼蕭輩置酒高會……酒酣耳熱,慨然曰:'欲滅寇、靖天下,舍義其誰也?'軀不甚偉,然健有力,能挽數石弓。……會寇益亂,起尊大人撫楚,乃更破家資……將往助中丞公滅寇,建功業。會中丞公爲讒言中,事乃無成。久之,中丞歿,其兄又去而遊方外,君鬱鬱居鄉里,多飲酒,與婦人近,遂以瘍卒。……予在維揚,君溯長江顧我,文酒留連就圍者匝月。已乃,謂予曰:'所藏印不甚愜予意',遂自作此方相贈。欲更懇之,匆匆別去,然不意其即死也。君書橅魯公直得其神,曾爲予書數箋,藏之篋笥三十餘年,至今出之,尚儼如初贈時。歿後,和尚爲鐫其書于石,藏青原山中,人爭購之。……君舊刻詩數卷行於世,餘散見於《過江詩略》中。子中發,字有懷,數過予論詩,風格不亞其父。"

是年,王遂官江南,嘗爲作畫。

《讀畫録》卷二《王子京》:"王子京使君遂,蜀人。不以畫名,偶然落墨,便有出塵之想。丙戌與予同官江南,爲予作一二小幅,筆意在黃子久、吳仲圭間。"

復得張民表遺詩數首,《塞庵詩三續》之刻,當在是年。

張民表《塞庵詩三續》卷末有題記:"樵明張子郎君海旭惠此帙於海上,余服樵明父子能世林宗先生之學,急爲梓之。海旭服奇好古,先生常以偉器稱之,兵燹之餘,猶能存先生手澤於不衰,先生早有人倫之鑒矣。櫟園周亮工題。"

是年,妾王蓀病卒於揚州官署。

《賴古堂集》卷七《海上書夢亡姬成詩八章》,序曰:"絕命時言:'予爲情累,誓不願再生此世界,幸祝髮以比丘尼葬予。生宛丘,死維揚,咸不寂寞,然予魂夢終在白門柳色中,不在簫聲明月下也。郎君《城上詩》猶能默識,幸書一通,并予所和詩,置諸左;茗碗古墨及予素所佩刀,置諸右;覆以大士像,左持念珠,右握郎君名字章,仗佛力解脱,非願再世作臂上環也。'語凄切,人不忍聞。……隨予宦維揚,疾死署中,年纔二十又二。葬秣陵牛首之東,姬志也。"

按:王蓀既富才情,又具俠氣,患難與共七載餘,亮工對之懷有很深的感情,常于詩文中稱讚其才情,於其歿後數年,以至數十年,都還常常提起。《賴古堂集》卷七《海上書夢亡姬成詩八章》之三云:"閨中作賦未曾休,玉女新成白玉樓。才鬼臨文情自豔,鏡臺有句力偏遒。瓣香未必留巫峽,杯酒常懷奠莫愁。猶憶微酣讚我語,不仙不佛不封侯。"同書卷五又有《長安舊傳十賣詩僕賣不止十然皆非所憶憶惟四作四憶》,其二憶圖章,原注云:"亡姬爲予布函中,反覆百十皆不失位置。"《印人傳》卷一《書鈿閣女子圖章前》:"余舊藏晶玉犀凍諸章,恒滿數十函,時時翻動,惟亡姬某能一一歸原所命,他人竟日參差矣。……見鈿閣諸章,痛亡姬如初殁也。"

王又旦生。

曹學佺卒。

　　按:關於曹學佺之卒,《印人傳》卷二《陳叔度》曰:"丙戌之變,能始殉節。"據《明季南略》卷八,隆武帝丙戌(1646)八月下旬被逮,尋被殺於福州,曹學佺殉難。

陳鴻卒。

　　《閩小紀》卷二《陳叔度》:"侯官陳鴻,字叔度,家貧無人物色之。能始石倉園在洪塘中,有淼閣,集諸同人爲詩,叔度有'一山在水次,終日有泉聲'句,能始嘆賞,爲之延譽。因即以石倉爲居停,名其詩曰《秋室篇》,取李長吉'秋室之中無俗聲'也。丙戌之變,能始殉節,叔度年七十二,不能自存,以貧病死。"

趙璧卒。

　　《印人傳》卷二《陳叔度》:"先是莆田布衣趙十五璧,亦工詩,善作畫,所爲枯木竹石類,閩人珍之。然性孤癖,不多爲人作,惟山房寺壁,則淋漓潑墨。與叔度先後死,亦不能葬。"

艾南英卒。

清順治四年　丁亥　1647　三十六歲

是年正月,清兵破肇慶、梧州,永曆帝奔桂林,又奔全州。明魯王入閩。二月,清廷以浙東、福建平定,頒詔全國。三月,張獻忠部將孫可望、李定國從四川退入貴州、雲南,聯明抗清。四月,清松江提督吳勝兆策劃起兵叛清,事泄被殺,三吳名士遭株連甚廣。七月,閩中抗清武裝蜂起,明魯王軍圍攻福州,自此圍困福州城達十四月之久。十一月,清廷命侍郎陳泰、梅勒章京董阿賴等率兵征福建。
是年,清兵在近京府、州、縣內大規模圈地,被圈之民,流離失所。

正月十三日,施霖爲作山水圖。

《周櫟園讀畫樓書畫集粹》款云:"丁亥上元前二日寫爲元翁老先生請教,施霖。"按:此作後有周亮工請朱彝尊跋:"楊子橋西荆乍班,米家書畫棹船還。懸知枯樹無人賦,留待傷心庾子山。不見櫟翁先生十年矣。邂逅蕪城,出畫册命題。津鼓將發,草此呈教。年家子朱彝尊。"

《讀畫録》卷四《施雨咸》:"施雨咸霖,江寧人。予聞雨咸壯年遊廣陵,是時方盛稱張圖南畫,心亦豔之,間倣其作人物。……後雨咸但師元四家,遂臻勝境。馬瑶草、楊龍友作畫,但能小小結構耳,其大幅皆倩雨咸爲之,雨咸名遂高出衆家上。"

胡正言遊揚州,以印章數方見贈。是夏,爲胡正言作《胡氏印存序》。

胡正言《印存初集》附亮工《胡氏印存序》:"嘉、隆文、何外不乏作者,近胡君曰從乃以此特著。……余雅有此癖,嘗遍索諸家,彙帙自怡。適曰從遊廣陵,挾數方見贈,因出其手作一册相質。……丁亥夏日,櫟下周亮工元亮氏題於揚署之古梅花樓。"

《印人傳》卷一《書胡中翰印章前》:"胡曰從正言印譜舊名《印史》,吾友王雪蕉易曰《印存》,其以墨印者曰《元賞》,陳旻昭侍御、翰聖秋別駕、杜于皇司李與余序之,皆能及其生平。曾官中翰,最留心於理學,旁通繪事,嘗縮古篆籀爲小石刻以行,人爭寶之。……休寧人,而家於秣陵……今八十餘,神明炯炯,猶時時爲人作篆籀不已。"嘉慶《新修江寧府志》卷四十三《人物·技藝》:"胡正言,字曰從,家居金陵,精研六書,著有《印藪》《篆草》諸書。所居名十竹齋。"

四月,擢福建按察使。離揚州日,百姓傾城遮留。

林佶《名宦户部右侍郎周公亮工傳》(《碑傳集》卷十):"順治……四年,升福建按察使。"康熙《揚州府志》卷二十二《名宦》:"周亮工……擢福建臬使,去郡日,傾城遮號,聲動天地,亮工亦哭失聲。"按:據《清代職官年表·按察使年表》,亮工於是年四月由揚州兵備道參政擢福建按察使。

《清史稿》卷一百一十六《志九十一·職官志三·外官·按察使》:"按察使,掌振揚風紀,澄清吏治。……大計充考察官,秋審充主稿官。"

是夏,與陳台孫期於吳縣,未及至,台孫已發雲間。

《賴古堂集》卷八有詩《杭川舟中懷陳階六》,原注云:"丁亥階六期予於吳門,不值。"同書卷七《與陳階六期於吳門予未至階六已發雲間矣》:"雲間信斷欲何之,水漲毗陵客到遲。野徑花酣迷去棹,芳洲日暮動人思。依違久負看山約,俯仰深慚贈別詞。爲問水嬉鴉髻子,可曾留得綠陰枝。"原注:"階六與雲間麗質宿約,故先予去。"按:清松江府地舊名雲間。

七夕,與叔父及張淑士、弟亮節飲酒賦詩於秦淮河。

《賴古堂集》卷八有《四年七夕詩》,其一爲《丁亥侍叔父酌秦淮同張淑士、舍弟靖公分得田字時鄰舟有盲女枇杷聲》。

宗灝爲作《晴雪》小幅於高郵舟中。沈顥爲題畫。

《讀畫録》卷三:"宗開先灝,《晴雪》小幅自題云:'晴雪滿竹,隔溪漁舟,如月之曙,如氣之秋。'落款處題一'灝'字。王宗伯見之,誤以爲沈朗倩。……予笑曰:'此開先丁亥在高郵舟中爲予作也。幸老櫟猶在,不然又開後人幾許辯端矣。'"《周亮工集名家山水(一册)》載沈顥爲題曹爾堪畫,題云:"十里青松,半峰雲影;黃葉滿階,晝眠未醒。朗道者題。"鈐印二:"丁亥"、"朗倩"。

《讀畫録》卷三《沈朗倩》:"沈朗倩顥,吳人。嘗游白門,名噪甚。爲予作南北宗各二十幅,俱有妙境。每畫成,自題於上,亦多韻語。性好征逐,故不甚爲人所貴。……晚遂號石天,自擬在石田上。"

將赴閩,劉象先爲題畫。

《周亮工集名家山水(一册)》:"玉皇香吏古今仙,日日清齋日日眠。……前身我董呼堪出,裴迪邱爲孟浩然。——右震父題輞川圖。元翁社尊自維揚秉憲,將之八閩,出眎所輯此册屬題。爲書葛詩見意。蓋後先千載,能師右丞一派,而與輞川并傳,庶幾在此。以是服先生鑒賞爲獨至耳。劉象先。"此跋爲章草書。鈐印二:"象先"、"方巢"。

震鈞輯《國朝書人輯略》卷一:"劉象先,字今度,江蘇上元人。工章草。"

王光魯、紀映鍾賦詩相送。

《賴古堂集》卷五有詩《送紀伯紫遊閩》,其一云:"送我看山去,輕舟不肯還。臨岐前日事,見月幾回圓。"原注:"予丁亥入閩,維揚王漢恭賦'一路看山到武夷'相送,伯紫有作。"

《書影》卷一:"予門人邗江王漢恭名光魯,所作《想當然》,猶有元人體裁。其曲分視之則小令,合視之則大套,插入賓白則成劇,離賓白亦成雅曲。不似今人全賴賓白爲敷演也。……《想當然》托盧次楩之名以行,實出漢恭手。"

《清史列傳》卷七十《文苑傳一》:"紀映鍾,字伯紫,江蘇上元人。明諸生。崇禎時,張溥、楊廷樞、張采、周鍾等舉復社,四方雲集響應,江南既人文薈萃,映鍾尤喜結納,衆推映鍾以江寧顧夢游爲職志。夢游早殁,映鍾獨領袖群英。國變後,棄諸生,躬耕養母,自稱鍾山遺老。少與龔鼎孳友善……尤負詩名。泰州鄧漢儀稱其詩宗唐人,惟其讀史十年,故下筆嶄然,獨與人異。……所著有《真冷堂集補》《石倉集》《檗堂詩鈔》。"

顧夢游送于江上,以宋珏墓表、費筆山子嗣相托。

《賴古堂集》卷四有詩《懷顧與治》二首,原序:"予入閩時,與治送予江上,留連不能去,時以宋比玉墓表、費筆山嗣君見托。"同書卷十三《顧與治詩序》:"宋比玉之殁,與治既輯其遺稿,慫恿李侍御少文爲梓行,復走虞山,乞錢宗伯爲墓表;少文方按閩,與治屬少文鎸於墓側,會少文得代,遂不果;越十餘年,予廁閩臬,過金陵,與治又諄諄屬予,予令其族孫祖謙勒石,歸以石刻示與治,喜動眉睫,若重負方釋者。費考功筆山家在石阡,罷官後無所歸,與治分宅居之,殁即葬于顧氏先塋旁,歲時祭獻,酹酒必漬筆山墓草也;筆山舊爲福清令,刻稿多在閩,頗散失,予入閩時,與治託其嗣弦圃從予行,盡收其舊刻若干行於世,予爲賦長歌以誌之。"

施閏章《學餘堂文集》卷十七《顧與治傳》:"顧夢游,字與治,江寧人。……少稱神童,十歲作《荷花賦》,十九廩學宮。數就闈試,輒病不終牘。一意攻古文詞,與四方名士賢豪深相結。……明亡,棄舉子業,會當領歲薦,卒不就。……善行草書,閒逸自喜,箋素委積,所至無少長貴賤方伎女史皆應之。晚年閉關,以書易粟,求者成市。……所撰詩文散佚,殁歲餘,其友施閏章收輯得十卷行世。"

《列朝詩集小傳》丁集下《宋秀才珏》:"珏,字比玉,莆田人。家世仕宦,不屑從鄉里衣冠浮沉征逐。年三十,負笈入太學,游金陵,走吳越,遍交其賢士大夫。……善八分書……畫出入二米、仲圭、子久,不名一家。……滯淫旅人,默默不自得,客死吳門。……返葬後十餘年,金陵顧夢游入閩哭其墓,乞余爲文,伐石以表之。"

取道浙江,過西湖,結識王豸來。

《賴古堂集》卷十七《送王庭一入楚序》:"丁亥入閩,僦居聖湖廠,時聞比舍兒讀書聲,與南屏百八鐘相間,漏下數十刻弗息,辨明則又然。數十日如一夕也。心異之……急令張子京大索之,乃知是王子庭一,因得見。庭一時方十二齡耳。"

《藏弆集》卷九:"王豸來,古直,庭一,浙江錢塘人。《鹿堂稿》。"

由浙入贛，冬初，從杉關入閩。抵光澤，阻於戰亂，即於邑中蒞任，任城守之責，智破倡亂之李鳳毛。友陸可三時偕行，病卒於光澤。

《賴古堂集》卷二十三《題蕉堂索句圖》："丁亥冬初，予由江右入杉關，抵邵武。"《舊譜》："丁亥，三十六歲。擢福建按察使。由浙入豫章展鴻臚公墓，遂從杉關入閩。抵光澤，寇亂道阻，公遂於邑中蒞任，任城守之責。土寇李鳳毛自五都出，公出奇破之。"《碑傳集》卷十《名宦户部右侍郎周公亮工傳》(林佶撰)："其初蒞按察也，未入境而民亂。公從杉關入據光澤城守，破土寇李鳳毛。"

《賴古堂集》卷七《丁亥除夕獨宿邵武城樓永夜不寐成詩四章》，其四有云："蠻煙瘴靄悲良友。"原注："予友陸可三偕予入閩，卒於光澤。"《行述》："金陵茂才陸可三亦垂髫交也，嘗從先大夫入閩，行次光澤得暴疾，疾篤，先大夫爲文禱於神，願減齡延其生。及物故，爲之經紀歸櫬，卜地葬之，爲其子完姻。"

十月，抵邵武。邵武此時寇亂紛擾，城外烽火燭天，水陸兩路俱阻，省會音信不得達；日督兵丁且戰且守，夜則獨守城樓，磨楯賦詩。

《舊譜》："丁亥，三十六歲。……十月抵邵武，時盜賊蜂起，水陸俱爲賊據，省會音信不得達。城外烽火燭天，公督蒼頭奴子且戰且守，城賴以全。有《自光澤登閩舟》《夜登邵武城樓》諸詩。"《行述》："時王師初入閩，山海之間叛復無常。先大夫從杉關入邵武，邵武去省會尚七八百里，在萬山中，爲江右門户，又八閩上游斗大孤城，無兵無餉。先大夫既至，進不能達會城，遂於郡中蒞任，身任城守責。城外烽火燭天，士民皇皇無所措。先大夫日則率健卒披甲持戟戰山中，夜則獨守城樓，磨楯賦詩，吟哦之聲與刁斗相間。"

按：《賴古堂集》卷三有詩《自光澤發邵武初登閩舟》，卷七有《夜登邵武城樓感懷四首》。邵武舊稱樵川。《賴古堂集》卷四有詩《哭魯君寵參戎》二首，原序："當丁亥、戊子之交，非魯將軍，孰與僕守此孤城哉！富沙既陷，山海寇競起，關以外咸敵國，樵川彈丸耳。當寇數十萬，將軍兵不滿千，龍鬭一戰，真如鼠鬭穴中，卒能驅數十萬寇如摧枯拉朽，功懋矣。……時外援不至，變在呼吸，樵之人士羅列稽顙，望將軍一戰以永旦夕命而不可得；幸而見將軍戰，則歡忻讚嘆，壺漿跪擎，望其顏色，以爲古之李、郭不是過。"當時形勢之危急，戰鬭之慘烈，於此亦可見一斑。

寓署舊有小堂，改其名爲蕉堂，讀書賦詩其中。

《賴古堂集》卷二十三《題蕉堂索句圖》："丁亥冬初，予由江右入杉關，抵邵武。時寇遍郊圻，予困守孤城者八閱月。寇小退，道路梗塞，又不能入會城。寓署舊有小堂,蕉百本叢之,予少爲修飾,益種蕉數百本……于時讀書賦詩,殊自適也。"同書卷十一有《再至蕉堂》詩四首,其一:"八月昭陽自荷戈,六年蹤迹夢中過。故人惟有甘郎在,可奈荒城夜雨多。"按:邵武舊稱昭陽。

　　光緒《重纂邵武府志》卷二十八《古迹·園宅》:"蕉堂,在府署内。案:《舊志》:樵川使館有舊雨堂,國朝順治間,周亮工改今名。"

邵武城上舊有望江樓,相傳嚴羽嘗在此論詩,因更建爲詩話樓,奉嚴羽像祀於其中。

　　光緒《重纂邵武府志》卷二十八《古迹·名勝》:"望江樓,一名三滴水樓,在治東城上。下瞰長川,萬景畢至。故老言,未築城先建此樓,與西城二樓相望,高十餘尋,郡人嚴羽曾與天臺戴式之説詩於此。國朝順治四年,按察使周亮工入閩,訪羽故居不存,遂祀羽樓中,加修飾焉,改額曰'詩話',以羽所著有《詩話》三卷也。後郡人以亮工有全城功,并祀焉。"

拔邑諸生能詩者米嘉穗等人日與唱和,十二月,有《萬山中詩》之刻。

　　《行述》:"先大夫既至(邵武),進不能達會城,遂於郡中范任,身任城守責。……建詩話樓,祀宋嚴滄浪其上。拔邑諸生能詩者日與唱和,有《萬山中詩》之刻。"《印人傳》卷三《書吳秋朗印章前》:"予丁亥自維揚量移入閩,阻寇樵川者八閲月,日從事雉堞間。樵在萬山中,四方玩好之物不入士人聞見,士遂無他好以紛悦其心志,間有以五七字投余者,余輒磨質墨答之。予爲刻《萬山中詩》,至今姓氏咸朗朗在予意中。"

　　《萬山中詩》附周亮工《萬山中詩序》:"合樵士之詩縱觀之,大約味澹而旨永,與柴桑近,落落穆穆,不失爲萬山中人、萬山中詩,如是而已。……順治丁亥季冬大梁周亮工題於樵川之蕉堂。"

　　按:《萬山中詩》收録周亮工《夜登昭武城樓感懷四首》,後有邵武士人米嘉穗(澹菴)、龔宜(而雅)、鄧林(生公)、趙焜甲(玉輝)、鄭倫(胎聖)、周弘禧(天倩)、王在鎬(我西)、羅以彩(劍躍)、朱宿(璧符)、楊翰(凌飈)、高潢儼(止俙)、黄士冕(公望)、朱宗臣(亦世)、黄兆丹(希崖)、金和(節之)、王萬森(青生)十六人的奉和之作,詳見《周亮工全集》第十八册。周亮工與米嘉穗交往尤密,《賴古堂集》卷三有詩《亂後過米澹生遁園》(四首)、《樵川城中從米澹生借書送日》(四首)等。

　　光緒《重纂邵武府志》卷二十《人物·宦績》:"米嘉穗,字秀實,參議榮從孫也。少有文譽,事繼母孝。萬曆四十六年舉於鄉,崇禎初授鄆城知縣,明察善斷。邑介曹、兗,爲盜藪,豪右恣横,徭賦不均,嘉穗立均役輪役之法,民便之。巨豪李三善、王如鑑及捕役宋顯榮害民,皆實諸法。降盜宋向榮等陽就撫,陰剽掠如故,嘉穗計擒之,入其巢,收餘黨,編户籍。總兵劉澤清援萊敗衂,道出郫,兵弗戢,人情恇懼,或遂欲勒甲要之,嘉穗不可,第豐具犒師牛酒,令引旆而東,兵卒不譁。值凶潦,道殣相望,嘉穗權宜發廩,全活甚多。調知德平,尋遷南京兵馬司正指揮。母憂,歸築遯園以居,嘯詠終身。年七十七卒。所著有《澹園詩集》。"

光緒《重纂邵武府志》卷二十四《人物·隱逸》:"龔宜,字爾雅,明季布衣,能詩,清矯絕俗。家素裕,鼎革後,田業荒失,遂貧困,茅屋數椽,圖書外蕭然無有,昕夕用瓦缶自炊,晏如也。天中曾宏重其人,欲贈金買妾,辭不受。周亮工駐樵,聞其名,欲見不可得,一日晨起,單騎屏從詣之,宜方讀書中庭,不知爲觀察公至也,時初夏,宜曳葛布袍,與亮工抗行賓主禮,臨別,握亮工袍袖言曰:'某本山野人,不足辱公顧,今公至,禮無不答,然居此數歲,未嘗一出里門,幸無責其傲也。'後竟以貧卒。"

光緒《重纂邵武府志》卷二十四《人物·藝術》:"鄭倫,字道五,一字胎聖,明末諸生。善詩,尤工書繪,學使郭之奇重之。其書畫博仿諸家,遇得意時,即浮大白。家有園池,築亭曰種秋,諸文士常吟嘯其中。嘗自題《秋山圖》曰:'秋山不可窮,日暮煙雲織。移來片幅中,離離渺何極。'"

光緒《重纂邵武府志》卷二十一《人物·文苑》:"朱宿,字璧符,順治初拔貢,與張孟玫齊名,弱冠受知於周亮工。好爲詩,精曉音律。嘗撰《新柳緣傳奇》以寄懷,花晨月夕,自敲檀板歌之,音節蒼涼,聞者感動。著有《食字堂詩》。時同邑有趙聲遠者,字六傳,亦以詩名,嘗刻《兩□堂稿》,與張、朱二家稿并行。"

光緒《重纂邵武府志》卷二十一《人物·文苑》:"楊凌飆,武庠生,善詩。周亮工備兵駐樵,凌飆與同學張孟玫、朱宿皆受知焉。方賊之殷,亮工與同官燕詩話樓,諜報賊掠城南,亮工手一卮奉悍將魯雲龍,使出城擊賊,席未散,而魯將軍已從陔嶺破賊歸矣,凌飆爲歌詩紀之。其後凌飆卒,亮工悼之以詩,云'唾地新詞貯錦囊,高樓君自拜滄浪。文人命薄將軍死,誰賦城南舊戰場',蓋謂此也。"

此際,與黎士弘、李明嶅等交往亦日漸密切。

黎士弘《託素齋詩集》卷一有詩《和詩話樓韻》,題下原注:"周元亮使君新祠宋遘客嚴滄浪先生其上。"詩云:"滄浪波細石根明,若個褰裳飲獨清。到即單車祠季子,來知齋素爲君平。幾椽樓峻歸風雨,一束芻香過杜蘅。拜手長河呼共話,風流誰更似先生。"同卷又有《賦得一路看山到武夷次秦淮諸子送周元亮先生入閩》。

李明嶅《樂志堂詩集》卷三有詩《一路看山到武夷爲周元亮師賦二首》,其二:

"孤雲未許衆巖齊,極目天南樹影低。夢入筍峰曾采藥,路移桃澗尚聞雞。溪干作賦垂秋露,石上談經息戍鼙。不信武陵迷幾曲,山花到處子長題。"按:周亮工擢福建按察使將赴任時,王光魯曾賦"一路看山到武夷"相送。

《清史列傳》卷七十《文苑傳一·黎士弘》:"黎士弘,字媿曾,福建長汀人。……以詩文名。……新建徐世溥嘗與錢謙益書,謂:'今海內人士,惟媿曾及漢陽李文孫耳。'而周亮工謂黎自可單行,若比漢陽,恐疑噲伍。其爲名流推獎如此。……少時詩好李賀,文好王勃。所爲文清新俊逸,未嘗步武前人,而動與古會;詩格隨年而變,不相近也。然大抵刊落陳言,多清真樸老之作。著有《託素齋詩文集》十卷,《仁恕齋筆記》三卷。"

《清詩紀事初編》卷七:"李明嶅,字山顏,號蓼園,嘉興人。少有才名,年十三以文得錢謙益知賞,十七從吳偉業遊。與兄石友青來、兄子曉來,入復社爲眉目。崇禎十七年,年二十有七,家貧遠遊閩中,以鄉貢署古田教諭。當擢粵中推官,辭不就。遂還里,葺故宅蓼園居之,以教子弟。時復出遊,閩越吳楚燕齊皆有遊蹤。……撰《樂志堂集》四卷。……詩初學長吉玉川,繼宗王孟,又繼乃上規老杜,體制日新,工力始厚……一時才氣無雙。梅里諸李若良年兄弟俱以才著,似尚遜之,施閏章以擬王岱,非其匹也。"

是年十二月,已著手《字觸》之編撰。

《字觸·凡例》署曰:"順治丁亥嘉平望後二日,櫟下老人識于樵川之詩話樓。"

除夕夜,獨宿邵武城樓,思家念友,百感交集,惟於詩作漸增稍感欣慰,有詩寄懷。

《賴古堂集》卷七《丁亥除夕獨宿邵武城樓永夜不寐成詩四章》,其一:"荒城戍柝三更盡,孤燭鄉心萬里餘。永夜懸知兩地淚,能歸勝寄故園書。"其四:"百端交集夕難除,強飲屠蘇意未舒。下榻懷人同拜墨,登樓無客對擁書。"其二:"略窺粟甕思僮減,歲驗詩瓢喜橐增。"

第二子在揚生。

《舊譜》及《賴古堂集》卷十七《送王庭一入楚序》。

陳子龍卒。

清順治五年　戊子　1648　三十七歲

是年正月底,清江西總兵金聲桓以江西歸桂王。二月,明永曆帝以部下交訌,奔南寧。三月,清廷命譚泰等率部往征江西。四月,廣東提督李成棟以廣東歸桂王。福建抗清武裝依然遍地蜂起。七月,清廷特命陳泰統兵往征福建。八月,明永曆帝還肇慶。因各地抗清武裝齊發,清廷下令禁民間養馬及收藏兵器。

在邵武。時已著手《賴古堂文選》之編選,黎士弘相從校訂。

　　黎士弘《託素齋詩集》卷一有詩《樵川署中夜訂諸家近稿賦呈周櫟園先生》:"紛來小院柚香稠,一卷閑從乞校讎。雨夜爭涼添半臂,過牆濁酒字雙頭。(原注:'樵川酒名。')力持大雅商中晚,非薄時賢偶去留。鎮重蕉堂詩話在,瓣香還自倚南樓。(原注:'樵川東南有詩話樓,嚴滄浪先生舊游迹也。')按《賴古堂文選》所收俱爲時人之文,此言"夜訂諸家近稿",當是此時已著手編選,黎士弘幫忙校訂。

寒食日登詩話樓,有詩寄懷,黎士弘、李明嶅等有和。

　　《賴古堂集》卷七有詩《寒食詩話樓感懷四首》,(原注:"祀滄浪居士于上。")其一:"高樓獨擁萬山前,風展牙旗草色芊。藥裹羞隨刀共佩,鄉書不與燧俱連。天涯作客逢寒食,馬上看花見杜鵑。遺令未須頻禁火,孤城此際半無煙。"

　　黎士弘《託素齋詩集》卷一有詩《和寒食登詩話樓原韻》:"閑呼檻外鳥來前,落盡溪花蔓草芊。直欲送懷千古上,與誰對卧一床連。大江翻譜歌楊柳,細雨肥紅濕杜鵑。寒食漫云虛擲過,滄浪猶是五湖煙。"

　　李明嶅《樂志堂詩集》卷三有詩《和周櫟園先生寒食詩話樓感懷四首》,(原注:"樵川城上舊有環碧樓,相傳嚴滄浪賦詩處也,周更此名,即祀滄浪於中。")其一:"山抱孤城九曲前,烽生幾地草芊芊。瀑飛鳥外磽痕亂,閣聳雲中石影連。小市何須先禁火,清笳無奈又啼鵑。行歌想見詞人迹,柳陌空含古樹煙。"

　　按:李明嶅在閩與周亮工多有交往,《樂志堂詩集》卷二又有《同安病中得櫟園先生書用朱晦翁韻》:"銅安空甃石,笳咽又秋初。高士軒何在,微官意自如。江湖戰後血,戌火壁中書。征雁逢余病,交遊書未疏。"原注:"晦翁爲同安簿,署名高士軒,有'廩食守微官'之句。"

四月,計誅叛將熊再法、秦登虎三千人馬,聲威大振,閩西境以安。

《舊譜》："戊子,三十七歲。春夏,在邵武,叛將熊、秦等謀以城應賊,公探知,密授計殲之。"《行狀》："叛將某者,以計窮來降,窺知城中單弱,復與賊通,謀以夜四鼓翻城,先生廉得其情,密戒鼓吏通夜衹二下,勑甲士夜半聲礮,攻其無備,賊倉皇無措,殲叛卒三千人。四山賊聞之,焚營逸去。邵武爲八閩上游門户,與江右接壤,時方有金、王之亂,邵武全則江右亂兵不得入,而建寧之賊亦不得與江右通,八閩以寧,先生之功大焉。"

按:據光緒《重纂邵武府志》卷十三《寇警》,熊再法、秦登虎原爲清將郭天才部下,奉命屯兵邵武城南。天才叛,與熊、秦約於順治五年四月丁丑三更襲邵武。周亮工諜知後,戒守夜卒毋擊三鼓,并派將領四員出城設伏,亮工本人則在城樓上擺下筵席,燈火通明中與衆官員飲酒,以示無備,迷惑敵人。"及昧爽,我兵四集,秦、熊兵倉皇迎戰,於是盡殲之。"

是歲在邵武,張孟玫來謁,與之相識訂交。

光緒《重纂邵武府志》卷二十一《人物·文苑》："張孟玫,字龍玉……與弟孟璣俱有才。……順治五年,周亮工備兵駐樵,孟玫年十七,謁其門,爲所器。越歲,中副榜第一。亮工時以按察監試,大加惋惜。後雖老不獲雋,而名日益高。有群少年倚醉遮道字呼之,欲與校才品高下,孟玫逡巡去,了無怒色,但誦唐人薛逢語曰:'阿婆三五少年時,也曾東塗西抹來。'其量度和雅如此。著有《亦山堂詩文集》。"

是歲在邵武,嘗爲盛于斯序《休庵集》,不久即爲之刊行。

盛于斯《休庵集》附周亮工《南陵盛此公遺稿序》:"予遣掾就其家抄遺書,盛母泣而言曰:'兒著書咸爲人取去,惟存詩若干卷。……今且托之周君。'予受而泣,因爲之次第,壽之梓。……順治五年歲在戊子浚儀周亮工元亮氏題於樵川之詩話樓。"

按:盛于斯《休庵集》今存《前集》一卷、《後集》一卷,《北京圖書館古籍善本書目·集部類》著録有清順治五年(1648)周亮工刻本;民國二十三年(1934),南陵徐世昌曾據此刻本影印,收入《南陵先哲遺書》(見《中國叢書綜録》)。周亮工此序與《賴古堂集》卷十八《盛此公傳》内容基本相同,唯體裁不同、文字略異。

作書與陳弘緒,奉寄所刻詩話樓諸詩,并請助力《賴古堂文選》之編選,陳弘緒有答書。陳又嘗作書,請序其《易經備考》。

《尺牘新鈔》卷三載陳弘緒《與周櫟園書》:"老社臺方居周、召之任,當軍旅之沖……乃者手諭自天而下，亹亹千百言，高情雅誼，淋漓楮穎，老社臺垂念於蓬蒿賤子者，何其敦以切、崇以至也，自非木石，安能不感佩而泣下哉！捧誦回環之餘，謝何能盡。古文一道，作之難，而知之尤難。……今得老社臺主持選政，一時作者，真可快然於俯仰矣。吾鄉自千子、茂先、巨源而外，尚有賀可上之宏肆，丁士奇之簡樸，陳伯璣之秀潔，劉痛子之奇快，周白山之酣暢，康小范、賀子翼之高爽。今其人或存或亡，亡者既已荒煙冷霧，存者亦復風絮雨萍，無從覓其集以寄。……氣運漸轉，道路漸以通達，當把弱翰，齎側理，問諸藏書之家，冀有所得，即抄録馳寄，但不能限之以日月耳。得讀詩話樓佳刻，神魂已繚繞於樵川、苕溪，況台命肫篤如是，敢復如曩昔，憚數百里之遠，而不一泥首於滎戟，以抒其仰止耶？……拙刻附正。"按：《書影》卷六有云："余《賴古堂文選》，備録江右諸君子之作，爲後人式。"上言"今得老社臺主持選政"，所選當即是《賴古堂文選》。

《尺牘新鈔》卷三載陳弘緒《再與櫟園書》："戊子之變，某避地于西山之烏晶，右臂爲石所傷，每一痛發，輒視寸管爲丈八矛，知己恩深，竟不獲以塗鴉惡札布悃誠於掌記，悲酸何極；然清夜終不能以自安，聊復扶痛作此，惟老社臺鑒之。……某自乙酉入山，輂載所藏書不下數萬卷，鐵騎一來……數萬縹緗，淪於一旦。生平所輯《有明文類抄》一書……今亦付之流水矣。……今僅存《易經備考》四冊，又復失去《系辭》，然此四冊，頗有可觀，欲乞玄宴片言，托以不朽，先此預白，異日襆被延津，當長跽面請也。……昭武偶有兵噪之變，道路復梗，稍俟寧息，即圖造謁，率謝不既。"按：陳弘緒爲江西南昌人，此"戊子之變"當即指金聲桓、王得仁之亂。

困守邵武期間，著有《入閩紀》《守邵始末》《同書》《字觸》《蕉堂詩》等，《翼楊》二卷成其半。

《舊譜》："戊子，三十七歲。……有《入閩紀》《守劭始末》。"《賴古堂集》卷二三《題蕉堂索句圖》："丁亥冬初，予由江右入杉關，抵邵武。時寇遍郊圻，予困守孤城者八閱月。寇小退，道路梗塞，又不能入會城。寓署舊有小堂，蕉百本叢之，予少爲修飾，益種蕉數百本，于其中成《同書》四卷、《字觸》六卷、《蕉堂詩》一卷，《翼楊》二卷成其半。于時讀書賦詩，殊自適也。"

《書影》卷八："楊用修先生《丹鉛》諸録出，而陳晦伯《正楊》繼之，胡元瑞《筆叢》又繼之，時人顏曰《正正楊》。當時如周方叔、謝在杭、畢湖目諸君子集中，與用修爲難者，不止一人；然其中雖極辨難，有究竟是一義者，亦有互相發明者。予已彙爲一書，顏曰《翼楊》。書已成，尚未之鐫耳。"

初夏，抵福州。戰後福州，滿目荒涼，官舍尚且未有。病體未愈，逢人即叩良醫。

　　《賴古堂集》卷二十三《題蕉堂索句圖》："丁亥冬初，予由江右入杉關，抵邵武。……戊子初夏，始抵榕城。"林佶《名宦户部右侍郎周公亮工傳》(《碑傳集》卷十)："福州自戊子兵荒，流莩載道，群盜滿山，公爬梳嘅咻，逐假令，鋤豪强，撫逃亡，閩民始依公爲命。"按：福州舊有"榕城"之稱，雍正《福建通志》卷六十二《古迹》："榕城，宋治平中，張伯玉守福州，編户植榕，熙寧以來，緑陰滿城，暑不張蓋。"

　　雍正《福建通志》卷六十五《雜紀》："國朝順治……五年春，福州大饑。先是丁亥七月，四郊多壘，路途阻塞，米價日騰，城中多餓死，初食草根水萍，繼而争啖人肉，每遇市曹戮人，啖割無餘，或誘幼孩入户而刲之，甚至自刃其子。巡按周世科更立磔磨釘剥之法，濫及無辜。閏四月，總督陳錦兵至，悉除苛政，運米賑濟，禾稻漸熟，民慶更生。"

　　《賴古堂集》卷七有詩《初至洪塘感懷》，其三云："白龍江上客帆孤，風雨勞勞慰僕痡。古戰場空全是燧，近郊月冷半餘蕪。倩尋茅屋如投戍，(原注：'予至未有官舍。')强借殘書類告迪。滿郡濃香紅欲墮，此來端爲荔枝驅。"其二有云："入市繽紛謀敗帙，逢人珍重叩良醫。"

夏，在福州。郭鞏爲作《蕉堂索句圖》。與許友相識定交。

　　《賴古堂集》卷二十三《題蕉堂索句圖》："丁亥冬初，予由江右入杉關，抵邵武。時寇遍郊圻，予困守孤城者八閱月。……寓署舊有小堂，蕉百本叢之，予少爲修飾，益種蕉數百本……于時讀書賦詩，殊自適也。戊子初夏，始抵榕城。爲郭處士無彊述之，無彊爲作此圖，當時皆以爲曲肖。"

　　《賴古堂集》卷九有詩《與有介》，有句云："戊子之夏相與友。"

　　《讀畫録》卷四《郭無彊》："郭無彊鞏，閩之莆田人，移家會城。無彊作畫，具有天質，山水翎毛皆工，尤以寫生名。爲余作小照，攜歸江南，見者皆匿笑不禁，咸曰：'得無彊，波臣可以死矣。'波臣，曾鯨也，亦莆人。"

　　《印人傳》卷一《書許有介自用印章後》："許宷一名宰，字有介，侯官諸生。……更名曰友，字有介，已又更名曰眉，字介壽，亦字介眉。君性疏曠，以晉人自命。作字初喜諸暨陳洪綬，後變而從米，顏其堂曰'米友'。……復更其室曰'箬藟'。君名字數變，書亦數變，晚乃鎔匯諸家，一以己意行之，遂臻極境。予入閩，即首訪君，頗爲文酒之會，然與君數有離合。"《讀畫録》卷三《許有介》："有介畫如其詩，蒼楚有致，無一毫煙火氣，字畫詩酒種種第一。"《清史列傳》卷七十《文苑傳一・許友》:"善畫工書,詩尤孤曠高迥。錢謙益嘗録其詩入《吾炙集》,王士禎、朱彝尊并稱之。……著有《米友堂詩集》。"

陸彦龍自漳州至,贈之以詩,當不早於是年夏。繼而,李明嶅有《渡江草焚餘》詩之刻。

《賴古堂集》卷三有詩《陸驤武至自清漳》:"陸子文如海,書成不自驕。從人閑打馬,(原注:'驤武新訂《打馬圖》行世。')入市學吹簫。(原注:'清漳詩名《市簫集》。')醉爾終宵雨,同聽八月潮。故鄉莫漫去,前路易飄搖。"

陸彦龍,字驤武。《同書》附其《同書序》署款爲"胥山後學驤武陸彦龍"。

李明嶅《樂志堂詩集》卷首載趙明鑣撰《渡江草焚餘序》:"山顏與余定交江上,歷茲數年,蓋風雨不離,晦明無間矣。今夏會驤武歸自漳渠,三人時得倡和,竊喜吾道之不孤。而逆旅中每酒酣耳熱,一讀山顏之詩,則不知涕泣哀怨之何從也。余因叩其疇昔所作,山顏曰:'余取而焚之殆什之九矣。'余曰:'片臠足以嘗鼎,一斑可以窺豹。子即録其未焚者,以志少壯時胸次激昂之概,山川跋涉之勞,友朋遇合之樂,使傳之於後,不亦可乎?……'山顏以余言爲然,於是簡其零落,都爲一編,顏曰《焚餘》而刻之。"《樂志堂詩集》卷二又有詩《陸驤武見貽市簫録答之》。

按:李明嶅《樂志堂詩集》卷首載曾燦撰《渡江草焚餘序》:"丙戌歲,乃幸與山顏同門於仲朗王夫子。……既而,山顏冒干戈歸故里,歸不十日,六尺難容,復挾長鋏走榕城,坐余西窗下。余時方孤憤牢愁,日綴楚騷數種,剪燭吟哦,得山顏至,益歡甚。則從山顏論詩,山顏曰:'惜哉! 微子言詩,言詩乃使我心痛。……嗚呼! 余之詩始而自焚之,繼而兵火之,所餘有幾,持此將安歸乎? 今當爲子朗吟一過,盡付之丙丁已耳。'即出破橐中數紙,行間朱墨,與蠧篆蟲涎之迹相雜瑩然,余得受而讀之。"結合趙明鑣序,李明嶅《渡江草焚餘》詩之刻,當在順治三年丙戌(1646)之後,及陸彦龍歸自漳州之後;而亮工入閩在順治四年丁亥(1647)之冬,夏、秋際逢陸彦龍至自漳州,至早當不早於是年。

夏秋之際,馮派魯至自南京。七夕,與馮派魯共飲説餅堂。

《賴古堂集》卷七有詩《馮伯宗至自秣陵》:"三年瘴癘兼兵燹,親串誰能過嶺看。冷署逢人添氣色,寒家賴爾報平安。亂中來路倉皇問,別後新詩急遽攤。滿郡荔香紅欲墮,傲他嶺外不曾餐。"同書卷八《四年七夕詩》,其二爲《戊子在榕城飲説餅堂同馮伯宗賦》。按:考之《四年七夕詩》,馮派魯來閩當在本年,此時亮工至閩實不過兩個年頭,《馮伯宗至自秣陵》言"三年",當是虛指。

九月十一日,於林宏衍退耕堂看菊賦詩。

《賴古堂集》卷七有詩《重陽後二日林得山退耕堂看菊分得如字》。同書卷八又有《林得山同次君孔碩招過嵩山草堂看梅得曾字》二首,其二:"堂中四載還耕約,葬硯燒書總未能。"原注:"退耕堂看菊今四載矣。"按:此詩作于順治八年(1651),詳順治八年譜。

《尺牘新鈔》卷十二:"林宏衍,得山,侯官人。《退耕堂集》。"

與林寵相識結交,當不早於此際。

《賴古堂集》卷五有《哭林徵君異卿》六首,其五:"初作榕城客,多君昵餅餤。自言如燭武,我見勝公榮。高閣尋詩話,(原注:'君從予登樵川詩話樓。')虛堂醉退耕。(原注:'得山堂名。')同人容易盡,老淚向誰傾。"

雍正《福建通志》卷六十一《伎術》:"林寵,字異卿,閩縣人。工楷書,仿歐陽詢而間以黃庭之意行之,一時文士奉爲模楷,福州題牓多出其手,寸紙片字,人爭重之。"

與徐延壽相識訂交,延壽出家藏張民表舊稿相示,感慨良多,手書其後,仍歸延壽。

《賴古堂集》卷二十一《書徐氏所藏張林宗先生舊稿》:"吾師張林宗先生,當丙午時,與三山徐興公定交于白下。明年,吾師返大梁,出此帙貽興公。……戊子,予入閩,吾師既以壬午沒于汴水,興公亦久捐館舍,頃晤其嗣君延壽,知予方搜羅吾師遺集,出此帙相示。……予感其誼,因書此卷末,仍歸延壽。"

《尺牘新鈔》卷十一:"徐延壽,存永,侯官人。《宛羽樓遺集》。"

捐金營陳鴻、趙璧之喪,并序陳鴻詩集。

《閩小紀》卷二《陳叔度》:"丙戌之變,能始殉節,叔度年七十二,不能自存,以貧病死,無子,不能葬。戊子予入閩時,客以其詩來,予悲其稿露,謂客曰:'余任其葬事,子當爲刻其詩集。'因助以金,浼諸生徐存永董其事。先是,莆田布衣趙十五名璧……與叔度先後死,亦不能葬,存永因舉十五之棺,與叔度合葬於小西湖之側,余爲書碑曰:'明詩人陳叔度、趙十五合墓。'客刻叔度集,予爲之序,板式精好,傳之南中,莫不知閩有陳叔度矣。"按:《書影》卷四及王晫《今世説》卷一《德行》亦載有此事。

是年正月起,金聲桓、王得仁於江西舉兵,復歸南明,族人在江西者多被

禍，弟亮節幸獨全。

　　《賴古堂集》卷二十四《祭靖公弟文》："滄桑後，弟素所交遊，或鋒鏑死，或意外觸法網死，死之事不一而得，全者少矣。弟避難返豫章，依祖宗墳墓，又值金、王難作，吾族之被禍者多矣，而弟幸獨全。"魏禧《魏叔子文集》外篇卷十一《鮑生四十叙》："江西比年楚、閩之禍動相牽綴，千數百里間，民之死于賊、于兵、于焚掠、于徵賦、于役、于無名之刑罰，不可算數計，仁人君子蓋目有所不忍見而耳不忍聞者。"

　　按：金聲桓原是明寧南侯左良玉部將，明亡時升至總兵官。左良玉死，金聲桓降清，居收取江西之功，不滿清廷僅僅江西提督之委任，再加與清廷委派之江西撫、按之間矛盾日深，遂於是年正月末，偕副將王得仁舉兵反叛，復歸南明，江西各地群起響應，"金、王難作"即是指此。詳見徐世溥《江變紀略》及劉湘客《行在陽秋》。

清順治六年　　己丑　　1649　　三十八歲

是年正月，清兵破南昌，金聲桓死；又陷湘潭，何騰蛟被俘，不屈死。二月，清兵進逼信豐，李成棟渡水溺死。三月，江陰黃毓祺以抗清被殺，江南人士受牽連死者甚衆。十月，明魯王至舟山，遠近明臣奔赴者甚多。

閩省粗定，以按察使署理兵備、海防、督學三道事。

　　林佶《名宦户部右侍郎周公亮工傳》（《碑傳集》卷十）："順治……六年，以按察使署理兵備、海防、督學三道事。"《行述》："閩省既粗定，有司乏人，先大夫既入會城，以臬憲兼兵備、督學、海防三篆。當是時，群盜滿山，百姓無聊賴，桀驁之徒從軍來求爲假令長，星置棋布郡邑間。先大夫逐奸吏，鋤豪强，除侵漁之弊，撫綏流亡，閩省賴以安。"

暮春，周嬰來訪，爲作《字觸跋》。

　　《賴古堂集》卷七《周方叔至自莆田》："茗蔬珍重拜嘉賓，舊雨新詩八十春。杖履猶生當代色，兵戈不信老來身。"《字觸》附周嬰跋："順治六年歲次己丑暮春，治民莆田周嬰頓首謹跋。"

　　雍正《福建通志》卷五十一《文苑》："周嬰，字方叔，莆田人。弱冠負才名，嘗著《五色鸚鵡賦》，巡撫朱運昌見之嘆賞。崇禎庚辰以貢授上猶令，未三載致仕歸。著《遠遊篇》四卷、《卮林》四卷。”

五月，擢升爲福建右布政使。

《舊譜》：“己丑，三十八歲。……是年，擢福建右布政使。”據《清代職官年表·布政使年表》，順治六年五月，亮工由按察使遷福建右布政使。

五月十三日，陸彦龍爲作《同書序》，宋祖謙隸書。

《同書》附《同書序》：“胥山後學驤武陸彦龍撰，順治己丑竹醉日，蘭水門人宋祖謙隸古。”

是夏，董師海上，晝夢亡姬王莯，賦詩悼之。

《賴古堂集》卷七有詩《海上晝夢亡姬成詩八章》，序曰：“亡三載矣，不數入夢，每爲詩哭之，亦哽咽不能句。己丑之夏，董師海上，舟泊城頭，風波鏜鞳，鳥獸悲鳴，茫茫交集，遂有魂來，握手泣洄，儼若生初，未免有情，不自知其絮絮矣。”

七夕，聚飲佟國鼐齋中，分韻爲詩。

《賴古堂集》卷八《四年七夕詩》之三爲《己丑佟懷東齋中分得麻姑降蔡經家》。

按：“佟懷東”即佟國鼐，曾任福建巡撫。雍正《福建通志》卷二十九《名宦一》：“佟國鼐，遼東人。順治三年隨師入閩，任巡撫，招流亡，安反側，遠近懷服。戊子歲饑，土賊聚衆圍城，適大兵進討兩粵，留守不滿千人。國鼐探知賊情，伏精騎近郊，擒斬渠魁王細居、李夫人等，賊衆遠遁，又令副將王進、田勝等剿捕郡邑餘寇，境内以安。時巡按周世科專任酷刑，每一獄成，蔓延數十家，百姓惴惴，國鼐濟以寬仁，多所全活。”

是秋，周嬰序《同書》，尋將《同書》付梓。

周嬰《同書序》：“順治己丑秋日莆陽八十叟周嬰方叔氏頓首拜撰。”

按：《同書》現存順治六年周氏樓林刊本，收入《周亮工全集》第七册。

冬十月，奉委代覲北上。陳濬、徐延壽從行。鄭倫、楊翰、朱宿、張孟玫自邵武送至柘浦。

《舊譜》：“己丑，三十八歲。……冬奉委代覲赴京。”

《賴古堂集》卷四有詩《陳開仲至》，有句云：“江南芳草路，卮酒記同行。”原注：“陳開仲、徐存永己丑冬從予遊秣陵。”同書卷三有《鄭貽聖楊淩颷朱璧符張龍玉自樵川尾予舟至柘浦別》,卷十一《哭樵川門人楊淩颸》,其四云:"逆水遲留十日話,如今始重劍津船。"原注:"己丑十月予北上,淩颸偕朱璧符、鄭胎聖送至柘浦。"按:清建寧府北部浦城縣有柘浦驛。

　　《列朝詩集小傳》丁集下《陳秀才衎》:"衎,字磐生,閩人。……子潗,字開仲,亦有才名。"按:陳潗常爲周亮工留意、代購書籍。《書影》卷八有云:"近從陳開仲購得宋晁無咎抄本《雞肋集》七十卷。"又有:"宋末汶陽王質,號雪山先生,著《詩經總聞》二十卷,其家槧藏五十年。淳祐中,吳興陳日强守汶陽,刻之郡齋,始行於世,後又無傳矣。謝在杭録之秘府,諸子盡賣藏書,近爲陳開仲購得之,歸之予。中間不甚依朱氏,多得風人之趣。……《三百篇》皆自創己意而解之,惜無力板行之耳。"

過杭州。索畫于陳洪綬,陳氏堅不落筆。王豸來攜所爲詩文求正,有詩贈之。

　　《賴古堂集》卷二十二《題陳章侯畫寄林鐵崖》:"章侯與予交二十年,十五年前祇在都門爲予作《歸去圖》一幅,再索之,舌敝穎禿,弗應也。庚寅北上,與此君晤於湖上,其堅不落筆如昔。明年,予復入閩,再晤於定香橋,君欣然曰:'此予爲子作畫時矣。'"按:亮工實于本年冬即代觀北上,過西湖索畫於陳洪綬,當是在本年。此言"庚寅(1650)北上……明年,予復入閩",當是亮工後來誤記。

　　《賴古堂集》卷十七《送王庭一入楚序》:"己丑庚寅以入賀,甲午以量移,丙申以入閩對簿,戊戌以復入都廷訓,凡五過湖上。每過,庭一輒袖所爲詩若文就予正。"同書卷三有詩《錢塘江示王古直》,有句云:"兵甲縱横地,三年此再經。"

過南京,省視雙親。臘月雪夜,與龔鼎孳共醉於市隱園。繼續北上,龔鼎孳賦詩相送。

　　《行述》:"己丑,先大夫念先封公朱太淑人春秋高,求代觀,過金陵,旦夕省視。"

　　《賴古堂集》卷十有詩《正月四日五更大雪晨起忽念芝麓此時應悲因樹屋中人作此奉簡》,原注:"己丑臘月雪夜,先生醉予市隱園,勿勿十載矣。"龔鼎孳《定山堂詩集》卷一有《送周櫟園方伯北上用高義薄層雲五字爲韻》詩五首,其二有云:"萬里京華行,圖書綴征轡。白門梅始花,相見如夢寐。夜半草堂開,青燈照奇字。三歲故人心,歡多語難閟。"

　　嘉慶《新修江寧府志》卷九《古迹二》:"市隱園,在武定橋油坊巷,姚鴻臚元白所創。後北半址歸桐城何侍御仲雅,改爲足園。後又歸鄧太史元昭。"

過揚州,與汪楫相識定交。

  《賴古堂集》卷十四《陋軒詩序》:"予己丑過廣陵,與汪子舟次交。舟次每以制舉業相質,時年甚少,未嘗見其爲詩也。"

  《清史稿》卷四八四《文苑一·汪楫》:"字舟次,江都人,原籍休寧。性伉直,意氣偉然。始以歲貢生署贛榆訓導。應鴻博,授檢討,入史館。……(康熙)二十一年,充冊封琉球正使,宣布威德。瀕行,不受例饋,國人建卻金亭誌之。歸撰《使琉球録》……《中山沿革志》。出知河南府……治行爲中州最。擢福建按察使,遷布政使。楫少工詩,與三原孫枝蔚、泰州吳嘉紀齊名。有《悔齋集》《觀海集》。"

行經舊鄴縣地,再宿鄴下南寺,見張民表舊日題壁詩,泫然泣下;時張民表季子偕行。

  《賴古堂集》卷三有詩《庚辰春侍張林宗先生北上,宿鄴下南寺,越十年己丑,與公子子顧再宿其地,見先生壁上詩泫然泣下,用原韻得詩四首》。

  雍正《河南通志》卷五十一《古迹上》:"彰德府……鄴鎮,在臨漳縣西,即舊鄴縣地。"

是年北上途中詩作尚有:《賴古堂集》卷七《望大梁城寄馮伯宗鍾蟠庵王憲一》《有感寄舍弟靖公暨唐肯堂》。

方其義卒。(《方以智年譜》)

清順治七年　庚寅　1650　三十九歲

是年二月,清兵圍廣州,分兵破惠州。八月,鄭成功取金門、廈門。十一月,清兵破廣州,陷桂林,明督師瞿式耜、張同敞被俘,不屈死。永曆帝奔南寧。十二月,清攝政王多爾袞死。

北上過郎山,吕翁如天咫樓初成,爲留三日,申婚姻之約而去。

  《賴古堂集》卷一有詩《今夕歌宿郎山吕正始天咫樓作》四首。同書卷五詩《過清苑哭吕正始是日次大汲》有句云:"曾作西屏客,同登天咫樓。"原注:"庚寅北上,時西平天咫樓初成,予爲留三日,申婚姻之約而去。"

  雍正《畿輔通志》卷二十:"郎山,易州西南九十里。"

正月二十六日,清廷大計各地官員。

《清史稿》卷四《本紀四·世祖本紀一》:"四年……冬十月……戊子,定直省官三年大計。"同書卷一百一十一《志八十六·選舉志六·考績》:"三載考績之法,昉自唐、虞。清沿明制,而品式略殊。京官曰京察,外官曰大計,吏部考功司掌之。……大計以寅、巳、申、亥歲,先期藩、臬、道、府遞察其屬賢否,申之督、撫,督、撫核其事狀,注考繕册送部覆核。才守俱優者,舉以卓異。劣者,劾以六法。不入舉劾者爲平等。"按:是年正月二十六日,清廷大計各地官員僉事等八百一十六員,各革職、降調、致仕有差。

計典事畢,離京南還。至臨洺關,李浦珠送酒,抵邯鄲賦詩寄之。

《舊譜》:"庚寅,三十九歲。朝覲京師還白下。"

《賴古堂集》卷七有詩《臨洺關李浦珠送酒抵邯鄲賦此寄之》。

過開封。送張民表季子至中牟,交與其族人,并爲擇配、贖還田莊。

《賴古堂集》卷七有詩《汴水奔崩,林宗張先生抱其詩文同長君、次君淪水中,季子子顧甫十一齡,浮木出,予弟靖公覓之河干三閱月,載與俱歸,匆匆十年矣,予役返里,躬送之至中牟,集其族子懋德輩與其老僕郭明拜而授之,紀以詩》:"恭敬須常依晶澤,(原注:'張之先世五尚書俱起家晶澤。')浮沉莫更憶江濱。如予多病難重見,好慰波中望爾人。"

按:《舊譜》云:"張孝廉林宗合室被難,獨存一幼子,公撫之於家,至己丑代覲過汴梁,始爲擇配,贖其田莊,以授其老僕郭明,爲詩記之。"而《賴古堂集》卷三有詩《庚辰春侍張林宗先生北上,宿鄴下南寺,越十年己丑,與公子子顧再宿其地,見先生壁上詩泫然泣下,用原韻得詩四首》,鄴下在開封之北,張民表之子尚偕行,是亮工己丑(1649)北上途中,并未將之送歸開封,至順治庚寅(1650)南還,方送之往中牟,爲擇配、贖田莊。

三月,遇王鐸於旅次,共閱畫册,王鐸最賞樊圻小幅。王鐸書《會周櫟園方伯五律詩軸》。

《讀畫録》卷三《樊會公》:"予庚寅北上,遇王孟津先生於旅次,閱所攜册子,孟津最賞會公小幅,時年六旬,燈下作蠅頭小楷題其上云:'洽公吾不知爲誰。此幅全摹趙松雪、趙大年,穆然恬静,若厚德淳儒,敦龐湛凝,無弍無桃,燈下睇觀,覺小雷大雷、紫溪白嶽一段,忽移於尺幅間矣!'……小印模糊,誤視'會公'爲'洽公',會公後即以'洽公'行,感知己也。"《尺牘新鈔》卷五載王鐸《答周元亮》書:

"乖隔閩嶠,俱經大劫,蟻蜉過太虛不必言。足下詩不入輕薄促弱,骨格獨邁。昨夜痛飲,右簫左觴,非敢如處仲擊壺,而感慨悲歌,風雨雞鳴,何啻嗚咽也。我輩一宵,便足勝他人僞交十年。畫冊輕秀,尚少奇古深厚生創,已題數語。"

樊圻,字會公,又字洽公,江寧(今江蘇省南京市)人。工畫,山水花卉人物,莫不極其妙境。兄樊沂,字浴沂,亦善畫,時與樊圻有"雙丁"、"二陸"之名。傳見《讀畫録》卷三《樊會公》。樊圻、樊沂兄弟與亮工皆有交往,亮工嘗贈以詩,見《賴古堂集》卷十《與樊會公又新浴沂》。

王鐸書《會周櫟園方伯五律詩軸》,見《王鐸書畫編年圖目》。

雍正《河南通志》卷六十五《文苑》:"王鐸,字覺斯,孟津人。明天啓壬戌進士,授庶吉士。崇禎朝累官禮部尚書,闖賊陷京,鐸避地金陵。國初授禮部尚書,遣祭華岳,成禮,旋卒。予祭葬,謚文安。鐸書法本晉,詩格逼唐。"《尺牘新鈔》卷五:"王鐸,覺斯,孟津人。《擬山園選集》。"

此時南還途中詩作尚有:《賴古堂集》卷七《邢州道上懷陳階六》《寄隆慮呂麟生明府》《寒食後一日新鄉道上簡許傅岩》《太丘去黍丘咫尺不得晤陳簡庵和來詩寄之》。

抵南京。嘗與諸同人隸七夕之事。與陳台孫期會於此地,陳因事未至。

《書影》卷四:"庚寅在南都,與諸同人隸七夕事,凡數十則,以爲無以加矣。後余得七夕錢事,《泉譜》:七夕錢爲牽牛織女相對形,穿上爲花,穿下爲草,制甚古質。兒子在浚因有'曝書空負三秋節,買渡難尋七夕錢'之句,同坐謬爲激賞。"

《賴古堂集》卷八詩《杭川舟中懷陳階六》有句云:"白下能來信復虛,淮南閉戶意何如。衣裁薜荔淩霜晚,句綻芙渠映日初。"原注:"丁亥階六期予于吳門,不值。比相期於白門,復不果來。"按:亮工丁亥(1647)入閩,己丑(1649)代覲北上及是年南還皆過南京,考此詩意,與陳台孫"相期於白門",當是此年自南京還閩前事。

自南京返閩,高阜、高岑兄弟送於江上,有詩留別。

《賴古堂集》卷三詩《江上留別高康生蔚生》有句云:"晨昏蔬筍饌,兄弟薜蘿居。辛苦長江櫂,三年再送予。"原注云:"兩君所居多薜蘿,康生命予書'蘿棲'顏之。"《結鄰集》卷八載高阜《與周減齋先生》書:"寒家敝垣上薜蘿,見者多賞其初夏展放時……而某更領略秋冬之際……敢請先生爲書'蘿棲'字,以寵其居,誌不忘也。"

《讀畫録》卷三《高蔚生》:"高蔚生岑,康生弟。……岑與阜同有時譽,予與阜交最久,晚乃交岑。岑須髯如戟……喜佞佛,早年即厭棄舉子業,學爲詩,詩好中晚,恒多雋句。始從法門道昕遊伏臘寺,居茹蔬淡,雖年少,訥然靜默,鬚眉間無浮氣。幼時學同里朱翰之畫,晚乃以己意行之,册中諸幅,皆在南郊山寺、松影泉聲中所成,浮囂既盡,肅肅引人入靜地。……阜與岑皆至性過人,所居多薜蘿,閉綠冷翠中,兩高士在焉。……往阜與岑送予至大江,予別以詩,有‘晨昏蔬筍饌,兄弟薜蘿居’之句,可想其怡怡之致。”按:清代另有一高岑,字善長,善花鳥、山水,與此無涉。《歷代畫史匯傳》將二者混爲一人,誤。

過嘉興鴛鴦湖,逢同年萬曰吉、盧長華,宴集賦詩。

《賴古堂集》卷七有詩《鴛湖逢同年萬允康盧長華小集萬楚人盧與予同里》:“學書學劍誤相連,歌哭無端盡未還。盈數由來推萬後,虛名亦合讓盧前。豫人作賦惟思稱,楚客懷歸但認茞。莫以蠻江頻慰我,樓中煙雨總堪憐。”

黃虞稷《千頃堂書目》卷二十七:“崇禎庚辰科……萬曰吉《東有堂詩》四卷,字允康,黃岡人,昆山知縣。”

《大清一統志》卷二百二十《嘉興府》:“鴛鴦湖,在秀水縣南三里,長水所匯也,一名南湖。”同書卷二百二十一《嘉興府》:“土産……鴛鴦,秀水出。《名勝志》:南湖多鴛鴦,故名鴛湖。”

夏五月,過杭州西湖,再晤陳洪綬於定香橋,陳爲作大小橫直幅四十二件。

陳洪綬《陳洪綬集》卷五有詩《喜周元亮至湖上》:“獨脱烽煙地,同尋菡萏居。半年兩握手,十載幾封書。人壯吾新老,兵銷會不疏。此來難久住,一笑一欷歔。”《賴古堂集》卷二二《題陳章侯畫寄林鐵崖》:“庚寅北上,與此君晤於湖上,其堅不落筆如昔。明年,予復入閩,再晤於定香橋,君欣然曰:‘此予爲子作畫時矣。’急命絹素,或拈黃葉菜佐紹興深黑釀;或令蕭數青倚檻歌,然不數聲輒令止;或以一手爬頭垢;或以雙指搔腳爪;或瞪目不語;或手持不聿,口戲頑童,率無半刻定靜。自定香橋移予寓,自予寓移湖干,移道觀、移舫、移昭慶,迫祖予津亭,獨攜筆墨,凡十又一日,計爲予作大小橫直幅四十有二。其急急爲予落筆之意,客疑之,予亦疑之。豈意予入閩後,君遂作古人哉。……予感君之意,即所得夥,未敢以一幅貽人。”中華書局影印《陳老蓮歸去來圖卷》款云:“庚寅夏仲,周櫟老見索。”

按:據前可知,周亮工是於清順治六年己丑(1649)冬代觀北上,七年庚寅(1650)還閩,《題陳章侯畫寄林鐵崖》言“庚寅(1650)北上……明年,予復入閩”,

爲亮工後來誤記。亮工還閩再晤陳洪綬,陳氏爲作畫,當是順治七年庚寅(1650)之事。

西湖別後,陳洪綬病,不久又爲作出處圖,與詩一首一併見寄。夏六月,陳又作《歸去來圖卷》,冬十一月見寄。

陳洪綬《陳洪綬集》卷五有詩《寄周陶庵》:"別後病三日,始成出處圖。松棲處士迹,騎擁武侯軀。酷學高人筆,深摹偉丈夫。吾思易地語,子忍負之乎?"黎士弘《託素齋詩集》卷二《哭金溪先生庚子二月》詩有句云:"諸葛何曾臨舊稿。"原注:"陳章侯舊畫出處圖寄先生,謂處爲靖節,出則孔明。"

中華書局影印《陳老蓮歸去來圖卷》款云:"庚寅夏仲,周櫟老見索。夏季林仲青所,蕭數青理筆墨於定香橋下。冬仲卻寄櫟老,當示我許友老,老蓮洪綬,名儒設色。"

按:據上引詩意,陳洪綬和黎士弘所言"出處圖",畫面當既有陶淵明,又有諸葛亮;而《陳老蓮歸去來圖卷》所圖則僅爲陶淵明事迹。二者之間有無關聯,關聯如何,有待進一步考證。黃湧泉《陳洪綬年譜》盡信周亮工《題陳章侯畫寄林鐵崖》,并將之與《陳老蓮歸去來圖卷》相結合,即認爲:"清順治七年庚寅……五月,周亮工北上,晤先生於西子湖上,索畫,勿得。……六月,先生在林仲青家……爲周亮工作《歸去來圖卷》於定香橋畔。……十一月,先生以夏季所作《歸去來圖卷》寄周亮工。……清順治八年辛卯……是年周亮工入閩,再晤先生於定香橋畔,先生爲之作大小橫直幅四十二件。"誤。

夏,題《凌畹山水册》。

《凌畹山水册》跋:"庚寅夏,亮識於就園。"見《十百齋書畫録·庚卷》,《中國書畫全書》第七册。

太末古城逢劉夢震,一路偕行,聚談三日夜,將度仙霞嶺,劉始別去。

《賴古堂集》卷八有詩《懷京口劉長公,長公自太末偕余至須江,談三日夜,視予度嶺始別去》。同書卷七又有《自長安返止清湖,是爲須江盡處,明日便發霞嶺》。

《大清一統志》卷二百三十三《衢州府》:"太末故城,在龍游縣治。漢置太末縣,隋廢,唐初復置,并置穀州,尋廢,後又改置龍邱縣……舊志:吳越時以邱名近墓不祥,乃改爲龍游縣。"

《尺牘新鈔》卷八:"劉夢震,長公,丹徒人。"

過梨嶺，值張松瞻之柩。

    《賴古堂集》卷八有詩《杭川署中哭張松瞻》二首，其一原注："予困守樵川時，聞君自江右冒險入杭川，從羽檄中得音問。比予自北返，乃值君柩於梨嶺。"

    雍正《福建通志》卷四《山川》："建寧府……浦城縣……梨嶺，在安樂里，路通衢州江山縣，其土宜梨，又名梨關。"

七夕，行至柘浦遇佟國鼐，聚飲於旅中。

    《賴古堂集》卷八有《四年七夕詩》，其四爲《庚寅予重入閩懷東甫出關相值拓浦飲懷東旅中》："卮酒荒城萬綠間，新逢往事一開顏。依然作客空歸里，若爲懷君更入關。良會人間難更與，微情天上竟須刪。瀟瀟南浦樓頭雨，濕盡江郎夢裏山。"

    按：清時浙江台州府寧海縣境有拓浦汛，《大清一統志》卷二百一十五有記。亮工此次返閩取道浙西之嘉興府、杭州府、嚴州府、衢州府一綫，經仙霞關入閩，不當過浙東之台州，此"拓浦"當指"柘浦"，福建浦城縣舊有柘浦驛，又有柘嶺。雍正《福建通志》卷十六《兵制》："建寧府……浦城縣……柘浦驛，上至小關驛一百二十里，下至人和公館七十里。"同書卷四《山川》："浦城縣……南浦溪，在縣北，源出漁梁山及柘嶺，自縣北折而東南匯爲大溪。"

自南京入閩途中詩作尚有：《賴古堂集》卷七《舟中看姬人焙茶》《桐江阻漲》《將至嚴瀨用元潤韻寄舍弟靖公》《布帆》《江行雜感》《須江延醫》《仙霞關》。

七夕後入福州。未幾，羅燿攜馮派魯、鍾文明、高阜書札至，諸人南北闈同時下第。因寄書慰高阜，邀之遊閩。

    《賴古堂集》卷四有詩《羅星子至自白門得閩伯宗鍾蟠庵高康生札子諸君南北闈同時下第》。按：派魯馮姓，後改姓閔，《藏弆集》卷八："閔派魯，曹夕，伯宗，馮姓。"

    《賴古堂集》卷二十《與高康生》（三）："南國賢書，翹跂久矣。意我康生此行必得雋也，乃賢書至，而康生復康矣。……雖然，韓夫子豈長貧賤者乎？康生此時有悲秋之感，則三山九曲，儘可舒嘯，惠然而來，是所深望。蓋閩屬此時已成康莊，無復豺虎縱橫，若如去歲今時，則不敢折柬相邀也。"

    《尺牘新鈔》卷十二："鍾文明，蟠庵，祥符人。"

時上杭有曾省之亂，甫自北還，即以代建南道篆被派赴汀州。

　　《碑傳集》卷十《名宦户部右侍郎周公亮工傳》(林佶撰)："順治……七年，還
閩，以右布政使署建南道事。"《墓誌銘》："上杭有曾省之亂，則委公曰維汀南是
守。"民國《上杭縣志》卷三十三《名宦傳》："周亮工，字元亮，祥符進士。順治八年
七月，以本省右布政署分巡道駐杭。"

　　《賴古堂集》卷十九《與高康生書》："康生足下，大江別後，七夕後始入三山
(指福州)。當事若以萬里之行爲未足者，復進之以杭川。"同書同卷《又與高康
生》："往返萬二千里，知與弗知，咸曰弗返……卒返也。甫匝月，卒有杭川之行。
杭川近江右，土瘠民悍，瘠而悍，盜叢焉，江右餘孽又蔓延於杭川，以故杭川視邵
尤難。當事者舊弗愜弟，其言曾全邵，會當再試杭，詭語耳，實欲汨之。"按：汀州
府上杭縣舊稱杭川。

　　雍正《福建通志》卷二十《職官一》："分守建南道一員，駐扎延平府，後移駐汀
州，管轄邵武府。康熙六年裁。"

將赴汀，以新詩《烈眥》寄與黎士弘。

　　黎士弘《託素齋詩集》卷一有詩《周櫟園先生以烈眥新集見寄兼聞將視事杭
川展讀中宵作五韻相待》："讀去能教衆慮清，四周簷鳥聽分明。念經年別挑燈
坐，閩數行來出户迎。身歷名山成史記，手函好句寄門生。殷勤莫嘆秋風晚，嶺
上雲煙正待評。"

九月三日解纜赴汀，有詩留別羅燿、胡玉昆。諸同人餞送，留別西禪寺。

　　《賴古堂集》卷十九《又與高康生》："賤眷之在三山者難偕行，星子督豚兒甫
有緒，元潤將適莆，咸弗隨。其隨者，仍同困守樵川八月之伯祥耳。菊月三日纜
解，水逆，重九日甫行三百餘里。"《賴古堂集》卷八有詩《署中別羅星子胡元潤》：
"烏龍江上送行船，丁水南頭羽檄連。(原注：'汀水起自南方，故從丁，與劍津丁
字水異。')客到遐方猶怨別，身驅漳海更宜遷。百年半逐烽煙老，萬里新攜冰雪
旋。累爾遠來無可慰，松風棚下蜜丸鮮。"同書同卷又有《西禪寺留別》。按：《賴
古堂集》卷四有《雪舫再送元潤返白門》詩二首，其二原注："辛卯秋，元潤偕予至
閩。"亮工己丑(1649)代觀北上，庚寅(1650)返閩，胡玉昆當是庚寅年偕亮工至
閩，此言"辛卯"當系亮工後來誤記。

　　雍正《福建通志》卷六十二："侯官縣……西禪寺，在怡山。"《大清一統志》卷
三百二十五《福州府》："怡山，在侯官縣西南十五里，一名西禪山，有甌吐泉，周圍
多荔枝。"

九月十日,抵延平。過將樂,往遊玉華洞。十三日臨汀,有書一封寄與高阜。

《賴古堂集》卷十九《又與高康生》:"菊月三日纜解,水逆,重九日甫行三百餘里,十日抵延平,十三日始臨汀,尚未知何日至杭川也。價返,恐欲知弟近況,聊寄一語。"《閩小紀》卷二《玉華洞》:"玉華洞在將樂之南,去邑三里許。予庚寅秋往遊。"《賴古堂集》卷一有詩《將樂玉華洞》。

將樂、歸化人以八月爲大清明,展墓無敢廢,過其地有詩誌感。過九龍灘,有詩誌險。

《閩小紀》卷二《大清明》:"閩將樂、歸化人,以三月爲小清明,八月爲大清明,展墓者間小廢,無敢大廢者。予庚寅仲秋過其地,火焰山下壤皆正赤,紙錢遍野,雪如霞如,作《大清明曲》。"按:亮工是年九月始解纜赴汀,此言"仲秋",誤。

《賴古堂集》卷十一有詩《大清明曲》,同書同卷又有《九龍灘口號》四首。

《大清一統志》卷三百三十三《汀州府》:"九龍灘,在清流縣東南九十里,上六龍最險,屬本縣,下三龍稍平,屬延平府永安縣界;九龍上下共計二十餘里,凡九灣十八折,每龍兩崖石峽逼窄如關隘,僅可丈餘,而石龍橫截水面,可高數丈,乘舟下龍,如在高山墜於平地;明成化間募工鑿去惡石,灘勢稍緩,然險峻猶爲七閩最。"

是年赴汀途中詩作尚有:《賴古堂集》卷三《重九日茶洋驛有懷舍弟靖公》、卷十一《將發汀州過順昌燕子巖》《順昌舟中夢舍弟靖公》,卷四《白蓮驛》《寧化道中示子京》《清流雨中與客飲》《懷顧與治》《石牛驛》,卷八《甫自北還即有汀行舟中寄家嚴慈并與開也兄靖公弟》《長汀舟中有感時家嚴慈在白下妻孥在榕城》《杭川舟中懷陳階六》。

抵上杭,視事之日便荷戈城頭。入夜,念屢守危城,孑然一身,悲不自禁,有詩誌感。復作書,連詩寄與高阜。

《賴古堂集》卷十九《與高康生書》:"杭去三山千五百里,獠寇騰擲,接壤潮、贛,視事之日,便荷戈城頭,自念宿世積何辜愆,獨種得危城因緣甚深,舉足便得,無煩企及。……城上柝聲與晚鴉競噪,秋螢點點,明月如霜,毒矢如蝟毛。孑然一書生,念兩尊人遠在數千里外,妻孥復旅食榕城,元潤、星子皆難相從,憂從中來,淚涔涔下。懷中刀點點寒承,如血如雪,僕即木石,寧能堪此。夜登城樓,得詩四首,康生取讀一過,知有淒然不自禁者,并示蔚生。"同書卷八有詩《夜登杭川城樓有感四首》）。

除豪橫，絕陋規，加意造士，興利除弊。

　　黎士弘《託素齋文集》卷二《溫陵扳轅記》："庚寅冬，先生以方伯曾一代篆汀郡，未二十日，發奸摘伏，舉四五年中小民所隱痛而不敢言者，皆隨手解結，湯火之後，頓獲清涼。"民國《上杭縣志》卷三十三《名宦傳》："時山海交警，亮工晨入署，向夜即登陴。戒勵城守軍卒，人人思奮。前道署中軍呂吉橫肆，通邑苦之莫敢言，亮工廉知其狀，立捕逮申革，重懲以法，鎮將多爲吉寬者，毅然弗顧也。往例，巡道衙門器用責鋪戶供應，有傾家者，亮工詳請革除，并盡焚歷來成案，勒石於縣，數十年陋規，自是頓絕。尤加意造士，雖羽書旁午，分題親試，邑號能文者，無不蒙其鑒拔。視篆僅逾三旬，而興利剔弊之念日不稍暇。旋省，士民號泣攀留，遮塞道路，公之德意可概見矣。"

　　李漁《資治新書》卷八《文移部·民事八》及賀長齡《皇朝經世文編》卷二十三《吏政九·守令下》，均收有周亮工《請禁苛派鋪戶狀》。《書影》卷二："楊升庵《丹鉛總錄》，汀州上杭縣有刻本。宦閩者遠近皆取之邑令，令索之民間，印以綿側理，裝以綾錦，每部民貲二金餘，而官動取十數部，又不給值。民有緣是傾家者。余至汀，一夕檄邑令燬其副墨，爲杭民永杜此害矣。此集吳門、虎林皆有善本，此本強分門類，訛字如落葉，脫失處尤多；且歲久板皆漫滅，間有一字不可識者。宦閩者初亦未知板之漫滅如是，姑亦隨例取之，歸則以供革帛之用耳。恐後人不知，以予爲燬升庵之書，故附記於此。"

此際，嘗與張世經往來論學。

　　《書影》卷五："南城張教授孟常，名世經，在上杭常語余曰：世傳孔氏三世出妻，蓋本《檀弓》所載'孔氏不喪出母，自子思始'之說。予竊疑之。……間嘗反覆取《檀弓》之文讀之，忽得其解。其曰：昔者子之先君子喪出母乎？夫'出母'者，蓋所生之母也。《呂相絕秦》曰：先公我之自出。則'出'之爲言生也，明矣。其曰子之不喪出母，何居？即孟氏所謂'王子有其母死者，其傅爲之請數月之喪'是也。蓋嫡母在堂，屈於禮而不獲自盡，故不得爲三年之喪耳。其曰：其爲伋也妻者，則爲白也母；其不爲伋也妻者，則不爲白也母。夫所云'不爲伋也妻者'，蓋妾是也。意者白爲子思之妾所出，而子思不令其終三年之喪，故曰'孔氏之不喪出母，自子思始'也。由是言之，子思且無出妻之事，而況于伯魚乎！況於孔子乎！……讀者不察，遂訛傳爲孔氏出妻，致使大聖大賢，負千古不白之冤。……此非記《檀弓》者之過，乃讀《禮》者之過也。"

曾省受撫。冬，返棹還福州，汀州父老傾城相送，有詩留別汀州諸生。

《舊譜》："庚寅，三十九歲。七月以代建南道篆赴汀洲……在汀洲招撫土寇曾省，上游盜賊瓦解。"

《賴古堂集》卷八有詩《予以庚寅冬日出臨汀，壬辰夏日再至鐵嶺，是爲臨汀界，不獲見八邑諸同人，黯然久之，賦此寄懷黎媿曾、宣巖諸君子》。同書卷四有詩《留別杭川諸生》。黎士弘《託素齋文集》卷二《温陵扳轅記》："先生去汀之日，國中十萬户閉城填巷，停車至不得行者五日。"同書卷一《尤難爲懷集序》："今自汀還轅，傾國中父老子弟，下迨廝養、牛醫，莫不狂奔盡氣，灑淚道旁，願使君久留一日活百姓。聞者嘆息，謂數百年上下禮闊絶，惟此舉一酸感人心。嗟哉，人生榮名至此極矣。"

是冬在汀，著有《尤難爲懷集》，嘗索序于黎士弘。

黎士弘《託素齋文集》卷一《周如山先生朱太夫人雙壽序》："庚寅之冬，夫子著《尤難爲懷集》，而以柬來，謂：'僕近詩刻且就，欲序僕詩者甚夥，皆靳勿許，而獨使子，子其無作一尋常語復我。'"同書同卷又有《尤難爲懷集序》："周櫟園先生巡汀道上作詩數十章，自謂秋冬之際，難爲懷也，因取以名篇。"

此年在汀詩作尚有：《賴古堂集》卷四《汀署聽雨有懷秣陵諸同人兼寄星子元潤時兩君偕予入閩留榕署中》《杭川署中雜詠》《閔仲介移鎮沅湘飛棹送之先賦二詩》《伯常王大將軍剿江廣之寇奏凱還汀適予返自杭川睹軍容之盛得詩四首》《杭川同王將軍大士庵禮佛》《同王將軍橘浦秋泛》，卷八《自清溪返杭川諸子衿有以詩文相質者愧賦一詩謝之》《杭川城上有懷樵川鄭胎聖朱璧符張龍玉》《杭川署中哭張松瞻》《裴符剖自清溪以新詩來質時予已發杭川邂逅中途喜賦一詩》《次館前驛念已與臨汀諸君子別黯然久之》。

抵福州。林宏衍、林之蕃兄弟嘗招過嵩山草堂，看梅賦詩。未幾，林宏衍即卒，有詩悼之。

《賴古堂集》卷八有詩《林得山同次君孔碩招過嵩山草堂看梅得曾字》二首，其一有云："迎厄月滿人無奈，著樹花繁雪未曾。薄醉長齋家自度，一門詩思冷如僧。"原注："得山與次君俱長齋禮天竺先生。"其二云："引客花間醉首楞，先生静飲學爲僧。……堂中四載還耕約，葬硯燒書總未能。"原注："退耕堂看菊今四載矣。"《賴古堂集》卷四有詩《哭林得山》六首，序云："得山居士好予詩，每誦予詩，未嘗不欣然稱善也。得山没，無復有好予詩者。……嗟夫！得山没矣，誰復有相知訂吾詩者哉！泣下久之。"其二："神理有遥感，吉凶未可量。嗟予京口棹，夢到退耕堂。榻下閑琴瑟，階前滿雪霜。寧知癙寐事，於此不荒唐。"其四云："冀北經年別，嶺南客更來。"其六云："今歲梅花好，蓬門爲我開。"原注："得山今歲邀予嵩山看梅，書'蓬門今始爲君開'句於壁。"按：《尺牘新鈔》卷一載有林之蕃《與周减齋》書一封，附小傳："林之蕃，孔碩，侯官人。"

是年，嘗以畫册四部示黄澍，其中有陳洪綬畫作。

《讀畫録》卷一《陳章侯》："黄仲霖曰：'予以癸未別章侯於燕。……己丑過虎林，從南生魯署見章侯，爲作寫生圖數十種……又明年，櫟園出畫册四部示余，余見章侯畫益夥。……予薄命人，章侯一點一畫俱歷兵火，不復僅存，異日不向生魯乞圖，即向櫟園乞册耳。'"按：《結鄰集》卷六載黄澍《與周櫟園》書，所述與此同；并附小傳："黄澍，仲霖，次公，劬庵，浙江錢塘籍，江南休寧人。"

是年夏，徐延壽、陳濟嘗過訪錢謙益。

錢謙益《錢牧齋全集·牧齋有學集》卷二《秋槐詩支集》（起己丑年，盡庚寅四月）有詩《閩中徐存永陳開仲亂後過訪各有詩見贈次韻奉答四首》《夏日晏新樂小侯于燕譽堂林若撫徐存永陳開仲諸同人并集》。

清順治八年　辛卯　1651　四十歲

是年正月，清世祖親政。三月，張獻忠舊部孫可望、李定國聯合永曆政權抗清，永曆帝封孫可望爲秦王。九月，清兵陷舟山。十二月，孫可望遣兵迎永曆帝入雲南。

春，在福州，署左布政使事。胡玉昆、羅燿返南京，各有詩送之。托從兄禹圖往吳門購佳玉，請周爾森父子爲治印。

《碑傳集》卷十《名宦户部右侍郎周公亮工傳》（林佶撰）："順治……八年，署左布政使事。"

《賴古堂集》卷四有詩《送胡三元潤返白門》，其一："頗欲留君住，能還亦我私。慮親開遠信，仗友飾歸辭。疲硯分燈倦，勞魚任字遲。秦淮春事好，弱柳綠絲絲。"同書同卷又有《送羅星子返白門》二首，其一云："送盡同來客，看君又已歸。……春風花信好，有淚莫教揮。"

《印人傳》卷三《書邱令和印章前》："辛卯春，予托從兄禹圖走吳門市佳玉，命周爾森父子盡倣漢玉作紐，篆文雖出令和手，然實爾森父子碾成。"

夏四月，黎士弘爲賦詩稱壽。

黎士弘《託素齋詩集》卷三有詩《爲周元亮先生壽》，有句云："如公真愧二三子，致主才當四十時。"

周茂源來閩，賦詩相贈，當在是年春夏之際。

周茂源《鶴靜堂集》卷七有詩《贈家櫟園方伯》："群峰翠擁越臺高，東指扶桑建節旄。海日樓船春按部，巖花錦障晝揮毫。彤弓舊識元侯貴，鑄磐新酬九牧勞。次第璽書來絳闕，承恩正及薦櫻桃。"按：詩次辛卯（1651）。

八月，任鄉試提調官。

《舊譜》："辛卯，四十歲。……入闈提調。"按：是年爲鄉試年。

是秋，張學曾嘗爲作畫。

《讀畫錄》卷三《張爾唯》："爾唯太守學曾，又號約庵，山陰人。畫仿董北苑。辛卯秋，爲予作數幅，極爲程青溪所賞。"

秋冬際，奉命代篆往延平勘吳賽娘之亂。抱病登舟，陳肇曾、鄭宗圭、許玭送於江上。過侯官，颶風突作，群僕拉移病體於他舟，始免與舟同覆。

雍正《福建通志》卷六十五《雜紀》："國朝順治……八年……將樂奸民吳賽娘聚衆爲亂。"乾隆《延平府志》卷十一《征撫》："吳賽娘，順昌人，僑寓將樂，興白蓮教惑聚多人。"《舊譜》："辛卯，四十歲。……秋復代篆赴延平。"《墓誌銘》："延平有吳賽娘、邵武有耿虎之亂，則委公曰代某守建道。"按：關於平息吳賽娘反亂之事，雍正《福建通志》卷六十五《雜紀》載："國朝順治……十一年……九月，副將高守貴、賀國相討吳賽娘，千總柴自新計擒斬之，餘黨悉平。"乾隆《延平府志》卷十一《征撫》所記略同，則亮工此次并沒有將吳賽娘隊伍最後撲滅。

《賴古堂集》卷四有詩《將發劍津病甚扶掖登舟枕上成詩四首》，其二："昨歲兼前歲，秋風客與期。（原注：'前歲北行，客歲汀行，皆秋冬之際。'）難逢一雁到，空學五禽嬉。上藥猶能到，（原注：'時佟中丞寄苓附初至。'）中醫未敢持。鈞天樂甚好，悃悃欲何之。"同書同卷《陳昌箕鄭圭甫許天玉諸君子至江上視予》："又是秋冬際,遊絲百丈船。同人看落落,送客記年年。鳥倦惟懷樹,魚枯尚畏筌。聊憑詒稚子,即此便成還。"同書同卷又有《十三夜次侯官颶風突作小舟幾覆予病甚群僕拉移他舟獲免》。

雍正《福建通志》卷五十一《文苑》:"鄭宗圭,字圭甫,閩縣人。崇禎壬午舉人,國朝爲烏程令,沉酣經史,著《讀史卮言》十卷,又有《山圍堂集》及《續讀史》諸篇。年九十五卒。"

《碑傳集》卷一百三十八《許友傳》(陳壽祺撰):"許友……福州侯官人。……族兄玭,字天玉,明崇禎十二年舉人。順治中官安定知縣。善新城王士禛,士禛作《慈仁寺雙松歌》贈之,稱爲閩海奇人。有《鐵堂集》。"黎士弘《仁恕堂筆記》:"侯官許玭字天玉,更號鐵堂。春秋魁己卯鄉書,出夏瑗公門。詩文才致,托始雲間,結納交遊,車無停軌。天玉雖起孤生,性豪侈,裘馬金錢,緣手立盡,亦不羈之士也。久困公車,謁選人,得鞏昌安定令。掛吏議,時際亂離,竟坎壈窮困以死。同里黄憶溪(原注:'名肇熙。')官涼州,爲經紀其喪,葬之安定郭外。又爲挽詩十章,(其一章)何曾闕下漾雙鳧,止博新墳寄路隅。安定莫嫌官號簿,人間常說范萊蕪。(其二章)墓田宿草又經春,馬鬣長封絶四鄰。古道夕陽知問姓,清初明末許詩人。(原注:鐵堂有小印'清初明末詩人'。)庶幾後世其有傳乎。"

再至邵武,單騎招降叛卒耿虎。賦詩痛悼參戎魯君寵、故邵武知縣趙之璉。再疊舊韻,賦詩寄懷上杭諸友。

《舊譜》:"辛卯,四十歲。……秋復代纂赴延平。時邵武有叛卒耿虎之變,公單騎往諭之,虎降。"

《賴古堂集》卷四有詩《哭魯君寵參戎》,序云:"當丁亥、戊子之交,非魯將軍,孰與僕守此孤城哉!……將軍今何往乎?將軍以撫寇死,無家可吊,無棺可撫,無殯葬可賻,無子可恤,僕將何地哭將軍乎?……於復至樵川之日,招其魂而哭之。"同書卷十一有《哭樵川趙雒川大令趙既罷邑復過其地以病死》,卷八有《庚寅在杭川賦詩寄懷樵川諸子,頃乃復至樵川,竟歲回環,曾無定迹,再疊舊韻卻寄杭川諸子》。

雍正《福建通志》卷三十二《名宦四》:"趙之璉,洛陽人,順治三年隨征入閩,授邵武縣。會山寇起,與江右叛帥結爲聲援,衆且數萬,屢薄城下。時駐防兵少,外援不至,之璉簡閱丁壯,得有勇藝者二千餘人,部署如兵法,遂親冒矢石,大呼擊賊,所向披靡。後卒於官,郡中無老幼,咸爲墮淚。"

是冬,陳台孫至南京,盡讀《榕厄》諸集,作書見寄。時弟亮節方徵望武夷詩。

《尺牘新鈔》卷十一載陳台孫《與陶庵》書：“山野之人，懶慢自廢，睽別四載，未得圖晤江干。辱我公垂念殷篤，時切遠問，每接雲翰，惻惻落落，不異當年握手時，讀‘昨夢儼然千里駕，前歸亦祇數行書’之句，又不禁黯然魂消也。弟以仲冬至白下，得盡讀《榕厔》諸集，左顧右盼，如見曹、劉，大雅未墜，必有英絕領袖之者，舍我公自難其人矣。我公今年正四十，少壯幾何，相逢皆老，未免欣慨交心。靖公征望武夷詩，漫作長歌，聊當忭舞，語言膚率，存其意可也。弟邇益好醉，自著《楚州酒人傳》，遠近同學，俱有長歌相贈，得鴻篇遠惠，糟邱生不朽矣。”

按：“昨夢儼然千里駕，前歸亦祇數行書”句見《賴古堂集》卷八《杭川舟中懷陳階六》。

是年，楊思聖至閩，與之相識定交。

《讀畫録》卷一《陳章侯》：“楊猶龍曰：‘予辛卯於役八閩，定交櫟園，酒闌燈灺，抵掌天下人物，未嘗不首推章侯也。’”

雍正《畿輔通志》卷七十五《政事》：“楊思聖，字猶龍，鉅鹿人。順治丙戌進士，選庶吉士，授編修，歷陞侍讀學士。簡任山西按察使，老吏挾獄詞前立，挑燈披覽，不三月，了積獄三百六十案，無濫無枉，人服其神。擢四川左布政使，蜀當新闢，百事草創，思聖首以招徠爲務，綱舉目張，翕然從之。入覲，還，卒於途。”魏裔介《楊公思聖墓誌銘》（《碑傳集》卷七十七）：“公天才雋妙，風神卓絕，舉世所不得梯攀，尤工於爲詩，擅晉人書法。……其《且亭稿》有六刻，無慮數萬言。”

是年，嘗遣僕往視何平；僕攜何平書歸，賦詩五首誌感，復寄何平。

《賴古堂集》卷四有詩《遣僕子視何匡山歸述瀨上草堂風景暨匡山念予狀感動久之成詩五首復寄匡山》，其一有云：“可憐瘴癘地，五載未成回。”其三云：“我昔秋冬際，曾爲萬里行。”其四云：“汀上詩初見，君懷一往深。”原注：“匡山書云，讀予‘孤舟更向千山發，薄命誰憐萬里回’之句，即木石人亦應落淚。”按：“孤舟更向千山發，薄命誰憐萬里回”兩句，見《賴古堂集》卷八《甫自北還即有汀行舟中寄呈家嚴慈并與開也兄靖公弟》。

《藏弆集》卷十六：“何平，公遠，匡山，大興籍，江南嘉定人。《竹罌疊集》。”按：周亮工與何平同爲明崇禎十三年進士，而後同官山東（周爲濰縣令，何爲高密令），曾經戮力抗清，并有詩文唱和，《白浪河上集》收有何平詩《讀硯齋先生詩末句爲之叫絕海客先生竟用爲起句益覺快甚仍用前句各步一首》。

寄《榕厔》詩與王猷定，王爲作《榕厔序》，當不早於是年。

　　王猷定《四照堂文集》卷二《榕厄序》:"人之才傑者,能傳其身止耳,孰能傳人? 傳人止耳,孰能傳地? 傳地止耳,孰能傳草木? 至於傳草木,而其人詩人文人也,抑非第詩人文人也。元亮先生寄予《榕厄》近什,余讀之異焉。先生著書等身,不汲汲自爲壽,惟收拾網羅其鄉先達暨四方天枉舊交之遺文殺青,恐後日傳萬紙,是非所謂傳人乎? 先生所至所居不期崇飾,而獨於古賢名迹湮滅是懼,樵川詩話有樓,翼然遂堪千載,是非所謂傳地乎? 乃今而《榕厄》其集也,三復其詩,淩陶轢鮑,高深要眇,恍然如坐千畝之蔭,而積翠横流,酒波微漾,則草木亦傳矣。……而余獨竊有慕者,先生來書云'頗與酒人遊,故謂之榕厄',酒人爲誰? 使余得廁其間,則余亦傳哉。"

　　按:"惟收拾網羅其鄉先達暨四方天枉舊交之遺文殺青",當是指《賴古堂文選》已初步定稿。所謂"酒人",據《尺牘新鈔》卷十一載陳台孫《與陶庵》書所云:"弟邇益好醉,自著《楚州酒人傳》。"當指陳台孫。

　　是年詩作尚有:《賴古堂集》卷四《盧雉公年四十始補博士弟子員得靖公弟字賦一詩寄雉公》《胡三褐公久別予返秣陵偶憶蕉堂作圖相寄意致幼渺幾於無墨得之狂喜賦此言謝》《今年予四十吾弟靖公亦三十矣感賦一詩寄靖公》。

清順治九年　壬辰　1652　四十一歲

　　是年正月,鄭成功復海澄,率部進圍漳州。七月,李定國攻陷桂林,清定南王孔有德自殺。十一月,李定國收復衡州。清尼堪奪得衡州,追擊中被李定國伏兵殺死,清廷震動。

　　春二月,在延平。黎士弘自京返閩,具舟來謁,因以雙親七十壽文托之。

　　黎士弘《託素齋文集》卷一《周如山先生朱太夫人雙壽序》:"壬辰春仲,士弘始歸自上京……具舟楫,就見櫟園夫子于劍浦。見之他日,夫子手其治之僚友子弟所爲兩尊人壽言見屬,曰:'子不可無一言。'……太翁與太君年上下,七十同時舉慶。"按:清延平府境有建溪,又稱劍津、劍浦。

　　是春,嘗修書寄近刻數帙與薛所蘊,并請爲新詩《秋稜》作序。

　　薛所蘊《澹友軒集》卷三《周櫟園秋稜詩序》:"櫟園才人也。古文詞歌詩播海内,海以内操觚家爲古文詞歌詩者咸推長櫟園,無不曰:‘櫟園,才人也’。櫟園髮未燥,詩文名已大見於天下。逮成進士,爲令、爲柱史、爲藩臬,無不以政事名。而所蒞又往往多金革戰守之事,故其政事亦多以擐介登陴指顧定變見奇。乃自爲令以歷柱史、藩臬,如山左、維揚,於閩之福之汀若樵,無不有詩若文。其詩若文用發抒其悲歌感慨之志,而皆能用意適而造語工,又似不自政事兵革勞薪搶攘中出者。辰之春,自閩數千里緘書至,以近刻數帙示予,最後一帙曰《秋稜》,命爲序。大抵格法宗唐而虛圓淡渺能令讀者自遠,不但無政事金革氣,并悲歌感慨之意而無之。嗚呼!櫟園遠矣!羊開府日與賓客吟眺峴首,墮淚之碑千古尤傳;祭穎陽諸葛忠武雅歌投壺,綸巾羽扇,若不欲戰乃善戰者。櫟園用政事,定變見奇於朝夕吟詠之中,殆類是歟?然則,止以古文詞歌詩才櫟園者,惡足才櫟園?櫟園肝膽真摯,用古處自期待,與人交意常厚。舊事汴梁張林宗先生爲文字交,初汴之淪胥也,先生没于水,遺藐孤寂不能自存,爲刊其遺稿,延孤於閩署而教養之,畢婚娶,厚資遣焉。嗚呼!此可於今人中求之哉?温柔敦厚,詩教也,然則櫟園非獨才人也。”

按:薛序稱“辰之春,自閩數千里緘書至,以近刻數帙示予,最後一帙曰《秋稜》,命爲序”。據周亮工在閩年份推算,可知爲壬辰之春,即清順治九年(1652)。

《中州先哲傳》卷二十三《文苑一》:“薛所蘊,字子展,號行屋,孟縣人。崇禎元年進士,山西襄陵知縣,舉卓異,授翰林院檢討,遷國子監司業。清定京師,授原官。順治二年……遷祭酒……由祭酒累遷詹事府詹事、教習庶吉士,轉宏文院學士,擢禮部右侍郎,尋轉左侍郎。十四年乞休,歸築翕園,一堂四世相唱和,世豔稱之。所蘊負海内重名,喜獎拔士類。……海内稱河陽先生,與王鐸、劉正宗以詩名京師,世稱三家。……博誦羣書,躬丁易代,爲詩激楚蕭瑟,自迸聲情,尤長歌行,善陳時事,轉變不測,錢謙益稱爲善學杜甫者。康熙六年卒,祀鄉賢。著《澹友軒文集》十六卷、《桴庵詩集》五卷。”

作書與高阜,極嘆賞其望武夷詩,請之爲雙親稱七十壽,并請訂正《賴古堂文選》。

《賴古堂集》卷二十《與高康生》(四):“‘雁到何峰忽自還’,望武夷詩最多,祇此便足壓倒元、白。豈惟壓倒元、白,即唐人集中,如此句未易多得也。家君七帙,弟不敢求世之所謂顯者之文,一二知交知家君深願,得一言幸緘寄,借光集中不小。《文選》煩足下訂其訛字,即一圈一點,皆煩訂正。”

四月七日生辰日,神光、西禪諸剎爲禮懺,有詩紀之;黎士弘爲賦詩稱壽,

未幾，還汀。

　　《賴古堂集》卷十一有詩《佛生前一日爲予初度神光西禪諸刹爲予禮懺走筆示法緯開士》，其一："橙花香裏唱經時，七十雙親苦憶兒。聞説釋迦明日誕，應知此際不慈悲。"黎士弘《託素齋詩集》卷三《壽周元亮先生》有句云："白下初陳酒，青山更致書。來稱君子壽，共寫綺園圖。（原注：'尊君方以今年上巳稱七十壽。'）……一時推有道，五載治無諸。祝附同聲末，情生乍別初。（原注：'予將以刻下返汀。'）"

夏至日，以《閩酒曲》索作于門生宋祖謙，宋戲作十八首。

　　《閩小紀》卷一《莆田宋去損（祖謙）閩酒曲》："壬辰夏至，復擬於石浪閉關，厄不及口，蓋守古人荒思之戒，而吾師櫟園周先生索作《閩中酒曲》。僕低徊久之，陡發前情，酒氣拂拂從十指中出，戲爲十八章，佐以油語。"

　　《尺牘新鈔》卷一："宋祖謙，去損，福建莆田人。"

是夏，再至鐵嶺，有詩寄懷黎士弘等汀州舊友。

　　《賴古堂集》卷八有詩《予以庚寅冬日出臨汀，壬辰夏日再至鐵嶺，是爲臨汀界，不獲見八邑諸同人，黯然久之，賦此寄懷黎媿曾、宣巖諸君子》二首。

　　《大清一統志》卷三百三十三《汀州府》："鐵嶺，在歸化縣東三十里，接延平府將樂縣界，一名鐵場嶺，高峻扼險，上有鋪隘。"

是年正月起，鄭成功大舉入漳，連陷漳、泉數縣，率部進圍漳州。五月，清總兵馬逢知入援，被圍城中，外援遂絕。攻城久不克，鄭成功以八月塞鎮門山，激水灌城，城中食盡，人相食，枕藉死者七十餘萬。

　　雍正《福建通志》卷六十五《雜紀》："國朝順治……九年正月，鄭成功大舉入漳，至海澄，守將赫文興開城納之……五月，漳州城被圍，城中大小餓死七十餘萬。"徐鼒《小腆紀年附考》卷十八："壬辰，我大清順治九年，春正月。……甲戌（初二日），明朱成功取海澄。……三月……成功遂取長泰，進攻漳州。……五月，我大清兵救漳州。成功圍漳州，我金、衢總兵馬逢知率兵赴援……引軍入城，成功進兵圍之。逢知開東門，出搗敵壘……死傷甚多，外援遂絕。……八月……明朱成功猶在漳州。……成功急攻城，逢知虞内變，令所部兵雜守陴堵，隨壞隨築，久未克。時秋霖勝漲，成功塞鎮門山，激水灌之，城中食盡，人相食，枕藉死者七十餘萬。"

巡撫傳檄令往署漳巡道。賦詩留別佟國器、宋徵輿、郝惟訥，破圍入
漳州。

《舊譜》："壬辰，四十一歲。是年海逆鄭成功反，漳泉八郡震動，援剿大兵駐
師泉州。時漳巡道乏人，巡撫張公謂公知兵多戰功，檄公往署，公時在延平，聞檄
從金戈鐵馬中馳入漳。"《賴古堂集》卷八有詩《將入清漳留別佟匯白宋轅文郝敏
公諸君子》。按："佟匯白"即佟國器，時任福建左布政使。

雍正《福建通志》卷二十九《名宦一》："佟國器，遼東人。順治八年任福建左
布政使，十年擢本省巡撫。閩自明季版籍淆亂，兼兵燹之後，戶口散亡，吏胥那移
作奸，里民大困，國器檄行郡縣，履畝受糧，現丁輸稅，民乃得蘇。時海寇披猖，禁
旅征剿，飛芻挽粟，刻期猝辦，又累疏陳請撥給淮浙鹽餉，協濟軍食，簡選將士於
延、建各郡，剿殺賊首吳賽娘、劉希亮等，招撫陳德容、林忠、蔡昌隆等，山寇悉平，
閩人至今頌其功。"

嘉慶《松江府志》卷五十六《古今人傳八》："宋徵輿，字轅文，華亭人。順治四
年進士。授刑部江西司主事，晉員外郎中，出爲福建布政使右參議，兼按察司僉
事，提督學政，内擢尚寶卿，歷宗人府府丞，久之，晉左副都御史，卒年五十。徵輿
雅稱才，工詩賦，與同里陳子龍、李雯稱'雲間三子'。子龍負盛名于時，稱詩無所
讓，獨推重徵輿，以爲出己上，嘗共選明詩行世，學者宗之。著有《林屋詩鈔》，祭
酒吳偉業爲之序。"按：宋徵輿時任福建督學道，雍正《福建通志》卷二十七《職官
八·總部》："督學道……宋徵輿，華亭人，進士，順治八年任。"

郝惟訥，字敏公，一字端甫，直隸霸州人。順治四年進士，授刑部主事，再遷
郎中。七年，出爲福建督糧道僉事。權延建邵道，尋署按察使。十一年，召授通
政司右參議。自此歷任大理寺卿、戶部侍郎、吏部侍郎、都察院左都御史、工部尚
書、刑部尚書、禮部尚書、戶部尚書、吏部尚書等職。領吏、戶二部最久，法制多經
裁定。凡事持大體，遇會議、會推、朝審，委曲斟酌，期於至當。敷奏條暢，所見與
衆偶有同異，開陳端緒，不留隱情，上深重之，往往從其言。康熙二十二年卒，諡
恭定。有《郝恭定集》五卷傳世。《清史稿》有傳。

抵任漳州，修戰守，治芻粟。故人門客同在重圍中者，時相與登陴賦詩，
後有《清漳倡和詩》之刻。此際得黎士弘等所刻《續懷帖》，有詩誌感。

《行述》："時先大夫代守建道，奉命即行，從金戈鐵馬中破圍入漳，鳩遺民守
之，治芻粟，繕軍實，民殆不知用兵者。"《賴古堂集》附錢謙益《賴古堂詩集序》：
"其守漳城也，故人門客在重圍中，相與登陴賦詩，抗詞同日，無一人思解免者。"
黎士弘《託素齋文集》卷一《清漳倡和詩序》："先生之詩涼壯固其性成，而益以時

事,憂來無方,天下足以爲歡者何限,慎無過悲,悲固難讀也。聞唐子叔升、閔子宮用兩君,從先生來窮山中,願更無復以曼調哀吟助其悽慘。"

《賴古堂集》卷八有詩《今年夏在鐵嶺賦二詩寄懷汀南諸同人,冬初以使事至丹霞,亦汀南接壤地,得黎媿曾、道存、鄭健也諸子所刻續懷帖,感其意成詩二首再用前韻》。黎士弘《託素齋文集》卷一《續懷帖序》:"汀爲郡治,在萬山東。……前庚寅之冬,元亮先生以有事於此,見汀士而好,好之難爲別也而懷,懷之而至再至三。……今攬斯篇,同時屬和者凡三十有五。"

陳壽祺《黎士弘傳》(《碑傳集》卷八十一):"弟士毅,字道存"。雍正《福建通志》卷四十八《人物六》:"黎士毅,字道存,長汀人。順治乙未以拔貢入京,試第一,授南昌縣。邑爲水陸交沖,舊糧溢額,民苦輸將,士毅力爲請命,竟得題蠲;山賊彭某以偽劄煽惑村民,士毅督兵剿滅,渠魁授首。遷知壽州,鎮陽闤,奸徒把持行市,盜賊出沒無常,至則平物價,嚴保甲,弭盜安民,民始帖席。尋解組歸。年七十七,卒於家。著有《寶稿堂詩集》。"

冬十月,漳圍解。贖還良家子女千餘人,招民認視、完聚。城外骸骨累累,捐資着人掩埋。此際有詩紀漳州戰後慘況。

邵廷采《東南紀事》卷十一:"漳圍至八閱月,中外困隔。浙江固山額真金礪、固山大溫都力敖童、梅勒章京徐大貴、總滿洲烏金超哈兵與提督名高由長泰間道直抵漳城北。成功營城南鳳窠山,乘高壓壘。王師銳甚,爲兩翼擊,島人久敝堅城,皆無鬥志,十月三日,解圍,退屯古縣。合戰,崩潰,追奔四十餘里,積尸佈野。成功入海澄,嬰城守。守道周亮工,收漳城骸骨七十三萬,焚瘞一大穴,碑曰'同歸所'。"《行述》:"稍稍復業,贖良家子女千餘人,招民認視,不十日皆完聚。漳南城外,骸骨堆積累累,先大夫蠲貲,令標下守備霍君時御掩埋之,限日冊報約十餘萬。"

徐鼒《小腆紀年附考》卷十八:"解圍後存者纔一二百人。〔考曰:《行朝錄》:有士人素慷慨,率妻子一慟而絶,鄰舍兒竊煮食之,見腸中累累皆故紙,字畫隱然可辨,鄰舍兒亦廢箸而絶。《臺灣外紀》:有公姑欲殺其媳,媳逃歸,告父母,父母曰:吾生汝,且不得食,反與彼邪! 殺其女食之;獨一家舂米粉成塊,抹以泥,更深糊食之,得不死。守道周亮工嘗爲《清漳城上》詩紀其事,酸楚不忍卒讀。〕"按:《賴古堂集》卷八有詩《清漳城上感懷四首同唐肯堂作》。

黎士弘《託素齋文集》卷一《清漳倡和詩序》:"有自漳來者,云城中百姓才餘一二百,盡日經里巷中,落落如行山野,第宅萬間,率門户洞開,饞鼠饑烏,白晝蹲踞几案上。此一二百人,其所死亡者,非父兄,則其子弟,指溝中白骨,歷歷數其生前姓字告人,然氣息僅相屬,言雖悲,不能下一淚。又云,當城危急時,有人士素慷慨,率妻子閉戶,一慟而卒,鄰舍兒竊煮啖之,見腸中累累皆紙絮,鄰舍兒亦廢箸自絕。嗟夫,千古不常聞之談,數代不經見之事。清漳城上之詩可以無作,即作之,而安能讀之至再至三也。……弘去先生七百里,誠不知近日白髮之生者幾莖,傷心之淚幾下。滄桑過眼,十倍觀遊,此生視聽,真可以數駭;此生壯心,能經其數損哉!

漳圍已解,郭鼎京北上入燕,郭鞏歸莆田,皆有詩送之。

《賴古堂集》卷十一有詩《送郭去問入燕》:"反驚君是北行人,荏苒烽煙六載身。嶺上梅花看已遍,渡河更見一枝新。"同卷又有《清漳送郭無疆歸莆田》。

《讀畫録》卷四《郭去問》:"郭去問鼎京,福清之綿亭人。著有《綿亭詩集》,余爲序而行之。君詩芊綿可愛,畫如之。册中一頁,爲予作數千竿竹,藏一團瓢老居士,趺坐古先生前。……去問精小楷,爲予於此册前寫《楚辭》全部,又一册寫陶詩全部。……筆筆倣歐率更,無少局促態,真神技也。予付浚兒寶藏之。"

歲暮,值王澐生日,舉酒賦詩祝之;未幾即送之返雲間。

《賴古堂集》卷四有詩《清漳歲暮王勝時誕日酌以大斗》《送勝時返雲間》。

嘉慶《松江府志》卷五十六《古今人傳八》引《婁縣志》:"王澐,字勝時,原名溥,字大來,婁縣人。幼爲陳子龍弟子,處師生患難時,卓然有東漢節義之風。以諸生貢入成均,不得志,縱遊齊、梁、楚、越。晚歸老康園。著有《輞川稿》。"

陳洪綬卒。(《陳洪綬年譜》)
萬壽祺卒。宋權卒。

清順治十年　癸巳　1653　四十二歲

是年四月,清革冒濫生員,嚴科歲考。十一月,清再招鄭成功。十二月,明魯王部下張名振、張煌言入長江,敗清兵於崇明。

正月初,嘗寄詩與黎士弘。

黎士弘《託素齋詩集》卷一有詩《癸巳七日過綿江道中次周元亮先生寄韻》:"亂踏春峰半日餘,爲謀頗自悔才疏。全孤人日題花伴,笑遣奴星結柳車。脂滑一量居士履,瀾翻千偈故人書。烽煙尚指東南路,未識孫公果遂初。"按:"人日"即正月初七日。

自漳往署興泉道。在泉州,有保全沿海十四寨百萬生靈之功。

《舊譜》:"癸巳,四十二歲。寇退,復自漳署興泉道篆。"《行述》:"署泉,泉去漳近,治泉亦如治漳。漳泉濱海負山,其中居民各結一寨以聚宗族,計十有四寨。是時海艦出沒不常,每秋熟輒來征餉,百姓爲之困憊,以其界於兩岐,又不敢不應。一夕,大帥集將士,召先大夫,言諸寨負固通賊助餉,當屠滅,而士卒已具甲。蓋奸民以各寨富實告,諸將利爲之。先大夫具言其不得已狀,以身保其無他,傳諭各寨,牛酒勞王師,大帥遂止,十四寨百萬生靈全于先大夫一言。"按:此"大帥"指劉清泰,劉時任浙閩總督。

是春,錢謙益遊杭州,得讀《清漳城上》詩,慨嘆不置。

錢謙益《賴古堂詩集序》(《賴古堂集》附):"癸巳春,余遊武林,得櫟園《清漳城上》四章,讀而嘆曰:'余與櫟園別八年矣,久不見櫟園詩,不謂其筆力蒼老,感激悲壯,一至於此。'"按:此"《清漳城上》四章"即《賴古堂集》卷八《清漳城上感懷四首同唐肯堂作》。

夏五月,陞福建左布政使。尚寬慈,有惠政。

《舊譜》:"癸巳,四十二歲。……夏,升本省左布政使。"《清代職官年表‧布政使年表》:"順治十年五月,周亮工遷福建左布政使。"《行述》:"癸巳遷閩左方伯。本朝定鼎以來,漢人無爲左轄者,有之,自先大夫始。先大夫歷遍閩疆,備悉民間疾苦,思有以噢咻蘇息之,表率郡邑吏,一以寬慈爲尚,凡一切陋規盡皆除去,大署二牌於堂:一云收銀不用火耗,發銀即用原封;一云批到即收銀,收完即領批。一時閩土殆忘征繕之苦。省會多狡獪不逞之徒,結五頭社,縱橫鄉曲,良民受其害,有司不敢誰何,先大夫擒治,皆伏法。"

泉州士大夫寄所寫當日"扳轅叙別圖"至。黎士弘適從學署中,遂寶藏之,并作《溫陵扳轅記》紀其事。

黎士弘《託素齋文集》卷二《溫陵扳轅記》:"此周櫟園先生攝事清源,既返彎三山,而其里中士大夫從而摹寫其扳轅叙別之圖。……近來三山從先生署中,適諸先生以此圖至,予乞而藏之。"按:"溫陵"、"清源"俱古地名,在泉州境內。

立秋日，序《滄浪集》。

　　朱霞編《樵川二家詩·滄浪集》周亮工序署："順治癸巳立秋日，樵川種蕉客大梁周亮工元亮氏題於賴古堂。"

十一月，黎士弘爲題畫。

　　黎士弘《託素齋文集》卷二《題畫》（原注："十二則，爲周元亮先生。"）之《夜飲圖》云："黎生士弘以癸巳十一月丙夜觀此，已沸沸酒氣從十指間出矣。"

冬，作雪航於蕉堂之側。

　　黎士弘《託素齋文集》卷五《閩雪篇序》："癸巳冬，某從櫟園先生學於三山署中，時蕉堂之側，初作雪航，先生有'片帆相引夢江南'之句。閩固無雪，而先生以雪名航，即先生亦不自解其發想之無因也。"

　　按：黎士弘《托素齋詩集》卷三有詩《哭周櫟園先生》四首，其三云："莫向昔年經到處，甘蕉種得半生愁。"原注："先生遊宦所歷署齋盡種芭蕉，邵、汀各郡遺迹猶存。"是亮工於官署作"蕉堂"，不止邵武一地，此處所言之"蕉堂"，當即在福州。

冬，與趙臥齋、王襄璞同登鼓山㠀嶼峰，有詩示永覺元賢和尚。

　　《賴古堂集》卷十一有詩《鼓山永覺和尚八十，即用和尚自題小像韻，予癸巳冬同趙臥齋直指、王襄璞方伯曾一登㠀嶼》。同書卷八又有《㠀嶼峰示永覺和尚》二首。

　　雍正《福建通志》卷三《山川》："福州府閩縣……鼓山，去城二十里，郡鎮山也，屹立海濱，延袤數十里而遥，山巔有石如鼓，故名；有大頂峰，一名㠀嶼，狀若覆金，西望郡城，遠近村落若聚沙布棋，東視大海，一氣茫然，螺髻數點隱見煙波中，相傳爲大小琉球云。"

　　雍正《福建通志》卷六十《方外》："永覺，名元賢，建陽人，邑庠生。年三十餘棄家削髮，遁迹郡東之荷山。越十餘載，母死，忽至，繞棺拜畢即去，莫知所之。又十年，雲遊福州鼓山，石鼓自鳴，遂卓錫焉。順治間示寂，年八十一。"《五燈全書》卷六二《青原下第三十五世》："福州鼓山湧泉永覺元賢禪師，建陽蔡氏子，幼習儒。……四十歲棄家往壽昌落髮。……著述有《洞上古轍》《補燈録》《繼燈録》及《四會全録》，共若干卷行世。"

冬，過華林寺看梅，有詩壽心和上人。

　　《賴古堂集》卷十一有詩《過華林寺壽心和上人》《癸巳冬日過華林寺看梅，

爲詩壽心和上人；今日同王逸庵、林涵齋再過其地，乃知上人寂去既已兩載，嶺梅欲發，客思淒然，再疊舊韻示其首座道目》。

雍正《福建通志》卷六十二《古迹》："福州府……侯官縣……華林寺，在越王山麓，宋乾德三年都守鮑修讓建，有轉輪經藏。明正德間賜額。國朝順治初修，康熙七年重修。"

是年，嘗出巡建寧府。過建安，戲作《閩茶曲》。過建陽，辨"考亭"之訛。

《閩小紀》卷一《閩茶曲》："予視事建安，戲作《閩茶曲》。"《賴古堂集》卷十一有詩《閩茶曲》，其九原注："蔡忠惠《茶錄》石刻在甌寧邑庠壁間，予五年前揭數紙寄所知，今漫漶不如前矣。"

《閩小紀》卷二《考亭》："世以考亭稱文公。予辛巳陪巡，過建陽，宿麻沙，見晦庵後人所藏家譜，知考亭是黃氏之亭。後從徐存永得見黃詩。按：五季亂，黃端公稜隨父禮部尚書入閩，見建陽山水秀麗，遂家焉。……（稜父）殁而葬於三桂里，子稜乃築亭於半山以望其考，因名曰望考。文公居近其地，世因以考亭稱之。以地稱人可也，以他人之考稱文公，於理甚悖。然公在日，實無以此稱之者，後人誤謬，急當改正。"按："予辛巳陪巡"，胡鳴玉《訂訛雜錄》卷五"考亭"條引作"予癸巳陪巡"。考之亮工生平，崇禎十四年辛巳（1641）實剛筮仕得山東濰縣令，去閩甚遠，當以"癸巳"爲是。

《書影》卷五："予丁亥之春，庚寅之夏，兩過建陽望文公讀書處，去考亭里許。又于山下諸生家，見文公家譜中載所爲'考亭'者：其鄰人某既葬其考，作亭於山半，以望其塋，向公索名，公即以'考亭'顏之，復爲書使懸之亭上。則'考亭'與公何與？予遍檢公集，公既未嘗以此自呼，當時亦無以此稱公者。後人第以公讀書處與'考亭'相近，遂以稱之。又有誤以'考'爲'攷'者。誤書可也，以他人之考爲文公之考，不可也。不可不辯。"按：此"丁亥"爲順治四年（1647），順治四年春，亮工尚未赴閩，似不當過建陽。

是年，吳弘渡黃河北遊，明年歸里，筆墨隨變。

《讀畫錄》卷三《吳遠度》："吳弘，字遠度，與予同家雲林、白馬間，生長於秦淮。幼好繪事，自闢一徑，不肯寄人籬落。癸巳、甲午間，渡黃河，遊雪苑，歸而筆墨一變，縱橫森秀，盡諸家之長，而運以己意。……遠度偉然丈夫，人與筆俱闊然有餘，無世人一毫瑣屑態。……予嘗贈之詩云：'幕外青霞自卷舒，依君祇似住村墟。枯桐已碎猶爲客，妙畫通神獨示予。過雨閑拖花外枝，臨風對展柳陰書。深厄莫戀青溪好，白馬雲林舊有居。'"按：周亮工贈吳弘詩見《賴古堂集》卷十《與吳遠度雲林白馬峰予與遠度家在其間》。

第三子在延生。（《舊譜》）
姜垓卒。

清順治十一年　甲午　1654　四十三歲

是年正月，明張名振、張煌言等率師至瓜洲、儀真，抵江寧近郊，登金山望
祭明孝陵，旋退。十月，李定國陷羅定、新興等縣，攻新會，尚可喜飛章告
急。十二月，李定國爲清兵所敗。十一月，清漳州千總劉國軒獻城叛清，
鄭成功再據漳州進圍泉州。十二月，清廷派兵征剿。

春，序《秋聲集》。
　　朱霞編《樵川二家詩·秋聲集》周亮工序：“順治甲午歲季春，大梁周亮工元
亮撰。”

春，在福州。西禪寺空隱和尚俗臘，有詩紀之。暮春，再送胡玉昆返
南京。
　　《賴古堂集》卷四有詩《空隱和尚俗臘》四首，其三云：“過嶺充行腳，迷途七八
年。……如何刹那里，又見草芊芊。”其四云：“病猶甘敗寺，老益賤虛名。一笑桃
花發，春風第幾庚。”
　　《賴古堂集》卷四有詩《雪舫再送元潤返白門》，其二云：“欲去春將暮，寒梅綠
到枝。嶺雲閑杖履，江月冷鬚眉。頗感重來意，難爲更別詩。眼中七八載，是客
有歸期。”按：順治七年庚寅（1650），亮工代觀事畢南還，胡玉昆嘗偕行至閩，故此
言“重來”。此“雪舫”當即黎士弘《閩雪篇序》所言之“雪航”，詳順治十年譜。

夏秋之際，擢督察院左副都御史。
　　《賴古堂集》卷二十一《書丙申入閩圖後》：“歲甲午秋，亮工由閩左轄擢副都
御史。”據《清代職官年表·部院漢侍郎年表》，順治十一年六月，詔遷亮工爲督察
院左副都御史。

秋八月，任鄉試提調官。

《舊譜》：“甲午，四十三歲。在福州，秋，鄉試提調。”

史允琦以催科後期去閩，賦詩送之。

《賴古堂集》卷五有詩《史蒼航司李以催科後期去閩賦詩送之》：“獨幸還家早，此中安可爲。名山看八載，拙吏皺雙眉。始識催科急，徒聞父老悲。同君閭巷共，卻賦贈行詩。”

嘉慶《新修江寧府志》卷三十九《人物・仕績》：“史允琦，字蒼航，江寧人。順治間進士。由興化推官，累官至按察司僉事，急軍需，拯民艱，去吏弊，絕請託，舉賢良，所在有政聲。卒祀鄉賢。”同治《上江兩縣志》卷二十二《鄉賢録》：“史允琦，字蒼航，先世溧陽籍，至明移家江寧。幼孤，事母撫弟，咸有至性。中順治丁亥進士，由福建興化推官，累升按察司僉事，清方有幹略，平反疑案，靖海寇，給軍需，安民察吏，舉用賢良，政皆可稱。歷任山西提學，士頌公明。卒於官，祀太原名宦祠。”

林寵前卒，將離閩，賦詩悼之。

《賴古堂集》卷五有詩《哭林徵君異卿》六首，其二有云：“冥途無一憾，死不見予還。”其六云：“又哭林居士，將歸反自傷。”

十月離閩，百姓送者遮道。諸同人賦別于洪塘，與佟國鼎相期明春再會于南京。許友有詩相送。陳潤以《嵩山》一編相託，當晚即爲之序。

《舊譜》：“甲午，四十三歲。……擢督察院左副都御史，十月離閩。”《行述》：“甲午擢督察院右副都御史，方伯內召，亦自先大夫始。計先大夫在閩前後八載，去邵、去漳、去汀泉、去延建，百姓攀轅卧轍，號哭震天地。去省之日，至於閉門毀橋，不使先大夫行，有孺子百餘人望而號曰：‘小人皆公至始生者，使公不活我父暨我母，安得有某也。’遮道不使去。先大夫亦哭失聲。自藩屬達洪塘，三十餘里，香煙不絕，三步五步設酒筵，先大夫各盡一觴，至大醉不忍卻。”按：周亮工擢升爲“左副都御史”，《行述》所述“右副都御史”誤。

《賴古堂集》卷五有詩《洪塘留別》《留別榕城父老》。同書卷三又有《洪江別佟懷東》二首，其一有云：“瘴癘殊堪畏，春帆莫更遲。”原注：“期以明春晤於秣陵。”

許友《米友堂詩集》有詩《上周櫟園先生》《送周櫟園總憲北上》。

《賴古堂集》卷二十《與陳龍季》：“僕在閩八載，已絕生出仙霞之望，何意今日遂成歸客。諸同人賦別洪塘者，百餘人中獨缺足下，詢開仲，知足下微恙，不能出郭。……開仲爲予言，足下無所囑，惟《嵩山》一編，是足下數年來止酒罷劍、性命以之者，命僕序，僕急納之袖中。布帆已掛，離索倍增，晚楓堆岸，殘月滿林，鳥獸悲鳴，江聲鏜鞳，衆客既去，獨存足下此篇，就燈讀之，覺騷意築音，淒然滿耳，益深客并州之感。……急索筆爲一序，以報足下。"按：《尺牘新鈔》卷十二原注："侯官陳潤龍季、東淘吳嘉紀賓賢選。"可知陳龍季名潤。

過山陰，祁豸佳以送行偕同北上。

《讀畫録》卷一《祁止祥》："祁止祥豸佳，山陰人，行五，世培中丞之從兄，予同門文載之胞兄也。丁卯舉於鄉，數入春明不得志。常自爲新劇，按紅牙，教諸童子，或自度曲，或令客度曲，自倚洞簫和之，藉以抒其憤鬱。甲午冬，送予北上，……留一詩別餘。曹顧庵曰：'止祥書不在董文敏右，畫則入荆、關之室。詩文填詞皆有致，能歌，能奕，能圖章，以至攧錢蹴鞠之戲，無不各盡其致。以名孝廉隱於梅市，蓋異人也。"按：此"世培中丞"即祁彪佳，向傳祁豸佳爲祁彪佳之弟，誤。

雍正《浙江通志》卷一百八十《人物六・文苑三・祁豸佳》引《紹興府志》："天啓丁卯舉人，以教諭遷吏部司務，尋以疾歸。……家居數十年，以壽終。"

十一月，過吳門。值林雲鳳卒，捐金爲之營葬。囑錢謙益爲雙親作壽文，并請之序《賴古堂文選》及賴古堂詩。

《行述》："及先大夫官閩中，北上日訂若撫出山。是日若撫適病卒。"《書影》卷五："吳門林若撫雲鳳，老而工詩，滄桑後匿影田間，雖甚貧，不一謁顯貴。……後予官閩中，若撫累欲訪予，不果。及予戊子北上，先數日訂若撫出山，晤於舟次；予至之日，即若撫捐館之夕。貧不能治喪，予欲有所贈於若撫者，即付其子爲含殮費。"按："戊子"爲清順治五年（1648），亮工方官閩。亮工初次自閩北上，是在順治六年己丑（1649）冬，七年庚寅遂返，再次北上，即是此次，此言"戊子北上"，誤。錢謙益《錢牧齋全集・牧齋有學集》卷二《秋槐詩支集》（起己丑年，盡庚寅四月）有詩《夏日晏新樂小侯於燕譽堂林若撫徐存永陳開仲諸同人并集》，詩次庚寅（1650），那時林雲鳳尚在世。則亮工北上之日逢林雲鳳卒，當在此年。錢謙益《錢牧齋全集・牧齋有學集》卷五《敬他老人詩》（起甲午年，盡乙未秋）有《林若撫挽詞》。

《賴古堂文選》附錢謙益《賴古堂文選序》："越五年甲午，遇櫟園先生吳門，出《賴古堂文選》屬予是正，且請爲其序。……是選也，溯古學，搜繆種，窮雅故於經史，甄流別於文字，剪削枝葉，芟薙稂莠，恤恤乎其恐失也，愀乎悠乎其有餘思也。……順治甲午長至後三日虞山蒙叟錢謙益頓首撰。"按:錢謙益《牧齋有學集》卷十七亦收有此序。《牧齋有學集》卷三十八《答王于一秀才論文書》:"乙未冬,爲周元亮序《賴古堂文選》。"當爲錢謙益後來誤記。

錢謙益《賴古堂詩集序》(《賴古堂集》卷首):"癸巳春,余遊武林,得櫟園《清漳城上》四章……今年相遇吳門,乃盡見其賴古堂新刻。情深而文明,言近而指遠,包函雅故,蕩滌塵俗,卓然以古人爲指歸,而不復墮入於昔人之兔徑與近世之鼠穴,信櫟園之雄於詩也。"按:錢謙益《牧齋有學集》卷十七亦收此序,名爲《周元亮賴古堂合刻序》。壽序事見下。

初冬,爲孫承宗《高陽集》序。

《孫高陽先生全集》序:"順治甲午初冬大梁後學周亮工頓首題。"

是冬,抵南京。設宴爲雙親祝壽,黃景昉、錢謙益等皆有壽文。

《舊譜》:"甲午,四十三歲。……冬抵白下,視太封公朱太淑人。"

錢謙益《牧齋有學集》卷二十四《大梁周氏金陵壽燕序》:"閩之門人陳子輪、徐子延壽、陳子瀋撰書幣而來告曰:'我方伯周公元亮,保釐八載,入總大憲。太公太夫人寓居金陵,齊眉媲德,逾七開八。公便道抵舍,稱觴上壽,長筵肆設,鋒車在門,大學士晉江黃公已下,致辭祝嘏,金章玉軸,照曜堂廡,而夫子未有言焉。公於師門爲弁冕,天下莫不聞公之意,謂非得夫子之一言,不足以寵光介壽。惟吾黨小子,亦欿然如有失也。敢稽首遙拜以請。'……閩書既至,元亮旋過吳門,請之益力,曰:'吾二尊人所不足者,非巫祝之詞也。夫子無以厄言抵我。'"

黎士弘《仁恕堂筆記》:"晉江黃相國東崖,余曾見其所著《國史唯疑》於周元亮先生署中。書約一尺許,所載皆前明典故,蓋相國久典著作,晚席端揆,事節皆所目擊,固信書也。元亮先生曾許爲之刊行,卒不果。……相國於更代後酒後風生,不無觚稜之感,與元亮先生席中曾一齟齬,繼各以啓事謝過。周先生啓中有曰:'傳書之約,老人幾怒',其後期又曰:'不覺清酒三升,狂談遽發',蓋道實也。"

訪方以智於高座寺,方以智爲題畫。

按:順治十年(1653)春,方以智至南京,師事覺浪道盛,隨即閉關高座寺看竹軒。《方以智年譜》引方中通《陪詩》卷一《迎親集·周櫟園年伯出古今字畫百餘種索老父題跋老父一朝爲書完》:"櫟園先生家珍藏,讀書樓連賴古堂。已鐫印譜三千章,復堆字畫高於梁。……老父濡筆乘朝陽,須臾瀟灑揮千行。風呼雷擊電驅光,天門鳳閣豈尋常。"將方以智爲亮工題畫事繫於順治十年(1653),又加按語曰：周亮工時任少司農，見陳維崧《瑞木賦》。考亮工行迹，順治十年（1653）時尚在福建，再晤方以智，“出古今字畫百餘種”索題跋，當不早於本年冬。再者，順治十二年（1655）在京，亮工方擢户部總督錢法右侍郎，即“少司農”；陳維崧《瑞木賦》作於清康熙元年壬寅（1662），年月相距甚遠，不足證當前之事。

在閩八載，著有《閩小紀》四卷，記閩中風土物産，瑣聞軼事。

　　《四庫抽燬書提要》著録《閩小紀》四卷：“國朝周亮工撰。……是編乃其官福建布政使時所作。多述其地物産民風，亦兼及遺聞瑣事與詩話之類。叙述頗爲雅令，時時參以議論，亦有名俊之風，多可以爲談助。其中……亦頗有考證。惟解韋莊‘上相間分白打錢’以爲徒手相搏，未免强作解事耳。其中閩酒、朱竹諸條，與所作《因樹屋書影》彼此復出，蓋興到即書，偶然未檢。然在近代説部之中，固爲雅馴可觀矣。”

是年，周茂源嘗賦詩見贈。

　　周茂源《鶴静堂集》卷十二有詩《贈家櫟園副憲》：“此日疑丞望，當年嶽牧良。天南垂闓澤，嶺外被文章。皁俗微襦袴，宣威缺斧斨。緑榕爲大樹，丹荔即甘棠。露冕行邊徼，追鋒出尚方。中司持憲紀，亞相總臺郎。瑞集三珠鳥，邪驅五色羊。副封除宿霧，獨坐起嚴霜。借箸先籌海，揚波實啓疆。盧循須致討，趙尉未成降。上將樓船旅，偏師組練裝。深言符廟算，壯事厲戎行。風采推人鏡，謨謀薄智囊。六條真峻肅，九府賴匡襄。財賦生金部，勳庸紀太常。綸扉需坐論，鼎鼐暫回翔。蔭映分凡胤，飆流接鄭鄉。歡忻嘗得御，躑躅載登堂。作賦成難獻，聞琴憺若忘。步兵廚自冷，騎省髮寧長。久斷雄雞尾，誰施孔翠裳。吐茵還採擇，守碓幸抽揚。所願邀清暇，從遊千仞岡。”

玄燁（康熙帝）生。
侯方域卒。

清順治十二年　乙未　1655　四十四歲

是年二月，李定國解新會圍，敗走南寧，舊所收復諸地皆失。五月，張名振克舟山。十一月，張名振病卒，張煌言領其衆。

北上京師赴任。祁豸佳既已留居南京一月,此又偕行,至揚州始返;舟中為作山水花卉四十葉,又別為數小葉,賦一詩留別。

《舊譜》:“乙未,四十四歲。正月,赴京師督察院任。”

《讀畫録》卷一《祁止祥》:“甲午冬,送予北上。過金陵,留予家一月,至維揚始返。舟中為予作山水花卉四十葉,又別為數小葉,留一詩別余。”

過夏邑,有詩贈縣令張所志。過内丘,再會喬磐石。

《賴古堂集》卷五《静治堂贈黍丘張澹明大令》:“高堂名静治,馴鶴立階前。嘉客樽難罄,殘書手自編。兼葭三面水,禾黍萬家煙。明月湘簾下,時調燥濕弦。”按:雍正《河南通志》卷三十七《職官八》:“歸德府屬知州知縣……夏邑縣……張所志,奉天人,貢士,順治八年任。馬化龍,直隸雄縣人,順治十四年任。”考之周亮工生平,在張所志夏邑縣令任期内過其地,祇能是在本年。

《賴古堂集》卷八有詩《二十日次内丘,磐石喬公今年八十有九矣。予辛巳凡兩過公。乙未春予被召再至,昔日同行并作古人;其年冬予被讒復返八閩,幾不欲見公,公聞余至,策蹇出郭,老淚縱橫,慰勉交至,復拉予醉柏子亭下,予至是蓋五過公,惟此行尤為難別,撫今追昔,不能成語》。

雍正《福建通志》卷二十九《名宦一》:“張所志,字淡明,遼東人。康熙十八年代于成龍為按察使,剛正嚴明,讞決不滯,遇有冤獄,立為昭雪。閩俗健訟,所志欲矯敝俗,不輕受民一牒,刁風遂息。護理撫篆,值用兵海上,督造戰艦,趲運軍糈,調度得宜,擢江西布政使。”

抵任即疏陳閩海用兵機宜,後俱蒙採擇行。春三月,擢陞户部右侍郎。

《舊譜》:“乙未,四十四歲。正月,赴京師督察院任,即疏言閩事,又陳用兵機宜六事,世祖皇帝嘉納之,後俱蒙採擇行。”《清史列傳》卷七九《貳臣傳乙·周亮工》:“十二年,疏陳閩海用兵機宜,言:‘浙之衢州,閩之建寧,江西之廣信,為山賊出没之地,與海賊聲援。廣信去衢州止百里,宜令浙閩總督兼轄,庶軍機可以無誤。至海賊以廈門為窟穴,宜密敕廣東督撫令潮州鎮兵合剿,往襲其後。更請增設水師,以防海口。’疏下所司議行。又請斬鄭芝龍,停招撫成功,决意進剿,疏入報聞。既而福建巡撫佟國器奏獲芝龍與其弟鴻逵及成功交通私書,芝龍伏誅。遷亮工户部右侍郎。”

《賴古堂集》卷二十一《書丙申入閩圖後》:“歲甲午秋,亮工由閩左轄擢副都御史。明年春,再移户部右侍郎。”《清代職官年表·部院漢侍郎年表》:“順治十二年三月,周亮工由左副都御史改户部右侍郎。”

是春，嘗爲方育盛序詩，送陳翰下第返閩。

《賴古堂集》卷二十二《跋爲與三序詩後》："乙未春，予爲與三序詩，書長幅以貽。"同書卷五有詩《送陳隰山下第返閩》。

方育盛，字與三，方拱乾第三子，嘗因科場案與父兄同戍關外。"若君(指方育盛)之一身，俄而浮山皖水，俄而鴨綠黃龍，俄而燕雲楚澤，俄而魯服齊疆；百折之遇，足以發其奇想，萬里之遊，足以助其俠氣；取材既富，用物弘多，風雨爭馳，雲霞蔚起，實有天助，非人力也。"(《賴古堂集》卷十六《壽青溪三老序》)

《尺牘新鈔》卷二："陳翰，字克張，長樂人，《陳孝廉遺稿》。"

與龔鼎孳同官督察院，常聚談賦詩。

《賴古堂集》卷二十二《題菊帖後》："憶乙未之春，侍先生(指龔鼎孳)柏台側，先生慮四方獄書，悉心披反，十指爲痛……間停不隶，與櫟下生爲世外談，或間及白門往事。"同書卷十六《祝龔芝麓總憲序》："及某忝從御史中丞後，屬先生佐僚。先生抗疏言時政得失，視昔益力。……小暇又輒延某坐芙蓉齋撿韻賦詩，或偶然得句，書紙上，命小奚疾送，率以爲常。"

按：龔鼎孳是時官督察院左都御史，位在亮工右。具見《清史列傳》卷七九《貳臣傳乙·龔鼎孳》。

初夏，李明嶅來訪，程伯建亦在座。

李明嶅《樂志堂詩集》卷三有詩《周櫟園先生席間逢楚中程石門得鄭詩言年兄消息》："薊丘入夏柳條青，玳瑁筵開醉綠醽。八俊初逢周舉坐，七松猶憶鄭薰亭。漢廷文薦甘泉賦，胥浦光浮處士星。不向瀟湘尋釣侶，行吟白首負江萍。"

按：北京舊稱薊、薊丘。程伯建，號石門。《尺牘新鈔》卷四載唐堂《與減齋舅氏》書，眉批曰："肯堂刻詩凡八集，惜行世未廣，程伯建曾選其集刻於都門。"《賴古堂集》卷二一《書程石門再遊燕臺詩後》："僕有族甥唐堂亦能爲詩，常從石門遊，學石門爲詩。堂以左右予入都門，得疾死。石門過慰僕，即以所定堂詩示僕，將爲堂鑴布，去取頗嚴，不少爲亡友恕。"按："程石門"即程伯建。

六月，福建總督佟代以閩事具疏參劾，奉旨解任候勘。

《賴古堂集》卷二十一《書丙申入閩圖後》："歲甲午秋，亮工由閩左轄擢副都御史。明年春，再移戶部右侍郎。其年夏六月，總督浙閩佟公疏言亮工在閩不法，上初令回奏，解任候勘。"《清代職官年表·部院漢侍郎年表》："周亮工于順治十二年七月解職。"《清史列傳》卷七九《貳臣傳乙·周亮工》："亮工任按察司時，福建武舉王國弼及貢生馬際昌、穆古子、蔡秋浦、蔡開南、史東來等創立南社、西社、蘭社，黨類繁衆，作奸犯科。亮工申請督撫勘明定罪，勒石南臺，列際昌及餘黨姓名。尋際昌、秋浦、國弼、開南四人斃於獄。是年五月，督臣佟岱抵任，際昌等親屬具牒辯冤，佟岱列亮工貪酷諸款以聞。命亮工回奏。尋解任，赴福建聽質。"

重陽日，王元初爲作水墨山水圖。

《周亮工集名家山水（一册）》："右畫幅……十六，縱七寸六分，橫九寸九分。墨畫。峰巒秀出，林木薈蔚。款：乙未九日，王元初。鈐印一：元初。"

十一月，革職赴閩質審，胡玉昆偕行。龔鼎孳追送不及，有詩寄懷。

《賴古堂集》卷二十一《書丙申入閩圖後》："其年夏六月，總督浙閩佟公疏言亮工在閩不法，上初令回奏，解任候勘；尋左驗在閩，須對質而後讞可成，乃遣亮工復入閩，蓋乙未冬十一月也。……一二故人咸星散去，時從都門相依至金陵，復相依入閩者，爲胡君元潤。"龔鼎孳《定山堂詩集》卷三七有詩《櫟園忽有閩海之行追送不及悵惘久之因成一絕句》。

過清苑，賦詩悼呂翁如。再過内丘，與喬磐石共醉柏子亭。

《賴古堂集》卷五有詩《過清苑哭呂正始是日次大汲》："曾作西屛客，同登天眺樓。可憐今夕過，不見故人留。如往迎君櫬，知猶爲我憂。寒門衰已甚，兒女未堪謀。"原注："乙未，正始備兵杭嚴，以憤鬱卒於官，柩猶未返。"

《賴古堂集》卷八《初雪次柏鄉念明日當過喬磐石老人柏子亭》詩有云："匝歲回環萬里程，遙憐有客阻予行。疏厄隸事瓜瓢酒，（原注：'磐石善以瓜釀酒。'）小雪留人柏子亭。"同卷又有《二十日次内丘，磐石喬公今年八十有九矣。予辛巳凡兩過公。乙未春，予被召再至，昔日同行，并作古人；其年冬，予被讒復返八閩，幾不欲見公，公聞余至，策蹇出郭，老淚縱橫，慰勉交至，復拉予醉柏子亭下，予至是蓋五過公，惟此行尤爲難別，撫今追昔，不能成語》。《書影》卷四："内丘喬磐石鴻臚，善以西瓜釀酒，味冽而性涼，頗宜予。……乙未赴閩，獄事方急，不敢過公，公八十有九，猶策蹇追余，老淚縱橫，握手絮絮；宿予柏子亭中，又傾瓜瓢酒五經去，予有'深厄隸事瓜瓢酒，小雪留人柏子亭'之句。"

雍正《浙江通志》卷一百二十一《職官十一·國朝職官姓氏》："分巡杭嚴道……呂翁如，直隸保定人，進士，順治十年任。郭一鶚，河南洛陽人，進士，順治十三年任。"

過寧陵，李若星送於東郊，涕泗不忍別。經夏邑，過陳希稷谿南草堂。

《賴古堂集》卷十有詩《重過前岳陽太守李燦辰思鶴亭予赴閩日燦辰送予東郊涕泗不忍別今忽忽七載矣》。按：此詩作於順治十八年辛丑（1661），詳順治十八年譜。雍正《湖廣通志》卷二十九《職官志》："岳州府知府……李若星，寧陵人，順治七年任；高翼辰，無錫人，進士，順治十年任。"

《賴古堂集》卷八《過陳簡庵谿南草堂》："似曾舊識谿南路，此際能來亦自疑。兩世殘書留廢郭，百年茅屋穩荒陂。何期共引林中酒，愧爾猶存嶺外詩。（原注："草堂壁上尚粘予閩南舊作。"）欲掩柴門憐過客，烽煙歲晚欲何之。"按：順治七年（1650）周亮工代覲南還，不得晤陳希稷，嘗賦詩寄之，《賴古堂集》卷七有詩《太丘去黍丘咫尺不得晤陳簡庵和來詩寄之》。河南夏邑舊稱黍丘。

冬，抵南京。

《舊譜》："乙未，四十四歲。……十一月，革職赴閩質審。冬，赴閩便還白下，省兩尊人。"

是年南行途中詩作尚有：《賴古堂集》卷五《次蘆溝》《次涿鹿》《次定興諸生中有從邸外佇立期望見予顏色者感賦》《次安肅示唐肯堂》，《賴古堂集》卷八《贈欒城謝明府》《次順德涇陽馬元御仲侍昆季己卯與予訂交汴上越七年乙酉元御令如皋沒於王事予時治兵維揚經紀其喪俾返故里乙未冬過邢臺見仲侍壁上詩悽然有感爲賦一詩悼元御兼懷仲侍》。

第四子在建、第五子在都生。（《舊譜》）

清順治十三年　丙申　1656　四十五歲

是年二月，孫可望遣兵攻李定國，李定國敗之，奉永曆帝走雲南。三月，明永曆帝至雲南，改雲南爲滇都。七月，清兵再破舟山。鄭成功收復閩安，攻福州，不克。

正月，自南京啓程赴閩，胡玉昆、陳方策、吳子鑒、周開也、丁念也同行。方育盛賦詩相送。錢謙益以下文瑜畫作見贈，并賦詩贈行，張天機、顧夢遊皆有和。盧長華、陸繡聞、胡螭贊載酒送於河干。高阜、高岑兄弟依依不忍別,信宿舟中始去。

　　《舊譜》:"丙申,四十五歲。正月赴閩質審。"《賴古堂集》卷二十一《書丙申入
閩圖後》:"亮工由豫入吳,過金陵,一展候家嚴慈,倉促就道。一二故人咸星散
去,時從都門相依至金陵,復相依入閩者,爲胡君元潤;從金陵相依入閩者爲陳君
立三,予從堂女弟夫吳君子鑒、予同堂兄開也,丁君念也,則立三友也。以丙申正
月自石頭城解纜……抵榕城,春將盡矣。"

　　《賴古堂集》卷五有詩《方與三賦詩相送次韻三首》,其三云:"別路連朝雨,征車
客歲春。"同書卷八有《錢牧齋先生賦詩相送張石平顧與治皆有和次韻留別》。錢謙
益《牧齋有學集》卷六有詩《放歌行贈櫟園道人遊武夷》《丁家水亭再別櫟園》。

　　按:《賴古堂集》卷二十二《題畫寄林鐵崖》云:"乙未冬將復入閩,牧齋先生送
予江上,出此爲贈。……潤甫筆墨妙天下,此尤其合作。"周亮工離南京,實在本
年正月,且據金鶴沖《錢牧齋先生年譜》,本年正月,錢謙益有金陵之行,故錢謙益
贈畫及賦詩贈行當爲本年正月事,此言"乙未冬",爲亮工後來誤記。又,卞文瑜,
字潤甫,清初著名畫家。

　　《賴古堂集》卷五有詩《盧長華陸繡闊胡螭贊載酒河干》。同卷又有《高康生
蔚生依依不忍別信宿舟中始去》:"我友皆離別,依依淚自零。萬千私慰藉,一再
宿津亭。春雪猶成出,江聲不耐聽。同人能載酒,莫更怨伶仃。"

行江、浙入江西,從杉關入閩,一路備嘗艱辛。

　　《賴古堂集》卷二十一《書丙申入閩圖後》:"以丙申正月自石頭城解纜,由姑
蘇,由虎林及常、玉山入江右之廣建,自閩之杉關入樵川,抵榕城,春將盡
矣。……予輩涉長途時,忌者亦耽視虎林。諸君子或隱姓名,或易冠服;或夜集
而曉分,或前一二日行,或後期至;或中夜作婦人泣,或四顧無人,相與哭失聲,已
恐人覺,復止;或一夕數驚,相對無人色;或共一舟,或分舴艋,或笋輿,笋輿不得,
或扶掖行;相聚得前路耗,輒攢眉以告,或唾耳語,或以手目語;或言晨卜吉或否,
或言簽之野廟吉或否,見村落中日者,輒舉予所生時,娓娓叩之或吉或否,吉則眉
宇間咸作喜,否則相顧失色,或故爲好語相慰。面目黧黑,魂魄不自主,如是者凡
三閱月。"

**入閩,光澤父老迎於道中。寒食日,同張玄洲等重登詩話樓,見壁上舊日
寒食詩,頗覺悽愴。暮春入福州,舟至洪塘,來迎者數千人;鼓山諸寺僧
人亦至,云宗寶和尚將爲重返西禪寺。有感於閩地此年之大雪,即將入
閩詩定名爲《閩雪》,黎士弘爲作序。**

《賴古堂集》卷八有詩《光澤父老相迎答之》《丙申寒食同張玄洲暨諸同社重登詩話樓見壁上和予丁亥寒食詩淒然有感再成四首》。按：丁亥(1647)寒食時亮工尚未入閩，此"丁亥"當是"戊子"之誤。

《賴古堂集》卷二十一《書丙申入閩圖後》："以丙申正月自石頭城解纜……抵榕城，春將盡矣。"同書卷五有詩《維舟洪塘環而雪涕者數千人相與入榕城》。卷八又有《答榕城士民兼寄靖公弟》："洪塘兩岸立多時，此會當年未有期。巷語難回白士怒，街彈敢爲逐臣悲。來頻盡訝須麋老，久住私憐土俗宜。慚愧故人容我厚，好持此意慰親思。"

《賴古堂集》卷五有詩《聞宗寶和尚久返粤東》《鼓山西禪華林法海諸開士來相迓云宗寶和尚有返怡山消息》。按：亮工對"宗寶和尚"甚爲推崇，《書影》卷四："東南法侶，遠則蓮池法師，近則宗寶和尚，他非我所知也。"

《賴古堂集》卷二十一《閩雪小引》："閩無雪。八載八閩，六出五出曾未寓目。洪塘九十詞人林有道，自矜曾三見雪，衆即以三雪翁目之。……丙申上元，閩大雪以三尺計，越夕始止，閩父老訝爲數百年未有事。其年春，予復入閩，三雪翁與衆迎予洪塘，衆以數百年未有事，娓娓爲予言不止。……予喜閩人得睹數百年未有事，入閩詩即以顔之。或曰：'蕉堂之側，突作雪舫，肇自公哉！'"黎士弘《託素齋文集》卷五《閩雪篇序》："今年春，先生被流言，復理楫入三山，適閩中大雨雪，先生之第十一刻詩成，遂取'閩雪'字之。"

是年入閩途中詩作尚有：《賴古堂集》卷五《江舟與立三夜話》《五福阻雨》，卷八《維舟吳門欲探梅玄墓不果值七建商旅百餘人相過慰勉涕泗交下感賦一詩》《竹畸先寄林孔碩》。

此前諸官嚴刑定讞，謂得贓四萬餘兩，應擬斬，籍沒。此至，佟代已罷官去，質問皆虛，閩人爲訟冤者日千百計，承問者優遊不敢決。

《舊譜》："初公未至閩，奉旨回奏，解任候勘；時劾公者以公身在京師，大懼，嚴督有司鍛煉具獄，刑死者三人。"《行述》："及至閩，則代已罷官去，閩人擁先大夫訟冤者，日千百計，承問者優遊不敢決。"《清史列傳》卷七九《貳臣傳乙·周亮工》："先是，亮工未就質時，按察使田起龍等據證佐定讞，謂亮工得贓四萬餘兩，應擬斬，籍沒。及亮工至，質問皆虛。"

乾隆《欽定八旗通志》卷三百三十九《表三》："佟代，漢軍正藍旗人，順治十一年七月任浙閩總督，十三年二月解。"

是春,嘗將所藏陳洪綬畫寄與林嗣環。未幾,林嗣環遣使攜書至閩。賦詩誌感,復以錢謙益所贈卞文瑜畫轉贈與林。

《賴古堂集》卷二十二《題陳章侯畫寄林鐵崖》:"庚寅北上,與此君晤於湖上,其堅不落筆如昔。明年,予復入閩,再晤於定香橋,君欣然曰:'此予爲子作畫時矣。'急命絹素。……凡十又一日,計爲予作大小橫直幅四十有二。……丙申春,予復入閩,以此卷自隨,念予負罪大,讒者必欲殺予媚人,湯燖逼人,七尺軀尚非我有,況此卷哉?又念付託非人,負我良友,因以寄鐵崖子……藉此爲兩家驛騎。"同卷《題陳章侯畫與林鐵崖》:"丙申以此卷寄鐵公,時公方備兵瓊海。"

《賴古堂集》卷五《與林鐵崖》六首,其四有云:"好語傳瓊海,人來前歲初。"原注:"公前歲遣使入閩慰予。"按:此詩作于順治十五年(1658),詳順治十五年譜。同書卷八有詩《林鐵崖從瓊海惠書見慰感賦》。同書卷二十二《題畫寄林鐵崖》:"乙未冬將復入閩,牧齋先生送予江上,出此爲贈。丙申春,得鐵崖先生書,無以伴緘,便割愛轉貽。潤甫筆墨妙天下,此尤其合作。"

《碑傳集》卷七十八《林大參嗣環傳》(唐夢賚撰):"林公名嗣環,鐵崖其字。順治己丑進士。歷任廣東提刑按察司副使、分巡兵備道,兼理學政,駐節瓊州。……時同城有高總戎者,林與之抗禮不少下。……林、高互具揭,得旨各降四級。……其後林、高復辯於朝,各杖戍,遇赦免。林客武林,遂家焉。……諸當事爭延致之,得其一字畫以爲榮。無何,當事皆去,林僦居西湖上,貧以死。"雍正《廣東通志》卷四十二《名宦志》:"林嗣環,號鐵崖,福建晉江人。順治七年由進士分巡雷、瓊,一介不取,豪强屏迹。……未幾,内召去,民乃設主,侑享于包拯祠。"

是春,錢謙益爲題畫。

錢謙益《絳雲樓題跋》引鈔本《周櫟園藏畫題記》之《賴古堂寶畫記》:"櫟園好近代名士畫筆,藏弄甚富。舟車南北,恒貯篋衍。予以爲櫟園非獨愛其畫而已,其棲託蓋有進於此者。……丙申正月三日,虞山蒙叟錢謙益書於報恩僧舍。"又引鈔本《周櫟園藏畫題記》之《題程孟陽畫》:"今爲櫟園題此幅,孟陽當爲默舉矣。……丙申春三月,謙益書於報恩僧窗。"

秋七月,鄭成功率部進圍福州。巡撫宜永貴以破敵之策相請,爲謀劃於十六日夜突擊敵營,身守射烏樓,親發大砲,擊死敵渠三人,有詩紀其事。後巡撫上疏于朝,爲報首功。

徐鼒《小腆紀年附考》卷十八:"秋七月……明朱成功取閩安,進攻福州。……分兵東守烏龍江以禦泉、漳救援之師,西據洪塘水口以截延、建餉道,北守連江北嶺,以遏溫、台,惟南面近水,故不爲備焉。八月,明朱成功退屯閩安。我巡撫宜永貴與副將田勝議分兵守烏樓,以爲犄角,成功每攻城,輒爲烏樓砲石所傷,乃并力攻烏樓,破之,城中益懼。參將張國威請於宜永貴,出原任藩司周亮工、副將王進於獄,〔考曰:亮工時爲督臣佟代所劾,進以失守漳州下獄。〕問以破敵之策,亮工曰:'城外營壘相連,獨東南一角疏防,今令王進將步騎暗過鼓山,出路通橋以襲南臺海船,令田勝伏南門,李武伏西門,出不意突擊,破之必矣。'是月十六日夜三鼓,我師開水部門,繞鼓山而出,天明鳴螺喊殺,城上發大砲,伏兵齊起,成功諸營出不意,拋棄旗幟、器械下船,乘潮解碇,退屯閩安。"《清史列傳》卷七九《貳臣傳乙·周亮工》:"解任,赴福建聽質。會海賊從閩安入内地,焚掠南臺,進圍福州。城中騎卒僅數十,勢甚危。巡撫宜永貴從士民請,以亮工守西門城,賊乘大雨薄城,亮工手發巨礮擊殪渠帥三人,賊怖解圍去,城賴以全。事聞,下兵部,以亮工係革職質訊之員,未准叙錄。"

《賴古堂集》卷八有《射烏樓紀事》詩四首,其四云:"嚴城逐吏學趨蹌,烏石樓前萬弩張。三匝幾如華不注,獨存私幸魯靈光。陰森夏木號山鬼,幼渺青燐照野偒。聞道捷書朝夕達,寶刀鏽盡未堪藏。"

《行述》:"中丞疏於朝,有'物望素隆,士民愛戴,手放巨礮,擊死賊渠三人,餘賊潰遁'等語。"《賴古堂集》卷十二有詩《六月十日紀事》四首,其三云:"波平捷獻未央宫,叢垢辭慚物望隆。"原注:"予方聽中丞讞,中丞乃上書首予功,有'物望素隆,士民愛戴'語。"

鄭成功退屯閩安,福州圍漸解。沈二離福州、陳方策返里,各有詩送之。有詩紀戰後郊野景象。南京訛傳閩省已陷,因遣僕歸家報平安。過神光寺,有詩贈幻因上人。黎士弘聞福州圍解,賦詩見寄。

《賴古堂集》卷五有詩《王師將返閩圍漸解射烏樓上示諸同事用生字》《圍城中獨沈二後去送之》《寇退郊望》《寇退出西禪寺見耦耕者》《白下訛傳閩省已陷予殉難射烏樓者遣僕子歸慰家嚴慈》《南台萬家無一存者泫然有感》《寇退後從射烏樓過神光寺贈幻因上人寺在射烏樓下時上人欲遊秣陵不果》。同書卷八有詩《圍暫解送陳立三返里》。

黎士弘《託素齋詩集》卷一有詩《三山圍解,客從間道來者述周櫟園先生戰功第一,嗟夫,先生今尚爲閩人用也,慨嘆之餘,作此遥寄》。

圍方解即卧病,延醫不得,又聞母病。九月,母朱太淑人卒於江寧家中。

《賴古堂集》卷八有詩《解嚴後病卧敢園》《延醫不得寄舍弟靖公》《呻吟床第

聞家慈病》《病中不寐示謝爾將》。

《舊譜》：“丙申，四十五歲。……是年九月，朱太淑人念公成疾，卒於江寧。”

是秋，郭鞏爲作《丙申入閩圖》。

《賴古堂集》卷二十一《書丙申入閩圖後》：“以丙申正月自石頭城解纜……抵榕城，春將盡矣。其年秋，事小定，郭君無疆高諸君患難相從誼，爲此圖記之。……春風拂拂，桃李怒開，蓋予輩由鄧埠入許灣時所見，立三述其意，無疆圖之。山川花木無異，獨圖中人衣冠甚偉，意態舒徐，若一無事者。嗟夫，予輩當時安得有此，立三固恐傷予之意，故謬爲無疆述耳。”

秋冬際，同門吳第徒步自泉州過慰；歲末，復徒步別去，往返二千餘里。

《賴古堂集》卷八有詩《同門吳曰庸先生徒步自泉州過慰》，序云：“曰庸吳先生諱第，予同門友，溫陵人。曾爲竟陵令，不五月，拂衣歸，數年不一入城市。予宦閩八載，先生未嘗以一事相干。丙申春，予被饞入閩，雖寇氛阻絕，先生時惠良書，相念之意溢於筆墨外。秋冬之際，海水群飛，驛路阻塞，溫陵去省會五百里，紆回德化山中，倍常道又五百里，始得達。先生今年六十又六，貧不能謀輿騎，僅挾一稚僕，徒步旬有五日，始得晤予。握手涕泣，慰勉交至，出數金貽予，曰：‘子貧，予復貧，無以佐子緩急。此蓋自客歲聞子被饞之日，節縮衣食得之者，聊意耳，子必無辭。’予拜而受之。歲行盡矣，先生即又徒步別予去。予感先生誼甚高，累臣知將來無以報先生，敬賦此詩，以示予之子若孫，使知予居此等時，尚有吳先生，從弓刀鱗集中徒步往返二千餘里，遠相過存，節縮衣食，濟人患難。予即死於饞人手，予之子若孫當世世銘先生之高誼於無盡也。”

冬，同王垓、林之蕃再過華林寺，聞心持上人已辭世兩載。

《賴古堂集》卷十一有詩《癸巳冬日過華林寺看梅，爲詩壽心和上人；今日同王逸庵、林涵齋再過其地，乃知上人寂去既已兩載，嶺梅欲發，客思淒然，再疊舊韻示其首座道目》：“八年蹤迹滿山隈，去後空聞雪亂催。老友遺言羈客到，不須著意看寒梅。”按：此“癸巳”爲順治十年(1653)。亮工質審再入閩，看梅於福州，最早不過是年冬，故置此詩於此。王逸庵即王垓，亮工令濰時所取士之一。

雍正《福建通志》卷六十二《古迹》：“福州府……侯官縣……華林寺，在越王山麓。”

《藏弆集》卷四載徐芳《與林涵齋書》，題下原注：“諱之蕃，一字孔碩。”

時至歲暮,月夜同陸違之、陳肇曾、徐延壽、陳濟、涂子是、謝爾玄、許玅過
許友陶瓶看梅賦詩。

《賴古堂集》卷五有詩《月夜同陸違之陳昌箕徐存永陳開仲涂子是謝爾玄許
天玉過有介陶瓶看梅》:"歲事已雲暮,寒風獨扣門。艱虞百戰後,痛哭一身存。
酌酒永今夕,與梅同此園。憐君引我醉,不敢頌繁冤。"

是年詩作尚有:《賴古堂集》卷八《儀封曹白公進士冠日夢予過訪,自稱今
名,時白公實不知大梁有予,予時亦非二字名;越五年,始從鄉牘中得予
姓字;又二十年,始過白門,以詩述其事,命舍弟相寄;賤子易名,鬼神乃
逆知於數載之前,誠異事也,賦此以答白公》、卷十一《鼓山永覺和尚八十
即用和尚自題小像韻予癸巳冬同趙臥齋直指王襄璞方伯曾一登为尉》。

江皜臣卒。

清順治十四年　　丁酉　　1657　　四十六歲

是年正月,鄭成功攻溫州。七月,成功攻興化,下台州。清兵下閩安,成
功退廈門。八月,孫可望反,舉兵攻滇都,李定國敗之。十月,孫可望降
清,清封之爲義王。十月,北闈、南闈科場案相繼發生。

春,在閩質審。立春後一日,游漢曳來訪。華林寺僧道目北上,有詩送
之。王美厥自漳州來慰。

《賴古堂集》卷五《立春後一日游漢曳過我次箋上韻》:"愛此林居寂,來從鷗
鷺盟。瓶梅無落意,小竹有高聲。芳樹閑爲綠,園禽時一鳴。酒錢不易得,空負
酒人名。"同卷有詩《送僧北上》:"幾過華林寺,十年一指彈。……予來爾返去,得
句倩誰看。"同書卷十一又有《題梅花再送道目》:"今歲嶺南不肯雪,年前花事已
交殘。憐公親見寒梅落,又到黃河冷澹看。"
《賴古堂集》卷八有詩《王美厥自清漳過慰漳城前歲陷賊美厥僅以身免》,有
句云:"客尚幽裝因曲赦,垣多聽子慮崇讎。孤城墮後身能在,何事江干燕語啾。"
按:順治十一年(1654)十一月初,清漳州千總劉國軒獻城叛清,鄭成功再據漳州。
詳見楊英《先王實錄》。

四月，樊圻贈山水卷。

樊圻贈山水卷款云：“丁酉清和，畫似櫟園老詞宗教正。樊圻。”見金紅男《The Life of Patron》附圖。

夏，王來和間關七千里來訪。季介庵、呂素巖北還，賦詩送之。

《賴古堂集》卷五有詩《前歲冬予求比入閩，萊濰王來和欲徒步相從，會來和亦有家難，予力止之；今年夏，來和間關七千里乃抵三山，泣語予曰：‘惠州果不在天上，小子不敢妄附古人，恥宿言不踐耳。’於其歸賦此誌感》：“白浪河邊路，相看轉自哀。……遙憐新荔熟，嶺外客能來。”同書卷八《送季介庵呂素巖北還》：“百里迷陽萬棘叢，前時望豈與君同。准當北面圍全解，（原注：‘客歲寇變，兩君鎖鑰北門，城賴以全。’）彪不西行惑未終。雪裏難尋鴻雁迹，塵中誰辨馬牛風。共慚底事閑來去，笑指江干荔又紅。”按：“客歲寇變”，指去歲鄭成功攻福州事。

許友出外漫遊，是秋經南京返閩，爲帶家書至，有詩誌喜。見龔鼎孳送許友歸閩詩，和韻一首奉寄。

《賴古堂集》卷九有詩《有介漫遊遂至江南今日忽返得家書感賦》。同卷又有《芝麓自粵返白門，送有介詩有‘加餐爲報周公瑾，老眼秋隨雁一行’之句，依原韻奉寄》：“梅花但夢嶺頭香，問比閩南道孰長。烽燧三年悲舊雨，蒹葭一水認新霜。羈臣淚自江干盡，遷客詩過海外蒼。此地猿聲難更聽，可憐鴻雁不成行。”

按：龔鼎孳《定山堂詩集》卷二十五有詩《送有介還閩兼懷櫟公》：“醉把新詩玉雪香，扁舟南去海天長。風催落葉偏分手，家指紅蕉已過霜。此別滄洲吾更遠，百年兵甲鬢同蒼。加餐爲報周公瑾，老眼秋隨雁一行。”詩次丁酉（1657）。

冬夜，同陳肇曾、毛子儀、鄭宗圭集王垓此君堂看菊賦詩。

《賴古堂集》卷五有詩《冬夜同陳昌箕毛子儀鄭圭甫集王逸庵大行此君堂看菊》。卷八又有《王逸庵大行此君堂看菊時陳孝廉將北上大行冊封流求以海波未靖暫阻榕城》。按：“陳孝廉”即陳肇曾，明年爲會試年，陳肇曾將北上入京應試。龔鼎孳《定山堂詩集》卷二十六（順治丙申使粵迄康熙辛丑邸舍稿）有詩《陳昌箕下第後以廣文歸閩兼簡櫟園》二首，其二原注：“櫟園方就急征。”詩次戊戌（1658）。

雍正《福建通志》卷六十四《外島》：“（順治）十一年七月，（琉球中山國）世子遣王舅馬宗毅、正議大夫蔡祚隆等貢方物，隨繳前明敕印請封。朝命遣兵部愛惜喇庫哈番張學禮爲正使，行人司行人王垓副之……續因海氛未靖，張學禮等留閩四載,復回京待命,未行。"

歲暮,游漢叟入楚,賦詩送之。

《賴古堂集》卷五有詩《送游漢叟入楚》,其二云:"閩山看不厭,又發漢江城。念室憂危色,殘年去住情。"其三云:"老眼風波滿,故人遷謫多。平臺賓客盡,歲晚奈愁何。"同卷又有《立春後一日游漢叟過我次篋山韻》。按:據此詩意,游漢叟入楚時亮工質審在閩,而明年此時亮工已離閩,若是去歲此時,游漢叟立春後一日之過訪又不可能(亮工去歲暮春始抵福州),故置於此。

除夕前一日,高兆過減齋相訪,與之定交。

《賴古堂集》卷九有詩《除夕前一日高雲客始過我減齋時有介初自秣陵返》:"梅花欲落不盡落,清酒濁酒且共延。殘歲祇餘此一夕,羈臣求比已三年。好友如君晚乃得,新詩脫手互相傳。喃喃莫話長干舊,客子移家去復還。"

《尺牘新鈔》卷五:"高兆,雲客,侯官人。《遺安草堂》。"

是年,按察使程之璿合王仕雲、吳淇滋、孫開先、田緝馨、盧圖龍五推官會審,證佟代所劾事皆莫須有,具牘上之巡撫。時閩大旱,牘具,雨大傾注,閩人爲作《束卷雨》歌。

《舊譜》:"四十六歲。在閩質審。……及公赴閩面質,事皆莫須有,於是泉州司李王仕雲、延平司李吳淇滋、建寧司李孫開先、福州司李田緝馨、汀州司李盧圖龍會審,上之按察使程之璿,事乃大白。時閩大旱,牘具,雨大傾注,民爲作歌,曰《束卷雨》。"《賴古堂集》卷二四《祭福建按察使司程公仲玉文》:"當余中讒入閩,讒人高張,天日蔓蔽。公秉憲南來,始披讒牘,深文巧詆,幾於不可聽聞,公既爲之色變矣。迫庭訊之日,屢訊屢異,目睹閩人呼搶訟冤,無一不與前牘背而馳者,乃知讒人迫脅之威,法吏羅織之酷,若不置余死地不止也。公於是赫然義憤,椎案載掌……率諸郡賢執法諍之中丞,中丞不能決,上之司寇。"同書卷十二有詩《六月十日紀事》四首,其二:"成城十萬衆人心,遮進庭前淚滿襟。此日若盧同負鑕,當時束卷有甘霖。"原注:"閩士舊爲予鑴'人心成城'。司李公讞予,千萬人遮訴,時數月不雨,人心惶惑,讞甫竟,甘霖隨澍,閩人呼爲'束卷雨',作歌謠記之。"

同治《上江兩縣志》卷二十四《鄉賢錄》:"王仕雲,字望如,號過客,江寧人。順治壬辰進士,授泉州司李,缺裁改補烏程令,遷守潮州。歷官皆有聲績,士民恩之。生平嗜學,公餘手一編不置,著《史論同異》及《易解》。"《結鄰集》卷八:"王仕雲,望如,過客,江南江寧籍,歙縣人。《四辰堂集》。"

是年,黎媿曾嘗攜徐世溥新稿來訪。看稿覺世溥生氣已盡,恐將不久於人世。

　　宋犖《筠廊二筆》卷上"南昌徐巨源(世溥)《友評》"條附黎媿曾跋:"徐巨源,真南州高士,所爲文章,取適己意,若他人不過唱蓮花落,意在乞錢而止耳,然未免口角太峻,遂得奇禍,其著作必傳無疑也。記丁酉入三山,攜巨源新稿見周櫟園先生,先生閱不兩三葉,嘆之再四,謂巨源生氣已盡,恐不久人世。當時以爲懸擬太過,及歸途次建武,果得巨源惡信。此自周公法眼,知之在筆墨之外也。巨源老而窮,窮且不得其死,天既生之,而更磨折頓挫以盡其意,不識生者何意。李商隱序李長吉,謂其抉溜性情,故不得壽得貴,則巨源之死宜矣。"

是年詩作尚有:《賴古堂集》卷九《漳城陷後,郡司馬周披雲僅以身免,棲遲會城遂踰三載,枕上念之不覺泣下,爲賦一詩,將以貽同人,爲披雲作歸計》、卷十一《送王將軍還里暫遲湖上》。

清順治十五年　　戊戌　　1658　　四十七歲

是年四月,清兵取貴陽。七月,明張煌言、鄭成功會師擬入長江,下浙東數城,遭風,退屯舟山。十月,吳三桂攻雲南。十二月,清兵取安隆、曲靖,永曆帝出走永昌。

春,在閩質審。陳肇曾北上,賦詩送之。與胡介、許友、卓挺、鄭宜兮、崔嵸、高兆、謝爾將諸人時相過從。

　　《賴古堂集》卷五有詩《送陳昌箕北上》:"相知十八年,(原注:'庚辰,予從林宗夫子邸中得交昌箕。')彈指憶從前。……莫爲孤臣泣,春明花正妍。"按:此"庚辰"爲明崇禎十三年(1640)。

　　《賴古堂集》卷九有詩《雨中聞有介攜具過彥遠道山亭子彥遠初至有介亦甫自秣陵返》:"道山亭子烏石側,門對荒城晚倍寒。春事三日五日雨,梅花一枝兩枝殘。載酒能添逆旅色,乍歸頗憐作客難。老夫銜哀不敢出,畏來勝地敗人歡。"按:《賴古堂集》卷九又有《偶過陶瓶值胡彥遠小飲得酸字》《與有介》《花朝登煙雲過眼樓簡彥遠初荔》《昨夢簡彥遠初荔》《寒食鄭宜兮崔五竺高雲客謝爾將過敢園》《清明閏同人各有飲所風雨荒園悽然有感》《上巳集絓月蘭若》《有感仿古意新聲》,卷十一有《竹枝詞爲胡彥遠納姬賦》,皆爲此時之作。

《尺牘新鈔》卷五:"胡介,旅堂,彥遠,錢塘人,《河渚集》。"乾隆《杭州府志》卷九十四《人物九·文苑二》:"胡介,字彥遠,錢塘人。幼穎異,爲博士弟子,不立壇坫,抗意而行。居河渚,蓬門蓽屋,與其妻翁氏笑傲溪山間。翁賢而能詩,夫婦倡和,欣欣自得。其詩文嘗屬陸嘉淑爲芟薙之,介死後且十年,淮東黄之翰刊其集行世。"

《書影》卷二:"卓初荔挺,莆田諸生。"黎士弘《託素齋文集》卷五《卓初荔壽序》:"初荔以名諸生舊籍莆水,移居來會城,授廛負郭,門巷蕭然,終身無畸行、無疾言……蓋一守道廉静君子也。"

《尺牘新鈔》卷六:"崔涘,五竺,寧德人。"

因前後兩讞辭有異,新任巡撫劉漢祚不敢任其責,入奏於朝,詔逮下刑部復訊。

《舊譜》:"戊戌,四十七歲。五司李既白公冤,皁司程公上之撫軍,撫軍不敢任,以前後兩讞辭入奏,詔逮下刑部復訊。"《行述》:"戊戌,中丞宜公請去,後至者不敢任,以先後讞辭入奏,詔逮下刑部獄。"《清史列傳》卷七九《貳臣傳乙·周亮工》:"巡撫劉漢祚疑推官田緝馨等受賄徇情,并逮送刑部。"

將出閩,題《丙申入閩圖》付弟亮節,欲於中途託付陳方策收藏。書《賴古堂未刻詩》一折交與王垓,期王垓有以傳之。

《賴古堂集》卷二十一《書丙申入閩圖後》:"越戊戌,予冤既雪,上以羈臣未入閩之先案驗與對質不符,復逮羈臣入都。將就道矣,檢此圖尚在笥中,念羈臣旦夕莫必其命,因識此於後,付吾弟靖公。度立三必將逆予中途,便以付之,俾藏於其家。"《賴古堂未刻詩》(天津圖書館藏稿本)卷末周亮工自跋:"亮工詩一刻爲《友聲》,二刻爲《白浪河上集》,三刻爲《竹西吟》,四刻爲《榕后》,五刻爲《刻昴》,六刻爲《閑綠亭詩》,七刻爲《尤難爲懷集》,八刻爲《秋棱》,九刻爲《蕉堂集》,十刻爲《嘉樹堂詩》,十一刻爲《閩雪》。諸刻惟《白浪河上集》《竹西吟》多忌諱語,久焚其稿,所存者九集耳。未刻者僅此數首,外所流傳皆僞作或不足存者。亮工此行將死奸人之手,生平詩雖不足傳,然往往能自見其性情,半生精力所在,懼子弟不能爲之收拾,因書以付之逸庵先生。先生與亮工爲性命交,又最嗜亮工詩,他日爲亮工哀集諸稿,依體分類,合爲一集以傳,此逸庵之責也。……順治戊戌太白學人周亮工識於天月堂,時緹騎之至十日矣。"

六月出閩。百姓爲罷市,閭城痛哭狂奔。閩士子相送多有詩,高兆所賦

尤多,并作《四泣記》記此事。是時,閩地父老從行者百餘人。

　　《舊譜》:"戊戌,四十七歲。……六月出閩,十一月至京師就刑部候訊。"《行狀》:"詔逮下司寇訊,并逮程公等。緹騎至,閩人罷市,闔城痛哭,父老子弟狂奔扶攜,解橐助裝,或馳詣輦下,效舉幡負鑽故事。先生由閩而越而吳,泊廣陵以達燕齊,道中故民人持百錢或數升米,享周使君,咸爲聲冤,至擁舟不前。"鄭方坤《賴古堂詩鈔小傳》(《碑傳集》卷十):"當公之被逮入都也,百姓皆炷香號哭,追送數千里,謂'公活我,顧奈何反以閩事累公。'語悲痛不可聽,詳閩人高兆《四泣記》中。"

　　《賴古堂集》卷二十一《題高雲客詩後》:"當予出閩時,方炎暑,兆既揮汗左右,予行復爲送予詩,送觀察程公及四司李公詩,送觀察好友胡彥遠詩,送諸同人詩,復爲送駿此詩,復合閩人送予、送觀察公詩,手書二巨卷,以歸予與觀察。頃復以所爲《閩人四泣記》寄予,恐其不達也,手書二紙,一時并寄,以期必達。凡兆爲予所作詩若文,淋漓悲切,皆如送駿此詩,即所爲送客詩,亦語語及予,如送駿此詩。計炎暑旬日中,兆爲詩若文凡數萬言,心血爲累臣盡矣。"

　　李明嶅《樂志堂詩集》卷二有詩《湖上重晤周櫟園先生和龔芝麓先生蚤春送歸白下韻四首》,其二:"幡影遮山色,孤帆一水開。徒聞耆老泣,難借重臣回。(原注:'戊戌先生被逮,舉幡哭送者遮道。')名士多同難,(原注:'謂許有介、陳開仲諸子。')深文實忌才。西曹嗟對簿,冷月照燕臺。"黎士弘《託素齋文集》卷五《卓初荔壽序》:"記乙未、丙申間,故司農周櫟園先生,以任方伯時事爲言者所中,詔旨見逮,閩中父老子弟,從檻車赴質者約百十人,至身被三木,卒無一人一辭牽引誣服,一時義聲震于東南。其中名不載錄牒,手口瘏瘏出善計,守棘寺闌扉,竭身擁衛,且夕不離者,則有屯溪吳先生冠五,莆陽卓先生初荔。"《書影》卷二:"予被逮入都,初荔間關數千里,率閩父老叩閽白予冤,爲勢格,卒不能達。當初荔之行,予數止之,初荔曰:'擊鼓以救日,日豈擊鼓可救哉!亦致吾扶陽之誠而已,事之濟不濟何論!'"

溽暑星驅,舟車逼仄,行至仙霞嶺,程之璿卒。

　　《賴古堂集》卷二十四《祭福建按察使程公仲玉文》:"公之没於霞嶺也,余撫而哭之,霣絶於地,同人相視,莫不失聲。……既逮之辰,閩人卧公車下,爇香雨泣,呼使君聲殷然屬天,旁觀不能仰視。……溽暑星驅,舟車逼仄,敷衽接席,義命相砥,詎意漁梁道上,忽成永別哉!"

過杭州。再晤朱知郇、羅燿、高阜、王豸來及婿王廷棟。陳潚卒於西湖之昭慶寺。

《賴古堂集》卷九有詩《朱思遠羅星子高康生王古直暨予倩王隆吉遲予于虎林程穆倩宗定九遲予於邘上舟中賦此志感》:"直北音傳重客哀,幾旬江上待予來。……心憐再見渾無地,撾鼓猶煩衛士催。"同書卷十七《送王庭一入楚序》:"己丑庚寅以入賀,甲午以量移,丙申以入閩對簿,戊戌以復入都廷訓,凡五過湖上。每過,庭一輒袖所爲詩若文就予正。……當予戊戌就逮時,緹衣閉予舴艋中,衛以甲士,謠諑之音日夜弗息,庭一獨來左右……舴艋星馳,庭一猶揮淚岸側,依依不忍去。是時揚兒十二齡矣,予以此益重庭一,命兒兄事之。"同書卷十有詩《哭陳開仲》,原序:"開仲没於湖上昭慶蘭若。"

王廷棟字隆吉,爲周亮工門婿。賴古堂本《尺牘新鈔》卷四原注:"侯官許眉介壽、昇州王廷棟隆吉選。"《行述》:"女六人,㠯適京府經歷王公朝宸孫、茂才道浚公子、壬子科舉人廷棟。"

至鎮江,吳宗信已待於此地數旬,遂偕行。

《賴古堂集》卷九有詩《旅中遥酌冠五》,原序:"予與壽格被難北行,抵吳越間,予語壽格曰:'此際能來者,獨吳冠五耳。'已而,冠五至,蓋已遲予輩於京口數旬矣,跟蹌同來無難色,相依居室,且周星無倦容。"

王元衡,字壽格,陝西臨潼人,順治九年進士,曾官福建漳州府推官。《尺牘新鈔》卷七原注:"驪山王元衡壽格、閩南徐延壽存永選。"雍正《福建通志》卷二十七《職官八》:"漳州府……推官……王元衡,臨潼人,進士。"

《書影》附周在延跋:"黄山吳君冠五,諱宗信,多才思,尚氣節,有古人風,即書所列屯溪螺隱先生是也。"《尺牘新鈔》卷十二:"吳宗信,冠五,休寧人。《屯溪集》。"《結鄰集》卷十二:"吳宗信……《履心集》。"

過揚州。王弗璨、楊彭齡追送至此,始賦詩别去。再晤程邃、宗元鼎,宗元鼎乘舟追送。龔賢過慰舟次。胡玉昆亦待於此,至即偕行。

《賴古堂集》卷九有詩《王弗璨楊商賢追送予至邗江留别》《朱思遠羅星子高康生王古直暨予倩王隆吉遲予于虎林程穆倩宗定九遲予于邘上舟中賦此志感》。同書卷六有詩《不寐步梅花下念宗定九多病鄉居不得數見東此》,其一云:"空思盈岸雪,送我渡淮時。"原注:"被逮北上時,定九操舴艋追送予。"同卷又有《步韻酬龔半千予北上時半千出慰舟次》。按:揚州運河之一段舊稱邗江,代指揚州。

《賴古堂集》卷二《胡三元潤征裘歌》:"前從逮者閩海回,帆到揚州不肯開。趑趄一日復兩日,欲待我客與俱來。我客不來書亦絶,搔首船頭自鳴咽。朝憑鷁尾引雙眸,胡郎岸上足躞蹀。自言待公凡幾時,君乃成行我何之。吁吁不定風帆疾,招招舟子淚泗泗。扶持登舟急遽拜,拂拭我面持我械。天乎人耶至遂此,搖首無聲但睚眥。"

《結鄰集》卷七:"楊彭齡,商賢,順天宛平人。"

《清史稿》卷四百八十四《列傳·文苑一·宗元鼎》:"字定九,江都人。七歲詠梅,遠近傳誦其句。堂有古梅一株,人謂之'宗郎梅'。……康熙初,貢太學,銓注州同知,未仕卒。元鼎與從弟元豫、觀,從子之瑾、之瑜皆工詩,有'廣陵五宗'之目。"《清史列傳》卷七十《文苑傳一·宗元鼎》:"後有芙蓉別業,相傳爲謝安石舊址,一時前輩如周亮工、曹溶、王士祿兄弟、鄒祗謨等重其才名,不惜千里命駕式其廬,皆嘆爲南陽高士。……所著有《新柳堂詩集》數十卷、《芙蓉集》二十卷、《小香詞》二卷。"

過公路浦,翁陵過慰舟中。

《賴古堂集》卷九有詩《閩人翁陵移家公路浦過予舟與其同里徐延壽醉》:"家移不記是何辰,鳩杖扶舟淚滴巾。問友都隨遷客到,因予又見故鄉人。"按:公路浦,在江蘇淮陰城西。

《讀畫録》卷二《翁壽如》:"翁壽如陵,閩之建寧人。工畫能詩。小楷、圖章、分書皆有意致。飲稱大户,滿面酒痕,然即甚醉,亦無少酒態,人暱就之,每置酒高會,無壽如弗歡也。君畫初多閩氣,遊秣陵,從程端伯少司空遊,畫乃一變。已又移家公路浦,時彭城萬年少孝廉亦移此,晨夕過從,畫又一變。壽如畫屢變,遂臻極境,江以南翕然稱翁陵、翁陵云。"

重陽日,過夏鎮,顧大申攜酒過慰。

《賴古堂集》卷一有詩《九日顧見山移樽同胡元潤望茱萸山》:"客里逢重陽,舟中獨兀首。故人提壺觴,辛苦爲予壽。……天子真聖明,諫臣有某某。天不虐善良,此事終當剖。……茱萸山在前,其峰九十九。不登茱萸山,且盡茱萸酒。……酒盡片帆開,已出夏鎮口。回首望故人,醉眸引睇久。多謝諸少年,不如君忠厚。"

雍正《江南通志》卷一百四十一《人物志·宦績三》:"顧大申,字見山,華亭人,順治壬辰進士,授工部主事,分司夏鎮河道,節省公費,築城以守,人服其廉干。晉郎中,出爲陝西洮岷道僉事,卒於官。平日留心經濟,所著《河渠論》,言水利者多採用之。"同書卷一百六《職官志·文職八》:"夏鎮工部分司……顧大申,華亭人,進士,順治十四年任。"

《大清一統志》卷六十九《徐州府》：“夏鎮，在沛縣東北四十二里，新河西岸。”

十一月抵京。冬夜，常與吳宗信聯句賦詩。天寒多病，時與諸同人聚飲倡酬，發抒胸中憤悶。

《舊譜》：“戊戌……十一月至京師就刑部候訊。”

《賴古堂集》卷二十一《書詩冊後與吳冠五》：“予所爲《北雪》詩，凡二百五十七首，皆與冠五一燈半几中共成者。……記初冬時，予與冠五夜坐爲詩，漏下數十刻，北地早寒，十指木强，小奚不得寐，輒絮絮露怨言。予兩人求茗飲不得，又畏小奚絮絮，不敢呼之起，冠五自往通爐煤，南人故不得生煤法，愈通愈滅，予復往經畫，兩人手口俱墨，然後得飲，飲已，復嗚嗚吟弗止。或至心傷，則相對泣，虞人覺，輒互拭面。嘗對臥薄板上，已解衣臥，忽聯成句，兩人擁敗絮，從口吻中濕不聿，露臂爭書，薄板躍起，短燭撲滅，一笑而止。……甲士衛疑冠五者曰：‘此亦黨籍中人耶，不則何自苦乃爾？’見予兩人日夜近筆墨，又疑此輩欲上帝書白冤……不知吾兩人嗚嗚吟者，非《義烏行》，即《寒鴉歌》《老僕嘆》耳。”

《賴古堂集》卷五有詩《臘月二十日小飲詩朱静一倡》，其二：“甲士環相逼，身悲有所司。空斟殘夜酒，暗數一年詩。”其三：“吏真能具獄，臣自謂無冤。雙柏森森外，寒風吹短垣。”其四：“官罷令詩賤，途窮看僕驕。獨憐牆外客，千萬里爲遥。”同書卷一又有《歲暮遠爲客嘉平廿四日賦》五首，其一有云：“先師授我書，黽勉敦其素。可爲不可爲，静數平生誤。”其二云：“清夜銀鐺急，雙足苦交盤。……借酒難自把，殘書誰與攤。北地不卑濕，老人畏下寒。咄嗟復咄嗟，所悲非一端。”其三云：“冷冷三數人，歲寒共一族。有足不得伸，鐵衾雪滿掬。……在難疾孔多，良藥昧寒燠。倩人施針砭，復悲艾未蓄。悲哉昔人言，病死詎須哭。”其五云：“起步向庭除，甲士罨申申。企足望臨牆，獨客淚滿巾。”

將是年北上詩定名爲《北雪》。

《賴古堂集》卷二十一《北雪小引》：“予丙申入閩詩顏以《閩雪》……戊戌北上詩顏以《北雪》。閩雪其變，北雪其常也。燕雲咫尺，舟前冷冷欲雪，予未見閩雪，行必見北雪。變者予不得而見，常者予或易見也。櫟園老人書于北雪舫。”

是年赴京途中詩作尚有：《賴古堂集》卷五《舟中與子儀》《病與朱静一》《同初荔舟中夜坐》《舟中見閩客買裘》《泊頭》《長蘆與葉子尚》《天津孫茂先過慰》，卷九《南浦橋亭望夢筆山》《過淮南湖心寺吊隱知和尚示首座本融》《板閘與林戒庵》《桃源縣答宋去損卓初荔》《渡口答有介即用原韻》《再次前韻》《宿遷菊花同胡元潤卓初荔作》《重九寄鄭宜兮蔣用彧謝爾將高雲客》《沛河九日次吳冠五示王壽格若士》《珠梅閘夜雨與鄭羽人陳伯宗》《深夜過滄州聞岸上傳呼聲》《張秋與客》，卷十《寄閩南高雲客蔣用彧謝爾將》，卷十一《題箬繭畫菊壽王若士》。

十二月二十七日，林嗣環亦因事被逮至京。相去數武，常賦詩倡酬。

《賴古堂集》卷五有詩《與林鐵崖》六首，其一：“石鼓鳴相應，閩行在爾先。”原注：“予至秋曹兩月，公亦至。”其三：“此地亦何寒，人來歲已闌。”原注：“公以嘉平廿七日至。”同書卷九又有《再與鐵崖》兩首。

《賴古堂集》卷二十二《題陳章侯畫與林鐵崖》：“戊戌，予復自閩赴廷尉質，抵西曹不十日，而公亦中饞，逮至頌繫之地。相去數武，唾咳皆聞，獨不能交語耳。當時意吾兩人旦夕且死……不能並活。”同書同卷《爲林鐵崖題嗎咖吵國畫》：“鐵崖之中饞，始於議屯田。然鐵崖罷官後，屯議驟行，棄其身用其言，猶勿棄也。”

唐夢賚《林大參嗣環傳》（《碑傳集》卷七十八）：“林公名嗣環，鐵崖其字。……當在獄時，適與周元亮侍郎同系，二人從犴狴門隙中傳遞倡酬詩句，已而笑曰：‘不圖吾二人詩筒乃在此。’詩具元亮集中。”

是冬，高兆寄書見慰。

《尺牘新鈔》卷五載高兆《與周減齋先生》書：“兆身滯海嶠，不獲如魏劼，自鬻邸舍，左右先生，已無顏色上對古人，而徒於射烏樓下，仰睹海月孤懸，哀笳夜起，與三十萬家墮當年之淚，先生亦何必有此高生哉！舊恩縈念，語易傷心，不敢復有所云。請室風雪，應更多寒，伏惟夫子加餐加衣，以待陽春，千萬千萬。”

是冬，許友作《群鴉寒話圖》。爲之補長歌，宋祖謙取而和之，又以八分書書之，附諸人唱和詩於後，歸之霍維翰。

《賴古堂集》卷十有詩《哭許有介》，原注：“君在白雲司作《寒鴉夜話圖》，予爲補長歌。”同書卷二三《題宋去損八分書群鴉寒話圖歌》：“許有介畫《群鴉寒話圖》，予爲作長歌。去損取而和之，復摹漢隸，登之佳繭，更附諸公唱和諸絕於後；既發予愧，乃復以歸之霍君維翰。”同書卷二又有《群鴉寒話圖歌》。按：《寒鴉夜話圖》即《群鴉寒話圖》。

是冬，陳駿至刑部獄侍其父，有詩紀其事并哀其志。爲高兆送陳駿入燕

詩所動，書高兆詩於己詩之前，并題於後，復歸之陳駿。

　　《賴古堂集》卷二十一《題高雲客詩後》："自吾負雙腕來，未嘗書今人所爲詩若文。頃爲陳生駿乞茅屋入白雲司侍其老親，頗爲感動，賦詩二章示駿。駿因出高兆送其入燕詩示予，予讀之，不禁涔涔淚下，毋論此詩之淋漓悲切爲今人所未有，而竊嘆駿此行爲可歌可詠也。陳氏世號德門，曲江一言一行皆有萬石家風，此等人亦爲予累，予罪不可逭矣。……予既悲曲江父子之爲予行，復重兆所爲詩，因書兆詩於予詩之前，以歸駿。……既書兆詩，漫題此於後，以志予愧。"同書卷二有詩《陳生於白雲司中乞得數椽晨夕依其老親予哀其志爲賦二詩仿少陵後苦寒行》。

　　黎士弘《託素齋文集》卷二《陳叔舉從父入燕帖書後》："己亥八月，櫟先生手示此帙，……更言陳君叔舉至性過人，隨尊甫北來，經匝歲曾無惰容。"按：此"己亥"爲順治十六年（1659）。

是年，友人張恂罹順天科場案，方拱乾、方亨咸、方膏茂、方育盛罹江南科場案。案結後，張恂、方拱乾、方孝標、方亨咸、方膏茂、方育盛被流徙。

　　科場案最先發者爲順天闈。《清世祖實錄》卷一百一十二載：科場試畢，刑科給事中任克溥於十月十六日參奏道："北闈榜放後，途謠巷議，嘖有煩言。臣聞中式舉人陸其賢，用銀三千兩，同科臣陸貽吉送考試官李振鄴、張我樸，賄買得中。北闈之弊，不止一事。……乞皇上大集群臣，公同會訊，則奸弊出而國法申矣。"此事後經吏部與都察院嚴訊屬實，奏聞朝廷。順治帝于同年十月二十五日下詔曰："貪贓枉法，屢有嚴諭禁飭。科場爲取士大典，關係最重，況輦轂重地，係各省觀瞻，豈可恣意貪墨行私？所審受賄、用賄、過付種種情實，可謂目無三尺，若不重加處置，何以懲戒將來？李振鄴、張我樸、蔡元禧、陸貽吉、項紹芳，舉人田耜、鄔作霖，俱著立絞，家產籍沒，父母兄弟妻子俱流徙尚陽堡。主考官曹本榮、宋之繩，著議處具奏。"李振鄴等考官被斬後，十二月，清廷下令逮捕通關節的舉人王樹德等二十五人及其家屬，同時，順治帝諭令禮部："將今年順天鄉試中式舉人速傳來京，候朕親行復試，不許遲延規避。"信天翁《丁酉北闈大獄紀略》（孟森《心史叢刊·科場案》引）記復試事云："時諸新舉人多半歸里。祠部文移嚴厲，該府縣拘繫繁瑣，押送起解，如同隸囚，無不震恐兼程。"復試完畢，案結，《清世祖實錄》卷一百一十八載：十五年四月二十五日，順治帝復下詔曰："舉人王樹德、陸慶曾、潘隱如、唐彥曦、沈始然、孫暘、張天植、張恂，俱應立斬，家業籍沒，父母兄弟妻子俱流徙尚陽堡。……多犯一時處死，於心不忍，俱從寬免死，各責四十板，流徙尚陽堡。"

　　江南闈案發於順治十四年丁酉之十一月,後順天闈一月。《清世祖實錄》卷一百一十三載:二十四日,工科給事中陰應節參奏道:"江南主考方猷等弊竇多端,物議沸騰,其彰著者,如取中之方章鉞,係少詹事方拱乾第五子,懸成、亨咸、膏茂之弟,與猷聯宗有素,乃乘機滋弊,冒濫賢書。請皇上立賜提究嚴訊,以正國憲,重大典。"十五年三月十三日,順治帝親自復試江南舉人。據《柳南隨筆》卷一,"是時,每舉人一名,命護軍二員持刀夾兩旁,與試者悉惴惴其慄,幾不能下筆。"十一月,此案審結,《清世祖實錄》卷一百二十一載:順治帝下旨:"方猷、(副主考)錢開宗,俱著即正法,妻子家產籍沒入官。(同考官)葉楚槐、周霖、張晉、劉廷桂、田俊民……俱著即處絞,妻子家產籍沒入官。……(舉人)方章鉞、張明薦、伍成禮、姚其章、吳蘭友、莊允堡、吳兆騫、錢威,俱著責四十板,家產籍沒入官,父母兄弟妻子并流徙寧古塔。"刑部"承問此案,徇庇遲至經年,且將此重情問擬甚輕,是何意見? 著作速回奏。餘如議"。

　　按:科場案發於丁酉(1657),至戊戌始結,蔓延幾及全國,以順天、江南兩闈爲最巨,次則河南,又次則山東、山西,共五闈。"明時江南與順天俱有國子監,俱爲全國士子之所萃,非一省關係而已,科場大獄即以此兩省爲最慘,而江南尤慘於順天。清廷蓋欲借此以威劫江南人士,用意甚顯也。"(夏承燾《顧貞觀寄吳漢槎金縷曲詞征事》)孟森先生《心史叢刊・科場案》論此事云:"專制國之用人,銓選與科舉等耳。……銓政縱極清平,能免賄賂,不能免人情,科舉亦然。士子之行卷,公卿之遊揚,恒爲獵取科第之先導,不足諱也。前明如程敏政、唐寅之事,沈同和、趙鳴陽之事,關節槍替,經人舉發,無過蹉跌而止。至清代乃興科場大案,草菅人命,甚至弟兄叔侄連坐而同科,罪有甚於大逆。無非重加其罔民之力,束縛而馳驟之,蓋始於丁酉之鄉闈矣。"又認爲:清廷對南闈涉案人員之處分,遠較北闈爲重,"北闈所株累者多爲南士,而南闈之荼毒則又倍蓰於北闈。北闈僅戮兩房考,且法官擬重,而特旨改輕以市恩,猶循殺之三、宥之三之常格。至南闈則特旨改重,且罪責法官,兩主考斬決,十八房考除已死之盧鑄鼎外,生者皆絞決,蓋考官全體皆死罪矣。又兩主考、十八房考,妻子家產皆籍沒入官;家產入沒,已酷,又并其妻子而奴虜之。明燕藩篡弒,謂之'靖難',其後大戮建文諸忠臣,以其妻妾配象奴,方之丁酉科場,慘酷正等"。夏承燾先生《顧貞觀寄吳漢槎金縷曲詞征事》又補充孟文云:"北闈流人俱成尚陽堡,去京師三千里;南闈則遠至去京七八千里之寧古塔。蓋明季江南義師多倡于文士,清廷懷恨最深,故洩憤亦倍烈也。"

　　光緒《重修安徽通志》卷一百八十《人物志・宦績三》引《安慶府志》:"方拱乾,字肅之,桐城人。前明崇禎戊辰進士,官庶常,歷升少詹事,充東宮講官、經筵日講。順治初,江督馬國柱薦起,補宏文館學士,尋除少詹事。曾上疏數千言,多切時務。與修《大訓》等書。爲忌者所中，蒙恩賜歸。"

《藏弆集》卷十二："方孝標，樓岡，原名玄成，江南桐城人。《光啓堂文集》。"

方亨咸，字吉偶，號邵村，方拱乾仲子。順治丁亥進士，官御史。吏治文章之外，精於八法，旁及繪事。患難後自塞上歸，其畫更進，與程正揆、顧大申可稱鼎足。傳見《國朝書人輯略》及《讀畫錄》。《讀畫錄》卷二《方邵村》："侍御甚惬予，雖甚愛重其筆墨，而於予無吝也，年來爲予作，不下數十幅。"

按：方拱乾爲方章鉞之父，方孝標、方亨咸、方膏茂、方育盛均爲方章鉞之兄，即諭旨所謂"父母兄弟妻子并流徙寧古塔"也。《賴古堂集》卷二十《與方與三》："以君家一門，父子兄弟略出長技，與欄下生一人角，人賦一詩，便已盈帙，弟即聚精力以當之，終是孤軍，疲於奔命。"方拱乾父子數人，與周亮工當均有交往。

尚陽堡，一作上陽堡，在今遼寧開原縣東四十里，爲清初最重要的流人戍所。魏聲和《雞林舊聞錄》："入關之初，流徙罪犯多編管於吉、江兩省。及康熙時，雲南既平，凡附屬吳三桂之滇人，悉配戍上陽堡，在今開原縣邊門外，滿語稱其地爲台尼堪。尼堪者，漢人之謂。"

寧古塔有新舊二城，舊城在今黑龍江海林縣，康熙五年（1666）遷建新城，即今寧安縣，遠較尚陽堡荒涼。王家楨《研堂見聞雜記》："寧古塔在遼東極北，去京七八千里。其地重冰積雪，非復世界，中國人亦無至其地者。……向來流人，俱徙上陽堡，地去京師三千里，猶有屋宇可居，至者尚得活，至此，則望上陽如天上矣。"

方育盛是冬羈押在京，嘗與之詩文往還，并結爲親家。

《賴古堂集》卷十六《壽青溪三老序》："卒遭頌繫，君（指方育盛）以蒙不白，短垣相屬，浮雲蔽之，然猶詩筒遄來，略寄心語。故君詩有曰：'一墻千里面，四卷十年詩。晤語憑吟詠，酸辛豈別離。'至今誦之，涕淫淫未雪也。君既先賦出塞，予亦有北屝之議。"《讀畫錄》卷二《方邵村》："方侍御邵村，名亨咸。……兩家患難中，復與其弟與三結兒女姻。"《行述》："次在建，國子監生，婆翰林院少詹學士方公拱乾孫女，甲午科舉人育盛女。"

同年友吳晉錫以子兆騫累，是冬亦羈押在京，初擬徙塞外，後經朋友斡旋，得免。

《賴古堂集》卷十有詩《茲受吳公至公以令子漢槎累將徙塞外》二首，其二云："吳家桂樹鬱芳叢，荒憬因留作寓公。舐犢誰能容爾老，屠龍枉自教兒工。殘書濁酒西曹雪，襆被黃沙絕塞風。莫憶松陵煙月好，管寧白帽舊遼東。"

按：光緒《吉林通志》卷一百一十五《寓賢傳・吳兆騫》云：“命復試南北舉人于瀛台，題即《瀛臺賦》。以護軍二持刀夾舉人，與試者多震懼失次，則嘆曰：‘焉有吳兆騫而以一舉人行賄者乎！’遂不復爲。”是吳兆騫因復試時憤激交白卷而得罪。據謝國楨《明末清初的學風・清初東北流人考》，吳兆騫初判流徙寧古塔，父母、兄弟、妻子同戍，後經朋友斡旋，父母、兄弟得免，衹夫人葛氏隨行。

吳兆騫，字漢槎，吳江人。少有儁才，童時作《膽賦》五千言。吳偉業以與華亭彭師度、宜興陳維崧共目爲“江左三鳳凰”。稍長爲慎交社眉目。順治十四年，罹科場之獄，遣成寧古塔。居塞上二十三年，摯交顧貞觀爲求助於納蘭性德，昔日社盟宋德宜、徐乾學乃釀金納贖，得放歸。著有《秋笳集》。事見《清史列傳》及徐釚《孝廉吳君兆騫墓誌銘》。

《碑傳集》卷一百三十七《孝廉吳君兆騫墓誌銘》：“父燕勒公，諱晉錫，舉（明崇禎）庚辰進士，授永州府推官。……未幾，流寇張獻忠蹂躪楚地，漢槎奉母歸，燕勒公亦解組旋里。”

讀陳桐雨詩，命許友爲之刊行，當不早於是年冬。

《賴古堂集》卷二十一《陳桐雨詩引》：“牽比而來者多詩人，七千道路，緣情觸景，不能無所作。……予舟中間亦有詩，以有介好予詩，成輒示之。……陳子桐雨，絕口不稱詩，……顧其詩則甚工，今日宛轉見其詩，適而多致，恒引人思。予讀之，而後嘆予之噪競，同人之可以泳而得者，猶之夫予也。因命有介强付之梓。”

題許友所刻《急就帖》，當不早於是年冬。

《賴古堂集》卷二十二《題許有介急就帖》：“米友堂帖，世共珍之。余在三山所見聞，多是主人手勒，固甚佳，而不能多傳。米友比入都未幾，而陳子桐雨藏本成，未幾而此帖復成。余聞米友在葦屋中，非黑甜則軟飽耳，固未嘗有小暇自作捉刀人。……此帖疑是米友在閩中撫搣棗木自開之，攜入此中以愚人者。”

是冬在京詩作尚有：《賴古堂集》卷一《老僕嘆》《義烏行》《雜詩》，卷二《還硯歌》《霜月乞酒歌》，卷九《和林戒庵守歲》。
父周文煒卒。（《舊譜》）

按：周文煒居金陵（今江蘇南京），一直堅信亮工事能得雪。王晫《今世説》卷四《識鑒》：“周櫟園被讒，詿詔獄，幾死，獄且成。時父赤之家金陵，客爲之憂。赤之曰：‘吾今固甚念之，然吾生平，無一念足死吾子，吾子又類我，於理不死，行當雪耳。且義命有在,吾即日夜憂之,豈能遂脱吾子。'卒與客飲酒自若。"

徐世溥卒。

清順治十六年　己亥　1659　四十八歲

是年正月,清兵入明滇都。五月,鄭成功、張煌言大舉入長江,取崇明。
六月,鄭、張之軍連破清兵,克瓜洲、鎮江,至南京近郊,下江南、北二十九
城。七月,鄭成功攻南京,大敗,退入海,所收諸城盡失。十月,鄭成功還
至廈門。此後,清廷興大獄,追查"通海"事,株連甚廣。

正月初二日,漱石上人隨子遷間關數千里來慰。
　　《賴古堂集》卷五有詩《漱石上人持雙不借隨子遷間關數千里首春二日過慰
請室中感贈四首》,其一有云:"牽比惟僧缺,毅然萬里行。悲能隨衆喜,慈不自
忘情。"

春三月。方對簿公堂,聞徐延壽將往開,封從役卒乞紙筆,賦詩送之。紀
映鍾往遊閩,亦有詩送之。
　　《行述》:"送徐存永遊大梁,時先大夫方對簿伏堂下,堂上譙訶聲如虎,搒掠
號呼,聞者股栗。先大夫據地,從伍伯借不聿作詩,立成二十截句,句皆驚人。"
《賴古堂集》卷九有詩《送徐存永遊大梁》,其一云:"七千里路苦相依,三月長安雪
更飛。共嘆偕行人又去,心憐即別未成歸。"同書卷十二又有《再步同人韻送徐存
永遊大梁》七首,卷十又有《哭徐存永》,原注:"僕在西曹,存永往大梁,僕伏地爲
三十三絶句送之,存永讀之,哭失聲。"按:紀映鍾《戇叟詩鈔》卷二有詩《暮春宴集
柳湖送韓叔夜之永嘉徐存永之中牟黃仲丹之東萊方孟甲之平陽予亦將往福州》,
詩次己亥(1659)。
　　《賴古堂集》卷五有詩《送紀伯紫游閩》,卷十二又有《題有介畫再送伯紫》。

胡玉昆返南京,卓挺返閩,亦當在是年春,各有詩送之。
　　《賴古堂集》卷九有詩《送胡元潤返白門》二首,其一云:"清尊爕爕春雲亂,碧
樹參差夕照低。回首廿年霜雪路,全交祇剩數行啼。"同書同卷有詩《送卓初荔返
閩》二首,其一有云:"玉貌先生爲客哀,經年燕市自徘徊。變形魏邵誰争識,冒難

王修獨肯來。"卷十二又有《再次冠五韻送初荔》,其一:"莫使啼痕近酒杯,愁中次第看人回。牆頭聽子仇家客,欲別聲吞不敢哀。"其二:"憐君欲去更蹉跎,弱柳垂垂思若何。西務搖椿真是別,同來賓客已無多。"

是春,刑部訊未結,乃結廬曰"因樹屋",日賦詩著書其中;同來諸人亦紛築茅屋,有詩紀其事。

《舊譜》:"己亥,四十八歲。刑部訊未結,公乃結廬於白雲司,日賦詩著書其中,顏之曰'因樹屋',有《北雪詩》《因樹屋書影》諸集。"《賴古堂集》卷六有詩《詠因樹屋簡王惟歲堵菜木》。同書卷一有詩《白雲書屋詠爲王望如作》。卷十一又有《次諸同人茅屋詩》,其二:"禁城萬樹影蒼蒼,太液澄波出御牆。西務柳邊齊解棹,春風獨爲客心忙。"同卷又有《同人柏台茅屋成》。方文《嵞山續集·西江遊草》有詩《題王望如白雲書屋圖》,題下原注:"屋在刑部獄中。"

《結鄰集》卷十六:"王有年,惟歲,硯田,江西金谿人。"

《尺牘新鈔》卷五:"堵廷棻,芬木,無錫人。《九友堂集》。"《藏弆集》卷十五:"堵廷棻,芬木,江南無錫人。《雪堂自鈔》。"《書影》卷四:"近諸暨陳章侯畫梅,故作支離肥白。堵芬木常問之,答曰:'須懸五六步看耳。'芬木畫梅,得多章侯法。"按:《書影》錄有堵氏論畫數則,此其一也。

是春詩作尚有:《賴古堂集》卷五《陸違之元夕爲予吉夢秘未相示走筆詢之》《閏三月補祝林起八》《芍藥無瓶簡芝籠蘭次》《壽介壽》,卷九《己亥元旦試筆和林戒庵》《二月十四夜月下望見林起八禁不得一面黯然成詩》《甌香買得芍藥數枝葦屋中苦無花具強余爲詩》,卷十一《羈室中客因予客歲可憐明日又清明之句爲數絕句予復用原韻》,卷十二《柬甌香》、《甌香醉臥醒始見前詩以一絕來答之》。

四月初七日,程伯建攜新茶過慰,出其《燕臺詩》請爲點次,遂爲之作《書程石門再遊燕臺詩後》。

《賴古堂集》卷二十一《書程石門再遊燕臺詩後》:"今日爲僕誕生日,兀坐請室,萬感填胸臆。石門以新茗慰予,袖其《燕臺詩》,屬予點次。……僕自罹難以來,平日交遊,罕相過從,獨石門數數慰藉,即其過僕二詩,在此集中者,聲淚迸落,哀感路人,近今無此等詩,恐亦無爲此等詩之人。……鐵裹一燈,數腕側促,飲石門茗,讀石門詩,哀感之餘,忽復振動不能自已;小奚見僕如此,作笑語曰:'今日長者誕辰,方自悲感,忽復振動,几上何家書,力能使長者爾爾?殆長者生還之兆歟?'僕感小奚言,遂書此於卷後以歸石門,然僕實不知詩,終不敢定石門詩也。"

五月，宋權賜謚“文康”，因賦詩一首與宋犖。

宋犖《西陂類稿》卷四十七《漫堂年譜一》：“(順治)十六年己亥，余二十六歲。五月，上允河南巡撫請，舉易名之典，賜先臣謚文康。”《賴古堂集》卷九有詩《少保商丘宋公錫謚文康紀一詩與令嗣牧仲》：“一言鄭重紀恩光，舊澤新垂白玉堂。在岳誰能方岱華，于人曾幸識歐陽。千秋義讓枌榆重，(原注：‘商丘父老爲公請。’)一字聲流琬琰香。聞說龍池親染墨，如天聖德未能量。”

八月，以高兆所作陳駿從父入燕帖示黎士弘，黎有文紀之。

黎士弘《託素齋文集》卷二《陳叔舉從父入燕帖書後》：“己亥八月，櫟先生手示此帙。讀不四行，輒驚嘆以爲奇絶，何乃逼似少陵。盡一卷，始知爲同里高生雲客所作。櫟先生更言陳君叔舉至性過人，隨尊甫北來，經匝歲曾無惰容。”

書《北雪》詩全帙歸之吳宗信，復作《書詩册後與吳冠五》付之。

《賴古堂集》卷二十一《書詩册後與吳冠五》：“予所爲《北雪》詩，凡二百五十七首，皆與冠五一燈半几中共成者。……冤臣旦夕即齒劍死，既書《北雪》全帙歸冠五，期冠五有以傳我，復思集中所得句，有經冠五數示之形色而後成者，因另書此以付冠五。”《書影》附周在延跋：“是時歲在己亥，予小子年方七歲，諸兄弟亦皆幼小，棲息白下，朝夕與先君子周旋吟詠無間者，獨黄山吳君冠五。”龔鼎孳《定山堂古文小品》卷上《吳冠五詩序》：“冠五之人，櫟老之詩，俱足千古。”

按：宋祖謙嘗爲序此《北雪》詩。《尺牘新鈔》卷一載宋祖謙《與周櫟園先生》書四，其三有云：“不增華，不改葉，不累藻，不掩情，《北雪》大概，不麗而馨矣。小序不能贊一詞，所謂未能身歷其險，聊復仰看其高耳。”

秋九月。宋祖謙客死京城，重陽前後素旐南返，賦詩四首哭送之，復跋其分書卷。初十日，寫《群鴉寒話歌》賣錢沽酒，霍維翰索之去，攜酒來共醉。

《賴古堂集》卷九有詩《宋去損以予累客死都門重九前二日素旐南返哭送四詩兼貽令嗣羲長》，其一：“嶺外天書一夜頒，河干令子泣潺潺。……傷心苦憶臨岐語，獻歲相迎入大關。”原注：“客歲見羲長送尊公，悲楚過甚，予亦爲泣下，已而好語慰尊公曰：‘明歲相迎入大關。’豈知事變至此，爾時遂爲長別耶！”同書卷二十二《跋宋去損分書卷後》：“去損分書得之其從叔祖比玉處士，而遒勁多姿似又過之。近以予累，在席屋中時時爲書自遣，輒爲人取去，手腕即欲脫，固未嘗少拂人意。……予嘗謂維翰：‘去損分書，會當孤行，而獨喜爲君書，君當多購之以壓多寶船。'……豈知未數月,此語遂成惡讖耶! ……重陽雨後,重披此卷,會去損素斾適於是日返,車過腹痛,潸然書此。"

《賴古堂集》卷十二有詩《重陽後一日寫群鴉寒話歌賣錢沽酒》二首。同書卷二十二《題所作八分書寒鴉歌後》:"己亥重九後一日,寫此賣錢沽酒,綴以二絕。……命童子攜出戶,童子答謂予:'收此冷淡生活,應惟虎林霍君',已而果爲維翰索去,攜酒爲予作三日醉。"

是秋詩作尚有:《賴古堂集》卷五《重陽前一夕同冠五燈下對菊用静一韻三首》《重九同冠五對菊次韻簡芝麓》《重九有介送菊有介春日數折芍藥贈我》《九日李逸客載酒予與逸客別於語溪十三載矣》《九月十三夜冠五菊影中看予爲詩有作次韻奉答并簡蘭次》《九月十五夜瓶菊將殘燈下用冠五韻》《九月十六日望西山呈北海夫子》《九月十九日宋人亦以是日爲重九冠五燈下偶得花寒今十日酒冷古重陽之句予頗爲擊節走筆奉和四章》《九月十九夜鄰墻有客爲予得吉夢凌晨遣急足絮絮告予感其意成此》《九月二十日同鄉人帥君載酒泛菊即席同冠五賦》《九月廿一日餞菊和吳蘭次》《九月廿二日因樹屋送秋限韻》《大風拔茅屋》,卷六《九月廿三日餞菊限字》《繒被裂裏和吳蘭次》《夢至胡元潤家見所餞菊》,卷九《潘君重九前四日載酒同冠五過我適鄰客遣童子送菊》,卷十二《重九和甌香韻》《重陽後二日得蕭伯玉許介壽兩家日記喜其三數行一則易於作輟遂盡數葉》。

秋冬際,名九月所得詩爲《菊帖》,往呈龔鼎孳。

《賴古堂集》卷二十二《題菊帖後》:"櫟下生既不能過芝麓先生,然常聞先生意中、齒頰中,蓋未嘗一刻置櫟下生。……櫟下生《北雪詩》已出,正先生比。以九月所得詩別書此卷,顏曰《菊帖》,往呈先生。憶乙未之春,侍先生柏台側……流光駛速,遂復五載。"龔鼎孳《定山堂詩集》卷二七有詩《讀櫟園菊帖卷中近詩》。

冬,高永清飛棹三千里來慰。

《賴古堂集》卷六有詩《獄事方急梁溪高大澄甫囊無一錢飛棹三千里慰予悲予及見高來作二詩》,其一:"不計歸何策,蕭然爲我來。危途無定信,見面有餘猜。夢識銀鐺貌,燈搖雨雪杯。依依頻慰藉,飾喜露真哀。"其二有云:"已是須臾客,誰能及爾旋。"同書卷一又有《高二澄甫將別予遊閩悲予及見高還得五十韻送之》:"羯來被竹彈,蜂薑匪毒蠚。緯繣其難遷,銀鐺聲索索。多君不及餐,買舟冰自鑿。只似向時來,一錢走京雒。顧我頌繫中,危途不少卻。飾哀爲好言,奇伸看曲蠖。行將披蒼穹,與公遊遼廓。此言委曲爲,余不以爲謔。"按:此詩作於順治十七年庚子(1660),見順治十七年譜。

除夕,向龔鼎孳借書守歲,頗感龔氏掛念之意,有詩紀之。

《賴古堂集》卷九有詩《除夕向芝麓借書守歲,知芝麓念予甚,爲予止酒罷歡,坐客聞此,感而代泣,予則自慶,且用自恕,喜賦二詩,用七十老人朱靜一韻》。按:亮工受訊刑部數年,多蒙龔鼎孳關照,故此甚爲感激,《賴古堂集》卷十六《祝龔芝麓總憲序》:"後某被人言在請室,凡其可以引手,出之水火而登之衽席者,無不灑血以相明,而某實未嘗一一知。獨其愛惜慰望之誠,隱隱露之聲情,託之篇什,無風雨,或間至見某,一時感遇之章,靡不用其韻字更相屬和。計三年内,先生筆墨無一字不及櫟下生,即無一刻不藏櫟下生於懷抱。"

是冬詩作尚有:卷六《冬夜同冠五燈下兀坐有懷閩南高雲客》。

是年,部議情罪重大,仍應立斬、籍没。世祖皇帝以前後辭證不同,再下法司詳審。是時獄事方急,株連甚衆。

《清史列傳》卷七九《貳臣傳乙‧周亮工》:"(順治)十六年,部議亮工被劾各款,雖堅執不承,而前此田起龍等已憑證佐審實,計贓累萬,情罪重大,仍應立斬、籍没。上以前後辭證不同,再下法司詳審。"《行述》:"至都,訟繫請室中,明年即訊。當是時,株連瓜蔓者千餘人,在閩拷掠死者三人,下司寇斃三木者又二人,有司平反先大夫冤、逮及死道路者一人,瘐死者二人,餘皆瀕死者數矣,卒無一人誣服。"

王明翰徒步來慰,當不早於是年。

《書影》卷二:"余在念室,舊長汀令石渠王君,諱明翰,年七十矣,從恒山徒步來視予,出一金爲壽,且謂予曰:'予每見上幸海子,輒在破屋中遥望膜拜,喃喃白公冤。'予曰:'徒自苦耳,詎能達!'王君曰:'昔有鸚鵡飛集陀山,乃山中大火,鸚鵡遥見,入水濡羽,飛而灑之……天神嘉感,即爲滅火。余亦鸚鵡翼間水耳,安知不感動天神,爲余滅火耶!'"

雍正《福建通志》卷二十七《職官八‧總部》:"長汀縣知縣……王明翰,真定人,恩貢。"

是年前後,長子在浚懼有覆巢之禍,將宋硯一方交與吳晉珍藏。後來獄

解,遂將此硯送與吳晉。

　　魏禧《魏叔子文集》外篇卷十六《一硯齋記》:"吳子介兹以詩文游四方,匣中有宋硯,縱五寸,衡半之有幾,高五分之一又加半焉。形方,有池,無雕文,質厚而色理澤。吳子甚寶之,出入數千里不離側;置諸青溪讀書之樓,則又以'一硯'名其齋。或問之曰:'此祖若父之遺留歟?'吳子泫然曰:'變革以來,居室化爲軍營,流離患難,先世之手澤盡矣。是硯也,師友之所貽,吾奉之如先器焉。'蓋櫟園周公之被征也,公子雪客懼覆巢之禍,手是硯而謂吳子曰:'此吾父所藏弄愛玩,蔡中郎家書籍,舉以與王公之孫,是請屬之子矣。'吳子拜手而受。及公得白,吳子奉硯歸公者再,公不可,吳子於是再拜,受而藏之。公再蹶再起至於即世,吳子皆委身周旋。其奉是硯也,若奉公,乃屬記於寧都魏禧。"

第二子在揚病夭。(《舊譜》)
孫開先卒于刑部獄。(《賴古堂集》卷二十四《祭建寧司李君碩孫公文》)
釋覺浪卒。
約作於是年之詩尚有:《賴古堂集》卷五《長安舊傳十賣詩僕賣不止十然皆非所憶憶惟四作四憶》《淚》,卷六《題朱静一布帳眉》《堵菜木以襟蘭集見示》《旅酒》,卷九《麗人行冰上同薗次賦》《寄濰縣楊再蓬蔡漫夫于鳴岐》《蓬萊閣和吳冠五韻海上春夏之交東南風緩則海市見》《羈中寄東萊太守鄧偶樵鄧家白門前作郡清漳與予同守會城》《得兒書深憫其意作此寄之》《午睡與冠五》《白櫻桃》《橄欖》《文官果》《六安梅花片》《蒟藍》《墨菊》《佛手柑》《旅中遥酌冠五》《介壽以胡彦遠見慰札子相示卻寄》《永夜不寐垂淚與小僕蘭水絮絮口占示之》《與劉竣度》《送客南還祝親》《送客遊會稽》《送程伯建赴滇》《再賦静一帳眉》,卷十一《鄭羽人以六聲字詩來和之》,卷十二《榆錢》《御溝橋櫻桃》《王壽格解杖頭錢買予清明卷復成》《採蓮曲》《十月十三大月下步過鄰舍》《叔舉欲醉我反醉我酒去》。

清順治十七年　庚子　1660　四十九歲

是年正月,清廷以給事中楊雍建奏,下令嚴禁士人結社訂盟。五月,清兵攻廈門,鄭成功卻之。

春正月，聽訊于刑部。與龔鼎孳倡酬往復，詩作頗多。

龔鼎孳《定山堂詩集》卷二七有詩《和櫟園除夜見貽二詩》，卷四十又有《今年詩多爲櫟老作元日試筆即和來詠因自題曰勝於開卷有懷介溪閣老也》。《賴古堂集》卷十二有詩《芝麓今年試筆即和予詩更雪中疊韻懷予題後曰勝於開卷有懷介溪閣老也》。

《賴古堂集》卷十有詩《正月四日五更大雪晨起忽念芝麓此時應悲因樹屋中人作此奉簡》。龔鼎孳《定山堂詩集》卷二七有詩《和櫟園來韻》，原序："櫟園兩日來方與諸法曹抗辨曲直，白飲章録牒之誣，吾意殊爲攀攀，當饗輟箸。而新詩連編盈軸，快若明月之入懷，是其意似有大暢適之事，防外人覺，損其趣者。恐今之貴人低眉睖色，刺促忸怩，不可以對妻子，未有此浩浩蕩蕩之胸中也。昔子瞻獄急時，鼻息如雷，調事者至，斂手相賀，今亦吾輩爲櫟園稱賀時矣。和答如來詩之數。（原注：'五更大雪晨起柬予。'）"

《定山堂詩集》卷二十七有詩《六日對雪懷櫟園疊前韻》《人日雪霽吳冠五傳予詩至櫟園從驢背上歡喜欲墜遂得和詩是日復雪》。《賴古堂集》卷十有詩《人日雪霽冠五傳芝麓和予詩至冠五語予從驢背中讀龔先生詩歡喜欲墮》。

二月。兒子南來，王元衡攜酒過慰，朱靜一同賦詩。時訛傳已死，黎士弘有詩誌哀。

《賴古堂集》卷十有詩《兒子南來壽格移尊過慰靜一老人同賦二月十六日詩》。

黎士弘《託素齋詩集》卷二有詩《哭金溪先生庚子二月》（原注："時訛傳先生兇信。"）："夜中驗夢意殊惡，（原注：'夢先生以咒杯分寄。'）消息傳來語漸真。諸葛何曾臨舊稿，（原注：'陳章侯舊畫《出處圖》寄先生，謂處爲靖節，出則孔明。'）三閭空自哭前身。誰容香草生當户，從古修鱗死要津。憶得分書床下約，如鉛清淚滿宵晨。"

寒食前一日，王延閣、王元衡、吳宗信同集因樹屋，話舊賦詩。時《書影》初成。

《賴古堂集》卷十有詩《寒食前一日若士壽格冠五風雨集因樹屋念老夫數日人世酒酣耳熱略述生平時予所著書影初成故諸君子詩中及之》。

《書影》卷首附高阜《序》："歲在庚子，從請室中歷溯生平聞見，加以折衷，詮次成編，一時見者，以爲可資談助、廣異苑，而阜獨以此非博物之紀，而明道之書也。"按：關於《書影》，《舊譜》曰："己亥……結廬于白雲司，日賦詩著書其中，顏之曰'因樹屋',有《北雪詩》《因樹屋書影》諸集。"周在延《書影跋》:"先君子著述十餘種,是書則於請室中,將平生所睹記……隨筆記出成帙。是時歲在己亥。"《書影》卷五:"第二兒在揚……當時極賞其慧,不意此兒客歲夭折矣。"在揚夭於去歲己亥(1659)。是去歲亮工已着手《書影》之撰寫,是春完成。

《四庫全書簡明目録補遺》著録《書影》十卷:"國朝周亮工撰。曰《書影》者,取'老人讀書惟存影子'意也。所録皆雜論雜事,每引據舊文,而繫以評語,大抵明末國初人所著爲多,引古書者僅十之一二,然去取頗有持擇,雖繁而不雜。"

蘇桓自新建來探視,談及顧夢游所藏顧璘書札及著述,當不遲於是年春。

《書影》卷一:"蘇桓曰:顧東橋先生初守開封,抗中常侍,遂遭讒誣,逮至京師。……鐫二秩,出知全州。時横涇先生初成進士,公自全州貽書,述祖宗之德,著謙慎之訓,凡千餘言。復寫在全所著《定志篇》,又詩十餘章,行楷莊健,頗得二王之法。桓今年自新建來,從横涇先生曾孫夢游許,得見此書。"

蘇桓,字武子。《賴古堂集》卷三有詩《寄蘇武子都門》:"江南歸不易,憶爾淚沾巾。雨雪深窮巷,風塵老故人。青衫依帝里,白眼傲群倫。空負燕臺約,梁園寂寂春。"

顧璘(1476～1545),明代文學家、藏書家。字華玉,號東橋,長洲(今江蘇吳縣)人,寓居上元(今江蘇南京)。弘治九年(1496)進士,授廣平知縣。正德四年(1509)知開封府,遷吏部右侍郎,仕致南京刑部尚書。少有才名,以詩著稱於時,與陳沂、王韋號稱"金陵三俊";後寶應朱應登起,時稱"四大家"。晚年致仕歸里,築息園,大治亭舍,好賓客,座無虛席。并以藏書自娛。著有《浮湘集》《山中集》《息園詩文稿》等。據家藏編撰有《顧尚書書目》六卷,已佚。

顧琛,明代藏書家。字英玉,號横涇,顧璘從弟,江蘇吳縣人。正德進士,歷官南京兵部郎中,河南副史。因正直,爲同官所惡,罷歸。後居於"寒松"一小樓,訓蒙童自給。家雖貧,好藏書。《愛日精廬藏書志》載:"《晏子春秋》八卷,吳方山藏書,有手跋曰:顧英玉先生,南都清介丈夫也,以憲副罷官,家無長物,出宦日所得書貨以給日用。躬疊册門左,顏無愧色。"

是春,盧圖龍卒於京,朱士先扶其柩返江西,賦詩送之。

《賴古堂集》卷十有詩《送朱士先還豫章》:"盧公正氣傾南北,朱子交情重死生。豈意斯人爲我累,獨憐好友載棺行。風波到眼綢繆感,雨雪環軀去住輕。春水布帆天際望,義聲吹滿豫章城。"原序:"司李盧公客盧以予累死於都門,士先扶其柩回。"同書卷二四《祭汀州司李若羲盧公文》:"西曹見公之先後署也,吹索特甚,公具白所以,侃侃不撓。虎冠者適爲曹郎,心銜其直,又懼摘己之隱也,從旁肆螫,必欲死公而後快。公體素清羸,復抱憤激,卒以此鬱鬱致疾。……余以公神定而天全,雖示微疾,天必佑之,而豈意百身難贖,遂至此哉!……憶余在請室,送朱子扶公櫬歸,爾時恨不能奮飛以從。"

是春,吳宗信爲輯往日詩作爲四卷,患難中自爲删定,授長子在浚刻於江寧。

《賴古堂集》附周在浚《賴古堂集凡例》:"先司農束發即好爲詩,自諸生以至歷仕所得詩章,皆勒之梨棗,有《友聲》《剡咢》《閩雪》《北雪》等十餘刻。庚子春,患難中自爲删定,授不孝浚刻之江寧,今世所傳《删定賴古堂詩》是也。"同書卷十三《賴古堂詩集序》:"公生於壬子四月七日,今年四十有九……黃山吳冠五獨左右公難數年,輯公詩四卷付其弟亮節、子在浚鐫之秣陵,然非公志也。"

春夏之際,與黃經相識定交。黃係同人姓字,誤被收監。

《賴古堂集》卷十有詩《黃濟叔與人同姓字陷若盧一載餘今日得白賦二詩送其還里同芝籠蘭次賦》,其二:"理出煩君頻慰藉,棘叢五月共聯床。"按:是年秋冬之際,黃經事白放歸,此言"棘叢五月共聯床",則二人相識當在本年春夏之際。《印人傳》卷二《書黃濟叔印譜前》:"予因方與三昆季,得識君於福堂中。"方育盛(與三)兄弟此時當已同戍關外,如何又紹介此二人相識,待考。

《印人傳》卷二《書黃濟叔印譜前》:"黃濟叔經,一字山松,如皋人。身長,須不甚多,風拂之,輒飄飄,多逸氣。畫高簡,得倪、黃遺意。留心篆籀之學,故印章入神品。……性崖異,入白門,惟交杜茶邨、紀巒叟數君,他皆不妄造也。予得君印章最多,君頗喜爲予作。"《讀畫録》卷三《黃濟叔》:"書法、圖章之外,尤精繪事。在若盧時,惟日以篆籀詩詞自娛,間亦遊戲筆墨,未知其如此之工也。"

四月,三法司覆審,擬立斬,籍没;王仕雲、田緝馨、吳淇滋擬絞,家產一併籍没。順治皇帝下旨監候,秋後處决。

《清史列傳》卷七十九《貳臣傳乙·周亮工》:"(順治)十六年,部議……情罪重大,仍應立斬、籍没。上以前後辭證不同,再下法司詳審。十七年,法司論罪如前讞。"《舊譜》:"庚子……三法司會訊,以前後獄辭互異,刑斃數人……仍以辟上。世祖皇帝疑之,駁之再。後奉旨減緩,始入獄。"王先謙《東華録·順治三十四》:"順治十七年庚子……四月……三法司遵旨覆審周亮工一案,擬立斬,籍没;承問官田緝馨、王仕雲、吳淇滋瞻徇情面,應擬絞,家產一併籍没,餘仍如前議。

得旨：周亮工依擬應斬，著監候，秋後處決，家産籍没；田緝馨、王仕雲、吴淇滋俱依擬應絞，著監候，秋後處決，餘依議。"

當閩獄已成，方與黄經書札往復，辯難字畫，考訂章法，并相互慰勉，有詩紀之。

《行述》："當閩獄成，疏上且不測，而先大夫方與同系黄濟叔辯難字畫，考訂章法，往復小札幾百紙，紙皆蠅頭細書。中有一札云：'今日當得旨，束衣待之。所謂時至則行也。'又一札云：'今日尚不得旨，又活一日。'即屬濟叔爲作'又活一日'印。"

《賴古堂集》卷十九有《與黄濟叔論印章書》一封，同書卷二十又有《與黄濟叔》書五封，《答濟叔》書三封。同書卷六有詩《如皋黄六濟叔，人同姓名，下叔獄，數以篆籀慰僕，僕旦夕齒劍死，望叔所在，真作福堂，意不忘生，與叔此律》。

先是望家書不得，得兒書，知兩親柩置祖父舊室中，遂亦旦夕莫容，竟夜不寐，有詩誌感；見諸同人和詩，疊韻再成一詩寄弟亮節及諸兒。念兒皆幼，修書與黎士弘兄弟，令諸兒往奔之。

《賴古堂集》卷六有詩《望家書不得與無間望如庭發》，同卷又有《天恩緩孤臣須臾死籍臣家及身止兩親柩厝先大父鴻臚公舊室中遂亦旦夕莫容頃得兒書竟夜不寐痛哭成此》，同書卷十又有《補臣無間庭發望如諸君子見予得家信詩皆拭淚相和同悲轉觸疊韻再成便寄靖公弟兼示兒子》。按：《賴古堂集》卷六有詩《得高座傳公書訃音與俱至》二首，其二云："親柩勞公護，論交四十春。"原注："兩先人柩厝公山房。"是亮工祖父舊室亦難保，不得已將親柩寄置於高座寺。

黎士弘《託素齋詩集》卷二有詩《至西昌知周先生無恙且得手書庚子五日》，有句云："到門驚喜公還在，痛定開函淚更流。萬死縈回明主顧，孤兒猶囑故人收。"黎士弘《託素齋文集》卷五《周龍客攝山園詩集序》："庚子間，先生履險遭饞，幾有覆巢之厄，時龍客長才等案，就予兄弟于西江。雖三十餘年久，搏虎撩須，談猶色變。"《賴古堂集》卷十有詩《黎媿曾過慰兒子過西昌時媿曾與大令宣巖存恤備至》。

五月。初五日，隔墙送酒與黄經，共度端午；得紀映鍾、卓初荔閩南書，有詩誌感。二十九日，聞林嗣環明日將行，賦詩送之。

《賴古堂集》卷二十《與黄濟叔》(三)："故鄉酒奉一壺，同濟叔隔墙泛蒲，方是我兩人一端午，亦當我兩人一還家也，趁熱急飲。"同書卷十有詩《重五有感同冠

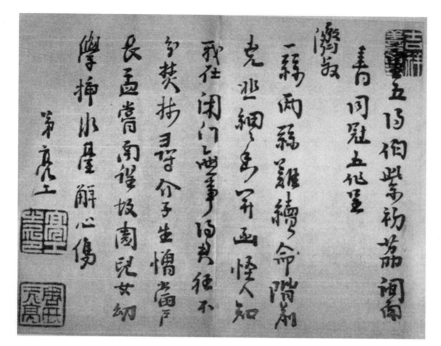

周亮工《重五得伯紫詩》

五作時得紀伯紫卓初荔闆南書》。

《賴古堂集》卷九有詩《五月廿九日烈風雷雨聞鐵崖明朝行黯然賦此送之》。同書卷二十二《題陳章侯畫與林鐵崖》：“庚子，公既蒙恩南還，辛丑，予冤亦雪。”

六月。順治皇帝遣大臣慮獄，首訊當日在閆質審全城之狀。許友離京南還；數月後寄書來慰，述及歸後慘況并所見高兆窘狀。

王先謙《東華録・順治三十四》：“順治十七年庚子……六月……戊子，遣大臣清理刑獄。”《賴古堂集》卷十二有詩《六月十日紀事》，其一：“豹頭山下海波寬，對簿聲殘裏箭瘢。自分當時填馬革，敢煩具獄望天看。”其四：“弓刀痕裏掠枯髏，夜夜雲陽市上遊。自是聖恩天廣大，可憐猶問射烏樓。”

龔鼎孳《定山堂詩集》卷二十七有詩《送有介南還和聖秋》四首，其一云：“琴簟才移薛荔香，帆開炎日道途長。東岡夢早違京洛，北寺人憐飽雪霜。”其二云：“九河正涸回舟水，六月猶飛貫械霜。……故人倘遂生還事，先報江東鷗鷺行。（原注：‘爲笠公也。’）”

《尺牘新鈔》卷十一載許友《與周減齋先生》書十，其十：“前進別不敢言別，知先生必還白門，山水之間，必來追隨杖履，故不向此中多一酸楚也。別之次日，登舟灣上,行李蕭落,獨處六十餘日,方抵虎林。……抵家但餘滿面風塵,故鄉城郭,已非向之翼然綎絙者,今則疊疊淩齒,兼以颶風之後,坊觀廬舍,頹委殆盡。家人面如塵土,慟哭傷心,告訴債主淩辱,伍伯索餉,真如刀鋸刻刻受也。近來朋友親戚已絕往來,酒茗聚談,竟若瑶池王母之宴,安可得耶。寒家之屋,前後左右,已分數姓,友所自居者,僅此屋十之一,主人反爲客矣。……雲客無一見容地,客至,巷邊門外,立茶數語而別,蓋自屋典他人,歲月未至不能取,居他人屋,歲月已來不得留也,遂成蜂巢蟻穴,一孔而自容。友舍雲客往來外,復無至友。海鮮薪米頗賤,實無買者而賤也。……尊體千宜自重,定力如先生,自不待囑。憂患著述,今古亦有不同,并願先生且焚研瘞筆,暫爲枯木,以保雪霜,自有春來,旋榮雨露。"

秋,朝審,烈風吹案牘入雲中,慮獄衆大臣疑之。

《舊譜》:"庚子……秋朝審,烈風吹案牘入雲中,世祖皇帝異之。"《墓碣銘》:"秋有詔朝審,部院大臣,下及各科道官,東西以次列。有頃,兩吏舉大簏,前後獄詞凡數十案,滿簏置中庭。公亦自列狀一通,出袖中傳示諸大臣,諸大臣讀未竟,於是大風從西北起,揚塵沙蔽天,旋入庭,從手中挈所讀紙直望空去,人吏披靡,天地晝瞑晦,人對坐不見面。公獨跪階下叩首呼冤,口不得發,默自念曰:'天豈哀我耶? 吾死生此刻決矣。'良久風定,塚宰倡言曰:'天意如此,此獄可疑。'於是同列者齊應聲曰'可疑',堂上下環列數十人,無一誰何者。"

《賴古堂集》卷十有詩《朝讞適有風異僉擬以疑告適天恩概減罪人死因置疑徒塞外》,有句云:"恩膏此際同淪骨,疑牘誰爲吹上天。羊角已扶九萬里,故人空賦大風篇。"

龔鼎孳《定山堂詩集》卷四《大風行》有云:"長安大道塵拍天,朔風乍號何怒顛。傳聞漢廷方慮獄,都人觀者紛駢闐。侍郎奉梏叫閶闔,累累木索同鉤連。一言脫口黃沙起,萬事蒼茫爭片紙。曈曈日出軒轅宮,忍照孤臣戴盆死。諸老逡巡視牘背,或復義聲鳴感慨。謙讓移時議忽同,奮筆大書法常貸。其時群口歡如雷,今日始逢天眼開。"

是秋,高永清離京往遊閩,賦詩送之。

《賴古堂集》卷一有詩《高二澄甫將別予遊閩悲予及見高還得五十韻送之》,有句云:"多君不及餐,買舟冰自鑿。……顧我頌繫中,危途不少卻。……天恩緩一夕,雞燖迷湯鑊。哀此須臾人,屍行憶魂魄。……秋風動長安,客子悲離瘝。……亂中行路難,況是書生弱。"

是秋詩作尚有:《賴古堂集》卷六《七月十九夜同田無間王望如吳庭發賦》《庚子中秋與田無間王望如吳庭發賦》,《賴古堂集》卷二《庚子重九前四日板屋欲雨同姚仲潛吳冠五諸君子共拈劉隨州藜杖懶迎征騎客菊花能醉去官人爲韻得十四首》《庚子重九雜感用古詩十九首韻呈今醉先生并諸同人》《重九後一日偶成》《重九後二日薗次仲潛過慰用去字同冠五賦》。

初冬,黃經事白還歸,鑴“勿忘今日”印章一方見贈,賦詩送之。

《賴古堂集》卷十有詩《黃濟叔與人同姓字陷若盧一載餘今日得白賦二詩送其還里同芝麓薗次賦》,其一有云:“黃雲四出人能去,狂喜反增淚濕襟。……倘過寒家煩寄語,都亭正賦大風吟。”其二云:“遠信數行孤雁淚,輕舟一路早梅香。裝成更爲鑴今日,百劫塵沙願勿忘。”原注:“濟叔瀕行,鑴‘勿忘今日’貽予。”龔鼎孳《定山堂詩集》卷二十八有《和櫟園送黃濟叔出獄南歸》二首。

十一月初,順治皇帝曉諭刑部,將監候之犯概從減等。時朝審案未結,依例當徙塞外。

王先謙《東華録·順治三十五》:“順治十七年……十一月壬子朔,諭刑部:‘朕覽朝審招册,待決之囚甚衆,雖各犯自罹法網,國憲難寬,但朕思人命至重,概行正法,於心不忍。明年歲次辛丑,值皇太后本命年,普天同慶;又念端敬皇后彌留時,諄諄以矜恤秋決爲言,朕是以體上天好生之德,特沛解網之仁。見在監候各犯,概從減等,使之創艾省改,稱朕刑期無刑、嘉與海内維新之意。爾部即會同法司,將各犯比照減等例定擬罪名,開具簡明招册具奏。’……丁巳(初六日)諭刑部:‘見在監候罪犯概從減等,有應決者姑停處決。’”

《舊譜》:“庚子……會太皇太后本命元辰,在獄人犯概減一等,遂未竟朝審案,依例改徙寧古塔。”《賴古堂集》卷十有詩《朝讞適有風異僉擬以疑告適天恩概減罪人死因置疑徙塞外》。

冬至日,張縉彥至,相見淚下。

《賴古堂集》卷六有詩《長至日萊居公至》:“意外看公在,天心轉一陽。吞聲人握手,失喜淚沾裳。老病圓牆月,殘燈板屋霜。那堪白首望,絶塞有家鄉。”按:是年六月,張縉彥被逮下獄,十一月判籍没家產,流徙寧古塔。

張縉彥,字濂源,號坦公、萊居,又號大隱、筏喻道人、外方子等,河南新鄉人。明崇禎四年進士,官至兵部尚書。明亡,降於李自成農民軍。旋逃歸故里,舉兵抗清。順治三年降清。順治九年後,歷任山東右布政使、浙江左布政使、工部左侍郎。順治十七年,因黨爭和文字獄被逮下獄,籍没家產,終身流戍寧古塔。在北地,嘗與吳兆騫、姚其章、錢威、錢虞仲、錢方叔、錢丹季等,發起"七子詩會"。著有《菉居封事》《寧古塔山水記》(附《域外集》)《依水園文集》《菉居詩集》《菉居文集》等。《清史稿》有傳。

十二月初五日,初聞徙塞外消息。賦詩寄與方拱乾等塞外諸友,方拱乾有答詩。又賦詩寄南京諸友。王沄時客淮海,賦詩與之別。

《賴古堂集》卷六有詩《庚子嘉平五日雪初聞欲徙塞外》。

《賴古堂集》卷十有詩《將移塞外先寄龍眠公暨諸同人》,其三有云:"一家命薄重關外,萬里鄉迷夕照中。"其四云:"風緊黃雲新篳篥,月明青草舊琵琶。"同書卷十六《壽青溪三老序》:"君(指方育盛)既先賦出塞,予亦有北徙之議。鴻棲指爪,憑仗故人,乃爲詩寄之,有云:'風緊黃雲新觱栗,月明青草舊琵琶。'又有曰:'一家命薄重關外,萬里鄉迷夕照中。'袖手閑吟,酸風四起,此是何等詩料。而君家蘇庵老人涉境多艱,文情彌健,亦有見答之章,其曰:'喜定讀來心轉痛,路遥望去緒難堪。'復繼之曰:'格老應憐筆共長,才多似與數爭奇。'較牛衣犀角之句,未知天懷孰勝耳。"

《賴古堂集》卷十有詩《初聞徙信寄白門羅星子高康生盧雉公方爾止杜于皇胡元潤》。同卷又有《王勝時作客淮海寄別》,其二云:"西曹別後客心傷,白露誰教更一方。……移去動成千萬里,音書日夜盼遼陽。"按:王沄嘗過慰請室,《賴古堂集》卷九有詩《王勝時至勝時數過長干向兒輩詢南北信》。

方文《嵞山再續集》附朱書撰《方嵞山先生傳》:"方文,字爾止,一名一耒,字明農,桐城人。……年少有才名,思振其家聲,與諸名士貴池吳應箕輩,及復社、幾社諸君子相厚善。……乙酉後輒放廢不自繩檢。……爲人猥狹,又任放好嫚罵,刻意爲詩,輒嫉憤舉世,世無當其意者,以故多齟齬。……殁……其婿安節王概爲刻《嵞山詩》若干卷。"嘉慶《新修江寧府志》卷四十二《人物·流寓》:"方文,字爾止,桐城人,居江寧。工詩,交遊盡一時名士。著有《嵞山集》,學者稱嵞山先生。"

十二月十八日,作行書《情話軒近詩》。

《情話軒近詩》:"庚子嘉平十八日,大梁周亮工題於情話軒。"見《中國古代書畫圖目》第八册,山西省博物館藏。

顧夢游卒。

佟國器卒。

是年詩作尚有:《賴古堂集》卷六《送章補臣出塞同田無間王望如吳庭發賦》,卷十《五更起坐走筆欲寄舍弟雙燕渡黃河弟句也》《見梅花》《雨露美王公也》。

約作於是年之詩尚有:《賴古堂集》卷二《客索壽母詩即用客韻客京口人》,卷十《芝麓舫齋字曰春帆》《謝大潛初自中都來視我》《京口王公量在獄投我一詩悲予將不及見公量答此》《七夕》,卷十二《無題》《羈中題畫稚竹》。

清順治十八年　辛丑　1661　五十歲

是年正月,清世祖卒,子玄燁嗣位。三月,鄭成功入臺灣,逐荷蘭人。七月,金聖嘆等以"哭廟案"被殺。十二月,清兵入緬甸,永曆帝及其眷屬被拘送吳三桂,永曆政權亡。

在獄候遣。歲初,黎士弘過慰,攜楊玉暉手製印章一方相贈。

　　《賴古堂集》卷十有詩《黎媿曾過慰兒子過西昌時媿曾與大令宣岩存恤備至》,其一有云:"重來欲賦大風詩,卻值南冠放逐時。"

　　《印人傳》卷三《書楊叔夜印章前》:"楊叔夜玉暉,閩之長汀人。以孝行爲鄉里所推,詩文皆能獨出己意,汀士多從之學,黎司李媿曾、鄭大令健也輩,皆出其門。晚以明經作教南靖,以文字交於予,不甚留心於印章,偶一爲之,遂臻上品。予在繫所,媿曾來顧,出一印,鑴眉山句:'走馬聯翩鵲噪人',云:'楊夫子以此兆公也。'不三日,予蒙國恩生還,至今感其意。予所得叔夜印最多,患難中散失殆盡,惟餘數方,敘次於左。"按:黎士弘係去歲冬來京,《託素齋文集》卷一《黃可章房稿序》:"庚子冬,與齊年關羽公先至京邸,時閩榜未放,私相記憶里中當雋者誰。"

正月初,順治皇帝病重,遣內大臣傳諭:京城內除十惡死罪外,其餘死罪罪犯悉行釋放。初七日,順治帝卒,當晚釋刑獄。與王仕雲等因得獲赦南還。

　　王先謙《東華錄·順治三十六》:"順治十八年辛丑春正月壬子,上不豫。……上大漸,遣内大臣蘇克薩哈傳諭:京城内,除十惡死罪外,其餘死罪及各項罪犯,悉行釋放。丁巳(初七)夜子刻,上崩於養心殿。"孟森《清初三大疑案考實·清世祖出家考實》引張宸《雜記》載:"初七晚,釋刑獄,諸囚獄一空,止馬逢知、張縉彦二人不釋。"《賴古堂集》卷二十四《祭毘陵吴儼若太翁文》:"及先皇帝違和憑几肆,赦孤臣與任庵諸公俱南。"

出獄即南還,黎士弘、龔鼎孳賦詩相送。吴宗信及弟亮節同時歸。

《賴古堂集》卷二十四《祭建寧司李君碩孫公文》:"祝網之後,見星而奔,不及過秦郵半步。"黎士弘《託素齋詩集》卷二有詩《都門送周先生南還辛丑人日》。龔鼎孳《定山堂詩集》卷十三有詩《送櫟園南還十首》,其一云:"春燭天街静,高城集暮鳥。人偏今夜别,月似隔年孤。"其三云:"閶門誰剥啄,人日汝爲人。失喜杯頻墮,謀歸路漸春。"

《定山堂詩集》卷二十八《送吴冠五》有云:"論詩榻憶殘宵破,送客春憐絶塞回。"同書同卷《送周靖公》有云:"一行朔雁還鄉路,六載原翎急難心。……梁園雪後梅全放,歸到巡簷笑豈禁。"按:《賴古堂集》卷二十四《祭靖公弟文》有云:"兩尊人之棄予兩人也,予在難,弟急予難,皆不及含殮,予與弟抱終天之恨。"是亮節因急兄之難,亦在京。

正月十七日,再題《情話軒近詩》。

《情話軒近詩》:"辛丑上元後二日,更生亮工再題。"見《中國古代書畫圖目》第八册,山西省博物館藏。

過寧陵,再晤李若星。閔子璿邀遊滁州,三月初一日,見醉翁亭畔梅猶未落。

《賴古堂集》卷十有詩《重過前岳陽太守李燦辰思鶴亭予赴閩日燦辰送予東郊涕泗不忍别今忽忽七載矣》三首,其一有云:"重來莫厭終宵集,垂老幾爲絶塞行。"其三云:"大棘城邊雲影亂,不知南去卻依誰。"同書卷十二有詩《醉翁亭畔歐公手植梅三月朔猶未落前此未有也南還閔子璿邀遊一截誌感》。

雍正《河南通志》卷五十一《古迹上》:"歸德府……大棘城,在寧陵縣西南七十里。"

《大清一統志》卷九十《滁州》:"醉翁亭,在州西南七里,宋僧智仙建,歐陽修爲之記,蘇軾有跋。《州志》:明嘉靖中增建高樓,遊人往來不絶,亭後有二賢祠,祀修及軾。"

南還途中詩作尚有：《賴古堂集》卷十二《題黃粱夢壁》《渡河望中牟讀書處》。

春三月，抵南京，廬居高座寺。作文追祭程之璿、盧圖龍、孫開先，復倩郭鞏爲追寫程之璿小像，構拜玉庵祀之。

　　《賴古堂集》卷十七《送王庭一入楚序》：“辛丑，先皇帝釋予獄。……予於是年暮春返白門，廬居高座。”同書卷十二有詩《辛丑清明哭先嚴慈柩前》。

　　《賴古堂集》卷二十四《祭福建按察使程公仲玉文》：“沉冤獲雪，南奔兩親之喪，伏處草土，收召魂魄，始得走一介，以生甥一束，告公於宿草之前，然已去公之没四年於兹矣。”同卷又有《祭建寧司李君碩孫公文》《祭汀州司李若羲盧公文》。

　　《讀畫録》卷四《郭無彊》：“閩臬長長治程公仲玉，以白予冤，同被逮，病死霞嶺。予北歸，寄語高生雲客，請無彊追寫程公。無彊援筆立就，望之如生。……余作拜玉庵祀之，別有紀。”紀映鍾《戇叟詩鈔》卷三有詩《拜玉庵歌爲櫟園司農作》。

重逢南京舊友，有詩贈與謝成、鄒喆、胡玉昆兄弟等。杜濬和龔鼎孳送歸韻見贈。紀映鍾有詩誌重逢之喜。方文亦和龔鼎孳送歸韻見贈。自此，與諸舊友（包括林古度）時相過從。

　　《賴古堂集》卷十有詩《與謝仲美》《與鄒方魯》《與胡元潤元青》。

　　《讀畫録》卷三《謝仲美》：“謝仲美成，其尊甫彬臺，名道齡，本吳人，移家秦淮，與僕望衡而居。仲美從其尊人學畫，而加以秀潤，山水花鳥皆擅長，寫生尤逼肖，有頰上三毛之妙。先君作後一大像無分毫似，欲以小像傳模於大幅，因告之仲美……隔數日以所圖來，賤兄弟以及妻孥見之，無不伏地痛哭。仲美食貧而爲人醇雅克孝，了非時流可及。……予自北回，值仲美生辰，與一詩。”同書卷一《鄒方魯》：“滿字仲子喆，字方魯。畫宗其父，圖松尤奇秀。守節霞閣，敬事父友，謹慎保其家。予北還，贈以詩。”同書同卷《鄒滿字》：“鄒滿字典，吳縣人，客遊金陵，遂家焉。君畫筆意高秀，絶去甜俗一派，故足俯視餘子。家貧能自行其志……所居東園水濱，友人胡念約爲構小閣，顏曰‘節霞’，賦‘白日掩荆扉’以見志。……與予從兄敏求比屋居，予又交其子喆，故余得其山水寫生大小幅獨夥。”

　　杜濬《變雅堂詩集》卷一有詩《周元亮南還以孝升先生送行詩見示依韻和之》，詩次辛丑（1661）。紀映鍾《戇叟詩鈔》卷三有詩《喜櫟園歸》，詩次辛丑（1661）。方文《嵞山續集·西江遊草》有詩《和龔孝升都憲送周元亮司農南歸韻》十首，其二有云：“柴荆微雨過，有客道君還。我正愁臨水，聞之喜動顔。”其六云：“與君居密邇，無事日過存。……藏書千萬卷，對客任掀翻。”同書又有詩《七月初三夜過周元亮先生小飲有贈》二首，又有《束林茂之先生》：“八十二翁筋未衰，往來都市如童兒。尋常過我草堂慣，今年暑月何愆期。祇因兩髁患創癬，出門徒步多艱危。周公勸用楮桃葉，不識此方宜不宜。"原有注曰："周元亮司農以楮葉治癬，云有奇效。"

吳淇滋、高永清、王沄、朱靜一、申繹芳、徐芳遠來過慰，有詩誌感。

《賴古堂集》卷十有詩《南還，吳庭發至自毘陵、高澄甫至自梁溪、王勝時至自雲間、朱靜一至自秋浦、申霖臣至自吳門、徐仲光至自旴江相慰，感賦》："北轍南轅意倍縈，群公千里慰惇惇。新還不夢家曾到，再見反疑客更生。江上分風吹短棹，燈前制淚約浮萍。庭花亦識人來好，可奈烏啼白下城。"

《藏弆集》卷九："申繹芳，霖臣，江南吳縣人，美中先生子。《靜成齋集》。"

雍正《江西通志》卷八十四《人物十九》："徐芳，字仲光，南城人。明崇禎進士，授澤州知州，以治行第一征。後與友人鄧廷彬入山偕隱，或出遊以資食，則操技術以往，不輕謁公卿。平生著述甚多，縣令苗蕃選刻其十之一，名曰《懸榻編》。"《尺牘新鈔》卷六："徐芳，仲光，南城人。《藏山初集》《二集》。"

是夏，作有《顧與治詩序》。時施閏章搜集顧夢游遺稿，託方文刊行於世。

施閏章《學餘堂文集》卷十七《顧與治傳》："庚子九月二日，歿，年六十二。……所撰詩文散佚，歿歲餘，其友施閏章收輯得十卷行世。"《賴古堂集》卷十三《顧與治詩序》："與治既没，其詩雖散佚，終在人間，不致遺落，蓋藏之者衆也。宛陵施愚山先生既爲收拾付梓，屬予友方爾止爲之點定，標異賞奇，特爲精當，與治之詩遂成全璧，其傳之百世無疑。"《顧與治詩集》附方文《顧與治詩序》："壬寅春，自臨江歸，尚白捐俸屬予授梓，而子遷亦有將伯之助，不旬月，剞劂遂成。"

按：《賴古堂集》卷十七《送汪舟次遊廬山序》有云："吾友愚山、其武、伯衡，門士黎子媿曾，雖官江右，然皆不得志於時者。"是周亮工與施閏章亦有交往，暫不知始於何時。

施閏章，字尚白，號愚山，安徽宣城人。順治六年進士，歷官刑部主事、山東學政、江西參議等。崇獎風教，所至輒修整書院，會講常數百人。康熙十八年，召試博學鴻詞科，授翰林院侍講，纂修《明史》，典試河南。二十二年，轉侍讀，病卒。博綜群籍，善詩古文辭。爲文意樸而氣靜，詩與宋琬齊名。著有《學餘堂集》《矩齋雜記》《蠖齋詩話》等。《清史稿》卷四百八十四《列傳·文苑一》有傳。

是夏在南京，因張怡結識髡殘，髡殘爲作山水圖。

《宋元明清書畫家年表》引《三秋閣書畫録》：順治十八年，髡殘嘗爲周亮工作山水圖。關冕鈞《三秋閣書畫録》卷上：順治十八年，周亮工通過張怡向髡殘索山水畫，髡殘在畫上長跋：“東坡云：書畫當以氣韻勝人，不可有霸滯之氣，有則落流俗之習，安可論畫？今櫟園居士爲當代第一流人物，乃賞鑒之大方家，常囑咐殘衲作畫，余不敢以能事對，强之再，遂伸毫濡墨作此。自顧位置稍覺安穩，而居士亦撫掌稱快，此余之厚幸也。”

《讀畫録》卷二《石谿和尚》：“石谿和尚，名髡殘，一字介邱，楚之武陵人。幼而失恃，便思出家。一日……出門徑去，投龍三三家庵中。旋歷諸方，參訪得悟。後來金陵，受衣缽於浪丈人，丈人深器之，以爲其慧解處莫能及也。公品行筆墨，俱高出人一頭地，所與交者，遺逸數輩而已。繪事高明，然不輕爲人作……至所欲與，即不請，亦以持贈。予從瑶星張子與交，因乞作册子數幅，公欣然命筆，自題：‘殘山剩水，是我道人家些子活計，今被櫟園老子奪角爭先，老僧祇得分爐頭半個芋子。且道那半個，聲他日睹面，再與一頓。’”

秋往虞山乞先人隧誌，舟近毗陵，遇王亙來，作《送王庭一入楚序》，送其入楚省父。

《賴古堂集》卷十七《送王庭一入楚序》：“秋往虞山乞先人隧誌，舟近毘陵，值庭一。蓋庭一將往白門慰予，便欲從楚省其尊大人。……庭一乃出予友鐵崖林公送其入楚序示予。……然予有以慰子，膠西宋君艾石方官楚，其人忼爽好交，予雖不足知宋君，然在山左時，暗中摸索於諸生中，首拔宋君，宋君卒以文名海内，予之知宋君，不殊於知子，子寧當以貧賤老，持予文以視宋君，宋君必有以振子。子行矣，予將藉以復吾鐵崖。”按：江蘇常州爲舊毗陵郡地。“宋君艾石”，即宋可發，周亮工令濰時所取士之一。

至杭州。再晤王猷定，王和龔鼎孳送歸韻見贈。再晤李明翿，有詩贈之，李亦和龔鼎孳送歸韻見贈。宋琬爲題畫。遇陳玉石於西湖。逢毛奇齡，以《賴古堂集》贈之，毛奇齡有詩奉答。再逢林嗣環，重睹昔日寄出之陳洪綬畫，賦詩贈林之僕鄧猷。

《賴古堂集》卷十三《王于一遺稿序》：“余南還，遇于一於武林。于一曰：‘公返耶，濟叔無恙耶？’聞濟叔與予偕返，則淚下。因背誦余若盧中某詩或某句，則聲淚俱下。”王猷定《四照堂詩集》卷一有詩《和韻送周櫟園先生》六首，其一：“棘土有興氣，圜樹惟啼烏。一日謗書起，萬里成羈孤。感激破械出，浩蕩見江湖。春鴻急歸羽，風勁更銜蘆。”其二：“問君出幽薊，君言鬼門還。豈無一杯水，將淚洗塵顔。分明見故舊，疑夢歸鄉關。夜聞戰馬嘶，漠漠在陰山。”

　　李明皓《樂志堂詩集》卷二有詩《湖上重晤周櫟園先生和龔芝麓先生蚤春送歸白下韻四首》，其四：“重過錢塘上，煙霞興自饒。但將尊酒盡，誰信客蓬飄。往事彈雙劍，新詩洗六朝。相逢還似夢，山水且招要。”原注：“辛丑晤先生于湖上，貽詩有‘新還祇夢家難到，再見翻疑客再生’之句。”

　　《賴古堂文選》卷十九載宋琬《題〈賴古堂藏册〉前》：“歲辛丑，先生來湖上，顧余而嘆曰：‘予生平無他嗜好，惟喜藏古人法書、書畫、金石、篆刻之屬，朝夕愛玩，以爲寢食性命者，今皆斥典略盡。’”宋琬《安雅堂文集》又有《題周櫟園所藏近代名人畫册》。按：宋琬時任浙江提刑按察使。

　　《印人傳》卷二《書陳師黃印章前》：“陳師黃玉石，自云平湖人，或曰陳非其本姓，亦不籍平湖，未能辨也。質朧弱而氣好淩人。……予辛丑之秋，遇於明聖湖上，相與爲重，七夕之會，師黃意氣猶自若。工圖章，不肯爲人作，顧予曰：‘於公固無吝也。’刻章必深刓其底，光滑如鑒乃止。嘗目工印章者曰：‘爾輩持刀將用以削人足指甲耶？’其傲慢自矜如是，以故不爲同人所容。終以屛軀嘔血死，死蓋不滿五十云。後予過嘉禾，知師黃本陸姓。”按：西湖舊稱明聖湖。

　　毛奇齡《西河集》卷一百七十一有詩《周侍郎來湖上辱貽賴古堂集用龔掌憲贈侍郎南還詩韻二首奉寄》，其二有云：“夷魚推介節，賦鵩幸生存。……生平感知己，不獨識虞翻。”

　　《賴古堂集》卷二十二《題陳章侯畫與林鐵崖》：“丙申，以此卷寄鐵公，時公方備瓊海兵。……庚子，公既蒙恩南還，辛丑，予冤亦雪，是年秋，值公明聖湖，出此相視，裝潢有加，舊觀頓反。觀故人手跋皆爲予抱痛，予把此卷，蓋不禁潸然淚數行下也。”同書卷六有詩《鐵崖林公被逮北上，侍者粵人鄧猷懷絮溫公銀鐺，日凡數十易，左右公患難三年終始不怠，高子雲客爲作絮鐵行，予值猷湖上，感而贈此，兼呈鐵崖》。

　　宋琬，字玉叔，萊陽人。少能詩，有才名。順治四年進士，授户部主事，累遷吏部郎中。十八年，擢浙江按察使。始琬官京師，與嚴沆、施閏章、丁澎輩酬倡，有“燕臺七子”之目。其詩格合聲諧，明靚溫潤。既構難，時作淒清激宕之調。王士禛點定其集爲三十卷，嘗舉施閏章相況，目爲“南施北宋”。《清史稿》卷四八四《文苑一》有傳。

　　毛奇齡，字大可，一字齊于，本名甡，字初晴，學者稱爲西河先生，蕭山人。青年時即富才識，爲陳子龍賞識，補諸生。明亡，祝髮竄身山谷，讀書土室中。後流寓江淮。康熙中召試博學鴻詞，授翰林院檢討。著述甚富，精於考據，亦善畫。傳見《國朝先正事略》卷三二《毛西河先生事略》，《清史稿》卷四百八十一《列傳・儒林二》。

秋八月，過揚州。孫枝蔚和龔鼎孳送歸韻見贈，復偕程邃過訪寓園，觀菊、賞畫，并爲題畫。

　　陳維崧《陳迦陵文集·儷體文集》卷八《賀周櫟園先生南還廣陵序》："先生遇赦，實順治十八年正月初七日也。涼秋八月，南下廣陵。"

　　孫枝蔚《溉堂集·溉堂前集》卷五有詩《喜周元亮司農生還次龔孝升總憲韻》，其五云："邗上驚相見，南皮盛宴開。晚花香未歇，黃蝶興難回。"同卷又有《同程穆倩訪周元亮司農留飲寓園觀菊兼示所藏畫册》。卷八又有《題汪汝爲畫》，題下原注："書周櫟園册子。辛丑。"

　　《清史稿》卷四百八十四《列傳·文苑一·孫枝蔚》："字豹人，三原人。少遭闖賊亂，結邑里少年擊賊，墮坎垍，幸不死。乃走江都，習賈……既乃折節讀書，僦居董相祠，高不見之節。王士禛官揚州，以詩先，遂訂交，稱莫逆焉。……以布衣舉鴻博，自陳衰老，乞還山，遂不應試，授內閣中書。"《清史列傳》卷七一《文苑傳二·孫枝蔚》："所著《溉堂前集》九卷、《續集》六卷、《後集》六卷、《詩餘》二卷，原本秦聲，多激壯之詞。"

陳維崧來謁，作序文見贈，同時座客有鄧漢儀、程邃。

　　陳維崧《陳迦陵文集》卷三《贈周櫟園先生序》："先生既脫獄，南還至揚州。揚人士識與不識，聞先生至，無不大喜，爭持牛酒賀。陳生維崧適遊揚，亦欲一見先生，私輒自計曰：'維崧，江表鄙人耳，……雖欲見先生，恐未有路也。'獨居深念，不能自決者累日。如皋冒君辟疆，余父執也，一日自外至，語維崧曰：'櫟園先生知陳生，亟欲一相見，子無誤。'陳生聞是言，竊自喜且夕謁先生，則先生已枉車騎迹陳生於市中，以故左。日已遁，復上謁，先生則揖陳生入，置酒食。陳生攝衣就坐，醉則歌先生所爲詩，先生擊唾壺和之，一座盡驚。……座客孝威鄧氏、穆倩程氏。"

　　陳維崧，字其年，號迦陵，宜興人。陳貞慧子。天才絕豔，爲文千言立就，瑰瑋無比，當時名流皆折行輩與交。年逾五十，始舉鴻博，授檢討，修《明史》。詩、詞、駢文俱擅場。著有《兩晉南北史集珍》《湖海樓詩》《迦陵文集》《迦陵詞》等。傳見《碑傳集》卷四十五、《清史稿》卷四百八十四《文苑一》、《清史列傳》卷七十一《文苑傳二》。

　　鄧漢儀，字孝威，號舊山，泰州人。博洽通敏，尤工於詩，與太倉吳偉業主盟風雅者數十年。康熙十八年舉博學鴻詞，以年老授中書舍人。即辭歸，偃仰山林，日以吟觴自適。與修《揚州府志》《江南通志》，皆以其言爲諭定。遊迹所至，輒以名集，逐年編紀，凡七集。詩家咸推重之。嘗品次近代名人之詩爲《詩觀》，凡四集,別裁僞體,力追雅音,海内言詩之家咸宗之。傳見《清史稿》卷四八四《文苑一》《清史列傳》卷七十《文苑傳一》、道光《泰州志》卷二十四《人物·文苑》。

重逢黄經,見其近畫,爲題十絶。時初聞方拱乾舉室南還,方氏此時已達潞河,有詩見寄。又有詩贈與龔賢、袁于令。

《讀畫録》卷二《黄濟叔》:"予在邗上重見濟叔,贈之十絶句。"《賴古堂集》卷十二有詩《邗上重晤黄濟叔見其近畫漫題十絶》,其二:"驢背霜寒客路艱,年前此日見君還。歸來不索荆關畫,得看江南别後山。"其六:"好友能歸願未全,支筇日夕望征鞭。荒涼莫更圖關塞,爲報龍眠盡已還。"原注:"時初聞龍眠方公舉室南還。"

《賴古堂集》卷十六《壽青溪三老序》:"迨予生還,重過邗上,得聞君家盡室南還之信,因題濟叔畫有云:'荒涼莫更圖關塞,爲報龍眠盡已還。'……時君家老人已達潞河,因寄予云:'重生消息輪飛騎,萬里情親見吮毫。邗水秋鐙魚字細,薊門雪夜雁聲高。'蓋實録也。"

《賴古堂集》卷六有詩《步韻酬龔半千予北上時半千出慰舟次》。同卷《袁籜庵自書曰走凡詢之曰客有自稱飛仙者以此對之戲成》有云:"七十顔能駐,如公勝偓佺。……凡夫真具足,不更羨飛仙。"按:袁于令生於明萬曆二十年(1592),本年七十歲。

《尺牘新鈔》卷十一:"袁于令,籜庵,長洲人。《音室稿》。"

是秋方文出遊。至九江,逢周在梁,賦詩送之還南京。秋盡,至章門,逢周銘,復有詩送之南還。

方文《嵞山續集·西江遊草》有詩《九江送周園客南歸兼懷元亮先生》:"淒淒風雨暗江關,咫尺廬峰不可攀。彭蠡濤聲憐我去,秣陵秋色羨君還。家書煩寄荒陂上,樽酒難分逆旅間。暇日趨庭如見問,爲言衰鬢一時斑。"原注:"元亮與予同庚,常怪予髮未白,故云。"按:周亮工弟亮節之子在梁,字園客。

方文《西江遊草》又有詩《送周亮臣還白下》:"三秋同作章門客,秋盡君歸我未歸。下水揚舲元自穩,好風掛席更如飛。江東歲儉多收米,湖上霜寒蚤製衣。莫嘆遠遊分潤少,此方半百事全稀。"

按:據《賴古堂集》卷十六《覺庵兄六十序》,周亮工有世居南京之族兄覺庵,其子亮臣,以文章名世,與黄虞稷、倪燦同學,時與黄、倪一道來過從。初不知二家爲同族,後驗之譜牒,知與覺庵爲兄弟,亮臣爲避亮工諱改字鹿峰。"予欽鹿峰才甚高,兒輩無與伯仲,命延兒以下咸師事之""每與鹿峰論古今成敗得失,如指諸掌。著《史鑒闡微》。又精易，安危休咎，至甚細微，無不預爲燭照，言之往往奇驗。《書影》後附周銘跋，末署："金沙小侄銘鹿峰氏拜書於讀畫樓。"是知周銘，字亮臣，改字鹿峰。

是冬，重晤汪楫，得讀吳嘉紀《陋軒詩》，推爲近代第一，慮其病不及見，爲賦一詩，囑汪楫爲書招之。吳嘉紀賦詩作答，尋力疾至揚州相會。

《賴古堂集》卷十四《陋軒詩序》："予己丑過廣陵，與汪子舟次交。……越十三年，予復至廣陵，見舟次詩，而詩又甚工。驚詢之，舟次曰：'東淘有吳賓賢者，善爲詩，予與之遊。同學詩，愧不逮也。'後每見輒言賓賢賓賢不置，若惟恐予不知有賓賢者。……因出其手録《陋軒詩》一帙示予，予讀之心怦怦動……今乃有不及見賓賢之感矣，急賦一詩寄之。"按：此"己丑"爲順治六年(1649)。

汪楫《陋軒詩序》(賴古堂刊本《陋軒詩》附)："辛丑歲，周櫟園先生在廣陵見埜人詩，推爲近代第一。復聞埜人病心，甚慮之，恐遂不及見埜人，屬余爲書招之，贈一詩附與俱往。……書達，埜人竟來。蓋埜人名不出户，而先生詩走四方。埜人與余共論諸家詩，時先生方逮繫大廷，埜人于時已切切望先生事白，得時見先生近詩。固不意先生南還，亦爲埜人悲惜如此也。"

《賴古堂集》卷十有詩《東淘吳賓賢貧病工詩，汪舟次手録其近作相示，頗有同調之感，舟次且爲予言，賓賢近札有"夕陽殘照，于時寧幾"之語，櫟下生痛賓賢或真死不及見矣，爲賦一詩，急令舟次寄示賓賢》《汪舟次每見予輒言賓賢不置予既爲一詩寄賓賢感舟次于賓賢纏綿忱切復作此與舟次》。同書卷六又有《吳賓賢爲予至飲汪舟次齋中》三首，其二有云："歌吹揚州地，寒梅不肯花。人憐關塞返，客嘆夕陽斜。"其三云："聞君買藥至，似爲老夫來。遽啓殘詩篋，休停濁酒杯。"

吳嘉紀《陋軒詩》有《答櫟下先生》《訪周櫟園先生兼呈汪耻人》，同書又有《抵邗集汪耻人齋次韻答周元亮先生》二首，其一云："力疾尋知己，霜風海岸長。"其二云："歲暮東風暖，邗關處處花。"按：汪楫號耻人，孫枝蔚《溉堂續集》卷二有詩《賓賢自號野人舟次自號耻人希韓戲予曰君詩便可合刻當名三人集予笑而答之》。

道光《泰州志》卷二十六《人物·隱逸》："吳嘉紀，字賓賢，號野人，家安豐場之東淘，其先世竈户也。幼負異姿，成童時習舉子業，操觚立就。無何，輒棄去，曰：'男兒自有成名事，奚必青紫爲？'自是專力於詩，歷三十年絶口不談仕進，蓬門蒿徑，樂以忘飢。其爲詩工爲嚴冷危苦之詞，所撰《今樂府》尤凄急幽奧，皆變通陳迹，自爲一家，近代巖棲之作鮮有過者。久之，聲聞海内，鉅公名流咸樂與交,周亮工、王士禎官揚郡,馳使三百里强致之,爲刻其詩以行。同時諸詩家如孫豹人、郝羽吉輩,亦争相推重。……著有《陋軒詩》六卷。"

懼吳嘉紀詩不傳,即命汪楫彙次之,後親爲作序,康熙元年(1662)爲刻於賴古堂。

《賴古堂集》卷十四《陋軒詩序》:"因彙其前後之作,刻爲《陋軒詩》。"汪楫《陋軒詩序》:"先生既得見埜人,慮埜人死益切,語余曰:'古之工爲詩文者多矣,人情忽近喜遠,其人不死則著作不傳。埜人之人、之遇、之詩,皆可必其傳,病又幾於死,且以埜人詩,亦必待其死而後傳,吾與子與不知埜人者等耳。子其圖之。'余唯唯,因即郵筒所寄寸牘片紙彙次之,得百首,應先生命。"

按:據汪楫此序,周亮工與吳嘉紀初次會面後不久,即與汪楫謀刻《陋軒詩》。《續修四庫全書》集部1403册收有吳嘉紀《陋軒詩》,標明爲康熙元年賴古堂刻增修本,但檢此《陋軒詩》,可發現其中收有康熙元年之後詩作多首,如《得櫟老人書》:"北風蕪城寒,緼袍少顔色,欲歸家苦遠,尋友路不識。故人青州宦,清貧食無魚。相憶三千里,冰霜寄尺書。開書竟何如,分我以俸錢。攜歸盡糴米,妻兒過凶年。"而亮工康熙二年癸卯(1663)始官青州。實際的情形應當是,康熙元年(1662),賴古堂曾經刊刻《陋軒詩》,其後某年又有增修,《續修四庫全書》所收當是後來之增修本,而非"康熙元年賴古堂刻增修本"。

王士禎時任揚州推官,爲題雜畫册十六首。

《結鄰集》卷十二載王士禎《與櫟下論畫》:"乙巳夏,禎在青州真意亭爲先生題畫册,因憶辛丑在揚州,壬寅在真州,前後爲先生題畫賦詩不下三四十篇,今再而三矣。將來與先生相見未知何地。"按:《漁洋山人自撰年譜注補》惠棟注引此書作《與周櫟下論畫》;王士禎題畫詩見《漁洋詩集》(康熙刻王漁洋遺書本)卷十二:《畫荔枝》(以下十六首爲周櫟園司農題雜畫册)……"這十六首題雜畫册分别爲《畫荔枝》《江城雪景圖》《程端伯畫》《陳洪綬水仙竹二首》《葉欣畫》《程端伯畫》《趙澄煙雨行旅圖》《陳涉江畫》《劉度仿李迪畫》《樊圻畫二首》《葉欣畫》《施霖畫》《出峽圖》《李杞瞻畫》。

《大清一統志》卷六十七《揚州府二》:"王士禎,新城人。順治十七年任揚州推官。"

是年在揚州,許玭、徐延壽、宗元鼎、黃經、吳嘉紀、汪楫嘗夜集寓園,分韻賦詩。又嘗與許玭、程邃集許力臣師六宿影亭,分韻賦詩。

《賴古堂集》卷六有詩《閩中許天玉徐存永廣陵宗定九黃濟叔吳賓賢汪舟次夜集寓園即席分得看字》。同書卷十《同許天玉程穆倩集許力臣師六宿影亭即席分得楓字》有云："只擬良書絶塞通，百年厄酒更相同。可憐邗上初聞雁，不信吳江但落楓。"

居揚州兩月，歲暮將歸，有詩留別吳嘉紀、汪楫。吳嘉紀時病甚，留揚州。

《賴古堂集》卷六有詩《吳賓賢力疾爲予至至則病益甚不能數晨夕賓賢既以病留邗上予乃先歸》《連夕與舟次縱談無不盡兩月之留獨爲舟次耳返棹留別》。

是年，詔録順治十三年(1656)守閩功，部議以僉事用。

《賴古堂集》卷十七《送王庭一入楚序》："又二年，辛丑，先皇帝釋予獄。今上念予守閩功，獲宥及於寬政，復憫其不聞於訓，量授予職。"《舊譜》："辛丑，五十歲。……是年，今上録公守閩功，部議以僉事用。"

是年，奏銷案起，蘇、松等地士紳被褫革者一萬三千餘人。友人顧大申、曹爾堪、計東、吳偉業等被捲入此案，吳偉業幾至破家。

《清聖祖實録》卷三：順治十八年六月，"庚辰，江寧巡撫朱國治疏言：'蘇、松、常、鎮四府屬并溧陽縣未完錢糧文武紳衿共一萬三千五百一十七名，應照例議處；衙役人等二百五十四名，應嚴提究擬。'得旨，紳衿抗糧，殊爲可惡，該部照定例嚴加議處"。按：此即所謂"奏銷案"也。按當時條例，凡列名於逋欠之册的秀才、舉人、進士，皆革去功名出身；現任官員則降二級調用。

董含《三岡識略》卷四："江南賦役，百倍他省，而蘇、松猶重。……大約舊賦未清，新餉已迫，積逋常數十萬。時司農告匱，始十年并征，民力已竭，而逋欠如故。巡撫朱國治强愎自用，造欠册達部，悉列江南紳衿一萬三千餘人，號曰抗糧。既而盡行褫革，發本處枷責，鞭撲紛紛，衣冠掃地。如某探花欠一錢，亦被黜，民間有'探花不值一文錢'之謡。……軒冕與雜犯同科，千金與一毫同罪，仕籍、學校爲之一空。至貪吏蠹胥，侵没多至千萬，反置不問。吁，過矣。"孟森《心史叢刊·奏銷案》："整理賦税，原屬官吏特權，特當時以故明海上之師，積怨於南方人心之未盡帖服，假大獄……以威劫江南人士也。"陳寅恪《柳如是別傳》第五章："明末蘇、松、常、鎮之士大夫，多置田産，以供其生活之費用。清室因鄭成功舟師入長江之役，江南士大夫多響應者，發起奏銷案以資鎮壓。"

嘉慶《松江府志》卷五十六《古今人傳八》："顧大申，字震雉，華亭人，初名鏞。順治九年進士，授工部主事，督江夏蘆政，分司夏鎮河道。……以奏銷案詿誤，左遷順天府通判。丁内艱,服闋,上書自理,詔復其官。"按:曹爾堪、計東、吳偉業等以此案罹禍,皆見孟森先生文中引録各文。

清康熙元年　壬寅　1662　五十一歲

是年四月,永曆帝被吳三桂逼死於昆明,南明永曆政權亡。五月,鄭成功死,子鄭經嗣主臺灣。七月,李定國因永曆帝被害,悲憤而死。
李定國、鄭成功皆病故,武裝抗清轉入低潮。

二月二十二日,王仕雲扶其父王承芳之柩將歸葬於黄山,因作《祭王瑞芝太翁文》。

《賴古堂集》卷二十四《祭王瑞芝太翁文》:"康熙改元,二月二十二日,先生(王仕雲)扶太翁之柩蒋歸葬於黄山。……痛哭致祭,爲文以告。"

同治《上江兩縣志》卷二十二《鄉賢》:"王承芳,字元美,上元人,先世歙籍。性孝友,以歲時洗腆,屬兩弟繪同心圖,各持一以見志。族有昏喪,時周恤之。故人有溺死者,歲時呼以致奠。里人稱爲忠恕翁。拜光禄丞,不就,舉鄉飲大賓。子仕雲,官泉州府同知,有賢聲。"

二月,王猷定客死杭州,陸圻等酬金經紀其喪,孫默撫其幼子,經紀備至。

韓程愈《王君猷定傳》(《碑傳集》卷一百三十六):"歲辛丑,薄遊武林,武林當軸莫不虚左事之,按察使東魯宋公琬尤爲知己,晨夕出入不限時刻。已而宋公以他事被逮,賓客散亡,惟于一周旋患難中。亡何,遘疾不起,遂卒於杭,友人陸麗京酬金殮之。"陸圻女陸莘行著有《老父雲遊始末》(又名《陸麗京雪罪雲遊記》):"康熙元年壬寅春二月,父友王于益者,(原有按語:益當是'一'字之誤,其名曰猷定,以詩文傳世。)自閩至浙,寓昭慶寺。忽疾作,父亟爲調治,晝夜不息,王竟不起。父爲斂資棺殮,并出床頭十金,令其僕扶柩歸里,偕同人送至江滸。"

魏禧《魏叔子文集》外篇卷十《送孫無言歸黄山叙》:"吾鄉王于一客死武林,無言爲之奔告故人,經營其喪,紀其妻子,而歸葬於南昌。"王晫《今世説》卷一《德行》:"南州王于一客死武林,無言爲之奔告故人,經營其喪,紀其妻子,俾歸葬於南昌。"《賴古堂集》卷六有詩《孫無言於王于一之没撫其幼子經紀備至嘆古道之猶存也感贈》。同書卷十三《王于一遺稿序》:"方于一之遊於越也,渡江過京口,歷吳門,達于武林。……乃棲遲湖上,落落者兩載,卒以客死。死之日,囊無一錢,至不辦棺殮,賴陸麗京、嚴子問、毛馳黃諸君子經紀其喪。廣陵諸君子復醵金,俾其子往迎其柩,扶歸江右。"按:鄧之誠《清詩紀事初編》卷二《前編下·王猷定》云:"《潛邱劄記》有《壬寅至邗上哭亡友王于一兼營歸櫬詩》云:'我友昨客死,杭人多哭聲。'"現檢閻若璩《潛邱劄記》,不見哭王猷定之詩。孫枝蔚《溉堂集·溉堂前集》卷五有詩《哭王于一》,詩次辛丑(1661),似誤。

《今世説》卷一《德行》:"孫無言居廣陵,以能詩聞。布衣之士有工一詩、擅一技者,莫不折節下之。其少舊通籍,自方伯郡守以下,或招之亦不往。"原注:"孫名默,江南休寧人。性瀟灑絕俗,志欲歸隱黃山,累年未遂。四方賢士大夫,作詩文送者以千百計。"

三月,跋鄭簹藏《元張廷玉山水卷》《董其昌行書古詩十九首》。

《元張廷玉山水卷》跋署:"壬寅上巳,櫟下周亮工題於情話軒。"方濬頤《夢園書畫録》卷六,見《中國書畫全書》第十二册。

《董其昌行書古詩十九首》跋:"董文敏各體十九首……近爲吾友鄭汝器所寶。汝器工行楷,恒藏文敏者,可謂知文敏者矣。壬寅上巳櫟下周亮工題於情話軒。"見《中國古代書畫圖目》第三册。

是春,見湖州莊氏所刊明史,卷端參定姓氏列有友人陸圻、范驤、查繼佐之名,恐招致禍患,因亟告范驤。三人合爲詞檢舉。歸安知縣吳之榮罷官,謀以告訐爲功,藉此起復,報此事於法司。

毛奇齡《西河集》卷一百零五《陸三先生墓誌銘》:"烏程莊氏輯僞史,艷麗京名,陰竊。同時指名者曰范君文白、查君伊璜,與麗京作參定姓氏,不告諸本人而標名卷端。適周侍郎從閩還,見其書不實,畔亂無狀,又不出自館局,犯功令,以告文白。文白大驚,亟偕麗京、伊璜合爲詞檢舉,由烏程縣達府,將入奏而未遑也。烏程知縣吳君者,以他事去官,不得于知府,且怨莊氏不遂賂,首之部堂。"

陸莘行(陸圻女)《老父雲遊始末》(又名《陸麗京雪罪雲遊記》):"康熙元年壬寅春二月……有爲父言湖州莊姓者,所著穢史抵觸本朝,兼有查、陸、范評定姓名,大爲不便,父……歸家自思:'范君文白遠隔海昌,不及相聞;查君伊璜住居不遠,(原注:所居俗名黃泥團。)何不一詢?'因往查……因即具牒。文宗行文湖郡教諭趙君宋查驗。趙親至莊,始知作書者名龍,係瞽目,已故,無子。父莊某、弟廷月(原有按語:'莊父名允城,有三子,龍一名廷鑨,廷月一作廷鉞。')即碎其板,計六十四叉口,貯於府庫。板雖碎,而書已行矣。有吳之榮者,取貨於莊不獲,(原注:'吳之榮嘗爲歸安令,時以贓繫獄,出,有吏教之爲此。')又查有女優,吳欲觀之亦不得,憾甚,遂抱書擊登聞鼓以進。"按:烏程、歸安兩縣,清代俱屬湖州府。關於吳之榮之任縣令,清代記莊氏史案諸家多言是在歸安,今從歸安説。

夏四月,葬雙親於鍾山北之瑣石村。將窆,撫視至母朱太夫人柩底,見有異紋鬱起作奇石狀,其上卉木翁翳,若唐宋人小幅,觀者咸稱靈瑞。胡元潤因索筆爲寫《天繪奇瑞圖》,徐芳爲撰《瑞木紀》題於圖末,諸友人紛作詩文相賀。與弟亮節彙録成《瑞木紀》圖卷,吳偉業、何采爲題詞。

《舊譜》:"壬寅,五十一歲。服闋。夏,葬太封公太淑人于瑣石村。"

徐芳《瑞木紀》:"少司農櫟園周公偕弟靖公,以壬寅歲之四月朔二日,葬其太翁如山先生、太母朱太夫人於鍾山北瑣石之陽,予所卜也。……將窆需時次,司農綣戀,撫視至太夫人之柩底,有色微黝若埃鼟者,拂之不去。司農跪而注視,乃是異紋縈着木裏,若唐宋人小幅。其根髣髴有三奇石,鼎倚牙錯,微帶斑蘚。石上羣木薈蔚,枝幹歷歷可數。其濃淡相亞,亦若散爲三疊,與石骨應。從旁觀者,大叫奇絶。……胡君元潤會葬於山,意尤玩之。以爲以一幅寶墨,如霓裳羽衣曲,雖終歸於天上,何可令人間無譜。因索筆就壙,蹲而寫之,以爲天繪奇瑞圖,而司農又屬予一言紀信圖末。……若夫作爲詩歌文辭,與斯圖奇瑞並傳於世,則有當世之名人鉅公在,非予小子所及。"

《陳迦陵文集·儷體文集》卷一《瑞木賦》序云:"壬寅夏四月之吉,少司農周櫟園先生葬其太翁如山先生、太母朱太夫人於鍾山北瑣石之陽。……見太夫人柩底異紋鬱起,作奇石狀,其上卉木翁翳,樛枝縈拂,嘉條攢布,觀者萬人,咸稱靈瑞。"

嘉慶《新修江寧府志》卷十《古迹三》:"坦然先生周文煒墓,在騏驎門瑣石邨。"同書卷六《山水一》:"鍾山,在上元東北朝陽門外。一名金陵山,一名蔣山,一名紫金山,一名神烈山。"按:《瑞木紀》各家詩文見《周亮工全集》第十八册。

夏六月,閲尺牘以遣疾,合衆人之力,遂纂成《尺牘新鈔》。并徵稿於海内同人,預備出二集。

《結鄰集》附楊彭齡序:"敢問先生輯著之意,曰:'壬寅之夏,吾適有肌膚之疾,於長夏之日而弗堪也。於是取尺牘之可喜者,以消永日而遣吾疾,好事者請吾廣之,集遂得三。'"《尺牘新鈔選例》有云:"數十年間,名人鉅公之構,可謂侈矣。猶有海内碩彦,不無掛漏之嫌者,以未走尺一遍檄同人故也。儻不吝瓊瑶,惠而錫我,嗣成續集,佇候好音。……康熙元年,歲在壬寅,六月望日,賴古堂識。"賴古堂本《尺牘新鈔》扉頁後附啓事一則:"更祈海内同人,共惠瑶篇,續成錦集,凡有所寄,望郵至金陵狀元境内大業堂書坊,或蘇州閶門外池白水書坊。二集即出,尤望早寄。”

按:據賴古堂本《尺牘新鈔》,此集十二卷皆爲長子周在浚及姪周在梁所鈔,參編之親友尚有高阜、羅燿、林嗣環、黎士弘、吳宗信、高兆、許友、王廷棟、王仕雲、陳允衡、蔣玠、汪楫、王元衡、徐延壽、王延閣、胡介、梅磊、紀映鍾、徐芳、吳晉、黃虞稷、許珌、陳潤、吳嘉紀。

王士禛《池北偶談》卷十一:“陳伯璣允衡,建昌南城人,御史本子。清羸如不勝衣,五言詩古澹,自成一家。……亂後寓黃山,移鳩兹,再移白下,貧甚。撰《詩慰》、《國雅》及婁堅、徐世溥遺文之類凡十餘種,又著《古人幾部》若干卷。康熙癸卯歸豫章,時施愚山(原注:‘閏章。’)、周伯衡(原注:‘體觀。’)皆爲江西監司,爲卜築蘇雲卿東湖故居。後數十年,竟羸病死。”

《結鄰集》卷九:“蔣玠,絢臣,用斅,福建閩縣人。”

《尺牘新鈔》卷九:“梅磊,杓司,宣城人。《響山文集》。”

《藏弆集》卷十:“吳晉,介兹,介受,受兹,江南江寧人。《退庵稿》。”

《清史稿》卷四百八十四《列傳·文苑一·黃虞稷》:“字俞邰,上元人,本籍晉江。七歲能詩。以諸生舉鴻博,遭母喪,不與試。左都御史徐元文薦修《明史》,又修《一統志》,皆與宸英同。家富藏書。著《千頃堂書目》,爲《明史藝文志》所本。”《清史列傳》卷七一《文苑傳二·黃虞稷》:“又有《楮園雜誌》《我貴軒》《朝爽閣》《蟬窠》諸集。”

序方文詩集《西江遊草》,當不早於是年夏。

方文《嵞山續集·西江遊草》附陳弘緒《西江遊草序》:“歲在辛丑九月,爾止從秣陵溯江而上,直抵潯陽,已又涉彭蠡,憩章門,過十八灘,至虔州,歲暮回棹,復停蕭水,春初始歸。合四郡所作之詩,題曰《西江遊草》,即其春夏白門所作,不盡出於西江者,而統以‘遊草’名之。”

《賴古堂集》卷十三《西江遊草序》:“爾止之詩初出,猶爲人所驚怪;越數年而漸習;又數年,玉叔、尚白與余董後先宣導之,而爾止之教遂大著於天下。兹《西江遊草》出,其爲海內所尊信而誦服無疑矣,固無俟余贅。”按:方文《嵞山續集·西江遊草》亦附有周亮工此序。

七夕,十八兄周開也誕辰,賦詩爲之祝壽。

《賴古堂集》卷十有詩《十八兄開也左右亮工患難數年於外,己亥七夕爲兄六十初度,亮工在請室中不能相祝,越三年辛丑,亮工南還,又一年,兄始別予還里,予始和諸君子詩爲兄壽,欣感交集,望始不及此矣》。

新秋编成《楊升庵朱郁儀兩先生著述目録》并序。

　　《合刻楊朱兩先生著述目録序》:"康熙元年歲次壬寅新秋櫟下後學周亮工題
于賴古堂。"見《周亮工全集》第十八册。

是秋,徐芳爲序《書影》。

　　《書影》卷首附徐芳序:"康熙元年壬寅秋日,旴江年社弟徐芳拜手書。"

是秋,出遊於吳、越間。至泰州,過宮偉鏐春雨草堂;張天任自延令來訪;
與田作澤、張天任、張幼學、劉膚公、黃雲、陸右臣、宗元鼎、黃經、宮偉鏐
及其次子宮昌宗宴集春雨草堂,賦詩唱和;又嘗留酌張天任、丁漢公、劉
膚公、黃雲、鄧漢儀於寓園。

　　《舊譜》:"壬寅,五十一歲。……秋,遊吳越間。"《賴古堂集》卷十有詩《過宮
紫玄春雨草堂》《客吳陵張天任自延令過慰》,又有《田雪龕張天任宮紫玄張詞臣
劉膚公黃仙裳陸右臣宗定九黃濟叔宮武承集春雨草堂次膚公韻》:"幾逐黃雲出
玉關,誰教鬢髮不成斑。仰看大月杯難盡,畫重到名園致未删。雨過且停觸暑棹,
人歸争認鬥霜顏。窮鱗頗識罝羅密,夢得金錢欲買山。"同書卷六有詩《寓園留酌
張天任丁漢公劉膚公黃仙裳鄧孝威》。

　　按:泰州,舊稱海陵。道光《泰州志》卷十九《古迹》:"春雨草堂,在城西小西
湖旁,宮偉鏐築。取州志八景'泰阜晴雲'、'西湖春雨'意爲名。其子夢仁歸田後
復加修葺,擅林亭池館之勝。國初諸名流多觸詠於此。"

　　道光《泰州志》卷二十四《人物·文苑》:"宮偉鏐,字紫陽,明崇禎十六年進
士,官翰林院檢討。國朝兩以薦舉起用,援終養例乞歸,於小西湖遺址築春雨草
堂,閉門著書。康熙十二年州志系其手訂。著有《春雨草堂集》五十卷。以子夢
仁貴,贈如其官。"《尺牘新鈔》卷十二:"宮偉鏐,紫元,泰州人。《春雨草堂集》。"
按:嘉慶《重修揚州府志》卷四十八《人物三》稱宮偉鏐字"紫懸"。

　　田作澤,字天波,一字小宛,號雪龕,别號松巢子、松巢野叟,河南商丘人。順
治五年(1648)歲貢,任北直河間知縣,遷江南泰州知州。居官廉能,雅擅文譽,初
與李上林、葉元澍、葉元溥、陳明盛爲平臺五隱詩社,官泰州,多與南方詩人唱酬。
著有《問水吟》《清罕齋集》《松巢遺稿》。傳見康熙《河間縣志》卷五《秩官志》、道
光《泰州志》卷二十《名宦》、《中州詩鈔》卷二,《中州文獻總録·清代二》。

　　道光《泰州志》卷二十三《人物·仕績》:"張幼學,字詞臣,順治三年舉人,知
浙江鄞縣。時軍事旁午,需餉孔亟,又值造戰艦,幼學處之裕如。凡有征輸,聽民
齎鏹自投,侵漁頓絶。治邑八載,遷大興去,時攀留遮道。尋卒,鄞人爲位而哭,

祀名宦。"《尺牘新鈔》卷五:"張幼學,詞臣,泰州人。《塞上遊》。"

　　道光《泰州志》卷二十六《人物·隱逸》:"黄雲,字仙裳,號舊樵,世居姜堰鎮。早孤,事母郁至孝。幼受知於州牧陳素。素被枉破家,雲不避險難,與之同遊汝寧,竭力周旋,人以爲難。康熙癸亥,與修省志。晚年愈貧苦,屢辭聘召,益肆力於詩歌,東南持風雅者必宗焉。時而曬網號漁人,時而海舶稱估客,最後不儒不墨,自號樵青。年八十二而終。著有《樵青集》《桐引樓集》《悠然堂稿》。"王晫《今世説》卷一《德行》"黄仙裳幼赴童子試"條,注稱黄雲"長身玉立,能詩文,善談論,負氣慷慨,逢俗人,稍不合意,輒謾罵之,人多目以爲狂,不敢近"。

　　道光《泰州志》卷二十四《人物·文苑》:"宫昌宗,字武承,號毅庵,偉鏐次子。順治辛酉拔貢,授宏文院中書舍人,特賜《九成宫》字帖。奉差頒詔楚、豫兩省。戊申舉博學鴻辭,因疾未赴。著有《九雲書院集》。"《泰州新志刊謬》卷下"宫昌宗傳"條:康熙府志載昌宗"初授大令,後改中書,每落筆,中堂僚友及館閣諸公亦自遜不及。所著詩古文詞欲與古人争雄,即書法畫品皆爲世重"。

至揚州,晤方拱乾,方氏賦詩見贈。

　　《賴古堂集》卷十六《壽青溪三老序》:"壬寅秋,晤老人於邗上,老人作詩見貽,娓娓數百言,真意肫摯,一字一血,其句有曰:'滿腔痛哭聲,到顙淚翻眩。但有新刻詩,問字商最殿。'此時此情,豈蘇李河梁之句所能盡其激楚,元白酬應之篇所可埒其聲調者哉!絶後重生,人皆爲予兩家稱慶。"

十月,在南京。爲王猷定刊行遺文,作《王于一遺稿序》。劉素先五十初度,賦詩贈之。是月,聞青州海防道之命。

　　《賴古堂集》卷十三《王于一遺稿序》:"廣陵諸君子……又收合其生平之文,裒爲一集,俾余授之梓。……於是合武林、廣陵諸君子所寄,參以于一庚寅授余俾入《文選》中者,盡付之剞劂。"按:王猷定《四照堂文集》卷前亦附周亮工此序,詞句無甚出入,末署:"康熙元年歲次壬寅陽月豫儀同學周亮工題於賴古堂。"

　　《賴古堂集》卷十有詩《劉素先初度》:"長君一歲君顔好,喜小陽春五十初。白下花香年少酒,關門月冷故交書。滄桑到眼人空老,將相垂成事又虚。莫爲行藏頻攬鏡,相從且買看山車。"《舊譜》:"壬寅,五十一歲。……十月,聞青州海防道之命。"《清史列傳》卷七十九《貳臣傳乙·周亮工》:"聖祖仁皇帝御極,諭吏部曰:'周亮工被劾原案,既多屬中遺,前宜永貴疏叙亮工在閩守城獨當射烏樓一面,擊死賊渠三人,應否量授職銜録用。爾部會同刑部確議具奏。'康熙元年,部議復亮工僉事道職,起補山東青州海防道。"

仲冬,遇王士禛於真州,王爲題畫十二首。

《結鄰集》卷十二載王士禛《與櫟下論畫》:"乙巳夏,禛在青州真意亭爲先生題畫册,因憶辛丑在揚州,壬寅在真州,前後爲先生題畫賦詩不下三四十篇,今再而三矣。將來與先生相見未知何地。"按:王士禛題畫詩載《漁洋詩集》卷十三。《漁洋山人自撰年譜注補》惠棟注引此書作《與周櫟下論畫》;時仲冬十一月,王士禛揚州推官任上有事江陰,渡江北還過真州。儀徵舊稱真州,清時屬揚州府。

歲杪,將赴青州任,雪夜招方文飲酒話別,方文賦詩相送。

方文《嵞山再續集》卷四有詩《送周元亮使君之任青州》二首,其二有云:"魯國才歸歲序殘,聞君元旦發江干。尚無薄酒旗亭醉,翻荷嘉招雪夜歡。"

是年,嘗與紀映鍾點次向遠林詩作,爲之付梓刊行。

《賴古堂集》卷十三《向遠林詩序》:"死之後數年,以及今壬寅之歲,偶檢殘編於舊邸鈔中,復睹天子昔日所以褒嘉遠林者……顧其忠謀至計既已不見於時,所可傳之奕世、誌其梗概者,獨生平吟詠之篇耳。余日與遠林一二酬唱外,又苦未及遍録,會戀叟出一編授余,則遠林易簀時授之者,因喜遠林之有所託以存也,與戀叟稍爲點次,授之梓。"

是年,嘗邀張風過高座寺相聚,張風爲作畫,不久又以小册見貽。未數月,張風卒。

《讀畫録》卷三《張大風》:"張大風風,上元人。家貧惟容膝地……畫無所師授,偶以己意爲之,遂臻化境,瀟然澹遠,幾無墨路可尋。秣陵畫家,掉臂孤行者,大風一人而已。……工圖章詩賦。少時爲諸生,甲申後遂焚帖括,衣短後,佩蒯緱,走北都,出盧龍、上谷,覽昌平、天壽諸山,所至公卿爭相迎,大風揮灑應之。……所爲詩若詞,皆秀警可誦,與人處渾渾不露圭角。畫尾署真香佛空四海,或稱昇州道士。病胃膈,疾篤,自題墓石小像卒。壬寅余自北回,邀大風過高座寺,相聚五六夕,爲予作册中諸幅,已又以小册貽我,未數月即歸道山矣。……大風遺書,有《雙鏡庵詩》《上藥亭詩餘》《楞嚴綱領》《一門反切》,病中付鄭汝器藏之。"《印人傳》卷二《書張大風印章前》:"大風作印章,秀遠如其人,予得其二,何省齋、周古邨得之最多。"

作書與王先生，推介舊交蔣孝廉，當在是年。

　　《賴古堂集》卷十九《與王先生書》："僕久于東南，頗識東南士。而東南士頗
知有王先生折節下士，聲滿天下，又頗知僕爲王先生至戚肺腑交，僕度東南士必
有欲借僕以識王先生者。……今僕爲先嚴慈襄大事，事畢，策蹇行矣。則此後去
先生日遠，通問益艱，東南諸同人亦不能以此事强僕矣，遂敢爲蔣孝廉作曹丘。
孝廉于僕稱莫逆交者二十年，真人真品，肅然敬之者亦二十年。來探禹穴託耳，
實有所望于王先生。"

黃經過訪情話軒，爲作畫數幅，同坐臥月餘始別去，當不晚於是年。

　　《讀畫録》卷三《黃濟叔》："與予先後返江南，顧予白下，始放筆爲予作數小
幅，蒼古澹遠，全仿黃、吳。"《印人傳》卷二《書黃濟叔印譜前》："予生還後，濟叔訪
予情話軒，同坐臥者月餘，別去。"按：《賴古堂集》卷六有詩《哭黃濟叔》，有句云：
"喜我更生返，頻頻江上來。"則亮工生還後，黃經過訪當不止一次。

清康熙二年　癸卯 1663　五十二歲

是年十月，清兵下厦門、金門，鄭成功子鄭經走臺灣。

將赴青州任，毛鳴岐自閩至，即賦別。

　　《賴古堂集》卷十有詩《將發青齊閩中毛文山孝廉適至即賦別》。
　　鄧之誠《清詩紀事初編》卷八《丁編》："毛鳴岐，字文山，侯官人。順治十一年
舉人。康熙七年，選營山知縣。總督蔡毓榮特疏薦繞能行取，會蜀亂不果。十八
年始崎嶇出蜀，遂游食四方。晚主鼇峰書院以終。撰《菜根堂全集》二十八卷。
少以詩鳴，與胡介、高兆唱和相得，尤工五言，專意學杜，爲周亮工所稱，以爲鴻厚
渾明，閩中一人而已。文有議論，惜受人迫促，皆率爾酬應之作，不足以發其奇
蘊。"按：周亮工甚愛重毛鳴岐之五言詩，嘗摘録之。毛奇齡《西河集》卷四十三
《家文山〈菜根堂全集〉序》："前此，周侍郎櫟園每稱文山爲五言長城……間嘗讀
侍郎所摘文山五字句而慕之。"

春初，赴任青州。過揚州。孫枝蔚賦詩送行。貽所刻吳嘉紀《陋軒詩》一
卷與王士禛。王雪夜讀之，嘆其古澹，酒後爲作序，翌日遣急使馳二百里
并新刻詩集寄與吳嘉紀；吳嘉紀感知己之意，遂赴揚州定交。

《舊譜》："癸卯，五十二歲。春，赴青州任。"

孫枝蔚《溉堂集・溉堂前集》卷七有詩《送周元亮先生之任青州》，詩次癸卯。

王士禛《陋軒詩序》(賴古堂刻本《陋軒詩》附)："癸卯孟春，周櫟園司農將之青州，過揚州，遺予《陋軒詩》一卷，蓋海陵吳君嘉紀之作也。披讀一過，古澹高寒，有聲出金石之樂，殆郊島者流。……余在揚三年，而不知海陵有吳君，今乃從司農得讀其詩，余愧矣愧矣。"王士禛《漁洋山人文略》卷二《悔齋詩集序》："予居揚州三年，而後知海陵吳嘉紀。……一夕雪甚，風籟窈窕，街鼓寂然。燈下簡篋中故書，得嘉紀詩，讀且嘆，遂爲其序，明日遣急足馳二百里，寄嘉紀于所居之陋軒。嘉紀感予意，一來郡城，相見極歡。始予知嘉紀，以前户部侍郎浚儀周公，周公知嘉紀則以汪楫。"吳嘉紀《陋軒詩》有詩《王阮亭先生遠寄陋軒詩序及紀年詩集賦謝》。

過沂水，從大令杜長虹索得申涵光全詩，賦詩寄申涵光，兼示楊思聖。

《賴古堂集》卷六有詩《過沂水從大令杜長虹索得申鳧盟全詩漫成寄鳧盟兼示楊猶龍》："意内鳧盟子，猶龍夙有期。慚無巴蜀信，卻賦廣平詩。野縣纏綿酒，春風遠近思。泥途吾未免，出處復誰宜。"按：楊思聖時任四川布政使。

申涵光，字孚孟，號鳧盟，永年人，申佳胤子。博學能文，尤長於詩，弱冠名噪三輔。甲申，奉母避亂西山，誅茅廣羊絶頂，與鉅鹿楊思聖、雞澤殷岳、殷淵，定患難交。京師破，聞父殉難，慟不欲生，後遂絶意仕進，日事詩文。日與殷岳及同里張蓋往來酬和，人稱"廣平三君"。爲詩吞吐衆流，納之爐冶，一以少陵爲宗，而出入於高、岑、王、孟諸家，王士禛稱之開河朔詩派。又解琴理。書法顏魯公，尤工漢隸。間作山水木石，落落有雅致。著有《聰山詩集》八卷，《文集》四卷，《説杜》一卷，及《性習圖》《義利説》《荆園小語》《進語》諸書。傳見《清史稿》卷四百八十四《列傳・文苑一》。

是年赴青途中詩作尚有：《賴古堂集》卷六《抵邗關遲汪舟次兼示吳埜人》《泊宜陵秋水庵與澹公》《阻雪淮陰項永伯以詩集見示漫成》。
是春，嘗跋張怡梅花扇，梅爲姚若翼所畫。時張怡、姚若翼同客山東。

《賴古堂集》卷二十三《題姚伯佑梅花箑子》："今歲在江南，一過靈谷，梅尚無信。渡河來，絶無暗香疏影，惟從瑤篋上得見伯佑此枝。江南河北，一年花事，如是盡矣。……予與兩君同家江上，同客青齊，折來歲晚，看去鄉思，誦少陵詩，令人百端交集矣。"

《讀畫録》卷四《姚若翼》："姚若翼，字伯佑，一字寒玉。爲人疏宕豪爽，大有晉賢風致。不多爲詩，而出語自雋。工畫梅，得法於秋潭先生及允吉公家傳，而以意變而化之，縱橫曲折，疏密大小，意匠經營，絕無重復。……嘗以所藏鍾山梅花瓣黏紙上，稍增幹枝，逸韻動人，須蕊俱存，色香不改，自以爲補繪事所未備，實則華光、元章諸公慧想所未及也。予嘗爲瑶星跋其畫扇。"

品評張修、謝成、樊沂、吴宏、樊圻、高岑、胡慥、鄒喆爲"金陵八家"，當不晚於是年春。

王弘撰《西歸日札·善畫八大家記》："金陵之以善畫名者衆矣，而周櫟園司農獨標八人，曰八大家，則張損之(修)、謝仲美(成)、樊浴沂(沂)、吴遠度(宏)、樊會公(圻)、高蔚生(岑)、胡石公(慥)、鄒方魯(喆)也。其時，有葉榮木(欣)、盛白含(丹)、施雨咸(霖)、盛林玉(琳)輩，八人者不能過之，乃不與焉。癸卯，予至金陵，八人者日相往來，皆爲予作《獨鶴亭圖》，位置渲皴，極山雲林泉之勝。"方文《嵞山再續集》卷五有詩《題樊會公小像》二首，其二有云："繪事江東有八家，君工人物更修姱。"詩次癸卯。

按：方文《嵞山再續集》卷四詩《答王無異辛卯見懷四首》次於癸卯，其一："昨歲渡江縱會面，開春移寓更多情。旃檀咫尺通桃葉，日日溪邊攜手行。"原注："無異往寓僧寮，與予草堂相望，日夕過從。"其三："結伴便應乘興往，暮春臨別復匆匆。"據此可知，王弘撰去歲歲杪來南京，是年開春移寓於方文住所近旁之僧舍，暮春別去。又據《西歸日札》，是春王弘撰與"金陵八家"日相往來，則周亮工之品評"金陵八家"至晚當不晚於是年春。關於"金陵八家"之構成，史上有多種不同説法，詳見林樹中《"金陵八家"四説與兩種主流畫風》、吕曉《周亮工"金陵八家"説考辨》、陳傳席《關於"金陵八家"的多種記載和陳卓》、《論"金陵八家"構成原因及有關問題》。

《讀畫録》卷三《張損之》："張損之修，其先吴門人，家秣陵。性狷介……工山水花草蟲鳥，更好繪藕花，人爭購之。君常獨坐鷲峰鐘樓，反扃其户，不聞聲息，遐想雲外，蕭然吮筆，宜其落紙皆非凡近也。……畫春燈謎甚工，至今人多藏之者，重損之畫也。"

《讀畫録》卷三《胡石公》："胡石公慥，秣陵人。石公善啖，腹便便，負大力拳勇，而最工寫菊。菊冷花，經石公手，洗盡鉛華，獨存冰雪，始稱真冷；然筆墨外，備極香豔之致，此則非石公不能爲也。惜哉！未六十而歿。"

子在浚自揚州返南京，孫枝蔚賦詩送行，并寄言方文不日將往南京。

孫枝蔚《溉堂集·溉堂前集》卷六有詩《送周雪客歸白下兼寄懷方爾止處士》，其一："海内傳家學，如君不愧翁。讀書人事裏，作客少年中。邂逅情偏好，淹留術未工。兵船滿前路,莫恨石尤風。"其二:"白下吾將往,今朝送爾歸。江流雪水急,酒盡梅花飛。耆舊人誰在,王侯事已非。方干憑問訊,待客坐漁磯。"(原注:"爾止有書遲予。")詩次癸卯。

三月,孫枝蔚來南京,與周在浚、林古度、方文等日相唱和;客居一月,四月別歸,有詩留別。

　　方文《嵞山再續集》卷二有詩《喜孫豹人見訪予爲稍遲虞山之行因作歌》:"三月八日天氣晴,方子將作虞山行。……吳舠已買泊江口,卻有王郎飲我酒。牽衣不忍遽離別,初八改期於初九。故人孫老廣陵來,知我欲行船未開。黃昏策蹇入城市,馳書告我且徘徊。詰朝見枉桃葉渡,預敕山妻手治具。五年魂夢秪思君,豈有君來我翻去。信信宿宿爲君留,十五始上江口舟。不教虛此數日夜,日日痛飲青溪樓。"原注:"王郎謂山史。"

　　《溉堂集·溉堂前集》卷二有詩《客金陵一月將歸維揚留別周雪客兼懷尊公櫟園先生》:"久客多朋故,驅馳復難免。汪吳昨送我,(原注:'謂舟次、賓賢。')贈詩意良腆。上言古金陵,禾黍生廢輦。下言周伯子,平生最交善。……周郎聞我來,開樽設肥雋。居我于甌室,(原注:'齋名。')僮僕憑相遣。座客皆遺老,德器比瑚璉。林翁(原注:'茂之。')與方生(原注:'爾止。'),與我更遊衍。日日累主人,未曾施門鍵。明日雨花臺,騎驢興不淺。徘徊正學祠,淒然血食殄。歸來共周郎,且復學沉湎。……還抽架上書,一一皆精選。誰經患難餘,而暇考墳典。公子況妙年,所期富述撰。而翁救世才,廉譽起青兖。……伊呂功最盛,馬班才大闡。是父暨是子,庶慰野人願。"

取道穆陵關入青州。抵任懲豪黠,整吏治,布條約,諭民眾,頗有惠政。

　　《賴古堂集》卷六有詩《十月廿六日城陽寄冠五》四首,其四原注:"予以今春取道穆陵入青。"

　　《行狀》:"青土俗號懷磚,奸人多假條次利病,操長吏短長,人復椎魯輕生,往往以小忿自經溝瀆。先生捕治諸不法者,而委曲開諭愚蒙,不厭爲家人絮語,使婦孺咸所通曉,相與傳說感化,悍俗頓易。"咸豐《青州府志》卷三十七《名宦傳·國朝》:"周亮工……康熙元年左遷青州兵備僉事,剛方嚴肅,豪猾畏避,刊佈條約,每作家常絮語曉諭愚民。"

至邑即訊境内風雅,夜訪李澄中,一見傾心。自此,日与李澄中、安致远、李焕章、张贞等讲業真意亭。并建牙青社,物色有才藝之青齊士子。

　　張貞《杞田集》卷一《白雲邨文集序》:"順治中,東武李渭清先生,即以能詩赫然負當世稱。康熙癸卯,前戶部侍郎浚儀周公觀察吾郡,嘗延諸生於真意亭與爲遊從,先生其前席者也,余爲壽光安靜子、樂安李象先,夆陋如余,亦側足其末。周公好士如飢渴,四人樂其汲引,日相往來。"咸豐《青州府志》卷四十七《人物傳十》:"李澄中,字渭清……青州兵備副使周亮工按部至縣,見其詩,嘆曰:'謝茂秦、盧次楩不逮也。'引爲上客,日與壽光安致遠、樂安李焕章、安丘張貞講業真意亭。"《杞田集》卷十四《跋安靜子所藏櫟下先生手簡》:"康熙癸卯、甲辰間,司農周公建牙青社,凡士之懷一才、抱一藝者皆被物色,余與靜子受知獨深。公之書問,月必再至,靜子暇日裝緝成帙,出以示余。"

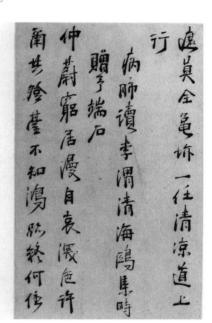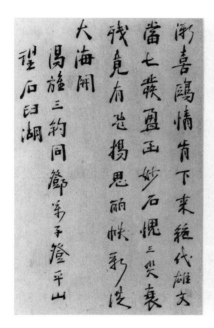

周亮工《病肺讀李渭清海鷗集時贈端石》

　　《賴古堂集》卷十九《與汪舟次書》:"青屬諸城縣有李生,名澄中,字渭清,僕從衆中與之目成,亦如在揚之得埶人。但渭清詩尚氣色,與埶人兩路,然卻是尚氣色之佳者,故僕喜之。"同書卷十有詩《病肺讀李渭清海鷗集時贈端石》。《藏弆集》卷十三載李澄中《與劉子羽書》:"減齋先生甫至吾邑,即訊境內風雅。夜半敲門,僮婢錯愕,啟戶而使者踵至。一見歡若生平,相知恨晚,贈書贈言,傾筐倒篋,雄辯高談,夜分猶不忍散。……當此士氣凋喪之秋,不意有此佛口中人爲之調護。"

　　《藏弆集》卷二載安致遠《與周櫟園先生》:"先生以未老之身司命風雅,而小子以方壯之齒托分編民,廿年結想,自分如迷影阿閦,不可復遇,乃一旦登堂握手,親炙威儀,夙分累劫,夫豈偶然?"《杞田集》卷一《周榕客學莽詩稿序》:"吾師檪下先生節鉞青齊,癸卯夏,手一編示余,則所著《賴古堂詩》也。余拜受之,退而卒業,見其峭獨雄秀,不名一體,至其遣詞,皆未經古今人道,且多古今人未易道者。"

雍正《山東通志》卷二十八之四《人物四》:"李澄中,字漁村,諸城人。工詩文,遠近學者宗之。由博學鴻詞至翰林院侍讀,典試滇南,秉公持正,所得皆一時名彥。及致仕歸里,清白自守,足迹不入公門,遇有事關國計民生,即侃侃而談,一以興利除害爲念。著有《滇南集》《滇行日記》《卧象山詩集》《艮齋文選》諸書行世。卒祀鄉賢。"咸豐《青州府志》卷四十七《人物傳十》:"澄中詩初嗜昌谷,□□頗厭之,稍涉空同、滄溟,既而獨開生面,一洗前人窠臼。任邱龐塏謂與新城王尚書士禛、德州田侍郎雯鼎足而立,爲山左三大家,守福建建寧時,爲刻其《白雲村集》八卷。《四庫全書》録之,并録其《滇行日記》二卷、《卧象山房集》三卷附録一卷。"

《藏弆集》卷二:"安致遠,静子,山東壽光人。"咸豐《青州府志》卷四十六《人物傳九》:"安致遠,字静子,恒子。順治十一年拔貢生。幼孤,性嗜學。博綜經史,磊落有經世志,專力於詩古文詞。祥符周亮工爲青州道,好獎藉人物,致遠與同郡李澄中、丁耀亢、李焕章、張貞皆見激賞。……致遠文宗廬陵,不諧於俗,十五舉不第。家故貧,往往餬口四方。晚年……乃閉門著書……爲《拙石賦》自況,號拙石老人。所著曰《紀城文稿》《詩稿》《玉碨集》《蠭音》,《四庫全書》皆録之,曰《安静子集》十三卷。"

《藏弆集》卷十三:"李焕章,象先,山東樂安人。"咸豐《青州府志》卷四十六《人物傳九》:"李焕章,字象先,中行子。明生員,才名譟一時。鼎革後,不復應舉,專力於古文辭。好《史記》,於唐宋諸大家獨喜柳州,故其爲文雄傑有奇氣。祥符周亮工爲青州道,刊其《邅山堂集》。與壽光安致遠、安丘張貞、諸城李澄中並稱。焕章既殁,澄中訂其生平所爲文爲《織齋集》八卷,《四庫全書》録其目。"

咸豐《青州府志》卷四十七《人物傳十》:"張貞,字起元……康熙十一年拔貢。九歲而孤,苦志向學。年十三,受知於學使宣城施愚山閏章,補郡諸生,名譽日隆。乃肆力爲古文。……十八年,以博學鴻詞征,母憂不起。二十四年,召試太和門,以第三人授翰林院待詔,亦不就。日與其鄉人王訓、壽光安致遠、諸城李澄中,以文行相切劇。又北入都、南走吳越,得交王尚書士禛、朱檢討彝尊、曹祭酒禾、汪編修琬、汪刑部懋麟、魏布衣禧,折衷得當,所業日進。……又嘗以餘力攻書,精篆刻,周亮工贈一印,曰'渠邱文獻世家',人豔稱之。……著有《杞紀》二十二卷,見録於《四庫全書》。其《青州鄉賢傳》《安邱鄉賢傳》《半部稿》《或語》《潛州集》《娛老集》《耳夢録》等書,皆傳於世。"按:張貞爲安丘人,其父張繼倫明末即與周亮工相交,其子張在辛又嘗從周亮工學印法,詳見《白浪河上集》及《青州府志》張在辛傳。

五月二十六日,再入會城;時抵青三月,會城已三入。渡康浪,得孫繩書,有詩紀之。

《賴古堂集》卷十九《與陳琪園書》:"弟蓋于五月廿六日復入會城。履青三月而三入會城,炎蒸僕僕,深悔此出之蛇足也。"

《賴古堂集》卷十《青齊得從化孫斯百大令書予與斯百別於此地垂二十載矣》有云:"丹榴帶水層層錦,白月犁田曲曲觴。老眼羞開書萬里,懷人又渡古康浪。"

雍正《廣東通志》卷四十二:"孫繩,字斯百,山東臨淄人。順治十六年以拔貢令從化,下車詢民疾苦,條陳十事,上官齮之。花山、盤古諸盜流劫近郊,請兵剿捕,獲賊百餘,降其渠魁謝麗崑等七人,散其黨三百餘人。賑石磑、漢田諸村,流亡日集。以治行薦去。後民立遺愛碑。"

雍正《山東通志》卷六《山川志》:"青州府……臨淄縣……康浪水,在城西十里,杜佑《通典》云:'臨淄康浪水,寧戚所歌也。'"

五月,爲何天章題陳洪綬作《何天章行樂圖》。

陳洪綬《何天章行樂圖》:"癸卯蒲月爲天章年社兄題,櫟下同學周亮工頓首。"《中國古代書畫圖目》第六册,蘇州博物館藏。

旅次龍山,作書與陳璜,請之爲雙親作誄文,爲老父遺著《吉祥相》作跋。

《賴古堂集》卷十九《與陳琪園書》:"弟蓋于五月廿六日復入會城。……弟向來讀先生之書,以爲先生是讀書人;今載讀先生之書,乃知先生非止讀書人,蓋聞道人也。……輿中私意,吾雖不得即見琪園,而琪園之須縻恍惚吾目中,琪園蓋和平簡易、油油可親人也。何也,于其詩知之也。……弟詩序者甚多,率諛耳,益增其丑,故概逸之,遂亦不敢求先生序;惟先人誌銘,欲求識之先生與先生各爲一誄;先人所著《吉祥相》,亦欲求兩先生一跋。求先生先向識之先生一言,俟還青後,竭誠專役以懇,非附書恈憚所敢請也。……旅次龍山,飲羊羔酒過多,沾醉草草,都不能文。"

《藏弆集》卷四:"陳璜,琪園,浙江臨海人,進士,壽張令。《旅書》。"雍正《浙江通志》卷一百八十一《人物六·文苑四》:"陳璜,《臨海縣志》:字元卿,爲人軒軒磊落,以能詩稱。登順治壬辰進士,授壽張知縣。縣僻而簡,署中藝瓜蔬以自給,日手一編,吟詠不輟。以小誤降補寧德丞。卒於閩。著有《寓園詩集》《文略》《旅書》《琪樹園詩話》。”

雍正《山東通志》卷六《山川志》：“濟南府……歷城縣……龍山，在縣西南十二里，又名興隆山。”

過淄川，與高珩、唐夢賚、翟羲圖共飲翟氏邸中，當不早於是年往返會城途中。

唐夢賚《讀畫録序》（《讀畫録》附）：“記先生觀察青州時，以事臨淄川，余與司寇高念東先生觴先生于翟羲圖副使第中，先生從念東先生簏上見余所作一詩，急誦，急顧余，一若識余之晚者。”《賴古堂集》卷二十《復高念東》：“兩過珂里，俱以急行，不得作竟夕之飲，俗吏紛紜，自覺可憎。然酒清且旨，欲飲便飲，談野而曠，欲吐便吐，雖半晌乎，猶勝彼低頭深揖、作鄉飲酒禮者千日萬日也。”

高珩，字念東，一字蔥佩，晚號紫霞道人。淄川人。明崇禎癸未（1643）進士，官刑部侍郎。入清官至刑部左侍郎。下筆妙天下，留意二氏之學，生平撰著不減萬篇。有《棲雲閣集》。傳見《文獻徵存録》卷十《高珩》，《碑傳集》卷四十三《紫霞先生高珩傳》（唐夢賚撰）。

唐夢賚，字濟武，號豹喦，山東淄川人。順治六年進士，改翰林院庶吉士，散館授檢討。後罷歸。少有異姿，及壯，負經濟才，凡天經地志、性理體數、會計之書，無不貫綜洞悉。性好山水，喜遊歷。工詩文，與王士禎、高珩友善。生平著述甚富，所著有《志壑堂集》等。傳見《清史列傳》卷七十《文苑傳一·唐夢賚》，《碑傳集》卷四十三《唐太史夢賚生壙志》（高珩撰）。

雍正《山東通志》卷五：“青州府……淄川縣，在府東南二百三十里，東三十五里至青州府之益都縣界。”

是年自濟南還青州途中詩作尚有：《賴古堂集》卷十二《章丘追懷李中麓前輩》《再渡滸山泊見西樵壁上詩有懷阮亭》《渡淄河》《淄河旁土阜童禿傳是牛山》。

在青州。秋夜，同王國儒、孫河柳、高伯群宴集馬長春、馬澄齋中，值黃傳祖自惠山至，聞黃經死訊。與黃傳祖把酒論文於真意亭，黃亦喜吳嘉紀之詩。時黃傳祖方纂輯《識小録》，許爲梓行，後不果。

《賴古堂集》卷十有詩《夜同王國儒孫河柳高伯群集馬三如源思齋中值黃心甫自惠山至聞黃濟叔作古》。同書卷十九《與汪舟次書》：“黃心甫到青，推埜人爲王、孟一流，僕向不喜此老，因其喜埜人詩，遂大喜此老。”同書卷二十二《跋黃心甫自叙年譜前》："余以詩交君,每過錫山必訪君。君亦嘗顧我於雲門,止予真意亭中,厄酒論文,娓娓不倦;予返内室,君猶挑燈録予古文辭,辨明弗止。蓋君方取三百年來古文短篇爲《識小録》,故隨地採取,手録至數千篇。其勤學如是。予許爲君梓行,舟過錫山,再訪君,而君早歸道山矣。"

按:王士禛《漁洋詩集》卷十四有詩《九日與方爾止黄心甫鄒訏士盛珍示集平山堂醉歌送方黄二子赴青州謁周司農》,詩次癸卯,方文《嵞山再續集》卷四則有《揚州九日同王貽上司理登蜀岡觀音閣》《送黄心甫遊青州兼懷周元亮使君》,方文是秋并不曾赴青。

《賴古堂集》卷六有詩《哭黄濟叔》二首。《讀畫録》卷三《黄濟叔》:"未幾,予赴青齊,濟叔乃死。……在雲門聞濟叔卒,哭之……君化去,方飲酒觀伎,自言死甚樂,不足怖也。"

咸豐《青州府志》卷四十六《人物傳九》:"馬長春,字三如,應龍孫。順治三年舉人。從其叔祖從龍受三禮,又從萊陽宋繼澄遊。爲人清真簡遠,言動必遵古禮。嘗定《祭儀》一卷,躬行於家。工詩,與新城尚書王士禛交,士禛謂其詩似孟東野,賦詩寄之。康熙十七年,詔舉博學鴻儒,有司以長春名上,稱病不出。著有《竹香亭集》。"

民國《安丘新志》卷十九《文苑傳》:"馬澄,字原思,應龍孫,沿襲家學,才名奕奕,甫羈貫即舉於鄉。少年氣盛,傾身結客,遇事無難易,勇往敢爲,有古遊俠之風。中年與其從兄長春折節讀書,跌盪風雅,馳騁翰墨,每春秋佳日,鬥茶泛菊,顧曲談禪,以相娱樂,見者目爲神仙中人。晚得一第,謝去經生業,益專力於詩歌,清澹閑肆,直追唐宋作者,非僅於世俗稱無輩行也。集曰《援之筌句》,張杞園爲之序,王漁洋集亟稱之。"按:張貞《杞田集》卷一有《援之筌句序》。

光緒《無錫金匱縣志》卷二十二《文苑》:"黄傳祖,字心甫,正色曾孫。好刻苦爲歌詩,與其友彭年皆爲竟陵鍾、譚之學。傳祖嘗甄綜有明一代之詩,名之曰《扶輪》。性率易,好飲酒。晚以貧死。"《賴古堂集》卷二十二《跋黄心甫自叙年譜前》:"世知心甫爲詞人,而不知其爲有道士也。君制舉業最有聲當世,所遴選文字,同人奉爲準的。以好爲洸洋自恣之辭,不能俛首從時好,故垂老無所遇,獨以撰述自娱。所選《扶輪詩集》,多至三四刻,世但知今日詩事之勝,操選政者比比,不知皆創始於君。滄桑後,詩文一道幾無人過而問者,賴君綿延其間,尚留風雅一綫,君護持之功偉矣。"

秋,吴晉三十初度,舉酒共飲,有詩紀懷。

《賴古堂集》卷二《介茲三十初度酌以紅露》有云:"春雪正盈途,淮南舟共借。

去鄉日幾何,忽忽秋已迫。雨氣滿雲門,寒風吹大澤。爾年方三十,黃須漸欲白。
嗟我一生艱,此行乃云謫。彼路亦何寬,我途空格格。與爾坐土床,層層布葦席。
杞菊不成飽,茗粥數相易。夙顏尚繁華,哀此地久瘠。妄欲與人靜,難云有大益。
雙耳不能飛,迫以稽逃籍。我固叢百愆,終當以此斥。意氣數欲振,所悲昔在厄。
貧賤亦能甘,所悲累吾客。客意良自厚,擎厄笑啞啞。公昔白雲司,欲謀無善策。
雙淚日盈盈,寒衣猶有迹。即今寂寞酒,或當勝疇昔。富貴亦尋常,景光當愛惜。
借厄一酬公,愁心相與釋。"

　　按:周亮工是年年初赴青途經淮南,有詩《阻雪淮陰項永伯以詩集見示漫成》
(《賴古堂集》卷十二),據上引詩意,吳晉當是自淮南與亮工同來青州。詩中"迫
以稽逃籍"言及清代前期逃人問題。"八旗以俘獲爲奴僕,主遇之虐,輒亡去。漢
民有願隸八旗爲奴僕者,謂之'投充',主遇之虐,亦亡去。逃人法自此起。"(《清
史稿》卷二百四十四《列傳三十一·李裀》)順治十一年,逃人問題發展至高峰,清
廷爲此專立《逃人法》,專設督捕衙門處置逃人事件。《清世祖章皇帝實錄》卷八
十六《逃人法》:"順治十一年(1654)九月壬辰。會南贛巡撫宜永貴疏言,邇來滿
洲家人,逃者甚多,獲者甚少,乞仍照初定例。章下王等并議。至是王等議:隱匿
逃人者正法,家產入官,其兩鄰各責四十,流徙,十家長責四十。……該管地方官
無論有無拿獲逃人,一年兩次造冊,呈報督捕。如有逃人隱匿不報,事覺,將前報
部官革職。……見任文武官員,并有頂帶閑官,進士、舉人、貢生、監生及休致回
籍閑住各官,隱匿逃人,將本官并妻子流徙,家產入官。……至於府屬州縣官內,
如有一官革職者,知府降一級,直隸知州照知府例議處。道員罰俸九個月,巡撫
罰俸六個月,總督罰俸三個月。拿送逃人數多者,該管地方官紀錄,俟考核時酌
量優升。"逃人法嚴酷至此,清統治者亦恐長久實施,不利籠絡人心,順治十三年
之後,即屢下詔諭,勸責滿洲官民善待家奴,敕令督捕衙門量情處置。自此,逃人
法由嚴酷逐漸放寬,逃人事件逐漸轉入低潮。(《清史稿》卷二百四十四《列傳三
十一·李裀》)然據周亮工青州任上曉諭民衆之《逃人示》(見李漁《資治新書》(初
集)卷六《文告部》),康熙初年,這一事件形勢依然嚴峻。

秋冬際,隨巡東海,過諸城縣東武故城,有詩懷古。

　　《賴古堂集》卷六有詩《十月廿六日城陽寄冠五》四首,其四原注:"予以今春取
道穆陵入青。隨巡東海,復逶迤由此返。"同書卷十又有《東武懷古》四首,其一有
云:"更遣雲門客渡濰,扶淇東下盡荒陂。秋風野水韓王壠,落日高臺李相碑。"其四
云:"客況駝頭東莞郡,歸心雁背穆陵關。……老鬢羞慚霜雪滿,長淮路盡不知還。"

　　雍正《山東通志》卷九《古迹志》:"青州府……諸城縣……東武城,即今縣

治。……扶淇城，在縣西北，元魏置縣，屬東武郡，以扶淇水得名。"

周亮工《東武懷古》

過濰縣，見舊日濰人爲立之生祠，自毀之。

　　《賴古堂集》卷十九《與王隆吉書》："昨以事復過北海，見舊日肖像與木位尚存，乃自碎其像，而以木位代勞薪，語父老曰：'春風點綴踰二十餘載，足矣，留此一塊乾净地，供諸公歲時伏臘飲酒高會，豈不更快！'"按：此書作於康熙三年（1664），見康熙三年譜。

　　鄧之誠《清詩紀事初編》卷八《丁編·周亮工》："初亮工知濰縣，值滿洲兵南下，齊東諸城皆破，獨濰以堅守獲全。濰人德之，爲建生祠。及再起青州道，過濰見生祠，大哭而去。殆有痛於作兩截人耶。"

冬初，還青，再過諸城縣。登超然臺望馬耳山，晚遂借宿滄浪園，有詩紀行。雨中五蓮僧來訪，相期往遊，不果。

　　《賴古堂集》卷十《登超然臺望馬耳山用謝在杭韻》有云："層疊蓮峰天外開，荒陰冷逼古城臺。何能便向山中住，憾不遲從雪後來。"同書同卷《雨中宿滄浪園示丁魯瞻顓若》："雲門客子擁孤衾，亂水環亭海氣森。委宛懷人三徑曲，參差入夢萬松深。（原注：'園在超然臺下，舊多虬松。'）投簪未許煙霞卧，垂老猶爲雨雪吟。莫傍高臺急望遠,歲殘單外欲歸心。"同卷又有《雨中五蓮僧來相期往遊不果》。

雍正《山東通志》卷九《古迹志》:"青州府……諸城縣……超然臺,在縣北城上之西偏,縣之北城上東西各有一臺,元魏建城時所築。宋熙寧八年蘇軾來守密州,因於西城臺上創爲棟宇,以爲登眺遊息之所,其弟爲濟南司理,寄題爲'超然臺'云。"同書卷六《山川志》:"青州府……諸城縣……馬耳山,在縣西南五十里。"《大清一統志》卷一百三十四:"五蓮山,在諸城縣西南八十五里。"

過沂州。有詩詠溫泉。與武、劉二孝廉聚飲談花之寺,劉公蕃作陪禮神祠、遊百丈巖瀑布,各有詩紀之。時已十月下旬,有詩寄與吳宗信及弟亮節。

《賴古堂集》卷十二有詩《沂州東面溫泉》:"蓬勃環蒸十月天,沂山東面水涓涓。羸軀未肯因人熱,真冷還思白玉泉。"同書卷十《過東莞武劉二孝廉載酒談花之寺爲沂州之勝境同楚中劉公蕃賦》有云:"諸葛溝前雁影疏,寒歸海縣暫停車。嘉名獨愛花之寺,隱地誰尋石者居。"同卷又有《禮沂山東鎮神祠同劉公蕃賦》《百丈巖瀑布同公蕃賦》。

《賴古堂集》卷六有詩《十月廿六日城陽寄冠五》四首,其四云:"亮也隨征旆,行蹤遍魯齊。……寄書風雪夜,又在穆陵西。"同書卷十又有《城陽南望寄舍弟靖公》二首,其一有云:"雨過寒河尋水向,(原注:'夜頭水一名向,今沂州向城鎮是。')月明蕭寺夢花之。(原注:'花之寺在沂州西。')……南望自悲鄉里近,青山隱隱鬢絲絲。"

《大清一統志》卷一百四十《沂州府》:"東莞故城,今沂水縣治,漢置縣爲侯國,晉屬東莞郡。"雍正《山東通志》卷二十一《秩祀志》:"沂州府……沂水縣……花之寺,在縣西南一百里。"王士禛《分甘餘話》卷三:"沂水縣有花之寺,不解其義。張杞園問之土人,云以寺門多花卉,而徑路折如之字形,故以爲名。"

冬初,過傅逸庵四本堂并作書。作行書扇面。

《故宮博物院藏文物珍品大系·清代書法》收錄有周亮工行書七律詩軸:"烽燧移人迷故里,小培杞菊古城灣。開畦自種琅琊稻,隱几閑看馬耳山。裋褐殘書留歸德,新詩大海擁蒼顏。絳紗帷外傳經士,白首登堂淚欲潸。癸卯冬初過逸庵老世翁四本堂賦正,櫟下世弟周亮工稿。"作品引首鈐有"陶庵"印,款後鈐有"周亮工印""不讀王李鍾譚之詩"兩印。按:此詩見於《賴古堂集》卷十,題作《過傅逸庵四本堂》,文字稍有異同,"裋褐"一句集中爲"舊德殘書紛裋褐","帷外"爲"帷後"。

沙孟海編《中國書法史圖録》第二卷載浙江省博物館藏周亮工行書扇面："駝頭鶂尾意頻更，竟歲勞勞笑此行。寒菊將開期且醉，佳禾已秀欲還耕。芳洲日暮漁竿冷，故國書遲雁翼輕。兩岸猿聲獨客淚，秋風先已到蕪城。蕪城似公授世兄詞壇正之，周亮工。"作品引首鈐有"癸卯"印，款後鈐有"亮工私印""雲門客子"兩印。按：此詩見於《賴古堂集》卷七，題爲《已發蕪城復登舟返邗上》。

自穆陵關入青州。時天寒欲雪，與劉公蕃同賦詩。

《賴古堂集》卷六《十月廿六日城陽寄冠五》四首，其四原注："予以今春取道穆陵入青。隨巡東海，復逶迤由此返。"同書卷十《穆陵關欲雪同劉公蕃司李用弇州韻》有云："馬首旌旗殘歲月，溪邊瓦礫舊烽煙。重裘不壓嚴關冷，卻憶南來二月天。"

雍正《山東通志》卷九："沂水縣……穆陵關，在縣北一百二十里。"

仲冬，得林古度書，請爲汪楫父汪汝蕃作壽文。

《賴古堂集》卷十六《壽汪生伯六十序》："生伯汪君以甲辰正月二十日六十初度。先是癸卯仲冬，福清八十四老人林那子從予家郵中致予函曰：'生伯汪君明年六十，同學諸子雖不言，觀其意，意在先生一言。'兒在浚曰：'諸君子壽汪君，誠欲得大人言，那公言不謬。'"

《清史列傳》卷七十《文苑傳一·林古度》："字茂之，福建福清人。寓居江寧。工詩，少賦《摑鼓行》，爲東海屠隆所知。與曹學佺相友善，所爲詩，清綺婉縟，亦復相似。後楚人鍾惺、譚元春遊金陵，古度悦之，詩格一變。……晚年與王士禎唱和於紅橋、平山堂間，諸名流咸集。……士禎選其辛亥以前詩不入楚音者二卷，爲《茂之詩選》。又著有賦一卷。"

王晫《今世說》卷五《規箴》："汪舟次兄弟好古力學，名沸大江南北，戶外屨常滿。父意歉之，誡曰：'吾不願爾曹爲名士，名如翦彩鏤棘，實不存也。爾曹與人交，以其文，無寧以其行。郭泰之異茅容，庾袞之敬褚德，豈爲名高哉？爾曹慎之。'"原注："汪父名汝蕃，字生伯。自言生平無異人，惟'不欺'二字，反復無愧耳。嘗築友善庵，出米數百石賑饑，身與妻子粗糲自如。亂後家中落，乃整飭餘緒，每得金，即贖屯營婦女歸其家。又埋胔掩骼，二十年内，櫬櫺千餘。"

是冬，嘗寄書與吳嘉紀，分之以俸錢。吳時滯留揚州，接書，有詩誌感。

吳嘉紀《陋軒詩·得櫟老人書》："北風蕪城寒，緼袍少顔色。欲歸家苦遠，尋友路不識。故人青州宦，清貧食無魚。相憶三千里，冰霜寄尺書。開書竟何如，

分我以俸錢。攜歸盡糴米,妻兒過凶年。"《賴古堂集》卷十六《壽汪生伯六十序》:
"癸卯仲冬……迫除夕前三日,吳人吳玉府策蹇冒風雪度穆陵關,入廣固,出橐中
函高半尺許。……吳賓賢寄予詩曰:'青州官苦貧,分我以俸錢。持歸盡糴米,妻
子過凶年。'"

**除夕前三日,吳仁冒風雪來訪,帶來紀映鍾、王又旦、吳嘉紀、郝羽吉等數
人書札及孫枝蔚、程邃、龔賢、方文、宗元鼎等三十四人公函,固請壽汪
楫父。**

《賴古堂集》卷十六《壽汪生伯六十序》:"迫除夕前三日,吳人吳玉府策蹇冒
風雪度穆陵關,入廣固,出橐中函高半尺許。首展紀子戀叟函曰:'……汪君生伯
明年正月二十日六十初度,同人念非公言不足重生伯,公勿辭。'次王子幼華曰:
'僕郃陽王又旦也。……旦從吾里三原、涇陽諸君見公詩若文,心儀之;頃從楫所
見公札子,又縱觀公詩若文,心益儀之。……楫大人首春登六十壽,公交楫父子
有年,宜有言,不待旦請,旦固竊有請也。'吳賓賢寄予詩……詩尾作蠅頭字曰:
'生伯汪君六秩,公所知。……'黃山郝羽吉士儀亦未嘗與予交,因楫、嘉紀長歌
寄予……雖未言壽汪君,其詩固欲僕壽汪君也。吳玉府曰:'此累累者,皆欲公壽
汪君耶。某單外以此至,諸公因有專函,希先生言,此累累者亦欲公壽汪君耶。'
已乃解重橐,出豹人孫子、穆倩程子、半千龔子、爾止方子、定九宗子三十四人公
函,鄭重布几上,再拜曰:'謹致江以南北諸君子孫枝蔚等拜。'已乃自拜曰:'仁冒
風雪度穆陵關,凡十又六日,始抵廣固,此耳公勿忽。仁,玉府名也。"

王又旦,字幼華,別字黃湄,郃陽人。順治十五年進士。選潛江知縣,行取,
補吏科給事中,轉戶科掌印。又旦當官有治績,居言路有建白,而詩才清麗,不矜
唐宋,自具品格,篇章不若孫枝蔚之富,而蘊藉過之。著有《黃湄詩集》十卷。事
具《清史列傳·循吏傳》及雍正《陝西通志》卷五十七下。

除夕夜,得汪楫書。念汪父壽期將近,壽文尚未有,輾轉難寐。

《賴古堂集》卷十九《與汪舟次書》:"得足下書,一年將盡之夕也。老兵貧道,
雖無他冗,而冗實甚。冗稍定,孤燈短榻,萬感填心,念尊人壽期近,稍遲必不及,
竟不成寐。"

陸遠之來訪,是冬別去,歸後不久即卒。

《賴古堂集》卷十有詩《送陸遠之還三山兼壽其七十》:"陸公七十道氣深,作
客不閑愛苦吟。秣陵穆陵常獨去,清露濁露時共斟。暫歸尚思遊白嶽,垂老那識

重黄金。餘生畢竟鄉園好，君家西泠我雲林。"同書卷六《哭陸違之》："凌冬江上去，臨發更徘徊。苦口能規我，好音望不來。酸風吹廣柳，敝篋委荒萊。嘆息螟蛉子，壠頭肯盡哀。"同書卷十九《與王隆吉書》："陸違老七十老人，終朝爲百年之計，見人説一死字便拂然不悦，一旦化去，留一屋子大不相干之人。愚雖愚，諒不至是。"按：此書作於康熙三年(1664)，見康熙三年譜。

是年，嘗合蘇軾、楊繼盛祀於超然臺上，又祀楊繼盛於浩然堂。

《賴古堂集》卷十九《與汪舟次書》："秋澗所寄大幅字甚妙，已懸之真意亭中，更求其書'浩然堂'三字，'古超然臺'四字。超然臺在諸城城內，蘇長公賦尖鹽韻地也，楊椒山先生曾爲諸城令，僕合長公、椒山祀于超然臺上；浩然堂，祀椒山者也。二扁若即得更妙。"按：此書作於康熙三年(1664)年初，所述之事當已完成於本年。

友陸圻、查繼佐、范驤以莊氏史案被逮繫獄，朱一是因與陸圻爲姻親，亦被波及。是年五月，陸、查、范三人始獲釋。陸圻橫遭此禍，又復喪子，自此決意出家雲遊。

陸圻《威鳳堂文集・遊天台山記》："壬寅九月幾望，予將遊天臺山。……十一月歸杭，大獄起，十二月而檻車征京師，如神人言。"毛奇齡《西河集》卷一百五《陸三先生墓誌銘》："會皇上改元之歲，平章者怒甚，緹騎四出，逮知府以下，籍莊氏，檻其首者。三君披銀鐺就道，家人無少長皆繫獄。……既而讞上，上憐其無罪，得不坐，康熙二年五月獄解。"

陸莘行(陸圻女)《老父雲遊始末》(又名《陸麗京雪罪雲遊記》)："康熙元年壬寅……十一月十五日，吾父……寄錢塘獄。十二月，督撫差解官龔姓者，將父與查、范起解進都。……一日泊金山下，聞鐘磬聲，誓曰：'苟得生還所，不祝髮空門者，有如大江！'(康熙二年)癸卯正月……十九日……五房上下計三十口，俱押至總捕班房。……伯姊翁錦雯吳司李、仲姊翁甸華沈文學二父執，手持火把至窗外，泣謂母曰：'事如此，惶遽無益，聞二郎尚未收，意欲藏之王店朱近修家，以延一脈。'大舅父宇台孫公亦慟而至，謂母曰：'弟力微，不能脱姊，程嬰之事，當力任之。'母曰：'聞吏侵朱氏甚急，(原注：朱爲二兄所聘岳家。)弟當令其就獄，勿以一子累親友也。'……查、陸、范三姓，(被逮者)共計一百七十六人。……正月二十四日，吾父到京，與查、范同入刑部牢。……不數日，命下，回浙候審。……(五月)二十六日……是日父在營，諸人每名依次點出。……及末方點父等至明倫堂，三人此際魄已去身，督撫皆曰：'爾等不惟無罪，且有欽賞。'於是叩謝出，分路各歸。……六月二日,桂兄卒。……十月初有旨,將莊、朱家家産一半給首人吳之榮,一半給查、陸、范,父曰:'闔家獲免,幸矣,反貪他人之産耶?'盡歸查、范。……丁未……是歲祝髮齊雲,不肯背前誓也。"

　　按:莊氏史案爲清初大獄之一,楊鳳苞《秋室集》卷五《記莊廷鑨史案本末》、全祖望《鮚埼亭集外編》卷二十二《江浙兩大獄記》及《杭城坊巷志》引吳農祥《南潯書案紀事》,對此案皆有詳細記載。今合諸家所記,述其略如下:湖州富民莊廷鑨,購得明故相朱國楨《明史》稿本,招致賓客編爲《明書》,中多指斥清廷語。書成而卒,其父允城代爲刊刻。康熙元年(1662),歸安知縣吳之榮罷官,謀以告訐爲功,藉此作起復地,白其事於將軍松魁。魁移巡撫朱昌祚,朱牒督學胡尚衡。允城并納重賂以免,乃稍易指斥語,重刊之。之榮計不行,特購得初刊本上之法司。事聞,"清廷遣刑部侍郎羅多至湖州讞獄,逮允城解京,以歲暮瘐死獄中。明年正月,遂盡逮諸干連者。五月,獄決。廷鑨、允城戮屍,廷鑨弟廷鉞及其弟子孫年十五以上均斬。作序及參閱者凌遲處死,而書中所列參閱諸人,實有未與其事,以名高而爲莊氏所假託者,如吳炎、潘檉章輩,亦不免。刻工、刷匠、書賈、藏書者俱斬"。(《洪昇年譜》康熙二年條)地方官亦有牽連而死者,如湖州太守譚希閔、推官李煥、歸安烏程兩學官。是獄也,死者七十餘人,婦女皆給邊,(按:據法若真《黃山詩留》所載張謙宜爲若真撰傳,以此案株連者凡七百戶。)其罹此案而獲免者,僅陸圻、查繼佐、范驤三人。陳寅恪先生在其《柳如是別傳》第五章指出:"噫! 當鄭延平率舟師入長江,牧齋(錢謙益)實預其事。鄭師退後,雖得苟免,然不久清世祖殂世,幼主新立,東南人心震動,故清廷於江浙區域特加鎮壓。莊氏史案之主要原因,實在於此。"

蔣玠自閩南來訪,當不早於是年。

　　《賴古堂集》卷十二有詩《喜蔣用发至自閩南》六首,其一:"當年枉受布衣恩,老眼羞揩舊淚痕。我在君來誰夢想,鼓山客子叩雲門。"其六:"青州從事未全貧,金露雖濃可薦脣。留得故人十日醉,也當一度過南閩。"

朱静一來訪,賦詩送之還九華,當不早於是年。

　　《賴古堂集》卷十有詩《送朱静一還九華》:"蕭條襆被好容顔,七十懷人涉遠山。永夜雁聲秋浦棹,寒風驢背穆陵關。漁樵虛負當年約,鬢髮羞慚近日斑。半臂九華徒自繪,誰能隨意共君還。"

青州任上,得惲向畫三四巨幅,當不早於是年。

《讀畫録》卷一《惲道生》：“惲道生向，後更字香山。香山爲高材生，治詩，以制義名世，晚乃棄去，獨工畫，高自位置，恥與平流伍。常以十幅贈予，傲然曰：‘今人畫特描金匠耳。’又常題畫貽予曰：‘逸品之畫，筆似近而遠愈甚，似無而有愈甚，其嫩處如金，秀處如鐵，所以可貴，未易爲俗人道也。’晚年尤縱橫如意，妙極自然。蓋其往來齊魯間最久，嘗登泰岱，得山水雄渾之趣，故其落筆非凡近可擬。……余在青齊，得其三四巨幅，是最得意筆。著《畫旨》四卷，張爾唯太守屬孫阿匯序而梓之。香山去世，棗梨遂不可問。”

晤堵廷棻於青州，託爲購許儀畫，未幾，許儀特遣使至，頃復破關相訪，當不早於是年。

《讀畫録》卷四《許子韶》：“許中翰子韶儀，無錫人。舅氏李採石者，工繪事，子韶一見，欣然窮其技，多軼出其上。工山水，而於花草蟲魚屬，尤極精緻。……余在閩，從許有介見子韶畫。抵雲門，晤堵芬木，託爲購之。君特遣使至雲門，頃復破關訪予於青溪，所得君畫，亦頗滿志。君好神仙家言，工篆籀圖章，稱能品，尤通醫，所著詩集甚夥。”

第六子在青生。（《舊譜》）
許友卒。

《賴古堂集》卷六有詩《十月廿六日城陽寄冠五》，其三：“高兆虎林返，許眉信已真。”原注：“雲客過嶺訪予，聞有介變，遽返。”按：此詩即作於本年。同書卷十有詩《哭許有介》。

徐延壽卒。

《賴古堂集》卷六有詩《十月廿六日城陽寄冠五》，其三云：“徐生新賦鵩。”原注：“存永沒于長沙。”同書卷十有詩《哭徐存永》。

楊思聖卒。
釋弘仁卒。（《漸江資料集》）

是年詩作尚有：《賴古堂集》卷十二《青酒苦澀求之士大夫家咸云乾醑嘉然絕非廿載前風味矣》《寄野鶴》。

清康熙三年   甲辰 1664   五十三歲

是年六月,清廷禁止民間私市馬匹。七月,明兵部尚書張煌言被俘,不屈死。

在青州。歲初,成汪楫父壽文。又修書一封與汪楫,附寄新詩《花之》請正,并央汪楫及吳嘉紀爲搜羅尺牘兩卷見寄,欲將尺牘二鈔梓之於青州。

《賴古堂集》卷十六《壽汪生伯六十序》:"生伯汪君以甲辰正月二十日六十初度。"同書卷十九《與汪舟次書》:"得足下書,一年將盡之夕也。老兵貧道,雖無他冗,而冗實甚。冗稍定,孤燈短榻,萬感填心,念尊人壽期近,稍遲必不及,竟不成寐。枕上默成壽尊人文,晨起,了元旦一切事,始落筆,次日始書屏,三日始爲詩,四日早即遣使。……僕近詩不能盡刻,刻一一小葉寄正。……幸足下同埜人訂之,如以爲不佳,幸直示之,僕即當改頭換面。蓋僕近詩略尚氣色,故以此自疑。……其以'花之'名者,由淮入青自花之始,僕得詩亦自花之始也。花之,隋寺名,僕豔其名,故以名詩,然二字實實可豔也。……赤牘二鈔已得八卷,再得二卷,便可梓於青州,足下并埜人肯搜羅兩卷見寄,吾事濟矣。"

春,長子在浚來青省侍。

按:方文《嵞山再續集》卷四《送周雪客省侍之青州》有云:"春去齊州秋始還,冬晴又指穆陵關。"詩次甲辰。

春,方育盛來訪,出方拱乾詩見示。

《賴古堂集》卷十六《壽青溪三老序》:"歲在甲辰……今年春,君來視予,首出老人詩相示,健筆縱橫,天絲錯落,有曰:'兒子褰裳重見面,老懷無用説當初。'頻仰情深,感慨係之,乃又曰:'種種牽腸難舉似,老夫畢竟重論詩。'百煉千磨,指歸風雅,較昔人所云'試拈詩筆,已如神覺',静穆之氣,悠然令人自遠。"

四月初七日,方育盛爲作文稱壽。越七日,值方初度,爲之作《壽青溪三老序》,復取舊日與之詩録於文後。

《賴古堂集》卷十六《壽青溪三老序》:"歲在甲辰,予生之辰,方君與三適過雲門,爲文壽予。……越七日,值君初度,予亦將謀一言以壽。……君且壯,予且持此祝君堂上兩老人矣。"同書卷二十《與方與三》:"既書抽作奉祝,復取與足下舊詩録于文後。"

按:方育盛南歸,亮工亦有詩送之,《賴古堂集》卷六有《雲門賦送與三》三首。

四月十五日,大會青州遺民。與會者十二人,有蔡宗襄、袁蕃、安致遠、李震、王翰臣、張貞、薛鳳祚、房星顯、喬爾楨、楊涵、李澄中、李惠迪等。諸人飲酒賦詩,揀古揚,繙逸笈,至於通宵。後將詩作結集爲《真意亭雅集詩》,李焕章作序。

宣统《山東通志》卷一百四十六下《藝文志第十·總集·真意亭雅集詩》載李焕章詩序:"康熙三年甲辰四月十五日,少司農大會燕享,來集者十二人。濰蔡子漫夫宗襄、殷袁子宣四蕃、斠安子静子致遠、李子乾一震、渠邱王子國儒翰臣、張子杞園貞、稷下薛子儀甫鳳祚、房子樞輔星顯、又喬爾楨、楊子輔峭涵、余東武弟渭清澄中、日照弟吉甫惠迪。酒酣樂作,少司農公促諸子詩。時衆未應,少司農伸腕疾書,倏忽竟篇,諸子歡呼曰:'豁落圖奪古人三舍矣!'諸子各工,所賦亦極致,少司農公屬甚,長嘯曰:'茲宵盡齊門風雅矣!'乃延入真意亭,焚香小坐,揀古揚,繙逸笈。少司農謂諸君宜有句,句未暨而東方曙矣。"

四月,胡玉昆贈蘭石圖。

胡玉昆贈蘭石圖款云:"甲辰清和畫寄元翁老祖台快擊,白下胡玉昆。"見《南畫大成》。

五月,跋《宋燕文貴秋江泛望圖》。

跋《宋燕文貴秋江泛望圖》,見陶樑《紅豆樹館書畫記》:"予家所藏宋人畫……甲辰五月望日櫟翁亮工記。"

夏六月,胡介卒。張貢孫寄書請爲胡營葬。

胡介《旅堂詩文集》附陸嘉淑《胡彦遠傳》:"自是且病,病竟不起,甲辰夏六月也。"按:孫枝蔚《溉堂集·溉堂前集》卷七有詩《挽胡彦遠處士》,詩次甲辰。方文《嵞山再續集》卷三有詩《歲暮哭友·胡彦遠高士》,詩次甲辰。

《藏弆集》卷十六載張貢孫(原注:"繡武,浙江錢塘人。")《上龔周兩先生乞葬胡彦遠書》:"今年夏六月三日,錢塘處士胡介死。介年四十九,無子,老親白髮,撫屍而慟,死無以殮也。友人沈生、陸生輩經理其喪事,訃聞吳門,某與前御史姜公哭之慟。……願兩先生買山間半畝地,助之扶柩,題曰:'嗚呼!錢塘處士胡介之墓。'俾石碣所垂,不至湮没,是兩先生憐才愛士之盛心也。"

九月,張怡爲《賴古堂印譜》作引。

張怡《賴古堂印譜引》:"櫟園先生有三癖,曰書畫,曰硯,曰印章,書畫鑒賞最精。……先生之癖，與杜征南、歐陽六一併傳不朽矣。康熙甲辰菊月之望，小弟張怡書于雲門石屋。"

是秋，嘗作書答婿王廷棟，述及近來老態，頗有廢詩文、棄虛名并棄官歸里之意。適在浚南還，託之帶書歸。

《賴古堂集》卷十九《與王隆吉書》有云："愚今年五十又三……不期今歲忽然老，鬚髮莖莖皆雪，左右輔車全折；年前作字，惟燈下用靉靆，今日中明紙窗下作此等字，亦便須借目；北人嗜麥，愚素亦善説餅，今略餐餅餌，胸中便格格，必火其宫而後止；右手足漸不仁；突然而成七八十老人，見者皆駭嘆。然此猶不關神明也。生平不工詩文而好為詩文，到此踰期纔得十數詩。……文僅僅耳，拈筆如十石弓，略一涉想，頭便岑岑作楚。家人每歸，類當作報章，見盈尺寒暄堆積几上，無處下手，惟對之浩嘆。……自識非吉祥相，屢欲乞骸骨歸。而新例以病去者類遣人，審視數四，略不篤切，尚有一綫生氣者，審視者以虛誑坐，以故審視者不代人病。愚緣此求去不得，進退維谷。宦者類好言歸，愚非不欲宦者，惟吾婿不昧此意耳。婿言維揚舊祠事，議頗正，愚視之夢耳。……頃汪舟次來索愚在廣陵諸詩文，欲入郡乘，書凡三至，意良善，而老人視之夢耳。過數年，老人入土饅頭中，深松茂柏尚不知愛，區區世上名，亦復何關，故至今未有以應之。……愚在雲門所作十餘詩曾付剞劂，一夕呼浚兒盡劈其副。生平受病，只是多事，近日始知懺悔，立意求減，便於撒手時没些沾滯也。……兒子回，信筆恄悼奉答。"

按：方文《嵞山再續集》卷四《送周雪客省侍之青州》有云："春去齊州秋始還，冬晴又指穆陵關。"詩次甲辰；同書卷三又有《九日周雪客招飲觀劇》，亦次甲辰。則周在浚是秋南還，重九日已在南京。

十一月，龔鼎孳五十誕辰，作有《祝龔芝麓總憲序》。

《賴古堂集》卷十六《祝龔芝麓總憲序》："甲辰陽至月之十有七日，為先生五十覽揆辰，一時名公鉅卿，以及海内知名之士，操詩歌古文辭，介祝於先生之庭者，應不可計數。"

按：龔鼎孳《定山堂詩集》卷七有詩《冬仲三日善持君三十設帨之辰十七日又余始降達公於此月朔為誦經竟日感其意至因賦二首兼記歲月》，卷十二又有《仲冬十七日長至為予始降舟泊陸家墩》，曾燦《六松堂集》卷七有詩《龔宗伯初度閣古古用少陵秋興八首韻為壽同人共和時十一月十七日》。是龔鼎孳生辰確是在仲冬十一月。

冬，作《重修顏文姜靈泉廟碑記》。

　　《重修顏文姜靈泉廟碑記》拓片，國家圖書館藏。

是冬，在浚隨高阜、吳宗信再至青，方文有詩相送。

　　《賴古堂集》卷二十《與高康生》："足下素不敢涉江，今乃渡河，勇真可習哉。近青即駢邑，穆陵關在其南，聲音之近，得毋動故鄉思乎？黄沙白草，冷月酸風，雖不宜江以南客，未必無小益，幸於馬蹄躑躅時悟之。相見在即，喜次於睫。"《藏弆集》卷二載高阜《青州道中復周櫟園》書："十年前，聞人說黄河之險，心甚駭然，及揚帆而過，洶湧尚不及長江十五，但風景較慘澹耳。途中稍動悲涼，輒念櫟園先生不置，便如行山陰道上，千里蒿萊，不爲荒遠矣。況重以手翰，黄花晚驛，疾發遥函，遂與冠五、雪客噴飯不止。故人相見時，歡樂不可言；故人未相見時，歡樂尤不可言也。留於北海堂前，一契斯語，何如？"

　　方文《嵞山再續集》卷四《送周雪客省侍之青州》："春去齊州秋始還，冬晴又指穆陵關。思親敢謂征途遠，結伴偏逢老友閑。月下同舟渡江水，沙邊立馬看雲山。知君行李無多物，祇有新衣五色斑。"

代覲赴京，過德州，重晤程先貞。歲暮抵京，爲嵇永仁賦留山堂詩，并爲之題圖。

　　《舊譜》："甲辰，五十三歲。……冬，代覲入京師。"

　　《賴古堂集》卷十二有詩《重晤程正夫》二首，原序："不見正公二十年矣。甲辰北上，公聞予至，出郭相視，衰鬢同蓬，使非通姓字，彼此莫識矣。二絶志感。"程先貞《海右陳人集》卷下《周觀察櫟園赴京賦贈》詩有云："遠駕迢遥赴帝州，停驂少爲故人留。入門仍得雙青眼，把袂還憐兩白頭。"同卷又有《答櫟園投贈次韻己酉之秋與櫟園別於維揚今二十年矣》。按：自本年上推二十年，亮工與程先貞作別維揚，當在順治二年乙酉（1645），而非"己酉"。

　　《賴古堂集》卷六《甲辰歲暮再至都門，襆被未解，嵇匡侯索留山堂詩，倚婁東諸同人韻輒得一詩，悲感交集，似不獨詠留山矣，反欲留山和我》有云："黄塵猶吹面，辛苦賦留山。"嵇永仁《抱犢山房集》卷五《上嚴灝亭先生書》："某少碌碌四方，余澹心爲字留山，梵林圖之。越數年，秦淮樊圻、謝成、吳宏、高岑、鄒喆又續爲圖。合肥公官司寇時，愛而題曰：'疏林茆屋，步步引入山之夢。'櫟公觀長安，相遇白雲觀中，亦有'黄塵猶在面，辛苦賦留山'之句，又題曰：'樹前石背，有著雙不借、循書聲而來者，非他人，乃櫟下生。'……自是江以南北莫不知有留山堂留山堂云，然某實無堂也。"

　　嵇永仁,字留山,別號抱犢山農,家於錫山。負大志,嘗以拯濟生民爲己任。生平無書不讀,當世知其具經濟才,或聘治河,或諏荒政,歷有成效。制舉而外,雅好詩古文詞,下筆千言立就,著有《葭秋堂詩》《竹林集》《留山堂初刻》。又好爲填詞,工北曲,著有《遊戲三昧》《珊瑚鞭》《布袋禪》等。周亮工嘗擊節其《揚州夢》,爲序以弁之。尤精於醫,所至活人無算,著有《東田醫補》四卷。傳見《碑傳集》卷一百一十九。

是年,嘗作書索陳舒畫。

　　《賴古堂集》卷二十《與陳原舒》:"某雖老,今年始五十又三,尚能說餅、挽黃間,似未必即死。……獨是某生平嗜畫,三十年來,積同人筆墨至千餘卷,慕原舒筆墨,每形之夢寐。"

　　《讀畫錄》卷四《陳原舒》:"陳舒,字原舒,一字道山。從松江之朱家閣移居金陵,構小園於雨花臺下,吟詩作畫,怡然自得。所作花鳥草蟲在陳道復、徐青藤之間,而設色深淺,更饒氣韻,南中人士,得其片紙,皆知珍重。……素豪邁不羈……凡畫必自題,信手疾書,不由思索,而皆有韻致。嘗爲予作數十冊,自題有云:'擔糞登春冒柳煙,城中別有賞花天。綺羅珍饌時時病,菜飯麻衣忙到年。'又云:'山秋人亦不能由,率性依秋弄釣舟。釣得魚來沽得酒,杖藜還上水邊樓。'"

錢謙益卒。
陳弘緒卒。

　　方文《嵞山再續集》卷三有詩《歲暮哭友五首》,其三《陳士業徵君》有云:"去冬君物故,今夏始聞知。"詩次乙巳(1665)。

清康熙四年　乙巳 1665　五十四歲

是年八月,清廷令送明天啓、崇禎間事迹備修明史。十二月,令明宗室改名易姓者,皆回復舊姓。

高阜以母喪遽歸,時在京師,不及追送,有詩紀之。

　　《賴古堂集》卷二有詩《高子康生偕予客青州以母喪歸予時在都下不及追送》。

四月，自京師還青州。

《舊譜》：“乙巳，五十四歲。四月，自京師還青。”

吳期遠過青州，爲仿黃公望《富春圖》。

《讀畫錄》卷四《吳子遠》：“吳子遠期遠，丹徒人。與予交最晚。偶過雲門，匆匆同玉匙孝廉北上，燈下作二幅留贈予，居然一峰老人。近日作者紛出，當以子遠爲巨擘。自題其畫云：‘觀子久《富春圖》，純用中鋒，如右軍作草書法，乃知世人所摹，盡隔數壁。乙巳初夏，漫爲臨此。’”

夏四月，大旱饑。申牒上官，疏請蠲賑。蠲租之詔下，遣人馳詣各縣，榜示通衢，使胥吏不得爲奸，治農具數千施於貧民，民賴以爲生。朝廷遣部臣賑濟，單騎從行各州邑，察貧富虛實，逐户賑之。青人感佩，爲立德政碑。

宣統《山東通志》卷十一《通紀第二·通紀九》：“康熙……三年甲辰……六月，兗州府大旱，飛蟲蔽天，墜地如蛟蝪。……四年乙巳，巡撫周有德奏請復孤貧口糧舊額；夏四月，濟南、兗州、東昌、青州四府大旱饑。”《賴古堂集》卷十七《巡撫山東督察院右副都御史蕪初周公救荒碑》：“辰、巳之交，山左右赤地數千里，而山左亢暘尤甚，濟水以西，青海以東，六郡鱗比，野無青草，民至食榆皮緩旦夕。大中丞周公惻然憂之……乃焚香盥祝，草狀以聞。天子因命重臣四人往爲按視……及報命，上爲動容，深憫之，急發帑金六萬兩，米六萬石，申命重臣十六人分行以賑。”咸豐《青州府志》卷三十七《名宦傳·國朝》：“周亮工……康熙元年左遷青州兵備僉事……值歲旱，疏請蠲振。亮工慮有司遲其事，遣人馳赴各縣，榜示通衢。先取賦籍核定其數，使胥吏不得爲奸，然後單騎從部使按户振之。青人爲立德政碑頌之者五，惟臨淄高景碑載縣志。”

《行述》有云：“甲辰，青齊大旱，蠲租之詔初下，先大夫慮吏胥上下其賦籍，恣中飽，遲旦夕必有以催科致斃者，即馳騎州邑，綸音布諸衢，始聞之有司，立取賦役籍，白之中丞，民受實惠。是時，逃人之禁甚嚴，而貧民非力作不得食，乃雇役者無由致詰，惟視攜有鉏具者，乃肯予直。先大夫捐俸爲鉏具數千，以施貧民，民賴以得直，青自是遂無竊盜。及天子憫念民艱，遣部臣賑濟，先大夫馳單騎，從部臣暴烈日中，遍歷諸州邑，察貧富虛實，卑人人各得沾潤。”

按：《行述》與《舊譜》《行狀》，皆載救荒事在康熙三年甲辰(1664)，誤。《賴古堂集》卷十有詩《旅壁步王西樵韻時方憂旱》，當是此際之作。

青州民衆感巡撫周有德救荒之德，爲勒石記功。因作《彝初周公救荒碑》。

雍正《山東通志》卷二十七《宦績志》："周有德，字彝初，正紅旗漢軍。康熙二年，由弘文院學士巡撫山東。四年，山左大饑，窮黎剥榆皮、掘草根以供食，有德馳奏，得免被災租税，又奏請興工役以哺饑民，於是流移復業，民甚感頌不諼。"《賴古堂集》卷十七《巡撫山東督察院右副都御史彝初周公救荒碑》："百姓咸樂更生，曰：'周公生我。'青紳士及郡邑大夫請勒石記其功，編户之民咸願輸一錢以竣事者無虚日，遂勒石。時歲則有秋，天子以公德動天，宜晉秩司空，懋哉以需後命。余既拜手紀其事，爰作頌曰……"

梅磊卒。

方文《嵞山再續集》卷三有詩《歲暮哭友五首》，其四爲《梅杓司隱君》，詩次乙巳。

陳希稷卒。

方文《嵞山再續集》卷三有詩《歲暮哭友五首》，其五爲《陳簡庵貢士》，詩次乙巳。

林古度卒。

方文《嵞山再續集》卷三有詩《歲暮哭友五首》，其一爲《林茂之國老》，詩次乙巳；同書卷四又有《哭林茂之先生》，亦次乙巳。

是年詩作尚有：《賴古堂集》卷二《青州》《齒落》。

清康熙五年　丙午　1666　五十五歲

是年二月，清廷從禮部奏，令安南繳送所受明永曆帝敕令，否則絶其貢使。

正月間，王士禎偕兄士禄歸里，過青州，爲題畫册九首。

《漁洋山人自撰年譜》卷上："康熙五年丙午，三十三歲。暫返里……過青州，留周侍郎樂園真意亭，爲題畫册十餘首，往居廣陵，曾爲題二十餘首，及此而再矣。"按:王士禛題畫詩見《漁洋詩集》卷十九(丙午稿),共九首,此言"爲題畫册十餘首",或是詩作有佚,或結集有删减,或是王士禛晚年誤記。蔣寅《王漁洋事迹徵略》言此次題畫事在濟南,應誤。

《讀畫録》卷三《楊龍友》:"王貽上在雲門寓閣題龍友畫:'乙巳夏冒雨登繳山絶頂,見僧舍壁上有龍友畫,孟津生題云:筆帶煙雨,蕭疏而遠,止以無意得之。爾時眺聽之美、皴染之工、書法之勁,眼中頓有三絶。北渡以來,憶昔遊宛如昨夢,今披櫟下所藏龍友小景,便使棲霞舊遊歷歷在目。何時擺脱塵鞅,結茅山中,與僧紹卜鄰。閣筆三嘆!'"

《周亮工集名家山水(一册)》:"各幅題跋。……'乙巳(原注:丙午)夏,禛在青州真意亭爲先生題畫册,因憶辛丑在揚州,壬寅在真州,前後爲先生題畫賦詩不下三四十篇,今再而三矣;將來與先生相見未知何地,念之慨然,輒識數語于末簡。庚戌夏,先生方罹憂患、居白門,而禛尚客袁浦,先生屬八十六翁丁繼之寓書,且以四册命題,意甚切至。……五月朔日燈下,轅固里同學晚生王士禛頓首拜識。'鈐印二:持詩虔、王士禛印。"(原注:"二幅。")按:《結鄰集》卷十二載王士禛《與櫟下論畫》書,《漁洋山人自撰年譜注補》惠棟注引作《與周櫟下論畫》,與此題跋内容略同。

王士禄《十笏草堂上浮集》卷二有詩《周櫟園司農畫册歌》:"歸轅卻略雲門邊,司農把臂宵流連。醉出巨册邀題句,赤闕哀至狂夫前。"

按:據《讀畫録》卷三《楊龍友》,王士禛爲題畫似不當是在乙巳,《漁洋山人自撰年譜》卷上繫題畫事於丙午,《漁洋詩集》亦編在丙午,王士禄詩既言"歸轅",則亦當是丙午歸里過青州時所作。既如此,所謂"乙巳夏,某在青州真意亭爲先生題畫册",當是王士禛後來誤記,《周亮工集名家山水(一册)》發現這一錯誤,加注曰"丙午"。

《清史稿》卷四百八十四《列傳·文苑一·王士禄》:"王士禄,字子底,號西樵,濟南新城人。少工文章,清介有守。弟士祜、士禛從之學詩。……順治九年進士。投牒改官,選萊州府學教授,遷國子監助教,擢吏部主事。康熙二年,以員外郎典試河南,磨勘罣吏議下獄。久之得雪,免歸。居數年,起原官。……尋又免歸。……其文去雕飾,詩尤閑澹幽肆。有《西樵》《十笏山房集》。"

林熊過青州,爲治印,當不晚於是年。

《印人傳》卷三《書林公兆印譜前》:"公兆林熊,莆田人。久棄家游吳越間,住檇李最久,予因檇李彭孝先司李識之。孝先,予同門友也,以故爲予致公兆,刻印最多。後公兆遊齊魯間,取婦東萊,過青州,與予盤桓久之,得其手製益夥。公兆爲印動以漢人爲法,不安奏一刀,詩畫及分書,皆楚楚可人。閩自海上亂,文人墨士多有避地不能歸,如平子、公兆輩者,不可枚舉,可悲也夫!"

胡玉昆過青州相訪,別歸時留書一封,當不晚於是年。

《賴古堂集》卷六有詩《雲門送胡元潤還白下》,其一:"屴崱君能到,雲門得暫停。須麋空似雪,蹤迹尚如萍。冷署三竿卧,遥山九點青。留人不肯住,修竹雨溟溟。"《藏弆集》卷三載胡玉昆《留柬減齋》:"真意亭中,草深一丈,幾如敗寺退居,然小池空碧,遠岫間青,荆簾木榻,茗碗爐香,亦自消受不淺。此人之所棄,天之所留也,先生固安之,僕亦願先生安之。"

五月初,擢江南江安督糧道。因原籍江寧,欲投劾去,大府報之於朝。八月,還江寧。

《舊譜》:"丙午,五十五歲。以絹逃及額擢江南江安督糧道。公以原籍江寧,祖宗墳墓在焉,上書大府,欲投劾去,大府上之朝。……八月,還江寧。"方文《嵞山再續集》卷四有詩《端午後一日得施尚白少參書是日適聞周元亮轉江寧糧憲》,詩次丙午(1666)。

按:據郭松義《清朝典章制度》:"外官自督撫至州縣官,亦不許以本省人任本省職,有的雖非本省,但本人原籍與任地相距在五百里之内,也在迴避之列。"亮工雖然戶籍在開封,實際上長期在南京居住,而江安糧道的駐地就在南京,所以亮工在得知任命後,上書要求迴避。

嘉慶《新修江寧府志》卷十九《秩官》:"國朝……江安督糧道,轄江寧、安慶、徽州、寧國、池州、太平、廬州、鳳陽、淮安、揚州、徐州、潁州十二府一州,漕務一員,正四品,駐江寧。"

南還過陽丘,見王士禛兄弟題壁詩,有詩寄懷王士禛。

《賴古堂集》卷十有詩《新秋過陽丘見西樵貽上旅壁詩用西樵望女郎山韻寄懷貽上》:"鶂尾曾期春盡還,秋風已吹穆陵關。邗江浄極孤帆穩,濼水源深永夜湲。舊夢依然桃葉渡,新詩只詠女郎山。家園共有兼葭色,見月誰能放白鷳。"按:蔣寅《王漁洋事迹徵略》認爲周亮工此詩作於康熙四年(1665)赴任江南江安督糧道途中,应誤。

雍正《山東通志》卷九《古迹志》:"濟南府……章邱縣……陽邱城,在縣北二十五里。"

九月抵家,謝成載酒共醉於偶遂堂,乞書扇。不十日,謝成卒。爲賦詩一

首書扇上，焚於靈前。

《賴古堂集》卷六有詩《哭謝仲美》："敢謂交生死，我歸爲哭君。秋花誰更看，破硯舊須焚。骨瘦千峰雪，情閒一片雲。空憐昨日事，載酒意殷殷。"原有序："予丙午季秋返自雲門。仲美載酒醉我於偶遂堂，酒半，謂予曰：'向索公一詩，久不寄。公歸矣，曷書一箋，出入我懷袖中。'予諾君。不十日，君還道山矣。傷哉！今日得一詩哭君，卻書籃上，囑令子焚之靈几前，誌吾不敢負仲美也。嗟夫，予乃至爲此等詩，以踐仲美約，豈不痛哉！"按：《讀畫録》卷三《謝仲美》所載與此同。

過南鷲峰訪曙公，欽其耐寂，賦詩贈之。

《賴古堂集》卷六有詩《丙午深秋過南鷲峰訪曙公門庭肅肅破衲層披枯箝以外了無伴侶猶夫十載前之曙公也欽其耐寂爲留是詩》。

雍正《江南通志》卷四十三《輿地志·寺觀一》："鷲峰寺，在府城中鈔庫街南。齊爲東府城。梁爲江總宅。唐乾元中，刺史顏魯公置放生池，東接青溪，北通運瀆。宋淳熙間，待制史正志移於青溪之曲。明天順間，即其地建寺，賜額曰鷲峰。"

是秋，汪楫鄉試下第，別歸揚州；未幾，復渡江相慰，冬十二月，爲序《閩小紀》。歲暮，汪將往遊廬山，賦詩、作序文送之。

《賴古堂集》卷十七《送汪舟次遊廬山序》："吾友舟次汪子負磊落才，今秋不得意於有司，別予歸維揚。念予寥落，忽復渡江相慰。登攝山后，勿勿有意匡廬。……歲行暮矣，尚攜襆被，訪垂暮之人于江干，雨雪淒其，又將遠涉……因爲二詩送之。……吾友愚山、其武、伯衡，門士黎方娓曾，雖官江右，然皆不得志于時者，皆往來匡廬下，又嘗聞道者，舟次試以吾言質之，知必有以慰子矣。"按：此言"爲二詩送之"，詩不見於《賴古堂集》。孫枝蔚《溉堂集·溉堂續集》卷二有詩《送汪舟次遊廬山兼寄施尚白少參》，詩次丙午（1666）。

汪楫《閩小紀序》（賴古堂刻本《閩小紀》附）："《閩小紀》一書乃櫟園先生蒞閩時所集，於其去閩之後十年，楫始得受而讀之。……康熙五年丙午季冬，受業人汪楫敬書。"

王士禛《香祖筆記》卷十一："周體觀伯衡，遵化州人，順治己丑進士，以庶吉士出爲給事中，外補饒九南道副使，與施愚山同爲江西監司，又同年也，其風流好事略相似。"

冬十二月，嘗序余懷《金陵覽古》。

《賴古堂集》卷十五《金陵覽古詩序》："余子鴻客爲余友廣霞先生之子，世其家學,讀書嗜古,閉户城南之竹圃,作《金陵覽古詩》凡六十首,補前修之未備,得余心之所同。"余賓碩《金陵覽古》卷首自序:"歲次丙午,月窮於紀,我心不樂,駕言出遊。周流山水間,感慨興亡之事,探奇攬勝,索隱窮幽,地各爲詩,詩各爲記,次第匯成,凡六十首。"按:"月窮於紀"指季冬十二月。《禮記·月令·季冬之月》載:"是月也,日窮於次,月窮于紀,星回於天,數將幾終。歲且更始。"

嘉慶《新修江寧府志》卷四十二《人物·流寓》:"余懷,字澹心,閩人,居金陵。……其子賓碩,字鴻客,作《金陵懷古》六十詠,每篇冠以遊記,始舊内,終大本堂,周亮工、陳維崧諸公序之。"

葬林古度於鍾山,當不早於是年。

鄭方坤《全閩詩話》卷九《林古度》:"林翁茂之居金陵,年八十餘,貧甚。……及卒,周櫟園侍郎葬之鍾山。"嘉慶《新修江寧府志》卷四十二《人物·流寓》:"林古度,字茂之,閩人,與方文爾止、杜濬于皇輩偕居金陵……及卒,周侍郎亮工葬之鍾山。"按:林古度卒於去歲乙巳(1665)。

與方育盛再會於南京,方出乙未(1655)見貽之詩序相示,有感,復題數語於後,當不早於是年。

《賴古堂集》卷二十二《跋爲與三序詩後》:"乙未春,予爲與三序詩,書長幅以貽。越十餘年,與三裝成一卷,持以示予。再讀之,文固不足存,而當時書法亦頗小遒勁;今老矣,執筆如挽十石黄間,遂不能爲此等字。……獨喜此卷經予患難後都不復記憶,而與三遠渡桑乾,家藏圖書多所散佚,此卷猶復歸然。予亦幾幾隨與三作關外客,而得更會白門,共對此卷嘆息,此皆出自意外。人生何事可以臆度取必乎? 不禁爲之惘惘,因書此以歸。"按:此"乙未"爲順治十二年(1655)。

方拱乾卒。
约作於是年之詩有:《賴古堂集》卷十《湯旃三約同鄧萬子登平安山山高峻巔殊平曠望石臼湖在衣帶間》《同湯旃三鄧萬子集馬寅公秀才齋中贈之》《從山后倒入無想寺與僧惺悟》。

清康熙六年　丁未　1667　五十六歲

正月。部議例無兩籍,趨視事,始受任江南江安督糧道。

《舊譜》:"丁未,五十六歲。正月,部議下,大府趨視事,始受篆。"光緒《重修安徽通志》卷一百二十三《職官志·表十一》:"(康熙)六年……周亮工:參議,督理江、安、徽、寧、池、太、廬、鳳、淮、揚十府督糧道。"

《行述》:"部議本朝無兩籍例,趣視事。先大夫忽忽不樂,勉强受事。漕餉既號難治,而江南爲尤甚。諸弊叢積,前人遺之後人,後人復遺之後人,不可究詰,胥吏易爲奸僞。先大夫下車即清察積弊,置積蠹三人於法,漕政肅然,有司積欠,漸完十之六七。顧督糧急上供,似於地方無責,然漕粟率取之田賦,漕事既飭,運弁不得苦患有司,旗甲亦不得苛虐百姓,百姓實蒙其利,而大不利於奸吏。"

《清史稿》卷一百二十二《志九十七·食貨三·漕運》:"清初,督運漕糧官吏,參酌明制,總理漕事者爲漕運總督,分轄則有糧儲道。……糧道掌通省糧儲,統轄有司軍衛,遴委領運隨幫各官,責令各府清軍官會同運弁僉選運軍。兑竣,親督到淮,不得委卒代押。……糧道完儲錢糧,春秋造册達部,候撥解京餉。年終及離任日,藩司盤查出如有侵虧,揭報巡撫題參。"按:據此可知,有清一代,糧道一職負責管理漕糧解運的具體事務,尤其是江安糧道,因爲處於江南財賦重地,責任重大。

是年正月,陳維崧爲序《藏弆集》。徐芳來訪,爲序《字觸》。

《藏弆集》附陳維崧序,文末署曰:"康熙六年歲次丁未春王正月,陽羡陳維崧撰。"

《字觸》附徐芳序:"及是,再過長干,而櫟園《字觸》成,來索言,曰:'此昔人零碎本子也。'……康熙六年歲次丁未孟春之吉,盱江年同學弟徐芳拜手書於情話軒。"

暮春,徐芳爲序《賴古堂文選》。

《賴古堂文選》附徐芳序:"康熙六年歲次丁未暮春盱江年同學弟徐芳拜手書。"

春,結識錢陸燦,尋與方文、錢陸燦謀梓行《列朝詩集小傳》,後各以事散去,不果。

《墓誌銘》:"丁未春,始拜公於金陵。"按:亮工《墓誌銘》系錢陸燦撰。

《列朝詩集小傳》附錢陸燦《匯刻列朝詩集小傳序》:"今上五六年間,余移家金陵,周元亮侍郎、方爾止文學聚而商於余曰:'君家是書,合之詩,則錢氏之詩序也而可;離之詩,則續《初學》《有學集》而可;否則,孤行其書爲青箱之本、枕中之秘,無不可。……各以事散去,未暇以爲。"

雍正《江南通志》卷一百六十五《人物志·文苑一》:"錢陸燦,字湘靈,常熟人。順治丁酉,以第二名舉於鄉。詩歌骨力雄厚,古文磊落自喜。晚與王日藻、秦松齡、尤侗、徐乾學輩爲'耆年會',諸人皆兄事之。年幾九十,猶馳騁文筆間不少衰。"

春,尤侗來訪,席上賦詩見贈。

尤侗《西堂詩集·看雲草堂集》卷五《周櫟園司農席上賦贈》有云:"當今豪傑不數見,萬未一望惟周侯。吾聞公在閩海日,人士趨之如東流。盛名所集謗亦起,射工含沙應龍囚。……解卿銀鐺還故節,碧油紅旆臨青州。東山霖雨及南國,福星一路入斗牛。長干門外車馬滿,僕時亦登孫楚樓。玉露垂床桐花發,張燈高館數觥籌。乃公意氣飛揚甚,推倒岱嶽唾滄洲。縱橫燕趙齊秦楚,甲乙班馬韓蘇歐。博搜趙氏金石録,旁羅米家書畫舟。……即今朝廷急轉運,蒼生待命可無鳩。……四座嘆息起爲壽,信哉當今豪傑惟周侯。"詩次丁未。

黃虞稷爲序《閩小紀》,當不早於是年春。

黃虞稷《閩小紀序》(賴古堂刻本《閩小紀》附):"今年春,予授經夫子署中,一日出一編示予曰:'此予之不能忘情於爾閩者。'予受而觀之,凡夫全閩之軼事舊聞,方物土產,大而人文之盛,微而工伎之巧,幽而洞壑之奇,細而物類之夥,事涉雋異,他方所鮮,即群焉傳誦,目未及觀者,與夫方言俚語,足備博聞,皆徵諸睹記,筆以成書,名之曰《閩小紀》。"按:汪楫《閩小紀序》(《閩小紀》附)署曰:"康熙五年丙午季冬,受業人汪楫敬書。"是《閩小紀》當即刊行於康熙五六年間,黃虞稷爲作序亦當在此際。

結識曹璽、曹寅,當不早於是年春。

曹寅《楝亭集箋注·楝亭文鈔》有文《重修周櫟園先生祠堂記》:"康熙乙酉年,公之仲子以奉政大夫同知揚州府事,親奉俎豆以祭。歲丁亥,揚人復爲重新其宇。以余世好,囑爲記。……余卯角侍先司空于江寧,時公方監察十府糧儲,與先司空交最善,以余通家子,常抱置膝上,命背誦古文,爲之指摘其句讀,今相去四十年。"按:此"康熙乙酉年"爲康熙四十四年(1705),"丁亥"年爲康熙四十六年(1707)。自康熙二年(1663)起,曹寅父曹璽長期任職江寧織造。

夏五月,范驤爲序《閩小紀》。

范驤《閩小紀序》(賴古堂刻本《閩小紀》附):"高齋酒半,鼓瑟既希,先生手一編示予。……康熙丁未夏五,海寧後學范驤拜識。"

　　乾隆《杭州府志》卷九十四《人物九・文苑二》:"范驤,字文白,海寧人。性孝友,才敏絶倫。爲文尚經術,放黜百家,人方之廣川董子。書法鍾、王,同郷先正吳本泰一見稱異,悉以書籍與之。環堵蕭然,日以經籍自娱。著有《十三經評注》百卷、《古韻通補》十卷、《愛日堂文集》二十卷。"

仲夏,爲張習孔《詒清堂文集》序。

　　張習孔《詒清堂文集》序:"康熙六年歲次丁未仲夏,欛下同學弟周亮工頓首拜撰。"

　　按:《結鄰集》卷十二:"張習孔,念難,黄嶽,江南歙縣人。《詒清堂藏稿》。"康熙《揚州府志》卷二十六《人物四・流寓》:"張習孔,字念難,歙人。順治己丑進士。筮仕刑部郎,讞獄多所平反。遷山東督學僉事,其所拔士,往往多獲售。予告歸里,取所讀書發揮義蘊,抉摘紕漏,與吳梅村、周櫟園、施愚山、張湘曉商榷是正,著述皆前人所未發。……揾摭鉤深,矻矻靡懈。五經中於易尤深。所著《大易辨》二十四卷、《近思録》十四卷、《詒清堂集》十六卷、《雲谷卧餘》二十八卷、《檀弓問》四卷、《一書》二卷行世。"

姜承烈來南京,夏六月,爲序《書影》。

　　《書影》附姜承烈《序》:"今來金陵,始得執贄相與,素心晨夕,而益嘆先生之不可及也。……集成,先生語予曰:'子曷爲我序之?'予烏足以序先生,姑識其景服乎先生如此。康熙六年歲次丁未季夏,山陰後學姜承烈頓首撰。"《書影》附周在延跋:"憶昔年愛重是書,勸先君子梓行而首序者,爲姜君武孫,係越水名家。"

　　《結鄰集》卷十六:"姜承烈,武孫,浙江會稽人。"

夏,朱一是過南京相訪。

　　《讀畫録》卷四《朱近修》:"朱近修一是,海寧人。以詩文雄視一世。作《江上數峰圖》,澹遠空闊,怡人心目,是李山顔寄余者。……近修有《爲可齋集》,與古大家爭衡,頗有可傳者。丁未夏,過白門,與余論畫,語語當行。其集中諸小記,妙極形容,頗有繪畫不能盡者。"按:朱一是《梅里詞》卷三有《沁園春・周元亮席上賦》,當是此時之作。

　　雍正《浙江通志》卷一百七十八《人物六・文苑一》:"朱一是,舊雍正《浙江通志》:字近修,海寧人,崇禎壬午舉人。天才清拔,敏悟過人,無常師,然亦不肯竟學。嘗自言曰:'他人之學,多得于書,余獨得于友。'以述作自娱。年六十二,卒。

有《史論》十卷、《爲可堂集續集》百卷行世。"

夏,曹爾堪爲題葉榮木畫。

《周亮工集名家山水(一册)》:"右畫幅……十一,縱七寸七分,横一尺二分。淺設色畫。春山窈窕,流水縈迴;桃塢藏霞,坡陀隱蔽;古松雙株,板橋一徑;仙源幽邃,迥出恒谿。鈐印一:榮木。……右方縹綾題識:'桃花流水杳然去,杜鵑不來猿狖寒。爾堪。丁未夏日集唐。'鈐印一:顧庵。"

嘉慶《松江府志》卷五十六《古今人傳八》:"曹爾堪,字子顧,婁縣人,嘉善籍,勳子。順治九年進士,選庶吉士。博覽强記,能舉原委,輿圖要害,山川形勢,指畫纖悉,聽者神聳。歷升侍講學士,屢蒙聖祖仁皇帝嘉寵,有'學問最優'之語。罷歸,偕二三老友選勝賦詩,與宋琬、施閏章、王士禛、王士祿、汪琬、程可則、同郡沈荃稱'海内八家'。有《南溪集》行世。"

六月,代理安徽布政使。

《舊譜》:"丁未,五十六歲。……六月,代理安徽布政使。"光緒《重修安徽通志》卷一二三《職官志·表十一》:"(康熙)六年,改江南左布政爲安徽布政使。"

按:雍正《江南通志》卷一百六《職官志·文職八》:"安徽布政使司:法若真,膠州人,進士,康熙七年任。"則周亮工代理安徽布政使只本年六月後半年時間。

八月,高阜爲作《賴古堂藏印序》,鄭簠書。周銘作《印譜小引》。尋將《賴古堂印譜》付梓刊行。

高阜《賴古堂藏印序》:"印章之始,以紀職官……今其載之譜者,皆其氏號堂庵,與其所取名言俊句,以見志知情也。覽者正不必搜其鏤功之瑉,言情之什,而於半圭數字間,可得周氏一家之概矣。則謂斯譜爲櫟園先生家乘可也。時康熙丁未桂月,治眷晚弟高阜頓首題。秣陵鄭簠書。"

周銘《印譜小引》:"論書法必宗鍾王,論印法必宗秦漢。……丁未秋八月,金沙小侄銘鹿峰氏拜撰并書。"

按:現存《賴古堂印譜》有康熙六年賴古堂鈐印本,民國元年影印本收入《周亮工全集》第十七册。

初秋,方文爲作《字觸序》。

《字觸》附方文序,署曰:"康熙六年丁未初秋,嵞山方文撰。"

秋九月，爲劉思敬《芻詢録》序。

《芻詢録》序：“康熙六年，歲次丁未季秋上浣日，年家同學弟周亮工頓首拜撰。”

曾燦來訪，賦詩見贈，當不早於是年秋。

曾燦《六松堂集》卷四有詩《奉贈周櫟園》四首，其三：“天地憑憂患，生涯感雪霜。百年三已仕，十里半家鄉。（原注：‘先生爲同鄉人，起家豫中，流寓江南。’）洛水還司馬，中山訟樂羊。久知民力苦，漕轉向南方。”其四：“廿載長爲客，今秋始見君。慚無雙羽翼，何以禦風雲。海運鶯鳩笑，天高鴻雁分。人生感意氣，不獨重斯文。”按：“漕轉向南方”，指周亮工由青州海防道陞轉爲江南江安督糧道，主管江南漕政。

十月，在南京。初一日，爲李漁《資治新書二集》作序。十六日，鄧漢儀來訪，爲作《書影跋》。高阜爲序《書影》。

李漁《資治新書》（二集）附周亮工《資治新書二集序》：“笠翁李子裒輯縉紳先生吏牘之篇爲一集，曰《資治新書》，既已懸之國門，爲海內誦習矣，茲復廣爲搜採，嗣成一書，特以示予，以予老於吏事也，屬予一言以識其概。……康熙丁未孟冬吉旦，管理江南、江安等處督糧道布政使司參議加二級、前福建左右布政使、按察司按察使、總督京省錢法户部右侍郎協理院事、都察院左副都御史櫟下周亮工撰。”

《書影》附鄧漢儀《書影跋》：“先生事既白，復官金陵，公子雪客、龍客爰發舊篋，取曩編而剞劂之，以質當世。儀于丁未十月既望觀公于秦淮，公飲之酒，酒間因得是書卒讀之。……康熙丁未陽月既望吳郡受業鄧漢儀拜撰。”

《書影》附高阜《序》，署曰：“康熙丁未孟冬月治眷晚弟高阜頓首題。”

十一月，杜濬爲作《書影序》。

《書影》附杜濬《書影序》，署曰：“康熙六年丁未暢月穀旦年家治寅眷弟杜濬頓首謹撰。”

雍正《山東通志》卷二十八之四《人物四》：“杜濬，濱州人，順治丁亥進士。初除正定府推官……擢禮科給事中……尋轉河南驛傳鹽法道，竭蹶供職，事無鉅細，必躬必親。後以疾篤乞歸。……卒祀鄉賢。”《國朝書人輯略》卷二：“杜濬，字子濂，號湄村，山東濱州人。”復引王士禎《漁洋文略》：“家世工書，君尤遒媚，得大令之神。”

十二月望日,黃虞稷爲序《書影》。

　　《書影》附黃虞稷《序》,署曰:"康熙丁未季冬望日門人黃虞稷謹撰。"

是冬,長子在浚、三子在延爲刻《書影》於南京。張遂辰、周銘作跋。

　　《書影》附周在延跋:"辛丑,先君子事白復職,出爲江南督糧大參。丁未之冬,刻是書於金陵。"

生平嗜畫,收藏甚富,是年,將藏畫之樓定名爲讀畫樓。

　　方文《嵞山再續集》卷一《讀畫樓詩爲周櫟園憲使作》有云:"周公有畫癖,遠近無不搜。丹青累千百,一一皆名流。擇其最精者,手自成較讎。裝潢十余帙,林壑煙光浮。置之屏几間,可以當卧遊。往歲逢世難,家破身羈囚。一切諸玩好,散逸如梟鷗。念此心不釋,篋中長獨留。……今年官南國,署齋有高樓。四面環青山,居然見皇州。因取向所癖,貯之樓上頭。賜名曰讀畫,退食時稍休。讀畫如讀書,其義淵且幽。苟非真博雅,妙緒誰能抽。"詩次丁未(1667)。

王時敏來訪,爲跋畫册,當不早於是年。

　　王時敏《王奉常書畫題跋》卷下《跋周櫟園公祖時人畫册後》:"少司農櫟園周公……於文章政事之餘,又旁精畫道,流悦圖繪。凡海内縉紳韋布、道人衲子,從事丹青,寓興盤礡者,無不郵驛搜羅,重繭購索,積集有年,裝成凡二十册,錦贉繡褫,標識其美。啓函披玩,如探玉圃珠林,詭態幻思,繽紛奪目。此固藝林盛事,非公託寄高遠,不能有此。……余疲暮之年,獲此鉅麗之觀,又以蝸涎鳥迹,濫廁麟文鳳彩之間,抑何厚幸。茲於册尾,聊識歲月,用紀盛事,亦以自慶其遭云爾。"

　　雍正《江南通志》卷一百六十六《人物志・文苑二》:"王時敏,字遜之,太倉人,衡子也。明崇禎初以蔭歷太常,奉使楚、閩,饋遺一無所受。入國朝,杜門稽古,益工詩文,兼精隸書畫法,爲海内所珍。"

杜濬來會,歸爲作《讀畫樓記》,當不早於是年。有書謝之。

　　《變雅堂文集》卷七有《讀畫樓記》。《變雅堂集・附録》卷一轉引周亮工寄杜濬札云:"前者小集,喜高朋之入座,而未獲盡歡,殊爲悒悒。茲得手教,急爲發函,見三篋所書大作,無一字不深,老先生於此道,亦既伐毛洗髓,久證果位者,無庸弟之贅述。獨是《讀畫》一篇,離離奇奇,雖在先生集中,亦真見所未見。何物讀畫樓,而辱先生之一記,又辱先生之一詩,弟所得於先生者,不爲不侈矣。謝謝。"

過安徽,與文德翼、成梁遊,當不早於是年。

　　《賴古堂集》卷六有詩《皖江與文燈巖》《梁溪成二鴻舊以孝廉訓皖臨江築小閣讀書其間未能遽歸也》。

　　《尺牘新鈔》卷三:"文德翼,用昭,燈巖,九江人。"雍正《江西通志》卷九十二《人物二十七》引魏學渠撰《墓誌》:"文德翼,字用昭,明崇禎進士,司李嘉興,平反得釋者甚多。……居無何,内召秉銓,值變作,知事不可爲,遠遁歙之商山。……博貫經史,長於詩古文詞。所著有《雅似堂集》《傭吹録一集二集》《訟過録》《宋史存》《瀆莊小言》。"

　　《結鄰集》卷十六:"成梁,二鴻,江南無錫人。《泠溪子九如閣集》。"

清康熙七年　戊申 1668　五十七歲

是年七月,清廷命鄉試、會試復用八股文。春夏,在江寧糧署。(《舊譜》)

夏秋之季,髡殘爲作山水圖。

　　陸心源《穰梨館過眼録》卷三十六《石溪和尚贈周櫟園山水軸》:"櫟園翁,文章詩畫之宗匠也。嘗以其所作如窮山海不能盡其寥廓。坡老云'神與萬物交,智與百工通'者耳。每欲作山水爲晤對,思其人早以塞卻悟門,吾鄉青溪藏有黄鶴山樵紫芝山房圖,自謂輞川洪谷。今紫芝同青溪歸楚矣,夢寐尤在。戊申梅雨中仿佛其意呈似翁棒喝之,使余又得痛快於筆墨之外矣。何如何如,幽棲石道人殘。"

初秋,再過淮上,與陳台孫兄弟及孫惟一、張虞山、杜首昌集陳台孫恭恕堂,追念昔遊,分韻賦詩。

　　《賴古堂集》卷十《陳階六謙六招同孫惟一張虞山杜湘草集恭恕堂即席得頻字》:"青女初回客路迡,勞勞又拂去來塵。雨餘掃徑看黄葉,燈影含毫憶故人。(原注:'同王雪蕉、萬年少賦詩此堂二十年矣。')漸老難期謀面數,將離不厭舉杯頻。蕭條河水終年闊,莫倚漁舟好問津。"《印人傳》卷一《書沙門慧壽印譜前》:"戊申,予再過淮,飲階六越庵中,追念昔遊,獨階六與予在耳。予與階六效昔年酒間分韻事,予有'雨餘掃徑看黄葉,燈影含毫憶故人'之句,階六讀之,淒然不樂,爲之罷飲散去。"

　　鄧之誠《清詩紀事初編》卷五《甲編下》:"杜首昌,字湘草,山陽人。諸生。入望園詩社。家有園亭之盛，而性喜遊。……撰《縮翠園詩選》一卷、《詞選》一卷。詩有才語，不免粗豪。……填詞亦近蘇、辛，然有云在水流之趣，似較詩爲勝。"

重九，王有年作《閩小紀》序。

《閩小紀》序："康熙戊申重九，同里後學王有年頓首題於蕪湖舟次。"

按：王有年，字惟歲，號硯田，金溪人。

九月，作《楓枝圖》。

《楓枝圖》，款署"戊申秋九月"，美國王己遷藏，見《藝苑掇英》第三十八期，又收入《周亮工全集》第一冊。

秋，吳期遠自都門寄畫一册。

《讀畫録》卷四《吳子遠》："戊申秋，在都門寄予一册，尤韶秀可寶。吾師孫北海夫子云：'以繪事遊都門者甚夥，若子遠者，尤英英自異。'"

秋，爲第三子周在延完婚。

余懷《玉琴齋詞》有《賀新郎·賀周龍客新婚》："今夕是何夕，雀屏開、風雲四會。神仙雙謫，畫燭錦茵迷閬苑，咫尺銀河不隔。剪一片芙蓉秋色，裘馬翩翩真少俊。把紅蘭，斜倚支機石。香世累，擁珠璧。揮毫顧曲吳天碧，恰相逢、雒陽才子，風流南國。堂上老人絲竹興，不羨崔家三戟。更喚取桓伊吹笛，詞賦鄒枚喧四座。況尊前，麟脯麻姑擘。人競看，乘鸞客。"按：此詞次於《水調歌頭·祝吳梅村六十》及《念奴嬌·自壽》之後，《滿江紅·祝蘭次五十》之前，《念奴嬌·自壽》下片有云"我已五十加三"，考之余懷及二吳生年，此三首壽詞皆當作於本年。

《行述》："長不孝在浚……次在揚……次在延，河南開封府祥符縣庠生，娶江西鄱陽縣知縣鄧公士傑女。"

按：余懷爲福建莆田人，僑居南京。才情艷逸，工詩。與杜濬、白夢鼐齊名，時號"余杜白"。有硯癖，蓄硯最多。著有《味外軒文稿》《研山堂集》《秋雪詞》一卷、《宮閨小名録》一卷、《板橋雜記》三卷、《硯林》一卷。傳見《清史列傳》卷七十《文苑傳一》。

秋，毛奇齡來訪，觀畫册，爲作《讀畫樓藏畫記》。十月，毛奇齡爲作畫。時方撰《讀畫録》，詢陳洪綬軼事於毛奇齡。別歸後，毛奇齡又有書來補正。

毛奇齡《西河集》卷六十二《讀畫樓藏畫記》:"戊申秋,予從江上謁先生,先生出畫册命讀。予讀之,栩然若遊枋桐焉,翼翼然若翶翔於寥天而徘徊於九環與十洲焉。"

毛奇齡《西河集》卷五十九《題秉鑒圖》:"予遊巴城,戲爲駱明府夫人作麻姑圖,闇公過明府,私臨之歸。闇公筆墨秀人間,而乃爲是,可惑甚矣。予同武孫公叔訪闇公於碧峰寺,强予畫,予辭不能,出所臨畫揶揄之,因大慚,便復作此。闇公方登文選樓,且夙善藻鑒,爲秉鑒志贈也。十日前,適爲櫟下老人戲墨,題曰:'生平無繪學,戲爲者裁第三程耳,此又四矣。戊申十月日。'"

毛奇齡《讀畫録序》:"予過龍江見先生時,值先生作《畫人傳》。"毛奇齡《西河集》卷十四《報周櫟園先生書》:"昨到汝南署,便過息縣。……日者,先生爲陳老蓮作別傳,以未備諸隱軼事,飲間詢珏,珏與老蓮損三十餘歲,及見老蓮,時已晚矣。故雖屬同郡,其交老蓮乃反疏於先生。後在秣陵館次,書數事付管記,都不甚晰。思先生表微闡軼,汲汲然不遺餘力,且必探捫其形實而後已,恐其中未晰,負先生意,願有以正之。……逮至汝南署,金長真使君,老蓮友也,間詢之,然亦不知其先人名字,且并不知其曾爲方伯也。適月餘,老蓮季子赴京師,道汝南,特咨之飲間。……以向時所答有牴牾,故復及此。珏頓首。"

按:"《畫人傳》"即《讀畫録》。雍正《江南通志》卷二十五《輿地志·關津一》:"江寧府龍江關,在江寧縣西儀鳳門外。"毛奇齡亦嘗爲題畫,《西河集》卷一百三十九有詩《題櫟園藏畫册子》,同書卷一百四十七又有《題畫爲櫟園》二首。

冬,顧復作茅屋疏林圖。

《周亮工集名家山水(一册)》:"右畫幅……三,紙本。縱八寸五分,横八寸二分。墨畫。茅屋疏林。自題:'昔人云,畫至雲林,殆不可學。神妙如石田,以不能得其三昧爲恨。此無他,雲林全以韻勝,非學力所能到。戊申冬,戲仿家藏《安處齋圖》,雖結想差近,殊類效顰。如何,如何。顧復。'鈐印四:東齋、顧、復、來侯。"

徐次源卒,吳嘉紀刻其詩一卷行世。爲作《古香堂詩序》。

《賴古堂集》卷十四《古香堂詩序》:"予因汪子舟次得交吳子賓賢,讀賓賢《陋軒集》,見其《過古香堂詩》,知有徐子次源。每舟止廣陵,與賓賢過從,未嘗不嘖嘖次源不置口。後數年,賓賢刻其詩一卷,寓書於予曰:'次源且死,其生平伏讀先生之詩,慨然想慕其爲人,冀望先生顏色不及見,而於既殁後,請序其詩以傳,亦所以慰亡友也。'予因卒讀其詩,而爲之序。……賓賢爲予言,次源爲諸生,天都人；寡交遊，細瘦苦吟，酷似李長吉；死年二十七，適與長吉符，可念也。……予既重賓賢之爲人，而更幸因賓賢而讀次源詩也，於序賓賢之後七年，而序次源詩。"按：康熙元年(1662)，周亮工序吳嘉紀詩，作《陋軒詩序》。

序黎士弘《理信存稿》，當不早於是年八月。

《賴古堂集》卷十四《理信存稿序》："黎君媿曾理信州，無一人稱冤者，六年之間，平反諸大獄，讞牘幾數千，所生不啻千人。……一旦以新命裁司李，媿曾遂改授永新令。新距信無多道，里邑人素仰黎君名，願見黎君，而媿曾以其不忍枉一人者，更敷愛養之政。……汪子舟次自邑中來，爲言親見媿曾服大布之衣，茹粗糲之奉，與山中樸遫小民問桑麻，較晴雨……拱揖立談，不啻家人父子，邑人戴之，惟恐報最去。"黎士弘《託素齋文集》卷一《理信存稿自序》："歲丁未，奉裁缺。戊申，補永新，署中稍暇，乃檢舊牘中得可存者若干篇，刻而藏之於家。"黎士弘《仁恕堂筆記》："永新在萬山中……予以戊申八月領茲邑。"

爲高岑《金陵四十景》作跋。

高岑《金陵四十景》跋："金陵山水，舊傳八景，十景，四十景，畫家皆有圖繪。今蔚生筆崢崢蕭瑟……康熙七年歲次戊申櫟下周亮工題於賴古堂。"見康熙七年陳開虞等修《江寧府志》。

曾燦寄書一封，請爲其所選《過日集》之刻印、流布助一臂之力，當不早於是年。

曾燦《六松堂集》卷十一《與周櫟園書》："昨歲在金陵伏承容接，喜逾萬户之封，重之教訓，侑以大惠，榮施扉履，慚感何如。某歸里省覲，人事雜來，拱揖飲食之暇，略理《過日》前緒，繆成凡例、評論數條，今已登板，敬奉一帙進覽。竊惟君子愛人，成其美而教其所不足，及今書未流布，蕩滌瑕垢，爲力稍易。……某不自忖度，謬爲此選，尚聲調而略意格。……不敢苟同於古人，不敢苟異於今人，要以平生所得於師友、身所經歷尋繹之，故而質言之至，其偏謬則不自知。……某所選刻，毫不敢取費其人。獨是食貧既久，鮮負郭五十畝，而兵火之後，無書可鬻，行恐百里廢於九十，昌黎所謂不得不呼望於有力也。此役始吾鄉李石臺先生，不期撤官，未卒此業，欲且中輟，則前勞垂成，雞肋可戀，亦欲使鄙人一班之見，藉大君子鴻文正告於世。伏惟先生海内士之主宗，歷觀所撰述、編次，皆以表章前修、闡挖幽潛爲己任，而先生詩文，卓爾大雅，如奏黄鐘大呂於煩手哇聲之日。登高而呼，其力自倍。望先生多方引手，或損其清橐，或噓之聞人，杜子美云：安得大廈千萬間,大庇寒士皆歡顏。是選獲竣,歌詠玉汝者,不獨在某一身矣。"按:曾燦嘗選刻《過日集》,此書內所言選編之事,當即指此。

清康熙八年　己酉 1669　五十八歲

是年七月,帥顏保被任命爲漕運總督。

在江寧糧署。春分日,序王曰高《槐軒集》。
　　《舊譜》:"己酉,五十八歲。在江寧糧署。"
　　王曰高《槐軒集》附亮工序云:"戊申,先生(指王曰高)遊南中,同人梓其《槐軒集》,貽予一編,命序之,予始得盡讀先生古文詞。……康熙八年,歲次己酉春分,櫟下年家弟周亮工頓首於賴古堂。"
　　雍正《山東通志》卷二十八之四《人物四》:"王曰高,茌平人,幼有神童之譽,由順治乙未進士授翰林,改給事中,在科垣十有七年,多所建白,而杜門焚草,可謂直而不諒。歲癸卯,典試江南,得兩鼎甲、五尚書、三大學士,亦可稱得人之盛者。所著有《槐軒集》行世。"《皇朝文獻通考》卷二百三十二《經籍考二十二》:"《槐軒集》十卷,王曰高撰。曰高字北山,號槐軒,茌平人。"按:王曰高爲順治十五年戊戌(1658)進士,雍正《山東通志》言"順治乙未進士",誤。

是春,復過淮上,與陸求可、陳台孫、張鞠存、楊修野等宴集賦詩。暮春三月,與宋犖、丘象升、丘象隨、陳台孫、張鞠存、楊修野、陸求可、張虞山、杜首昌,集張鞠存曲江樓看牡丹賦詩,時宋犖、丘象升方督漕抵淮。
　　《賴古堂集》卷十有詩《陸咸一招同陳階六張鞠存楊修野宴集即席分得歌字》:"落盡桃花酒欲波,春風作勢吹黃河。快心空有丁年夢,苦語偏傳子夜歌。幾日知交余墨瀋,(原注:'偶及萬年少并王雪蕉等墨事。')半生蹤迹艷漁蓑。憑君卻憶閩南事,丹荔垂垂映客酡。"同卷又有《丘曙戒季貞招同宋牧仲陳階六張鞠存楊修野陸咸一張虞山杜湘草諸君子宴集即席得鴻字》。宋犖《綿津山人詩集》卷五有詩《張鞠存曲江樓雨後賞牡丹同周元亮陳階六陸咸一楊修野杜湘草張雲子諸公即席限韻》。
　　宋犖《西陂類稿》卷四十七《漫堂年譜一》:"(康熙)八年己酉,余三十六歲。正月督漕艘過淮,自樊口順流而下,時武昌別駕丘曙戒象升亦督漕,同行並棹千里,經小孤、天門、牛渚諸名勝,頗有酬倡。三月抵淮,與周侍郎亮工諸公看牡丹

賦詩。"按：丘象升時任武昌府通判，詳見李澄中《侍講丘公象升傳》(《碑傳集》卷
四十四)。

雍正《江南通志》卷一百四十三《人物志·宦績五》："陸求可，字咸一，山陽
人。少孤，力學，舉順治乙未進士。守裕州，恤郵丁，減鹽引，辟荒田，清冤獄。入
爲刑部員外郎。歷遷福建提學僉事，釐正文體，杜絕請託。轉參議，未任卒。"《四
庫全書總目》卷一百八十二《集部三十五·別集類存目九》："《陸密庵文集》二十
卷，《録餘》二卷，《詩集》八卷，《詩餘》四卷，國朝陸求可撰。……其古文頗疏暢，
而機調多類時藝，詩詞亦酬應之作居多。"

雍正《江南通志》卷一百四十三《人物志·宦績五》："丘象升，字曙戒，俊孫
子。順治乙未進士，選庶吉士，累遷侍講。以才堪外任，調瓊州府通判……尋以
裁缺補武昌府通判。丁艱歸。起補大理寺副，部議有與律未合者，必力争駁正
之。"李澄中《侍講丘公象升傳》(《碑傳集》卷四十四)："公諱象升，字曙戒，別號南
齋，淮安山陽人。……少與弟象隨以詩文名于時……篤友誼，不以死生易
心。……所著有《嶺海觳音》《七入燕》《白雲草堂》諸集行世。"

雍正《江南通志》卷一百六十六《人物志·文苑二》："丘象隨，字季貞，山陽
人，參政俊孫次子。年十四，即工詩，才名早盛，與兄象升有'淮南二丘'之目。以
拔貢生應博學鴻儒科，特授檢討，入史館纂修，歷司經局洗馬。"

是春，長姊病卒。時三妹、二姊已先卒。

《賴古堂集》卷二十四《祭靖公弟文》："獨痛父母生我同胞兄弟姊妹六人，第
三妹先没，二姊亦繼亡，去歲之春，老霜姊又以七十病卒矣。"按：此文作於康熙九
年(1670)，見康熙九年譜。

四月，阮玉鉉爲題惲向畫。

《周亮工集名家山水(一册)》："各幅題跋……'北苑胎，巨然派，剗甜俗，發清
籟。印須之，人不在，緬停雲，歌露薤。己酉四月，阮玉鉉。'鈐印一：阮玉鉉私印。
'惲子，余老友也……武進人。鉉又記。'鈐印一：阮鼎。(原注：'十七幅。')"

初夏，芥子園落成，贈李漁手卷額。

《閒情偶寄》卷四載龔鼎孳爲"芥子園"碑文，款曰："己酉初夏爲笠翁道兄
書。"同卷有周亮工贈手卷額"天半朱霞"，曰："劉孝標目劉彦度句，移贈笠翁，庶
幾無忝。"

夏五月，在南京，與宋犖、袁于令、何亮功等相過從。盤桓至月餘，宋犖還楚。

宋犖《西陂類稿》卷四十七《漫堂年譜一》："（康熙）八年己酉，余三十六歲。……四月，由錫山抵吳門，遊虎丘、支硎、虞山，所至讌集無虛日，吳祭酒偉業、計孝廉東尤爲傾倒。五月，觀競渡罷，返金陵，寓邀笛步丁叟繼之水閣，與周侍郎、袁籜庵于令諸公盤桓月餘，遂還楚。"《西陂類稿》卷九《漫堂草》又有詩《何次德見過漫堂感賦》，云："柳暗隋堤花是雪，月明篷步酒如泉。雲煙過眼嗟三紀，疏雨青燈一惘然。"原注："曩次德遊梁，主侯朝宗家，余同雪園諸子賦詩送之。後遇於金陵，與周櫟園、袁籜庵諸公讌集秦淮丁繼之水閣，今屈指三十餘年矣。"

光緒《重修安徽通志》卷一百八十《人物志·宦績三》："何亮功，字次德，桐城人。以舉人知古田縣，爲政寬簡，與民休息，暇即進諸生談經講學，一變其僻陋之習。卒於官，邑人賻而歸之。"

嘉慶《新修江寧府志》卷八《古迹一》："邀笛步，即王徽之泊舟青溪，邀桓伊吹笛處。（原注：'事見伊本傳。'）"

立秋後二日，王時敏爲跋所藏王翬山水長卷。

《周櫟園讀畫樓書畫集粹》載王時敏爲所藏王翬山水長卷跋云："書畫之道，以時代爲盛衰，故鍾、王妙迹，歷世罕逮，董、巨逸軌，後學競宗。……初即不遇文敏，今得遇司農，已足快平生矣，又何生不同時之慨哉？康熙己酉立秋後二日，西廬老人王時敏題，時年七十有八。"

八月，任鄉試提調官。時倪燦與試，爲同號生墨污其卷，疾去不復試。

《舊譜》："己酉，五十八歲。……八月，入闈提調。"

《賴古堂集》卷十六《倪母朱太夫人七十序》："予得交闇公非一日矣。……己酉之役，予備員闈中，時第二試，闇公將納卷，同號生艷其名，爭留視之，遂爲一鹵莽生墨污其上。闇公以自污白予同官輩，予同官輩羨其書，重其文辭，復素習其名字，欲以餘卷令其更書，急召之，闇公已疾去不復顧矣。"

《清史稿》卷四百八十四《列傳·文苑一》："倪燦，字闇公，上元人。以舉人授檢討，撰《藝文志序》，與姜宸英《刑法志序》並推傑構。書法詩格秀出一時，有《雁園集》。"《清史列傳》卷七〇《文苑傳一·倪燦》："粲爲諸生，以淹雅著名。"

作書與張怡，愛其《史挈》一書，欲俟後爲梓行之，當在是年秋冬之際。

　　《賴古堂集》卷二十《與張瑤星》(一)："山中四時皆是妙境，而秋冬之際領略更有大異者。空山落葉，光景更真，静者於此中自有玄契，城市中人可想而不可即也。……《史挈》一書，囊括今古之藏，約略數編之内，學人侈談該博，每苦記憶不真，得此奇觀，頓如指掌，真藝林之要録也。倘先生可以稍待，敢留笥中，俟略有餘資，當爲刻出，以廣其傳。"

十月，漕運總督帥顏保以縱役侵扣諸款見劾，革職逮問。未幾，黎士弘寄書來慰。

　　《舊譜》："己酉，五十八歲。……十月，公被劾去職。"《清史列傳》卷七十九《貳臣傳乙‧周亮工》："康熙……八年，漕運總督帥顏保劾亮工縱役侵扣諸款，得旨革職逮問。"道光《膠州志》卷二十七《列傳七》："法若真……補江南安徽布政使。……江南鑄務，叢弊尤多，若真思力清之。以弗揭糧道周元亮虧帑，爲漕臣所劾。"

　　按：關於周亮工此次被劾，又有不同説法。《行述》："漕餉既號難治，而江南爲尤甚。……先大夫下車即清察積弊……百姓實蒙其利，而大不利於奸吏及旗弁諸不法者，兼伏法之家，銜怨相構，結惑亂當事，乃先大夫久蓄拂衣之志，解組日，即閉户不與外事。"黎士弘《託素齋文集》卷四《上周櫟園先生》(一)："高守憲來，承接翰示，知函丈數月政成，漕弊一清。微聞執法之間，頗傷嚴重。"

　　黎士弘《託素齋文集》卷四有《上周櫟園先生》(三)："已見邸抄，又有此意外，不克身詣尊前，盡王修赴難之誼，悚愧其何可言。……伏望少自寬解，回想庚子、辛丑間，是何等波瀾，一日天定見晛曰消，今惟有俟天之定而已。"

王翬感知己之恩，來南京過訪，爲作畫十六幅。

　　《讀畫録》卷二《王石谷》："王石谷翬，常熟人，自號烏目山人。少從王煙客太常遊。太常精于繪事，且收藏古迹最富，石谷揣摹，盡得其法，倣臨宋元人，無微不肖，吳下人多倩其作裝潢爲僞，以愚好古者，雖老于鑒別，亦不知爲近人筆。予所見摹古者，趙雪江與石谷兩人耳。……石谷天資高，年力富，下筆便可與古人齊驅，百年以來，第一人也。己酉顧予于白下，時予已謝督糈，石谷寓續燈庵，爲予作大小十六幅，老年患難，頗藉以自遣。石谷苦心於此中二十餘年，於予頗有知己之感，自題其畫與予云：'嗟乎，畫道至今日而衰矣！其衰也，自晚近支派之流弊起也。……先生爲藝林宗匠，尤於繪事，素所研精，遂盡發二十年探求之業，默取所見宋元諸迹，雜爲模仿，凡一十六幅，彙成一册，并自述所歷甘苦，與時俗宗趨之弊……士遇知己，不能自護其短耳。'"

　　吳偉業《吳梅村全集》卷三十五《王石谷贈行詩序》："當其初起，惟吾州兩王公知之,既而少司農周櫟園先生知之。……櫟園方爲江右重臣,手筆致問,降己折節,若惟恐其不易致者。石谷爲之辦裝,而未及發,會先生用職事被案劾,或止之曰:'此豈公論書畫時耶?'石谷曰:'公知我者,不可以不往。'既至,先生流連傾倒,不自知其身之在憂患也。亡何,先生事解,天下聞而兩賢之。……喜是編之成,足以著兩人之深相知也,於是乎言。"尤侗《西堂詩集·看雲草堂集》卷六有詩《送王石谷赴周櫟園之召》:"青溪紅葉晚秋時,幕府張燈客賦詩。松墨千螺藤百幅,滿天煙雨待王維。"

《歷代論畫名著彙編》收王翬《清暉畫跋》,附王翬小傳:"王翬,常熟人,字石谷,號耕煙散人,自號清暉室主人,又稱烏目山人、劍門樵客。運筆構思天機迸露。太倉王廉州遊虞山,石谷畫扇呈之,廉州大驚異,即載之歸,乃親指授古人名迹稿本,遂大進。既而廉州將遠宦,乃引謁奉常,奉常叩其學,嘆曰:'此煙客師也,乃師煙客耶?'挈之遊江南北。翬既神悟力學,遂爲一代作家。壽至八十九而終。後人尊爲畫聖焉。"

冬十一月。十四日,龔賢來訪,爲題程正揆畫。吳期遠過慰,因大會南中詞人高士,袁駿、顧與田、姜廷幹、王翬、胡玉昆、樊圻、樊沂、吳宏、張修、鄒喆、夏森、胡節、陳卓、葉欣等皆與會。

《周亮工集名家山水(一冊)》:"各幅題跋……'今日畫家以江南爲盛,江南十四郡以首郡爲盛……詩人周櫟園先生有畫癖,來官茲土,結讀畫樓,樓頭萬軸千箱……載几盈床,不止如十三經、廿一史、林宗五千卷、茂先三十乘,登斯樓也,吾不知從何處讀起。暇日偶過先生,先生出此冊見示。余翻閱再四,皆神品、逸品,其中尤喜程侍郎二幀,因識數語。幸藻鑒在前,不然,吾幾涉于阿矣。時康熙己酉仲冬望前一日。清涼山下人龔賢題。'鈐印一:賢。(原注:'六幅。')"

《讀畫錄》卷四《吳子遠》:"己酉予罷官後,子遠來慰予,時時以筆墨相愉悅。歲暮,遍邀白下諸公爲大會,詞人高士無不畢集,數十年未有之勝事也。予及門溫陵黃俞邰虞稷作長歌云:'今冬仲月風景和,晴煙暖日搖庭柯。潤州吳郎來白下,開筵命客爭鳴珂。'"按:與會者多人,見《讀畫錄》轉引黃虞稷所作長歌,茲不贅引。

王晫《今世説》卷一《德行》:"袁重其狀貌腆然,能讀書識字,好以禮義自維,不苟言笑。與四方賢士大夫交,言而有信。鄉里交嘆爲善人。"原注:"袁名駿,江南吳縣人。三歲而孤,母苦節垂六十年。駿日走四方,乞當世賢士大夫詩文以頌母。每歸,莊誦母傍,聲出金石。歲葺一卷裝褫之,積五十餘軸。陳徵君眉公首題其幀,曰《霜哺篇》,海虞錢宗伯亦爲作《識字行》一章……世之人遂無不知有袁孝子者。"

　　《讀畫録》卷二《姜綺季》："綺季名廷幹,山陰大宗伯子。風流倜儻,詩畫文章,無不登峰造極。繪事山水外,尤精寫生。"

　　《讀畫録》卷三《葉榮木》："此老善結構,能就目前所見,一一運之紙,一經其筆,雖極無意物,亦有如許靈異,故往往引人勝地。嘗爲予摘陶詩,作小幅滿百,用筆楚楚,覺陶公句倍增幽澹。予作百陶舫于閩署藏之,時攜以自怡。患難中爲張樵明攫去,頃從其公子海旭覓歸,頓還舊觀,兩眉欲舞。……榮木名欣,雲間人,流寓白門,無子女,貌類閹、媼,宜其性與人殊歟。"

冬,跋《徐渭行書詩卷》。

　　《徐渭行書詩卷》跋:"青藤山人自言書第一,次畫,次詩文,實則以經濟武略自命,筆墨寓意耳。……己酉冬,櫟下周亮工敬觀。"見《中國古代書畫圖目》第三册,上海博物館藏。

是冬,陶碧自丹霞來訪。吳綺慕陶名而至,未幾,亦罷官。

　　《印人傳》卷三《書陶石公印譜前》:"陶石公碧,晉江人。嘗從江皜臣學印章,而固不拘拘皜臣一家。尚氣誼,遠自丹霞顧予金陵,值予罷官時。蘭次方守湖州,慕石公,招之甫至,而蘭次亦罷官。石公寄語予曰:'鈍秀才所值如是,吾將不復出矣。'"

　　雍正《浙江通志》卷一百二十二《職官十二》:"湖州府知府……吳綺……康熙五年任。彭文煒……康熙八年任。"

　　嘉慶《重修揚州府志》卷五十一《人物·文苑》:"吳綺,字蘭次,江都人。五歲能詩,長益淹貫,尤工駢體。由拔貢生授中書,奉詔譜楊繼盛樂府。遷兵部主事,歷郎中,知湖州府。浚碧浪湖,構峴山諸亭以成名勝。郡人淩義渠爲明末忠臣,棺未窆,綺捐貲葛地葬焉。既罷歸,貧無田宅,購廢圃以居。有求詩文者,以花木爲潤筆,因名其圃曰種字林。著有《林蕙堂集》二十卷、《唐詩注》、《記紅集》、《宋金元詩永》等書。"

舊有《删定賴古堂詩》之刻,是年,在此基礎上增以近詩,合爲全稿,繕寫成書。

　　《賴古堂集》附周在浚《賴古堂集·凡例》:"先司農束髮即好爲詩,自諸生以至歷仕所得詩章,皆勒之梨棗,有《友聲》《劋咢》《閩雪》《北雪》等十餘刻。庚子春,患難中自爲删定,授不孝浚刻之江寧,今世所傳《删定賴古堂詩》是也。……己酉宦江南,復廣賴古之全,盡收諸集而次第之,增以《偶遂》《恕老》近詩,合爲全稿,繕寫成書。"

許儀卒。

　　《讀畫録》卷四《許子韶》:"己酉冬,客死閩之劍津。"

方文卒。

清康熙九年　庚戌　1670　五十九歲

在南京候審。初春,陳允衡寄書相慰。

《賴古堂集》卷十九《復何匡山書》:"弟事初傳在揚候讞,繼則仍在白門。"同書卷
二四《祭靖公弟文》:"今春予下吏議。"按:此文即作於本年,説見後。
《賴古堂集》卷六《初春陳伯璣郵書相慰細字千言難爲老眼》有云:"文字家鄉賤,
知交患難多。"原注:"伯衡謫居,其武病没,紫來憂歸,余吏議。"

二月,計東作《周櫟園畫册》序。
　　計東《周櫟園畫册》序:"……櫟園周先生夙有畫癖,所珍藏不下千百
卷。……庚戌春二月序。"見《改亭文集》卷二,又見《周亮工全集》第十八册。

閏二月初九日,得何平書。時淮風尚急,案難即結。
　　《賴古堂集》卷十九《復何匡山書》:"匡山先生閣下:閏月九日,路守戍至自婁
江,得奉手書,慰藉殷殷,深佩雲誼。弟事初傳在揚候讞,繼則仍在白門。初讞雖
無沾染,但主者以淮風尚急,未敢即結。欲待金雞之下,而資訊杳然,限期既迫,
恐難再滯。持平未必有人,覆轍行將再及,宿世之業,自作之愆,于人復何尤哉!"
按:據陳垣《二十史朔閏表》,是年閏二月。

三月,序《廣金石韻府》,將《廣金石韻府》付梓。
　　周亮工《廣金石韻府序》:"至《金石韻府》一編,海内好古之家所共推爲問字
金科者,自錫山朱時望採輯,至今幾二百年,亦以時好不屬,漸至湮没矣。予性嗜
古,留心篆刻,偶從舊簏中獲睹是編……因與莆陽林朱臣、晉安李雲谷共爲考
訂。……夫以朱臣、雲谷之才素號通敏,而予前後於閩者十二載,從予商質者未

嘗易寒暑。閱數年,以及於今,始得再見成書,而加廣焉。""康熙九年歲次庚戌禊日欑下周亮工撰於賴古堂,良常鄭簠谷口氏書。"鈐印"周亮工印""賴古堂""鄭簠之印""脈望樓"。按:《廣金石韻府序》又見《賴古堂集》卷十五。

耿文光《萬卷精華樓藏書記》卷五九《金石類七》著録"《廣金石韻府》五卷":"國朝林尚葵、李根同撰。賴古堂重訂本。前有康熙九年周亮工序。"

《印人傳》卷二《書李雲谷印譜前》:"雲谷居士李根,字阿靈,閩縣人。性恬静,與物無忤,愛閉户獨坐,終身未嘗遠遊。工詩。小楷頗得晉魏遺意。畫佛像仿吳文中,人莫能辨;畫山水不妄設一筆,恒能引人入净地。尤留心篆籀之學。嘗同福清林朱臣廣《金石韻府》,增入删正,一無訛謬。余愛其書,攜副墨至金陵,爲補殘闕行之。"

三月初八日,吳晉過訪,爲題嚴繩孫畫於恕老堂。是月,倪燦母七十壽辰,爲作《倪母朱太夫人七十序》。

《周亮工集名家山水(一册)》載吳晉爲題嚴繩孫《層巒疊嶂一逕通幽》:"登高創危構,林表見川流。……自當安蹇劣,誰謂薄世榮。——右韋應物詩,……庚戌立夏前八日,秣陵吳晉書於恕老堂。"鈐印三:秣陵、吳晉、介兹。(原注:"八幅。")按:是年三月十六日立夏。

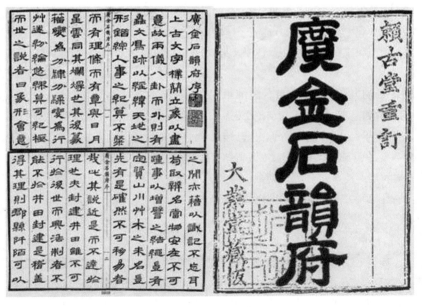

賴古堂重訂《廣金石韻府》

賴古堂印人傳序

印人傳櫟園先生未完之書也先生故精鑒於

六書之學四方操是藝以登其門者往往待先

生一裁別以成名先生於其患難相從退食平

居之陳藏其印列於左方人冠之小傳大要

指灷其印學之所以然而其人之生平亦附著

然書固未完也予受而考之先生且百歲操是

藝以登其門者奚窮先生往後有作者既不幸

而不在此族矣若夫先生知其人得其印而又

周亮工《印人傳》

《賴古堂集》卷十六《倪母朱太夫人七十序》："己酉之役,余備員闈中。時第二試,闈公將納卷,同號生豔其名,爭留視之,遂爲一鹵莽生墨汙其上。……茲暮春三月,爲母夫人七十設帨辰,稱兕觥而祝於其堂者趾相錯。……闈公將彙進遠近祝嘏之詞,以爲母夫人誦,固無一非如椽之筆。而闈公乃更及於辱人賤行如予者,若謬以予言爲足重。"

是春,弟亮節病重。何采送酒,有書答謝之。

《賴古堂集》卷二十四《祭靖公弟文》："疾始於客歲之夏,但淡悶耳。尋復愈,愈乃復作。弟以爲健足以勝疾,不以爲意也。及冬,以予突掛飲章,憤且鬱逮。今春予下吏議,又爲予祈之神,稽之衆,奔走呼籲無寧日,憤鬱益甚,過勞於心力,疾乃大作。"

《賴古堂集》卷二十《與何省齋》："晨起得先生惠酒,意先生所惠,必異尋常,遂不及熱,急試之,果柔甚。……老雨淒風春作秋,況賴此破愁城矣。謝謝先生,一卮亦不忘不肖弟,有情人哉。"

《結鄰集》卷十二:"何采,第五,省齋,江南江寧籍,桐城人,文端公孫。"光緒《重修安徽通志》卷一百八十《人物志·宦績三》:"何采,字敬輿,桐城人,文端如寵之孫。以江寧籍成順治己丑進士,由庶常歷侍讀,文章翰墨爲一時詞臣之冠,世祖皇帝嘗比之蘇軾。氣節高峻,不諧於時,以疾歸。"

初夏,嘗題《蕉堂圖》。

《賴古堂集》卷二十三《題蕉堂索句圖》："戊子初夏……無彊爲作此圖,當時皆以爲曲肖。逾今庚戌二十三年矣,取視之,不復知圖中爲誰何氏,因題以付延兒藏之。"同書同卷《又題蕉堂圖》(一):"庚戌四月,再展此圖,附識之,以博觀者一笑。"

五月。初一日,王士禎爲題畫二十餘則。是月初,尺牘三選《結鄰集》成,李清、楊彭齡、杜濬、錢陸燦爲作序。長至日,王澤宏爲題畫。

《周亮工集名家山水(一冊)》:"各幅題跋……'乙巳(原注:'丙午。')夏,禎在青州真意亭爲先生題畫冊……庚戌夏,先生方罹憂患、居白門,而禎尚客袁浦,先生屬八十六翁丁繼之寓書,且以四冊命題,意甚切至。禎年來衣敗絮、行荊棘,泓穎久廢,感先生之意,爲跋二十餘則。追理前語,倏忽又四五年,感時撫事,爲之流涕。先生煙雲供養,雖入坎窞,而天鈞泰然,自當動免乎險;第不知丁翁到日,先生披覽之下,憶青州曩昔之言,亦爲忼慨破涕如余否乎。五月朔日燈下,轅固里同學晚生王士禛頓首拜識。'鈐印二:持詩虞、王士禛印。(原注:'二幅。')"按:《結鄰集》卷十二載王士禛《與櫟下論畫》,内容與此略同,然叙事較簡,語焉不詳。

《結鄰集·凡例》署曰:"康熙九年歲次庚戌重五前一日,賴古堂識。"《結鄰集》附錢陸燦序,署曰:"康熙九年歲次庚戌重五前二日,賴古堂彙梓。"按:《結鄰集》又附有李清、楊彭齡、杜濬序,亦皆作於此時。

《周亮工集名家山水(一册)》載王澤弘爲題朱翰之畫:"余嘗言,人生處世,宜有畫意,蓋以能輕淡也。重處能輕,濃處能淡,學道過半,畫亦過半矣。庚戌長至日,江安澤宏書。"鈐印二:澤宏、夢似亭。(原注:"十四幅。")

嘉慶《重修揚州府志》卷四十七《人物二》:"李清,字映碧,興化人,春芳元孫。崇禎四年進士,由寧波推官擢刑科給事中。熊文燦撫張獻忠,清論其失策言後皆驗。以久旱請寬刑忤旨,貶浙江按察使照磨,未赴,憂歸。起吏科給事中,俄出封淮府,國變得不與。福王立,復命南京,進工部都給事中。請追諡開國名宦及武、熹兩朝忠諫諸臣,於是李善長等十四人、陸震等十四人、左光斗等九人並得諡。遷大理寺丞。南都失守,清方奉使祭南鎮,復不與。歸而著書以終。"

《四庫全書總目》卷一百八十二《集部三十五》:"《鶴嶺山人詩集》十六卷,國朝王澤宏撰。澤宏字涓來,黄岡人,順治乙未進士,官至禮部尚書。……澤宏喜與諸名士遊,王士禛、姜宸英、洪昇等皆嘗點定其詩。所作類皆和平安雅,不失臺閣氣象,而骨體未堅,醞釀未厚,尚不能淩轢一時。"

六月初七日,李良年爲題畫。

《周亮工集名家山水(一册)》載李良年爲題葉榮木絹本設色畫《松柏懸崖》:"六月清江放舸遲,火雲晴霧總難支。如何忽有松風入,白鷺洲前看畫時。泊舟揚子,將之都下,走別櫟翁先生,出數册見示,敬題一絶求政。時庚戌季夏七日。嘉興李良年。"鈐印二:李十九、武曾父。(原注:"五幅。")按:周亮工亦曾爲李良年題畫,《賴古堂集》卷六有《題李武曾灌園養母圖》。

《四庫全書總目》卷一百八十三《集部三十六》:"《秋錦山房集》二十二卷,國朝李良年撰。良年字武曾,秀水人,康熙己未嘗薦舉博學鴻詞,初冒姓虞氏,名兆潢,故當時薦牘無良年名。……良年少有雋才,其遊迹幾遍天下……其詩清峭灑落,亦頗得江山之助。……文則長於議論,而短於叙述,不逮其詩。詞則已刻入

《六家詞》中者殆三分之二,品在其詩文之間云。"

是夏,嘗復書與何平,述己處患之苦。時吳弘、吳宗信長陪身側,時爲好
語歡顔相慰。

《賴古堂集》卷十九《復何匡山書》:"獨是得良書,謂弟詩酒自娛,笙歌不廢,
真處患第一達觀,嗟夫,誰爲此言以欺匡山者哉? 弟自被蕉彈,甘心蠖屈,八閱月
足未嘗履限外。聞外人聲,驚悸欲死,盡夜不能寐,必薄醉而後就枕,少遲,酒力
不能與深愁角,輒又醒,望窗外又不肯即明。皮肉瘦且枯,齒落且盡,鬚無一莖,
黑面如舊鬼,氣息僅屬。一二相知,故爲好語歡顔,引弟暫喜,間或以卮酒醉我;
而相知咸貧,力不能佳釀,每飲皆金陵玉蘭釀,惡味撲鼻,飲輒欲嘔,而不能不飲,
此即弟之酒也。數月酒間成三詩,凡兩出韻,兩重字,搦爲紙球,供小兒戲;拈筆
書數十字,乃得別字三數章,理又無論矣,此即弟之詩與文也。向之故爲好語歡
顔,引弟暫喜者,間爲予歌,然實不能歌;兩吳君,遠度歌清秋露,冠五歌大江東,
其聲嗚嗚不耐愁人聽,又兩君僅能記此數韻,今夕爾爾,明夕復爾爾,弟聽且倦,
兩君亦自厭,近且罷響矣,此即弟之笙歌也。……生路茫茫,死境迫之,恐此生無
復見我匡山日矣。以淚和墨,望雲奉答,倘復念我,佇望後音。"按:周亮工於去歲
(1669)十月被劾去職。

米價日騰,入暑毒熱,又苦此間之追贓及閩地之賠償。與何采書札往復,
互相慰勉。又有書與張怡,心惜不能即爲其刻《史挈》,并奉《結鄰集》一
部呈覽。時張怡居攝山,方欲編選《勝國遺事》。

《賴古堂集》卷二十《答何省齋》:"米價日騰,弟在難,食指又甚繁,即令得大
軫國紫米,炊一升得飯一斗,亦苦不足。……公尚苦饑,予將奈何。"按:《結鄰集》
卷十二載何采《與減齋》八則,言及暑熱、米價、債務及詩畫等,當系此際與周亮工
往復之札。

《賴古堂集》卷二十《與張瑶星》(六):"祇四十里,便望如天上,一札亦難寄,
況握手耶? 城中苦米貴,苦毒熱,山中想復同。獨是弟既苦此間之追贓,又苦閩
地之賠償,其苦非恒人所有,即使米價平,涼飈起,亦何濟於事。……《勝國遺事》
編緝不難,而難於發凡起例。……愚意一語一事皆人所未見未聞,庶有益於前
哲,有補於後來人。……弟所有皆習見習聞書也,聞牧齋先生手撰前人遺事,高
至數尺許,後燬于絳雲樓,先生復以胸中記存者追錄之,亦高至尺許。……聞此
書尚藏其猶子家,若得借鈔,則先生之書不一載成矣。……《史挈》是必傳之書,

惜弟家破，不能爲先生梓。……《結鄰》皆節縮衣食而成者，一部呈覽，內中最當先生意者爲某人某人，可以删去者爲某篇某篇，訛字某行某字，暇中一一示之，亦可當山中數日功課也。”

胡阮楚來訪，當不早於是年夏。

《印人傳》卷二《書胡省游印譜前》：“予生平好圖章，見秦漢篆刻及名賢手製，則愛玩撫弄，終日不去手，至廢餐寢，以求騁其欲，不啻如時花美女。……今夏，胡君省游來訪，贈以二章，出所爲《印嫡》見示，頗極秦漢之致。……獨怪余嗜圖章數十年，而與余同嗜好如省游者，相見乃在數十年之後，且非其鄉杜子茶村言之，幾失省游也。省游名阮楚，竟陵人。”按：《印人傳》之編撰收集資料始於是年。

夏秋之際，作《學文堂集序》。

《賴古堂集》卷十四《學文堂集序》：“予杜門待罪者九閱月，既不敢出户，又無從得見一客，惟日手椒峰先生文一編，如見椒峰。予生平謬有詩文之嗜，晚歲交遊獨得一椒峰，相顧莫逆也。”按：周亮工去歲（1669）十月被劾去職。

《清史列傳》卷七十一《文苑傳二·陳玉璂》：“字賡明，亦武進人。康熙六年進士，授內閣中書。十八年，試博學鴻儒，罷歸。少有大志，凡天文、地志、兵刑、禮樂、河渠、賦役諸大事，究心源流，言之娓娓。……能詩文，下筆千言，旬日間動至盈尺，時稱俊才。……然其失亦在貪多務得云。著有《史論》數百卷，又有《學文堂集》四十三卷。”《皇朝文獻通考》卷二百三十二《經籍考二十二》：“《學文堂集》四十三卷，《別本學文堂集》四十七卷，陳玉璂撰。玉璂字賡明，號椒峰。”

按：據周亮工《學文堂集序》，晚年始與陳玉璂相交。魏禧《賴古堂集序》（《賴古堂集》卷首）提及二人之交往，曰：“武進陳進士椒峰嘗攜禧家集過公金陵，雪霽，束裝行，公謂陳君曰：‘且爲三魏遲一日發也。吾方抄錄未竟。’椒峰卒留一日行。”冬日，周亮工在南京，陳玉璂此次拜訪，當在康熙五年丙午（1666）至康熙八年己酉（1669）之間。

七月二十五日，弟亮節卒，作文祭之。

《舊譜》：“庚戌，五十九歲。……是年，公弟靖公卒，有祭弟文。”

《賴古堂集》卷二十《與張瑶星》（二）：“心緒如亂絲，百苦相煎，而舍弟又于七月廿五日卒矣。弟祇此一弟，又復舍我而去，撫棺痛哭，幾不欲生，先生視我暮年能堪此否耶?"同書卷二四《祭靖公弟文》:"至晦日，弟亡七日矣。……亮工乃率男在浚、延、建、都、青與室人兒婦董，謹修家祭，抆淚爲文。"

弟甫喪，案猶未結，日惟藉選擇尺牘送日。作書與張怡，央爲代審尺牘之稿，留意近人文集，并經紀購買紫峰閣事宜。

　　《賴古堂集》卷二十《與張瑶星》(二):"甚矣，讞者之故難人也。我欲緩則必急之，欲急則故緩之。弟之在湯鑊中者十閱月矣，既自服矣，可以結矣，而至今尚不與結也。心緒如亂絲，百苦相煎，而舍弟又於七月廿五日卒矣。……無聊之極，日惟藉選擇尺牘送日。……前《藏弃集》逸去之稿，頗有足存者，弟眼迷五色，不免令同人抱屈於故紙。今心緒大亂，萬不能再爲翻閱，共十二册，統煩先生代爲覆閱一過，有必當存者，幸用丹筆大爲標出，其中亦有續增入者，先生不必論其曾增與否，第爲標出，弟自當另爲鈔録也。……近人文集有何人可供採擇，即先生無其書，亦望示其目，弟當託人四處覓之。……紫峰閣久有貿人意，今可得否?若此地不妥，當另爲弟圖之。"

　　雍正《江南通志》卷四十三《輿地志·寺觀一》:"棲霞寺，在府東北攝山南。……僧寮倚山架壁，各擅其勝，白雲庵、紫峰閣尤稱幽峻。"

九月，惲壽平爲題盛丹山水。

　　《周亮工集名家山水(一册)》:"右畫幅四，纸本，縱七寸四分，橫九寸七分，淺設色畫，絶巘枕流，江帆風駛。鈐印一:盛丹……各幅題跋……'昔顧駿之構層樓爲畫所，每畫登樓去梯，家人罕見其面。自古以筆墨稱者，類有所寄寓，而以豪素騁發其激宕鬱積不平之懷。……今之號爲畫者亦夥矣，大底刷駕塵氛，心競刀錐之末……駿之層樓，於焉絶響，不勝古今殊絶之感云。庚戌九月，書正櫟翁先生。南田草衣惲壽平。鈐印三:墨精、正叔、壽平。(原注:'四幅。')"

　　雍正《江南通志》卷一百六十八《人物志·隱逸一》:"惲格，一名壽平，字正叔，武進人。生而敏慧，八歲詠蓮花，驚其長老。尤工繪畫，花卉蟲鳥，意態飛動，而題語、書法兼工，故世稱'南田三絶'。爲人孝友敦篤，不謁當事，有古君子風。晚與同里五君子聯吟，稱'六逸'，五人者，高士胡香昊字芋莊，經師陳煉字道氣，諸生楊宗發字起文，董大倫字敷五，唐惲宸字仲元也。"

十月，程邃爲刻白文"蟬藻閣"印。

程邃"蟫藻閣"印款云："元諒先生索篆久而未應,適得佳石,作此呈上求教正。庚戌十月,程邃。"見《中國歷代印風·清代徽宗印風》。

十二月十四日,題王東皋畫卷。

《王與庵摹元人逸秀丘壑卷》:"庚戌嘉平望前一日,得觀于恕老堂,大雪漫題,櫟下周亮工。"《穰梨館過眼録》卷三十二,見《中國書畫全書》第十三册。

帥顏保見劾一案,原已論絞,是年十月,遇赦得釋。

《清史列傳》卷七九《貳臣傳乙·周亮工》:"康熙……八年,漕運總督帥顏保劾亮工縱役侵扣諸款,得旨革職逮問,論絞。九年,復遇赦得釋。"

《舊譜》:"庚戌,五十九歲。……十月,事乃白。"《賴古堂集》卷十九《追報亡友黃漢臣書》:"陽月以後,亮獲掛冠,喜脱樊籠,訂商大業。"

作《追報亡友黃漢臣書》,許諾將不負所託,爲梓行其詩文集。

《賴古堂集》卷十九《追報亡友黃漢臣書》:"亮工聞先生名蓋已有年,徒以十年閩海,三載青齊,蹤迹遐邈,有類投荒,不及望見先生顏色。比及量移大江以南,一水可溯,而羽儀高迥,咫尺雲霄,惟諷誦高文,嚮往不置。因藉飛鴻以陳菀結,不謂瑶音過相獎藉,若謬許聲氣於亮有菖歜之嗜者,啓予荒蕪。意内滔滔,欲更作報章,以罄鄙懷,而時被飲章,旁皇且止。何期子迪隔歲書來,遂聞先生溘然之耗,能不悲哉! ……陽月以後,亮獲掛冠,喜脱樊籠,訂商大業。……斯文不墜,賴有鴻章,得良朋子迪爲之收合,又有高足雲翎編輯哀然,亮雖薄植,表揚之責竊不敢自後於兩君矣。且讀先生良書,有云:'桑榆殘照,亦復何戀,而不歸道山,流浪人間,或當待此以暝。'蓋先生時已抱疴,期稍豁然,以大集見屬也。……要以不負所期,不致先生之不暝,則亮實自信之、自必之矣,先生其鑒之乎?"

蔣景祁《瑶華集》:黃家舒,字漢臣,無錫人。魏禧《魏叔子文集》外篇卷十二《跋顧子方手札》:"子方書法妙絶一時,與同里黃君漢臣交善,往返手札最多,漢臣悉藏弄珍重之。……漢臣名家舒,以文章名世,爲子方所推。國變,亦棄諸生服。"後附秦樂天評語曰:"吾邑漢臣先生以文章爲世所宗,周公櫟園至謂虞山莫及。"

是年,與何采論詩頗合,因請梓行其詩,爲之作《何省齋太史詩序》。

《賴古堂集》卷十五《何省齋太史詩序》:"予被廢以來,謝客卻掃,門庭蕭寂,惟省齋何太史時時慰存,予欣爲執手,每爲樽酒之會,縱談文字以爲笑樂,輒嘆文章衰歟,持論者往往各相抵牾。……予既喜其持論與予合,因請生平所爲詩古文集倡導學者,太史乃先出詩集一編示予。"

是年,作隸書《黄河舟中》詩。

周亮工隸書《黄河舟中》詩:"渡盡黄河客思涼,茉茰曲徑未全荒。一泓秋水鷗如鶴,數版黄泥棗代桑。退約家園編葦屋,愁偏雨夜夢蕉堂。高堤且醉蘭陵酒,不識誰能忘故鄉。"署款:"黄河舟中作似茂叔世兄政之。周亮工。"引首鈐有"庚戌"印,款後有"周亮工印""密庵"印。美國私人藏。

周亮工隸書《黄河舟中》

是年,作《書馮幼將畫竹卷後》。

《賴古堂集》卷二十三《書馮幼將畫竹卷後》:"幼將與予定交于大梁張林宗夫子座上,時爲丙子。予見幼將畫竹,即始於丙子。則予見幼將竹,於今蓋三十五年矣。……然幼將每一落筆,即爲人攫去,而馮氏家固無所爲竹也。今日得觀此卷,是幼將生平合作。……幼將撫此卷曰:'予將貽兩孫,則馮氏家自今有竹矣。'予見幼將有老冉冉將至之悲,亦忽忽有動於中,亦即以所得幼將竹分貽五兒子。予與幼將曰:'從此君勿更寫竹,予亦不更向君索竹。得于情話軒蕭蕭數竿中,含飴弄孫,無事相對,以保此餘年,詎不大愉快哉。'"按:此"丙子"爲崇禎九年(1636)。

序黎士弘《託素齋文集》,當不早於是年。

黎士弘《託素齋文集》附《自序》,署曰:"康熙庚戌四月初吉士弘識。"《賴古堂集》卷十四《託素齋文集序》:"長汀黎君媿曾令豫章,裒集生平古文詞若干卷,寓書於予,屬予爲之序。……曩游八閩,一時文字交,惟媿曾托契最深,嘗以詩見質,請序於予。……今以摧頹放棄之餘,媿曾不當時大人先生是屬,而復及於予,予卒何以稱其旨意乎?"按:黎士弘《託素齋文集》亦附此序。

吳暉來訪，當不早於是年。

　　《印人傳》卷三《書吳秋朗印章前》："吳秋朗暉，閩樵川人。予丁亥自維揚量移入閩，阻寇樵川者八閱月，日從事雉堞間。……垂廿餘年，秋朗見余於白下。予在樵固未識秋朗，尚少耳，固未能見，非失秋朗也。秋朗能詩工畫，行楷亦多逸致，印章好倣文、何。……詢樵士，知鄭胎聖倫、楊淩颷翰、龔而雅宜、鄧生公林久化爲異物矣。見秋朗，不勝并州感也，因摘其圖章一二附譜中。"按：此"丁亥"爲順治四年(1647)。亮工本年(庚戌)始着手編纂《印人傳》。

清康熙十年　辛亥　1671　六十歲

是年，康熙帝下詔敦孝弟、篤宗教、隆學校、明禮讓，征舉山林隱逸。

初春，吳宗信別歸。別後十日，得三詩寄之。

　　《賴古堂集》卷六《冠五歸，臨岐黯然，不能出一語送之，別十日，得三詩，卻寄》，其一："六十年真至，誰能保令名。詩書拚一擲，勳業竟何成。對客無人色，惟君有義聲。山中不忘我，默爲數陰晴。"其三："花事遂將半，吾廬似雪圍。數錢飛已盡，問客到何稀。酒濁難驅老，春寒易作威。君歸惟一我，欲語畏人非。"

二月初五日，將生平著作盡數焚煅，事過旋生悔意。

　　《書影》卷首附周在延跋："丁未之冬，刻是書于金陵。又五年辛亥，一夕，忽取《賴古堂文集》《詩集》《印人傳》《讀畫錄》《閩小紀》《字觸》賴古堂百種藏書並《書影》板煅之。次年遂棄不肖等謝世矣。"《賴古堂集》卷二十《與張瑤星》(三)："二月初五日，已刻、未刻諸蕉作盡付咸陽一炬矣。葛藤一斷，省得許多牽絆，然事過而旋悔之，始知名根難斷。"

　　按：關於周亮工之焚書，周在浚所撰《舊譜》云："庚戌，五十九歲。在江寧。春二月，一夕慷慨太息，盡取生平著作與板行者盡煅之。"《行述》所云與此同，姜宸英所作《墓碣銘》亦承此説。周在延所述似更為確切。理由如下：第一，《賴古堂集》卷二十《與張瑤星》(三)述及二月初五日焚書之事，當作於焚書之後不久，而此書在述及焚書事前又有云："只此一雙眼睛，自已有時瞎卻，迨遇明眼人，又還我雙眼珠，則先生重閱尺牘之謂也，感先生目力不淺。"顯系張怡為閱尺牘畢，亮工作書答謝(康熙九年弟亮節于七月廿五日卒後，亮工嘗作書與張怡，央為代審尺牘之稿，詳康熙九年譜)，若果如《舊譜》所云，焚書在康熙九年庚戌(1670)二月，彼時亮工尚未央張怡代為審閱尺牘，顯然談不上答謝。第二，據《舊譜》，周在浚生於明崇禎十三年庚辰(1640),本年已三十二歲,《行述》有云:"辛亥(1671)歲暮,不孝在浚以教習旗塾暫告歸。"是在浚年長,經常出外,不常在家陪伴老父,所以事後追記難免有誤。而周在延生於順治十年癸巳(1653),此時年方十九,尚在金陵家居,如周亮工《題蕉堂索句圖》所云:"戊子初夏始抵榕城,……逾今庚戌(1670),二十三年矣。取視之,不復知圖中為誰何氏。因題以付延兒藏之。"周在延與父朝夕相處,於焚書之事應知之甚詳,所記應更為確當。

　　呂留良《賴古堂集序》(《賴古堂集》附錄):"兔園糞溲,重自珍戀,猶什襲繅藉,況著作如櫟園,非有所大不堪於中而然歟? 餘是以惜其書不如悲其志也。豪士壯年,抱奇抗俗,其氣方極盛,視天下事無不可為,千里始驟,不受勒于跬步,隱忍遷就,思有所建立,比之腐儒鈍漢,以布紟終斂村墉,固夷然不屑也。及日暮途岐,出狂濤險穴之餘,精銷實落,回顧壯心,汔無一展,有不如腐鈍村墉之俯仰自得者,吐之難為聲,茹之難為情,極情與聲,放之乎無生,彼方思早焚其身之為快,而況于詩文乎哉? ……焚者,志也;其不可焚者,書也。"

焚書後,即不甚留意文字事,著手整合所集印章、印譜,編撰《印人傳》。

　　《印人傳》附周在浚跋云:"繪事圖章皆先大夫所篤好,而好圖章微異。記先大夫自用圖章外,凡名人鐫制,有得其印者,有得其譜者,更有印與譜俱不可得,而亦必多方搜索,從人印數章或數十章以歸,錯列之冊子上,時時展玩不釋。至舉生平著作一切焚棄後,人有以文字請屬者,先大夫多不之應,惟愛玩圖章不少異。因更取前之所集,依人為類而鱗次之,各識其概于首,一如《讀畫錄》之傳其人之家世、之里第、所自訂交與夫染翰之時之地云者,但錄成於未焚書之前,而傳成於既焚書之後耳。"

二月,作詩賀王翬四十壽。

　　《賴古堂集》卷六有詩《王石谷四十》:"幾日秦淮別,聞君四十辰。吮毫如有得,潑墨不如貧。水石恬愉意,煙雲共養身。黃公傳大臺,久與接為鄰。"

三月,"粵難"作,方以智、方中通父子受牽連被捕。竭力營救之。

　　鄧之誠《清詩紀事初編》卷一《前編上·方中通》:"以智晚年住持廬陵縣河南十里青原山,康熙十年辛亥,以事被累入粵,卒於道中,……今讀此集《陪詩》卷四為《惶恐集》,紀其事甚詳。……中通亦在桐城就逮。事歷二年,經皖、贛、粵三省,賴周亮工營救得白。"任道斌《方以智年譜》引方中通《陪詩》卷四《惶恐集·癡辭》:"太守姚公奉臬司佟公命,遣吏屬更前詞,增'久絕往來'語。蓋周櫟園年伯意欲為小子謀脫也。癡願（指以身代父）不改，遂痛哭以辭。”

　　按：據任道斌《方以智年譜》，“粵難”事發于本年三月，詳情尚無從考得，可能的情形是方以智在粵西之舊友觸犯清廷禁律，流言蜚語，累及密之，冤枉被捕，且株連親屬。

　　方中通，字位伯，號陪翁，桐城人，方以智仲子。通曆算之學，與湯聖弘、薛鳳祚、遊藝、揭暄、丘維屏、梅文鼎為友。撰《數度衍》二十四卷、《附錄》一卷，別刻《陪集》以載詩文。方氏一門，文采甚盛，中通亦能文章，不重修飾，而才氣洋溢，聲情並茂。

備禮為張怡壽，並作書與之，邀賦《情話軒酌酒與櫟老人歌》為己六十壽。

　　《賴古堂集》卷二十《與張瑤星》（四）：“日日欲入山，日日不果，非人縛我，自縛耳。念我公壽期不遠，至時欲遣一力奉祝，恐煩裁答，微物四種，特煩震機上人代祝，幸恕其褻。弟遂六十，想亦在公憶念中，一物不敢領，亦不敢勞為壽詩，但希賦《情話軒酌酒與櫟老人歌》，則賜踰百朋矣。”

四月初八日，髡殘六十僧臘，有詩紀之。

　　《賴古堂集》卷二十《與張瑤星》（五）：“石公後我一日。”同書卷六有詩《石谿大師六十僧臘，大師與佛同日降》）。

六月，饒宇朴為題畫於承恩寺。

　　《周亮工集名家山水（一冊）》：“左畫幅……各幅題跋……‘十年夢讀看山句，展卷幽然悟別峰。涼色乍添蕭寺古，不知身入畫圖中。辛亥六月，偶客承恩梵刹，櫟翁太夫子命題應教。南州後學饒宇樸稿。’鈐印三：吾廬、饒宇朴印、將文。‘插天古木碧參差，夾岸平岡帶淺沙。若種桃花三百樹，便隨漁父共移家。宇樸又題。’鈐印一：饒□。（原注：‘七幅。’）”

秋，方亨咸以姜正學所作印見示，入之印譜中。

　　《印人傳》卷三《書姜次生印章前》：“姜次生正學，浙蘭溪人。性孤介，然於物無所忤。食餼于邑，甲申後棄去，一縱於酒，酒外惟寄意圖章。……方邵邨侍禦為麗水令，生來見，……別侍禦返里，年八十卒。辛亥秋，侍禦以生所為印示餘，予入之譜。”

秋，何采往錢塘觀八月潮，賦詩送之。

　　《賴古堂集》卷六《何省齋往錢塘觀八月濤,送之》有云:"盡日閑相見,驚為遠道行。輕舟空汗漫,妙舌更縱橫。"

秋,余懷送竹,甫種值雨。尋往游吳越,賦詩留別何亮功、吳宗信、吳晉。

　　《賴古堂集》卷六有詩《從余鴻客乞竹,澹心躬送至,甫種值雨》,其二有云:"老友躬相送,新枝我見憐。恰逢秋雨滴,簷際已懷煙。"同書同卷又有《獨游吳越,留別次德、冠五、介茲》:"閉戶非吾事,情生萬境灰。讀書真有命,飲酒亦須才。寒菊何曾放,空江獨舉杯。出門殊草草,修竹負新栽。"按:吳宗信是春已別歸,此又在南京,當是別後又至。

　　《舊譜》:"辛亥,六十歲。游于吳越間。"

過毗陵,晤莊回生,莊出須來西手鐫印章見示。

　　《印人傳》卷三《書須來西印章前》:"須來西仍孫,毗陵諸生。制舉業為時所推,而尤留心六書之學,反復窮究,不得原委不止。……甲申之變,絕粒死,志士哀之。予過毘陵,莊澹庵史公出其手鐫見示,並述其行誼,予因得敘次於後。"按:江蘇常州為舊毗陵郡地。《印人傳》編撰期間,周亮工過常州,當是在此際。

　　《國朝書人輯略》卷二:"莊回生,字澹庵,江蘇武進人。順治丁亥進士。"《今世說》卷五《品藻》:"世稱莊澹庵所至,如墨濡素練,便出雲煙。"原注云:"澹庵能自傾下,所至無問識與不識,折節論交,詩文書畫,脫手淋漓,士林爭寶惜之。"

遊於無錫。索得陳瑞聲、倪耿印章數方。訪王人玉,已早卒,見其子王定。訪黃傳祖,亦早卒,其子長瑜以其自敍年譜見示,為題於前。再晤袁于令,共酌第二泉,有詩紀之。交張嵋及其子張江如。

　　《印人傳》卷三《書陳朝喈印章前》:"陳朝喈瑞聲,梁谿人,太守世涇公子,諸生中僑胖也。世其家學,工為詩,嘗以詩顧我于白門。及舟過慧山,始知朝喈亦戲作圖章,固索之,乃得數方,敘次於左。太守公諱振豪,以名進士出守南陽。"同卷《書倪觀公印章前》:"倪觀公耿,梁谿人,雲林後。十三齡時,偶左足不良於行,君輒喜曰:'吾雙足尊矣。'隱居水邨,藉以謝客,蕭然自適,真能以隱世其家者。余過梁谿,聞君精於篆籀,索得數章。"

　　《印人傳·王文安圖章前》:"王文安定,梁谿人。庚午、辛未間,顧寅錫自梁谿來白門,與予商榷選事,攜有九龍社藝,予甚驚王人玉之才。舟泊慧山訪之,久已身殉一邑矣。見其令子文安,與其兄弟,均有文名。乃文安獨留心圖章,……更留心於制紐,與漳浦楊玉璿、毘陵張鶴千齊名。"

《賴古堂集》卷二十二《跋黃心甫自敘年譜前》："君亦嘗顧我於雲門，……方取三百年來古文短篇為《識小錄》，故隨地採取，手錄至數千篇。……予許為君梓行。舟過錫山，再訪君，而君早歸道山矣。公子長瑜以此譜相示，翻閱之餘，猶仿佛雲門夜話時也，不勝人琴之感，因書數語歸之。"

《賴古堂集》卷六有詩《同籜庵酌第二泉，竟寺外禮古松，肅立久之，得二詩》，其一："輕舟能暫泊，扶老送斜曛。獨樹群山盡，高秋一寺分。何時標楨幹，終古謝紛紜。立久濤聲發，城中或不聞。"按：《賴古堂集》卷六又有《慧山霜降夜雷雨不寐》，當亦作於此時。是年霜降日為九月二十一日。

《印人傳》卷三《書張江如印章前》："張江如宗齡，梁谿人，張月坡嵋之子。月坡邋遢選制舉業，極為同人所推。予泊舟慧山將兩旬，月坡始從山左歸，因為訂交，因得見江如。江如方從其尊人學，制舉業最有聲，旁及印事，亦臻妙境。"

雍正《江南通志》卷十三《輿地志·山川三》："惠山，在無錫縣錫山之西，一作慧，一名古華山，又曰曆山，又名西神山，山有九隴，蜿蜒如龍，故又名九龍山。南北連亙百餘裏，磅礡甚遠，……山上為九峰，下有九澗，有惠山寺，第二泉在焉。……錫山，在無錫縣西五裏，惠山之支隴也。……梁溪一名梁清溪，在無錫縣西門外，源出惠山，南入太湖，北合于運河，梁大同中浚，故名。"

遊於西湖。謝彬為寫照。程其武為治印。顧璞已早卒，訪而不遇。

《賴古堂集》卷十二有詩《每至湖干，謝文侯輒為余寫照，辛亥再來，余年六十，君亦七十矣，復為余描寫老頹，慨然作此》。

《印人傳》卷二《書程與繩印章前》："程與繩其武，吾友雲來中子也。為制舉業有聲，數不合有司尺度，乃退而從雲來治印。印隨雲來，與年俱進，比乃一合古法。辛亥予在湖上，與繩過湖干，為文酒之會，多為予治印。"同卷《書顧築公印譜前》："顧築公璞，一字山臣，武林人。立品高迥，不屑俯從流俗。作印恥雷同，餘最好之，而苦無其一印。辛亥過湖上訪之，則久歸道山矣。"

雍正《浙江通志》卷一百九十六《方技上》："謝彬，《仁和縣志》：字文侯，上虞東村人，隨父遊學至杭，遂家焉。少年從莆田曾波臣遊，授寫真法，凝眸熟視，得其意態所在，濡毫點次，眉目如生，精彩殊勝。……兼善畫山水及作漁家圖，清超絕塵，迥與時別，人多珍之。"

日同方育盛刺舟溯河干，得見靈隱寺僧嘯魯，有詩紀之。

《賴古堂集》卷六有詩《笑隱老人、多情佛子、有道文人，余聞之亡友于一者久之，辛亥至，日同與三刺舟溯河干，得一見公，公七十矣，語語必及于一，且顧余曰：‘推襟送抱垂三十年，今始一見，俱老矣。後會良難，念往懷來，淚輒欲下。’予亦為悲動久之，返舟得四詩》，其三有云：“客魂千里月，僧影一湖秋。此際真生死，無端淚欲流。”

王猷定《四照堂文集》卷十一《笑隱庵募疏》：“嘯魯大師嗣法靈隱，性孤遠，厭山居之囂，結茅湖上，距學士橋僅數武，自署其名曰‘笑隱’，時為詩文自娛，不欲人之知也。樗厓子慕而見焉，曰：‘嗟乎！喪亂以來，百里湖山，軍裝馬箠，飛鳥為之不棲，況於人乎？師之隱於斯也，異哉，願聞其旨。’師曰：‘吾於天地間不知何者為隱，竊嘗笑之。夫萬年者，沙劫之俄頃也；九州者，大海之浮漚也。以此廣長之世，當窄促之時，其為生也微矣。而愚者執而有之，不亦悲乎？此地故宋聚景園也，當日為浮屠之廬者九，悉歸禁園。高宗率三宮游宴于此，學士輩觀魚花港，何其盛歟！及其亡也，蒙古夷而為墓田。至於今，吾居之側，為牛羊之所踐履，樵夫牧豎不知有翠華之臨，第相與指曰狸塚云，此吾之所以笑也。’”

遇陳枚，見其尺牘選本《寫心集》，大為歎賞。

陳枚《寫心二集》載周亮工與陳枚尺牘一則：“作客湖干，過蒙至愛。歸來數月，魂夢尚依依左右也。《寫心》大選，幸多惠數冊。拙選四集，以刻資不繼，明春始能卒業。然見大選，則此集可廢矣。”按：此“拙選四集”當即指《尺牘新鈔》四選《牧靡集》。

十月，為稽永仁《揚州夢》題引。

《揚州夢傳奇引》：“康熙十年辛亥陽月至日，雲林老農題于湖上就園。”

遇姜宸英於西陵佛寺，央之作《恕老堂酌酒歌》。

《墓碣銘》（姜宸英撰）：“辛亥冬，某遇公西陵佛寺，留飲，歷數其少年來意中得失事，拊幾瞪目太息，謂餘曰：‘吾與子相見，今無幾，今我六十，子歸為我作《恕老堂酌酒歌》而已。’恕老堂者，公所居著書處也。余渡江，詩不果作，然竊歎公之才，其轗軻曆落，而老且衰於此。”

田汝成《西湖遊覽志》卷二《孤山三提勝跡》：“西泠橋，一名西林橋，又名西陵橋，從此可往北山者。”《西湖志纂》卷三《孤山勝跡》：“孤山，在西湖中，一嶼聳立，旁無聯附，為湖山最勝處。……西泠橋，在孤山路西北。”

姜宸英，字西溟，浙江慈谿人。工書，擅文辭，閎博雅健。學者稱為湛園先生。科場不利，屢試不中，而名達禁中。康熙皇帝目宸英及朱彝尊、嚴繩孫為“海內三布衣”。嘗與修《明史》。著有《江防總論》《海防總論》《湛園集》《葦間集詩》

《劄記》等。傳見《碑傳集》卷四十七、《清史稿》卷四百八十四《列傳·文苑一》、《清史列傳》卷七一《文苑傳二》。

為釋戒顯《現果隨錄》序。

釋戒顯《現果隨錄》序:"康熙十年辛亥冬日櫟下老農周亮工題於湖上就園。"

十二月初五日見新曆。夜月下聽宋郎琵琶,歲晚憶家。

《賴古堂集》卷十二有詩《辛亥嘉平五日,湖上見新曆有感》,同卷又有《湖上夜月聽宋郎琵琶》:"斷橋煙際望梅花,歲晚寧教不憶家。今日難攤宋玉賦,從人深夜醉琵琶。"

何采渡錢塘回,賦詩送其先返南京。歲暮,離西湖,往延令哭季夫子,途值杜蒼略,遂返南京,舟中有詩懷何采。

《賴古堂集》卷十有詩《何省齋渡錢塘回,出冬至前一夜燈下獨酌見懷詩相示,次韻奉答,即送其先返白門,並寄次德》:"寒風凍硯渾難開,未許含毫試氄煤。燈影懷人深夜坐,雁聲引客大江回。前時共約秋初棹,幾日相逢歲宴杯。為報候門諸稚子,應知早晚亦歸來。"同書卷十二又有《初與省齋約共吳船余以事阻公先發數日舟中有懷》。

《賴古堂集》卷十二有詩《湖上留別》,其二有云:"欲去梅花著意看,嚴風烈烈歲將殘。"冒襄輯《同人集》卷四《書》(周亮工櫟園):"自浙回,便往延令哭季夫子。途值蒼老,遂返。"按:此書作於康熙十一年(1672)正月,見康熙十一年譜。"蒼老"即杜蒼略。

是夏起,長子在浚在京假館于孫承澤之秋水軒,與龔鼎孳、王士禄、王士禎、汪懋麟、曹爾堪、紀映鍾、徐方虎、王豸來、曾燦等晨夕過從,歌吟錯互。

張貞《杞田集》卷四《秋水軒記》:"余來燕市,抑塞無聊,一日攜孫子孝堪,尋周子雪客於西河堰之邸舍。北軒三楹,窗戶虛朗静深,坐譚久之,啟其後扉,下臨城隍,一水渟泓,可鑒眉發,西山蒼翠,半落幾席間。……雪客命酒酌餘而起曰:'此孫退谷先生之秋水軒也。辛亥夏,予嘗假館於此,是時,合肥龔端毅公、新城王君西樵阮亭、江都汪君蛟門、嘉善曹君顧庵、江寧紀君伯紫、德清徐君方虎、錢塘王君古直,皆一時賢豪,相與晨夕過從,酣嬉淋漓,歌吟錯互。'"

王士禎《漁洋山人續集》卷一(辛亥稿)有詩《題雪客小像二絕句》,其一:"昨來秋水軒中坐,共讀蒙莊秋水篇。愛爾胸情似秋水,日臨秋水弄潺湲。"其二:"齊梁子弟矜人地,胡粉搔頭只弄姿。何似周郎好年少,六朝松下獨吟時。"

龔鼎孳《定山堂詩餘》卷四〔賀新郎〕調下有《青藜將南行招同檗子方虎維則石潭穀梁集雪客秋水軒即席和顧庵韻》《問雪客病》《九日龍爪槐登高有感聖秋友沂諸故人同集為檗子方虎介行雪客時金粟將南歸矣》《題雪客像》《為汪蛟門舍人病中納姬和方虎》《祝櫟園先生》《和方虎燈下菊影》《題王山樵先生鏡閣》《題宋荔裳觀察小像》等。按:《定山堂詩餘》卷四收有〔賀新郎〕詞數十首,大部為此際之作,茲僅列其中數首。

曾燦《六松堂集》卷七有詩《長安喜晤周雲客並寄祝甫翁櫟園先生》二首,其一:"燕市黃金倦客裝,悲歌只在酒人旁。時從屠釣隨公子,每到登臨憶侍郎。建業青山連草色,秦淮流水帶花香。謝安終為蒼生計,未許人間顧曲忙。"卷十又有詞〔賀新郎〕《壽楊震伯五十次辛稼軒韻》、〔賀新郎〕《冬日送顧梁汾北上》。

按:此間,曹爾堪首唱開題,龔鼎孳推波助瀾,周在浚主持徵集彙編,發起一場《賀新郎》酬唱活動,起始地點因在秋水軒,故稱"秋水軒倡和"。大江南北參與唱和者數十人,包括著名詞人顧貞觀、納蘭性德、陳維崧、陳維岳、宋琬、曹貞吉等,詞作三百篇以上,一時蔚為大觀。輯錄《秋水軒倡和詞》,共收二十六家詞近一百八十首。此次倡和所用剪字韻:卷,遣,泫,繭,淺,展,顯,扁,犬,免,典,剪。

嘉慶《重修揚州府志》卷五十一《人物·文苑》:"汪懋麟,字季用,江都人。康熙六年進士,授中書。時有楚人朱二眉號神仙,傾動京師,懋麟著《辨道論》力詆其妄。值憂歸,薦舉博學宏詞,不赴。服闋,以主事銜入史館,與修《明史》。補刑部,罷歸。以鄭樵《通志》浩繁,手為刪訂。著有《百尺梧桐閣集》二十三卷。"張貞《杞田集》卷六《汪君蛟門傳》:"為文峭潔,師半山,而以辨是非、別邪正為主本。……至其有韻之語,由三唐入,復上溯漢魏六朝以窮其源,且沿及宋、元以博其趣,擬議成變,日新富有,久之,而創獲於法外,神解於象先,自成一家,人莫測其所從出也。……君諱懋麟,字季用,蛟門其別號也。歙人,系出越國公,而徙於揚。……所著《百尺梧桐閣集》,文八卷,詩十六卷,詩餘一卷行世。沒後,(兄)叔定又裒輯其遺稿十餘卷,藏於家。"

歲暮,在浚自都門歸,言及吳平子晉在京近況。

《行述》:"辛亥歲暮,不孝在浚以教習旗塾暫告歸。"《印人傳》卷三《書吳平子印章前》:"莆田吳平子晉,初作印多用莆田派。莆田人宋比玉者,善八分書,有聲吳越間,後人競效之,至用於圖章,古無是也。平子從予遊,見其所藏銅玉章及古今名印譜,遂一洗其舊習。久客都下,名重一時。平子豪於飲,每當風日晴好,策蹇從一童子,醉游西山,竟日忘返。兒子浚近從都門歸,云平子娶妻生子,老在燕市,酒徒不復憶故鄉矣。"按:亮工另有一友亦名吳晉,《藏弆集》卷十:"吳晉,介茲,介受,受茲,江南江寧人。《退庵稿》。"

方以智卒。(《方以智年譜》)
吳偉業卒。丁耀亢卒。

清康熙十一年　　壬子　　1672　　六十一歲

新春,與吳宗信、方孝標、方亨咸、何采聚李漁芥子園觀諸姬演劇。

　　《李漁全集》第二卷《笠翁一家言詩詞集‧笠翁詩集》卷二《後斷腸詩十首》吳宗信眉評云:"憶壬子春,偕周櫟園憲副、方樓岡學士、方邵村侍御、何省齋太史集芥子園觀劇。"

春初,遣子在浚、在延返開封應鄉試。

　　《行述》:"今年春,先大夫命偕(原注:'不孝、在延')返大梁應鄉試,不孝輩猶依依戀膝下,先大夫色不懌,立遣行。嗚呼! 豈知遂成永訣耶!"

正月,作書與冒襄,請照拂杜岕。時正謀梓行同人所作《恕老堂酌酒與櫟下老人歌》。

　　冒襄輯《同人集》卷四《書》(周亮工櫟園):"亮患難疊更,老遂易到……近且為不識字惰老人。……于皇之弟蒼略先生,與亮相知三十年,而與老年臺氣誼亦不薄,以貧故,走雉皋奉謁。歲儉,我輩照拂人亦自難事,然我輩謝絶同人,則便成一冰冷世界矣。故亮家徒四壁,已成一退院老僧,尚以澹菜薄粥,接待四方頭陀,則老年臺不能辭蒼略之責矣。……亮去年六十,四方祝頌之詞,一概嚴爲謝絶,獨同人爲《恕老堂酌酒與櫟下老人歌》者,欣然拜之,且將付之梓。幸老年臺走筆爲之,亮將補《樸巢酌酒歌》以謝。……壬子正月。"

　　康熙《揚州府志》卷二十五《人物三‧隱逸》:"冒襄,字辟疆,如皋人,憲副起宗長子。年十四,董文敏序其詩文,稱爲俊才。試輒冠軍。閣部薦爲監軍,後大廷特用司李,皆不就。辛巳,歲大祲,破産救荒。次年大疫,襄躬救之,染疫幾死,邑侯陳秉彝爲禱於神,其見重如此。……清興,巡按姜薦之,兵備周又薦其才,辭不赴,隱水繪庵,著書爲名山藏,澹如也。所著有《樸巢》《水繪》二集。"寶鎮《國朝書畫家筆録》卷一:"冒襄,字辟疆,號巢民,一號樸庵,如皋人。……書法晉人,逼真才子筆。著《同人集》《水繪園》《小三吾》諸集。"

是春正月，再赴揚州，汪玠、汪楫兄弟招同程邃、汪秋澗、孫枝蔚、吳嘉紀、吳宗信、吳麐宴集玉持堂。二月，歸南京。

《舊譜》："壬子，六十一歲。春赴廣陵，二月歸。"

《賴古堂集》卷十有詩《壬子春正渡江汪長玉舟次招同程穆倩汪秋澗孫豹人吳野人冠五仁趾集玉持堂》。按：孫枝蔚《溉堂集·溉堂續集》卷四有《怒老堂酌酒與櫟下老人歌》，詩次壬子，當是此際之作。

《結鄰集》卷六："汪玠，長玉，江南江都人。"

暮春，序尤侗《西堂雜組二集》，并請尤侗爲序尺牘四選《牧靡集》。

尤侗《西堂文集·西堂雜組二集》附亮工序，署曰："康熙十一年壬子暮春櫟下年家同學弟周亮工頓首撰。"同書卷三有《牧靡集序》。尤侗《西堂詩集·看雲草堂集》卷七有詩《挽周櫟園觀察四首》，其一有云："牧靡今幾卷，遽嘆獲麟終。"原注："今春，公爲予序《西堂雜組》，并屬予序公《牧靡集》，序成，未及寄，而公逝矣。"

黎士弘擢官陝西甘州同知，是春赴任，相別於南京。

黎士弘《託素齋詩文集》附劉元慧爲撰《行述》："歲辛亥，大計……舉廉卓第一，奉旨賜袍服如例，擢陝西甘州同知。……以壬子春入秦。"黎士弘《仁恕堂筆記》："少司農周元亮先生雅度深情，好士好文，老而彌篤。宏追隨三十年，極有知己之感。壬子春，宏量移西秦，別先生於白下，臨行執手，情色淒然。"

春將盡，於紅菱舟中撰《印人傳》之《沈逢吉》，老態畢見，放筆而嘆。

《印人傳》卷三《沈逢吉》："沈逢吉遘，婁東人。予未識其人，但聞年已望七矣。數十年來，工印事者舍古法變爲離奇……離奇變爲邪僻，婉秀變爲纖弱，風斯下矣。逢吉一以和平雅出之，而又不失古法，故其里中張彝令於《學山堂譜》中極推重之，梅村、秋岳咸爲許可。……壬子春盡，櫟下惰農書於紅菱舟中。是日目忽疼甚，遂誤三字，逸二字，老態畢見矣。放筆一嘆。"

過訪吳偉業，得讀龔鼎孳定山堂詩詞全稿。五月，爲作序。

龔鼎孳《定山堂詩集》附亮工序云："今集中所載，爲僕所作，私幸居多。……即如兒子在浚所刻《秋水軒唱和》諸闋，韻險而句彌工，和多而調益穩。……余於梅村先生所，幸讀全稿。……康熙壬子年端陽月，櫟下年家眷同學弟周亮工拜撰。"

五月，染病。黃虞稷時來探望。

《舊譜》："壬子，六十一歲。……夏五月，偶示微恙。"

《行狀》(黃虞稷撰)："先生臥疴時，稷時往起居，猶爲稷言，生平愛許有介書法，欲爲勒石，以永其傳，命稷盡出往來詩卷，及求之他家所藏，以待礲石間。一二日偶以事未往……已復愜矣。"

六月初，友王君重將赴陝西，特修書一封，託王氏帶與黎士弘。

黎士弘《仁恕堂筆記》："壬子春，宏量移西秦，別先生(指周亮工)於白下，臨行執手，情色淒然。秋中有王生君重來，得一手札云：'會晤時尊宂既多，僕心緒復亂，雖面未得静談，別後始知尚有如許裏言未及一吐，真快快也。王君來，一字奉去，恐此後再欲覓一人、託一函未必可得。僕去年六十，當得足下一言，即興會不屬，遲之又久，必求執筆，若成不必見寄，他日得附大集中以傳足矣。'讀之頗訝其語不祥。至十月，於陳階六少參所得先生訃音，已於六月二十三日捐館，而來書則寄於六月之六日也。嗚呼！東南風雅，一時頓盡，豈獨某有梁木之痛哉？"

夏六月，長子在浚在京，與當時諸名流頗有文酒之會。

徐釚《詞苑叢談》卷九《紀事四》："壬子季夏，余客京師。偶偕檗子、方虎、雪客旗亭小飲。"同卷又有："壬子季夏，余同曹掌公、朱人遠、卓永瞻、葉元禮、周雪客、宋楚鴻、王季友集周鷹垂寓齋，時掌公初至都門，雪客及予將南還。雪客賦〔水調歌頭〕……一時同人皆有和詞。"

王晫《今世説》卷四《賞譽》有云："朱長孺見徐電發，嘆其天才駿發。"原注云："徐名釚，江南吳江人。英姿玉立，倜儻有大志。好古博學，通經濟。弱冠才名蔚起，搖筆數千言，倚待立就。應薦博學宏詞，考授翰林。"

六月二十三日，卒。葬於江寧縣朱門鄉梨莊之新阡某山。

《舊譜》："壬子，六十一歲。……六月，捐館舍。"《墓誌銘》："卒於康熙壬子年六月二十三日，享年六十有一。……於某月日，在浚等奉淑人命，葬公於江寧縣朱門鄉梨莊之新阡某山某向。"按：據甘熙《白下瑣言》卷一，周亮工墓前坊表至民國年間尚存。

友人多誄挽之章：宋犖《西陂類稿》卷三《古竹圃續稿》有詩《挽周元亮先生四首》，王士禎《漁洋山人續集》卷三有詩《年來錢牧齋吳梅村周櫟園諸先生鄒訏士陳伯璣方爾止王亦世董文友榮洞門諸同人相繼徂謝棧道感懷愴然有賦》，龔賢《龔半千自書詩稿》有《哭櫟下先生》七律四首，杜濬《變雅堂文集》卷八有《祭周櫟園侍御文》，尤侗《西堂詩集・看雲草堂集》卷七有詩《挽周櫟園觀察四首》，黎士弘《託素齋詩集》卷三有詩《哭周櫟園先生》四首，吳嘉紀《吳嘉紀詩箋校》有《病中哭周櫟園先生》二首。

康熙十二年癸丑（1673），《讀畫録》《印人傳》刊行。（《讀畫録》《印人傳》附周在浚等跋）

康熙十三年甲寅（1674），當塗令寇公爲刻《賴古堂文集》三十卷。（《書影》附周在延跋）

康熙十四年乙卯（1675），《賴古堂集》刊行。（《賴古堂集凡例》）

康熙十八年己未（1679），黎士弘自西秦告官歸里，過南京，作詩相悼，并有詩壽周在浚四十。

　　黎士弘《託素齋詩集》卷三有詩《哭周櫟園先生》四首，原序：“壬子秋，予在張掖，聞先生訃，爲位而哭。垂今八載，始得請告南歸，過白下，展拜几筵，有詩四律，兼示雪客諸子。”同書同卷又有《過白下壽周雪客四十》：“秦西八載言歸晚，恰直佳辰進酒卮。燕子重來迷故壘，雪兒且與唱新詞。（原注：‘雪客已移居他所，新以填詞擅名一時。’）通家固愛成名蚤，强仕何妨爲母遲。白首歐陽門下客，追歡更自憶當時。”

　　按：據周在浚《舊譜》，周在浚生於明崇禎十三年庚辰（1640）。黎士弘《託素齋詩集》卷三又有詩《己未春中歸自西秦系舟南浦爲永新彭無外壽八十》，是黎士弘於康熙十八年己未春尚未至閩，過南京應在十八年年初，周在浚生辰亦在年初。

康熙十八年己未（1679），除夕夜，周在浚與宋犖、吳宏、錢柏齡等飲酒賦詩。

　　宋犖《西陂類稿》卷四《雙江倡和集》有詩《己未除夕喜吳遠度見過席上有作》，後附錢柏齡和詩，有云：“周郎題詩殊敏捷，嵯峨青翰生條風。”原有注曰：“時雪客有作。”

康熙二十一年壬戌（1682），張貞在京訪周在浚於秋水軒，在浚憶及十二年前“秋水軒唱和”事，感慨良多，央張貞爲作《秋水軒記》。

　　張貞《杞田集》卷四《秋水軒記》：“余來燕市，抑塞無聊，一日攜孫子孝堪，尋周子雪客於西河堰之邸舍。……雪客命酒酌余而起曰：‘此孫退谷先生之秋水軒也。辛亥夏，予嘗假館於此，是時，合肥龔端毅公、新城王君西樵阮亭、江都汪君蛟門、嘉善曹君顧庵、江寧紀君伯紫、德清徐君方虎、錢塘王君古直，皆一時賢豪，相與晨夕過從，酣嬉淋漓，歌吟錯互。於時亦心知其樂，然以京師爲四方所歸，策蹇重來，其見甚易也。何意歲月蹉跎，忽已十有二年。今來長安，再寓斯室，回思曩日諸公，或登膴仕，或遁荒野，又或支離蕉萃，不獲伸其志以没，落拓如予，猶僕僕風塵，與兩君相對，真如夢寐。嗟夫，浮雲遊塵，空華眚量，變壞弗停，不待十二年之久，何必六七人之衆！吾三人出處離合，當不異前此之諸君子矣。幸記其事，使後之來者，知我輩於此追維疇昔，流連光景，或千載如見也。’余既諾其請，歸而思之，終不能有所增飾，仍書余所見，并次酒間之語以記之。康熙壬戌除夕，安丘張貞記。”

康熙二十五年丙寅(1686)，周在浚遠宦晉陽。三十二年癸酉(1693)，在浚以内艱歸，撫今追昔，不勝存没之痛，有《秋雨懷人詩》之作。八月十四日張貞來訪，張爲作《周雪客秋雨懷人詩跋》，在浚爲張《或語集》題辭。

　　張貞《杞田集》卷十四《周雪客秋雨懷人詩跋》：“周子雪客遠宦晉陽，歷八年，以内艱歸。向日朋舊，多就凋落，雪客撫今追昔，不勝存没之痛，懷想所極，各成一律，纏綿情至，淒其欲絕，使人讀之，慨嘆流涕。卷中諸君，半爲余縞紵交，今擔簦南來，或哭其殯宫，或拜其墳墓，所以興懷，其致一也，乃不能出一語以弔之。然則，人才分之相越，其可以道里計哉。康熙(三十二年)癸酉秋分日，安丘張貞書于白下之厚書行庵。”

　　張貞《杞田集》卷首載周在浚《或語題辭》：“予與張子別于京師八年矣，并州冷署，追念舊遊，有今昔之感。癸酉中秋前一日，張子不遠二千里慰予於苫次，相對欷歔者久之，已手近稿《或語集》示予，且命爲之序。嗟夫，予何足以知張子哉！獨念予與張子定交時年方少壯，相期勉力於詩古文，今已三十餘年，俱老矣。予疊經患難，奔走四方，即欲作一二有韻之言舒寫胸臆，亦不可得。乃張子之文，一刻再刻，已傳於世，其中規矩法度，無一字不出之古人，絕無近今空疏輕率之敝。金石古文，百年來惟虞山錢先生爲作者，張子不難直奮其席，他可知矣。向在都門，予所居秋水軒，背郭臨流，爲燕山勝地，張子顧而樂之，因爲作記，天下遂莫不知有秋水軒者。今予居雖陋，古白下橋也，亦略有樹石亭榭，使張子更爲之記，予將附以不朽矣。張子其許我乎？”

康熙三十四年乙亥(1695)，張貞跋安致遠所藏亮工手簡。

　　張貞《杞田集》卷十四《跋安静子所藏櫟下先生手簡》：“康熙癸卯、甲辰間，司農周公建牙青社，凡士之懷一才、抱一藝者，皆被物色，余與静子受知獨深。公之書問，月必再至，静子暇日裝緝成帙，出以示余，追憶真意亭雅集，儼然未散，而司農公下世已二十四稔，當時賓從，亦晨星落落，不及觀射璽圃存者之多矣。摩挲蠹簡，可勝慨嘆。乙亥夏至後三日，安丘張貞謹書。"

康熙三十五年丙子(1696)，閩人祀亮工於郡學宫之名宦祠。(《碑傳集》卷十林佶撰《名宦户部右侍郎周公亮工傳》)

康熙二十二年癸亥(1683)至三十九年庚辰(1700)之間某年，周在都至揚州爲官。張潮時寓揚，因索《書影》，就中選數則編入《虞初新志》。

　　張潮《虞初新志》卷十六《因樹屋書影》篇末附："張山來曰：減齋先生與先君子爲莫逆交。予少時獲讀《書影》，甲寅之變，書皆不存。今燕客先生來揚佐郡，余復懇得是書，不啻與父執相對也。"

　　按：張潮父爲張習孔，與周亮工爲舊交。《虞初新志》前有張潮康熙二十二年(1683)癸亥自叙，後有張潮康熙三十九年(1700)庚辰總跋，據序跋可知，《虞初新志》的輯集開始於康熙二十二年(1683)，完成於康熙三十九年(1700)，周在都在揚州爲官應在這一時段之内。

雍正三年(1725)，三子周在延重刊《書影》。(《書影》附周在延跋)

咸豐元年辛亥(1851)，伍氏《粵雅堂叢書》本《字觸》成。(伍崇曜《字觸跋》)

民國十六年(1927)，十笏園主人丁稼民收集亮工遺著《全濰紀略》《通懦》付之梓。

附録一
周亮工名、字、號、別稱及室名一覽表①

字、號、別稱及室名	名稱	依　據
名	亮工	見《賴古堂集》《賴古堂印譜》等。
原名	亮	《賴古堂集》卷三《孫北海夫子爲亮買田》《臣亮》詩。《賴古堂印譜》卷二收有"百安周亮"印。
族名	圻	《賴古堂集》附録周在浚撰《行述》稱："先大夫行圻三十七。"
字	元亮	《賴古堂集》附録周在浚撰《行述》、王若先《小傳》、黄虞稷《行狀》均載"字元亮",《賴古堂印譜》收有此印。
字	伯安	美國私人藏周亮工《楓枝圖》鈐有"字伯安"印。
字	百安	《賴古堂印譜》收有"祥符周亮工百安氏印"。《尺牘新鈔》第十二卷"周圻"後注爲"百安,撫州,《嘗實堂集》"。此名後所收二十九封書信與《賴古堂集》所收相同。《藏弄集》卷八"周圻"後注爲"百安,江西撫州籍貫,河南祥符人,《嘗實堂集》"。
號	櫟園	《賴古堂集》附録周在浚撰《行述》："先大夫行圻三十七,諱某,字元亮,號櫟園,又號減齋。"

---

① 　周亮工及其家人別號及室名甚多,除本表所列舉外、還有如癡菴、蹇老、河南傖父、玉皇香案吏、悔翁、密庵、秦淮釣叟、栝園坦翁、十二竹草堂、松柏後身、柏葉松身、樂樂老、響山堂、覺海問津者、海曲花厓、雲林山人、今是草堂、天公度外人、貞山草堂、雲林山農、池上草堂、春雨草堂、雨其晴好之堂、止足軒、留雲堂、顧曲亭、菊莊、且樸齋、紅豆詞人、白沙翠竹江村、復始堂、曉劍閣、愛日堂、清暉樓、橙艘堂、來鶴堂、百芝山房、碧瀾堂、赤壁江上漁人、一草亭、香巖閣、蓮花中人、清娛齋、繡谷老人、爽閣、爽然樓、秋爽軒、異雲書屋、甘泉學人、澄潭漁者、晚香堂、李書樓、豆花園、曲林茅舍、棲山飲谷、豐南外史、柱下史、吾鼎齋、洛陽酒家吏部郎、心遠書屋、雲林三十六峰樵者、蓬碣山樵、樂阿蘭那行者、雲林溯水、世外交、修桐軒、岱雲樓、師古齋、瘦竹軒等印章收録在《賴古堂印譜》中,爲周亮工及其家人所用和收藏。此外,《賴古堂印譜鈔》中還有"原亮亮功"、"元亮功"等印。

（续表）

字、號、別稱及室名	名稱	依　據
號	减齋	《賴古堂集》附周在浚撰《行述》："先大夫行坵三十七,諱某,字元亮,號櫟園,又號减齋。"
別稱	櫟下	《賴古堂集》卷十九《追報亡友黄漢臣書》："櫟下同學周亮工謹頓首。"
別稱	櫟下先生	《賴古堂集》附録《小傳》："曰櫟下先生者,學者之稱也。"黄虞稷《行狀》載"學者稱之曰櫟下先生。"
別稱	櫟老	《清人張林宗小像册題跋》中鈐此印,見《中國書畫家印鑒款識》。
別稱	櫟老人	《賴古堂集》卷二十《與張瑶星》(四)："弟遂六十……但希賦《情話軒酌酒與櫟老人歌》,則賜踰百朋矣。"《賴古堂印譜鈔》收有"櫟老人燈下草草"印。
別稱	櫟園老人	《賴古堂集》卷二十一《北雪小引》："櫟園老人書于北雪舫。"周亮工《行書聯》中鈐此印,見《中國書畫家印鑒款識》。
別稱	櫟下生	《賴古堂集》卷十六《祝龔芝麓總憲序》、卷二十《與陳原舒》等,周亮工于文中皆自稱"櫟下生"。又見《賴古堂印譜》卷四。
別稱	櫟下老農	《選詩定論序》文末鈐有此印。又見《賴古堂印譜》卷一。
別稱	櫟下惰農	《印人傳》卷三《沈逢吉》："壬子春盡,櫟下惰農書於紅菱舟中。是日忽疼甚,遂誤三字,逸二字,老態畢見矣。放筆一嘆。"
別稱	櫟園居士	從"櫟園"衍生出,見《賴古堂印譜》卷一。
別稱	櫟翁	《書影》附周銘《跋》："若宴殊《要略》……不可與吾叔櫟翁所著《書影》齊量而觀者也。"《周亮工集名家山水》載惲壽平爲亮工題畫："庚戌九月書正櫟翁先生。"《賴古堂印譜》卷二收有此印。
別稱	雲林櫟老	《揭侯斯臨智永千字文卷藏印》中鈐此印,見《中國書畫家印鑒款識》。
別稱	雲門客子	浙江博物館藏周亮工行書扇面後鈐此印,見沙孟海編《中國書法史圖録》第二卷。
別稱	褒庵	《賴古堂集》卷十三《賴古堂詩集》自序："褒庵督公,自稱曰笠僧,人率稱櫟下生。本豫章人,籍大梁,然公實生秣陵。"《賴古堂印譜》收有此印。
別稱	平安	從"百安"衍生出,見《賴古堂印譜》卷一。
別稱	白安	《賴古堂印譜鈔》收有"遥連堂周白安鈔本""遥連堂白安氏"印。

（续表）

字、號、別稱及室名	名稱	依　據
別稱	陶庵	《賴古堂集》附録《行述》："所在官署輒別置一室，題曰陶庵。圖靖節像自書歸去來辭於上而祀之。"《賴古堂印譜》收有此印和"陶庵三十年精力所聚"印。
別稱	餐公	《賴古堂詩集》自序。
別稱	笠僧	《賴古堂詩集》自序。
別稱	笠公	龔鼎孳《定山堂詩集》卷二十七有詩《送有介南還和聖秋》，其三："故人倘遂生還事，先報江東鷗鷺行。"原注："爲笠公也。"《賴古堂印譜鈔》收有"笠公周亮工"印。
別稱	無賴	《髡殘山水册題跋》中鈐此印，見《中國書畫家印鑒款識》。
別稱	栗園	《賴古堂印譜鈔》收有"栗園亮工"印。
別稱	礫園	《賴古堂印譜鈔》收有"礫園元亮"印。
別稱	立園	《賴古堂印譜鈔》收有此印。
別稱	笠園	《賴古堂印譜》卷一收有此印。
別稱	元翁	《周亮工集名家山水》載劉象先爲亮工題畫："元翁社尊，自維揚秉憲，將之八閩，出示所輯此册屬題。"
別稱	長眉公	《賴古堂集》卷十三《賴古堂詩集序》："褒庵餐公自稱曰笠僧……眉長垂頰上，人又呼之爲長眉公云。"
別稱	金溪先生	黎士弘《託素齋詩集》卷二有詩《哭金溪先生庚子二月》。周亮工先人嘗居江西撫州之金溪，故稱"金溪先生"。
別稱	前北海令	《賴古堂印譜》卷一收有此印。周亮工早年曾任山東濰縣令，濰縣舊稱"北海"。
別稱	青陽樓登陴長	《賴古堂印譜》卷四收有"青陽樓登陴長"印。"青陽樓"爲濰縣城樓名，周亮工曾在此誓死抗擊清軍，見《賴古堂集》附録《年譜》。
別稱	射烏樓登陴客	《賴古堂印譜》卷三收有"射烏樓登陴客"印。"射烏樓"爲福州地名，周亮工曾在此擊退鄭成功部進圍，《賴古堂集》卷八有《射烏樓紀事》詩。
別稱	天放寧古仙客	《賴古堂印譜》卷二收有"天放寧古仙客"印。周亮工因閩事下獄，一度論徙寧古塔，順治帝病重大赦天下，始得獲赦南還。
別稱	閩海二十年遊人	《賴古堂未刻詩》卷首鈐有"閩海二十年遊人"等印。

字、號、別稱及室名	名稱	依　據
別稱	荔琴軒種蕉客	周亮工宦閩時別稱。《賴古堂印譜》卷二有"荔琴軒種蕉客"印。《賴古堂集》卷十一有《再至蕉堂》詩四首，其二云："荔琴客子舊蕉民，夜夜鄉思淚滿巾。"
別稱	樵南種蕉客	周亮工宦閩時別稱。光緒《邵武府志》卷三十《雜記·叢談》："樵川試院舊多蕉與竹，蓋乾隆庚子督學朱笥河先生所手植也。有題壁二詩，道光乙巳改建後石碑猶存，其《種蕉》云：'……感昔種蕉客，（原注：周櫟園先生自稱樵南種蕉客。）講武文未詧'"。
別稱	學陶	《賴古堂印譜》卷四收有"學陶"印，周亮工《何元宗山水册題跋》中鈐有"學陶"印，見《中國書畫家印鑒款識》。《賴古堂印譜鈔》收有"學陶居士"印。
別稱	雲門客子	周亮工《行書扇面》中鈐此印，見沙孟海編《中國書法史圖録》。
別稱	萬柳江村漁隱	此名從"萬柳莊"衍出。《賴古堂印譜》卷四收有此印。
別稱	隱几吾廬	《髡殘山水册題跋》中鈐此印，見《中國書畫家印鑒款識》。
別稱	吉祥善吏	《髡殘山水册題跋》中鈐此印，見《中國書畫家印鑒款識》。
別稱	半塘	《王翬松溪曉牧圖題跋》中鈐此印，見《中國書畫家印鑒款識》。
別稱	華之道士	《許儀花鳥人物册題跋》中鈐此印，見《中國書畫家印鑒款識》。
別稱	適園	周亮工爲北山寫《花卉扇》中鈐此印，見《中國書畫家印鑒款識》。
別稱	鍾山逋客	《揭傒斯臨智永千字文卷藏印》中鈐此印，見《中國書畫家印鑒款識》。
別稱	就園	周亮工畫舫名，《尺牘新鈔》卷五載有范驤《與就園》書，卷十二有彭而述《與就園》書。
別稱	印癡	《賴古堂印譜鈔》收有"印癡櫟園"印。
別稱	漸溪漁隱	《賴古堂未刻詩》卷後鈐此印。
別稱	太白學人	《賴古堂未刻詩》卷後跋："戊戌太白學人周亮工識於天月堂。"
室名	賴古堂	見《賴古堂集》《賴古堂印譜》卷三。
室名	因樹屋	見《賴古堂集》附録《年譜》。《尺牘新鈔》卷二載有黃經《答因樹屋主人》。
室名	雪舫	周亮工宦閩時室名。《賴古堂集》卷四《雪舫再送元潤返白門》、卷二一《閩雪小引》、黎士弘《託素齋文集》卷五《閩雪篇序》。《尺牘新鈔》卷二載有陳翰《與雪舫先生》。又見《賴古堂印譜》卷三。

（续表）

字、號、別稱及室名	名稱	依　據
室名	天月堂	《賴古堂未刻詩》卷後跋："戊戌太白學人周亮工識於天月堂。"
室名	食舊庵	《賴古堂集》附録《年譜》："明萬曆四十年壬子四月初七日子時，朱太淑人生公于金陵狀元境祖居，今所居宅廳事之右食舊庵即産公室也。"《賴古堂印譜》卷三收有"食舊庵"印。
室名	荔琴軒	周亮工宦閩時室名。《賴古堂印譜》卷二有"荔琴軒種蕉客"及"荔琴軒"印。
室名	説餅堂	周亮工宦閩時室名。《賴古堂集》卷八有《四年七夕詩》，其二爲《戊子在榕城飲説餅堂同馮伯宗賦》。《賴古堂印譜》卷一收有"説餅堂"印。
室名	百陶舫	葉欣嘗爲摘陶潛詩作小景百幅，周亮工爲此作百陶舫於閩署藏之。見《讀畫録》卷三《葉榮木》《印人傳》卷三《書林晉白印譜前》。
室名	敢園	周亮工宦閩及在閩質審時室名。《賴古堂集》卷八有詩《解嚴後病卧敢園》，卷九有詩《寒食鄭宜兮崔五竺高雲客謝爾將過敢園》。《賴古堂印譜鈔》收有"敢園就園閩雪北雪"印。
室名	真意亭	周亮工在青州的堂號。《結鄰集》卷十二載王士禛《與櫟下論畫》："乙巳夏，禛在青州真意亭爲先生題畫册。"又見《賴古堂印譜》卷四。
室名	千峰萬壑之堂	見《賴古堂印譜》。
室名	江深草閣	原香港群玉齋藏周亮工《海天親見碧琅軒》行書軸作品上鈐此印。又見《賴古堂印譜》卷一。
室名	無事堂	見《書影》卷三。《賴古堂集》卷二十三《又題蕉堂圖》："記予作令濰邑時邑故孔北海治地，予顔退食之堂曰無事堂。"
室名	恕老堂	《賴古堂集》附録姜宸英《墓碣銘》載："恕老堂者，公所居著書處也。"
室名	疏豁堂	《髠殘山水册題跋》中鈐此印，見《中國書畫家印鑒款識》。
室名	閑緑亭	《賴古堂未刻詩》卷後周亮工自跋稱刻有"《閑緑亭詩》"，《賴古堂印譜》卷一收有此印。
室名	嘉樹堂	《賴古堂未刻詩》卷後周亮工自跋稱刻有"《嘉樹堂詩》"。
室名	飲墨草堂	周亮工《七言古詩軸》中鈐此印，見《小莽蒼蒼齋藏清代學者書法選集》。

字、號、別稱及室名	名稱	依　據
室名	讀畫樓	周亮工在南京之書齋,著有《讀畫録》。《賴古堂印譜》卷四收有此印。
室名	情話軒	見《印人傳》卷二《書黃濟叔印章前》,《賴古堂印譜》卷一收有此印。
室名	節松堂	見《印人傳》卷三《書薛弘璧印章前》。
室名	偶遂堂	李澄中《臥象山房集》卷一《偶遂賦》稱:"偶遂者何?慶生還也。曷生還乎爾?誌闥饜也。"《賴古堂集》卷六《哭謝仲美》詩原有序云:"予丙午季秋返自雲門,仲美載酒醉我於偶遂堂。"《尺牘新鈔》卷二載有張風《與偶遂堂主人》。周亮工又有《偶遂堂近詩》。
室名	萬柳堂	周在浚《行述》有"惟置一莊種柳萬株"語,《賴古堂集》附録錢陸燦《墓誌銘》提到"萬柳莊"地名,此名從此衍出。《賴古堂印譜》卷一收有此印。
室名	煙雲過眼堂	《賴古堂印譜》卷二收有"煙雲過眼堂書畫印記"印。
室名	遥連堂	張民表《原圃詩》有《同滕伯倫明府計玄柚馮幼將周公亮飲元亮遥連堂》,《賴古堂印譜》卷一收有此印。
室名	梅花樓	周亮工《胡氏印存》序:"櫟下周亮工元亮氏題於揚署之古梅花樓。"《賴古堂印譜》卷二收有此印。
室名	蕉堂	周亮工宦閩八載,所歷署齋盡種芭蕉,署齋之內皆有蕉堂。《賴古堂集》卷二十三《題蕉堂索句圖》。李澄中《臥象山房集》卷一《偶遂賦》:"先生聽政于甘棠下,汀人思之作蕉堂。"黎士弘《託素齋詩集》卷三《哭周櫟園先生》詩原注:"先生遊宦所歷署齋盡種芭蕉,邵、汀各郡遺迹猶存。"《託素齋文集》卷五《閩雪篇序》:"癸巳冬,某從櫟園先生學於三山(福州別稱)署中,時蕉堂之側,初作雪航,先生有'片帆相引夢江南'之句。"《賴古堂未刻詩》卷後周亮工自跋稱刻有"《蕉堂集》"。
室名	瑣石草堂	據《賴古堂集》附録《年譜》,周亮工父母葬於鍾山北之瑣石村,此名或源於此。《賴古堂印譜》收有此印。

附録二
周亮工著述考

周亮工著述的情況,自清康熙以來,未見有學者作系統的研究。一九九四年,劉奉文、王輝先生在當年第四期《文獻》雜誌發表了《周亮工著述考》一文,開啓了周亮工著述研究的先聲。時過十多年,許多著述的情況更加清楚。現在其研究的基礎上,對周亮工著述作進一步的考述。

一、《賴古堂集》

二十四卷,附録一卷。此書爲周亮工的詩文合集。周亮工生前曾將所作詩彙爲一編,康熙九年(1670)焚毀,周亮工去世後,周在浚搜輯倖存者,得十二卷。周亮工爲文,不輕易示人,頗自珍秘,藏於笥中。康熙八年(1669)編詩全集的同時,也將平生所作文彙輯成集,同毀於康熙九年。由於文集從來没有刊行過,許多篇章不復再見。周在浚竭力搜輯,遍訪周亮工生前友好,收集被四方名人傳鈔、選録周亮工文以及爲人所題書册、碑版文字,編爲十二卷,合詩十二卷,編成《賴古堂焚餘詩文集》,即後來通行的《賴古堂集》二十四卷,康熙十四年(1675)由其長子周在浚刊於金陵。後附周亮工年譜、小傳、墓誌銘、行狀、行述。此集彙集其作品最多,其他詩集如《賴古堂詩》《偶遂堂近詩》等多見於此集。南京圖書館藏本前有魏禧《賴古堂集序》、錢陸燦《賴古堂集序》、錢謙益《賴古堂詩集序》、毛甡《賴古堂文集序》、《賴古堂集》凡例,國家圖書館藏本卷首有吕留良序而無魏禧序。此集的目録和正文略有出入,卷五《九月十五夜瓶菊將殘燈下用冠五韻》、卷六《重五同望如坐弘濟寺蒲庵和尚山亭》、卷十七《送汪舟次遊廬山序》有文無目;卷二十四《祭福州城隍文》《祭四人文》及附録《神道碑》,有目無文。錢陸燦撰《墓誌銘》、黄虞稷撰《行狀》、周在浚《行述》著録爲"賴古堂焚餘詩文集二十四卷。"《金溪縣志》著録此書爲"賴古堂全集二十四卷"。《清史稿·藝文志》著録爲"賴古堂集二十四卷,周亮工撰"。《販書偶記》卷十四《別集類》著録爲"《賴古堂文集》二十四卷附録一卷,浚水周亮工撰,康熙十四年乙卯刊"。此集又有乾隆二十一年(1756)懷德堂重刻本、道光九年(1829)祥符周氏刻本、汝南家塾刻本。復旦大學圖書館藏乾隆二十一年懷德堂重刻本,題爲"賴古堂詩文全集",曾爲吳興劉氏嘉業堂所藏,目錄中有附錄年譜、小傳、神道碑、墓誌銘、行狀、行述,但存本未見此附錄。道光九年祥符周氏刻本,也題爲"賴古堂詩文全集",卷首有道光九年周氏裔孫周鑾序、魏禧《賴古堂集序》、毛甡《賴古堂文集序》以及康熙十四年周在浚、在延、在建、在都、在青合撰《凡例》。此本內容與南京圖書館藏清康熙刻本《賴古堂集》同,爲周氏後人據康熙刻本所刻。復旦大學圖書館藏汝南家塾刻本題爲"賴古堂全集",後附藏書十種。上海古籍出版社 1979 年據南京圖書館藏清康熙十四年刻本影印,分上下兩冊,列入《清人別集叢刊》。雲南省圖書館還藏有嘉慶十八年(1813)鈔本。

二、《通懵集》

詩集。一卷。爲周亮工早年之作。孫殿起《販書偶記》卷十四《別集類》著錄爲"濰令大梁周亮工撰,底稿本"。國家圖書館藏清鈔本,一冊。又有民國十六年十笏園石印本,前有近人丁錫田所撰《周櫟園先生傳略》,稱其"崇禎十三年進士,次年授濰縣知縣。時清兵入塞陷濟南。公至濰甫下車,即加意撫綏,聚糧芻,整械備。十五年冬,清兵復入圍濰,三月之中三穴城垣。公率邑人嬰城固守,軍事急時,公令幕僚書其胸膈間曰:濰令周某之尸。士民感動,咸出死力以禦敵,故得危而復安,有《全城》、《通懵》兩刻,皆實錄也"。臺灣廣文書局 1967 年據此影印。《全城》指《全濰紀略》,兩書都是周亮工官濰令時所撰。據《通懵集》周亮工小引稱其時爲"癸未仲夏",時明崇禎十六年,周亮工三十二歲。此書卷首有關捷先《序通懵》和周亮工《通懵小引》,周亮工《通懵小引》稱"通懵,虜退後作也","通,通憤也"。此書收入周亮工詩包括《城上詩》《枕上詩》《楯上詩》《馬上詩》等,反映其在濰艱難保衛城池三月的真實情形。

三、《全濰紀略》

一卷。此書爲明末清兵圍濰之役周亮工所輯公文檔件。近代濰縣丁錫田《白浪河上集》跋稱"是書與周令所寫《通懵詩刻》、《全城紀略》皆爲清代禁書目錄所不載,然三書實吾濰保族禦侮之血史"。此《全城紀略》即指《全濰紀略》。丁氏曾將其刊入《濰縣文獻叢刊》,跋稱:"其亂中所爲《通懵》詩一卷已刊,與此書可以互證,爲吾邑考獻徵文之資焉。"謝國楨《增訂晚明史籍考》卷十四著錄:"是書記崇禎壬午清兵圍濰事。當清兵南下之時,到處擄掠,慘不忍聞。濰城因亮工固守,賴以得全,濰民至爲生祠以祀。後亮工降清,再過其祠,不宿而去,蓋不免有慚德焉。此本亮工在時,亦自諱之,故傳本極鮮。"《清史稿藝文志拾遺》中著錄。此本詳述全濰之戰,保存了同時期人對亮工的評價,故甚有價值。

四、《字觸》

六卷。此書爲有關字謎文字遊戲之作,從書史中摘録有關文字,離合增減而別具新意。全書共分厧部、外部、晰部、幾部、諧部、説部六類。亮工工詩古文辭,兼精術數,掎摭古今字説之有徵者,會意之妙,殊出人意表,是即六書之學之一也。《説文》而後談字學者,此書別開生面。卷首有方文、徐芳序,後有黎士弘、周嬰跋。書前還有自撰凡例,界定六部的含義。胡玉縉《許廎經籍題跋》稱此書"意在發明拆字之術,凡厧詞、讖語、童謠、離合詩、字謎、酒令、諧謔等,苟有離析其字者,悉爲摭拾,同時所見及已爲人拆字,苟有涉於此者,亦載其中"。周亮工《賴古堂詩集序》稱爲"《字觸》一卷",周在浚撰《行述》、黃虞稷撰《行狀》、錢陸燦撰《墓誌銘》、《金溪縣志》卷七均著録爲"《字觸》六卷"。孫殿起《販書偶記》卷十《雜説之屬》著録爲"字觸六卷,大梁周亮工撰,康熙六年賴古堂刊"。《賴古堂集》卷二十三《題蕉堂索句圖》也説成《字觸》六卷,與自述相抵牾。此書與《蕉堂詩》等同撰於順治四年(1647),參見《蕉堂詩》。有清康熙六年(1667)賴古堂刻本、康熙懷德堂刻本、康熙吳門種書堂刻本,又存咸豐元年(1851)粵雅堂叢書本、叢書集成初編本、筆記小説大觀本等。

五、《同書》

四卷。此書爲周亮工輯録關於古代相類之人或事迹的筆記。其《賴古堂詩集序》《題蕉堂索句圖》以及《金溪縣志》卷七均著録爲四卷,周在浚撰《行述》、黃虞稷撰《行狀》、錢陸燦撰《墓誌銘》均作八卷。有順治六年(1649)周氏樓林刊本,分爲四卷。又有《芋園叢書》《碧琳琅館叢書》本,均作四卷。《清史稿藝文志及補編》著録爲"同書四卷,周亮工撰"。孫殿起《販書偶記》卷十《雜説之屬》著録爲"同書四卷,大梁周亮工撰,順治己丑刊,樓林藏版"。《同書》曾收入《四庫全書》子部類書類,後被撤毀。《故宮珍本叢刊》第三百四十二冊收録有此書的四庫撤毀本。民國十六年(1927),王重民在故宮方略館中發現了十一種撤毀書的九種,祇有李清的《諸史同異録》和《同書》沒有找到。他把九種撤毀書的提要彙爲一編,編成《四庫抽毀提要稿》,鉛印發行。1965年,中華書局影印《四庫總目》也把九種撤毀書的提要作爲附録排印於後,題爲《四庫抽毀書提要》,然《諸史同異録》和《同書》提要闕。東北師大圖書館藏有傳鈔四庫原本一部[①],書前冠有《同書》提要一篇,可補王重民先生《四庫抽毀書提要》,稱:"是書大致與《古事比》相近,而微有不

同。《古事比》多載相類之人與相類之語,如'名下定無虛士'一條,有'歐陽詢觀
索靖碑''閻立本觀張僧繇畫';'想當然耳'一條,有'孔融對曹操''蘇軾對歐陽
修'二語是也。古書故實,或一事而前後相襲,但易姓名;或一人而輾轉沿訛,稍
殊字句。以至單詞片語,或有心祖述,無意暗合,記載糾紛,易相淆混,往往難於
檢至。《抱樸子》稱魯仲連'一書過百萬之衆',晉武帝謂荀勖'一書勝十萬之衆';
沈慶之謂'耕當問奴,織當問婢',邢蠻謂'耕則問田奴,絹則問織婢',稍異一字二
字,即截然兩事兩人。暨季江謂蕭溧'陽馬雖老,猶駿可騎;徐娘雖老,猶尚多
情。'祖珽之友謂'一馬十年,尚號驪駒;一妻耳順,强呼娘子',意句相近,意旨迴
殊,亦往往易於誤記。亮工是編,皆排比成倫,使相條貫。其爲同爲異,展卷厘
然,頗有資於考證。惟隨筆纂録,間有漏載所出者,是其小疏耳。"

六、《因樹屋書影》

十卷。此書爲周亮工順治十六年(1659)被劾受訊時追憶平生見聞所寫筆
記,因當時無從檢核,故取"老人讀書祇存影子"意,名爲《書影》。内容廣泛,或評
詩賦,或論文風,或談掌故,或述佚事,且涉獵廣泛,包括古迹、方言、植物、禽獸、
雜物、風俗、書法、繪畫、印章、民謡、吏治、宗教、史事、遊戲、飲食、學術、景物等,
多爲後代學者所徵引,影響廣泛。此書有杜濬、徐芳、姜承烈、高阜、黃虞稷序,後
有張遂辰、鄧漢儀、周銘跋。康熙六年(1667)姜承烈序此書稱:"凡古今來未聞未
見、可法可傳者,靡不博稽而幽討。陸離光怪,莫可端倪。"《四庫撤毁書提要》稱
此書"大抵記述典贍,議論平允,遺聞舊事,頗足以爲文獻之徵;在近代説部中,固
爲瑕不掩瑜者矣。"周中孚《鄭堂讀書記》對此書評價甚高,認爲此書"網羅甚博,
採擇甚精,文筆又甚高古"。

孫殿起《販書偶記》卷十一《雜説之屬》著録爲"書影十卷,大梁周亮工撰,康
熙六年丁未因樹屋刊,賴古堂藏版"。錢陸燦撰《墓誌銘》、黃虞稷撰《行狀》、周在
浚《行述》著録爲"因樹屋書影十卷"。《金溪縣志》載爲"書影十卷"。初刻於康熙
六年(1667),後有雍正三年(1725)懷德堂刻本,收有姜承烈、徐芳、杜濬、黃虞稷
序和周在延重刻序,和張遂辰、鄧漢儀、周銘跋。周在延序叙述此書初刻、再刻緣
由。乾隆時期此書遭禁,一度很少流傳。嘉慶十九年(1814)又有周恒福刻本,收
録杜濬、黃虞稷序和周在延重刻序,末有張遂辰、鄧漢儀、周銘跋。清末民初上海
群學社有石印本。有1957年上海古典文學出版社排印的《中國文學參考資料小
叢書》本;1958年中華書局上海編輯所據雍正懷德堂刻賴古堂原本的排印本;
1981年上海古籍出版社在中華書局本的基礎上重新校訂出版的《明清筆記叢書》
本,增加《四庫撤燬書提要稿》中《書影十卷》一篇。《故宮珍本叢刊》第三百四十
二册還收録有此書的四庫撤燬本。此外,鄧實、黃賓虹編《美術叢書》有《書影擇

録》一卷,選録了《書影》中有關書畫方面的内容。

七、《讀畫録》

四卷。此書爲一部明末清初畫家傳記式的筆記。書前有唐夢賚、毛甡、張遺三序,收録有從李日華到章谷七十六人小傳,後附有名無傳者從王時敏到馮湜六十九人。書後有周在浚跋:"先大夫嗜畫三十年,集海内名筆千百頁,裝成卷册,每出載以自隨,欣然有得。因憶某幅出某君筆,遂舉某君家世里第,旁及韻語品藻,佚事雅謔,筆之於篇,久乃成帙。"《四庫撤燬書提要》稱此書"所記自明以來凡七十六人,各論其品第,亦間附題詠及其人梗概,大抵皆所目睹,否亦相去不甚遠。如李日華、董其昌之流,猶及聞其逸事也"。① 余紹宋《書畫書録解題》卷一稱此書"編中列傳者,自李日華至章谷凡七十六人,皆其生平所及交遊者,而明季畫家實亦大體具此傳中。專言繪事兼及交情,讀之使人忘倦,而遺事軼事軼聞,亦賴以不墜,洵畫史最好資料也"。② 錢陸燦撰《墓誌銘》、黄虞稷撰《行狀》、周在浚撰《行述》著録爲"《讀畫樓畫人傳》四卷"。《金溪縣志》卷七、《清史稿·藝文志三》著録爲"《讀畫録》四卷"。此書曾被收入《四庫全書》,後被撤出,《故宫珍本叢刊》第三百四十二册收録有此書的四庫撤燬本。有康熙十二年(1673)煙雲過眼堂刻本、乾隆六年(1741)魚元傅鈔本、乾隆間四庫全書館鈔本、嘉慶四年(1799)桐川顧氏刻本、海山仙館叢書本、宣統年間順德鄧氏風雨樓叢書本、叢書集成初編本、畫史叢書本、神州國光社鉛印本、讀有用書室鈔本等。

八、《印人傳》

三卷。此書記録明末清初印人和文人印章,填補了此前"印人無傳"的空白。清康熙九年(1670),周亮工五十九歲時,"覺虛名之無益",盡毀歷年著作。其子跋《印人傳》:"至舉生平著作一切焚棄後,人有以文字請屬者,先大夫多不應。惟愛玩圖章不少異,因更取前之所集,依人爲類而鱗次之,各識其概於首。"康熙十二年(1673),周亮工長子在浚等"從卷册累累中,手自繕録,敬而登之梓"。《四庫撤燬書提要》稱,"自宋以前,以篆名者不一,以印名者絶無之。元代以來,趙孟頫、吾丘衍等人稍稍自鐫,遂爲士大夫之一藝。明文彭、何震而後,專門名家者遂多,而宗派亦復歧出。其源流正變之故,則亮工此傳,括其大略矣"。③ 傅抱石先生

---

① 《四庫撤燬書提要》,見《四庫全書總目》附録,北京:中華書局,1965 年版,第 1841 頁。

② 余紹宋《書畫書録解題》,北京:北京圖書館出版社,第 152—153 頁。

③ 《四庫撤燬書提要》,見《四庫全書總目》附録,北京:中華書局,1965 年版,第 1842 頁。

因此稱周亮工爲"中國印學史上最有關係而又最有貢獻之人"。①《印人傳》前有錢陸燦序，後有周在浚、在延、在建、在都、在青合跋。此書一般認爲是周在浚編成，其實爲其兄弟五人共同完成，因後來流傳的刻本將每卷的編者刪去，因而有此誤會。《印人傳》康熙十二年(1673)周氏刻本卷一署爲"男在浚編次"，卷二署爲"男在延、在建編次"，卷三署爲"男在都、在青編次"，兄弟共同署名合編而成。正文部分卷一收有《書文信國鐵印後》《書海忠介泥印後》《書東林書院印後》三篇論收藏印，《敬書家大人自用圖章後》《書靖公弟自用印章後》兩篇論家人自用印，後收有許友、文彭、金光先、何震等人傳記三卷共六十八篇，又附有"印人姓氏"六十一則。乾隆纂修《四庫全書》時，將此書以《印人傳》名稱置於子部藝術類，後因《讀畫錄》違礙，將其著作抽毀。錢陸燦撰《墓誌銘》、黃虞稷撰《行狀》、周在浚《行述》著錄爲"印人傳四卷"，《金溪縣志》卷七、《清史稿·藝文志三》、《販書偶記續編》亦著錄爲三卷，實祇有三卷。《故宮珍本叢刊》第三百四十二册收錄有此書的四庫撤毀本。《印人傳》存世版本有康熙十二年刻本、故宮珍本叢刊本、篆學瑣著本、風雨樓刻本、翠琅軒館叢書本、芋園叢書本、神州國光社鉛印本等。

九、《閩小紀》

四卷。此書爲清人較早記述福建地方風土、人情、物產、工藝、掌故的雜著。黃虞稷序概括其書："凡夫全閩之軼事舊聞，方物土產，大而人文之盛，微而工伎之巧，幽而洞壑之奇，細而物類之夥，事涉雋異，他方所鮮，即群焉傳誦，目未及覩者，與夫方言里語足備博聞，皆徵諸睹記，筆以成書，名之曰《閩小記》。"此書曾被收入《四庫全書》，皆談閩地之事，爲"方志之支流"，因而"附書地理類"。乾隆五十二年(1787)時，清政府發現李清的著作中有詆毀朝廷的字句，於是，內閣奉諭復查《四庫全書》，把李清、周亮工、吳其貞、潘檉章的十一種書撤出。1965年中華書局出版的《四庫全書總目》後附錄《四庫撤毀書提要》，收錄了著作九種，即李清《南北史合注》《南唐書合訂》《歷代不知姓名錄》；周亮工《閩小紀》《讀畫錄》《印人傳》《書影》；吳其貞《書畫記》；潘檉章《國史考異》。《閩小紀》提要評價其所記"不名一格"，"雅馴可觀"，稱："是編乃其官福建布政使時所作，多述其地物產民風，亦兼及遺聞瑣事與詩話之類。叙述頗爲雅令，時時參以議論，亦有名俊之風，多可以爲談助。其中如辨李騏、馬鐸無同母事，倒掛鳥非桐花鳳，《金鳳傳》爲明末徐熥僞託，'考亭'乃黃氏亭名非朱子之號，'蠻鼓洋'爲'挽鼓'之訛，李白《僧伽歌》與《神僧傳》《李邕碑》皆不相符，楊慎《名蛀賦》由誤解江淹'紫蘭春而發華'之

---

①　傅抱石《評明清畫家印鑒》，《傅抱石美術文集》，南京：江蘇文藝出版社，1986年版，第337頁。

語,亦頗有考證。惟解韋莊'上相間分白打錢'以爲徒手相搏,未免强作解事耳。其中《閩酒》《朱竹》諸條與所作《因樹屋書影》彼此復出。蓋興到即書,偶然未檢;然在近代説部之中,固爲雅馴可觀矣。"

　　錢陸燦撰《墓誌銘》、黄虞稷撰《行狀》、周在浚《行述》、《金溪縣志》卷七都著録爲"《閩小紀》四卷"。孫殿起《販書偶記》卷十一《雜説之屬》著録爲"《閩小紀》四卷,櫟下周亮工撰,康熙間賴古堂刊"。現存《閩小紀》有四卷本、二卷本和一卷本。四卷本爲康熙周氏賴古堂刻本,刊印較好,内容較完整。國家圖書館所藏《閩小紀》康熙六年刻本有兩種,一爲四卷本,卷首有汪楫、黄虞稷、范驤、孫汧如、羅耀序;一爲四卷本僅存兩卷,原爲鄭振鐸所藏,前有王有年叙,正文後有汪楫、黄虞稷、范驤、孫汧如、羅耀序。上海古籍出版社《瓜蒂庵明清掌故叢刊》1985 年出版有謝國楨藏四卷本,分别有汪楫、黄虞稷、孫汧如、羅耀序。二卷本有賴古堂刻本、清世德堂刻本、乾隆五十九年(1794)石門馬氏大西山房刻本、説鈴清刻本、龍威秘書七集本等。一卷本見於《小方壺齋輿地叢鈔》第九帙。《故宫珍本叢刊》第三百四十二册還收録有此書的四庫撤毀本。福建人民出版社 1985 年版《八閩文獻叢刊》收入來新夏點校整理的《閩小紀》,以康熙賴古堂刻四卷本爲底本,補充了二卷本之異處,較全面地反映了此書内容。

十、《尺牘新鈔》

　　十二卷。此書爲周亮工輯録明末清初文人尺牘的彙集。又名《賴古堂名賢尺牘新鈔》,收入明末清初二百三十多位文人的尺牘近千篇,影響廣泛。《尺牘新鈔》卷首有劉鱓序,又有此書之選例,稱:"每見選家搜採翰牘,上至漢京之詔令,左國之辭章,莫不收入瓊編,侈爲秘録。""文人製作,以詩、古文爲大業,尺牘家言,既非吟詠之音,又異縱横之筆。""文章一道,惟經國大業,闖性微言,日進覽觀,味等菽粟。""尺牘爲一時揮翰之文,非關著作。""誌别有時序之悲,言情有物華之感,即事偶然,不能冥默。兹風既扇,遂若典型。落落星霜之句,矜并徐庾;悠悠天壤之詞,奉爲江鮑。通體全無意義,一節亦媿雅風,是集非置不録,即用微删。"《尺牘新鈔》明言不收五類作品:"文人聚訟之作""是非難明之作""道士眠食瞿曇面壁之作""代筆之作""月露風情之作"。黄虞稷撰《行狀》、錢陸燦撰《墓誌銘》均著録爲"《尺牘新鈔》十二卷"。《清史稿藝文志及補編》著録爲:"賴古堂名賢尺牘新鈔十二卷、二選藏弆集十六卷、三選結鄰集十六卷,周亮工選。"此書有康熙間周氏賴古堂刊本、海山仙館叢書本、叢書集成初編本,又有中國文學珍本叢書本。

十一、《藏弃集》

十六卷。此書爲繼《尺牘新鈔》之後周亮工輯録明末清初文人尺牘的又一彙集。又名《賴古堂尺牘新鈔二選》,黄虞稷撰《行狀》、錢陸燦撰《墓誌銘》、周在浚《行述》均著録爲"《藏弃集》十六卷"。有康熙間周氏賴古堂刊本,卷首有陳維崧序,表彰尤多。《藏弃集》收入趙南星、馮琦、吕坤、趙宧光等三百人尺牘若干篇。其中諸多個人批語切中要害,評騭得當。又有中國文學珍本叢書本。

十二、《結鄰集》

十五卷。此書亦爲周亮工輯録明末清初文人尺牘的又一彙集。又名《賴古堂尺牘新鈔三選》,黄虞稷撰《行狀》、錢陸燦撰《墓誌銘》、周在浚《行述》均著録爲"《結鄰集》十六卷"。有康熙九年周氏賴古堂刊本,卷首收録有李清、楊彭齡、杜濬、錢陸燦序,又録凡例二十二則,指出結鄰名稱之由來,尺牘之涵義,選尺牘之意義,提出"尺牘之傳,貴在簡雅",有感於"海内人文數十年以來,大半凋謝",故而收録成集。收録劉宗周、高攀龍、顧憲成、屈大均等人尺牘若干篇。又有中國文學珍本叢書本。

十三、《賴古堂文選》

二十卷。爲周亮工所輯録晚明以來文人的各類文章彙編。其《賴古堂詩集序》著録爲十卷,錢陸燦撰《墓誌銘》著録爲"《文選》二十卷"。黄虞稷撰《行狀》、周在浚《行述》著録爲"《賴古堂文選》二十卷"。《販書偶記》卷十九《各朝文之屬》著録"賴古堂文選二十卷,豫儀周亮工定,周在浚等鈔,康熙間刊,皆晚明人文"。《清史稿藝文志及補編》著録爲"賴古堂文選二十卷,周亮工選"。周亮工在《書影》卷六曾提到此書:"余《賴古堂文選》,備録江右諸君子之作,爲後人式。惜乎書成而未及序次,輒被人言,遂復中置。今副墨雖存,恐後未能編定矣,爲之一慨!"此書卷首收録有錢謙益、徐芳、許自俊三篇《賴古堂文選序》,後有《賴古堂文選凡例》,指出選編文章之目的,"余選是集,意在深之以詣力,而無徒取口説爲也。且名賢既多論文之作,凡學有本之而全于古法者,集中俱已備載,足見予論文之旨矣"。《賴古堂文選》的編選曾得到其友人高阜的幫助,"訂其訛字,即一圈一點皆煩訂正"。[①] 所載内容分序、賀序、書、傳、書事、碑記、誌銘、墓表、祭文、疏、論、辯、議、説、賦、題、跋、書後、募疏、雜文多種。現存康熙六年(1667)刻本。

---

① 周亮工《與高康生》,見《賴古堂集》卷二十,康熙十四年(1675)刻本。

十四、《賴古堂藏書》

十種。此書爲賴古堂所藏圖書彙集。《續修四庫全書總目提要》著録。此書《四庫存目》曾著録，後撤出。陳垣先生曾見原鈔本《四庫總目提要》載："《賴古堂藏書》（無卷數　浙江巡撫采進本）國朝周亮工編，其子在都續成之。亮工有《閩小紀》已著録。是書凡十種，一曰《吉祥相》，周坦然撰；二曰《釋冰書》，孫泂如撰；三曰《皺水軒詞筌》，賀裳撰；四曰《六研齋二筆》，李日華撰；五曰《陳子旅書》，陳瑛撰；六曰《客坐贅語》，顧起元撰；七曰《强聒録》，彭堯諭撰；八曰《人譜》，劉宗周撰；九曰《三十五忠詩》，孫承宗撰；十曰《漁談》，郭欽華撰。在都《凡例》稱亮工嘗欲刻藏書百種未就，在都因鐫爲此集，餘當次第續全。蓋一時雜採而成，苟盈卷帙，故絶無特擇云。"①有康熙間大梁周氏刻本和乾隆刻本。乾隆刻本卷首有顧彩序，後有周在都康熙四十九年（1710）所訂凡例，十種著作依次爲《觀宅四十吉祥相》《三十五忠詩》《人譜》《漁談》《强聒録》《釋冰書》《皺水軒詞筌》《六研齋二筆》《陳子旅書》《客坐贅語》。

十五、《賴古堂印譜》

四卷。此書爲賴古堂所藏印章彙集。康熙六年（1667），周亮工感嘆所聚玩好，半屬雲煙，取家藏印，包括其父、其弟遺印，和兒輩用印合輯成《賴古堂家藏印譜》，由其家陶僕任印拓之事，一年時間，拓成二十五部讓兒輩各藏一部，外餘盡散之友人。《四庫撤毀書提要》稱"亮工喜集印章，工於鑒別，所編《賴古堂印譜》，至今爲篆刻家模範"。②《賴古堂印譜》所載內容，如高阜序所稱："今其載之譜者，皆其氏號堂庵，與其所取名言俊句，以見志知情也。覽者正不必搜其鏤功之瑕，言情之什，而於半圭數字間，可得周氏一家之概矣。則謂斯譜爲櫟園先生家乘可也。"《中國古籍善本書目》分別載有三個版本：康熙六年周氏賴古堂鈐印本、清初鈐印本和清初鈐印、清郭起隆跋本③。現藏於國家圖書館的《賴古堂印譜》有兩種，一爲康熙六年周氏賴古堂鈐印本，全書每頁正背鈐印，共1550方。每卷之首均有序：卷一《賴古堂藏印序》，高阜題，鄭簠書；卷二《序》，倪粲題，《賴古堂印譜序》，高兆題；卷三《印譜小引》，周銘題，《賴古堂印譜引》，張遺題；卷四《印譜序》，黃虞稷題。卷首右上角刻書法卷次，左下刻"大梁周在浚雪客，在延龍客，在建榕

　　① 陳垣《〈四庫提要〉中之周亮工》，《文獻論叢》，故宮博物院編，1936年10月。見陳智超主編《陳垣全集》第7冊，合肥：安徽大學出版社，2009年版，第524頁。
　　② 《四庫撤毀書提要》，見《四庫全書總目》附録，北京：中華書局，1965年版，第1842頁。
　　③ 《中國古籍善本書目》子部藝術類《篆刻》，上海：上海古籍出版社，1996年版，第437頁。

客藏"。有釋文。另一種爲嘉慶二十二年(1817)方舟所藏《賴古堂印譜》，左下刻"大梁周在浚雪客，在延龍客，在建榕客藏"，每卷卷首均有序，卷一高阜序，卷二高兆、倪粲序，卷三張遺、周銘序，卷四黃虞稷序。無釋文。山東省圖書館藏清初鈐印本爲清郭起隆跋本，題爲"周櫟園先生印譜"，兩冊，無序文。郭起隆跋"秦漢風脈"詠之。此書有些印章左上方有手題"薛穆生""林公兆""垢道人""程穆倩""吳亦步""陳師黃""吳仁趾""陶石公""黃濟叔"人名，應爲刊印者之姓名，這些人名在《印人傳》中都有收録，可互證。上海

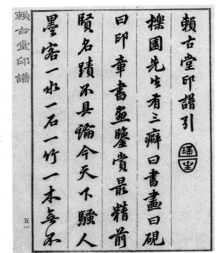

張怡賴古堂印譜引

古籍出版社 1992 年曾影印竹里館藏《賴古堂印譜》，每卷卷首右上角刻書法卷次，左下刻"大梁周在都燕客、在延龍客、在浚雪客、在建榕客、在青雲客藏"。上海圖書館藏有神州國光社影印本，題爲《賴古堂家印譜》，以"元""亨""利""貞"分之。日本《中國篆刻叢刊》第八卷編入《賴古堂印譜鈔》①。

十六、《集名家山水》

一冊。清英和等輯《石渠寶笈三編》之《御書房藏四》著録，後收入《續修四庫全書》第一〇四九冊。此冊收録明末清初名家山水三十六幅，其中左十八幅，右十八幅。從記録上看，應爲周亮工據其所藏山水册所録。

以上十六種，全部影印收入在《周亮工全集》②中。還有四種著述爲珍稀本，

---

① 南京圖書館藏有《賴古堂家印譜》一卷，收録印 158 方，而卷首僅有高阜一人序。清華大學圖書館藏《賴古堂印譜》僅爲卷二，有倪粲和張遺序，這些都是不足本。

② 《周亮工全集》十八冊，朱天曙編校整理，南京：鳳凰出版社，2008 年版。影印所選底本分別爲：《賴古堂集》二十四卷，清康熙十四年周在浚刻本；《因樹屋書影》十卷，清康熙六年刻本；《讀畫録》四卷，清康熙十二年周氏煙雲過眼堂刻本；《印人傳》三卷，清康熙十二年周氏刻本；《閩小紀》四卷，清康熙六年周氏賴古堂刻本；《通㑂集》一卷，民國二十四年十笏園石印本；《全濰紀略》一卷，近代濰縣丁氏濰縣文獻叢刊本；《字觸》六卷，清康熙吳門種書堂刻本；《同書》四卷，順治六年樓林刻本；《尺牘新鈔》十二卷，清康熙周氏賴古堂刻本；《藏弆集》十六卷，清康熙周氏賴古堂刻本；《結鄰集》十五卷，清康熙周氏賴古堂刻本；《賴古堂文選》二十卷，清康熙六年刻本；《賴古堂藏書》十卷，清乾隆刻本；《賴古堂印譜》四卷，民國元年神州國光社影印本；《集名家山水》，續修四庫全書本。

均爲周亮工的相關文獻,現介紹如下。

一、《白浪河上集》

一卷。濰人王洵輯,周亮工手録并刊刻。收録詩歌爲濰地時人和周氏鄉人在圍濰清兵退後的集詠之作。白浪河又稱白狼河,在濰縣東門外。《賴古堂未刻詩》卷末周亮工自跋稱:"亮工詩一刻爲《友聲》、二刻爲《白浪河上集》、三刻爲《竹西吟》、四刻爲《榕厄》、五刻爲《刜粤》、六刻爲《閑緑亭詩》、七刻爲《尤難爲懷集》、八刻爲《秋棱》、九刻爲《蕉堂集》、十刻爲《嘉樹堂詩》、十一刻爲《閩雪》,諸刻惟《白浪河上集》《竹西吟》多忌諱語,久焚其稿,所存者九集耳。"可見此書在周亮工在世時即罕見,民國二十五年濰縣丁錫田輯《濰縣文獻叢刊》,將此書收入其中。其《河上集跋》稱:"《白浪河上集》一卷乃明崇禎十六年清兵圍城退後,邑人王先生大允所輯當時士大夫詩歌。原書爲祥符周令元亮手寫,亦即刻於是年。""是書與周令所寫《通懂詩刻》《全城紀略》皆爲清代禁書目録所不載,然三書實吾濰保族禦侮之血史。"書前有姜垓、周亮工序。《白浪河上集》對於了解周亮工在濰縣任上的情況有著重要價值。

二、《萬山中詩》

詩集。順治四年(1647),周亮工在邵武,邵武在萬山中,爲江右門户,周在浚撰《行述》稱其"日則率健卒披甲持戟,戰山中;夜則獨守城樓,摩楯賦詩,吟哦之聲與刁斗相間。建詩話樓,祀宋嚴滄浪(羽)其上,拔邑諸生能詩者,日與倡和,有《萬山中詩》之刻"。周亮工"萬山詩力穩"詩句後自注:"予爲樵川諸士刻《萬山中詩》。"[①]其《叙滄浪集》亦稱"若樵士之更迭詠酬,篇章尤富,余曾爲集《萬山中詩》一帙,亦刻於茲樓(詩話樓)中"。中國社會科學院圖書館藏有順治四年刻本《萬山中詩》,前有周亮工序,收録周亮工《夜登昭武城樓感懷四首》,後有樵川士人米嘉穗、龔宜、鄧林、趙焜甲、鄭倫、周弘禧、王在鎬、羅以彩等十餘人的奉和之作。今人多不見此書,以爲不存。

三、《瑞木紀》

一卷。此書爲吟詠周亮工母德之作。周亮工、周亮節手録,康熙刻本。現藏國家圖書館。周亮工合葬其兩尊人於金陵瑱石山,而天繪異紋於太夫人之柩,觀者皆爲驚嘆。胡元潤爲作瑞木圖,當時文人作詩文記録此事。此書前有吳偉業、

---

①　周亮工《鄭胎聖楊淩飆朱璧符張龍玉自樵川尾予舟至柘浦別》,見《賴古堂集》卷三,康熙十四年(1675)刻本。

何采題詞,後收録有徐芳、鄧漢儀、祝輝、陳維崧、宮偉鏐、吳嘉紀、杜浚、田作澤、龔賢、汪楫等 27 人爲《瑞木圖卷》的題跋。

四、《楊升庵朱郁儀兩先生著述目録》

一册。周亮工編。清康熙元年賴古堂刻本。現藏國家圖書館。前有周亮工《合刻楊朱兩先生著述目録序》、焦竑《楊升庵先生著書目序》,收入楊慎著述目録210 種。後有會稽陸夢龍撰《朱郁儀先生傳》,收入朱郁儀著述目録 106 種。

上述四種,也排印收録在《周亮工全集》第十八册中。除此之外,見於稿本、著録或後人輯録的有關周亮工著述,多已不存,或已見他集,簡介如下。

一、《賴古堂未刻詩》

一卷。稿本,經折裝,共 42 頁。現藏天津圖書館,編入《天津圖書館孤本秘笈叢書》第十三册。卷首題"賴古堂未刻詩",有"閩海二十年遊人"等印。共收詩 13 首,均爲順治十五年(1658)以前未付梓者。卷末周亮工自跋:"亮工詩一刻爲《友聲》、二刻爲《白浪河上集》、三刻爲《竹西吟》、四刻爲《榕厄》、五刻爲《剺㕮》、六刻爲《閑緑亭詩》、七刻爲《尤難爲懷集》、八刻爲《秋棱》、九刻爲《蕉堂集》、十刻爲《嘉樹堂詩》、十一刻爲《閩雪》,諸刻惟《白浪河上集》、《竹西吟》多忌諱語,久焚其稿,所存者九集耳。未刻者僅此數首,外所流傳皆僞作或不足存者。亮工此行將死奸人之手,生平詩雖不足傳,然往往能自見其性情,半生精力所在,懼子弟不能爲之收拾,因書以付之逸庵先生。先生與亮工爲性命交,又最嗜亮工詩,他日爲亮工裒集諸稿,依體分類,合爲一集以傳,此逸庵之責也。鬼惟愛茂林深竹耳,他何知哉! 順治戊戌太白學人周亮工識於天月堂,時緹騎之至十日矣。"下有"周亮工印""瀔溪漁隱"等印。此稿本中所録詩作後收入《賴古堂集》,但其跋文對於了解周亮工早期著述有重要的文獻價值。

二、《友聲》

詩集。方以智曾作《友聲序》,稱:"及令濰上,治聲溢都下。嘗南還過其境,道路輿論又過之。何才士之能吏如此? 彈琴之暇,容與吟詠,合諸舊作,號曰《友聲》。"《賴古堂集》凡例稱:"先司農束髮即好爲詩,自諸生以至歷仕所得詩章,皆勒之梨棗,有《友聲》《剺㕮》《閩雪》《北雪》等十餘刻。"可見此書曾有刊本,《賴古堂未刻詩》亦提到此書。此書書名取《詩經·小雅》中"嚶其鳴矣,求其友聲"意,爲周亮工任濰縣時的詩集。今未見傳本。

三、《竹西吟》

詩集。見《賴古堂未刻詩》。"竹西"爲揚州別稱,此書當爲周亮工在揚州任職時所作。今未見傳本。

四、《榕厄》

詩集。見《賴古堂未刻詩》。福州別稱榕城,此書當爲周亮工在福州所作。王道定《榕厄序》引周氏語稱:"頗與酒人遊,故謂之《榕厄》。"黄文煥《榕厄序》引周氏語稱:"此出閩入燕之詩耳。其端在閩,顔曰《榕厄》。榕,紀地,厄,紀事。"又有方拱乾《榕厄序》,見《賴古堂詩》。今未見傳本。

五、《刻咢》

詩集。見《賴古堂未刻詩》和《友聲》。陳丹衷《刻咢序》稱:"櫟園先生立情嗜古,引義遥深,刻咢,其扶寸肴修也,而味愈方丈矣。刻,劇也,勞也;咢,鄂也。深閟易倦,倦則悲,悲則感,而山川孤命友朋集合離散,古今性情不腐也,雖傷於哀樂,吾猶以爲無畸於性矣。"今未見傳本。

六、《閑緑亭詩》

詩集。見《賴古堂未刻詩》。"閑緑亭"爲周亮工一常用亭名,見《賴古堂印譜》。今未見傳本。

七、《尤難爲懷集》

詩集。見《賴古堂未刻詩》。黎士弘《尤難爲懷集序》稱:"周櫟園先生巡汀道上,作詩數十章,自謂秋冬之際難爲懷也,因取以名篇。"《賴古堂集》附録《年譜》載清順治七年(1650)周亮工三十九歲,"六月,還閩。七月,以代建南道篆赴汀州,有《尤難爲懷》詩。"周亮工在汀州數月,平定土寇曾省之亂,極念家人朋友,故稱"尤難爲懷"。此集即成書於此時。今未見傳本。

八、《秋棱》

詩集。見《賴古堂未刻詩》。薛所藴《秋棱序》:"(壬)午之春,自閩數千里緘書至,以近刻數帙示予,最後一帙曰《秋棱》。"據此知此書當成於順治九年(1652)。今未見傳本。

九、《蕉堂詩》

詩集。見《賴古堂未刻詩》,又稱"《蕉堂集》"。周亮工在《賴古堂集》中稱:"予困守樵川,時作蕉堂,種蕉數百本。"①又稱:"丁亥冬初,予由江右入杉關,抵邵武。時寇遍郊圻,予困守孤城者八閱月。寇小退,道路梗塞,又不能入會城。寓署舊有小堂,蕉百本叢之,予稍爲修飾,益種蕉數百本,于其中成《同書》四卷、《字觸》六卷、《蕉堂詩》一卷、《翼揚》二卷成其半。於時讀書賦詩,殊自適也。"②丁亥爲順治四年(1647),周亮工"擢福建按察使,由浙入豫章,展鴻臚公墓,遂從杉關入閩,抵光澤,寇亂道阻,遂於邑中蒞任"。③ 時周亮工 36 歲,此集作於此時。今未見傳本。

十、《嘉樹堂詩》

詩集。見《賴古堂未刻詩》。"嘉樹堂"爲周亮工一堂號,見《賴古堂印譜》。今未見傳本。

十一、《閩雪》

詩集。《賴古堂集》凡例:"先司農束髮即好爲詩,自諸生以至歷仕所得詩章,皆勒之梨棗,有《友聲》《剡吺》《閩雪》《北雪》等十餘刻。"周亮工《閩雪小引》稱:"丙申上元,閩大雪,以三尺計,越夕始止。閩父老訝爲數百年未有事。其年春,予復入閩,翁與衆迎予洪塘,衆以數百年未有事……予喜閩人睹數百年未有事,入閩詩即以顏之。"④此即《閩雪》詩集取名由來。周亮工《北雪小引》亦稱:"予丙申入閩詩,顏曰《閩雪》。"⑤丙申爲順治十三年(1656),周亮工 45 歲。據《年譜》所記,這年正月,周亮工赴閩質審。此集當作於此時。黎士弘作有《閩雪序》,王有年作有《書周司農閩雪卷後》。今未見傳本。

十二、《北雪》

詩集。爲周亮工與吳宗信唱和之作。周亮工《北雪小引》:"戊戌北上詩,顏

---

① 周亮工《伯常王大將軍剿江廣之寇奏凱還汀適予返自杭川覘軍容之盛得詩四首》自注,見《賴古堂集》卷四,康熙十四年(1675)刻本。

② 周亮工《題蕉堂索句圖》,見《賴古堂集》卷二十三,康熙十四年(1675)刻本。"翼揚"應爲"翼楊"。

③ 周亮工《賴古堂集》附録《年譜》,康熙十四年(1675)刻本。

④ 周亮工《閩雪小引》,見《賴古堂集》卷二十一,康熙十四年(1675)刻本。

⑤ 周亮工《北雪小引》,見《賴古堂集》卷二十一,康熙十四年(1675)刻本。

以《北雪》,《閩雪》其變,《北雪》其常也。"①戊戌爲順治十五年(1658年),周亮工《書詩册後與吳冠五》:"予所爲《北雪》詩,凡二百五十七首,皆與冠五一燈半几中共成者。"②雖曰"戊戌北上詩",實是戊戌北上直至己亥八月所成詩作,"刑部訊未結,結廬於白雲司,日賦詩著書其中,顏之曰'因樹屋',有《北雪》詩、《因樹屋書影》諸集。時獄事方急,親友星散,獨白岳吳宗信冠五時左右,故集中與吳冠五倡和者獨多"。③ 周亮工又稱:"記初冬時,予與冠五夜坐爲詩。漏下數十刻,北地早寒,十指木強,小奚不得寐,輒絮絮露怨言。予兩人求茗飲不得,又畏小奚絮絮,不敢呼之起。冠五自往通爐煤,南人故不得生煤法,愈通愈滅。予復往經畫,兩人手口俱墨,然後得飲。飲已,復鳴鳴吟弗止。或至心傷,則相對泣。虞人覺,輒互拭面。嘗對臥薄板上,已解衣臥,忽聯句成,兩人擁敗絮,從口吻中濕不聿,露臂爭書,薄板躍起,短燭撲滅,一笑而止。"正記録《北雪》寫作時的情況④。今未見傳本。

十三、《獄中唱和詩》

詩集。胡介《爲周少司農題獄中唱和詩卷》稱:"少司農周子櫟園系司寇獄三歲矣。客自都門來者,司農必緘詩見寄,且傳寫司農獄中他詩、古文詞甚盛。此卷又其與故人大中丞龔芝麓所倡和之作也。"⑤周亮工於順治十五年(1658)仲冬至順治十七年(1660)在刑部獄中,此集作於此時,係與龔鼎孳唱和之作。今未見傳本。

十四、《偶遂堂近詩》

詩集。偶遂堂是周亮工晚年堂號之一,李澄中《偶遂賦》稱:"偶遂者何? 慶生還也。曷生還乎爾? 誌閩讞也。"⑥故知此號爲閩事下獄獲釋後所用。《賴古堂集》凡例:"己酉宦江南,復廣《賴古》之全,盡收諸集而次第之,增以《偶遂》《恕老》近詩,合爲全稿,繕寫成書。"此本當即所述"《偶遂》近詩",刊於周亮工焚書之前。孫殿起《販書偶記》卷十四著録爲:"《偶遂堂近詩》一卷,大梁周亮工撰,豫章陳允衡選,無刻書年月,約康熙間刊。"國家圖書館、上海圖書館藏有陳允衡(伯璣)、汪楫(舟次)所輯康熙刻本,有徐增、祁豸佳、鄒漪等人序。周亮工《與汪舟次書》提

---

① 周亮工《北雪小引》,見《賴古堂集》卷二十一,康熙十四年(1675)刻本。
② 周亮工《書詩册後與吳冠五》,見《賴古堂集》卷二十一,康熙十四年(1675)刻本。
③ 周亮工《賴古堂集》附録《年譜》,康熙十四年(1675)刻本。
④ 周亮工《書詩册後與吳冠五》,見《賴古堂集》卷二十一,康熙十四年(1675)刻本。
⑤ 胡介《爲周少司農題獄中唱和詩卷》,見《旅堂文集》卷二,清康熙刻本。
⑥ 李澄中《偶遂賦》,見《臥象山房集》卷一,清康熙刻本。

到"僕近詩不能盡刻,刻一一小葉寄正,文則自以爲佳,雖他人說不佳,亦終不聽,詩則甚疑。幸足下同野人訂之,如以爲不佳,幸直示之,僕即當改頭換面。蓋僕近詩略尚氣色,故以此自疑。然僕雖略尚氣色,而本色自以爲尚存"。①"近詩"應指《偶遂堂近詩》和《恕老堂近詩》。

十五、《恕老堂近詩》

詩集。恕老堂是周亮工晚年堂號之一,姜宸英《墓碣銘》稱:"恕老堂者,公所居著書處也。"②周亮工在《與冒襄》中稱:"亮患難迭更,老遂易到,筋力既衰,萬念灰冷。初顏吾堂恕老,近且更名認老,蓋直認爲老,則百事謝絕不爲。"此集所收當爲晚年詩作。今未見刊本。

十六、《賴古堂詩集》

詩集。四卷,即《刪定賴古堂詩集》。據順治十七年(1660)周亮工《賴古堂詩集序》稱,此集爲吳宗信輯,詩四卷,由周亮工弟亮節、子在浚刊於秣陵③。《賴古堂集》凡例:"庚子春,患難中自爲刪定,授不孝浚刻之江寧,今世所傳《刪定賴古堂詩》是也。己酉宦江南,復廣《賴古》之全,盡收諸集而次第之,增以《偶遂》、《恕老》近詩,合爲全稿,繕寫成書。"此集實由周亮工於順治十七年把以前詩作親自刪定,由吳宗信編輯成書。它是周亮工詩作的一個合集,共四卷。此集有傳本,乾隆朝編《四庫全書》,曾由江西巡撫採進,《四庫存目》別集類著録,後被撤出。《販書偶記》卷十四《別集類》著録爲"《刪定賴古堂詩集》四卷,大梁周亮工撰,無刻書年月,約順治間精刻"。陳垣先生曾見原鈔本《四庫全書總目提要》,并作鈔録:"《賴古堂詩集》,國朝周亮工撰。亮工有《閩小紀》,已著録。亮工所著《書影》,載論詩諸條,皆極排七子,其《賴古堂印譜》,并有一私印曰'不讀王李鍾譚之詩'。故其詩多刻意爲新語,而所作終不逮其所論,去王李誠遠,去鍾譚咫尺間耳。王士禛所稱亮工詩"花開今十日,酒冷古重陽"之句,今載此集中。然是亮工述其友之作,非亮工詩,蓋士禛誤記也。右在別集類存目八《古處堂集》後。"④現存清初刻本和康熙四十年(1701)河南周氏刻本兩種。北京大學圖書館藏清初刻本爲四卷,封面有孫澄之跋。中國科學院圖書館藏有一卷本,吳靄選,康熙學古

---

①　周亮工《與汪舟次書》,見《賴古堂集》卷十九,康熙十四年(1675)刻本。

②　周亮工《賴古堂集》附録《墓碣銘》,康熙十四年(1675)刻本。

③　周亮工《賴古堂詩集序》,見《賴古堂集》卷十三,康熙十四年(1675)刻本。

④　陳垣《〈四庫提要〉中之周亮工》,《文獻論叢》,故宮博物院編,1936 年 10 月。見陳智超主編《陳垣全集》第 7 册,合肥:安徽大學出版社,2009 年版,第 524－525 頁。

堂刻大家詩鈔本。《北京圖書館善目圖書》《中國叢書綜録補編》著録。

十七、《賴古集》

詩集。一卷。清徐增(子能)選,順治十七年(1660)九誥堂刊《九誥堂詩選元氣集》本。《中國叢書綜録》集部別集類著録。

十八、《周櫟園詩選》

詩集,一卷。清鄒漪(嘯軒)選,清康熙七年(1668)序刊《名家詩選》本。《中國叢書綜録》集部別集類著録。

十九、《賴古堂詩》

詩集,十二卷。清王相輯,道光十年(1830)信芳閣刻本、清初刻本、清康熙四十年河南周氏刻本。此本選自清康熙十四年(1675)周在浚等刻《賴古堂集》。

二十、《入閩記》

文集。一卷。周在浚撰《行述》、錢陸燦撰《墓誌銘》、黃虞稷撰《行狀》,均作一卷。據《賴古堂集》附録《年譜》:"戊子,三十七歲。春、夏在邵武,判將熊、秦等謀以城應賊,公探知,密授計殲之。五月,大兵雲集,路漸通,公始入省受事。計在邵凡七閱月,有《入閩記》《守邵始末》。"可知此書作於順治五年(1648年)。今未見刊本。

二十一、《守邵始末》

文集。參見《入閩記》。今未見刊本。

二十二、《翼楊》

二卷。詳見《蕉堂詩》,此書當時祇成其半。《因樹屋書影》卷八載:"楊用修先生《丹鉛》諸録出,而陳晦伯《正楊》繼之,胡元瑞《筆叢》又繼之,時人顏曰《正正楊》。當時如周方叔、謝在杭、畢湖目諸君子集中,與用修爲難者,不止一人。然其中雖極辨難,有究竟是一意者,亦有相互發明者。予以匯爲一編,顏曰《翼楊》。"今未見刊本。

二十三、《耦雋》

四卷。錢陸燦撰《墓誌銘》、黃虞稷撰《行狀》均著録爲"《耦雋》二卷"。周在浚撰《行述》著録爲"《耦雋》四卷"。《賴古堂集》凡例亦謂家藏諸刻外,"尚有《印

人傳》《讀畫録》《賴隽》及《删定虞山詩人傳》,雖一時隨筆,未爲全書,然手澤依
然,不忍磨滅,亦容梓之以傳"。知亮工在世未刊。周在浚撰《行述》稱"《入閩記》
一卷、《賴隽》四卷,諸雜著小集,不能備載,皆行於世"。周在延撰《書影序》稱"先
君子生平憐才愛士,不減歐陽,有一技一能者,表揚不遺餘力,惟恐其不傳;所以
諸編之外,又有《賴古堂印譜》《賴古堂近代古文選》《尺牘新鈔初集》《藏弆二集》
《結鄰三集》《牧靡四集》《名公對聯賴隽》,凡一句數行之可誦法,必付之梨棗,公
諸海内"。由此知此書爲彙集名人對聯之書。今未見傳本。

二十四、《平心録》

據周在浚撰《行述》:"至若青民强魯,輕生健訟,甚有以小忿争構大釁,冒昧
叩闕廷。至計無所之,甘心一死,投繯殞命而不顧者,比比皆是。先大夫委屈開
導,娓娓數千言,皆里巷常談,婦人孺子相與傳説,感化盡成,馴俗青、齊。《平心
録》一書,遂爲告條創式,而叩閽及投繯者遂絶。"①周亮工於順治十八年(1661)詔
赦,康熙二年(1663)赴青州海防道任職,康熙五年(1666)陞爲江南江安督糧道。
康熙二年至五年間,周亮工一直在青州任海防道,此書即撰於此時。高珩《平心
録跋語》稱:"周櫟園先生之觀察營邱也,期年而政成,民易志焉。其治迹未可以
更僕盡,而絜其大要,蓋獨能知天子授節莅民之意,與古來聖賢使民寡過之心。
《平心》一編,其見之教戒者殷殷矣。"《清史稿藝文志及補編》著録。今未見刊本。

二十五、《鹽書》

四卷。順治二年(1645),清師南下,周亮工以御史招撫兩淮,授兩淮鹽運使,
以原御史銜改鹽法道,鹽道一職之設自周亮工始②,《鹽書》之作,應在此時。周亮
工《賴古堂詩集序》著録爲"《鹽書》四卷",錢陸燦撰《墓誌銘》、黄虞稷撰《行狀》、
周在浚撰《行述》均作"八卷"。今未見傳本。

二十六、《相編》

四卷。周亮工《賴古堂詩集序》稱"《相編》四卷",和《同書》四卷、《鹽書》四
卷、《字觸》一卷等"皆次第行世",今未見傳本。

二十七、《蓮書》

四卷。周在浚撰《行述》、黄虞稷撰《行狀》均著録爲"四卷",錢陸燦撰《墓誌

---

① 周亮工《賴古堂集》附録《行述》,康熙十四年(1675)刻本。
② 周亮工《賴古堂集》附録《年譜》,康熙十四年(1675)刻本。

銘》作"八卷"。今未見傳本。

二十八、《詩人傳》

三卷。周亮工《賴古堂詩集序》稱"《詩人傳》三卷",和《同書》四卷、《鹽書》四卷、《字觸》一卷等"皆次第行世",錢陸燦撰《墓誌銘》、黃虞稷撰《行狀》、周在浚撰《行述》著録爲"《刪定虞山詩人傳》四卷"。從書名來看,此書當與《讀畫樓畫人傳》《印人傳》爲同一類著作。《藏弆集》卷二黃璵《與櫟園》稱:"向見君手訂《虞山詩人傳》,心極愛之。諸傳皆妙,經君手訂,尤足重也。後聞虞山續詩選之後復成《吾炙集》二尺許,皆平昔知交之詩。"《詩選》即錢謙益《列朝詩集》,周亮工所編此書爲刪定《列朝詩集》所録詩人的傳記之作。今未見傳本。

二十九、《牧靡集》

又名《賴古堂尺牘新鈔四選》。《賴古堂集》凡例:"尺牘四選牧靡集已有成書,具見諸名公序引,因刊刻無力,尚藏篋笥,容有待夫好事者耳。"①尤侗《西堂雜組二集》卷三有《牧靡集序》,稱:"合先生四集讀之,則有美畢收,無微不備,可謂集尺牘之大成。"今未見傳本。

三十、《廣金石韻府》

周亮工與林朱臣、李雲谷合訂,《金豁縣志》卷七著録,爲金石類著作。明代朱雲著有《金石韻府》,此書續之。周亮工在《廣金石韻府序》中稱:"予性嗜古,留心篆刻,偶從舊簏中獲睹是編,喜其茹衆書之淵博,入元音之總會,點畫聲音合而一之,較用修所定尤爲遠過,因與莆陽林朱臣、晉安李雲谷共爲考訂,凡九經古文及峋嶁石鼓諸碑,莫不取而較勘之,下至誌林説部之編,苟有資於采佐,不之棄也。"此序收入《賴古堂集》卷十五。《石刻史料新編》第二輯第十六册收入此書。

三十一、《賴古堂書畫跋》

一卷。此卷專輯《賴古堂集》卷二十二和卷二十三中周亮工書畫題跋之作,康熙十四年(1676)周在浚於金陵刻成。余紹宋《書畫書録解題》卷五稱:"是編題書畫凡二十九首,多題其同時人之手迹,在當時爲當作,在今日俱成名迹矣,其交遊情事,煙霞之契,投贈之雅,尤可得其仿佛也。"《清史稿藝文志及補編》著録。鄧實、黃賓虹編《美術叢書》、上海書畫出版社《中國書畫全書》收録。

---

① 周亮工《賴古堂集》凡例,康熙十四年(1675)刻本。

此外，《煙雲過眼録》二册寫本爲周亮工藏畫題記，由周在浚輯成，也值得一提。吳辟疆《書畫書録解題補甲編》稱：“《浙江採集遺書總録》載有寫本《煙雲過眼録》二册。清周在浚輯云：‘在浚因其父亮工所獲明代及國初名人畫册題跋彙爲是録，題曰《煙雲過眼》，則襲周公謹之舊也。’”今人謝巍《中國畫學著作考録》第六卷載此書有寫本和舊鈔本，纂成於康熙六年(1667)，“此乃搜集之題記，所録爲六十五人，凡一百九十三種。此書所載畫家，見於《讀畫録》所載者爲六十家，未載者有五人：徐玠、周沈、陸□夫、盛茂、遠磬山”。① 今存上海書院。此書雖爲在浚所輯，但可見亮工所藏明清名人繪畫的目録和内容。

除上述著作外，還有不少著作由周亮工參與編訂。如《樵川二家詩》四卷(附滄浪詩話一卷附録一卷)，周亮工原編，朱霞重訂。朱霞序稱：“國初丁、戊間祥符周櫟園先生以兵事至樵，留心文獻，因訪求滄浪、秋聲兩家集而梓之。”此書收録嚴羽、黃鎮二人詩集，前有朱霞序、黃公紹《滄浪吟原叙》、黃鎮《秋聲集自序》，周亮工《叙滄浪集》《叙秋聲集》。有康熙六十一年(1722)綏安雙笏山房刻本，後又有光緒七年(1881)刻本，《中國叢書綜録》《清史稿藝文志拾遺》均著録。《陋軒詩》，八卷，孫殿起《販書偶記》卷十四《别集類》著録爲《陋軒詩》八卷，海陵吳嘉紀撰，大梁周亮工選訂，康熙元年(1662)賴古堂精刊，大業堂藏版，四庫存目載四

張民表《原圃集》

---

① 謝巍《中國畫學著作考録》，上海：上海書畫出版社，1998 年版，第 475—476 頁。

卷。《遥連堂訂王損仲先生文》二卷,《遥連堂訂王損仲先生詩》甲稿二卷、乙稿一卷。此外,由周亮工所刊刻的著作亦甚多,如張民表《原圃集》一卷和《塞庵詩》一卷及其三次續刻各一卷、王遒定《王于一遺稿》五卷、劉思敬《劒詢録》二卷、阮漢聞《阮太沖集》、王斥《王王屋文集》等都爲其所刊刻。

還要專門提到的是,清代乾隆時期,統治者爲了控制人們的思想輿論和加强思想統治,通過纂修《四庫全書》發動了大規模的查辦禁書運動,周亮工的著作亦在禁書之列。據乾隆五十二年(1787)八月十一日檔,内閣奉上諭覆勘《四庫全書》,詳校官祝堃簽出周亮工《讀畫録》、吴其貞《書畫記》内有違礙猥褻之處。猥褻處是因《書畫記》中有《春宵秘戲圖》,而周亮工《讀畫録》有違礙處。乾隆五十三年(1788)十月二十四日檔稱:《讀畫録》,周亮工撰,因詩内有"人皆漢魏上,花亦義熙餘"語涉違礙,經文淵閣詳校簽出,奏請銷毁,並將周亮工所撰各書,一概查毁,此係文淵閣繕進之本,其違礙語句已經原辦之總校挖改,全書應毁。

同時提到的除吴其貞的《書畫記》外,還有李清撰《諸史同異録》《南北史合注》《南唐書合訂》《歷代不知姓名録》、潘檉章撰《國史考異》都同時遭禁。

周亮工的詩中"義熙餘"三字有違礙之處,"義熙"是晉安帝的年號,義熙十四年(419),安帝被大臣劉裕殺害,僅過了元熙元年、二年,劉裕建立宋,詩人陶淵明即生活在這個時期,爲表示自己不服於劉宋,他義熙之後的作品只書甲子,不書劉宋年號。此句用典是説人和花也是前代留下的,有時過境遷之感。但清統治者以爲周亮工此處以陶淵明來影射對新朝的不滿,故遭禁。我們考察周亮工生平,知其推重陶淵明,有"學陶""陶庵"印爲證,他的好友陳洪綬也曾兩次以陶淵明《歸去來辭》意所作畫卷相贈。但因兩句陶詩而被視爲"詞意抵觸本朝,自當在銷毁之列",足見乾隆禁書殘酷之一斑。

此檔提到的周亮工著作還有《閩小紀》和《印人傳》。《閩小紀》是他在福建任官時的雜著,共四卷。《印人傳》一書和《讀畫録》爲同一類記載人物之作,遂一併被禁。周亮工最有影響的著作——《因樹屋書影》是他在獄中追憶生平見聞所作,所叙掌故、佚聞甚多,常爲學者所資,也因《讀畫録》牽連被列入四庫抽毁書。

事實上,周亮工、李清等人的書,除《諸史同異》銷毁外,其他雖有奏毁,實衹是撤出或扣除。陳垣先生提出:"撤出對著録言,扣除對存目言。今故宮此類書繕本既殘留多種,可爲未毁之證,故此等提要,應名'四庫撤出書提要',或'四庫扣除書提要',較爲得實。"①這種説法是從當時所"毁"實際情形出發的。他還於

① 陳垣《〈四庫提要〉中之周亮工》,《文獻論叢》,故宮博物院編,1936 年 10 月。見陳智超主編《陳垣全集》第 7 册,合肥:安徽大學出版社,2009 年版,第 525 頁。

1928 年 3 月 28 日爲《四庫全書》抽毀事答余嘉錫先生："現在通行之《簡明目録》，
有系乾隆四十七年趙懷玉據《四庫》館初成稿本録副南歸刊刻者，故李清、周亮工
之書目具存。至乾隆五十二年三月始發現李清《諸史同異録》，内有順治與崇禎
相同四事一條，指爲悖謬，因而連累他書，同年八月又發見周亮工等書，遂一併撤
出。趙本《簡目》未及照改，故與庫書不符。粤刻《簡目》每半頁九行，行廿一字以
爲常，間有特疏特密者，即撤出填補者。"《四庫提要》每半頁九行，每行二十一字，
殿本以至廣州小字本皆同，惟廣州本别集類二十四第二十四頁，每半頁八行，行
二十字或十九字，因其所見爲删本的緣故。陳垣先生又稱，民國十年(1921)秋，
他得見四庫館精繕《提要》底本六十册不全本，上有紀昀塗改筆迹，所改多與今本
同，"凡遇周亮工名，必行塗去，審爲乾隆五十二年以後删改之底本。其《懷星堂
集》提要即有此被删錢謙益之一段，蓋《四庫總目提要》自乾隆四十七年初次告
成，即付武英殿刊刻。至乾隆五十二年，因著録書中仍有違礙之詞，乃將提要抽
改。今殿本《提要》，率乾隆五十七年《四庫全書》全體告竣後，挨篇改刻，故無行
款疏密之殊。惟廣州小字本由湖州沈氏本覆刻，湖州本由文瀾閣所藏初印殿本
縮刻，後經挖改，行款不一，極易考見，然不能知所改内容"。[1] 他所見四庫館精繕
《提要》底本今天我們未能獲睹，而其研究亦能使我們對周亮工著述的抽毀有更
具體和明晰的認識。

　　乾隆禁書運動中，周亮工著述屬於"違礙"之列被奏繳的還有如《藏弆集》，收
有王鐸、錢謙益尺牘，於乾隆四十四年由山東奏繳；《結鄰集》，其中收有錢謙益、
屈大均尺牘，於乾隆四十三年由江西奏繳等等。[2] 凡此種種，使得周亮工著作的
流傳受到了很大影響。

---

　　① 陳垣《〈四庫提要〉中之周亮工》，《文獻論叢》，故宮博物院編，1936 年 10 月。見陳
智超主編《陳垣全集》第 7 册，合肥：安徽大學出版社，2009 年版，第 516－517 頁。
　　② 雷夢辰《清代各省禁書匯考》，北京：書目文獻出版社，1989 年版，第 4 頁、第 87 頁。

附録三
周亮工傳記資料

傳記

傳　記

小　傳
廬陵王愈擴若先撰

櫟下先生姓周,名亮工,字元亮,一字减齋,一字櫟園。曰櫟下先生者,學者之稱也。先世自金陵徙居撫州之櫟下,最後其大父復自櫟下徙江寧,又徙大梁。考其世,惟櫟下居最久,故自號櫟園,志不忘也。學者稱其志,亦曰櫟園先生。先生性巖岸,居官不肯假借官裏人,顧獨喜士。自能詩文、騷賦以至詞曲、印篆、書畫,通一藝以上者,無不折節下之,與爲寒素交。青紫中有能文章、守己不改寒素者,則亦以士之禮禮之。宦轍經歷自三齊、八閩以至江淮,士不遠千里,傾蓋投歡,與談說古今,辨當名物,窮日夜不倦。或周給其僕賃車馬,或獎借之俾得方幅齒遇,或身既死而名湮没不傳者,搜求遺集表章之,或撫字其遺孤,或經紀其喪事。如贖張民表遺産還其子允集;購求《天中四君子集》及吳嘉紀詩、王猷定遺稿,皆鏤板以行;營盛于斯、陸可三、林古度、林雲鳳、陳鴻、趙珣之葬。其最著者,自爲良有司,敭歷卿貳,周旋方岳監司之間,左右遷轉不常,所至有政聲,不以陞沉介意。在閩久,榮戟遍八郡,以文人建武功,皆從讀書體驗,變化古人已行事,見者驚未曾有,其出之裕如也。戎馬倥偬,不廢講詠,邵武詩話樓、福州射烏樓,皆其與文人遊止處。二郡之人至今猶指以相語。以治閩功擢左副都御史,晉户部右侍郎,尋亦以閩故受羅織,迄不爲閩累也。在念室,因樹爲屋,居之若別業然。時以所聞見,一人一言之善及諸軼事,隨筆記之,命曰《書影》,務使入於耳者畢聞於後世。對簿時,猶借伍伯手中筆,作《送客遊大梁詩》,其好士如此。前後二十餘年,再仕再已,士亦再聚再散,不以爲憾。獄解,出爲青州海防僉事,轉江南督糧參議,愛士益篤他時。没之時,士有懷抱奇異過江南者,輒自憤曰:予恨不及見櫟下先生。旁觀者亦或曰:子惜不令櫟下先生見也。聞先生被論時,危殆者數矣。閩人士舉旛負鑕,思奇計爲白其冤者,不下千人。至有株累死若盧者,卒無異詞。吁! 亦可謂能得士矣。所著書多,尤以表揚人爲第一義。其所輯《賴古堂文選》及《尺牘》四集,皆此意。而或者猶以爲有厚薄,其甲乙寬嚴,私故鄉人,竊謂不然。

論曰:周姓系出成周,周公之吐哺握髮,好士所由來矣。後世乃以此名歸之四公子之徒,何耶? 孔北海座上客常滿,猶之非士也。貯名夾袋,拔十得五,乃真能好者。櫟下先生從文章技藝中陰求天下奇士,其必有所用之矣。遭時侘傺,茹拔無權,惜哉! 然微聞後之齮齕者,以所選書逸其文,用爲愍恨,遂借叢肆毒蠚,其果然耶? 好士勤表章,反以此自累,悲夫! (《賴古堂集》附録)

墓誌銘

虞山錢陸燦撰

侍郎櫟園周公既没於金陵之踰年，其孤在浚屬銘請葬，懼不敢承。其夏六月，觸暑三百里至毘陵，告燦曰：“葬有日矣。先大夫病且亟，聞子至金陵，急索子爲像贊詞，卧而誦之而喜。今必得子銘以藏。”不獲辭。余惟公之文章事業，在人耳目，三十餘年。初，余讀公所爲河南己卯鄉試文，以爲王、唐、瞿、薛猶見於世。已而得讀公詩與古文詞，乃知公則今之韓、柳、李、杜也。公真天下文章之士也，嚮往願執鞭。丁未春，始拜公於金陵。公自言早衰矣，其議論丰采，奕奕動人。於是乃知公非徒文章之士，而惜余不及見其壯。然聞之同時之士，道公八閩間以書生領兵事，所在城堡常四面火起，鉦鼓聲動地，中有一人，指揮鹵楯，藺石渠答，施設有序，手發大黃，應弦殪敵，長嘯若神人則公也，何其壯歟！及其功成告至，口不言勞，退而與其屬賦詩酌酒于邵武之詩話、福州之射烏二樓。至今閩人思之，過其處猶指以相語。假令得公坐政事堂，舉羣策以收太平之功，其事業宜萬倍閩也。顧久勞公於外，泉乎卿貳之席不煖，遘讒以出。出讒以罷，而公亦老且死矣。此可爲痛惜者也。故余叙公始末，而於閩事尤詳，凡以悲公之事業不讎其志云。公諱亮工，字元亮，號櫟園，世又稱減齋先生。由河南己卯舉人中庚辰進士，授山東濰縣知縣，行取浙江道御史，改兩淮鹽法道，陞海防兵備道，擢福建按察使，遷本省左右布政使，陞都察院左副都御史，晉總督錢法户部右侍郎，出爲山東青州道，遷江南督糧道。公入御史臺，罷。由方伯入爲中丞，爲司農，罷。御史可言不及言，罷。中丞言閩事，即坐閩事罷。司農可爲而不及爲以罷。身在朝廷之上，爲可言可爲之官，三仕三已，如傳舍接淅，不及有所裨益，故莫得而書焉。至其勞於外也，任山東者二，青之人思之似濰。任江南者三，江安之人思之似淮揚。自淮揚而遷閩臬以去，所部署非一處，敭歷暨八年，不知公者，其謂朝議以閩委公，其籌閩也熟；其知公者，其謂朝議以閩委公，實以公委閩，其掣公也危。閩一方不靖，則公不得去閩一方；閩一日不靖，則公不得去閩一日。故臬可報最矣，又綴之以備兵，不得去。兵事有間矣，又綴之以海防，不得去。海無警矣，又綴之以督學，不得去。即兩廣總督推矣，旋議格不得去。代覲行矣，遷右方伯，不得去。改左，又不得去。踰年，入副憲，乃去。入而公可以言天下事矣，先言閩事。閩人之婉戀於公心也固然，亦故先言閩事以觀執政意云何。乃害公者與閩督相表裏，即坐閩事罷公。然後人知朝議固未嘗急閩而急公也。初，公自杉關入邵武，去省會七百里而遥，斗大孤城，萬山環之，賊所在蠹居棊處，搖毒漫瀾，不可爬梳。公至，以兵碎之者什之二三，而盡以計取之，卒以恩字之，縛叛將之跂然魁者，悉解四山之黨，而民自是恃無恐。久之，家人婦子帖帖卧榕陰下。當是時，朝議知公能，始議以閩委公，而害公者益便以公委閩矣。上杭有曾省之亂，則委公曰:維汀南是守。建寧有陳和尚之亂,則委公曰:以建南討之。延平有吳賽娘、邵武有耿虎之亂,則委公曰:代某守建道,而以其兵進戰。漳、泉急,則又委公漳、泉,曰:"漳之困,死者七十餘萬人矣,不得已以累公。"公大帥裝身,帥敢死士破圍入漳,漳之人憑城而詈曰:"周公入矣!"鬪來凡揚威武傳世,折衝之具,越昔而辦。圍城者望見公旗幟,解而去漳。漳平,公案放良家子女之陷於圍者至千餘人。城以外,戰死無婁,白骨相枕藉。公蠲橐掩薶之,日至十餘萬人。漳平,移治泉,泉治如漳。一夕,帥府劫公以十四寨助賊,宜剿,公入而士盡甲矣。公入曰:"奚甲爲? 若必取此,則吾戴吾頭來矣,請以易十四寨百萬人命。"大帥稍沮,而公因具言其非助賊狀。當是時,閩無所不委,公無所不赴;公無所不赴,閩無所不平。其由方伯入副憲,去邵、去漳、去汀泉、去延津,百姓所至哭聲如壞牆,田田然至省城,遮迸不得行。有孺子泣者,謂公活我父母,公亦淚下不能收。自所治達洪塘,三十餘里,香煙覆林屋,三五步一置筵,哭勸公飲。公各揮淚釂之而去。閩人之德公如此,宜乎公之始終不能忘閩。在閩則以身殉閩者幾矣,去閩則又以閩殉身,幸則充國之金城,不幸則魏尚之雲中,古今同嘆也。先是,公去閩入副憲,而閩督乘傳來,公間道行矣。而督謂其手板必來,已而手板不來。詫曰:手板不來耶? 至閩,方雕琢刺求造作飛條以上。而公方極言閩事,奏疏言之,又陛見言之。上且側席詢閩事至竟云何,賜茶慰勞。顧近侍已執奏在旁,上微頷之而哂,語秘,世莫知也。而公實爲不知也者而退,退而後知所執之奏即閩事讒疏。公引奏自白,報可,特令就第,而事下閩撫勘。撫重違督而案,致公不能無罪,於是責公赴閩勘。閩人日羅拜公,就撫軍訟公枉,而承按者相視愕眙,未奏。當間,會閩自公去而用兵又急,不得已彊起公,而撫自往迎公。事平,叙公功最高,撫疏有"周某物望素隆,士民愛戴,手放巨礮,擊死賊渠三人,餘賊潰散"之語。是疏公功者,即重違督而罪公之撫也。公被重劾至閩,其再造於閩如此,公之不能忘閩,宜乎閩之不能忘公也。比撫去,而後至者悉載前後讞詞上,逮即刑部訊,閩人之哭公而送者如前,不懈益勤。閩人高兆作《四泣記》記之。前自方伯入爲中丞,民喜其還朝,而悲其去也。今不幸以罪人至,再捍閩於艱,而朝廷不察其忠,俾付緹騎手,公雖卒有以自明,而吾儕小人不能有以明公,故逾悲耳。當是時,以公故連染千餘人,在閩考竟者三人,下司寇死者三人,有司平反公冤逮捕死道路者一人,瘐死者二人,餘皆瀕死猶千人,前後從公,對簋輿邛首,雪公無罪,至榜笞刺燹,身無完者,無一言撓敗。朝讞之日,烈風吹起爰書入雲端,移時,迴翔乃下,於是人盡知公精忠。然卒用害公者意鐫級出之外,猶尚以閩事也。嗚呼! 閩以公全,而公以閩敗。然而公之能已見于天下矣。公之初令濰也,濰有三大害:一臨清米累,二櫃書征解,三驛馬顧役。公下車,皆請罷之,治濰準是。其改鹽法道也,奏記招徠,商復其業,削舊餉,行新鹽,鹽課用是饒。其備兵淮海也,禁告密,罷營房,海陵與維揚之人爭延公駐其邑,市爲之闐。其在青州也,青故多黠吏豪民,相與把長吏,公至,奸黨散落,風俗大改。甲辰大饑,蠲租詔下,公急奪賦役籍吏胥手,民乃得拜惠如詔條。已而具陳民困,請捐青連年逋欠。撫軍知公至誠,皆奏可。其遷江南督糧道也,至則核積蠹,三人置於理。於是益飭漕事,運弁不得患苦有司,旗甲不得苛虐百姓,而奸吏不能有所陰陽其間。遂懷毒蠹,互相波扇,以口語風聞。而公亦無意於有爲,請結竟其獄,投劾去矣。嗚呼!八年嶺海之外,奔併危亂之中,援人之功以懼敵,棄人之身以快讒,誰秉國成,實執其咎。至於可言而扼其吭,使不得言;可爲而掣其肘,使不及爲,浮湛外臺,用爽其分,指瑕索瘢,旋見罷斥。世之勞臣志士,其所遭際,何可一概而論也!如公者,寧不悲哉!公聳身長面,劍眉珠耳,吐音若洪鐘,行步如山立。即之坦無城府,溫然樸易,倐達福特人也。及其志一氣動,雄入於九軍,殆所謂劉敳學道有神,心力精猛,足破生死者耶?世不得而推測之矣。公平生讀書行己,以孝友爲根柢。其孝也,事封公坦然先生、朱太淑人,終身如孺子時。垂老展墓,扳松栢枝涕泣不忍去。其友也,與弟靖公合爨四十餘年,子姓漸繁,封公乃命析居。公割己産萬柳莊與之,究煙火相代無彼此也。靖公圽,公哭之過時而悲焉。至其與人交,不翕翕熱,仕宦三十年,家無中人産,而朋友之丐貸者,不以無爲解。大要有三善:一曰篤故舊,一曰獎人才,一曰摻遺佚。如撫馮派魯、張民表之孤,如營盛于斯、陸可三、林古度、林雲鳳、陳鴻、趙珣之葬,如亟稱高士窮老吳嘉紀之詩,如王損仲先生《天中四君子集》購求汴流漂没之中,王猷定文在武林客死之後,皆鏤板行世而致諸其家。事不勝書,書其大者如此,而公皆損衣削食爲之。至其自奉如寒素,所至闔户讀書。文推太史公、班固下到今,橫豎鈎貫且數十家;詩取《十九首》、陶、謝、三曹、盛唐下到今,宿記倒誦,又且數十家。其他天文、地理、食貨、兵刑、儒、墨、名、法,至於狗彘草木,有益於世者,州次部居,補綻決塞,不效近代諸人穿鑿傅會爲也。故其爲文章,淵淵灝灝,學有本原,而融液屈折,峭博奇麗似韓、柳。論詩每以切題自道性情爲主,而所得矜奇,漸老漸熟似李、杜。詩文之外,喜畫,見余《讀畫樓記》;喜篆籀,見余《印人傳序》。至其脱屣富貴之鄉,譚笑死生之際,所謂世不得而推測之者。曩坐念室中,獄事正急,夜雪擁絮,方與黃山人吳宗信共爲詩,漏下數十刻。獄成奏上,人謂禍且不測,公赫蹏細書與黃濟叔曰:"今日當得旨,束衣待之,所謂時至則行也。"又一札云:"今日尚不得旨,又活一日。"屬濟叔爲作"又活一日"印。宗信者字冠五,公友。而濟叔則《印人傳》中眉目也。即此論公,較之子瞻《獄中寄子由》"夢遶雲山心似鹿,魂飛湯火命如雞"之句,其度越古人何等哉!公著作甚富,一夕,慨然曰:"一生爲虛名誤,老期聞道,何尚留此耶?"命悉火之。公六十謂余曰:"吾與子同壬子,自此日月甚間,用東西兩聖人之教相磨礲,浸灌婆婆嬉遊,不亦樂乎!"予于是乃知公又不徒文章事業之士,而學道人也,故曩贊公像頗及之。而公已掉臂行矣,豈非有得于朝聞夕死之旨,曳杖跏趺,同堂契勘者哉。公生于萬曆壬子年四月初七日,卒於康熙壬子年六月二十三日,享年六十有一。公著作僅存者,《賴古堂焚餘詩文集》二十四卷、《文選》二十卷、《因樹屋書影》十卷、《字觸》六卷、《閩小紀》四卷、《同書》八卷、《鹽書》八卷、《蓮書》八卷、《尺牘新鈔》十二卷、《藏弆集》十六卷、《結鄰集》十六卷、《刪定虞山詩人傳》四卷、《讀畫樓畫人傳》四卷、《印人傳》四卷、《入閩紀》一卷、《耦雋》二卷行於世。元配馮淑人,生六子:長在浚,貢監生,娶段氏。次在揚,前卒。次在延,河南開封府庠生,娶鄧氏。在建,國子生,娶方氏。在都,國子生,娶趙氏。在青,未聘。女六人。孫二人:仲舉,在浚出。留舉,在延出。女孫二:一在浚出,一在建出。其嫁娶皆名族,詳長公子在浚自爲狀。諸公子皆奇才,世其家學,而在浚尤以詩文重於世。於某月日,在浚等奉淑人命,葬公於江寧縣朱門鄉梨莊之新阡某山某向,先期速銘,燦謹考公家世而銘之。銘曰:維周之先,遠有代叙。初尚塞連,掌故失所。爰自趙宋,曰惟匡公。起家進士,世居江東。石城之山,金沙之井,條葉芬芳,閥閱嚴整。參軍江右,遂徙蒜山。不定厥邑,戍源間關。戍源繼繼,櫟下卜宅。其山叢叢,其水濊濊。孝廉蘭一,實歆實樊。彼顛者傑,茲遜以蕃。孝廉聞孫,世世多有。肇慶自躬,如岡如阜。石四生珀,珀又琥生。有綿瓜瓞,載美世令。三塗嶽鄙,桑弧蓬矢。遂遊大梁,爰其畏壘。篤生封公,娶于帝胄。聿追祖德,是圖是究。遙睇江東,爰始爰謀。以其室歸,順舟乘流。匡公厥緒,實維再造。嬡德娠賢,恭服胎教。封公之德,簿佐暨陽。女冤雪泣,婦婤死償。于公之獄,必昌其子。其子伊何?鷟停鵠峙。讀書萬卷,談兵緒餘。活人百萬,載鬼張弧。進騎虎尾,退書牘背。荔支連枝,嶺梅零蒂。太平機關,讒人枋之。雖無日月,而有口碑。公觀太虛,蠓蠛遊下。羊意蟻知,塵埃野馬。江南之水,菡萏所家。江南之山,乘雲爲車。琢石銘葬,文章事業。子子孫孫,猗蘭奕奕。(《賴古堂集》附錄)

墓碣銘

四明姜宸英撰

　　故江南布政司右參議、前户部右侍郎櫟園周公,卒於江寧之里第,訃聞,士大夫相與哭於朝,曰:無與事吾君矣! 野之父老子弟相與哭曰:誰爲活吾者矣? 而四方之士哭之,無識不識曰:已矣,吾無與爲善矣。蓋公以恢廓弘濟之才,嘗忘己狥物,拯時之艱,宜其永爲斯人所倚庇,而一旦賫志以死,故其悲思之深如此。然公之道嘗嚮用於朝矣,已乃屢起屢躓,經歷憂患,瀕死者數四。終困謠諑,幾不自免,則公之可悲者,當不待於其既死之日也。嗣子在浚日抱其遺書而泣,念日月愈遠,又懼無以慰悲者之心焉,遂撰次行事,就廣陵屬某銘其幽。某謝不敏,則曰:"子無辭,先君之志也。"謹按狀:周氏世金陵人,始祖匡,仕宋,參江西撫州軍事,因家焉。其後三徙,定居櫟下。至公祖,贈鴻臚寺序班廷槐,遊大梁而樂之,因占籍開封,遂爲開封人焉。鴻臚生子文煒,即公父,國子監生,任諸暨簿,能不卑其秩,數以事與令抗。德施於民,然終以不合解去。公年弱冠即挺拔,海内名士餘姚黄宗羲、南昌陳弘緒輩,皆千里定交通殷勤,時輩固側目避之矣。其天性儻蕩不羈,飲酒歌詩,意谿如也。庚辰,成進士,授濰令。是時山左蹂躪,所望無堅城。濰被圍久,公以一書生乘障,親集鏃其身,城以不陷。事聞,會徵天下廉卓,行取授浙江道監察御史。未幾,京師破。乙酉,詔起公以御史招撫兩淮,尋改兩淮鹽法道,陞海防兵備道,遷福建按察使。踰年,陞右布政,尋轉左,首尾在閩八年。其以按察駐節邵武也,邵武在萬山中,嘯聚彌山谷,城外烽火燭天。公權宜治軍事,募敢死士,日開門轉戰谿谷間,多所禽獲。夜則獨坐譙樓上,仰天長嘯,賦詩高詠,衛士擊刁斗聲中夜與相聞。事少間,建詩話樓祀宋嚴滄浪其上。召邑諸生能詩者,益日與倡和,境内益安。任左方伯,勅州縣嚴絶火耗。里正領解至省不時,至即收兑還,無隔宿留者。後有給發出之,封識如故。仍大署四木牌堂上,示吏民無欺,小民受惠至不貲。而後謗者猶摭拾不根以相誣陷,蓋公名高,爲時所忌,又骯髒數自負其能,失當事旨。自爲右藩時,屢奉檄,歷署建南、汀南、漳、泉諸道,皆數反側危地,人所畏却不敢就,公獨单車往來鋒鏑中,百方經略,所至輒見紀。故自内召出境及被劾還質,質竟傳逮復入都,百姓皆扶老攜幼,頂香迎道左,争奏酒食勸盡觴。或閉户撤橋梁,阻行不得,則號哭聲動天,竟數百里。已乃建祠立石俎豆之。自其去淮南時已然,而蒞閩最久,故民德之益深。長老相傳,自來方面使臣去任無若此者。閩詩人高兆作《四泣記》記其事。初,公以都察院左副都御史徵,上章言閩事,報可。又密有所建白,言激切,頗摘抉用事者。驟擢户部右侍郎,而聞者咋舌,曰:禍始此矣!未幾,督臣果飛章誣劾,奉詔赴閩勘。比到,前督已罷去,吏民日守府訟冤者以百千計。按察使與五司理會鞫得其冤狀,列狀上中丞。時久旱,牘具,大雨澍。民爲作歌,曰"束卷雨"云。復逮下刑部訊。秋,有詔朝審,部院大臣下及各科道官東西以次列。有頃,兩吏舉大篋,前後獄詞凡數十案,滿篋置中庭。公亦自列狀一通出袖中,傳示諸大臣。諸大臣讀未竟,於是大風從西北起,揚塵沙蔽天,旋入庭,從手中掣所讀紙,直望空去。人吏披靡,天地晝瞑晦,人對坐不見面,公獨跪階下,叩首呼冤。口不得發,默自念曰:"天豈哀我耶?吾死生此刻決矣。"良久風定,冢宰倡言曰:"天意如此,此獄可疑。"於是同列者齊聲應曰:"可疑。"堂上下環列數十人,無一誰何者。故事,獄上可疑者,報聞即釋。而是時適傳恩赦,凡已論囚概減等,公反以赦例,當隨輩徙塞外,待春發遣,緣大行遺詔免。尋以僉事出爲青州海防道。公生平喜爲詩,凡按部所過,山川風俗及臨陣對敵,呼吸生死,居閒召客,讌飲諏詞,吹彈六博,揄袂獻笑,無不以詩爲遊戲。心拈口授,吏不給書,而頌繋前後數年,所得詩尤多。方坐獄,堂下健卒猙獰立,銀璫纍纍,呼暑聲如沸。手挐據地,顧五伯乞紙

筆,作《送客遊大梁》詩二十截句,投筆起對簿,詩語皆驚人。素與黃山吳宗信冠
五善,吳從公獄中。其爲《北雪詩序》略曰:"記初冬,余與冠五夜坐爲詩,漏下數
十刻,嗚嗚吟不止。或至心傷,則相對泣。嘗對臥薄板上,已解衣臥,忽聯句成,
兩人擁敗絮,從口吻中濕不聿,露臂爭書,薄板躍起,短燭撲滅,一笑而止。"其高
致如此。按青治如在閩時,陞參議江南督糧道,欲有所施設,復遭劾,解職聽勘,
事畢尋卒。公材器揮霍,善經濟,喜議論,疾齷齪拘文吏。當大疑難,剚斷生殺,
神氣安閒,無不迎刃解者。自笶仕即在兵間。尋擢臺職,益欲以意氣自奮,不幸
遭亂歸。才爲時需,十年之間,晉歷卿貳。然時時與世牴牾,關木索,嬰金鐵,搶
地而呼天者數矣。庚戌再被論,忽夜起徬徨,取火盡燒其生平所纂述百餘卷,曰:
"使吾終身顚踣而不偶者,此物也。"辛亥冬,某遇公西陵佛寺,留飲,歷數其少年
來意中得失事,拊几瞪目,太息謂余曰:"吾與子相見今無幾,今我六十,子歸,爲
我作《恕老堂酌酒歌》而已。"恕老堂者,公所居著書處也。余渡江,詩不果作,然
竊嘆公之才,其轗軻歷落而老且衰,於此視其中,默默如不自聊,將遂已也。循公
之迹,考公之志,則古之大人君子,其身尊名立,人望之若不可及,而當其壯年逾
邁,俛仰身世,出處盛衰之故,其皆有不自得者乎? 則夫世之辭富貴而就貧賤,寧
獨善其身,以實生民之休戚理亂於不顧,至於老死而不悔者,彼亦誠有所激也。
嗚呼! 可以知公矣。公好獎與後進,嘗實一簿,坐上與客言,海內人才某某,輒疏
記之。諸所嘗經過,雖深山穴處中,物色無不到。見少年能文士,觭辭隻韻,立爲
延譽。或數屏車騎過之,出其名字。老生貧交,相依如兄弟。微時,館張民表孝
廉所,汴水灌城,孝廉家皆没。挈其遺孤至家,撫視之成立,爲婚娶,買田廬,而後
復之。邀陸生同行入閩,陸道病,爲文禱於神,願減算以易。故人之死,死而厚撫
其家。刻所知王猷定諸人遺稿七八家,掇拾殘缺,手自校讎,所以微顯闡幽,而冀
其必傳者,未嘗不三致意也。其爲文,溯司馬氏以來及於廬陵。詩宗子美。然機
杼必自己出。語矜刜獲,不蹈襲前人一字。劌鉥湔濯,而歸之大雅。尤嗜繪事及
古篆籀法,每天明,盥漱出外舍,從容談説古今圖史、書畫、方名彝器,皆條分節
解,盡其指趣。客退,則手一卷,燈熒熒然至夜分歸寢以爲常。所著《賴古堂焚餘
詩文集》二十四卷,他所編輯數十種。公諱亮工,字元亮,別號櫟園。元配馮淑
人。生子五:長在浚,貢監生,考充官學教習。次在延,庠生。在建、在都、在青,
皆國學生。孫男女四人。公生於某年月日,卒於某年月日,享年六十有一。將以
某月日葬於某原。銘曰:謂莫知耶,爲大司農;謂逢其時,胡蹶而終? 詭譎僃規,
滑稽乃容。余不忍爲,奡辭固窮。泉山巍巍,滔滔大江。文蒸武施,唯公予功。
公之德威,汔於數邦。肆我文辭,硠鍼礕礱。萬派千枝,於海朝宗。如賁待槌,如
懸待撞。晚歷欸嵜,益放而洪。誰其司之,命彼祝融。悠悠我思,蒼蒼彼穹。北
山之崖,嗟櫟園公。(《賴古堂集》附録)

櫟下先生行狀　　　　　　　　　　　　　　　　　黄虞稷

　　先生姓周氏,諱亮工,字元亮,河南開封府祥符縣人。先世居金谿之櫟下,因自號櫟園,學者稱之曰櫟下先生。始祖宋進士匡,本家金陵,以參撫州軍事,留居撫之金谿。先生大父封鴻臚寺序班前山公諱庭槐,始遷大梁。迨先生父封布政如山公諱文煒,復居金陵,娶封太淑人朱氏,生先生。故先生籍大梁,而實白下也。先生生與群兒異,未十齡,已嶄嶄露頭角。如山公以太學生主暨陽簿,有惠政。暨人見先生者,咸喜曰:“高於門者,必在是。”稍長,業制舉義,操筆即不作凡語。艾千子先生驚異之,曰:“斯文不墜,賴有斯人。”新安吳衆香開社白門,先生與餘姚黄太冲、桐城吳子遠與焉。吳人林雲鳳贈之詩,有“慈恩他日題名處,十九人中肯見容”之句。蓋先生與黄、吳年皆十九。其後先生與子遠皆成進士,卒如所期云。居白下,厄於小試。走大梁,受知於祥符令北平孫北海先生,郡邑試俱第一,補博士弟子員。己卯舉於鄉。主司得先生牘,曰:“此非中州士也。”得雋日,引見先生,詢知籍於南也,顧侍者而笑。及程文出,海内傳誦。其所爲《孟子知言養氣義》,學者至今誦習之。時孫先生方以給事中督中州餉,駐歸德。榜發,先期張筵坐廳事,戒鼓吏曰:“周生捷音至,非時,鳴鼓以聞。”漏四下得報,爲浮一大白。明年成進士,筮仕山左之濰縣。理繁治劇,袪弊發奸,見者以爲老吏。濰俗相沿有三大害:一臨清米累,一櫃書征解,一驛遞雇役,民病莫堪。先生莅事未三月,悉除去之。癸未,舉天下廉卓吏十人,先生行取爲浙江道監察御史。甫受職,而有甲申三月之變。先生矢死不辱,間關南還,定省白門,侍兩尊人於家,若將終身。未幾,王師下江南,首命先生以原官招撫兩淮。先生爰生民之故,出而應命。兩淮底定,初設鹽法道,即以先生任之。時廣陵方罷兵燹,丘墟彌望,商家經屠剪後,喘息未蘇。而積鹽未徹,曰垣鹽者,以商散亡,皆没於官。先生百計招來,請以垣鹽還商,俾失業者咸服其舊。又請捐舊餉,行新鹽。商人鱗集,國課用裕,東南元氣賴焉。遷海防兵備參政。方干戈甫戢,兵恒弱民,動輒乘釁構難。先生曲爲調劑,俾居人樂業,悍卒俯首受法度。又爲民贖被俘子女,及置義冢掩兵死之骸,揚人祠祀之。丁亥,擢福建按察使。閩地初定,山海間反側不常。先生由江右杉關入閩,抵邵武,寇阻不前。先生即郡治莅任,共爲城守。斗大孤城,烽火四集,晝則披甲持戟以戰,夜則獨坐譙樓中,磨盾賦詩,意氣自若。叛將某者,以計窮來降,窺知城中單弱,復與賊通,謀以夜四鼓翻城。先生廉得其情,密戒鼓吏通夜祗二下,勑甲士夜半聲礮,攻其無備。賊倉皇無措,殲叛卒三千人。四山賊聞之,焚營逸去。邵武爲八閩上游門户,與江右接壤。時方有金王之亂,邵武全,則江右亂兵不得入,而建寧之賊亦不得與江右通。八閩以寧,先生之功大焉。賊退道通,先生驅車入會城。閩監司方乏人,先生以臬憲兼攝兵備、督學、

海防三務。專理旁應，事無留滯。俄遷本省右布政使。時兩粵亂，廷議欲以兩廣
督府用先生。或以先生治閩久，得閩人心，閩未大定，未可去閩，乃留先生。而一
時閩疆有萑苻警，即以付先生治之。於是上杭曾省之亂，則有汀南道之委；建寧
陳和尚之亂，則有建南道之委；邵武耿虎之亂，則有守建道之委。最後廈門寇屢
破漳、泉外邑，漳郡被圍數月，死者數十萬人，郭外三十里皆戰壘，大府復以先生
署二郡道事。先生從戈棘林中破圍入漳，治芻粟，供軍食，遺民稍稍得生。又贖
良家子女千餘人，招使完聚，捐貲瘞城外遺骸十餘萬。因去而如泉，賓禮遺老，撫
循殘黎，惠化蒸蒸焉。當是時，閩八郡皆先生車轍所至，先生益悉民疾苦，思有以
蘇息之。癸巳，進秩左方伯，乃表率群吏，一尚寬慈，凡一切羨餘陋習，悉禁不入。
郡邑輸餉，隨到隨收，署木堂皇間，閩土始忘征繕之苦。甲午，天子內召先生爲都
察院左副都御史。去閩日，丁壯號哭，老人兒啼，不忍先生行。爭以酒沃先生，先
生爲之盡醉。既至都，慨然念身自閩來，不以閩事告，是負閩兼負國恩矣。於是
特上封章，極言閩事。又以用兵機宜六事上，世祖皇帝俱密封下部，採擇施行。
由是益器重先生，旋陞總督錢法戶部右侍郎。而閩督之事起矣。蓋先生入都時，
閩督某公方履閩任，道值吳撫周公，以爲先生也，訝其不來謁，心嫌之。及所言
閩事，又多不便於己，齮齕先生。而浙帥某者欲締婚先生，先生惡其人，却之。閩
帥某者以誣良爲盜，先生雪之，致鑴帥級。二人亦忕齒先生。遂合謀撫拾莫須有
事，飛章上告。當先生治閩時，鋤豪猾，逐殘殘。如省會五頭社之類，皆頑狡不逞
輩，縱橫鄉曲，爲良民害。先生捕治，悉斃之三木。而一時無賴子從軍來者，多求
爲假令長，肆其貪暴，先生悉驅而去之。其事雖度越尋常，實快人心。當事者因
塗飾以爲先生罪章，下閩中丞勘。閩人爲先生訟冤者千百計。上命先生入閩對
簿，時當事已罷官去，承問者猶首鼠不敢公爲先生白。久之，按察使程公之璐至，
閱案牘，撫几曰："乃有是耶？"奮筆與司李王公仕雲、吳公琪滋等列狀上中丞宜
公，爲先生雪。時閩久旱，牘具，雨大注，閩人爲歌"束卷雨"。已而宜公請告去，
後至者仍以先後讞詞入奏。詔逮下司寇訊，并逮程公等。緹騎至，閩人罷市，闔
城痛哭。父老子弟狂奔扶攜，解橐助裝。或馳詣輦下，效舉幡負鑕故事。先生由
閩而越、而吳，泝廣陵以達燕齊，道中故民人持百錢或數升米享周使君，咸爲聲
冤，至擁舟不前。是時株連瓜蔓者千餘人，榜掠死者數輩，卒無一人誣服。而令
嚴束濕，所司終不敢輕。比以具獄上，世祖皇帝微察先生冤，故緩之未報，而遣大
臣慮獄。先是先生就訊時，海寇乘虛襲閩會城，縱火焚南臺，烟焰灼天，砰礚聲震
地。鎮帥先遠出求他盜，獨中丞在。又請告城中疲卒不盈千，軍儲無十日餉，勢
危亟甚。中丞計無所出。市民倉皇叩中丞馬，請以先生任守禦事。中丞憮然曰：
"吾幾忘司農。"率父老急走先生致懇，而以城西南壁射烏樓屬先生。其地當賊
衝，壁壘庫陋，可扳援而上，人所爭避。先生任之不辭，登陴定方略，部勒偏裨，治

守具，一日夜悉辦。越二日，賊來攻，甲光鱗集，鉦鼓聲震城中。先生晏坐自如。食頃，益薄近。乃徐起審視，親發巨礮。賊中軍甲光亙裂，一道如電紅塵熠熠動，千萬人一時應聲糜爛，三渠帥死焉。詢知先生在行間，大驚，潰圍遁。旦日，中丞復帥郡人頓首謝，而疏先生功於朝，有"物望素隆，士民愛戴"等語。及是，首詢是事，人始知先生功簡在帝心。值朝讞，又有烈風吹案牘入雲中之異。由是冤益白，然猶以例欲徙塞外。會鼎湖德音，釋在繫諸人，先生遂以是歸。今皇帝立，追先皇帝意，録全閩功，準部議，以僉憲起用，遂拜青州之命。先生不以直道屢挫，少自委隨。青土俗號懷磚，奸人多假條次利病，操長吏短長。人復椎魯輕生，往往以小忿自經溝瀆。先生捕治諸不法者，而委曲開諭愚蒙，不厭爲家人絮語，使婦孺咸所通曉，相與傳説感化，悍俗頓易。貧民賴傭力以得食，而逃人令嚴，非操耰鋤者不得爲傭。先生治農具數千以施，貧民賴之。甲辰，青齊大旱。天子捐租，遣大臣賑濟。先生馳傳布綸音於屬邑中衢，取賦役籍立白中丞，民始免黄放白收之弊。又單騎從部臣馳烈日中，察户口貧富，使惠澤不虚。復請蠲沽定湖遍賦，以甦民困。時撫軍爲三韓周公有德，實知先生，故言無不行。丙午，遷江安督糧參議。先生以生長江南，不便涖治，投檄大府，請去。不允。先生久知諸奸胥蠹役蟠踞糾結，漕政大壞，下車即置積蠹三人於法。乃清理弊端，上下肅然，運弁始不得苦有司，旗甲亦不敢苛編户，百姓實蒙其利。乃大不利於諸奸兼伏法之家，啁怨相搆，市虎成訛，投杼致謗，當事不能不惑，而先生拂衣之志遂矣。先生負經濟之才，臨事處機，以鎮静釋危疑，以學古應變難。當備兵廣陵時，告密繁興。有急裝叩軍門，言海陵宦室謀叛者。先生曰："若謀叛，當族。然安知非妄？姑偵之，果叛，然後捕治耳。"越日，偵騎反，固黠奴薫主翁詞也，事得解。一日，戟門閉矣，忽傳撫軍趣議事，欲剿某地賊。促騎頻繁，居民皇懼無人色。先生故徐徐起，敕前後植棨戟，列炬如晝，緩轡至軍門。則士皆彀弩相向，白刃夾道立階下矣。撫軍坐堂上，恚甚，曰："賊起肘腋，待君撲滅之，何遲遲其行也？"先生徐曰："某地果皆賊乎？以某度之，必非是。"因爲撫軍力剖雪之。良久，始曰："君肯以百口保鼠輩乎？"先生應曰："諾。"且請曰："某聞命即來，未晚食。願公爲某治具。"食訖，出呼騎吏，譙讓之曰："撫軍召我會食，向何遽也？"市人皆安，而某地竟亦無賊。閩中居民有結聚自保者，計十有四寨，界在海濱。每秋穫時，海倧來徵餉，民不得已，間輸之以免寇掠。一日，大帥集將士，召先生言："諸寨負固通賊，助餉有狀。"蓋奸人以各寨富實告，諸將利爲之。先生具言其非得已，且力保無異心。因傳諭各寨，具牛酒勞師。大帥乃止。十四寨百萬生靈以全。初令灘，值明季板蕩，山左無堅城。先生矢死登埤，裹創血戰，瀕死者數。敵盡鋭來攻，城將頹矣。天大寒，先生夜以水沃城，天明悉爲堅冰，瑩如玉璧。敵驚顧，不敢攻而退。先生一夕被酒，舉此及在閩定變、通夕漏僅二下事語稷云："此皆昔人已行之法，予從史傳得其意,惜世人不多讀書也。"因縱言當日嬰城血戰事,酒酣耳熱,鬚髯怒張,唾壺欲缺。然後知世之不究用先生,而先生亦隱然負有才不盡用之憾也。嗚呼惜哉! 先生方頤豐下,目光如電,性駿爽,事至立斷,有言必發。事兩尊人備極孝養。當西曹對簿時,兩尊人先後卒,不及親含殮,歲時酹酒墓下,哀泣如初喪。與弟太學公友愛,數十年如一日。歷官俸餘,僅得二莊,析產日,舉以與之。少以文字受知於中牟張林宗先生。壬午,汴城湮,張先生没於水。先生求得遺孤允集,撫之於家。俟成立,贖其遺產以歸之。復搜集遺文,合中州先輩秦京、阮太冲、王王屋集梓行。南陵盛此公爲髫年交,不得志於時。語先生曰:"余不久人世矣。子曠代才,他日必貴顯。若擁旄江上,題吾墓曰:'盛此公埋骨處',於願足矣。"及先生官廣陵,檄南陵令勒石墓道,且贖其田供盛母饘粥,贖其書屋祀此公於中。故溧水令馮公派魯,先生配馮淑人兄,又從妹夫,罷官後以貧死,遺三喪未葬,子震等稚弱無歸。先生爲之畢喪葬,育孤幼。又令震就學於署,學成,始歸之大梁。他如葬詩人陳鴻、趙珣之骨,爲林茂之買墓田,刻豫章王于一遺文,及嫁娶故人子女,猶未易悉數,而三事則卓然耳目間者。先生於書,四部六籍,靡不綜舉,摽新領異,務歸雋永。論詩文,服膺前脩"當使移易不動,勿爲馬首之絡"之語,惡貌爲八家者。每嘆曰:"舉世爭尚歐、蘇,以掩其不學。正不如齊、梁之駢麗,尤非空疏所能辦也。"自爲文,氣勢生動,淋漓波折,摹寫曲盡大要,以龍門爲宗,而以盧陵爲導。詩則膚七子,戔竟陵,薾驛騎兩家者。尤嗜吟詠,不以憂虞疾患廢。在西曹,獄事方急,鐵衣周羅戶外,先生與黃山吳冠五擁絮共爲詩,漏下數十刻,嗚嗚不止。又嘗於對簿時,從榜笞呼詈聲中,借伍伯之聿作《送閩士徐存永遊大梁》二十絶句。其興寄如此。生平喜士如飢渴,官轍所至,山陬海澨,有以讀書能爲文名者,必枉車騎過之。有可致者,即爲拂席開閣。或又令進其所知,使耳目間不遺一士然後快。得一善,力抽揚之,惟恐不及。後生小子,一語近道,不惜齒牙獎借。修士隱淪、著作不顯著者,務表章之。所選尺牘三集,闡幽之功尤多。海陵吳塈人苦吟海畔,人無知其能詩者。先生序其詩,板行之,天下皆知有詩人吳塈人。在濰時,合萊郡士爲文社,首拔十六人,成進士者十二,若單公若魯、法公若真、宋公可發、匡公蘭馨、王公垓、王公如辰皆爲名世。壬午分東省闈,得王公斗樞爲省元,而李公呈祥尤以氣節著者也。讀書好古外,頗嗜繪事及圖章。以爲古人左圖右史,可以觀物怡情。而印章者,借篆籀以考究六書之學。故於二事尤精鑒別,當世有經指示者,咸成名家。然恒寓意而不留,故稷序《讀畫樓詩》云:"先生無破壁發冢之癖,無據舷没水之溺。正如坡公所云:'烟雲過眼,百鳥感耳,皆逝而不留。'"先生頗以爲知言云。天性嗜飲喜客,平居未嘗一日無客,客至未嘗一日不設酒。談諧辯難,上下今古,旁及山川草木,方名小物,娓娓不倦。觸政拇陣,叠出新意,務極客歡而去。易簀之後,遠近聞者咸有風流頓盡之嘆。嗚呼惜哉！先生臥疴時，稷時往起居，猶爲稷言生平愛許有介書法，欲爲勒石以永其傳，命稷盡出往來詩卷及求之他家所藏，以待礱石。間一二日偶以事未往，夜夢先生如平時，云將有遠行。醒而念先生病甚，斯言得無不祥乎？急如先生所，而已復魄矣。嗟乎！斯言莫踐，知先生猶念亡友也。先生生於萬曆壬子四月初七日子時，卒於今康熙壬子六月二十三日午時，得年六十有一。娶馮淑人，太學馮公育民女。六子：長曰在浚，貢監生，國子監官學教習；次曰在揚，殤；次曰在延，祥符庠生；次曰在建、在都，俱國學生，皆能世先生之學；季曰在青，幼。六女，婿爲壬子舉人王廷棟，庠生張質、顧淳，國學生佟世慶、王者垣，蔭生、候選治中楊戀倫。孫男二，孫女二，在浚出者一男一女，其一男在延出，一女在建出。餘俱詳行述中。先生著述，有《賴古堂焚餘詩文集》二十四卷、《因樹屋書影》十卷、《閩小記》四卷。其編纂諸書，有《賴古堂文選》二十卷、《鹽書》八卷、《同書》八卷、《蓮書》四卷、《字觸》六卷、《尺牘新鈔》十二卷、《藏弄集》十六卷、《結鄰集》十六卷，俱行於世。別有《讀畫樓畫人傳》四卷、《印人傳》四卷、《刪定虞山先生詩人傳》四卷、《入閩紀》一卷、《耦雋》二卷，藏於家。嗚呼，先生豐功偉績，文采風流，彪炳中外，爲宇內所欽式、士林所依歸者數十年。迹其生平大略，其吏事精能，撫戢殘暴，則如張乖崖；其屢更盤錯，乃別利器，則如虞升卿；其文章名世，領袖後進，則如歐陽永叔；其博學多聞，窮搜遠覽，則如張茂先；其風流弘長，座客恒滿，則如孔北海；其心好異書，性樂酒德，則如陶淵明；其敦篤友朋，信心不欺，則如朱文季；其孺慕終身，友愛無間，則如荀景倩、李孟元。至其登朝未久，試用不盡，則如范希文；而遭讒被謗，坎壈挫折，又如蘇長公。今大事有期，貞珉待勒，令子在浚思所以不朽先生者。以虞稷夙蒙一日之知，屬爲先生狀。竊愧不文，不足以盡先生。但就在浚所叙行述，點次其大者著於篇，而間出一二睹記於先生者，以補所不逮。而仰候當世立言君子採擇焉。（《賴古堂集》附録，又見《廣清碑傳集》卷三）

行 述
不孝孤子在浚述

　　嗚呼！不孝孤尚得稱人子哉？先大夫見背二十八日，不孝孤自北都歸，途次始得凶問，泣血奔號。又四日，始得抵舍。撫棺躃踊，呼天搶地之無從也。不孝孤尚得稱人子哉？伏念先大夫年齒僅週甲子，素稱康健，而天奪如此之速，俾不孝孤不復更承一日歡。即求一面訣，親視含殮，亦不可得。上瞻慈顏，旁顧煢煢諸弱弟，不孝孤痛欲死者數矣。氣息奄奄，一切不復知所云何，獨念先大夫宅兆未卜，無所歸息，而又不得當代大儒鉅公之一言，以不朽先大夫於永世，則不孝孤雖欲從先大夫於地下，目終不瞑。於是强自視息，默計所以述先大夫行誼始末，以當大君子之觀覽採擇。而言之不文，又出於肝腸摧裂之餘，幾何能罄先大夫萬一耶？不孝孤先世自始祖宋進士匡公，世居白下金沙井。後以參江西撫州軍事，留居治所。已徙撫州之金谿蘇山，又徙戌源，數傳至鄉貢進士蘭一公，遂定居櫟下。至高祖石四公生珀十一公，珀十一公生琥二十四前山公諱庭槐，爲不孝孤曾大父，以先伯祖文卿公封文林郎、鴻臚寺序班。前山公遊大梁，遂家焉。娶喻太夫人，生三子，長即先封公，誥封嘉議大夫、福建布政使司左布政使如山公。如山公娶故明昨城王朝墅公女朱太淑人，復居白下，遂生先大夫。先大夫生而目光如電，襁褓中與常兒異，見者咸謂先世積累之應。未十齡，已讀等身書。時先封公以撫顧兩幼弟，家貲中落，敝篋遊南雍，久無所遇，慨然嘆曰：“丈夫焉能墨守章句，少親吏事，亦足庇一方，必高第自見耶？”于是出參暨陽。先封公不以秩卑自解，凡事不便民者，力爭於令，必得當後已。先封公嘗夜出，聞戶内女子絮泣，趨詢之，女吳興人，北里朱某計購之，渡江，逼與蕩子夜合，女弗從，日鞭扑無完膚。先封公置朱子法，遣役召女母與俱歸。有婦妒妾，以炮烙立斃者，屬先封公往驗，先封公痛治之。夫復欲生婦，曰：“毆婢無死法。”先封公謂：“即毆婢無死法，創非刑斃人，固當死。”奮筆予死。後令亦謂毆婢無死法，反扑妾父，數千人群飛礫擊令，曰：令乃不簿若。先封公參暨不避强禦有如此，其他惠政不可盡述。暨人德先封公不置，見先大夫，喜曰：“盛德必昌其後，高于門者在是矣。”及先封公旋白下，先大夫猶在成童，攻舉子業，甫落筆，便空群彦。時豫章艾千子操選政，目空一世，見而驚異曰：“此道復振，賴有斯人，異日功不在昌黎下也。”又數年，返大梁，受知於祥符令、今吏部左侍郎太子太保致仕北平孫公承澤，郡邑試俱第一，補弟子員。己卯，舉於鄉。時孫公行取刑垣，復督餉中州，駐節於歸德。發榜日，張酒筵，坐廳事，命鼓吏曰：“祥符周生捷音至，當非時撾鼓以報。”漏四下，得捷音，公爲浮一大白。闈牘徧海内，至今學者誦習之。中州文風丕變，自先大夫始也。庚辰，成進士，釋褐得山左之濰縣。濰，劇邑也，事繁叢弊，先大夫以書生受事，迎刃而理。濰相沿有三大害：一臨清米累，一櫃書征解，一驛遞催役。先大夫下車未三月，諸弊盡除，濰人至今尸祝。濰俗多椎發任俠之雄，爲群盜藪。先大夫身率健兒，躍馬前出，賊各錯愕避去。人稱張子高、尹京兆復出云。政事之暇，獎藉文士，無遠近皆以文藝就質。因興起濰社，合萊郡士甄別之，首拔十六人。不六年，成進士者十二人。其最著，則前秘書院侍講江南布政使司布政使法公若真、廣東布政使司布政使宋公可發、吏部郎中匡公蘭馨、前御史候補内府科王公垓、户部福建司主事王公如辰、侍讀學士單公若魯，皆勳名奕奕炳天壤。壬午分房，首薦王公斗樞卷，當事取冠多士，成進士，官至户部員外郎。而翰林侍講學士李公呈祥亦是科所得士，更以氣節鳴當世。是時，山左板蕩，相望無全城。先大夫誓死登陴，擐甲帶劍，身中箭創，瀕死者數，城卒賴以無恙。癸未，舉天下廉卓陳子龍、湯來賀、夏允彝、何起鳳等十人，先大夫與焉。行取授浙江道監察御史。甫受職,而有甲申三月十九日之變。先大夫急遽投繯,家人強救得甦,晝夜環守,遂與張錦衣鹿徵微服避浣花菴。越夕偕鄭中丞二陽逸出,遂歸白下,省先封公暨朱太淑人。時南北隔絕,道路荷戈起者林立。至德水,城上忽發大礮,舟不得進。中有識先大夫者,曰:"是公,前濰令也。記入都時,濰人越千餘里,然香結隊哭送於此,非好官安得民情如此耶?"遂衛先大夫南下。時江南立弘光帝,馬、阮之黨用事,錦衣馮可宗羅織,謂公從賊,論下刑部一再訊,卒無實據。詔復故官,而馬、阮必欲公劾劉公宗周,始肯授以職。公笑謝之,乃奉兩尊人隱于幽栖牛首間,不入城郭。未幾,王師下江南,以御史招撫兩淮,尋改兩淮鹽法道。鹽道之設,自先大夫始。時維揚方經剪屠,彌望丘墟。先大夫百計招徠,請以垣鹽還商,俾失業者咸復其舊。諸商鱗集,請削舊餉,行新鹽,盡蘇商困,課日以裕,國家元氣賴焉。陞海防兵備道,憫恤遺黎,撫綏凋瘵。是時地方初定,守兵蔑視小民,居爲奇貨,動輒乘釁搆難,比屋驚疑,迄無寧晷。先大夫身爲卵翼,務使人人樂業,驕悍俯首受法度。嘗爲民贖被俘子女無筭。廣儲門外,白骨成山,置義塚埋之。是時,告密繁興。一日,有急裝者自北來叩轅門,踞地坐,諸將士倉卒不知所爲。先大夫直前曰:"吾奉命來治此地,事當告我。"急裝者探腰下出一牘,背耳語良久,則海陵黠奴薑宦室者反詞也。先大夫曰:"若誠反,當族。然安知非奸民搆陷?弟君馬乏,且休之,命驛騎及吾廄馬以去。"急裝者喜。越日,偵騎回,則黠奴言果妄,事乃解。一日,寢閣矣,諸將譁曰:"撫軍趣議事,且言速命駕,一市盡驚。"先大夫佯臥不起,敕前後植棨戟,列炬如晝,然後起。起徐行,撫軍催騎道相望,轅門轂弩相向,堂下白刃夾道立。撫軍素剛鷙,坐堂上,見先大夫至,恚甚。良久曰:"吏報某地賊起,吾待公至,將急撲滅之,奈何來姍姍者!"先大夫曰:"以吾料之,必無是事。"撫軍憮然曰:"觀察能以百口保鼠輩乎?"先大夫應曰:"諾。"且請曰:"適倉卒未蓐食,煩公爲某置食。"食訖,出呼騎士譙讓之曰:"撫軍趣吾會食,向驚呼奚爲者?"市人皆謂傳聞實謬,某地亦無所謂賊也。撫軍舊有標兵,議立營房,海陵之民惶懼不知所出。先大夫切陳不可狀,撫軍爲罷營房。先是,兵備道率駐海陵,至是,奉撫軍移駐廣陵。海陵之人相與謂曰:"我公吾儕賴以生者,安可一日去耶!"相率人然一香,奔海陵署,願留公永駐,香烟繚繞至不辨堂上下。平時巡行,往來廣陵、海陵、高、寶間,舟行至界,百姓郊迎數十里外,牽舟挽索,城中設香案,老穉匍匐仰視,皆曰:"我公來矣。"郡城建立生祠祀之,刻石紀功,至今過其地者,多徘徊不忍去也。治狀上司勳,天子嘉先大夫績,擢遷閩臬。去廣陵日,傾城遮留,如失怙恃,號聲動天地,先大夫灑淚以行。時王師初入閩,山海之間,叛復無常。先大夫從杉關入邵武。邵武去省會尚七八百里,在萬山中,爲江右門戶,又八閩上游,斗大孤城,無兵無餉。先大夫既至,進不能達會城,遂于郡中蒞任,身任城守責。城外烽火燭天,士民皇皇無所措。先大夫日則率健卒,披甲持

載戰山中,夜則獨守城樓,磨楯賦詩,吟哦之聲與刁斗相間。建詩話樓,祀宋嚴滄
浪其上。拔邑諸生能詩者,日與倡和,有《萬山中詩》之刻。與叛將秦、熊等相持
八閱月,計窮來降。先大夫察其詐,恩結之。秦、熊窺城中無餉,外無援者,敢戰
之士惟先大夫,蒼頭百十人餘,老弱不足慮。乃與其黨謀,以某夜四鼓復叛屠城。
其部下有爲先大夫用命者,日暮叩戟門告變。先大夫秘不發,惟密戒更鼓通夜祇
二下,敕甲士夜半舉礮,攻其無備。賊多在夢中,間有甲者、炊者、擁良人婦臥者,
驚謂兵從天降,未三鼓而殲叛卒三千人。四山之賊聞之,皆焚營寨逸去,邵武遂
成安土。江右亂兵不敢過邵武一步,而建寧之賊亦不能與江右通,以故王師得一
意收復建寧,而無上游之慮。閩省既粗定,有司乏人,先大夫既入會城,以臬憲兼
兵備、督學、海防三篆。當是時,群盜滿山,百姓無聊賴,桀驁之徒從軍來求爲假
令長,星置碁布郡邑間。先大夫逐妖吏,鉏豪強,除侵漁之弊,撫綏流亡,閩省賴
以安。己丑,先大夫念先封公、朱太淑人春秋高,求代覲,過金陵,旦夕省視。無
何,復入閩,已,遷閩右方伯。兩粵亂,廷議先大夫嫻兵事,以兩廣總督推。會有
以先大夫治閩久,得閩人心,閩亂未大定,宜仍留閩。而大府有忌者,凡閩疆有萑
苻警,即以委署。如上杭有曾省之亂,則委代汀南道;建寧有陳和尚之亂,則委代
建南道;延平有吳賽娘、邵武有耿虎之亂,則委代守建道。先大夫惟命是馳,或戰
或撫,所至無不安堵。最後海寇鄭成功復據厦門反,漳、泉間無全城,圍困漳州數
閱月,兵民死者七十餘萬人,三十里內外皆戰壘。王師赴援,雀鼠告匱,大府復以
漳、泉屬先大夫。時先大夫代守建道,奉命即行,從金戈鐵馬中破圍入漳,鳩遺民
守之,治芻粟,繕軍實,民殆不知用兵者。稍稍復業,贖良家子女千餘人,招民認
視,不十日皆完聚。漳南城外骸骨堆積纍纍,先大夫蠲貲,令標下守備霍君時御
掩埋之,限日册報,約十餘萬。署泉,泉去漳近,治泉亦如治漳。漳、泉濱海負山,
其中居民各結一寨,以聚宗族,計十有四寨。是時海艦出沒不常,每秋熟輒來徵
餉,百姓爲之困憊。以其界於兩岐,又不敢不應。一夕,大帥集將士,召先大夫,
言諸寨負固通賊助餉,當屠滅,而士卒已具甲。蓋奸民以各寨富實告,諸將利爲
之。先大夫具言其不得已狀,以身保其無他,傳諭各寨牛酒勞王師。大帥遂止,
十四寨百萬生靈,全于先大夫一言。癸巳,遷閩左方伯。本朝定鼎以來,漢人無
爲左轄者。有之,自先大夫始。先大夫歷徧閩疆,備悉民間疾苦,思有以噢咻蘇
息之,表率郡邑吏,一以寬慈爲尚,凡一切漏規,盡皆除去。大署二牌於堂:一云
"收銀不用火耗,發銀即是原封";一云"批到即收銀,收完即領批"。一時閩土殆
忘征繕之苦。省會多狡獪不逞之徒,結五頭社,縱橫鄉曲,良民受其害,有司不敢
誰何。先大夫擒治,皆伏法。甲午,擢都察院右副都御史。方伯內召,亦自先大
夫始。計先大夫在閩前後八載,去邵、去漳、去汀泉、去延建,百姓攀轅臥轍,號哭
震天地。去省之日,至於閉門毀橋梁,不使先大夫行。有孺子百餘人,望而號曰:

"小人皆公至始生者,使公不活我父暨我母,安得有某耶!"遮道不使去,先大夫亦哭失聲。自藩署達洪塘,三十餘里,香烟不絕,三步五步設酒筵,先大夫各盡一觴,至大醉不忍却。至白下,拜先封公暨太淑人於子舍。初,先大夫在閩,以道遠不及迎養,請告之書十餘上,大府以無例不肯代請。既歸,依依不欲行。先大父責以大義,謂本朝漢人内召自爾始,不次之恩大矣,奈何以私情顧戀耶?先大夫涕泣承命,勉行至都下,慨然曰:"身自閩來,不以閩事告,是負閩且負國恩矣。"于是特上封章,極言閩事。世祖皇帝密封下部,旋見施行。又以用兵機宜六事,世祖皇帝亦秘之,後俱蒙採擇行之。由此深見器重,擢總督錢法户部右侍郎。未閱月,復推少宰。當先大夫入告閩事時,聞者咋舌,曰:"禍自此始矣。"未幾,爲閩督佟代所搆。是日,先大夫適奏事便殿,世祖皇帝顧問甚温,趣賜茶。見近侍手持章奏,顧之微哂,語秘不得聞。先大夫出,乃知即讒疏也。得旨,令先大夫引奏自白。奏上,立報可。事下閩中丞勘,而先大夫以本官待命於邸,蓋異數也。時代尚在閩,將以意爲獄,毛繁煅鍊,無不備至。後奉上諭赴閩對簿,及至閩,則代已罷官去。閩人擁先大夫訟冤者日千百計,承問者優游不敢決。未幾,海寇乘虛入,樓船揚帆如蟻,并力疾趨,以襲會城。縱火焚南臺,烟燄灼天,砰硠之聲震地。時中丞宜公請告,而大帥又遠出求他盜。孤城晝閉,城中疲卒不滿千,無十日之需,勢甚危急。中丞引官屬坐睥睨旁,計無所出。市民聞變,倉卒群呼曰:"是非我周公不可!"中丞左右顧曰:"吾幾忘司農,司農固數四保全閩疆者,事急矣,全城之策,誠非司農不可。"乃躬率紳衿父老,致詞先大夫。先大夫逡巡讓,謂孤臣待罪,不復知旦夕,安敢以國事倖。中丞屬益篤,固請再三,而以西南壁所謂射烏樓者屬先大夫。射烏樓者,當賊衝,城又最卑,手可攀而上,分守諸公所爭避,先大夫任之不辭。于是相率登陴,進長吏、偏裨定方略,部勒父老子弟,守具一日夜悉辦,刁斗、斥堠如大軍壁壘。越二日,賊攻西南隅,甲光鱗集十餘里,鉦鼓聲震城中,屋瓦皆飛,先大夫晏坐自如。食頃,益薄近。乃徐起審視,親發巨礮,賊中軍甲光亘裂,一道如電紅塵熠熠動,千萬人一時應聲糜爛,三渠帥死焉,賊大潰。夜雨,賊復合,負木扉乘雨急攻。先大夫麾前蒼頭子弟下矢石,身以大黄射賊。當賊合圍時,不知先大夫在行間,至是揚言曰:"若昔所恃惟周公,今去官,若輩宜早下我。"先大夫免胄示之,賊大驚,乃宵遁。旦日,中丞以下群詣先大夫,謝曰:"閩人士自今以往之歲月,公延之,毋論吾屬矣。"中丞疏于朝,有"物望素隆,士民愛戴,手放巨礮,擊死賊渠三人,餘賊潰遁"等語。先大夫逡巡謝,口不言功,歸聽質之所居。久之,觀察使者上黨程公之璠至,會江寧王公仕雲、武進吳公琪滋、高郵孫公開先、渭南田公緝馨、江右盧公圖龍五司李會鞫具獄,詞甚晰,程公閱案牘,撫几曰:"乃有是耶?"據案草牘,即日列誣狀上中丞。閩久旱,牘具,大雨傾注。民爲作歌曰"束卷雨"云。戊戌,中丞宜公請告去,後至者不敢任,以先後讞辭入奏,詔逮下刑部訊。緹騎至,閩百姓爲之罷市,闔城痛哭失聲,或解囊助裝,或請馳闕下,擁緹騎不得前。父老子弟扶携,效舉幡負鑽故事,緹騎亦感動泣下。閩人高兆作《四泣紀》記其事。至都,頌繫請室中,明年即訊。當是時,株連瓜蔓者千餘人,在閩拷掠死者三人,下司寇斃三木者又二人,有司平反先大夫冤逮及死道路者一人,瘐死者二人,餘皆瀕死者數矣,卒無一人誣服。又一年,具獄。是時,功令嚴切,所司不敢輕擬,賴世祖皇帝察先大夫冤,故緩之。不一月,遣大臣慮獄,首訊先大夫全閩狀,人始知世祖皇帝聖意云。朝讞時,烈風忽起,吹牘入雲中,由是冤益白。廷議猶以例欲徙塞外,會世祖皇帝憑几之際,亟沛德音,釋在繫諸人。呼名及先大夫,内大臣曰:"單有綠頭牌赦爾,爾大臣也,宜望闕謝。"先大夫嘗謂,孤臣始終得不死者,皆世祖皇帝恩也。未幾,則聞今上詔冢宰錄守閩功,而部議以監司用。先是,蒙難日,先封公及朱太淑人相繼即世,先大夫抱終天恨。至是,奔赴白下,痛哭先封公、太淑人柩側,有如初没。營葬後,拜青州海防之命。青州近濰,濰人負老携幼,絡繹道中,望見先大夫旌節,扳車灑涕,謂數十年不得見生我者,復見於此,如孺子之歸慈母也。青故多豪黠,走險不馴,假條次利害便宜,以齮齕諸長吏,諸長吏不敢問,先大夫悉捕案治如法。諸州邑奸胥每持牒横索鄉曲,甚且繫其妻子,所至騷然,愚民不敢白有司。先大夫禁之,著爲令。甲辰,青齊大旱,蠲租之詔初下,先大夫慮吏胥上下其賦籍,恣中飽,遲旦夕,必有以催科致斃者,即馳騎州邑,綸音布諸衢後,始聞之有司,立取賦役籍白之中丞,民受實惠。是時逃人之禁甚嚴,而貧民非力作不得食,乃僱役者無由致訟,惟視携有鉏具者,乃肯予直。先大夫捐俸爲鉏具數千,以施貧民,民賴以得直。青自是遂無竊盜。及天子憫念民艱,遣部臣賑濟。先大夫馳單騎,從部臣暴烈日中,遍歷諸州邑,察貧富虚實,俾人人各得沾潤。沮定湖界樂安、壽光間,産葅葦,賦無常額,朝廷遣重臣四人,丈沮洳地如册,敕中丞諸監司嚴覈之。先大夫遂請蠲連年逋欠蘇民困,報可。而先大夫得行其志者,尤在以至誠感動中丞,知無不言,中丞亦即力請於朝,民受其利無筭。至若青民強魯,輕生健訟,甚有以小忿争搆大釁,冒昧叩闕廷,至計無所之,甘心一死,投繯殞命而不顧者,比比皆是。先大夫委曲開導,娓娓數千言,皆里巷常談,婦人孺子相與傳説,感化盡成,馴俗青齊。《平心録》一書遂爲告條創式,而叩閣及投繯者遂絶。有客過濟南,逆旅偶言及先大夫,主人涕泣曰:"是故生我者。"披帷引客視所奉先大夫生位,且曰:"不獨小人,青齊十萬户,咸如此也。"遷江南督糧道,先大夫以江南生長地,墳墓於斯,姻婭於斯,因上書大府,欲投劾去。大府上之於朝,部議本朝無兩籍例,趣視事。先大夫忽忽不樂,勉强受事。漕餉既號難治,而江南爲尤甚,諸弊叢積,前人遺之後人,後人復遺之後人,不可究詰,胥吏易爲奸僞。先大夫下車即清察積弊,置積蠹三人於法。漕政肅然,有司積欠漸完十之六七。顧督糈急上供,似於地方無責。

然漕粟率取之田賦,漕事既飭,運弁不得苦患有司,旗甲亦不得苛虐百姓。百姓實蒙其利,而大不利於奸吏及旗弁。諸不法者兼伏法之家唧怨相構結,惑亂當事。乃先大夫久蓄拂衣之志,解組日,即閉戶不與外事。明年,事寢,方期不孝輩婚嫁漸畢,放懷爲五岳遊,以舒數年執掌患難之鬱鬱,何圖忽焉微恙,乃遂舍不孝輩逝耶。嗚呼痛哉!先大夫方頤豐下,河目珠耳,吐音若洪鐘,安步如峙,怒而有德容。性坦率,胸有欲言必發於口,人有以非意干者,雖甚至面斥,尋即善遇之如初,每以鯁直見嫉群小,始終自信,不稍挫也。自少至貴顯,事先封公及太淑人備極色養。及今歲時展墓,輒揮淚如孺慕。與家淑人相敬如賓,至庭訓不孝輩讀書勤學外,勅以"居心厚,接物謙。江南華侈,後生輩易爲薰染,願爾等勿效之也"。先封公生先大夫及叔父靖公太學公伯仲二人,先大夫友愛太學公,數十年如一日,朝夕所急,無不先太學公,而後自及。太學公亦事先大夫如嚴父,合爨三十餘年,至先大夫擢憲副,不孝輩漸長,先封公乃分析居。先大夫生平不問家人産,惟置一庄,種柳萬株,將爲歸老計。至此,舉以付之太學公,雖日糴升斗不顧,十餘年來,雖有析産名,實無分彼此也。庚戌,太學公捐館舍,先大夫一慟幾絶,自爲文祭之。屬稿時,淚滿紙上,見者皆感動泣下。撫舍弟在梁,一如己出。故溧水令馮公派魯爲家淑人兄,又不孝孤從姑父也,罷官後以貧死,所遺三喪未舉,表弟震等藐諸孤無所歸。先大夫爲之畢喪葬,飲食教誨,俾震得成立,入學汴梁,有聲庠序。先大夫嘗曰:"可以無媿親誼矣。"張孝廉民表,先大夫爲諸生時有文字知,汴水覆城闉,漂没殆盡。先大夫命太學公覓其遺孤允集於河上,允集甫十一齡,載歸撫之成立。以呼嵩過大梁,携返鄉里,復其故産之爲人佔奪者。南陵盛此公與先大夫爲垂髫交,不得志于時,嘗語先大夫曰:"余不久於世矣,子曠代才也,異日必大貴。若擁節江上,題我墓曰'盛此公埋骨處',于願足矣。"後先大夫備兵廣陵,憶其言,寓書南陵令,爲勒石墓上,贖其田供盛母饘粥。又贖其讀書之屋,祀此公其中,俾其老僕世守之。序其詩文,刻之廣陵。金陵茂才陸可三,亦垂髫交也。嘗從先大夫入闡,行次光澤,得暴疾。疾篤,先大夫爲文禱於神,願減齡延其生。及物故,爲之經紀歸櫬,卜地葬之,爲其子完姻。吳門林若撫老而善詩,庚午秋,吳衆香開星社于高座寺,社中餘姚黃太冲、桐城吳子遠與先大夫年皆十九,若撫賦詩爲贈,有云:"慈恩他日題名處,十九人中肯見容。"蓋期之也。後先大夫與子遠俱登第,惟太冲以明經終。及先大夫官閩中,北上日,訂若撫出山。是日,若撫適病卒,因厚遺其子,爲若撫含殮具。又返故人艾千子之喪于豫章,葬詩人陳鴻、趙珣之骨于閩,爲林古度營窀穸于金陵。先大夫不忘故舊,篤于亡友者,大率如此。其他振人之急,憫人之危,貧不能嫁者助之奩,死不能葬者與之賻,視人之事如己事,不憚忘身救之,以全善類,不可更僕數,而口不自言,人亦未盡知也。仕宦三十餘年,官至卿貳,家無中人産。生平甘淡薄,恒如布衣,自奉有人所不堪者，而以友朋爲性命。客至，必置飲，飲必共醉。坐間常置一簿，與賓客言及海內人才，某某能文章，某某敦行誼，即筆之。以故深山窮谷，有一長足錄者，未嘗不在先大夫意中也。三十年來，在官在難，每晨興即離寢所，出外庭盥櫛飲歠畢，就其處夜分讀書，非漏四下不寢。至於所在官署，輒別置一室，題曰“陶菴”，圖靖節像，自書《歸去來辭》於上而祀之。故雖服官三十年，未嘗一日不作田園之想。會稽陳洪綬以爲出則爲諸葛武侯，處則爲陶彭澤，常合而爲之圖。先大夫謙讓未遑也。自束髮受書，篤好詩古文詞。每嘆數百年來，此道幾絕，謂古文宜以龍門爲宗，而以廬陵爲導，而又厭夫佻薄以襲膚貌者。詩則膚七子，戔竟陵，藺驛騎兩家者。生平論詩，喜前修“當使移易不動，勿爲馬首之絡”，常舉以語人。記先大夫曩坐請室中，獄事方急，先大夫與黃山吳君宗信冬夜擁絮，共爲詩，漏下數十刻，嗚嗚不止。有《北雪集》，長安爭傳之。送徐存永遊大梁時，先大夫對簿，伏堂下。堂上譙訶聲如虎，搒掠號呼，聞者股栗。先大夫據地從伍伯借不聿，作詩立成二十絕句，句皆驚人。見人詩文可存者，稱之惟恐不盡，而尤加意於闡幽。豫章王于一客死武林，先大夫爲刻其遺。又海陵吳埜人苦吟海濱，貧病幾死，鄉里相率爲揶揄，先大夫版行其詩，自是人知有海陵詩人吳埜人。又嘗刻秦京、王王屋、阮太冲、張林宗詩文爲《天中四君子集》。至于藏之笥中者，一字一句，不忍散軼。遇有可表揚，即爲表揚之。所選《尺牘》數集，雖三數句必登，人多不習其姓名。先大夫以獎勵人材爲急，即一技一萟之士，惟恐其淹沒不傳。喜繪事，凡山巔水涯，窮巷蕭寺中，有以繪事名家者，識與不識，無不購致，品第論定。鴟尾駝頭，嘗載以自隨。客至，出而誇示。或風雨晦明，鬱鬱多所不樂，則一展函繙睇，怡然自得也。晚年擬搆讀畫樓藏之，一時名人皆歌詠紀其事。精六書之學，古文埋沒，謂可藉以識字者，惟印章耳，故于印章一道，尤精鑒別。客有以印章贈者，先大夫爲之商較，屬易置其點畫繁簡曲直，無不憮然自失。當閩獄成，疏上，且不測，而先大夫方與同繫黃濟叔辯難字畫，考訂章法，往復小札幾百紙，紙皆蠅頭細書。中有一札云：“今日當得旨，束衣待之，所謂時至則行也。”又一札云：“今日尚不得旨，又活一日。”即屬濟叔爲作“又活一日”印。人皆謂先大夫有畫癖，有印癖，先大夫頷之而已。喜藏墨，歲暮，嘗約同人爲祭墨之會。後以獄急，諸玩好盡售去，以繼饘粥，作四賣詩，一時傳誦。善書，尤好漢隸。戲以相字決人休咎，每多奇中，事詳《字觸》中。先大夫讀書既手不釋卷，而鑒識又復種種，經濟之餘，迄無暇刻。每賓客宴集，抗論今古，旁及山川草木，方名小物，藝事談諧，無不縱橫博辯，娓娓不窮，日以爲常，人人飽所聞而去。易簀之後，遠近聞者咸曰：風雅道息矣。嗚呼痛哉！先大夫見背之旬日，里人有江行者，與山左人同舟，聞先大夫訃音，其人撫膺痛哭。里人曰：“若受周公恩耶？”其人曰：“周公兩造山左，人皆德之。聞其沒，不知涕泗之何從耳。”嗚呼痛哉！辛亥歲暮，不孝在浚以教習旗塾暫告歸。今年春,先大夫命偕不孝在延返大梁應鄉試,不孝輩猶依依戀膝下,先大夫色不懌,立遣行。嗚呼,豈知遂成永訣耶!六月廿五日,猶得先大夫手書曰:"老人平善,爾盡心勿負厥職。"又曰:"秋闈漸近,爾勉爲一戰,庶幾得當,亦足慰老人。"墨瀋未乾,豈知前二日先大夫已棄不孝孤哉!嗚呼痛哉!先大夫家函,字畫必精好。是書數言耳,又誤書一字,心已怦怦動。得諸弟字,乃曰"偶感風寒,幸稍安矣"。不孝孤詎能一刻安?因星夜馳歸,詎意途次遂聞見背耶!瀝血填膺,不孝罪通于天,尚可蒙面人世耶?嗚呼痛哉!聞先大夫未恙時,一夕夢亡僕龔正者,腰刀帕首,偕儀從甚都,跪而迎曰:請赴治所。先大夫吉服坐堂上,吏以牌進,先大夫援筆判曰爲"初六"二字,醒而深訝之。龔正者,故健僕也,有膂力,善騎射,先大夫每登陴,正多在行間。前一歲死,先大夫時時嗟嘆之。至是夢其來迓,自謂不祥。至初六日,疾果篤,遂致不起。嗟夫!韓擒虎一健兒,猶云生爲上柱國,死爲閻羅王。矧先大夫文章功業如許耶!生平著作甚富,前歲一夕慨然曰:"一生爲虛名誤,老期聞道,何尚留此耶?"命盡火之。今所存者,《賴古堂文選》二十卷、《賴古堂焚餘詩文集》二十四卷、《因樹屋書影》十卷、《字觸》六卷、《閩小紀》四卷、《同書》八卷、《鹽書》八卷、《蓮書》四卷、《尺牘新鈔》十二卷、《尺牘藏弆集》十六卷、《尺牘結隣集》十六卷、《刪定虞山先生詩人傳》四卷、《讀畫樓畫人傳》四卷、《印人傳》四卷、《入閩紀》一卷、《耦雋》四卷,諸雜著小集,不能備載,皆行於世。先大夫行坼三十七,諱某,字元亮,號櫟園,又號減齋。生於明萬曆壬子年四月初七日子時,終於皇清康熙壬子年六月二十三日午時,享年六十有一。元配馮淑人,故太學馮公育民女,溧水縣知縣派魯妹。生六子:長不孝在浚,貢監生,考充國子監官學教習,娶段氏,前光祿寺署丞段公廷璋女,己酉科舉人一潔妹。次在揚,幼有神童譽,聘吏部尚書加一級郝公惟訥女,未娶殤。次在延,河南開封府祥符縣庠生,娶江西鄱陽縣知縣鄧公士傑女。次在建,國子監監生,娶翰林院少詹學士方公拱乾孫女、甲午科舉人育盛女。次在都,國子監監生,娶江西總鎮袁州臨江等處地方總兵官都督同知趙公應奎女。次在青,幼未聘。女六人:長適京府經歷王公朝宸孫茂才道浚公子、壬子科舉人廷棟。次適浙江督糧道布政使司參議張公天機子、河南蘭陽縣庠生質。三適户部員外郎顧公起貞曾孫、茂才竑祚公子、江寧縣庠生淳。四適巡撫福建都察院右副都御史佟公國鼐子、國子監監生世慶。五許字國子監監生王公重子、國子監監生者垣。六許字提督江南等處地方總兵官太子少保左都督楊公捷子、官蔭生候選治中懋綸。孫三:曾舉、仲舉,在浚出。留舉,在延出。俱幼,未聘。孫女一在浚出,一在建出,幼未許字。嗚呼,不孝孤少而童昏,不能習知先大夫行事。稍長,又未嘗一一詳記之,惟就耳目所彰彰者,稍存概略,伏乞當代大儒鉅公憐不孝孤忍死而待如椽之一言,其俯賜之狀誌傳表,以不朽先大夫,不獨不孝孤唧結,即先大夫亦光榮於地下矣。曷勝泣

血哀懇之至。(《賴古堂集》附録)

周亮工

周亮工,河南祥符人。明崇禎十三年進士,官御史。流賊李自成陷京師,亮工間道南奔,從明福王朱由崧於江寧。

本朝順治二年,豫親王多鐸兵下江南,亮工詣軍門降,奏授兩淮鹽運使。三年,調揚州兵備道。四年,遷福建按察使,尋遷布政使。十一年,授左副都御史。十二年,疏陳閩海用兵機宜,言:"浙之衢州,閩之建寧,江西之廣信,爲山賊出没之地,與海賊聲援。廣信去衢州止百里,宜令浙閩總督兼轄,庶軍機可以無誤。至海賊以廈門爲窟穴,宜密敕廣東督撫令潮州鎮兵合剿,往襲其後。更請增設水師,以防海口。"疏下所司議行。又請斬鄭芝龍,停招撫鄭成功,決意進剿,疏入報聞。既而福建巡撫佟國器奏獲芝龍與其弟鴻逵及成功交通私書,芝龍伏誅。遷亮工戶部右侍郎。

亮工任按察司時,福建武舉王國弼及貢生馬際昌、穆古子、蔡秋浦、蔡開南、史東來等創立南社、西社、蘭社,黨類繁衆,作奸犯科。亮工申請督撫勘明定罪,勒石南臺,列際昌及餘黨姓名。尋際昌、秋浦、國弼、開南四人斃於獄。是年五月,督臣佟岱抵任,際昌等親屬具牒辯冤。佟岱列亮工貪酷諸款以聞,命亮工回奏。尋解任,赴福建聽質。會海賊從閩安入内地,焚掠南臺,進圍福州。城中騎卒僅數十,勢甚危。巡撫宜永貴從士民請,以亮工守西門城,賊乘大雨薄城,亮工手發大礮擊殪渠帥三人,賊怖,解圍去,城賴以全。事聞,下兵部,以亮工係革職質訊之員,未准叙録。先是,亮工未就質時,按察使田起龍等據證佐定讞,謂亮工得贓四萬餘兩,應擬斬,籍没。及亮工至,質問皆虚。巡撫劉漢祚疑推官田緝馨等受賄徇情,並逮送刑部。十六年,部議亮工被劾各款,雖堅執不承,而前此田起龍等已憑證佐審實,計贓累萬,情罪重大,仍應立斬、籍没。上以前後辭證不同,再下法司詳審。十七年,法司論罪如前讞,恩詔予減等,改徒寧古塔,未行,會赦得釋。

聖祖仁皇帝御極,諭吏部曰:"周亮工被劾原案,既多屬中虚,前宜永貴疏叙亮工在閩守城獨當射烏樓一面,擊死賊渠三人,應否量授職銜録用。爾部會同刑部確議具奏。"康熙元年,部議復亮工僉事道職,起補山東青州海防道。五年,調江南江安糧道。八年,漕運總督帥顔保劾亮工縱役侵扣諸款,得旨革職逮問,論絞。九年,復遇赦得釋。十一年,死。(《清史列傳》卷七十九《貳臣傳》乙,又見清國史館編《貳臣傳》卷十)

前侍郎櫟園周公傳　　　　　　　　　　　　李焕章

公名亮工,字元亮,號櫟園,又號減齋,別號伯安、櫟翁、櫟下生、笠僧、督公、河南開封祥符人。姓周氏,始祖宋進士匡,籍江寧,參撫州軍事,因家撫金谿。祖鴻臚公庭槐,遷祥符;父嘉議公文煒,字赤之,號如山,即世所稱坦然先生者也,數客江寧,四方學者多過其門。公產江寧,早絕慧,兒時從嘉議公諸暨主簿署中,游五泄、西湖,賦詩驚其長老。徽州吳君酺開社高座寺,公投贄就業,酺與之語避席去。艾公南英見而大異之,曰:"他日當踞我頂臂。"督學參議曹公履吉、祥符知縣孫公承澤皆首拔之,孫爲公置田,公賦《置田詩》。崇禎己卯,舉于鄉。受知歸德推官王公世琇,闈中牘,學者至今師宗之。庚辰成進士,知濰縣,除臨清米累,櫃書征解,驛遞催役三大弊。壬午同考,擢王斗樞爲第一人。有捍城功,擢浙江道御史。被誣,下詔獄,尚書練公國事論捄出之。尋改兩淮鹽運使,請削舊餉,行新鹽,國用充裕。遷揚州道參政。一日有倉皇來者,乞屏人密語,云:"某某反,亟以甲盾往。"公曰:"止,女且留,當遣偵者。"曰:"無及矣。"色數變,公知其詐,繫之密室。偵者還,乃興化逆僕訐主人巨室也,事乃定。上元夜,公闔户就寢,忽巡撫某遣騎士趨公出,諸裨將環甲列署前,爇炬如白晝。公按轡徐徐至巡撫所,階下弓弩戈戟相向。巡撫性卞急,見公曰:"戍報賊起某處,亟待君。君赴晏飲耶?奈何來遲遲者。"公曰:"戍訛矣,當無是事。"巡撫怒曰:"是不同興化兒所告,倘有變,君任之。"公曰唯唯。公謂巡撫曰:"公使者趨我急,倉猝未食,餓且甚,煩公爲我置食。"引滿而飲,飲久,始舉匕箸食。諜者至,戍所報盡妄。巡撫報而退。罷泰和營房役,懲豪强,馴悍卒,揚人立祠祀之。遷福建按察使。地初開,公自江西杉關抵邵武,諸寇阻山谷,勢大張,公據城守,與叛將秦、熊相持八閲月。秦、熊者,故某渠部將,最驍鷙,累拜諸□兵,至是計窮,乞降,公納之。熊熟視城中之糧幾絕,陰遣人詣寇壘,約某四鼓來攻,城即下。公知,故縱之不爲意。先期密出兵伏城外,忽夜半舉火城頭,礮聲不絕,寇大驚,逼城,火光中見熊首已懸睥睨矣,益大驚,憤甚,以攻具薄城下。而前所遣伏城外者,業趨寇中堅,寇大潰,亂不止,殲者半焉。悉定吳賽娘、耿虎諸亂。海寇再襲廈門,公監諸路軍赴援,兩總兵畏縮不前,公立縛其中軍。兩總兵自是與公隙。寇圍漳州,總兵用公策,圍乃解。骸骨數萬計,公命守備霍君時率衆掩之。總督謂諸將:諸寨負固懷二,宜剿滅。人盡甲矣,公馳至,曰:"若何往?"告以故,公大泣曰:"願以吾頭易十四寨人命。"總督驚詰所以,公曰:"十四寨團保自固耳,招之即爲朝廷用。"總督都從其教□討寇有功。皆公左右布政時事也。由布政晉左副都御史入京,條上福建六事,上嘉悦,數召見。無何,晉户部右侍郎,總督倉場,欲大用公,而怨家之禍起矣。先是,教諭有饒姓者,素兇狡無賴,以非罪陷同列。公署督學時斥辱之。乃與兩總兵隙公

者摭拾公事,潛至京,伺總督某將出,賄托其左右,充幕下,日夜言公短。盛言周
某北來,裝甚厚。公以省親開封,取鳳陽路騎行。而江撫亦周姓,予告還,舟行牌
有督察院字,與總督遇淮上。總督意其爲公也,比來,即以饒羅織事詰索,可立得
多金。至日暮,公手版竟不至。總督以語饒,饒曰:"固也。周某素篤驁,又自以
左副都風憲體,不屑見公質明。"江撫鼓吹揚帆北去矣。自是總督益信饒。饒又
度兩總兵將迎境上,遂出兩總兵所遺總督金珠寶玩,致兩總兵殷勤狀。又言:"兩
總兵爲周某所斥辱,至不比人類。公至,兩總兵賴以吐氣矣。"總督都愈不懌,曰:
"我必殺周某!"饒咋舌,曰:"公謹言。周某黨多黨,不急乘之,則爲所反噬矣。"于
是總督且懼且怒,疏劾公。上素知公賢,令自奏,下福建勘治。時按使程公之璠、
福州推官田公緝馨、泉州推官王公仕雲、延平推官吳公琎滋、建寧推官盧公圖龍、
汀州推官孫公開先立白公冤。時士民訊公讞,懽呼雷動。會巡撫某畏總督,不敢
直公,又憚請議,按察、推官持愈堅,弗能奪,模糊具奏。上大疑有故,緹騎逮公,
株累數十百人,無一誣服者。值大臣有妬公才名者,詔附權要,論公立決,上不
報。蓋公前赴省質,時寇大入,諸郡縣皆陷,省兵討汀州寇,遠遂出,留老弱僅數
百。巡撫某以病告,已得旨,猝聞警,計無所出。士民大呼,曰:"事急矣,事急矣,
非周公不可!"是時公在質所,羣出之,公據射烏樓,當敵最衝,公手發礮,斃數猙
獰先登者,敵氣奪,連五大敗之,三渠帥殛焉。當寇來攻,不知公在省會,大罵城
上人,曰:"若昔所恃周某,今解官去矣,若何能爲?"公免胄示之,乃大駭,連夜遁
海去。總兵王進陞見,盡以聞。以故上不欲死公,又值朝審,福建百姓萬餘人哭
聲振天地,晝瞑,大風沙捲爰書空中。而大臣妬公者又以罪罷囗。上命輕公罪。
議者又以怨家故,請徙塞外,上又緩之。上崩,彌留時特遣綠頭牌赦大臣,公首與
焉。上若在,必重用公不久矣。康熙初,補青州道僉事。歲大旱,無麥,公力請巡
撫奏報,可蠲全省賦稅。沮定湖界樂安、壽光,產葦草,賦無常額,公特免連年逋
欠。遷江南督糧參議,懲猾胥、旗弁之不法者,又中讒罷官。間居著書爲樂。公
博學,讀古今書,世所未聞者數百種,錢公謙益、龔公鼎孳、吳公偉業咸推讓公。
公亦以詩自負,故其詩杭州、樵州、清漳、蕉堂、北雪、因樹屋、出東門、出西門、河
上哭、義烏行,遇愈蹇,興愈豪。人謂公死鋒刃矣,不死;公死謗書矣,不死;公死
請室矣,不死;公死黃榆白草矣,不死。乃知造物之以詩留公也。公文倣王臨川、
曾南豐,更條暢,小品入眉山堂奧。所著有《賴古堂閩小紀》《同書》《字觸》《書影》
諸書,所輯有《賴古堂文選》《尺牘新鈔》《藏弆》《結隣》諸書。公師東鄉艾公南英、
中牟張公民表、尉氏阮公漢聞,友林君古度、蘇子桓、王子猷定、顧子夢游、盛子于
斯、陳子鴻、金子鼎、陳子式仁,厝其葬、卹其裔、刻其詩若賦。東淘人吳嘉紀善近
體,名不出里,公購其《野人集》。余弟澄中詩冠山左,公按部至,夜半招飲超然
臺,曰:此山東李象先也。向所刻義者劉諸傳,即其人叙事文,海內不多見。公負

經世志，天下人期公莅大位，致太平，乃屢歷患難，坎壈困頓，以竟其身。而猰然無良者，猶不容公于地下，其禍不更慘于舒宣、李定、賈易諸人乎？公年六十一，葬江寧東琪石村。子在浚、在延、在建、在都、在青，皆詩文，能世其家。

李焕章：永城練貞吉示余亡友小傳，載公事。曾與其弟償負千金，當下獄論死，時計刻棄市矣；與友人彭舜齡論翰墨，娓娓萬餘言；作小楷送徐存永歸；丐黃濟叔刻"再活一日"圖書，不更人情所難乎？馬阮秉國，時公官御史，嗾使刻南昌、膠州、陽城、山陰，曰君子也，力拒之，幾致死，可謂捋虎鬚偉男子矣。其置死生度外有以夫。（《織水齋集》）

名宦户部右侍郎周公亮工傳　　　　　　　　　　　林　佶

　　康熙三十有五年夏四月，閩八郡士大夫詣當事諸有司，請崇祀故户部右侍郎櫟園周公於郡學宮之名宦祠，僉報可。以七月二十五日奉主行事，蓋距公涖閩時已四十有九年，距公殁亦二十五年矣。適公子在浚遊閩，謂茲舉於國典家乘均有光，宜大書以傳於後，且屬佶文之。佶生晚，不及見公，又愧學淺名微，何足以傳公於不朽？固辭不獲，乃以鄉所聞諸父老者，捃拾公全閩之大略，務質核，俾傳名宦者採焉。公諱亮工，字元亮。先世有仕江西者，因家金谿，後遷江寧。其自江寧再遷河南，則自公大父始也。故公遂爲祥符人。以先世之常居櫟下也，自號爲櫟園。公爲人警敏，負奇氣，於古今之書無不讀，於遠近知名之士無不交。自爲諸生，聲譽已著。及舉崇禎庚辰進士，授濰縣令，堅城守殺賊，才望益大重，擢監察御史。方入都，而逆闖陷京師，明亡，公遂歸江寧養親，不復有宦情矣。順治二年，王師南下，特徵君以原官招撫兩淮。尋授兩淮鹽運使，改鹽法道。三年，擢布政司參政、淮揚海防兵備道，政績皆可書。四年，陞福建按察使。六年，以按察使署理兵備、海防、督學三道事。冬，入覲，轉福建右布政使。七年，還閩，以右布政使署建南道事。八年，署左布政使事。九年，署漳南道。十年，署興南道，陞左布政使。公前後在閩凡八年，所歷監司任殆徧，皆從草昧荊棘中，以扶士氣、拯民瘼爲己任，故功德之在人者深。其初涖按察也，未入境而民亂。公從杉關入，據光澤城守，破土寇李鳳毛。念邵郡去會城數百里，又東與建寧鄰，倘閩上游不靖，則頑民叛將勢相連合，將與江右南昌應，患大未可圖也。乃即邵郡治涖事，率家人、戍兵百餘備戰守，以計誅叛將熊再法、秦登虎等三千人。凡在郡經理七閱月，閩西境以安。而福州自戊子兵荒，流莩載道，群盜滿山。公爬梳噢咻，逐假令，鉏豪強，撫逃亡，閩民始依公爲命。大寮位公上者，亦不得不倚公如左右手，故委公署道員者七。公靖大亂者六，如永安之招曾省也，建寧之馘陳和尚也，延平之勦吳賽娘，邵武之縛耿虎也，而守清漳、保泉州活十四寨功最鉅。公功益顯，忌公者亦益多。十年，上擢公爲都察院左副都御史。即疏言閩事，首論除降寇鄭芝龍，又陳用兵機宜六事,世祖皇帝深嘉納,而公禍基此矣。尋陞戶部總督錢法右侍郎。
先是,芝龍既降,其子成功猶據廈門,屠漳州,刺殺總督,日以降愚我,冀緩援兵。
朝廷亦羈縻芝龍,以南安伯奉朝請。公之以中承入也,極陳其逆狀,世祖密下公
疏於部,遂執芝龍下獄。芝龍知公發其事,乃大恨,揮金謀報公。適督閩者方修
怨撼公,一二巨帥向與公齮齕者爭相媒孽,飛章上告。公遂聽勘,再入閩。當是
時,爲公訟冤者衆,人情洶洶。適成功以舟師數萬突至,逕趨福州。倉卒城守無
備,勢在呼吸。巡撫宜公永貴知公爲人心所屬,又長於殺賊,乃便宜出公,藉公率
士民分守。時賊焚掠四郊,火光照耀城中且數日,屢攻城不克,乃剋期臚至,急攻
西南隅,鉦鼓聲殷地。公坐射烏樓,盡以平日所善諸文士爲部曲,指揮守禦,復親
發大砲擊賊,殲其渠帥。是日微公,城幾陷。賊更大治攻具,乘雨夜潛師肉薄登。
公百方禦之,士民皆踴躍,殺賊無算。賊知爲公也,氣奪遁去。巡撫乃疏公全城
功,舉朝爲動色,然向獄終未解也。及按察程公之璠至,乃亟別公冤狀上請,有旨
并逮訊,所牽引及千人。閩民罷市號冤不可得,焚香祝送出關,千里不絶。久之,
廷訊,事漸白。會世祖賓天,今上即位,推原先帝意出公,而芝龍遂論決矣。已,
録守閩功,補公僉事青州海防道,再遷江南江安督糧道。未幾,投劾歸。遂歿。
公好讀書,善爲文章,雖干阰圖圄,未嘗一日廢吟詠。其獎引後進如不及。博物
好古,其天性也。惜乎已試輒蹶,於平日抱負十未能展二三。然其治閩之久,功
德昭然。人知其功在於守城殺賊,而不知其中朝殺賊之功爲尤大。此真無愧於
開國之名臣,宜乎閩民愈久而思不忘也!公所著書百餘卷,晚年盡焚之,其前行
世者,不可得而掩也。(林佶《樸學齋文稿》,又見《碑傳集》卷十)

周櫟園先生傳　　　　　　　　　　　　　　　　　魯曾煜

　　周亮工,字元亮,籍江寧,遷汴,爲祥符人。以先世居櫟下,又號櫟園,海内稱
爲櫟園先生。亮工行甚敕備,善讀書,奧篇隱帙,無不津逮。崇禎庚辰進士,守土
有能聲,而以福建全城功爲大。時國朝閩嶠甫定,山海奧壤猶多伏戎,大帥慮泉
州十四寨居民從逆,將帥師夷其地。亮工時官布政,爭之力,且以其家百口保無
他。帥感其言直,從之。閩人爲建報恩祠,刻石射烏、詩話二樓,以紀活命事。亮
工工古文詞,根柢盤深,一稟秦漢風骨,而獨闢性靈,未嘗章橅字範,索之象貌也。
性嗜士類,尤篤親念故。當明季汴城遭寇,亮工官山東,舊鄉遺黎渡河而北,亮工
遣弟亮節收録存卹,振以糗糒屝屨,所活又衆。仕至工部侍郎。所著有《賴古堂
集》并雜纂數十種行於世。子在浚、在延尤有學。魯曾煜曰:世之學者誦先生文,
悅之,尟知兩活命事,余特揚之,其他不具述。聞先生死之日,或夢金甲神鼓吹翟
葆曲,旗珮輿迎之去。汴進士劉慎云。(魯曾煜《秋塍文鈔》卷三,又見《碑傳集》
卷十)

周亮工

錢　林

　　周亮工，字元亮，一字減齋，號櫟園，學者稱櫟下先生。金谿人，籍祥符。方頤豐下，眉長垂頰上，目光如電。少時讀書恒以夜，自更初至達旦，方一偃息。日則遊行登覽。父文煒，字赤之，素行屹立，人稱爲如山先生，笑曰："吾如山哉，吾坦然者耳。"官諸暨簿，仵令，左遷王府官屬。櫟園嗜飲喜客，客日滿坐，坐必設酒，談諧辨難，娓娓不倦。或行觸政，務極客歡而去。然不耐俗士，疾齷齪拘文吏。喜談論，有過從者，便率意與談，談盡輒望其去。坐少久，即露不愉色，去又輒忘其姓名。侯官許友稱爲"秋月澹面，春風扇人"。晉江黃俞邰目周櫟園吏事精能，撫戢殘暴，則如張乖崖；其屢更盤錯，乃別利器，則如虞升卿；其文章名世，領袖後進，則如歐陽永叔；其博學多聞，窮搜遠覽，則如張茂先；其風流宏長，坐客恒滿，則如孔北海；其心好異書，性樂酒德，則如陶淵明；其敦篤友朋，信心不欺，則如朱文季；其孺慕終身，友愛無間，則如荀景倩、李孟元。至其登朝未久，試用不盡，則如范希文；而遭讒被謗，坎壈挫折，又如蘇長公。見士人奔競，輒曰：是以日遊神兼騎望火馬者。崇禎庚辰進士，授濰令，以守城功擢御史。十日而京師陷，間道歸里門。入國朝，順治二年，以御史招撫兩淮，授鹽法道，請削舊餉，行新鹽，商困以蘇。升淮揚海防兵備道副使。一日，巡撫中丞趣議事，傳呼甚亟，亮工徐徐行至堂下，中丞曰："吏報某地賊起，待公撲滅，來何遲？"亮工曰："以某料之，必無是事。"中丞恚曰："觀察能以百口保鼠輩乎？"曰："能。"倉卒置食，食訖，出呼騎士責之曰："中丞趣吾會食，向驚呼奚爲？"於是驚擾始定，亦卒無賊也。四年，遷閩臬。寇陷芝城，劍南道梗。時山海崎嶇，無尺寸乾淨土。取杉關路入閩，至邵武，著却寇功。涖省，與民休息。時告訐者屢以通賊賊爲辭，多平反之。六年，擢右布政使。汀寇猖狂，權汀南道事，降賊首曾省，以次勦平郁武耿虎、建寧陳和尚、延平吳賽娘，皆劇賊也。又權漳泉道，鄭成功據廈門率衆來攻，鳩民固守。贖陷賊子女千餘人，被難之骸骨葬之，民忘用兵之苦。踰年，升右轄，尋轉左。又權督學及兵備、海道，以才能稱，遷都御史。上章言閩事，輒報可。驟擢少司農，聞者咋舌曰："禍始此矣。"已而督臣飛章誣劾，乃赴閩就質。坐請室中，獄事正急，鐵衣羅周戶外，方與黃山吳冠五共爲詩，漏下數十刻不止。一日，顧伍伯乞紙筆，作《送客遊大梁》詩三十二絕句，投筆起對簿。以辟上，詔逮法司復訊，讞之日，忽大風從西北起，吹爰書入雲端，移時乃下。於是群公卿言曰：天意如此，獄可疑。緣大行遺詔，未竟朝審。適海賊甘、藍、郝三姓率千艘從閩安入内地，焚掠南臺，圍福州。城中騎卒少，閩撫從士民之計，以亮工守西南門。賊乘大雨薄城，所在城堡常四面火起，鉦鼓聲動地。周指揮鹵楯，藺石渠答，施設有序，手發大黃，應弦殪敵，長嘯若神人。發大礮擊斃其渠帥，城乃得全。獄事旋援赦論釋。時大帥慮泉州十四寨居民謀變,欲發兵夷其地,亮工力陳不可狀,且以百口保其無他。帥感悟,泉人賴以全活。先是,在維揚,簿書稍暇,讀書不輟。即參拜大府,酬酢賓客,坐輿幕中,日以數十卷自隨。歸語友人,輒舉其委曲,雖甚久遠,偶晰一字之疑,引據證明,必指其出何書、載何卷,常命掌記依檢,應手即得,不差行墨。在閩,有詩人趙璧、陳鴻,俱侯官人,殁不能葬,出俸葬之西郊,題曰:"詞人趙十五、陳叔度墓。"嘗置一簿,坐上與客言人才某某,輒疏記之。宦轍所至,有讀書能文者,必先詣之。東淘吳嘉紀窮而工詩,引至見王士正。且與客從容談說,客退則手一卷,燈熒熒然至夜分方寢,以爲常。督糧江淮間,四方之士慕之者,爭願見司農,舟車輻輳,道路爲隘。申鳧盟涵光嘗言:"未見櫟園,未觀滄海,自是生平兩闕。"亮工篤於朋友,汴水城壞,張林宗抱其詩文與二子淪水中。乃行求其少子,載以歸家。于役返里,躬送之還中牟。其守漳也,故人門客在重圍中,相與登陴賦詩,抗詞同日,無一人思解免者。其被逮入都也,百姓炷香號哭,追送數千里,謂"公活我,奈何反以閩事累公",語悲痛不可聽吁。難已後,以康熙二年起青州海防道。轉江安糧道,再被論。事白而卒。有《賴古堂集》,魏禧序之。又有《讀畫錄》四卷、《印人傳》三卷、《因樹屋書影》十卷、《同書》四卷、《鹽書》四卷、《字觸》一卷。五言《九月十九日作》云:"花朝今十日,酒冷古重陽。"《送胡元潤》云:"入夢三眠柳,移情六出花。"七言《寒食後一日新鄉道上簡許傅巖》云:"半綻桃花全待雨,平飛柳絮欲爲煙。"《江行雜感》云:"深秋梁苑新沙磧,明月清谿舊板橋。"《長汀舟中有感》云:"幾處夢魂明月路,一林楓柏夕陽船。"《花朝登煙雲過眼樓簡胡彥遠卓初荔》云:"望遠不中花在眼,登樓無故淚沾巾。"《南浦橋亭望夢筆山》云:"西山夢冷花藏寺,南浦人來雨壓城。"何其綺麗也。其《哭樵川楊淩颷秀才》云:"唾地新詞破錦囊,高樓君自拜滄浪。文人命薄將軍死,誰賦城南舊戰場。"《喜蔣用毁至自閩南》云:"海水群飛百丈高,同君城上擁弓刀。戰瘢莫向燈前看,恐惹霜華上鬢毛。"又有河朔橫槊之風矣。(《文獻徵存錄》卷二)

賴古堂詩鈔小傳

鄭方坤

周亮工,字元亮,一字減齋,又別自號櫟園,學者稱之曰櫟下先生。先世自金陵徙居撫州之櫟下,數傳復徙大梁,考其世唯櫟下居最久,取以自號,志不忘也。少好學,能文章。弱冠,從海內諸名士遊,聲稱籍甚。崇禎庚辰成進士,授濰令,以守城功擢御史。十日而京師陷,間道歸里門。明年,王師下江南,遂以御史招撫,授鹽法道,遷閩臬。踰年,陞右轄,尋轉左。時山海崎嶇,無尺寸乾净土,公至,創以雕勦,收餘燼而煦哺之,使反側子自安。平李鳳毛之亂,解清漳之圍,見者胥驚爲神施鬼設,不知皆從書卷中體驗古人成局而變化出之者也。既以御史臺徵,上章言閩事,輒報可。又密有所建白,頗摘抉用事者,驟擢少司農,而聞者咋舌曰:"禍始此矣。"已而督臣果飛章誣劾,奉詔赴閩勘,時有司已鍛煉具獄。比到,吏民守府訟冤者以千百計,按察司與五司理會鞫,得其冤狀,與平反。撫軍不敢任,請廷質。詔逮法司,復訊,仍以辟上。秋,有詔朝審,廷讞之日,忽大風從西北起,吹爱書入雲端,移時乃下。於是群公卿揚言曰:天意如此,獄可疑。適緣大行遺詔,遂未竟朝審案,援赦論釋。尋出為青州海防道,轉江安糧道。再被論,事白而卒。生平喜為詩,宗仰少陵,然機杼必自己出,不屑為公家言,劚鉥湔濯而歸之大雅。而訟繫前後數年,所得詩尤多。方坐獄堂下,健卒狰獰立,呼詈聲如沸,手奉據地,顧伍伯乞紙筆,作《送客游大梁》二十絶句,投筆起對簿,詩語皆驚人。獄成奏上,人謂且不測,公赫蹏細書,與所親曰:"今日當得旨,束衣待之,所謂時至則行也。"又一札云:"今日尚不得旨,又活一日。"屬友人為作"又活一日"印章。即此而論,較子瞻獄中"夢繞雲山心似鹿,魂飛湯火命如雞"之句,其度越古人何等哉! 當公之被逮入都也,百姓皆炷香號哭,追送數千里,謂"公活我,顧奈何反以閩事累公"語悲痛不可聽,詳閩人高兆《四泣記》中。其時連染者近千人,考治掠,瘐死無算,猶數百人從公,對篋輿大呼,白公忠直無罪,情詞慷慨,卒無一言撓敗。吁,難已! 某,閩人也,先祖二銘公,辱公文章道義之交,嘗枉駕三造敝廬,閭里傳為佳話。繙公遺集,蓋不禁廢書而三嘆也。(《國朝名家詩鈔小傳》卷一,又見《碑傳集》卷十)

周亮工　　　　　　　　　　　　　　　　　　　　　　　　　　盧見曾

　　亮工,字元亮,號櫟園,一號減齋,一稱櫟下先生,河南祥符籍,江西金谿人。崇禎庚辰進士,官户部侍郎。有《賴古堂集》。《漁洋詩話》:周櫟園詩《喜蔣用發至自閩南》云云,《輓楊秀才》云云。《香祖筆記》:櫟園有詩云"花寒今十日,酒冷古重陽",按:唐文忠曰:"去年重陽取九月十九日,不失重陽之意,詩用此事而語甚工。"《居易錄》:長白山北澼山灤中有墨王亭,從叔祖象咸別業也。周侍郎過此有詩見懷云:"獨有墨王亭畔水,空明與客憶王郎。"《賴古堂合刻序》:元亮之為人也,孝於親,忠於君,篤摯於朋友,巍然巨人長德也。汴水城壞,張林宗抱其詩文與二子淪水中,元亮兄弟行求其少子,載以歸家,於役返里,躬送之還中牟。其守漳也,故人門客在重圍中,相與登陴賦詩,抗詞同日,無一人思解免者。蘊義生風,緣情仗境,珪判而璋合,金春而玉應,此元亮之所以為詩也,而豈徒哉!(王士禎《感舊集》卷五補傳)

周亮工　　　　　　　　　　　　　　　　　　　　　　　　　　吳　修

　　周亮工,字元亮,號櫟園,又號減齋,河南祥符人,移家白下。明崇禎庚辰進士,由濰縣令行取御史。國朝授兩淮鹽運使,歷户部右侍郎,革職。康熙初,復僉事,歷江安督糧道。好古圖史、書畫、方名彝器,有《讀畫録》《印人傳》《字觸》《書影》《入閩記》《閩小記》《賴古堂詩文集》《賴古堂文選》《鹽書》《同書》《蓮書》《尺牘新鈔》《藏弆集》《結鄰集》《删定虞山詩人傳》《耦雋》等書。(《昭代名人尺牘小傳》卷二)

周亮工 李玉棻

周亮工,字元亮,號櫟園,一號減齋,河南祥符人。崇禎癸未進士。國朝官禮部侍郎。工書,兼篆隸,好古精鑒。著《讀畫録》《印人傳》《字觸》《書影》《藏弆集》《結鄰集》《賴古堂集》。景劍泉閣學藏有初搨《曹全碑》,有其行書跋四葉。子在浚,字雪客,官山西太原經歷,工隸書,精考證,著《藏密庵秋水軒集》《潛邱小稿》《花之詞》《天發神讖碑釋文考》。楊少初太守藏有四行隸書大幀。家西園主人藏有行書倭牋尺牘一通,三十五行,有陳希濂收藏印。(《甌鉢羅室書畫過目考》卷一,又見楊峴《遲鴻軒所見書畫録》卷三)

周亮工 李濬之

周亮工,字元亮,一字減齋,河南祥符人,其先世居金谿櫟下,因號櫟園。崇禎庚辰進士,官御史。清初任福建按察使、户部侍郎。精鑒賞。家有賴古堂,藏弆印篆、書畫極富。間作山水,嫣潤秀逸。著有《讀畫録》《印人傳》《賴古堂印譜》《詩集》。(《清畫家詩史》甲上)

周亮工 江銘忠

周亮工,字減齋,號櫟園,祥符人,移家白下。崇禎庚辰進士,由濰縣令行取御史。清初授兩淮鹽運使,歷户部右侍郎。好古史、書畫、方名彝器。偶涉繪事,筆墨簡淡,清逸之氣縈拂毫端,韻致翩翩,純由鑒賞及書卷中得來。著《讀畫録》《印人傳》《字觸》《書影》。(《清代畫史補録》卷三)

周亮工 李　放

周亮工,字元亮,一字伯安,號減齋,一號櫟園,亦號陶庵,又有褒庵、暬公、笠僧諸號,別號櫟下先生,祥符籍,金谿人。或云原籍江寧。明崇禎十三年進士。本朝歷官户部右侍郎,革職。康熙初復僉事,歷江安督糧道。

又按:《賴古堂詩集》自序云:生於壬子四月七日,眉長垂頰,人又呼之為長眉公。何采曰:書法逼近漢魏。

周亮工草書,能品下。《國朝書品》

書法古拙,在隸籀之間,奇逸可喜。《木葉廢法書記》(《皇清書史》卷二十一)

周亮工

震　鈞

　　周亮工,字元亮,號櫟園,又號減齋,河南祥符人。明崇禎進士。入國朝,官戶部侍郎,降江安糧道。

　　自跋隸書云:己亥重九後一日,寫此賣錢沽酒。綴以二絕:一、誰能隔宿對黃花,度盡重陽更憶家。欲換青錢沽雪酒,八分小字寫寒鴉。二、難教去盡外來姿,老腕羞慙力不隨。方疊出誇官樣好,阿誰解愛《郘陽碑》。命童子攜出戶,童子笑謂予:收此冷淡生活,應惟虎林霍君。已而果爲維翰索去,攜酒爲余作三日醉。維翰雅好筆墨,遂爲童子所知。《郘陽碑》即不方整,亦復爲人愛。老人潦倒塗鴉,尚可易三日頓飽,皆足記也。(《國朝書人輯略》卷一)

周亮工

蔡冠洛

　　周亮工,字元亮,一字緘齋,又號櫟園,河南祥符人。明崇禎十三年進士,官御史。流賊李自成陷京師,亮工間道南奔,從明福王朱由崧於江寧。本朝順治二年,豫親王多鐸兵下江南,亮工詣軍門降,奏授兩淮鹽運使。三年,調揚州兵備道。四年,遷福建按察使,尋遷布政使。十一年,授左副都御史。十二年,疏陳閩海用兵機宜,言:"浙之衢州、閩之建寧、江西之廣信,爲山賊出浸之地,與海賊聲援。廣信去衢州止百里,宜令浙閩總督兼轄,庶軍機可以無誤。至海賊以廈門爲窟穴,宜密敕廣東督撫令潮州鎮兵合剿,往襲其後。更請增設水師,以防海口。"疏下所司議行。又請斬鄭芝龍,停招撫鄭成功,決意進剿。疏入,報聞。既而福建巡撫佟國器奏獲芝龍與其弟鴻逵及成功交通私書,芝龍伏誅。遷亮工戶部右侍郎。亮工任按察司時,福建武舉王國弼及貢生馬際昌、穆古子、蔡秋浦、蔡開南、史東來等創立南社、西社、蘭社,黨類繁衆,作奸犯科。亮工申請督撫勘明定罪,勒石南臺,列際昌及餘黨姓名。尋際昌、秋浦、國弼、開南四人斃於獄。是年五月,督臣佟岱抵任,際昌等親屬具牒辯冤。佟岱列亮工貪酷諸款以聞,命亮工回奏。尋解任,赴福建聽質。會海賊從閩安入内地,焚掠南臺,進圍福州。城中騎卒僅數十,勢甚危,巡撫宜永貴從士民請,以亮工守西門城。賊乘大雨薄城,亮工手發大礮,擊殪渠帥三人。賊怖,解圍去,城賴以全。事聞,下兵部,以亮工係革職質訊之員,未准敘錄。先是,亮工未就質時,按察使田起龍等據證佐定讞,謂亮工得贓四萬餘兩,應擬斬,籍没。及亮工至,質問皆虚。巡撫劉漢祚疑推官田緝馨等受賄徇情,並逮送刑部。十六年,部議亮工被劾各款,雖堅執不承,而前此田起龍等已憑證佐審實,計贓累萬,情罪重大,仍應立斬,籍没。上以前後辭證不同,再下法司詳審。十七年,法司論罪如前讞。恩詔予減等,改徙寧古塔。未行,會赦得釋。聖祖即位,諭吏部曰:"周亮工被劾原案,既多屬子虚,前宜永貴疏叙亮工在閩守城，獨當射烏樓一面，擊死賊渠三人，應否量授職銜録用。爾部會同刑部確議具奏。"康熙元年，部議復亮工僉事道職，起補山東青州海防道。五年，調江南江安糧道。八年，漕運總帥顏保劾亮工縱役侵扣諸款，得旨革職逮問，論絞。九年，復遇赦得釋。十一年，死。有《賴古堂詩鈔》。(《清代七百名人傳》第一編《政治‧政事》)

周亮工

周亮工，字元亮，一字櫟園，十都櫟下人，寄籍河南祥符。父文煒，以國子生任諸暨主簿，能不卑其秩，數以事與令抗，德施於民，然終以不合去。亮工登崇禎十三年進士，初任山東濰縣知縣，以守禦功擢浙江道監察御史。入國朝，改授兩淮鹽法道，調海防兵備道。順治四年，遷福建按察使。駐節邵武，群盜嘯聚山谷，烽火四起，亮工酌機宜治軍旅，日開門轉鬭擒剿，夜則危坐譙樓上，長嘯賦詩，與刁斗聲相聞。境內以安。陞左布政使。十一年，以左副都御史徵擢户部右侍郎。督臣某以宿憾中傷之，詔赴閩聽勘。比至，值海寇犯順，撫臣藉其威重，使分城守當一面，賊大創去，城得完。亮工不敢言功，仍囚服就質。士民訟冤者數百人。其初，問官以直亮工而牽連就鞫者，雖嬰三木至死，不易辭。然主讞之人卒坐以重法。獄具，逮入京，下刑部訊。諸大臣及各科道官東西以次列，倏大風西北起，塵沙蔽天，掣去所閲案牘，堂上下暝晦如夜。良久風定，吏部尚書某倡言曰："天意如此，獄可疑。"因得減死論成，以康熙元年恩詔赦免。尋以僉事出爲青州海防道，陞參議江南督糧道。復遭劾，解職聽勘。事解，歸秣陵，旋卒。亮工材器揮霍，善經濟，喜議論，當大疑難，神氣安閒。所剸割，無不迎刃解者。自筮仕即在兵間，才爲時需，晉歷卿貳，然時時興世牴牾。九年，再被論，忽夜起徬徨，取火盡燒生平所纂述百餘卷，曰："使吾終身顛踬不偶者，此物也。"好獎許後進，嘗置一簿坐上，與客言海內人才某某，輒疏記之。文章聲氣滿天下，亦以此見嫉。爲詩文，機杼必己出，不蹈襲前人一字，劀鈇湔濯，要歸之大雅云。(《金谿縣志》卷二十四《文苑》，又見《撫州府志》卷六十《人物‧文苑》)

周亮工

周亮工，字元亮，從江寧遷汴，爲祥符人。以先世嘗居櫟下，又號櫟園，海內稱爲櫟園先生。亮工少負奇氣，博極群書，崇禎庚辰舉進士，歷中外，所至著循卓聲，而以福建全城功爲大。時國朝閩嶠甫定，山海奧區，猶多蟠踞。大帥慮泉州十四寨居民謀變，將發兵夷其地。亮工時官布政，力陳不可狀，且以百口保其無他。帥亦感悟，全活不可勝計。閩人爲建報功祠，刻石射烏、詩話二樓，紀其恩績，今俎豆名宦祠焉。亮工古文詞根柢盤深，一稟秦漢遺軌，而獨闢性靈，未嘗章槩字樞,索之象貌也。性喜獎拔後進,士以被其容接爲榮。篤親念故,孳孳如有不及。當明季汴城遭陷,亮工守官山東,故鄉姻戚渡河北者,東振西觸,無所棲泊,亮工即遣弟亮節存錄收郵,徧給衣食。其誠懇周摯類此。仕至户部左侍郎。所著有《賴古堂詩文集》,并纂述數十種行於世。子在浚、在延有文名,著作亦富。孫豐舉能世其學。(《祥符縣志》卷十六《人物·文苑》)

周亮工

　　周亮工,字元亮,祥符人。明崇禎十三年進士。順治四年任福建按察使,值芝城陷寇,劍南道梗,乃由杉關入閩,駐邵武八閱月,屢著却寇功。既涖省,爬搔垢敝,與民休息。時寇患頻仍,告訐者多以通賊爲辭,亮工多所平反。六年,擢本省右布政。屬汀寇猖獗,檄攝汀南道篆,降賊首曾省。復以次勦平邵武耿虎、建寧陳和尚、延平吳賽娘諸劇賊。旋署漳泉道。海寇鄭成功據厦門,率衆來攻。亮工繕軍需,鳩民兵固守。收葬被難屍骸八十餘萬,贖陷賊子女千餘人。十年,轉左布政。前後兩署督學,兼攝兵道、海道,尋陞都御史。十三年,以呈誤赴閩省聽質。海賊甘、藍、郝三姓率千艘從閩安鎮入内地,焚掠南臺,圍會城。巡撫宜永貴從士民之請,以亮工守西南門。賊乘大雨薄城,勢張甚。亮工手放大砲,擊殺渠帥三人,賊怖,解圍去。閩人爲建報恩祠,刻石射烏樓紀其事。(《福州府志》卷四十六《名宦》)

周亮工

　　周亮工字元亮,一字櫟園,河南祥符人。明崇禎庚辰進士,任濰令,行取授御史。國朝順治四年,任福建按察使,值芝城陷寇,劍南道梗,乃由杉關入駐邵武,去會城數百里,嘯聚彌山,烽火時警。亮工募敢死士,日開門轉戰谿谷,夜則坐譙樓長嘯賦詩,與刁斗聲相聞。建詩話樓,祀宋嚴滄浪於其上。尋以計誅叛將熊再法、秦登虎等,西境以安。既涖省,大吏倚之如左右手。六年,擢右布政使。屬汀寇猖獗,委攝汀南道,恩威互用,降賊首曾省。復以次勦平邵武耿虎、建寧陳和尚、延平吳賽娘諸劇賊。又署漳泉道。海寇鄭成功據厦門,亮工繕軍需,鳩民兵固守。收瘞被難骸骴八十餘萬,贖陷賊子女千餘人。十年,轉左布政。前後兩署督學,兼攝兵道、海道。所至輒見紀。尋召入,授副都御史。十三年,以被訐還閩聽勘。適成功率千艘陷閩安鎮,直抵城下,城中騎士僅千人,勢在呼吸。巡撫宜永貴假便宜,出亮工守西南門。賊乘大雨薄城,亮工手發大砲,轟斃渠帥三人,賊奪氣去,城賴以全。亮工素得民心,閩人依以爲命,所至百姓扶老攜幼,頂香道左。及去,號泣竟數百里。(《臺灣文獻叢刊》八四《福建通志·臺灣府·宦績》,《重纂福建通志》卷一百四十《布政司》)

周亮工

周亮工,字元亮,江西金谿人,祥符籍。進士。順治三年,以御史招撫兩淮,尋授鹽法運使,行道臣事。力請削舊餉,行新鹽,商困盡蘇,課因以裕。陞海防兵備。時地方初定,告密者多,亮工持以鎮靜,人皆樂業。海陵有黠奴密告宦室謀反狀,趣治兵掩捕之。亮工偵知其妄,全活甚衆。一日,撫軍趣議事,傳呼甚亟,衆皆驚。亮工徐行至堂下,撫軍作色曰:"吏報某地賊起,待公急撲滅之,來何遲?"亮工曰:"以某料之,必無是事。"撫軍恚甚,曰:"觀察能以百口保鼠輩乎?"亮工應曰:"能。第倉卒未蓐食,煩爲某置食。"食訖,出呼騎士,譙讓之曰:"撫軍趣吾會食,向驚呼奚爲?"於是驚擾始定,然亦卒無賊也。未幾,擢福建臬司。雍正《志》、康熙《志》云:亮工撫恤凋瘵,爲民贖被俘子女無算。廣儲門外,白骨如山,置義塚埋之。(嘉慶《重修揚州府志》卷四十五《宦迹三》)

周亮工

周亮工,字元亮,祥符人,崇禎庚辰進士。國朝順治四年,以薦起爲福建按察使。自杉關抵任,阻寇不得進,遂留駐邵武。是時四郊皆賊壘,城門晝閉。亮工密設方略,勵士卒分道擊賊。賊遁,郡境漸安。明年夏,破叛將郭天才兵於郡城南,盡殲之。詳見《寇警》。壬辰,耿虎叛兵入杉關,薄城,郡人大恐。亮工時以右布政攝建南道,疾馳至郡,詣虎營諭降之,邵武復安。亮工博學高才,爲世所推重。在郡八閱月,軍興旁午,不廢吟咏,郡人得其造就者甚多。其去也,爲建報功祠於鳳石坊,又祀之於詩話樓。(光緒《重纂邵武府志》卷十五《名宦》)

周亮工

周亮工,江西金溪人,河南祥符籍,明崇禎庚辰進士。起家爲濰縣知縣,有全城功。入國朝,仕至户部侍郎。康熙元年,左遷青州兵備僉事,剛方嚴肅,豪猾畏避。刊布條約,每作家常絮語,曉諭愚民。值歲旱,疏請蠲振。亮工慮有司遲其事,遣人馳赴各縣,榜示通衢,先取賦籍核定其數,使胥吏不得爲奸,然後單騎從部使按户振之。青人爲立《德政碑》頌之者五,惟臨淄《高景碑》載《縣志》。(咸豐《青州府志》卷三十七《名宦傳》)

史料輯録

順治八年

八年春二月,提督馬得功襲廈門,克之,尋復爲海寇鄭成功所陷。巡撫張學聖按泉,偵知鄭成功在潮州,遣得功乘虛襲廈門。故明唐王聿鍵、大學士曾櫻在島上,家人請遁,櫻曰:"吾今日猶得正命清波也。"自經死。已而鄭鴻逵遣將施琅等圍得功,戰少卻,欲退,不得渡,遣人見鴻逵曰:"公等眷皆在安平,脱得功不出,恐不利公家。"鴻逵以左軍都督守採石磯日,得功爲其標下守備,頗以舊識,故逸之。比成功回島,而得功已去兩日矣。成功大憤,令各偏將不許赴鴻逵所。鴻逵悉,謝成功不與,退居白沙。琅,南安人,號知兵,成功委以教練士卒。有標將曾德犯法,逃成功所,琅擒治之。成功馳令勿殺,琅已斬德。成功怒,捕琅急,琅夜叩所部蘇茂門,茂匿之。成功殺琅父及其弟顯、貴。茂乃以小舟密渡琅入安平,依鄭芝豹。芝豹故與琅善,察成功終無宥琅意,縱使去。琅後詣官軍降。總兵王之綱率兵勦寧化半寮賊寧文龍,無功而返。之綱調集邵武諸路兵圍勦文龍,文龍窘,潰圍從間道走,遊擊龍得雲追之,迷道不可迹而返。之綱大兵駐張坊等處,凡附近半寮四五十里内居民避亂山砦者,皆指爲賊,發兵圍之,所破山砦十七,閱兩月而後班師。

夏五月,海寇鄭成功入浮宫港,掠龜山。總兵王邦俊兵至方田,戰不利。賊薄海澄縣,三日始去。

秋九月,江西叛將耿虎犯邵武府,右布政攝建南道周亮工撫降之。

冬十月,總兵王之綱復率兵勦寧文龍,文龍遁走。大兵退,文龍復返其居,修怨於黄氏。乃招集林珍、黄徽印、吳一星諸寇爲助,欲與黄氏決死戰。之綱遣副將高守貴勦賊,追至常坪龍西山。一星兵卒皆上下崖壁如猿猱,飛彈雨注,官兵不敢逼而返。之綱駐水西,惟黄氏所嚮導,周迴六十七里,無一椽可保、一婦獲免者。值永安有警,署左布政周亮工調汀將救護,之綱乃去,而文龍亦遁,不知所之。一星即吳細娘,順昌人,聚衆二百餘人,往來將樂、歸化界,不擾平民,尚報私怨,其御卒頗嚴,屢以寡挫衆,官軍憚之。後爲其黨林翼陽所賣,誘降伏誅。(《福建通志·臺灣府》,《重纂福建通志》卷二百六十七至二百六十八《外紀》)

内有"據揚州道周亮工呈詳"殘題本

(上缺)岱已□確已斷給,無煩再訊矣。其拘周令姊於衙内多時,雖深惡其不遺嫌疑,而蘄忠威逼周氏,究問藏銀所在,意主攫金。周氏貞婦,初未訟其污於强暴。至周家幼男鍾官之死,雖伯仁由我之恨,仁者傷心,而比之推刃之例,亦恐蘄忠辯其涉於深文。但就此審明,已斷給之銀柒百兩、銀器壹百兩,共計之已贓至捌百兩,按以新律,縊頸奚辭?然所犯實在貳年伍月,事在赦前,尚可比例而末減蘄忠,此在憲臺之寬政、皇恩之浩蕩,而非職等所敢擅議也。等因招詳到道。

據此,該本道看得:胡蘄忠奉王□委署郡篆,表率群寮,宜當恪守官箴,撫綏殘子,以無負新朝破格用人之盛典。乃利慾心迷,廉恥道喪,攫已故江都知縣周志畏埋藏白金器皿共計八百兩,致其妻姊寄迹空門,藐孤捐軀溝壑,忍心至此,尚復有人理哉!惟是拘周氏入衙一事,覆加詳訊,蓋祇逼彼黃金,原未玷乎白璧,無容索瘢以傷死令之名。至於掠贓之日期數目,屢勘既確證佐,高岱供吐甚明,銀已如數斷給,取有領狀在案,蕲忠律絞何辭?但據屢番,所犯實在貳年伍月內,委係赦前,應否□例未減,是在憲臺□罪之仁(中缺)。破烏帕□,著破白衫,連袂攜手,膝步而進,呼天哀號。卑職之痛楚不須言,一衙門衙役無不零涕,門前人、市上人皆爲垂淚。旁觀如此,受陷害者其何以堪?憲臺好生救厄以及無告者,爲先將周氏金銀退償,活此肆人之命,發旅襯還鄉,其周令已絕之血胤周鍾官不可復生矣。此外處分,在憲臺裁奪,非卑職之所敢擅便也。等因到道,詳報到院。以此告發一事推之,胡蕲忠穢迹昭彰,真難逃聖鑒之中矣。蕲忠係委官,未奉明旨,不敢擅擬。貪淫若此,豈可使脫然於三尺之外哉?當時□□開報者漢式,蕲忠始爲同類,終爲讎敵□□□開報於先,而瀆辯於後耳。遵奉察明之旨,據實具奏。續奉前旨,行道再行揚州府覆審。據知府劉奇遇審看得:胡蕲忠既奉豫王令旨,委署揚州府篆,政宜上凜天朝法紀,下顧專城名節。乃敢於戎衣大定之後,姦淫周知縣之妻、姊,挖掘埋藏之白錙,致周鍾官飢餓於旅邸。壞倫攖金,真衣冠禽獸,逐婦莩子,乃牛馬衿裾。周縣令抔土未乾,負屈含冤於地府,□□□□,遊魂飄泊於人間,若非義僕奔愬,(下缺)

貼黃:(上缺)題爲遵旨察明事:據揚州道僉事周亮工呈詳,胡蕲忠招由到臣,該臣會審得:原任揚州府知府胡蕲忠,於貳年伍月內,乘揚城新破,擄江都知縣周志畏之姊誘透窖銀,押令高岱等挖取銀兩、首飾、酒器共捌百兩,已經追給,贓證明確,法應擬絞。而道廳招云犯在赦前,比例未減,未敢擅便,謹題請旨。(《臺灣文獻叢刊》一六九《南明史料》卷一三六,又見《明清史料》已編第一本)

淮揚巡按姜金胤殘題本

巡按淮揚等處試監察御史臣姜金胤謹題,爲塘報剿滅逆賊、據實報聞事:奉都察院勘箚,準兵部咨,該總督漕臣王文奎題前事,奉聖旨:據報逆渠就誅,擒斬多賊,如皋一帶,漸就寧靜,知道了□有功將士及傷亡兵丁,詳察具奏。兵部知道,欽此□遵。咨箚到臣,隨行揚州道查勘去後。今據該道參政周亮工呈,據揚州府申,據如皋縣申,查奉調河南總兵孔希貴報稱:統領副將麻胤揚、遊擊孔國養、守備陳□德中、千把總孔國鼎,會同□州總兵蘇見樂、□擊王□、江龍、都司蘇應泰、守備王九澤等、千總王進忠、紅旗王九德等、把總王繼祥等,統兵貳千有餘,於順治貳年拾壹月貳拾壹日,自本□起兵,□拼茶場扎營。本場人民剃頭,秋毫不擾。次早於坳上劉家莊賊衆數千,內有叛逆田仰標下劉文清、劉一雄率領衆賊,與兵對敵。本職領兵,奮力殺死劉文清,□有田仰給與箚付。各賊大敗,箭射刀砍死者□千有餘。劉一雄竄入拼茶,即分兵追襲,將一雄拏獲。本職趕殺,隨有賊頭於錫凡,僞稱總兵,領衆數千迎敵。本官統兵,砲石齊發,賊遂大潰。趕至於家莊,賊窩堅固。隨傳馬步各營,齊力急攻良久,將寨攻破。於錫凡被箭射傷重拏獲,併眷屬俱□□死,獲有旗傘及僞關防,餘黨(下缺)

　　旨:兵部核議具奏。(《明清史料》己編第一本)

刑部殘題本(周亮工供詞)

　　(上缺)家中原有倭緞捌疋,因無盤費,小廝王一攜出外賣銀肆拾捌兩。貳審、叁審時亦照此供。第肆審時,據帥登供:你到漳有書帖與王總兵,要買鞏花緞拾貳疋、哆囉絨貳丈。登爲辦送,價未給發。緞每疋價銀八兩,哆囉呢每丈陸拾兩,共計貳百壹拾陸兩。第伍審時供:緞貳拾疋、猩猩氈貳丈,價銀貳百捌拾兩,有你稍去副啓、圖書、名帖。按察司會審,帥登供:緞貳拾疋、猩猩氈貳丈,共值銀肆百兩,價未給發是實。你口供又稱:曾向送公文與王總兵的人說,若有倭緞,可買帶來。去的人買帥登四疋倭緞帶來,不曾面會帥登,亦不曾認識等語。帥登口供又稱:賣倭緞捌疋,係你家人賣了。我等原俱係江西人,互相通問。後有書壹封,併稍銀貳拾兩,叫織倭緞貳拾疋,故此織倭緞送去等語。你們貳人口供各相參差。據此,你發書勒叫織倭緞,後爲帥登説情俱是實。從實供來。據周亮工供稱:帥登係江西奉新縣人,他弟兄有幾人係進士。我係江西撫州府金谿縣人,有祖在時,搬在河南開封府祥符縣居住,我族中人也還在江西住。他們兩家仍舊往來行走,因此帥登也知道我,我也知道帥登。我往漳州府去時,有帥登曾往廣東去,原不曾在家。□從漳州府回來,向送公文人説,若有倭緞□□□帶來。止帶買倭緞肆疋。説帥登家人有捌疋倭緞出賣,想是別人買去,我如何知道。肆疋也是買,捌疋也是買,若果然買了,就說買了。原發書壹封、銀貳拾兩,收倭緞貳拾疋是實。後又與銀壹百肆拾兩。帥登收銀回書,問官取粘在原卷。參我原説:帥登受賊贓銀壹千兩,説我説情,不曾審此事等語,巡按趙如瑾糾參王邦俊本内稱帥登過付銀兩等語,於拾壹年玖月内來京,帥登之事係拾貳年春間具題,蒙部駁回審議幾次,有部内卷案甚明,併不曾説叫買緞稍書與王邦俊,亦不曾替帥登説情。審帥登時,怕地方官刑夾,供辦送倭緞併猩猩氈與我,併未給發價銀,爲何不供與他説情等情? 隨審帥登:查你原供,初審時你供差往廣東潮州府調回雲霄營潰散兵馬,至拾年肆月内纔回家中,原有倭緞捌疋,因無盤費,叫小廝王一攜出外賣銀四十八兩。第貳審、第叁審時你也曾照此供相同。第肆審時,你供周亮工到漳,有書帖與王總兵,要買鞏花緞拾貳疋、猩猩氈貳丈,你辦送,價未給發,緞每疋價捌兩,猩猩氈每丈價陸拾兩,共計貳百壹拾陸兩。第伍審時,你供緞貳拾疋、猩猩氈貳丈,價銀貳百捌拾兩,有周亮工稍的圖書、名帖、副啓。按察司會審時,你供緞貳拾疋、猩猩氈肆丈，共價銀肆百兩，未給價。種種供認甚明。周亮工口供又稱，向送公文與王總兵的人說，有倭緞可買帶來。去後將你賣的肆疋倭緞買了帶來，並不曾見面認識等語。你口供內有賣過捌疋倭緞等語。你等貳人口供各相參差。周亮工口供也不曾見面認識。查發銀貳拾兩，稍書收倭緞貳拾疋，向你勒要猩猩氈、大珍珠、倭緞等物，後爲你犯事求情，俱係是實。此外還送多少？從實供來。用刑夾問。據帥登供稱：我從廣東回來，我問捌疋倭緞在那裡。家人說，係周亮工衙門人買去，原不曾相會周亮工是實。王邦俊受贓壹千兩被參，說我係干證等語，有何求情處？地方官審時，我供叫送公文與王總兵的人捎書織倭緞，問官就寫捎書與王總兵。因收銀書在周亮工處，說無憑據。貳拾兩銀子怎買得貳拾疋倭緞，招內寫尚短價。我當初原不曾照此供認。因糾劾的總督在那邊，問官畏怕，必要合着原參，只管向我嚇問所送的倭緞、猩猩氈。若不肯招認，就要刑夾。又見各款犯人有不肯招認者，必定用刑夾，招方放夾。我原係職官，怎麼受得刑夾？畏怕妄供勒索。其倭緞係周亮工貳次發銀壹百陸拾兩織造的是實，並不曾勒索猩猩氈、大珍珠等物。周亮工亦不曾替我說情屈事。雖然夾死，如何妄供等情。隨查周亮工令織造倭緞寄與帥登手書上寫：特差役賫來銀貳拾兩，煩代定織倭緞貳拾疋，哆囉呢併爲覓壹貳丈，當即如價奉償等語。查帥登回書上寫：前蒙發來銀貳拾兩，於陸月貳拾日付來人上緞拾疋。嗣蒙老爺找給銀壹百肆拾兩，今補緞壹拾疋。其哆囉呢，此間壹時缺乏等語。

　　查叁拾款原卷，前該巡按趙如瑾原參漳州府副將王邦俊拾伍款內，有壹款內開：叛逆楊世德家眷，在漳州府城中，從南樓盤穴繫上繫下，時興海寇往來。玖年捌月間，鄭成功差李道寨民鄭先齋銀壹千兩併西瓜入城，着帥旗鼓傳進等語。該地方官歷審帥登，據供：李道、鄭先皆詭名。餽千金併西瓜，當鎮匝圍之時，飛翼不能傳進等語。該巡按成性疏稱：王邦俊壹案，歷讞多官，內有柒款證佐俱無，其餘捌款有催船併馬料短價、開爐取息，共贓叁百貳拾貳兩，按律徒懲具題，奉旨刑部核擬具奏，欽此。該本部題覆王邦俊糴穀短價、催船併開爐取息等贓共貳百貳拾貳兩，律杖壹百，徒貳年，折贖等因。拾陸年叁月貳拾捌日題，貳拾玖日奉旨，王邦俊等依議等情。

　　第叁拾壹款原參：本官署漳南道印，每點吏書壹名不到，即責大茅板叁拾板。各役難受，每名餽進銀陸拾兩，即批免責。計屢次不到者百餘人，約得免責銀陸千餘兩，洪中軍繳進。該衙門吏書證緣由。隨審據周亮工供稱：玖年拾壹月內去署漳州府道印，拾年肆月內回來情由，曾在貳拾玖款內供過。彼時漳州府被賊圍困捌月有餘，城內壹石米值銀伍百兩，人人相食。共餓死柒拾萬人。我往漳州府去時，經過貳百餘里，路上未見一人。到泉州府，有壹人持杖到我跟前。我問他係何人。他説是書辦。我又問他：你是來迎接的麼？他説：我不是來迎接的，是逃出來的。聽見你在此經過，特來叩見。我教他同我走。他説不能行。我派夫貳名，裝在筐內，抬着同我到府。查原吏書止有陸柒人。彼時雖有行杖之人，豈能受得叁拾板？連叁板亦不能受。道裡衙門吏書，額數止設十六名。後安定時，其逃避之民歸來，添足拾陸名額數。若果查點壹次，吏書拾陸名即俱不到，向每名要銀陸拾兩，共該銀玖百餘兩，如何到得陸千兩？原參內開屢行查點，數次有不到者百餘人，約得免責銀陸拾兩等語。查點道裡衙門書辦壹次，即行封在衙內辦事，不許出衙門，亦無屢次查點之例。就作原參屢查數次是實也罷，查點拾陸名，每人不到肆伍次，共計百人，送銀陸千兩。書辦雖痴，查點一次不到，免責送銀陸拾兩，再查應當早來，爲何退避送銀陸拾兩？看此款就知是虛等情。隨審洪中軍：周亮工署漳南道印時，查點吏書，如壹名不到，即責大茅板叁拾板，各役難受，每名饒進銀陸拾兩，即批免責。計數次不到者百餘人，約得免責銀陸千餘兩，你繳進周亮工，是何情由？據洪中軍供稱：我名是洪時御，原是漳南道中軍，於拾貳年拾貳月內，我陞游擊，周亮工署漳州道印時，事在賊困城之後。彼時餓死數萬餘人，衙役也有死的、逃的，止存肆伍人。後地方稍戢，民漸安業，周亮工募民補足吏書、快手數目。且吏書查點壹次，封在衙內辦事，不准出門，周亮工不曾查點數次。有不到者百餘人，約得免責銀陸千兩，我轉送與周亮工情由，地方官前審參次時，我供：我係壹官，怎肯妄供？並無此情。至肆審時，問官張知府向我説：你如何説得沒有？若不招，就夾。我供：周亮工所受銀兩之事，又無吏書證見，憑何供招？仍然不招認。張知府與我紙筆説：如此，你即當寫佟總督誣參字樣來，將你呈詳總督釋放。我還不懼夾棍，且教我寫是佟總督誣參的話。無奈因他等合原參審問，如何寫得説不是的話。卑職無奈，妄供黃起洙等陸人共銀叁百陸拾兩。（缺五字）後又駁，至伍審時，將我（缺九字）善、何德、又壹詭名（缺十一字）名共壹拾貳（缺十三字）會審時仍（下缺）（《明清史料》己編第五本）

刑部殘題本

　　刑部多羅順承郡王臣稜德弘等謹題爲犯道從逆逃歸、謹將發審口詞、先錄題報、仰請聖裁事：江西清吏司案呈，奉本部送刑科抄出巡撫福建等處地方都察院右副都御史臣張學聖題前事內稱：準刑部咨，刑科抄出浙江福建總督陳錦題前事等因，順治陸年貳月貳拾貳日奉旨：潘映婁著革了職，該督、撫、按詳審確擬具奏，該部知道，欽此欽遵。抄部移咨到臣。准此，隨牌行福建按察司，遵照咨文奉旨內事理，即將潘映婁革職，詳審明確，具招通詳，及駁覆節催去後。今據按察司管按察使事右參政鄭廷槐審明呈詳：問得壹名潘映婁，年肆拾壹歲，江南安慶府桐城縣人，由拔貢中副榜，授福建分巡福寧道僉事，駐箚福寧州城，於順治肆年柒月初叁日到任。狀招:映婁自到任後,即值山海寇亂。時有賊首王公哲等逆叛,攻困州城,已經玖閱月,外援不至。映婁職司分巡,應當效死力保封疆爲是。時因賊多兵少,米鹽阻絕,萬民危急,不合藉今被陣殺張豎德與賊馮生舜有識講和解,散圍緩攻待援,以甦民困。馮賊去後,又聽賊張時任投誠,隻身入城要盟,願同抗賊。王公哲又令吳明中齋僞詔到城。映婁又不合隱忍聽其開讀,因借此當夜誘王公哲賊夥叁百人進城,盡行殺死。王公哲又復糾劉中藻,於伍年肆月初伍日合力攻城。鎮將敗遁。映婁又不合不能固禦,以致州城被破,張時任被剮。映婁密計,令不知存亡表弟姚全紀懷印出城,後至浙江處州鎮道驗繳。映婁隨向州南門出奔,賊阻復回,身受鎗銷,被賊盧守譜等縛解馮生舜營。親隨家口貳拾壹人,俱被殺戮。伍年閏肆月貳拾陸日,賊械帶映婁往壽寧。伍年拾月初陸日,因大兵進逼,賊衆慌散,映婁乘間得脫,潛浼九臺山庵。因山下多賊,密浼客人魯浩,先齋叁院稟帖付弟建安縣儒學教諭潘益代投。伍年拾月貳拾陸日,映婁到省,自赴總督陳部院臺下投見。當將映婁牌發按察司研審從逆及逃回隱情根因呈報,以便具題等因。

蒙司轉行署福州府事延平府理刑官研審詳覆。隨經延平府推官徐起霖吊取映婁與魯浩等各到官細鞫。映婁供訴情詞,魯浩受託寄書來歷在案,具由詳蒙本司覆審,具由轉報陳部院,具疏爲犯道從逆逃歸、謹將發審口詞先錄題報、仰請聖裁事等因。順治陸年貳月貳拾貳日奉旨:潘映婁著革了職,該督、撫、按詳審確擬具奏,該部知道。欽此欽遵。抄部咨到部院,隨奉總督陳部院案驗:仰司照案備奉旨內及咨文抄疏事理,即將潘映婁作速確擬通詳,以憑覆核具奏。又奉蒙巡撫張都御史憲牌、巡按霍御史案驗同前事,併行到司。

蒙司并行福刑廳吊取潘映婁到官,審明招解覆訊,轉詳到廳。行間,蒙本司備文移牒分巡福寧道,將潘映婁前在福寧從賊確情,查明移覆過司,以憑入招回詳到道。當蒙本道察訪,仍行福寧州確查。隨據本州署知州事李葆素申稱:遵即喚集士民細查情由。據儒學生員周光胤等、保約子民章日瑞等呈爲據實開陳失城情由事稱:禍因肆年玖月內,東路賊首王公哲、敖卓等受僞魯王僞職,稱監國魯叁年號,糾集鄉兵。拾月初壹日,協鎮章雲飛在赤岸橋頭地方對敵,殺死賊兵叁百餘人,王公哲逃奔,敖卓就戮。至拾月拾叁日,公哲復糾兵圍城,北山頂則有僞太師馮生舜扎營,西郊外則有陳文達等扎營,南門外則有朱鋒等扎營;四面環繞,閱玖箇月,米鹽不通,士民餓殍過半。時則有巡道潘映婁門下有張豎德與馮生舜有舊。豎德隨先出城相見。貳月初伍日,潘映婁親詣北山聖水寺講和,以蘇民困,至貳更方回。後因公哲與生舜不睦,生舜遂於初捌日徹營而去,城門隨開,稍通鹽米。公哲計窮,復遣海賊張時任、林奇觀、劉虎、葉瑛陸續進城插盟。後有僞巡按吳明中齋僞魯王敕印入城,陞涂登華爲振威伯,潘映婁爲太僕寺少卿,章雲

飛爲桓武軍門，宋若蘇爲兵部員外，在各官衙門開讀。王公哲疑各官受職，隨遣
僞標官陳功、賴天成帶賊叁百餘人進城探聽。本夜，被涂登華、章雲飛召至察院
前，假言犒賞，一時盡殺。西路賊首陳文達等見王公哲賊衆被殺，遂往福安請劉
中藻主盟。中藻與生舜俱至江邊地方扎營，稱隆武肆年號。城內各官分守肆門，
章雲飛出城打仗。雲飛兵敗，在松山地方下船。張時任被劉中藻獲剮，方國慶被
殺。肆月初伍日，涂登華兵寡糧盡，開南門走至南屏地方，爲中藻追獲，收在衙門
內。潘映婁亦從南門出城，兵阻復回，至太平臺被西路賊首盧守譜兵綑獲，解到
馮生舜營，亦收入衙內。時跟隨守備山萬春、高恒、周門子等被殺。其潘映婁未
受職行事。於貳拾陸日，生舜遂帶映婁出城往壽寧、泰順去。今蒙著通學并保約
子民從公開報，不敢冒隱等情到州。該本州署知州事李葆素備載士民口詞，粘連
申覆到道。該本道僉事李長春隨同副將張承恩、署州事李葆素，復集士民反覆詢
諮，與該州所申吻合無異。除將口供存案外，備關移覆到司。

　　蒙司抄發巡福寧道移關牌，仰福刑廳會同福州府，吊取映婁等確審招解。隨
蒙本廳會同本府吊取映婁等到官研鞠問，映婁又具爲瀝訴顛末、以明心迹、死而
無怨事訴狀投遞。當蒙理刑推官季芷會同本府知府彭六翮研審。看得：潘映婁
壹案，事關欽件，蒙委會審，敢不虛公至慎，以期確當。其當日從賊果否情形，總
難逃地方之公論、士民之口碑也。倘似映婁衙內張豎德與馮生舜有舊，映婁親赴
講和、靜聽開讀等語而定罪案，恐不足以服映婁之心。而映婁又復曉曉展辯，訴
稱不受僞職，致攖賊怒，家口貳拾餘人被殺。又部院初臨，曾准士民周光胤等公
呈，亦咸稱映婁不受僞職，及彼時塘報可據。卑職未履其地，事難臆擬。再請關
移分巡道確察明白，并吊周光胤人卷發審，而卑職等亦不厭再叄詳慎，弗至出入，
以致推敲。具由詳。

　　蒙本司移牒本道，確查潘映婁未受職行事一語再加研確，并查周光胤等僉呈
吊齊研鞠移覆。蒙本道行據署本州知州事李藻素申詳，看得：潘道一案，始末情
由，俱載士民公呈，業已詳憲在案。但未受職行事一節，蒙行確察。卑職細研當
日始則閤城受圍，民困兵單，而王公哲則以海上僞詔迫勒誘惑，加以職銜。未幾，
劉中藻於肆月初陸日復圍破州城。時城內文武與潘道各自奔竄，而潘道乃爲馮
生舜收入營中。本月二十六日，隨帶他往。其當日被賊殺死則有本道親隨守備
山萬春及周門子等，此皆通州士民所耳而目之矣等緣由到道。蒙本道僉事李長
春看得：潘映婁一案，迄今年餘，尚煩稽覆，蓋至詳且慎也。顧以人臣大義言之，
身任兵巡，當爲一方保障，不得已而寇盜縱橫，城池陷沒，惟有抗節致身，庶幾於
心無愧，即持論者亦不得執一說以抑之矣。至於時勢難爲，欲貶其節以濟事，如
講和、聽詔，州人從旁觀之，輿論相沿，載之公呈，本道既奉確查，安得置而不論？
或者映婁之在當日，兵少糧盡，孤城無援，計以此緩旦夕之攻，以待省會之救，州

人至今爲言。講和之後，而城內稍通鹽米。張時任、吳明中相繼至，而涂登華、章雲飛猶握兵守城。斯時而有一旅之師援之，則映婁委曲苦心，轉禍爲福，未可知也。無奈劉中藻尋至，張時任剚矣，章雲飛敗矣，涂登華遁矣，孑然一映婁，無怪乎爲盧守譜所綁縛而遊營也。隨行山萬春、高恒、周門子等被殲無遺，有目共見，最爲彰著。獨計此時城池失守，身爲俘囚，即映婁渾身是口，猶難自明，他人又安得而原心懸斷也哉？至未受劉中藻僞職，不但士民公呈，亦且可以理斷。映婁與張時任與劉中藻爲敵，時任既剚，映婁難以獨生。而其不得死者，特以馮生舜救之，中藻難於拂生舜意耳，豈肯復收而用之哉？既奉關移，既將先今事理，逐一研審備關，併原呈生員周光胤等移送本司。

　　蒙司牌仰本廳會同本府吊潘映婁、周光胤等研審確情，招解覆詳。復蒙理刑推官季芷會同本府知府彭六翻吊取映婁，與周光胤、魯浩、潘益等各到官，逐一再加審看：潘映婁統斯一道，轄此全州，惟兵巡之是司，實封疆之攸寄。雖值兵單力盡，柰月之堅守可支，何乃懈起齎生，一旦之效死弗得？土地從失，名義安存？即其時米鹽道絶，萬姓飢號，潰在旦夕，藉幕賓之張豎德講和於聖水庵中，曰緩兵以甦民困也，而其迹則似咎矣。又其後官僚雜沓，便服倥傯，隨衆傳喧，同鎮守之涂登華開讀於太平臺上，曰從權以用我法也，然其事則涉僞矣。雖有王公哲之叄百人誘殺，似欲滅此以圖存，何當劉中藻之初肆日突來，不能復守而輒敗？隨被盧守譜之擒縛，得賴馮生舜以倖全。時有守備山萬春之受戮者多人，潛遣表弟姚全紀之懷印而獨去。事勢既竭，固在萬難之時，形迹可疑，從茲數日之內。且不窮歸入省，得以具狀明言，乃道路依回，心蹤宛曲，托潘益探信，差魯浩投書，進退既乖，去來不白。今復以家口盡殺，展辯叢生，又借言印信得全，證佐似確。然已稽查備至，便令掩飾愈窮。但州道詳文，惟有映婁未受職行事一語，兼士民泣訴。僉有潘巡道挾降不降之言，若於萬不能贖之中，存一可見原之路。奈從逆之罪，迹已彰明，并失守之條，法當定擬。讞案自確，律法惟嚴。潘映婁處斬。其投遞之魯浩、探問之潘益，非屬知情，姑輕擬杖。張豎德亂時，當經陣殺。姚全紀隔省，未卜存亡。孫五已經前道審明釋放。所失原印，自處州追回，現繳福寧巡道，皆供證明確者也。取供問擬，映婁依謀叛已行律斬罪，潘益、魯浩俱依不應杖罪，具招詳。

　　蒙本司前任按察使周亮工覆審：映婁兵巡是任，疆域攸關，不能固圍以全城，猶云賊多兵寡，而乃失身於和議，駕言城困民飢，且同涂登華而拜受僞職，聽開讀而隨衆班行，縱未受事，心迹已昭。據供家口盡殺，爲不降之券證，印篆猶存，作護身之大案，但半載賊竄，豈真欲望救以用我法乎？至州城再困，解竄逆窩，又豈被其擒縛而別爲行逕乎？乃不窮奔入省，具狀伏辜，猶差魯浩以投書，托潘益以傳信，心膽俱喪，罪狀彌彰。按以典刑，三尺難貸。但或軫其爲萬姓之飢溺，被逼以蘇生靈，或念其全印信於倉忙，藏身未彰行事，於萬不可原之中，與以一綫，以彰皇仁，又非職所敢輕議也。至若投遞之魯浩、探問之潘益，非屬知情，姑從杖懲。和議之張豎德，已經亂中陣殺。隔省之姚全紀，未卜存亡。孫五審明釋放。所失原印，現繳福寧兵巡道，無容別議者也。具招通詳督、撫、按三院，俱蒙批駁，情罪未協，再行確訊到司。

蒙司備牌併行福刑廳，即將潘映婁等再加研確，務與律例相符，具招詳報到廳。行間，映婁又以忠逆法不兩立、生死罪要情真、奇冤莫伸、籲乞恤救事赴司訴准。蒙批：仰福州府移取刑廳原卷，會同興刑廳虛公覆審報。隨經本府知府彭六翮，會同興化府推官史允琦，吊取潘映婁等各到官，覆審得：潘映婁一案，鞫讞再三。如講和、聽詔，罪狀固已莫遁。而映婁於處州與大兵進攻生舜，張惶乘間逃脫，而先催魯浩投稟，俱屬歸來待罪朝廷之念。總之，皆事迹彰著，可以理定，初非心曲曖昧，尚俟揣摩者也。力窮援絕，多方以圖保守，而究至危疆陷沒，甚至全家被戮，情事俱慘。映婁自有失守之本罪，而以爲異志隱萌，從其事敗之後，沒其圖存之苦計，而以叛坐之，恐維新之世所不忍出矣。潘映婁應依兵備官駐箚該城，有守備不設、以致失陷者，照守將帥被賊侵入境內例，定遣遠戍。但犯在赦前，邀恩浩蕩，非卑職所敢擅議。魯浩、潘益代傳書稟，初無別情，相應免擬。具招呈詳到司。

蒙本司管按察使事右參政鄭廷槐會同布政使司左布政使丁文盛、福州兵備道右參政鄭清、分巡福寧道右參政李長春會審得：原任分巡福寧道潘映婁，以一方道臣，與鎮協諸將同保州城，捍禦不終，致受失陷，又不能仗節捐軀，瑣尾苟活，雖前有堵截殺賊之勝圖，堅守柒月之固志，曷足以贖其辜乎？矧夫賊也而與之講和要盟，僞詔也而聽其齎來開讀，律諸人臣之義則非矣。惟是福寧孤懸海隅，州城粗定，雖設鎮道居之，而兵力單弱。自州城以外，四面皆賊鋒。始未嘗不激烈抵維，迨持久援絕，勢窮力竭，逼爲滿城人民曲延生命，乃講和，馮生舜得撤營去，要盟張時任入城相助。僞詔突加，不能拒其不來，然且乘此日夕誘殺賊兵叁百，是從罪莫可逭，中情亦有可原者。古來封疆之吏，多有因敵而爲用，反敗以爲功者，特有幸與不幸耳。幸則卒受忠名，不幸而遂以爲潛萌異志，倘亦維新之世所不忍乎？且其城陷之日，奮門衝鋒，被創受縛，家口悉遭傷夷，而崎嶇險難之餘，惓惓於保印赴繳，束身來歸，則其秉心無他，更有可原者。故略迹而論心，難遽坐以從逆，則原情而伸法，惟有罪以失守也。潘映婁除經革職外，引例應擬邊戍。若得同沐赦前之特恩，統邀聖世祝網之寬仁耳。魯浩、潘益免擬。具招詳。奉督、撫兩院批駁，再一確擬到司。

蒙司復於本年捌月貳拾壹日，會同布政司併福州府及理刑廳齊集公所，提吊潘映婁等公同研審。出城講和一事：因受圍月久，食絕勢危，乘諸賊中有馮生舜與幕客張豎德舊識,乃遣之行間,約通和好,遂得其撤圍去,一時城內士民咸幸甦生云。審入城插盟一事:因援兵絕望,力竭勢孤,乘海寇張時任係協鎮中軍張時弼之弟,乃招來助守。及後失城,故時任被賊擒而剮殺云。審聽開僞詔一事:因勢難與抗,有吳明中原係清官,爲賊所獲,肩賚僞詔到門,遂以實情相告,故納之進城。旋計開讀,當夜誘賊兵叁百入城盡殺云。又訴稱:當日皆鎮將涂登華及協將章雲飛持兵主事,道官文職,惟束手聽從,罪不獨在映婁云。又訴稱:群賊計請劉中藻大衆臨城,遂以不支,至於失陷。涂登華、張雲飛一去不返,映婁奪門出城,被縛回,身受肆鎗,家口被殺,拘押隨營,去之壽寧。惟圖全印還繳,及得脫歸,即束身待罪,矢志無二云。蒙本司管按察使事右參政鄭廷槐會同署左布政使事福州兵備道右參政鄭清、布政使司右布政使周亮工會審得:原任分巡福寧道潘映婁,與鎮將涂登華、協將章雲飛同守州城,受圍日久,謀出詭遇,借通和以解危而馮生舜隨行撤去,迫歃盟以助守而張時任因之被剮,聽開讀以用權而叁百賊當夜誘殺,事多可原也。迫計窮力竭,卒於失陷,而身受重創,家口受戮,綑繫隨營,睊睊於全印歸命,志亦可諒也。惟是失陷封疆,罪自難逭。按律責在將帥,道臣止於罷斥。今厚繩以遠戍之例,則於法爲已盡矣。若邀赦前殊典,免遣坐廢,則聖世浩蕩之仁也。潘益、魯浩,傳書受信,委無別情,應照免擬。蒙將映婁問擬罪犯,議得潘映婁所犯,合依設有守備官駐箚本城者,比照守邊將帥被賊侵入境內擄掠人民者,發邊遠充軍,候部定發拘僉,妻解,招詳允日施行。照出潘映婁該納訴紙銀貳錢伍分,追完彙解取實收,着伍收管繳照。招開潘映婁原任道印壹顆在,於處州府取回,已繳福寧分巡道執掌。審魯浩、潘益代傳書稟,初無別情,相應免議,別無餘照。招詳到臣,該臣會同浙閩督臣陳錦看得:潘映婁監司是寄,保障攸資,使當日能禦賊則轉敗爲功,不能禦賊則以身殉難,豈不光明俊偉、全節完名? 惟其僥倖偷生,委曲忍死,而吏議遂有難逃也。夫賊也與之講和,僞詔也而廁身聽讀,其曰不從賊,人誰信之? 臣等凛遵詳審確擬之旨,敢不反覆推敲,期無枉縱? 茲據司、道、府、廳再三會勘,謂講和者,城圍九月,絕無外援,因幕客張豎德與馮生舜有舊,設此計而解圍也;謂聽詔者,納吳明中入城,使其不疑,而誘殺其賊兵也。引經按律,罪或難寬,略迹論心,微有可宥。第其受職行事,屢訊無之。繳印在先,志猶未逆。奪門身受重傷,家口被賊慘戮。律以失守封疆,荷戈邊戍,亦非爲縱。但犯在赦前,罪名或微免議,出自朝廷浩蕩之恩。魯浩、潘益,審無別情,相應免擬。既經該司具詳前來,理合具題,伏乞敕部議覆,行臣等遵奉施行等因。於順治柒年拾貳月拾玖日題,捌年貳月初柒奉聖旨:刑部核議具奏,欽此欽遵。抄部送司案呈到部。

該臣等覆核,看得:映婁妻職任分巡,保障是寄,乃才疏防禦,以致陷城。雖云設計殺賊,不受僞職,似難逭失守之律,戍洵不枉。但事在赦前,映婁免罪革職，永不敘用。其魯浩、潘益，查無別情，均應免議。謹題請旨。順治捌年肆月初柒日，刑部尚書固山額真公臣韓代、太子太保刑部尚書臣劉餘祐、左侍郎臣吳喇插、右侍郎臣宜把哈、臣馬光輝、都察院右都御史管刑部左侍郎事臣房可壯、啓心郎臣額色黑、啓心郎臣白色純、江西司郎中臣張藩。

　　旨：潘映婁等依議。

　　（《臺灣文獻叢刊》一六八《鄭氏史料續編》卷一，又見《明清史料》已編第一本）

浙閩總督張存仁題本

　　欽差總督浙江福建等處地方軍務兼理糧餉兵部右侍郎兼都察院右副都御史今罰俸臣張存仁謹題，爲塘報邵武官兵勦殺光泰賊寇事：本年正月拾肆日，據鎮守邵武總兵池鳳鳴塘報：拾壹月貳拾捌日，據泰寧縣報稱：將樂賊首合兵犯縣，職即差遊擊魯雲龍帶兵星夜赴縣援勦。拾貳月初貳日，兵至金坑，遇賊數百，屯營擺塘，被我官兵殺死數拾名，隨即追至賊營，連戰數陣，斬殺不計。初叁日，由馬嶺直抵萬灣寨，逆賊隔水布陣。官兵一齊衝殺過河，對戰數合，獲馬三匹、大砲二門、鳥鎗四桿，生擒活賊壹百餘名，陣斬賊首僞伍都司壹員，奪獲旗幟、方印、關防、僞箚等項。又有將樂賊兵趕到萬灣寨救援。魯雲龍等帶領馬步官兵，分布衝殺，又斬賊寇數百，活擒逆賊張學等叁名，餘俱扒山逃竄等情。拾貳月初柒日，又據光澤縣塘報：金、李貳賊，從江西大源山統賊數千來攻縣城。該防守參將貢俊美等率領兵丁衝殺，斬賊貳百餘名，生擒賊首李鳳毛，餘賊仍遁江西大源山去訖。除將擒獲各賊，會同按察使周亮工并府縣各官審明正法外，塘報到臣。又據福建新任按察使周亮工稟報相同。

　　該臣查得駐防邵武官兵，爲數不多，卒能保守郡城，且又分兵援勦泰寧、光澤貳縣之寇，奮勇擒斬，此皆仰仗皇上、皇叔父攝政王威福所致。其按察使周亮工以福省途路阻梗，暫駐邵武，同心辦賊，調度有方，并戰守有功，鎮將、府縣各官，應俟事平，一體查叙。今據塘報前因，合先具疏題報，伏乞敕下兵部查照施行。緣係塘報邵武官兵勦殺光泰賊寇事理，未敢擅便，爲此具本，專差舍人魏宏齋捧，謹題請旨。順治伍年正月拾伍日，總督浙江、福建等處地方今罰俸臣張存仁。

　　旨：據奏邵武官兵保城殺賊，知道了。有功人員，事平彙叙。該部知道。

　　（《臺灣文獻叢刊》一六八《鄭氏史料續編》卷一，又見《明清史料》已編第一本）

浙閩總督陳錦殘揭帖（順治六年二月十九日到）

　　（上缺數字）建等處地方軍務兼理糧餉兵部右侍郎兼都察院右副都御史陳錦

□爲犯道從逆逃歸、謹將發審口詞先録題報、仰請聖裁事：據福建提刑按察使司按察使周亮工呈爲查審事内開：蒙職憲牌，照得福寧巡道潘映婁失陷疆域，久在賊營。向據各處之塘報，謂其從賊甚真，僞職有據。今突然由浙來歸，雖能完印交納，但映婁久已陷賊，則印信必爲賊有，今以全印作逃歸張本，其中必另有受賊指使隱情。況其到松谿之時，先遣二人至建寧向潘益處探聽消息，則其心虛膽怯，又可知矣。合行速審□□，以憑□□。仰該司即將潘映婁從逆陷身情節，及逃回有無使指隱情，確加研審，星速呈報以憑具疏題報等因。奉此，依奉轉行署福州府事延平府理刑廳研審去後。

今於本月十一日，據延平府推官徐起霖詳稱：遵依吊取潘映婁并魯浩各到官。據潘映婁揭爲直述苦衷、仰祈天鑒事内稱：罪職自去年七月初三日到任，即值山海賊興。罪職日同鎮將與賊首劉中藻、馮生舜、王公哲、陳化龍、盧守譜、林奇等打仗。屢戰屢捷。只無奈州城四門之外，俱是高山。賊衆數萬，盤踞山巔，□□餉道。罪職十數次遣人赴浦城、福州告急，□□被殺。捱至今春，已八個月，糧盡草盡。協將章雲飛素與涂總鎮不合，遂帶兵叛投海賊鄭彩。涂鎮僅有兵三百人，皆飢餒不堪。四月初五日，雲飛及夥賊攻城。罪職死守東城，賊執罪職挾降，寧死不從。賊將罪職家口，跟役、標官、標丁盡殺，僅一表弟姚全紀懷印，跳城得生。賊仍逼職做官，不屈。此共見共聞者。賊將罪職鎖禁，欲尋自盡，恐印無下落。五月中，密割衣袂具禀封印，遣姚全紀間道賫報，髮短難行。八月二十五日，逃出龍泉，蒙處州府鎮道驗印貯庫，轉詳督臺。十月初六日，聞大兵進剿壽寧，賊衆張皇。罪□□得脫械，星逃萬山之巔，三日不火食，逃至□□山小庵，山下多賊，罪職十月十九日密僱浙江客人魯浩，先賫禀三院。罪職晝伏夜行。十一月初二日，奔投慶元到松溪。十一月二十六日，赴福州叩憲臺請死。伏念罪職失守，一死何辭。但事有未易一二言者。自水師裁而海賊恣其出没矣，道標裁而彈壓失其爪牙矣。重以協將叛主將，兵去城空，官民食盡。罪職能空拳殺賊乎？今從萬死一生中，得見憲臺等情。又據魯浩口供：浙江會稽人，于九臺山庵中遇潘道，托以投書伊弟潘益，今被拿解是實，各情在案。隨該卑職審看得：原任分巡福寧道潘映婁，失陷□□既符嚴律，而潛蹤密探，情復可疑。今蒙發□，□罪之可以直定者一，罪之可以理斷者四，而罪之必俟確據而結案者二。映婁職任分巡，不思多方備禦以保朝廷疆土，致城池失陷，賊盜縱橫，荼毒生靈，弁髦王法，此罪之可以依律直定也。今據供協將章雲飛叛而去，而涂鎮何在，獨不一言及之。且稱家口盡殺而姚全紀獨可以懷印跳城，則映婁戀戀不出者何心乎？可罪者一。既不能死難矣，靦顏偷生，非剃髮可久留賊巢，定蓄髮而甘爲寇首。可罪者二。夫爲賊脅逼者，印爲賊奪，權猶在賊也。若身既陷賊而印得以自主，出入自如，權更□□賊矣。且印在而□□。可罪者三。既知賊敗，束身來歸，自當張膽明目，投見上臺，乃托弟以窺意旨，遣差以卜進退，道府之報歷歷，其叵測之心不大著乎？可罪者四。此罪之可以理斷者也。及職等再四研鞫，隱情未吐，則以全印爲護身之符。而孫五未見解到，原印尚在處州，所必俟確據結案者一也。又以福寧正在用兵之際，無本地之實報，乏質證之士民。夫么魔小醜，指日蕩平，鬼蜮真形，一一現出，映婁雖百喙何以自解？所以俟確據以結案者二也。總之，現前可疑之蹤，必合之本境的確之情，始可定封疆一鐵案等因，具詳到司。

　　□□司按察使周亮工看得：潘映婁職任道臣，□□從賊四月，城陷久戀巢中。十一月來歸，潛窺建府。據供協將叛，主將守，而同事之涂鎮今日何在？據云家口殺，標兵殺，而懷印之表弟何以獨存？借曰爲賊凌辱，必先追印也，而印何以可全？借曰爲賊鎖禁，必無一脫也，而城何以得跳？明知賊勢已敗，當挺然來歸，束身待罪，以聽上臺之處分，胡爲先遣人而秘踪迹，暗托弟以卜從違？況伊弟潘益，實從逆之黨也。即曰髮短難行，是明明不肯剃髮，久已蓄髮之鐵證矣。如此大罪，彰明較著，若衹律以封疆失守之律，何□霄壤哉？本犯雖佞口嘵辯，然福寧之復衹在□□，水落石出，旦夕間事耳等因，備詳到職。

　　據□，□職看得：潘映婁者，乃駐箚福寧州之分巡道也。身膺封域之寄，爲一方之保障，既不能整戎飭備，杜寇亂于事先，又不能仗義秉忠，狥身名于事後，業已靦顏從賊，則受僞職無疑。不然，則賊又烏容其存活也？今見我兵四面追勦，將及福寧之境，映婁乃一面令姚全紀攜印入浙，一面脫身來歸。揣其隱情，不過以全印爲未經從賊之符驗耳。殊不知城已爲賊所陷，印信必爲賊得。今映婁能攜之而來，其中正有可疑耳。況其來歸之時，又先遣魯浩等寄書伊弟探聽消息也。除一面亟行處州府備查印信果否收□□庫，一面俟恢復福寧之日，詳查本犯從逆(下缺)(《臺灣文獻叢刊》一六八《鄭氏史料續編》卷一，又見《明清史料》已編第一本)

福建巡按霍達題本

　　巡按福建兼理鹽屯監察御史臣霍達謹題爲刑辟宜有定案，以便稽查事：據福建按察司經歷司呈詳爲劫嚇黑冤事：問得一名陳大有，年肆拾歲，福州府長樂縣人。于前年間考進本縣儒學生員。狀招：大有不合兇狡爲非，結納匪類。至順治五年內，爲因山海不寧，適有賊魁周瑞、陳輅嘯集叛黨，橫行海上。大有探知，又不合潛往依附，甘受周瑞指使。又與陳輅結爲心腹，僞稱都督，統兵攻城，沿鄉打餉，殺人焚屋，不計其數。時大有在官侄陳克煥，亦不合爲從。比在官生員黃贊朱，亦不合爲彼迫脅，至勒在官生員吳天然餉銀壹百零伍兩。奈因缺乏，實難措處。比吳天然無奈，將苗田載價貳百壹拾貳兩，賣與在官生員陳景樓的名陳朝佐；比亦不合不避同族嫌疑，希圖短價，朦朧交易。年月中證，又係裁增。以致吳天然懷恨在心,因與大有同詞告縣,已經審明。目今賊黨尚在海島觀望,大有即應赴省投誠爲是。又不合假以落髮爲僧,抵塞原籍,不從招撫。比吳天然聞知大有在家,心實不甘,隨以虐嚇事稱巨憨陳大有結連海寇,一門假官欺然濱居。叁月拾肆日,出不意,統克煥等攻拏鍛鍊,嚇銀壹百貳拾兩,復勒寫田貳百壹拾金,王行等證,賊買賊中,下告莫何,叩批刑解等情具狀,于本年肆月貳拾陸日赴巡按霍御史告准。蒙批福刑官究報。蒙廳行縣審解。當經差役往拘,大有却又不合抗提不服,恃強殺差。及蒙本縣行委捕官連三聘親拏,復敢持刀登屋拒敵。當被捕官擒獲,并搜佩囊中藏有僞牌,送縣。比吳天然恐難提究,又以劫嚇黑冤事情具狀,于陸月初貳日赴巡撫張都御史告准。奉批:仰按察司查報。蒙司即將原詞謄發本廳,行縣催提。又蒙本縣知縣呂鳴純具由申稱:看得陳大有,叛賊渠魁也,以隆武僞貢受僞都督,擁兵數千,偕陳輅破縣。今輅領兵駕海。而大有雄踞海濱,往來海上,探聽觀望,仍懷不軌,削髮詭僧。前年王祁亦以僞僧倡亂建寧,全閩震動。大有殆欲踵其故智也。卑職屢示招徠,竟不肯進城投見,則負固顯然矣。生員吳天然控告兩院,批送司廳行縣提審,拒捕殺差。及委典史督捕,仍敢操刃升屋飛逃。幸天網不漏,跌牆被獲。而佩囊尚存僞牌,則叛狀更昭然矣。就擒之後,通縣紛紛赴控,爭欲食肉寢皮,罪惡擢髮難數。卑縣逐一研審,上年叁月,勒吳天然餉現銀壹百零伍兩是真。至于田壹拾伍坵,載價貳百壹拾貳兩,則賣與生員陳朝佐即陳景樓爲業。天然因大有勒餉賣田,朝佐又爲大有族兄,理應避嫌,不宜減價貪賣,而中證行邊又裁削復補,契價未明,宜天然牽入大有打餉一案,並指爲虛契也。天然因勒餉賣田,事非得已,而朝佐減價賤買,無以服天然之心,量斷照地原價撥與應值畝數,餘仍該退回天然管業。至於勒餉情由,皆大有爲之,與朝佐無預。而朝佐因急勒買,亦不得爲無罪也。更有被害投審,則生員陳徽吉之父生員陳懿德,被大有勒餉叁拾兩,嫌少,重責叁拾板,懿德齎恨而死。又有陳繼徽被大有勒餉叁拾兩,硃標僞票差戴丙,其票現據。又有吳文興與東山灣毗連,前任郭知縣給示聯絡,共拒大有,被大有拏送僞鎮吳輝船上,逃回,復被大有拏獲,勒銀貳拾玖兩,硃標現據,更伍拾兩係陳昌端過付,無票。更寫田准銀壹百兩,亦昌端過付。今年陸月,大有勢敗,文興始執田復業。又生員吳澤被大有勒餉叁拾伍兩,嫌少,被責叁拾板,收票現據。又黃尚貞被大有勒餉,寫田准銀叁拾兩,戴伯鑄證。又吳元江因前任郭知縣給示聯絡,共禦大有,被大有拏獲,勒買命銀柒拾兩,現銀伍拾伍兩,寫田准銀壹百伍拾兩,今年田始歸元江爲業。又有陳疇五被大有勒餉銀伍拾壹兩,田契拾玖兩,謝君恒過付,君恒逃走,田契猶在大有處。又有生員黃贊朱即心赤,充僞監紀,屬大有部下,勒柯大成餉,僞示現存,領兵至大成處,大成與拒,打死僞兵貳名。及破縣之後,勒大成賠銀肆拾伍兩付贊朱。又有鄭義哥父鄭九曾鳴鑼拒贊朱,被稟大有,拏送盟契僞都督徐斌打死。

又有陳如使被大有勒餉銀貳百貳拾兩,假送僞侯周瑞,餉票見據。如使孤兒年幼,不敢控告,其票係如使叔生員陳逢明送驗。又有鄭心被大有差僞官謝八,督僞兵黃四拆等搜擒劫掠,男進哥、義男輝郎俱被打死,仍勒銀貳拾兩。陳大有謀叛破城,殺人勒餉,在十惡不赦之條。又負固海隅,并不投誠歸順。積威所壓,不敢赴告者尚多。長樂百姓,戶戶凋殘,至今未有起色,皆由大有罪魁也。勒餉贓銀,似應追給,但花費無存,叛產又已入官,何由追給,惟有一斬,以紓衆憤。倘此賊不除,萬一然灰,則長樂百姓,無噍類矣等緣由,並文卷二宗具詳,連一干犯證申解到廳。隨該理刑推官季芷逐一研審得:陳大有為賊巨魁,受僞都督,效巨憝周瑞之臂指,附叛黨陳韜為腹心,擁兵掠地,攻城嘯衆,踞山盤海。今韜輩尚雄渤澥,大有猶觀望海濱,削髮詭僧,包藏叵測。及縣拘提,仍恃兇殺差,操刀拒捕,升屋墜地縛擒,佩囊中搜獲僞牌。被殺者冤稱多命,勒餉則饒有數千,剽屠村邑,焚堡攻縣。依律定罪,必當肆諸藁街。至若勒吳天然餉銀壹百零伍兩,天然迫于一時無措,遂賣田于陳景樓,樓不避同族之嫌疑,賤價涎產,縣斷既明,是又不可與被勒陳徽吉等十餘詞同日而語也。陳大有按律擬斬,其勒餉贓銀花費無存,免其追給,所存叛產俱應籍沒。陳克煥、黃贊朱俱係脅從,並應流遣。其陳景樓即朝佐,買田契價未明,亦杖。餘免議。取供具招呈詳到司。

隨該署司事右布政使周亮工覆審得:叛魁陳大有,受僞督水師之銜,為叛黨腹心之用,擁狼虎之群,攻城屠野,踞波濤之險,劫餉殺人。今僞黨尚稱雄于海上,而大有敢潛伏于瀕涯,削髮詭僧,意效王祁之復亂,招徠負固,敢敵縣捕之拘提。跌牆被獲,僞牌自佩囊搜出,叛狀更罄竹難書矣。即時被害盈庭,呼告之詞疊案。若不戮諸市朝,何以洩此衆憤?至若陳大有勒吳天然餉銀壹百零伍兩,天然迫于倉皇之莫,便將田載價貳百壹拾貳兩賣與同族之陳景樓。夫景樓,大有族也,非大有黨也。前地準如縣斷,願贖則聽以原銀取贖。陳克煥、黃贊朱為賊協從,杖流允宜。陳景樓即陳朝佐,不應亂中買田,以致鼓釁,並杖。蒙將大有等問擬罪犯,議得陳大有等所犯,陳大有合依謀叛律斬;陳克煥、黃贊朱俱依為從者律杖壹百、流叁千里;陳景樓依不應得為而為之事理重者律,杖捌拾,係民,審有力,照依題明新例納米贖罪。完日與供明尤策等各發寧家肄業。陳克煥、黃贊朱候詳照律流遣,陳大有係重刑,牢固監候,待報處決。照出重刑陳大有、流犯陳克煥、黃贊朱供明尤策等俱免紙,吳天然、陳繼徽、陳景樓、陳伯奮、柯大成、吳文興、吳元江、林景明、陳愛、陳徽吉各該納告訴紙銀貳錢伍分,陳景樓贖罪米價銀肆兩,俱追完收候彙解。通取實收。併陳克煥、黃贊朱流所收管繳到。招斷陳景樓原買吳天然之田,應照縣斷,聽其取贖。其陳大有所勒各主贓銀,查已花費無餘,免追。所有叛產及家口妻子,盡數籍沒入官。別無餘照。招詳到臣。

該臣會同督臣陳錦、撫臣張學聖看得:陳大有黨附叛賊,銜授僞督,破城劫餉,荼毒衿民。迫至招徠,竟然負固,心懷不軌,削髮潛家。至於事覺縣拘,又復殺差拒捕。幸而跌牆被獲,僞牌搜自佩囊。謀逆昭然,梟斬允當。陳克煥、黄贊朱爲賊協從,流遣不枉。陳景樓乘亂置産,相應杖懲。既經該司招詳前來,相應具題,伏乞敕部議覆,行臣等衙門遵奉施行。緣係刑辟,宜有定案,以便稽查事理,未敢擅便,爲此具本專差承差唐懋謙齎捧,謹題請旨。順治陸年玖月貳拾肆日,巡按福建兼理鹽屯監察御史臣霍達。

旨:皇父攝政王旨:三法司核擬具奏。(《鄭氏史料續編》卷二一,又見《明清史料》己編第一本)

順治八年五月海寇突入白埕殘件

(上缺)歐公堵禦,賊漸引退,復侵白埕、磁竈、内港,經報漳鎮,批著在汛把總劉忠孝帶兵進剿。續發標營守備郭進禄、千總劉彪、把總吳海龍、張印等率馬步官兵策應,仍諭惟真嚴加汛防,未可輕動。至貳拾捌日,各官兵俱於嵩浦扎營。查嵩浦則漳浦轄,非惟真本汛也。不期郭進禄、吳海龍等輕敵躁進。時賊衆伏兵四起,以致潰敗,自取喪亡。計各失自備馬壹匹,同陣亡馬戰兵周虎等柒名,各失坐馬壹匹。陣失馬叁匹,陣亡步戰兵葛玉等壹百肆拾伍名,守兵李執中等柒拾壹名,城守左營陣亡步戰兵高品等貳拾柒名,守兵蕭養廉等肆拾名,城守右營陣亡守兵李太等伍名,開刊塘報在案。此時惟真雖漳鎮未經檄調,然當孤軍深入,亦當出偏師策應,奪其重圍。然而不能,則惟真應依不即發兵策應一律。念犯在赦前,相應上□覃恩,以昭浩蕩。論浮宮屬海澄,其印官則署縣事甘體垣,捕官陳啓奏。損將覆軍,實在嵩浦。而嵩浦爲漳浦所轄,其印官則范進、委署捕官薛維翰也。查甘體垣、陳啓奏、范進,斯叁員俱已從賊,薛維翰已經汰革回籍,具招解詳到道。該署分守漳南道右布政使周亮工覆審得:水師營防將邵惟真駐防海澄,捌年伍月貳拾肆日海寇突犯浮宮,係海澄所轄,惟真率兵堵禦,賊引漸退,旋而突入于嵩浦、磁竈、内港,雖與澄境相接,然地屬漳浦。時王副將聞報,即發把總劉忠孝帶兵進剿,續發守備郭進禄、千總劉彪、把總吳海龍、張□等隨後策應,仍諭邵惟真嚴守汛地,未可輕離。乃劉忠孝等官兵於本月貳拾捌日扎營嵩浦地方,各將罔識地利,誤墜賊計,一時賊伏四起,我師失利,計陣亡守備郭進禄、把總吳海龍貳員,馬步戰守兵丁共貳百玖拾伍名,陣失馬共拾貳匹。此固各將輕敵躁進,自取喪亡,然惟真當寇氛狂逞、孤兵深入之時,猶株守汛地,不出偏師以爲應援犄角之計,律以不即發兵策應之罪,其復□□。但犯在赦前,似應邀恩寬豁。至若該縣印捕職官,以浮宮地方論之,則浮宮屬海澄所轄,其印官係署縣事甘體垣、捕官典史陳啓奏也。然損兵折將,實在嵩浦地方。嵩浦係漳浦所轄,其印官則係知縣范進、委署捕官薛維翰也。今甘體垣、陳啓奏、范進俱入海從賊,薛維翰回籍已久,招由移解到司。隨蒙本司□□使王顯祚覆審得:駐防海澄署水師營參□□惟真、懦怯自居、應援無策,順治捌年伍月□□肆日,海逆□□浮宮,旋突入於白埕、磁竈、□□□□□漳浦,然實與澄境相接,王副將(下缺)(《明清史料》丁編第一本)

福建左路總兵王之綱塘報(順治九年七月二十九日到)

　　鎮守福建左路駐箚汀州兼顧福建邵等處地方總兵官都督僉事王之綱為塘報擒渠大捷、以結欽案事:竊照大憨憝平江伯張自盛與偽寧洪伯洪國玉、偽閣部揭重熙、偽軍門曹大鎬等,自順治七年流犯閩疆,蒙浙閩總督部院陳具題前事,奉旨合剿,蒙本部箚付到職,所有節次生擒洪國玉及揭重熙獲捷情形,業經塘報在部具題正法訖。於本年正月十九日,據邵武副將張承恩報稱:張自盛結連賊衆萬餘,屯踞江西大覺巖,并合建昌營趙將官下叛出馬步百五十餘人,大肆猖獗。除將中軍遊擊李元善撤回邵郡料理城守外,卑職於本月初九日親統官兵前光澤堵剿外,伏乞檄行江西界地防將合殲等情到職。又准巡建道蘇京、帶官守建道右布政周亮工手本移同前事。當即備移江西帶管湖東道遲日震汀剿去後。又據副將張承恩報稱:江西建昌營將趙鴻被參離任,其標下官兵耿虎等數百餘衆反叛焚劫,突入都屬,兼以土孽何興等窺伺動静,大為可慮。卑職於二月十七日移赴建寧縣,撫剿江西叛兵。據耿虎等泣血投誠,詳奉三院批行,差官押赴部院陳軍前。進剿海逆外,卑職於三月十五日,仍赴光澤,與江師訂訊。接奉江西劉提督箚付內開:江南總督部院馬憲牌,會同福建鎮將訂期夾剿等因。奉此,卑職進剿張逆,奈有何興盤踞中路,卑職於四月十二日統督官兵,先搗何興巢穴。陣斬賊黨黎先鋒、馬虎等四十餘名,何興免脱。計奪偽都督錫印一顆、偽箚一卷、旗鎗百餘。查中傷兵丁石虎等三名,砲斃戰馬一匹。卑職即統兵進屯員岱山,前去面商江西提標中軍副將陳陞、署建昌營參將王之任,議定江師扼截朱槎、閩帥堵截羅漢洞。於四月二十一日抵羅漢洞。二十二日,躬統左右兩營中千把吳鎮、孔應賢、李茂勝、蕭應元等,督兵上攻。張逆發賊三千餘前來抗敵。二十三、四兩日打仗,陣殺偽副將張起龍、偽姚副將、偽趙官及賊黨百餘。同日,江師分頭攻打,相持未下。當晚收兵各回原汛。查中傷兵丁王虎等共三十四名,陣亡把總蕭應元、馬步兵巢枝桂等共二十員名。除再移訂江師合剿外,伏乞添發勁旅,以收全效等情到職。

　　本職奉部院陳憲檄,於二月二十五日自汀起行,攻剿汀延山寇,塘報部、撫、按、提外,四月二十四日抵邵地,隨發兵兩路,以標左營把總劉邦賢曁盤營遊擊王國卿、旗鼓都司武弘謨、領兵把總劉泰帶領合搗去後。又據副將張承恩報稱:五月初一日至十六日,屢次打仗,生擒偽將官游上勝、偽把總黃繩等十七名,又擒偽副將何勝宇等五名。幸天速其亡,賊黨四出,與我兵分敵,於十八日,江師乘虛直搗,攻破逆寨。據撥兵探得,張自盛從員岱山走往何興處合夥。卑職即親督馬步,馳至員岱山一帶追剿等情到職。本職即迅飭汀邵官兵,竭力搜賊,務靖根株。又據副將張承恩報稱:逃逆何興見扎周田莊,復聚張逆黨羽,被中軍守備吳鎮、汀標監營遊擊王國卿、旗鼓都司武弘謨、把總劉邦賢等陣殺何興兄弟四人,活擒偽遊擊吳盛、偽都司何太元等。張自盛帶黨千餘,逃遁十三都小源地方。卑職於二十九日五鼓,會合汀標監營遊擊王國卿,旗鼓都司武弘謨,邵營中千把吳鎮、孔應賢、李茂盛等,邵營隨征參將許文忠,隨征都司周奎、馮世英,隨征守備李虎、王德濬等,材官王虎、張守祖等,分兵三路,合抵小源地方。賊衆屯聚山頂,我兵分布圍困。張逆帶領賊衆衝突,被我兵鳥鎗箭射,傷斃不計,賊衆四竄。張自盛扒山欲走,被我兵上下夾擊,千總孔應賢生擒張自盛。又中軍守備吳鎮、汀標監營遊擊王國卿、都司武弘謨、把總劉邦賢生擒偽參將鄒啓,奪獲偽平江伯錫印壹顆,併擒帶傷偽副將李天才、偽參將何亨、偽守備何鳳等五名,當斬訖。砍殺餘黨不計,陣獲旗鎗五百餘。查中傷兵丁張亨等十五名,陣斃官馬四匹。又汀標陣斃官馬三匹。其陣擒偽平江伯張自盛、偽參將鄒啓,押解軍前,及有功官丁名數呈報轉詳定奪等情到職。

隨該本職看得:大憝張自盛與洪國玉、揭重熙、曹大鎬等號稱四大寇。自順治七年奉旨合剿,而洪國玉、揭重熙被閩師擒獲,曹大鎬被江師捉拏,已去其三矣,惟張自盛最狡最勁,敢以逭誅宿逆,仍屯大覺巖,結黨萬餘,臂指相連,蹂躪數郡,招納亡命,布散奸邪,此其志不在小,所以江南總督部院馬、浙閩總督部院陳暨江閩撫按提以及守巡兩道,亟亟乎共圖合剿之舉也。茲幸皇上洪福,暨本部威靈,與夫江閩將士同心協力,使險設逆寨被江師一旦克平,積年渠魁,一朝擒縛。其何興等又被閩師剿殺。似大憝克除,而江閩兩界數郡之患可息,萬民之困可甦。三年以來,奉旨合剿之案已結。除將張自盛看禁邵武,候解福省,并將節次獲捷情形、有功員名及中傷陣亡官丁馬匹名數,備報本省部撫按各衙門具題外,緣係原蒙本部箚付,俾得擒獲渠魁,以結欽案事理,理合先報。至於官丁半年勞勩,克奏膚功,出自上臺恩典,非本職所敢擅也。須至塘報者。

右具呈,順治九年六月十二日。(《臺灣文獻叢刊》一六九《南明史料》卷三,又見《明清史料》丁編第一本)

臺灣外紀

七月,成功令黄元、郭華棟二鎮領本部將士下銅山,同張進協守。遂大會諸提鎮參軍商議曰:"本藩正欲刻期北上,爭衡吳越,只因海澄一失,遂爾中止。現今貝勒與總督咸提師駐漳,其省城必然空虛,不如乘南風直抵閩安,入取福州。若得福州,則漳、泉下游悉爲我有。他若救應,疲於馳驅,是彼勢也。然後假一旅，從中截殺，必自亂矣。未知諸公以爲何如？"諸將曰："藩主神算，非諸將所能及。"即以中提督甘輝爲元帥，後提督萬禮副之，統杜輝、陳斌、陳魁、林明、巴臣興、林勝、藍衍、魏其志、楊富、黃安、劉國軒、楊來嘉、郭義、蔡禄、蔡文等一十五鎮，坐配大船四十隻、快哨二十隻，北上取閩安。輝至湄州，戴捷來迎。輝命捷爲引導，進攻閩安。閩安守將見海航雲集，不敢迎戰而遁。輝得閩安，勒兵報捷。功以前提督黃廷率陳鵬、周全斌等守廈門，釋張光啓、黃璋仍掌事，洪旭同兄泰守金門，陳輝領船二十隻泊南山邊圭嶼，以防海澄舟師之出。親領王秀奇、林明、張英、蕭泗、林雄、黃昭、蕭拱宸等往閩安。值中權鎮馬信自舟山遁回，見成功，陳訴："定海關出水師船五百隻合攻。信與阮駿、陳六御、張鴻德等分與戰，終日未分勝負。是夜二更，南風大發，水師用火船縱焚。阮駿同陳六御、張鴻德咸陣亡焉。"功大痛哭三將勇烈，令優恤其子。即將大隊舟師入南臺，奪據其橋，進圍福州。分諸鎮：東守烏龍江，以禦泉、漳救援之師；西據洪塘水口，以截延、建上游糧米；北守連江北嶺，以遏溫、台接應之兵；惟南面近水不爲備。拆毀東南隅一帶房屋，豎栅，安置砲臺，與烏樓相對。日夜攻打，轟聲震天。時貝勒與總督之兵在漳州，城果空虛，兵民人等一時爲之震動。僅有巡撫宜永貴在內，接閩安已破之報，正欲請兵防範，忽而樓船塞港，兵臨城下；與城守副將田勝（河南人，善用標槍）督兵守禦。又分一旅出守烏樓，以作犄角。但城大兵寡，乃會紳衿，按家甲，揀選民壯，日夜輪流守禦。差人飛遞貝勒、總督，回師救援。成功一時驟至，未知虛實，未敢臨城。只調各鎮安營，深溝樹栅，以爲久困計。每率衆倚梯攻城，即被烏樓橫砲擊退。功集諸將議曰："烏樓乃係城中之犄角。不奪烏樓，此城難破。明日必須併力攻奪，方許收軍。如退縮者，斬！"是日，砲火不絕，合攻烏樓，樓悉崩壞，兵士生無二三，遂爲成功所奪。

城內見烏樓已破，人心愈惶。獨有巡撫旗鼓參將張國威請於宜永貴曰："威觀在城諸將，只堪守城。至於田副將獨自一人，焉能分身破敵。現有原任布政司周亮工與副將王進（進即王老虎）緣事在獄，宜調此二人出來計議，必有方略，庶其圍可解也。"貴曰："二人乃係欽犯，若縱之出，倘有他變，誰任其咎？"國威曰："亮工、王進二人，忠心無二，威願以全家四十三口保其無變。"宜永貴見國威懇切，又當危急之際，即允其請，立召亮工、王進入轅門，許以立功贖罪。二人叩謝而出，致謝國威。威曰："今日之事，非市私恩。可速登城觀敵，用計破之。"亮工與王進忙登南樓。遙望畢，即回覆宜永貴曰："賊勢方銳，未可與敵。雖烏樓被其所奪，料賊一時未敢臨城。俟其稍懈，當出奇兵破之。"宜永貴曰："何謂奇兵？"亮工曰："遍觀城外，營壘相連，難以驟破。獨東南近水一角略爾疏防，可令王進帶騎兵三百人、步卒一千五百人，偷過鼓山後，轉出六通橋，沖殺南臺，焚其船隻。再令田勝領騎兵一百五十人、步兵五百人，伏南門；李武領騎兵一百五十人、步兵五百人,伏西門。逼觀王進出兵,二處起伏衝殺。其餘兵民守城者,悉令吶喊助威。破之必矣。"遂戒嚴防守。(《臺灣文獻叢刊》六〇《臺灣外紀》卷四)

閩海紀略

夏、四月,圍漳州。

進圍漳州,浙鎮馬逢知(原名進寶,號金衢馬)率兵來援,縱其入城。數日,逢知出戰,迎擊之;逢知軍潰,復退守陣。外援既絕,益危戰。諸軍百道攻城,晝夜不休;城中悉力堵禦,不能剋。距漳三十里有鎮門曰象鼻,兩山夾岸,築斷,激水灌城,不就,復列柵圍之。城中升米銀數兩,人相食,死者相枕藉。圍解後,署漳守道周亮工收枯骨七十三萬餘,焚瘞一大穴,豎碑曰"同歸所"。其收拾不盡者,不可勝數。(《臺灣文獻叢刊》二三)

臺灣鄭氏始末

十三年,秋七月,遣黄元佐、張進協守銅山(在古雷寨隔海之西,古雷在漳浦縣東南五十里)。時以福州無重兵,計潛軍閩安,襲福州。遂令甘輝、萬禮統杜輝等十五鎮北次湄州,命戴捷爲嚮道,黄廷守廈門,洪旭佐兄泰守金門,陳輝統戰艦二十泊南山、圭嶼。辛亥(初五日),親帥王秀奇等奪閩安,斬守將胡希孔,生擒百七十餘人,遂入南臺(亦曰釣臺山,在閩縣南九里,去建江百步),奪橋(萬壽橋,在府南,跨南臺江上,長三百餘丈)。乙卯(初九日),戰橋北,再勝。丙辰(初十日),戰於教場,擒延平參將張禮,奪戰馬二十五匹,遂圍福州。分兵東守烏龍江(即陶江),遏漳、泉援師;北守連江嶺,遏溫、台援師;西絕洪塘水口(府西十里,與陶江通),以斷延、建饋運;惟南面近水,不爲備,築砲臺與烏樓對衝輣橦城。巡撫宜永貴急出原任布政周亮工、副將王進於獄中,問計。亮工謂:"敵防疏東南,當遣田勝、李武伏軍西南,遣王進潛師出鼓山後(閩縣東三十里),轉六通橋,徑攻南臺,破敵必矣。"(《臺灣文獻叢刊》一五《臺灣鄭氏始末》卷三)

劉漢祚傳

劉漢祚,漢軍正紅旗人。由生員任直隸河間知府。順治三年,遷寧武兵備道。五年,遷江南左布政。十二年,詔內外大小官員直陳民隱,司、道、府各許奏職掌事宜一次。漢祚疏陳五事:"一、江南本色顏料,應照各省府、縣自行解部。一、請留州、縣起運錢糧十分之一備買草豆,以濟軍需。一、催提協餉,宜按季解濟。一、江南驛站已題明止用本色,裁省銀兩;至山東、直隸,請免提江南協濟。一、有主荒田,亟入興屯,俾民無包糧之累,有司得按實徵收。"上以其言可採,下所司議行。

　　十三年,巡按秦世楨以漢祚"轉運軍需正己率屬"舉薦,擢福建巡撫。時海逆鄭成功襲陷閩安鎮,山賊紛起。漢祚入境,疏奏地方凋敝情形及籌餉諸事。次浦城,招撫山寇林雯、魏賜等,收其僞印、兵器;檄各路員弁會剿"海寇"陳德容,破其黨蔡赤、潘桂等。疏入,報聞。時廷議裁併直省各道,下各督、撫議。漢祚覆奏:"閩疆多事,所恃各道聯絡堵禦、分汛嚴防,未可輕議裁併。"上從之。十二月,疏報招降僞都督李鳳等一百五十餘員名。十四年正月,疏言:"左都御史魏裔介請以浙閩總督移駐漳州,蓋因漳近海澄,藉以控禦鄭逆。今海澄已歸版圖,漳僅閩海一隅;若偏處於漳,不惟不能顧浙,亦不能顧全閩。逆賊竊踞閩安鎮等處,離省城僅三四十里;督臣應如舊駐衢州——浙、閩、江西三省適中之地,調度兵將規復閩安,以固根本。"得旨如議。三月、疏報:"賊渠僞都督何傳、僞將軍林文龍播虐於侯官、古田、閩清、建寧,僞都督鄭飛熊擾害建安、甌寧非一日,臣仰體皇上好生之仁,同督臣遣員招諭,傳及文龍繳到僞印、率僞兵官四百二十二員,飛熊亦率僞兵官三百七員來降。"得旨嘉獎。前撫臣宜永貴奏平海賊未及提督馬得功在侯官夾擊事,部以提督逗遛飭查;漢祚爲疏辨:"賊逼省會雖退,未肯遠離;自馬得功渡江夾擊,賊圍始解。查問官兵,如出一口。提臣實有戮力之功,無逗遛之弊。"下所司知之。又疏言:"閩省山海交訌,在在防剿,非同無事地方。經制官兵,未可一例裁汰。"又言:"宜永貴不行請旨,動支叛產銀兩賞給將士;實因逆賊傾巢入犯,省會兵力單薄,永貴輿疾登陴,高懸賞格,危疆賴以保全。其用項應請開銷。"俱下部議,從之。十一月,疏言:"海逆恃海憑舟,乘潮出沒。前盤踞閩安鎮經年,築城建寨,勢其堅牢。今幸皇上威靈,行間文武戮力,迅攻剋復,賊膽已寒。是以盡撤賊營聚集中左,廣造巨艦,復圖飄忽。一切沿海汛防將領,臣俱星馳勤密戒嚴,無煩睿念外,惟是漳、泉、興、福以及雲霄、浦漳、南靖、詔安等處,必須增兵造船,爲一勞永逸之計。"下所司速議行。先是,總督佟岱劾侍郎周亮工任閩藩時貪酷四十款,下巡撫按勘。訊問刑鞫如佟岱指,詔亮工往閩質訊。會佟岱以他事解任,漢祚審得各款皆虛,以案情重大,承審官同犯證解部定議;亮工後得免死起用。於是御史張所志劾漢祚才庸年邁,避怨避勞,於重案依違兩端;請罷斥。漢祚亦具疏乞休,從之。御史許之漸續劾漢祚贓私等款,在閩候質,巡按范平勘訊無據,之漸以妄奏議處,漢祚年老休致免議。後十餘年,卒於家。(《國朝耆獻類徵初編》卷一百五十二《疆臣》四)

附録四
周亮工集評

綜論

詩文

著作

藝術

綜　論

吳偉業

周櫟園有墨癖嘗蓄墨萬種歲除以酒澆之作祭墨詩友人王紫崖話其事漫賦二律

含香詞賦擲金聲，家住玄都對管城。萬笏雅應推正直，一囊聊復貯縱橫。藏雖黯淡終能守，用任欹斜不自平。磨耗年光心力短，只因耽誤楮先生。

其　二

山齋清玩富琳琅，似璧如圭萬墨莊。口啜飲同高士癖，頭濡書類酒人狂。但逢知己隨濃澹，若論交情耐久長。不用黃金費裝裹，伴他銅雀近周郎。（《吳梅村全集》卷第六）

鄧漢儀

周櫟園司農好提拔士類，揚州諸生汪舟次楫以詩送謁，公大稱賞，磨墨數升，謂其座客曰：我今閱新名人詩。濃墨極贊，且遍爲遊揚，汪遂大噪。泰州處士吳賓賢嘉紀，居東海鹵澤中，善病，工詩，與汪舟次密。汪言之於周，且代贊其事，周急要一見，曰：使賓賢病且死，而吾終不得識面，豈非生平一缺事？比相見，乃極歡，且選梓其詩以行。二君由是知名當世。（夏荃輯《慎墨堂筆記》）

王弘撰

與周元亮司農

《金石史》皆胤伯所自藏秦漢以來金石之文，各有評跋，卓然獨得，絕不隨人悲笑，行文亦自蘊雅可喜。弘撰淺學寡聞，竊謂可與《集古》《金石》二錄並傳不朽。他著述甚多，其後人既不能爲之廣播流傳，而友朋中又力不及此。弘撰每以此自恨，旋自媿也。先生爲王于一刊《四照堂集》，凡有與於斯文者，無不感之欲涕，豈但于一銜環地下哉？今之世如先生者幾人乎？殊可嘆也。聞已揚帆，不及走餞，翹首江天，我勞如何？（《砥齋集》卷八下）

杜　濬

祭周櫟園侍御文

維我櫟園先生再逢歲壬子捐館之七逾月，同學野人黃岡杜濬始以飢驅乞食自江北返金陵客舍，謹齋一瓣香，走哭先生之靈曰：嗚呼，竊聞之，古之人，其感人也,感其一言,而其知人也,知其一事,蓋舉其要者而已。濬辱交先生垂三十年,遭世之變,聊寄託於詩、古文辭,荷先生推獎不一。然濬行天下,得此於人,不敢必其爲中心之好也。惟曩者東皋王君以所輯方書求序於先生,而其中先有拙序,先生一見,以爲絕倫,輒手札抵濬,娓娓數百言,細論拙作之所以佳。至辱虛懷閣筆,不復作序,此則真中心之好矣。今書迹尚存,知音難覯,所謂感其一言者,此也。壬午、癸未間,先生以盛年新第,作宰濰縣,值鐵騎壓境,號數十萬。先是,名都大郡望風瓦解。濰城彈丸耳,外無蚍蜉蟷子之援,可以韡尖踢倒,乃先生登陴飲血,出奇制勝,卒能挫抑其鋒,沮遏其勢。當是時,河北之不亡,繄誰之功也。憶先生嘗酌濬及錢塘張繡虎於偶遂堂,先生酒酣耳熱,劇談當日事,因解衣示濬以左肩箭瘢,雖歲月深矣,而殷殷猶赤,且慷慨語濬與繡虎:“若使周某當日遂死,豈不與日月爭光哉!”濬與繡虎相顧壯其言,所謂知其一事者,此也。夫感其一言,先生之知濬也。使不知其事,將何以答知己,知其一事,濬之知先生也。然非感其一言,不猶惡夫涕之無從乎? 以此思哀,哀可知矣。嗚呼!(《變雅堂遺集》文八)

李澄中

偶遂賦

偶遂者何? 慶生還也。曷生還乎爾? 誌閩讒也。櫟園先生官閩藩,聲茂著矣。天子嘉其能,晉秩司農,忽以閩帥飛語下請室。太史公曰:“忠而被謗,信而見疑,能無怨乎?”然讞獄八載,卒賴朝廷仁聖白先生冤。即先生憔悴行吟,未嘗以美人香草自道其佗傺無聊之意。烏乎,怨怨自余小子生也。古者,執掌告哀,狼跋致嘆,甚至畏讒憂罪,不能自明有心者,託之飄風貝錦,所爲惡惡如巷伯者,夫非風人之義乎哉? 偶遂之作,怨讒人也,即所以昭聖德也,猶之乎忠厚悱惻之遺也。憤枳棘之充途兮,嫉讒慝之詆毀。類毒蟲之含沙兮,紛射影而未已。縱長舌以飛謀兮,橫詭隨而哆侈。賴聖帝之睿鑒兮,痛孤臣之九死。訐譖佞之廣階兮,變商聲而徙倚。溯孤忠之戀繢兮,撫閩徼之遮遼。清畏却而嘿抱兮,沛甘澤而心勞。鋤傑驕之稂莠兮,溉蔥菁之良苗。風習習而高舉兮,抱北斗之招搖。彈八載之劬勸兮,貽羽尾之翛翛。碑成勞其紛糅兮,堂蔽芾之甘蕉。先生聽政甘蕉下,汀人思之作蕉堂。胡黨人之譸張兮,排忠讜之善類。衷陰險而慇貌兮,性猜忌而狐娟。使皋鶴其不鳴兮,指苞彩以爲鷙。謂離婁曰瞽師兮,詆薏苡之貨殖。化逢比使不仁兮,易稷尹使不智。參信行而挺刃兮,市慴虎而引避。愉流言之巧中兮,雖叔且其猶傷。感風雷而滕啓兮,始迎悟而悔將。矧戀臣之況瘁兮,復值此疏逖之鄉。戴禮義之峩冠兮,忽莝木而頭囊。服好修之素珮兮,條銀鐺之鋃鐺。昔青荃之信芳兮,今蒙茸之宿莽。籬萎霜於江皋兮,又掩之以菰蔣。菉施妒予之芬郁兮，蕙集枯而偅儦。美人詎不我諒兮，珮陸離而愈爽。思公子而心語兮，悼山鬼之幽賞。抱鼠憂於請室兮，心怳恨而難明。日慘慘而改色兮，川脈脈而藏聲。星含影而照楄兮，月流輝而入楹。睐故山之遼邈兮，夢生還而若驚。秋霜鬱其凝結兮，雁嗈嗈而南征。泣屺岵之哀淚，慟將毋之户口。造物胡獨忍予兮，步徘徊而靡寧。誓走訴於皋陶兮，皋陶亦不監予之精誠。匪湘纍之騷怨兮，何澧蘭之顦顇也。仰天王之明聖兮，詎是非之茫昧也。走四方之雅士兮，環狌户而授詩。振重縲之索索兮，援湘管而抒辭。軼開寶而標格兮，樹獨峙之藩籬。夫既有此内美兮，更何平陂之不可齊。下閩海以質理兮，越山川之修長。望溥沱之夭矯兮，遵邯鄲之故疆。邗溝瞥其在目兮，京口忽而帆揚。弔闔閭於吳門兮，乘胥濤於錢塘。陟霞嶺之詰曲兮，景仙掌於江郎。憶昔遊之委蛇兮，沾清淚之浪浪。懷侘傺而楚吟兮，氣交結而填臆。睹風物其未改兮，情迴惶而愴惻。耆稚紛其來逐兮，集蟻蜂之萬億。或幅巾而負笈兮，或襁褓而力穑。或鳶肩而傴僂兮，或靚妝而巾幗。悲我公之冤抑兮，僉悽啼而動色。淚盈眶而半零兮，涕既出而就拭。裹餱糧以饋餼兮，擔壺漿以競奔。勤食指以酬德兮，語未吐而聲吞。俄同雲之雲逮雲爰兮，飄雪霰之紛紛。初灑聯以承幌兮，漸穿霤而通津。耽瑶華之委屬兮，斐玉屑之錯隙。懸鮫室之冰幕兮，藉玻瓈之素茵。訝蠻鄉之融煦兮，無淒冬之非温。林垂百而再遘兮，（原注：侯官有林翁，年九十三，僅三見雪，無盈寸者，至此雪盈尺。）兹盈尺其何因？信夏霜之非誑兮，訟羈臣之煩冤。人世横其謠諑兮，乖陰陽而示異。鬼神既告此鞫凶兮，讒頑無知而愈肆。耿牟愁而痗心兮，屢省己而靡媿。詎莫須之羅織兮，辜伊何而幽繫。鯨波倏而湧沸兮，島醜肆其憑凌。衆延頸而推公兮，稽崩角而請行。釋短後而釜兜兮，借前箸而籌兵。當危衝於烏阪兮，俯豹頭之狰獰。齊止伐而獸壯兮，扼要害而互勝。礮雷發而夾擊兮，寇獸駭而鳥騰。殲渠魁而填壑兮，俘囚馘之交横。全孤城於百戰兮，磨楯墨而紀功。命覆鞫於司敗兮，維偉伐之堪旌。洎岸獄之庭讞兮，乍狂颶之肆起。掘土囊而揚塵兮，晝冥昏而莫理。豐隆怒而揮鞭兮，雷霝闐以震耳。蛟螭放其闠闥兮，風雨横而千里。載告變於蒼旻兮，帝鑒兹而釋只。陶巾車以就道兮，潘板輿而歸田。嗟生還而卜築兮，遂杜子之偶然。桐蓁蓁以垂蔭兮，篁戛戛而含烟。轉緒風而光蕙兮，聆鳥嚶而揮絃。兀怪石之危峙兮，聳嵐翠於一拳。貯鄴架之秘軸兮，□□西之妙筌。高流群相過從兮，互酌醴而談玄。聊□□而楚製兮，恣遊息於林泉。（《卧象山房賦集》卷一）

汪 楫

辛丑歲，周櫟園先生在廣陵，見野人詩，推為近代第一。復聞野人病，心心慮之，恐遂不及見野人，屬予為書招之，贈一詩，與書俱往。余逆野人不肯為先生來,以先生情至,誼無容辭。且屬稿慰先生曰:"野人性固嚴冷不易合,然見先生詩,或當忻然來。"書達,野人竟來。(《陋軒詩序》)

陳維崧

　　櫟園先生頌繫之五年,天子憐其冤,事大白。於是先生既脫獄,南還至揚州。揚人士識與不識,聞先生至,無不大喜,爭持牛酒賀。陳生維崧適遊揚,亦欲一見先生。私輒自計曰:"維崧,江表鄙人耳。家貧,詘於衣食,奔走江淮間,未獲以文章末拔奏於先生,今來廣陵,又多與博徒賣漿者游,雖欲見先生,恐未有路也。"獨居深念,不能自決者累日。如皋冒君辟疆,余父執也。一日自外至,語維崧曰:"櫟園先生知陳生,亟欲一相見,子無恧。"陳生聞是言,竊自喜旦夕謁先生,則先生已枉車騎,迹陳生於市中,以故左。日已晡,復上謁先生,則揖陳生入,置酒食。陳生攝衣就坐,醉則歌先生所爲詩,先生擊唾壺和之,一座盡驚。先生起,謂維崧曰:"老臣獲戾,六年於茲矣。六年以來,關木索,嬰金鐵,見獄吏則頭搶地,視卒隸則涕怵息,自分旦夕就湯鑊,以快舞文者意。覆盆之中,寧知復有今日與諸君相勞苦乎?賴國家大恩,卒賜湔濯。第念頻年對簿,株連瓜蔓何止千人?爲老臣拷掠垂斃者百數十人矣,爲老臣斃三木下者十餘人矣。有司白臣冤,道死者一人,瘐死二人,餘者瀕死數矣,卒無有一人誣服者。他變姓名微服爲纍臣橐饘計,又不知幾何家焉。嗟夫,何以致此?夙夜自思,惟是結髮爲吏,實未嘗有所恨,以至斯也。"一客起曰:"誠如公言,蓋公所至多善政,吏民戴之,閩人士至作《四泣圖》。此皆地遠,不遑論,論吾所及見者。公備兵揚州,江南甫定,告密繁興,猶憶一日者,有急裝自北來,以馬箠叩營門,叩已據地坐,諸將愕,倉卒不知所出。公直前上謁,急裝者熟視久,徐曰:'彼秣斡而白晳,何爲者?'公嚘唔曰:'君貴人,吾亦貴人,有事當告我。'急裝者探腰下出一牘,背耳語良久,則泰州桀黠奴蠆宦室者反詞也。公厲聲曰:'若誠反,當族;然安知非奸民搆?姑詗之。第君馬勞,不宜復有所乘,坐休之,命驛騎及吾廄馬以去。'急裝者喜。越日,偵騎至,桀黠奴所言果妄,事乃解。其好全活人類如此。"又一客曰:"當公治兵時,而江南撫軍某者,性險鷙,尤嗜殺人。一日漏下二鼓,公寢門闔矣,諸將譁云:'撫軍趣議事,且言速駕車以來,不及則單騎來,又不及步來。'人聲鼎沸,一市人盡驚,往來轅門間。公佯卧不起,敕諸騎士前後植棨戟,箛鼓大作,列炬如白晝,然後起,起又徐徐行。撫軍催騎道相望,至則諸將士悉堅銳殼弩相向,白刃夾道立堂下,撫軍坐堂上。公至,撫軍恚,良久語曰:'吏報城外某處有賊巢,吾待公至,將盡撲殺之,公奈何來姍姍者?'曰:'以吾料之,必無是。'撫軍怫然曰:'觀察能以百口保鼠輩乎?'公應曰:'諾。'撫軍沮,則令諸將持長鈹者退。公曰:'適倉卒未蓐食,煩公爲某置食。'食訖,徐徐出,呼騎士轅門外,譙讓之曰夥頤,撫軍趣吾會食,向者驚呼奚爲！捽其髮徧笞之。一市人始知嚮所傳聞實謬,悉散去。城外亦卒無有所謂賊。是日也,微公,事幾殆。"客言未竟,更雜述先生數十事,皆倉卒間戡定大難,恩澤及人者。階下人聞之躡足語,至有泣者。最後一客,年七十餘,狀微僂,齒齾落,且盡,述公解任維揚日,揚城十萬户砌城留,遮道泣,聯袂成帷,天日爲之霾。既已就道,哭聲撼天地,城闉崩摧。語絮絮不可竟。陳生離席,伏奉巵酒先生前曰:"吾向在如皋,冒君辟疆受先生知最深,談先生事最悉,今又聽客所言。昔李廣爲將,殺降卒,乃自剄;于公治獄平恕,後乃克昌。今先生陰德,奚啻于公? 疇昔之事,吾固知其往而必返也;豈惟復返,自此以後,無疆之慶即以此卜之矣。"座客孝威鄧氏、穆倩程氏曰:"今年先生正五十,揚人士思有以觴之,即以子言爲先生壽,可乎?"先生大笑,爲陳生盡一觴。(《湖海樓文集》卷四《贈周櫟園先生序》,又見《碑傳集》卷十)

王　晫

周名亮工,字元亮,一字減齋,一稱櫟下先生,河南祥符人。中庚辰進士,累官少司農。方頤豐下,目光如電。材器揮霍,善經濟,喜議論,疾齷齪拘文吏。當大疑難,剸斷生殺,神氣安閒,無不迎刃而解。性嚴岸,居官不肯假借官裏人。顧好嘉與後進,嘗置一簿坐上,與客言海内人才某某,輒疏記之。宦轍所至,山陬海澨,有以讀書能爲文名者,必枉車騎過之;有可致者,即爲拂席開閣,或又令進其所知,使耳目間不遺一士然後快。得一善,力抽揚之,惟恐不及。雖少年一才一藝,不惜齒牙出其名字。老生貧交,相依如兄弟。有著作不顯著者,務表章之,不遺餘力。尤嗜繪事及古篆籀法,每天明,盥漱出外舍,從容談説古今圖史書畫、方名彝器,皆條分節解,盡其指趣。客退,則手一卷,燈熒熒然,至夜分歸寢以爲常。著述多至數十種。(《今世説》卷一)

周櫟園按察入閩時,值寇警,所在城堡常四面火起,鉦鼓聲動地。周指揮鹵楯,藺石渠答,施設有序,手發大黄,應弦殪敵,長嘯若神人。(《今世説》卷二)

周櫟園少時,讀書恒以夜,自更初至達旦,方一偃息,日則遊行登覽。常謂人曰:"雲影天光,皆足亂人心志,作此等功業,須是一隙不露,乃可静悟。"(《今世説》卷三)

周櫟園被讒,詣詔獄,幾死。獄且成,時父赤之家金陵,客爲之憂,赤之曰:"吾今固甚念之,然吾生平無一念足死吾子,吾子又類我,於理不死,行當雪耳。且義命有在,吾即日夜憂之,豈能遂脱吾子?"卒與客飲酒自若。已而事果得雪,

竟如其言。(《今世説》卷四)

周櫟園雪夜坐念室中,獄事正急,鐵衣周羅户外。方與黄山吴冠五共爲詩,漏下數十刻不止。嘗對卧薄板上,已解衣卧,忽聯句成,兩人擁敗絮,從口吻中淫不律,露臂争書,薄板躍起,短燭撲滅,一笑而止。(《今世説》卷四)

周櫟園以少司農出爲督糧使,使江淮間。四方之士慕之者争願見司農,舟車輻輳,道路爲隘。(《今世説》卷六)

周櫟園性嗜飲,喜客。客日滿坐,坐必設酒,談諧辨難,上下今古,旁及山川草木,方名小物,娓娓不倦。觸政拊陣,疊出新意,務極客歡而去。(《今世説》卷六)

周櫟園貽胡元潤詩卷,輔以朋尊,胡展帙長哦,啓罍浮白,不知秋風吹墮白日。(《今世説》卷六)

曹　寅

重修周櫟園先生祠堂記

順治二年乙酉,前明背約羈使臣。王師南伐,破淮揚,席捲而下,草昧廓清,東南底定。當是時,櫟園周公以侍御史授外任,轉運兩淮鹽法,旋改海防兵備。公儲峙軍實,綏靖頑民,不逾年,揚之人商賈者復其業,耕鑿者寧其家。又能曲護其士夫,贖俘擄,掩殘骸。宣布天子之德威,濱海千里得以安生,浹化若赤子之于父母。去之日,其民建祠于揚而祝頌之,所以報德,禮也。康熙乙酉年,公之仲子以奉政大夫同知揚州府事,親奉俎豆以祭。歲丁亥,揚人復爲重新其宇,以余世好,囑爲記。謹按《府志》,公之政迹形之聲詩、碑版者,文獻已詳矣。考公之編年,其迴翔内外,出處之大概,見諸章奏詞翰者,亦彰明較著矣。余何敢以陳爛巫祝之辭,污公之明聽哉!嘗讀東坡《潮州昌黎廟碑》,世稱發端兩語,能盡其生平,在當時尚有不以爲然者,及後世輒以爲確然不可易。蓋世逾遠則論始定,後之仰昌黎若孔子,宜也。又曰:誠能開衡山之雲,而不能回主之惑;能馴鱷魚之暴,而不能弭小人之謗;能信于南海之民、廟食百世,而不能使其身一日安于朝廷之上。嗚呼,此三語蓋東坡之所深悲,而亦古今達士之通病也。自公視之,殆庶幾類之歟。公之好士,一藝之精,必獎進之。撝謙揖讓,解衣推食,雖富貴與顛沛不少變。其爲文,不獵古,不比今,不闌入二氏,抉破藩籬,自適其意。其發於政事,屢躓屢興,剛直自礪,始終未嘗憊。所謂名世,應運而起如公者,蓋不能一二見也。

余卯角侍先司空於江寧,時公方監察十府糧儲,與先司空交最善,以余通家子,常抱置膝上,命背誦古文,爲之指摘其句讀。今相去四十年,予繼任織部,親拜公墓。今與燕客復同宦是邦,是可喜也,因是而爲之記。(《棟亭文鈔》)

郭　麐

通懪全城立壯猷,難忘不獨一周侯。青陽樓上紅旗下,娘子援枹指血流。

周亮工,字元亮,別號櫟園,南京人,原江西金谿籍,又河南祥符籍。年二十九,登崇禎十三年進士,十四年知濰縣,剔姦除弊。十五年十二月初九日,大清兵由烽臺口入,濰城被圍。公協同士民,誓死堅守,至十六年春,終保全城。其大略見公自作《塘報》及濰人梁章、袁知祉、于門俊《全城紀略》。公即于是年冬行取御史,濰人欲留,不可,遂爲建生祠祀之。公在濰,嘗於縣署構陶庵與無事堂,其自作詩有《全城》《通懪》二集,他人贈答之作有《白浪河上集》。又濰上兩值戒嚴,公之側室有宛邱王氏,自號金粟如來弟子,嘗誓死登陴,時年十九。後五年死廣陵,葬白門,見公《賴古堂集》。《海上畫夢亡姬詩八章》之第五章曰:“危樓城上字青陽,一飯軍中盡激昂。旗影全開慚弱女,鼓聲欲死累紅妝。玉臺咏徧空王卷,錦繖塵迷壞色裳。仙佛英雄成底事,勞勞亭畔柳千章。”即追詠氏在濰事也。又公在濰所作城上詩,謂氏皆有和,而戒不外傳。惟於《因樹屋書影》錄其數聯,有《圍城》云:“已分殘軀同鼠雀,敢言大樹撼蜉蚍。”當即氏在濰之作。

古瓦久湮漳水濱,張公仿古祕反新。誰知偏遇多言僕,難免陶菴冷笑人。

縣尊周櫟園亮工官濰日,張移孝中丞爾忠嘗送禮物,有銅雀瓦硯,公卻之。使者強之至再,終曰:“此奴主令臨漳時,於署中親督工爲之者,何不受?”右見《因樹屋書影》。

德祠幾處祠賢侯,惟有周公祠尚留。贏得愚儒教冬學,(原注:陸遊詩:“兒童冬學鬧比鄰,據案愚儒卻自珍。”)不煩賫庶任藏頭。

周公祠在縣治東。明崇禎十六年,濰人爲縣尊祥符周亮工櫟園建。至國朝,又入鎮平賴光表開瑛、興化鄭燮板橋二公,今呼爲三賢祠。(《濰縣文獻叢刊·濰縣竹枝詞》卷上)

易宗夔

周名亮工,河南祥符人。庚辰進士,累官至戶部侍郎。性好獎借人才,有著作不顯者,務表章之,不遺餘力。尤嗜繪事及古篆籀法。賓客紛集,從容談說古今圖史書畫,皆條分節解。客退,則手一卷,燈熒熒然至夜分歸寢以爲常。著述多至數十種。(《新世說》卷三)

葉昌熾

　　梨莊本本盡精良，觀宅何嘗非吉祥。務抑輕華存微尚，好嘘嘉種爲寒香。

　　《昭代名人尺牘小傳》："周亮工，字元亮，號櫟園，又號減齋。明崇禎庚辰進士，國朝户部右侍郎。革職。康熙初復僉事，歷江安督糧道。好古圖史書畫，有《讀畫録》《印人傳》《字觸》《書影》《閩小記》《賴古堂詩文集》等書。"又："周在浚字雪客，亮工長子，官經歷。有《雲煙過眼録》《晉稗》《梨莊集》《秋水軒集》。"《賴古堂詩集·自序》："褎庵督公，自稱曰笠僧，人率稱曰櫟下生。本豫章人，籍大梁，然公實生梁秣陵。公生於壬子四月七日，眉長垂頰，人又呼之爲長眉公。所著《同書》四卷、《鹽書》四卷、《相編》四卷、《字觸》一卷、《詩人傳》三卷、《賴古堂文選》十卷，皆次第行世。"《鷗陂漁話》："《因樹屋書影》述其先人作《觀宅四十吉祥相》，其第二條'架上無整齊書'注云：'本本精良，一一完善，手且未觸，目於何有？但觀架中，便知腹中。'此爲藏書而不讀者痛下鍼砭。然余謂真能讀書者，必能珍護，若但如櫟園所云，適足啓子弟輕褻簡編之惡習，豈雅人深致哉！"《徵刻唐宋祕本書例》："大梁周子梨莊，櫟園司農長公。司農世以書爲業，嘉、隆以來，雕板行世，周氏實始其事。游宦所至，訪求不遺餘力。閩謝在杭先生，萬曆中鈔書祕閣，後盡歸司農。而遭患難，數世所積，化爲烏有，獨此繕寫祕本二百餘種，梨莊竭力珍護，巋然獨存。"又朱彝尊啓："黄子俞邵，周子雪客，藏書累葉，手澤猶新。玉笈縹緗，不減李鄴侯之架；御書炳焕，何殊孫長孺之樓。"又張芳《論略》："黄、周兩君祕集，惟唐沈下賢、宋柳仲塗、金趙閑閒先列數册，其餘經史逸册、有裨名教者，冀公之當世，略存微尚，稍抑輕華。"又云："吾黨平時眷念前人之著述，而不可必得；一聞跫音於空谷，遂嘘嘉種爲寒香。"（《藏書紀事詩》卷四）

鄧之誠

　　周亮工賴古堂集二十四卷

　　周亮工，字元亮，號櫟園，又號減齋，祥符人。崇禎十三年進士，官濰縣知縣，行取浙江道監察御史。順治二年，官兩淮鹽法道，調揚州兵備道，遷福建按察使布政使。入爲左副都御史，遷户部右侍郎。爲福建總督佟岱劾其貪酷，論死，會赦得釋。康熙元年，起補山東海防道，調江安糧儲道，被劾論絞，再遇赦。卒于十一年，年六十。事具《清史列傳·貳臣傳》、錢陸燦所爲墓誌、姜宸英所爲墓碣。撰《賴古堂集》二十四卷，凡詩十二卷，文十二卷。亮工詩文未能成家，才名稍亞錢、吳。好士憐才，一時遺老多從之遊。屢躓屢起，由劉正宗惡之，當時滿漢相傾，成爲風氣，亮工不死，屬有天幸。初亮工知濰縣，值滿洲兵南下，齊東諸城皆破，獨濰以堅守獲全，濰人德之，爲建生祠。及再起青州道，過濰見生祠，大哭而

去。殆有痛于作兩截人耶？刻書最多，晚年盡焚之，知虛名之無益也。此集爲其子重刻。(《清詩紀事初編》卷八)

錢仲聯

掌管專造一應兵符印信一員

地巧星玉臂匠金大堅　周亮工

櫟園著《印人傳》，自是行家。歷官方鎮，好士憐才，才名稍亞芝麓，一時名流多從之遊。詩亦可誦。(《順康雍詩壇點將録》)

詩　文

王士禛

周侍郎櫟園亮工《閩小紀》云：鷗皆白，獨莆田九鯉湖鷗作粉紅色。隋宦者劉繼詮獻芙蓉鷗二十四隻，色如芙蓉，疑即此種。《閩小紀》云：燕窩有烏白紅三種，惟紅者最難得。白者能愈痰疾，紅者有益小兒痘疹。

櫟園又云：參皆益人，沙元苦參亦兼補。海參得名，亦以能溫補故也。生於土爲人參，生于水爲海參，故海參以遼海者爲良。(《香祖筆記》卷八)

李煥章

十一日，過桃源。邑令魏君辯君，今相國弟也，聞余至，來話，邀入署，橫談今昔，評騭海内詩家，虞山、金粟、婁東、廬江爲當代冠冕，如信陵諸豪公子，意氣紛紜，勢踞最上。不覺達曙，忘其在征鞍苑店也。(《織水齋集·己酉南游日記》)

高珩

予每謂善世之學，濟世之功，惟有志之士饒爲之。或乃謂三代之治，不可復覯，九州之大，無賢者何歟？予讀邵侯《勸民紀》，而乃有以自信也。言簡而意盡，坐而言之，起而可行，且可計日而觀其效，若立竿而見影者。然昔周元亮先生之治齊也，告諭之文壘壘數千言，若與家人婦子語，若奇快通俗小説，若謔若嘲，必俗必盡，覺《盤庚》諸誥之餘，不可無此一快；韓、柳、歐、蘇之外，豁然獨創此一體。予矜之愛之，既以爲帳中密，亦將以爲公之象魏也，久矣。今讀侯此册，尚覺元亮辭費矣。然以之移俗，各有當也。乃知卓、魯、龔、黄了不異人，意五鳳、元康之績，拾級而登，如唾手耳。讀予友環溪之題辭莞爾而笑，有同歸也。(《栖雲閣文集》卷十一)

徐　釚

　　櫟園先生移家白下，駐節青谿，桃葉煙波，莫愁佳麗，間訪殆遍。嘗於《舟中與胡元潤談秦淮盛事》云："紅兒家近古青谿，作意相尋路已迷。渡口桃花新燕語，門前楊柳舊烏啼。畫船人過湘簾緩，翠幔歌輕紈扇低。明月欲隨流水去，簫聲只在板橋西。"讀之幾欲作《望江南》也。（《本事詩》卷九後集）

張謙宜

　　櫟翁詩偏是在請室中作，篇篇有意味，豈心静緣空耶？拗體故作老態，却露本相，他自是修飾上用工來。（《絸齋詩談》，見《清詩紀事》第三册《順治朝卷》）

沈德潛

　　周亮工，字元亮，河南祥符人。崇禎庚辰進士。國朝官至户部侍郎，著有《賴古堂集》。櫟園愛才比於芝麓，衆望歸之。詩或未能相埒矣。兹録其情真韻遠者。（《清詩別裁集》卷二）

查爲仁

　　祥符周櫟園司農亮工，材器揮霍，善經濟，喜議論，當大疑難，神氣安閒。居官不肯假借官裏人，而好嘉與後進。嘗置一簿坐上，與客言海内人才某某，輒疏記之。宦轍所至，必枉車騎過之。又令進其所知，使耳目間不遺一士然後快。著述多至數十種。嘗有贈空隱和尚《俗臘》詩云："生天良不易，選佛亦難成。但説慈悲力，能銷戰伐聲。病猶甘敗寺，老益賤虚名。一笑桃花發，春風第幾庚。"即與衲子往還，亦不作隨聲附和語也。（《蓮坡詩話》卷下）

徐祚永

　　國初，周櫟園侍郎登埤禦寇之暇，與紳士倡和其中，更名詩話，祀滄浪於樓上。周去，人德之，并配祀。周有留題《寒食感懷》詩四章，中如"殊方作客逢寒食，亂裏看花見杜鵑""幕府健兒猶白打，上河士女幾千秋""羽書夜報谿雲黑，鐵騎朝馳磧草青"，俱極慷慨淋灕。（《閩游詩話》，見《清詩紀事》第三册《順治朝卷》）

袁　枚

　　最愛周櫟園之論詩曰："詩，以言我之情也。故我欲爲則爲之，我不欲爲則不爲。原未嘗有人勉强之，督責之，而使之必爲詩也。是以《三百篇》稱心而言，不著姓名,無意於詩之傳,並無意於後人傳我之詩。嘻!此其所以爲至與!今之人,欲借此以見博學,競聲名,則誤矣!"

汪舟次先生作周櫟園詩序曰:"《賴古堂集》欲小試神通,加以氣格,未必不可以怖作者,但添出一分氣格,定減去一分性情,於方寸中終不愉快。"(《隨園詩話》卷三)

櫟園論詩云:"學古人者,只可與之夢中神合,不可使其白晝現形。"至哉言乎!(《隨園詩話》卷六)

阮葵生

周櫟園詩"月明蕭寺憶花之",山東沂水縣有花之寺。櫟園又有句云:"佳名獨愛花之寺,隱地誰尋石者居。"臨朐傅某作石者居於黃雲山中,見《榕槎蠡説》。雪客詞集亦名《花之詞》。(《茶餘客話》卷六)

康發祥

周櫟園亮工《賴古堂詩》,規倣少陵,才雄氣厚,每一展讀,百感紛來。(《伯山詩話》,見《清詩紀事》第三册(順治朝卷))

平步青

《賴古堂集》中,《舟中與胡元潤談秦淮盛時事次韻》四首,風麗芊緜,不類減齋本色。(《霞外攟屑》,見《清詩紀事》第三册《順治朝卷》)

胡思敬

(周櫟園繫刑部時)作《送客遊大梁》詩,極磊落可喜。其後事解,康熙初復被劾聽勘,因引火自焚其所著書。曰:"使吾終身顛躓不遇者,此物也。"

內邱喬盤石鴻臚善以西瓜釀酒,工琵琶,與周櫟園善。櫟園被逮時,過宿柏子亭。鴻臚年八十有九,猶齲齒蒼音,嗚嗚唱《涼州調》。櫟園贈詩,有"疏厄隸事瓜釀酒,小雪留人柏子亭"之句。(《九朝新語》,見《清詩紀事》第三册《順治朝卷》)

花病鶴

申鳧盟嘗爲人言:未見櫟園,未觀滄海,自是平生兩闕。吳野人居東淘,刻苦爲詩,不爲人所知。櫟園招其游京師,野人始以布衣能詩名動公卿。其好事如此。(《十朝詩話》,見《清詩紀事》第三册《順治朝卷》)

陳　融

櫟園喜爲詩,雖在兵間獄中,吟咏不輟。晚取諸作及已刻之板焚之,公子在浚依印行本覆刻,爲詩文各十二卷。其詩自序,謂"膚七子,戔竟陵,勿爲馬首之絡"云。(《顒園詩話》,見《清詩紀事》第三册《順治朝卷》)

周櫟園侍郎喜蓄印章,嘗作《印人傳》。其賴古堂所蓄石,多如皋黄濟叔經爲奏刀。濟叔以與人同姓名,誤被收入獄,年餘始得白。櫟園與同請室。其《贈濟叔》詩所謂"杍前別自有曾參"也。《賴古堂文集》中《與濟叔書論印章》云:"僕沉湎於印章三十餘年,自矜溯其源流,得其正變。嘗謂此道與聲詩同。若文三橋力能繼古,而未脱宋元之習。何主臣力能自振,終未免太涉之擬議。""漳海黄子環、沈鶴生出,以《欸識録》矯之,劉漁仲、程穆倩復合《欸識録》大小篆爲一,以離奇錯落行之。""三橋北地,主臣歷下,子環、鶴生,其公安歟? 漁仲、穆倩,實竟陵矣。""三十年來推朱修能,次則顧元方、邱令和,次則萬年少、江嫡臣、程穆倩、陶石公、薛穆生。""變而愈正,動而不拘,當今此事,不得不推吾濟叔也。"(《顒園詩話》,見《清詩紀事》第三册《順治朝卷》)

南　邨

周亮工墨竹一幅,曾於友人家見之,勁節疏篠,着葉不多,而尺幅間極蕭疏零亂之致。係詩一絶,亦沖逸雋永,詩曰:"穉子求無悶,抽篠斗作難。莫言騰萬尺,節節報平安。"(《攄懷齋詩話》,見《清詩紀事》第三册《順治朝卷》)

徐　增

今天下詩家不爲王、李、鍾、譚所摇動者,就余所睹記,前則有曹能始、錢牧齋、王覺斯、盧德水、程孟陽、黄若木、陳木叔、曹秋岳、龔芝麓、周櫟園、吳梅邨、黄子羽、李緇仲、方爾止、方密之、黎美周、徐巨源、顧與治、朱雲子、陳玉立、馮定遠、許觀生、宋玉叔、姚仙期、黄藴生諸子,方外則有莊嚴師。(《九誥堂文集》鈔本《貽谷堂詩序》)

徐世昌

周亮工,字元亮,一字減齋,號櫟園,祥符人。明崇禎庚辰進士,官御史。入國朝,歷官户部侍郎,坐事罷,復官江安糧道。有《賴古堂集》。

錢牧齋曰:"元亮之守漳也,故人門客在重圍中,相與登陴,賦詩抗詞,同日無一人思解免者。藴義生風,緣情仗境,珪判而璋合,金春而玉應,此元亮之所以爲詩也。"黄俞邰曰:"先生在西曹,獄事方亟,與黄山吳冠五擁絮共爲詩,漏下數十刻,鳴不止。嘗於對簿時,從榜笞呼暑聲中,借伍伯筆作送人二十絶句。其興寄

如此。"(《晚晴簃詩匯》卷二十)

櫟園豪邁好士,嘗寘一簿於座上,與客言海內人才,輒疏記之。尤嗜畫及印章,搜羅著錄,獎借成名。好事風流,蓋出天性。詩如其人,權奇磊落,語語皆見性情。《漁洋詩話》載其輓楊秀才絕句云:"唾地新詞破錦囊,高樓君自拜滄浪。文人命薄將軍死,誰賦城南舊戰場。"劉海峯《歷朝詩選》亦取之,而集中未見。(《晚晴簃詩匯》卷二十)

郭 麐

李秋錦先生《灌園圖》,頃於園花晤其文孫遇孫獲觀。圖中名作如林,周櫟園五律一首尤得贈言之體,云:"荷鉏忘旦暮,得慰北堂萱。人在一方水,天留數畝園。讀書知孝貴,食力羨農尊。閉戶高吟外,垂垂雨露恩。"(《靈芬館詩話》卷八)

徐 珂

周櫟園咏漕篷船

漕篷船前狹後廣,閩之延平、建寧有之。周櫟園侍郎《閩茶曲》有句云:"鴨母船開朱殷紅。"即謂是也。

周櫟園潘次耕咏白板艖

閩之延平、建寧二郡,船行屹嚙間,全藉篙力。板薄不過數分,不假丹漆。周櫟園詩云"黯淡灘頭白板艖"是也。又潘次耕《谿行雜詠》云:"門小不容舒眺望,篷低裁足展衾幬。"(《清稗類鈔》第十三冊《舟車類》)

錢鍾書

(袁枚《隨園詩話》)卷六:"周櫟園論詩云:學古人者,只可與之夢中神合,不可使其白晝現形。至哉言乎。"按倪鴻寶《倪文貞公文集》卷七《陳再唐海天樓書藝序》云:"夫用古如懷遠人,可使其夢中神合,不可使其白晝形見魅出。"櫟園襲用其語。吳澹川《南野堂筆記》卷一記子才不喜作擬古詩云云,遂以此爲子才語;宋咸熙《耐冷譚》卷九又以此爲王惕甫語,皆訛。(《談藝錄》七三)

著　作

四庫撤燬書提要

閩小紀四卷

國朝周亮工撰。亮工字元亮,號櫟園,祥符人,前明崇禎庚辰進士,授濰縣知縣。入國朝,官至户部右侍郎。以事革職,終於江南督糧道。是編乃其官福建布政使時所作,多述其地物産民風,亦兼及遺聞瑣事與詩話之類。叙述頗爲雅令,時時參以議論,亦有名儁之風,多可以爲談助。其中如辨李騏、馬鐸無同母事;"倒掛鳥"非"桐花鳳";《金鳳傳》爲明末徐𤏡僞託;"考亭"乃黄氏亭名,非朱子之號;"蠻鼓洋"爲"鞉鼓"之訛;李白《僧伽歌》與《神僧傳》《李邕碑》皆不相符;楊慎《名蛄賦》,由誤解江淹"紫蘭春而發華"之語,亦頗有考證。惟解韋莊"上相間分白打錢",以爲徒手相搏,未免强作解事耳。其中《閩酒》《朱竹》諸條,與所作《因樹屋書影》彼此復出,蓋興到即書,偶然未檢。然在近代説部之中,固爲雅馴可觀矣。書中所記,不名一格,宜入之於雜家。而自始至末,皆談閩事,究爲方志之支流,故附書地理類焉。(《四庫全書總目》附録)

　　書影十卷

　　國朝周亮工撰。亮工有《閩小紀》,已著録。是編乃其官户部侍郎緣事逮繫時,追憶平生見聞而作。因圜扉之中無可檢閱,故取老人讀書衹存影子之語,以《書影》爲名。其中如元祐黨籍本止七十八人,餘者皆出附益,本費袞《梁谿漫志》之説,而引陳玉瑍跋;姚祐讀《易》誤用麻沙刻本,以"釜"爲"金",本方勺《泊宅編》之説,而引朱國禎《湧幢小品》;米元章"無李論",見所作《畫史》,而引湯垕《畫鑒》;"邸報"字出孟棨《本事詩》,而稱始於蔡京。皆援引不得原本。又如子貢説社樹事,明載今本《博物志》第八卷,而云今本不載。李賀詩序本杜牧作,而云"風檣陣馬"諸語出自韓愈。温庭筠詩"玲瓏骰子安紅豆,入骨相思知不知",而引爲"入骨相思也無"。沈約《四聲》一卷,唐代已佚,其字數無從復考,而云約書一萬一千五百二十字。謝靈運《岱宗秀維嶽》一篇本所作樂府,今在集中,乃訛爲《登泰山詩》,謂本集不載。以《詩》"簡兮"作"柬兮",指爲伶官之名,乃豐坊僞詩説之語,而據爲定論。日月交食本有定限,而力主有物食之之説,皆考證未能精核。至於韓信之後爲韋土官,本明張燧《千百年眼》之虚談,而信爲實事。陶宗儀《説郛》僅一百卷,孫作《滄螺集》中有《宗儀小傳》可考,二人契友,必無舛誤;乃云南曲老寇四家有《説郛》全部,凡四大櫥,皆傳聞不得其實。至揚雄仕於王莽,更無疑義,而雜摭浮詞,曲爲之辨。艾南英以鄉曲之私,偏袒嚴嵩,强爲辨白,而以惡王世貞之故,特存其説。何心隱巨姦大猾,誅死本當其罪,而力稱其枉。王柏《詩疑》删改聖經,至爲誕妄,而反以爲是,尤爲顛倒是非。然自此十餘條外,大抵記述典贍,議論平允。遺聞舊事,頗足爲文獻之徵。在近代説部之中,固猶爲瑕不掩瑜者矣。(《四庫全書總目》附録)

　　印人傳三卷

　　國朝周亮工撰。亮工本名亮,字元亮,號櫟園,又號减齋,祥符人。前明崇禎庚辰進士。官潍縣知縣,以卓異薦舉至京師,值李自成之變,逃匿未出。後入國朝,官至户部右侍郎,終於江南督糧道。亮工喜集印章,工於鑒別,所編《賴古堂印譜》,至今爲篆刻家模範。是書則譜之題跋,别編爲傳者也。首載文天祥、海瑞、顧憲成三印,次及其父、其弟、其友許宰,次則文彭以及李穎,凡六十人;附傳三人,又不知姓名一人,其有名而無傳者又朱簡等六十一人。自宋以前,以篆名者不一,以印名者絶無之。元趙孟頫、吾丘衍等始稍稍自鐫,遂爲士大夫之一藝。明文彭、何震而後,專門名家者遂多,而宗派亦復岐出。其源流正變之故,則亮工此傳括其大略矣。(《四庫全書總目》附録)

讀畫録四卷

國朝周亮工撰。亮工有《閩小紀》,已著録。亮工癖嗜印章及畫,嘗衰輯同時能篆刻者爲《印人傳》,又衰輯畫家名氏爲此書。所記自明以來凡七十六人,各論其品第,亦間附載題詠及其人梗概。大抵皆所目睹,否亦相去不甚遠,如李日華、董其昌之流,猶及聞其逸事者。昔董其昌作《畫禪室隨筆》,稱書法後人不及古,畫則各自成佛作祖。亮工亦持是論,故是編所録,不及萬曆以前也。後附有名無傳六十九人,亦如所作《印人傳》例。其中如王翬、惲壽平,聲價至今相埒,然于翬畫極推挹,而壽平則僅挂名附録中,豈當時壽平品格猶未成就,抑嗜好各有不同耶?觀其子在浚所輯《雲烟過眼録》,亮工所收諸畫至二十巨函,可謂巨細不遺,而立傳者僅此,則亦矜慎不苟矣。謝赫、姚最同異多端,李嗣真、張彦遠是非互起,要不妨各存所見耳。(《四庫全書總目》附録)

同書四卷

國朝周亮工撰。亮工有《閩小記》已著録。是書大致與《古事比》相近,而微有不同。《古事比》多載相類之人與相類之語,如"名下定無虛士"一條有"歐陽詢觀索靖碑""閻立本觀張僧繇畫","想當然耳"一條有"孔融對曹操""蘇軾對歐陽修"二語是也。古書故實,或一事而前後相襲,但易姓名;或一人而輾轉沿訛,稍殊字句。以至單詞片語,或有心祖述,無意暗合,記載糾紛,易相混淆,往往難於檢至。《抱朴子》稱魯仲連"一書過百萬之衆",晉武帝謂荀勖"一書勝十萬之衆";沈慶之謂"耕當問奴,織當問婢",邢巒謂"耕則問田奴,絹則問織婢",稍異一字二字,即截然兩手兩人。暨季江謂蕭溥"陽馬雖老,猶駿可騎;徐娘雖老,猶尚多情"。祖珽之友謂"一馬十年,尚好驅駒;一妻耳順,强呼娘子",意句相近,意旨迥殊,亦往往易於誤記。亮工是編,皆排比成倫,使相條貫,其爲同爲異,展卷釐然,頗有資於考證。惟隨筆纂録,間有漏載所出者,是其小疏耳。(東北師大圖書館藏原鈔本)

四庫全書總目提要殘稿

書影十卷刊本

右　國朝侍郎祥符周亮工撰。不拘倫類，隨意詮述，其説多新闢可喜。

同書四册刊本

右　前人撰，雜舉古人之事言相提並論，皆有創獲，非儷青妃白者爲也。清沈初撰盧文昭校《浙江採集遺書總録》己集　乾隆四十年（一七七五）刻本

讀畫録四卷刊本

右　國朝周亮工撰。録李日華迄章谷諸家，人各爲傳。韻語逸事，悉採入焉。後附王時敏至王蓍等姓氏，則皆未及列傳者。《浙江採集遺書總録》庚集

字觸六卷刊本

右　國朝周亮工輯。隨拈一字，旁達其義，蓋即射覆遺意也。《浙江採集遺書總録》庚集

印人傳三卷刊本

右　國朝侍郎祥符周亮工撰。亮工有印癖，因最精於此藝。人各爲傳，而所述多有不涉印事者，則又借以攄其所感，示不徒爲小技作也。《浙江採集遺書總集》庚集

（以上見《四庫全書提要稿輯存》）

續修四庫全書總目提要

閩小記四卷申報館排印本

清周亮工撰。亮工本名亮，字元亮，號櫟園，河南祥符縣人。明崇禎庚辰進士。官濰縣知縣，以卓異薦舉至京師，值李自成之變入清，官至户部右侍郎。以事革職，終於江南督糧道。是編乃其官福建布政使時所作，多述閩中民風物產，亦兼及遺聞瑣事，叙述頗爲贍雅，時參以議論，亦有名儁之風。如辨李騱、馬鐸無同母事，"倒掛鳥"非"桐花鳳"，《金鳳傳》爲徐熥所僞託，"蠻洋鼓"爲"鞔鼓"之訛，李白《僧伽歌》與《神僧傳》《李邕碑》皆不相符，楊慎《名蛙賦》由誤解江淹"紫藺春而發華"之語，凡此之類，頗有資於考證。乾隆修《四庫全書》，館臣採以入録，謂：書中所記不名一格，宜入於《雜家》，而自始至末，皆談閩事，究爲方志之支流，因附於《地理類》。乾隆五十二年八月十一日，内閣奉上諭覆勘文淵等閣《四庫全書》，據詳校官祝堃簽出亮工所撰《讀畫録》有語涉違礙之處，因將亮工所撰各書一概查燬，是書因被抽除。然《説鈴》猶存節本，《讀畫録》嗣亦有讀畫齋、海山仙館兩刻。蓋亮工著述原無觸諱清廷之處，特乾隆惡其爲人耳。是書考同記異，更與朝政無關。唯因曾被查燬，申報館重爲排印。玆爲述其原委，仍爲著録焉。

（《續修四庫全書總目提要》稿本）

　　印人傳三卷康熙中刻本

　　清周亮工撰。亮工有《閩小記》已著録。亮工喜集印章，工於鑒別，著有《賴古堂印譜》行世。是書則就印譜題跋，別編爲傳者也。自文天祥以下，凡得六十人，又附傳三人，不知姓名者一人，又有有名無傳者六十一人。按：自元趙孟頫、吾丘衍以篆刻名家，自是遂爲士大夫之一藝。有明一代，專精者既多，而宗派亦復歧出，其源流正變之故，是書蓋已括其大略矣。是書與《閩小記》等，乾隆時同收入《四庫全書》，五十二年四月又同被扣除。今仍同爲著録焉。（《續修四庫全書總目提要》稿本）

　　讀畫録四卷原刻本

　　清周亮工撰。亮工有《閩小紀》已著録。亮工癖嗜畫，精鑒賞，收藏唐、宋諸家手迹頗富，海内精繪事者多來求品題，故收藏時人作品亦夥。是編列傳者，自李日華至章谷凡七十七人，槪爲亮工生平交遊所及，而明季畫家實亦大體具此矣。傳中專言繪事，或附載題詠，而遺事軼聞，亦多賴以不墜。清修《四庫全書》，是書曾收入《子部・藝術類》，乾隆五十二年八月十一日内閣奉上諭：現在覆勘文淵等閣所藏《四庫全書》，據詳校官祝堃簽出周亮工《讀畫録》、吳其貞《書畫記》内有違礙猥褻之處，已照簽撤改矣。所謂違礙者，據五十三年十月十七日館臣奏摺，因《讀畫録》題詩有“人皆漢魏上，花亦義熙餘”之句，至是並奉命將亮工所撰各書一概查燬。案：《讀畫録・胡元潤傳》附有《夢至元潤家見所餞菊》一詩，云：“只似曾過境，柴桑處士居。人皆漢魏上，花亦義熙餘。”蓋用陶潛劉遺民事。亮工固亦明之遺民，則用“義熙”作況，有何違礙？即屬違礙，又何至一概查燬亮工所撰各書乎？清高宗固一世雄主，馭群臣如驅羊豕，然文人如李清、周亮工之流皆事新朝，固非高蹈好名者比，所關係至微，猶復剖及枯骨，雖云懲死者以警當世，然究非仁君所忍爲也。今仍據《文淵閣本》著録。因通行本不附王時敏等六十九人姓氏，據張遺所撰是書序，此六十九人中蓋有至交密友未及列傳者。然姓氏俱在，實較通行本爲佳，故仍據以著録焉。（《續修四庫全書總目提要》稿本）

　　書影十卷雍正刻本

　　清周亮工撰。亮工有《閩小紀》已著録。考清高宗修《四庫全書》，是書曾收入《子部・雜家類》。乾隆五十三年十月十七日，館臣發覺亮工所撰《讀畫録》内有“人皆漢魏上，花亦義熙餘”之句，語涉違礙，因將所撰各書一概查燬。案：館臣所撰是書提要曾指出援引不得原本者四條，考證未能精核者二條，傳聞不得其實者二條,顛倒是非者三條,然總論是書則稱"記述典贍、議論平允",在説部之中爲瑕不掩瑜者,推崇可謂備至。亮工草是編於請室之中,無書可供檢閲,故取"老人讀書只留影子"之語,以《書影》爲名,則小有舛誤,不應深責。今案:館臣所指十一條外,尚有顯係舛誤者若干條。如卷八《吕氏春秋》晉文公師咎犯隨會,謂隨會不與文公同時,案:《僖二十八年傳》城濮之戰,舟之僑先歸,士會攝右,二人正同時也。卷十周人世碩作《養書》一篇,見《論衡》,謂養書今恨不見,世碩今亦不知爲誰人,則似竟未嘗讀《漢書・藝文志》矣。又是書板刻原刻本甚少,通行者惟雍正三年重刊本,校刻不精。(《續修四庫全書總目提要》稿本)

平心録一卷附活保甲書康熙三年刻本

清周亮工撰。亮工字元亮,號櫟園,一號減齋,河南祥符籍,江西金谿人。崇禎庚辰進士。入清,官户部侍郎,以事論斬,獲釋。康熙元年,起補青州海防道。五年調江安糧儲道。復以事論絞。遇赦,得釋,旋卒。事具《清史・貳臣傳》。此書即官青州道時,裒其公牘條教而作也,曰詳,曰稟,曰示,不以類聚,惟依年月爲次。末附《活保甲書》,逃人、盜賊並重,活之取義不可知,豈活人、活用之義有雙關者歟? 亮工以善爲政得人稱道,而其得罪之名,不曰貪酷,計臟纍萬,即曰縱役侵扣。或謂亮工得名甚早,依附東林,順治中,黨争甚烈,爲劉正宗所陷,幾罹極刑。然則復爲師顔保劾奏論絞,又誰陷之。其人實有吏才,工於文詞,能以聲名奔走當世,有憐才好士之名。又其得罪,人多惜之,其實人品無足取也。此篇多及逃人之事,其時窩逃之禁甚嚴,往往因之亡身破家。觀此書所論,可以知其事株連之衆。次則率吏警役。凡示論民人之詞,多取口語。馮溥爲之序,所謂雜以委巷俚談,務使小民遷善改過。高珩稱其"竭次卿、延壽之心,爲閭師鄉三老喃喃之語""如香山之詩,女子能解,前無古轍,後開來逕,固知當與晉字、唐詩、宋詞、元曲並有千秋"。既稱其政,復論其文,蓋使筆如舌,不止游戲三昧,使讀之者心服而口輸焉,未有不稱其治行者也。若舍其人不談,但就事論之,足知其時易代不久,政事草創,所重如協濟楚餉,罄室追呼之類,固亦有足徵者矣。故爲録存之。(《續修四庫全書總目提要》稿本)

字觸六卷康熙六年刊本

清周亮工撰。亮工字元亮,一字緘齋,號櫟園,河南祥符人。明崇禎十三年進士,官御史,李自成陷京師,亮工南奔,從福王于江寧。多鐸下江南,亮工降,授兩淮鹽運使。疊擢福建左布政使,遷户部右侍郎。亮工工古文辭,一稟秦、漢風骨,喜爲詩,宗仰少陵。工書兼篆隸,好古精鑒,著有《賴古堂詩鈔》《因樹屋書影》《讀畫録》《印人傳》等,並傳於世。學者稱櫟下先生。此書前有徐芳、方文二

《序》,次爲《凡例》,後有周嬰、黎士弘二跋。共六卷,計《廙部》第一,《外部》第二,《晰部》第三,《幾部》第四,《諧部》第五,《説部》第六,皆離合字形,演説幾微。故方文《序》曰:櫟園周先生,通才博學,無所不能。間嘗取謝石之法,爲人斷疑,往往奇中。因攟摭古今字説之有據者,萃爲一編,曰《字觸》。字觸者,隨意所觸,引而申之,不必其字本義也。原夫隱語之始,濫觴于巫卜,荀卿賦篇,已識其法。問於先王,占於五泰,曼卿射覆,先稱受易。離合之發,明於圖讖,載在古籍,昭然若揭。降及後世,方技家有以字形言人禍福者,如唐末崔無斁、宋人謝石、明人張乘槎等。此隱語與巫卜,誠互爲表裏,息息相通者矣。亮工此書,於《幾部》載襪祥之例。襪祥七十餘事,搜括群籍,包羅衆理,爲拆字之楷範,亦字謎之總匯。然例《字觸》一書,猶存隱語之本來面目,學者於此可資考證,此一事也。清初謎語猶承明舊,遣辭務求典雅,每句皆作韻語,如毛際可、黃周星之書,莫不皆然。此書《凡例》亦云:至於離合之篇,專主分析,其字託之隱語,詩教似支,而敷義昭融,製辭雋上,如諷蘇李之吟,奚啻齊梁之句,即不更以點畫相繩,亦宛然正葩嗣響也。此蓋風氣使然,故有是語。此一事也。是編所收,亦非無掛漏,如"卯金禾子"具在緯候,"言午兩日"見收正史,玆編皆略而不録,未免失之眉睫。光緒時,桑靈直以此書尚多未備,依類補苴,得七百餘事,爲《字觸補》一書,爰引該備,爲亮工之功臣。讀者合此二書並觀,庶可得窺全豹矣。(《續修四庫全書總目提要》稿本)

賴古堂文選二十卷　康熙六年賴古堂刊本

祥符周亮工編。亮工字元亮,一字減齋,以先世居櫟下,又號櫟園,海内稱爲櫟園先生。籍江寧,遷汴,爲祥符人。善讀書,奥篇隱帙,無不津逮。崇禎庚辰進士,守土有能聲,而尤以建城功爲大。仕至工部侍郎。亮工工古文詞,根柢盤深,一稟秦、漢風骨,而獨闢性靈,未嘗章橅字範,索之像貌也。所著有《賴古堂集》《因樹屋書影》,選《賴古堂尺牘》初、二、三選等,多著録。此則賴古堂之《文選》也,《選》凡二十卷,所選之人,大抵爲同時者,考其書例有云:"古文一道,歷千百年於今,其自《左》《國》《史》《漢》以及唐、宋大家,久著藝林者,有目咸知推美。獨是近數十年來,海内操觚之士有志復古,後先振起,其間雄文,遂如林立,而未有彙成合集,總攬一家者。予以暇日,偶因所見,掇而盈編,以誌一時之盛。"蓋專從數十年以來起見云云。又云:"文章流敝,自古有之,欲求挽持,不可數爲變易,當守其風格,而深之以詣力。予學文謬欲矩步大家,豈敢謂粹然一出於正?然突極斯事,亦欲與天下共勉之。正恐自今以往,學大家者流爲空疏,將有棄歸,茅之樸茂,而復王、李之華葉者,遂使趨嚮古法,不護及半而止。豈非改絃易轍,過於急促之弊乎?夫文章之事,與運會等流通,積久則有功,數變則不至。使前數年之未至者,以後數年之功至之;前數人之未深者,以後數人之力深之,日新月異,安在不足以入闃奧而永著宏昌？今幸駸駸盛長矣。若夫朝爲而夕敗其事，昔是而今更其端，未有能幾於成者，豈獨文章而已哉！予採茸是編之意，蓋願與天下共勉之而已"云云。觀其所論，可以知其選旨矣。至其選例，則有□端。一曰是編表揚近賢。而或以一方過嬴、一方過瘠爲病者，不知海内文章當以人爲斷，一人之集又當以文爲斷，既非制舉之科卷均南北，又非闈牘之選美合諸邦。故是集中全以文章爲去取，或多或寡，總不計也，而況疏率如予者乎！世亦可諒其無成心矣。二曰表揚近賢，意又以闡幽爲最急。故雖名人鉅公，尤多取其未經傳誦之作，即有一二在人口耳、不忍割棄者，衷尚耿耿。至於當世不名之士，有美即收，每以不克極意披揚。寰海之大，未必無抱膝苦吟、終老蓬戶、而文采不表於當時者，不能不爲之浩嘆也云云。意主抉擇，尤在闡幽，方之各家總集選例，殆無不合者。至若所選之文，均以文體分類，計卷一卷五爲序，卷六爲賀序，卷七爲贈序、引、題詞，卷八之卷十爲書，卷十一之卷十三爲傳、書事，卷十四爲碑記，卷十五爲記，卷十六爲誌銘、墓表、祭文，卷十七爲疏論，卷十八爲辨、儀說，卷十九爲賦、題跋、書後，卷二十爲文、募疏、雜文。作家都九十餘人，録文凡三百零一首。(《續修四庫全書總目提要》稿本)

賴古堂名賢尺牘新鈔十二卷二選藏弆集十六卷三選結鄰集十六卷　賴古堂周氏刻本

儀封周亮工選。亮工別有《賴古堂集》已著録，此則所選尺牘也。初選名《尺牘新鈔》，二選名《藏弆集》，三選名《結鄰集》，而均不著亮工選名。初選著昇州高阜、羅燿選，豫儀周在浚、在梁鈔；二選、三選著周在浚、在梁、在延鈔，實即亮工選，而子鈔之，復著門人選名。亮工當國初時，知交滿天下，沿明末子習，以操選政爲榮。明清間文，率矜尚尺牘，故多文采。亮工而外，多有爲之者，但或取文字鈔存，如顏修來之家藏尺牘，刻入粤雅堂者是；或取書法刻存，如梁山舟等之明清名賢書札是。二者皆爲世重。亮工有意弔詭，首列《文心雕龍·簡牘篇》爲序，而直書《尺牘新鈔序》于首行，下寫劉勰撰，真妄誕不經之尤者。二選有陳維崧序，盛譽之，此文人之通病。二選有《啓》，蓋與書坊爲難者，近人所謂"翻印必究"之類，今鈔於後："略謂《新鈔》一刻，本用自怡，不意爲四方膾炙。一時同志貽我新篇，遂滿筐篋，耽心披玩，復成是集。凡屬已刻之章，一字不載。但前集曾白坊間許照鄙刻重梓，而一時好事用其十七，雜以二三，圖惑世目，殊覺不倫。且是役也，止冀揚芳，匪爲射利，請與諸公約：是集出後，仍照原刻梓行，可也。倘有更蹈前轍，僕固任之，恐有起而嗤誚者矣，諸公何樂爲此"云云。是亦未脫坊選之積習也。至其選輯大旨，編次先後，具詳二選《凡例》，略謂：尺牘原取通懷，縱談何所不可，而尤以扶翼世道、規正人心爲極則。然每見世之刊刻格言者，襲彼常談，贅若故紙,語再設而不靈,聽習玩而生厭。是集既爲進言者審端,更爲受言者措意。凡訓迪後生之篇,垂示子弟之語,必取其倍常警策者,急爲登選。徐幹《中論》而後,獨著箴規;《顏氏家訓》以還,讓其旨趣。又云:"尺牘有選,斷自數十年以來者,以隆、萬之前,歸、茅而下,一二大家,製作昭然,無事表揚。但欲模範後進,終恃崇尚前修。近如顧涇陽之醇至,馮琢庵之名通,方孟旋之幽奇,曹元甫之婉秀,皆各自成家,必借光全集。昭明録賦,首重揚、班;正宗列文,還推賈、馬。但使欽其姓字,無不奉若典型。然亦必搜其未經剞劂者,始入之簡篇耳。"又云:"尺牘之傳,莫貴簡雅。故右軍竹素,以數字足思;伏波翰音,以少言傾聽。若阡陌既多,則入之不辨道里;甘苦畢備,則咀之安見芳嘉。長篇刺刺,覽者倦矣。故前集每於一二長篇,已鐫而復去之。繼思尺牘謀篇,本爲古文正體。子長之報任安,足見司馬椽筆;明允之上永叔,無非蘇氏鴻章。是集選遴,兼恣浩博,多收巨製,以續大家"云云。凡此皆可以尋繹全書之大齊矣。(《續修四庫全書總目提要》稿本)

全濰記略一卷濰縣文獻叢編本

清周亮工撰。亮工字元亮,祥符人。崇禎進士,官御史。入清,爲户部侍郎。康熙再起爲江南糧道,坐事論絞,遇赦得釋。著有《賴古堂詩抄》等書。是書記崇禎壬午清兵圍濰事。當清兵南下之時,到處擄掠,慘不忍聞,濰城因亮工固守,賴以得全。濰民至爲生祠以祀。亮工自撰是編,備載當時苦守情形,極爲詳盡。傳本漸少,近濰人丁錫田始排印以行。(《續修四庫全書總目提要》稿本)

四庫全書簡明目録提要

閩小紀四卷

國朝周亮工撰。雜記閩中物産民風,頗及遺聞瑣事。叙述雅令,時時參以論斷,亦頗名雋。(《四庫全書簡明目録·補遺·地理類雜記之屬》)

讀畫録四卷

國朝周亮工撰。記明末國初畫家凡七十六人,各論其品第及其生平梗概,亦間附以題詠。後列有名無傳者六十九人,或欲撰而未成,或以有傳無傳分甲乙,則莫可考矣。(《四庫全書簡明目録·補遺·藝術類書畫之屬》)

印人傳三卷

國朝周亮工撰。亮工喜集印章,工於鑒別,所編《賴古堂印譜》,爲篆刻家楷模。此書以譜中諸人各爲小傳,首載文天祥、海瑞、顧憲成三印及其父、其弟與其

友許宰印,次爲文彭以下六十九人,附見三人,又不知姓名一人,有名無傳者六十
一人,其例與《讀畫録》同。(《四庫全書簡明目録・補遺・藝術類》)

書影十卷

國朝周亮工撰。曰《書影》者,取"老人讀書惟存影子"意也。所録皆雜論雜
事,每引據舊文,而系以評語。大抵明末國初人所著爲多,引古書者僅十之一二。
然去取頗有持擇,雖繁而不雜。(《四庫全書簡明目録・補遺・雜家類》)

同書四卷

國朝周亮工撰。大致如李清《諸史異同》,而李書多載相類之事,此則兼載相
類之語,頗足以稽古異同。(《四庫全書簡明目録・補遺・類書類》)

吳嘉紀

讀印人傳作歌贈周金粟先生

千餘年來尚楷書,篆體唯憑印信傳。秦章漢璽苦難遘,時俗臆見空拘牽。
一從近代有文、何(文三橋、何雪漁)。朗如雲盡窺青天。鈍鐵在手代毛穎,象牙
棗木失其堅。肥不喪真瘦不枯,龍搏鵠峙相糾纏。慧心漸次趨簡便,磊磊石塊
採青田。坑凍柔澤如可食,燈光出土珊瑚鮮(坑凍、燈光凍,皆石名)。海内繼起
日稍稍,新安梁谿尤多賢。金粟先生最嗜此,高手到處與往還。錦纏帕覆隨出
入,宦遊載滿烟波船。斯道彰明五十載,金粟實爲風氣先。只今能事復誰數?
老成强半歸重泉。不憚苦心訪遺迹,肯教絶技同寒烟。生者死者皆作傳,印人
一一在眼前。異哉吾鄉黃濟叔,蓬蒿中挺孤芳莖;深心厚蓄流精光,意所欲到手
已然。諸家豈不各稱善,濟叔兼之無愧焉! 如皋濟叔里,丘墓松楸護。賴古公
堂名,文章星斗懸。誰知黃也身存日,姓字不出鄉間邊:若非遭遇周夫子,懷瑾
握瑜衹自憐!

【楊積慶箋】〔印人傳〕錢陸燦《印人傳序》:"《印人傳》,櫟園先生未完之書也。先生故
精深於六書之學,四方操是藝以登其門者,往往待先生一裁别以成名。先生於是患難相
從,退食平居之隙,薈蕞其印,列於左方,人冠以小傳,大要指次其印學之所以然,而其人之
生平亦附著"云云。〔周金粟〕即周亮工。〔文三橋〕《繪事微言》:"文彭號三橋,徵仲長子,
善繪蘭竹。"〔何雪漁〕《道光徽州府志》:"何震號雪漁,休寧人。工金石篆刻,海内圖書出其
手者,爭傳寶之。生平不刻佳石及鑴人氏號,故至今流傳者尚不乏云。"〔黃濟叔〕《乾隆如
皋縣志》:"黃經字濟叔,善山水,仿倪、黃遺意。究心篆籀,得秦、漢法。周櫟園侍郎嘗稱其
書畫,品兼神逸。緣姓名與人同,誤置非所,冤雪後,名震公卿。以書晝日致千金,旋即分
友散去。客死延陵,黃岡杜茶村不遠千里來弔,詩以哭之。著《六書定論》三十卷、《藝苑微

言》四卷、《品畫塵談》二卷。"(《吳嘉紀詩箋校》卷六)

翁方綱

讀畫録四卷　清周亮工撰

《讀畫録》四卷，櫟下周亮工減齋撰，男在浚編次。

康熙十二年男在浚跋於序後。

西河毛甡序。

李日華　董文敏　吳梅村　葛震父(震父與大梁林宗張先生、侯官能始曹先生，皆年七十三没，余集三先生手迹爲一卷，曰"三七十三先生手迹"。)

(眉注：校此書時，丹叔編修過談，爲予言近人作《畫徵録》，所記王麓臺卒年減其三歲，致使此三歲所畫，人皆疑爲僞云。)

(眉注：内云"予及門温陵黃俞邰"。)

陳章侯洪綬，字老遲，亦字老蓮，其稱"悔遲"則甲申後也。年五十六，卒於山陰。

惲道生　邵僧彌　鄒衣白

翁壽如陵(閩之建寧人)程正揆(書法師李北海)釋無可(予庚辰同榜方密之也。少年舉進士，自詩文詞曲、聲歌書畫、雙鉤填白、五木六博，以及吹簫檛鼓、優俳評話之技，無不極其精妙。三十歲前，極備繁華。甲申後薙髮受具，耽嗜枯寂，麄衣糲食，多作禪語，自喻而已。施尚白云：予昔同無道人自蒼梧抵廬山，見其乘興作畫，用禿筆，不求甚似，嘗戲示人曰：若猜此何物，此正無道人得無處也。)

程穆倩(自號垢道人，新安人。)

予所見摹古者，趙雪江澄與石谷兩人耳。雪江太拘繩墨，無自得之趣。石谷天資高，年力富，下筆便可與古人齊驅，百年以來第一人也。

馬瑶草士英，貴陽人，罷鳳督後，僑寓白門，肆力爲畫，學董北苑而能變以己意。陸冰修曰：瑶草書畫聲不減文董。没後，僧收其骨焚之，得堅固子二十餘。洪景廬記蔡京胸有卐字骨，頗與此類。瑶草名成後，人爭購其畫，不能遍應，多屬施雨咸爲之。

附著畫人姓氏於後。蓋櫟園曾作《畫人傳》，凡所及見者，皆記其梗概。(王煙客時敏以下六十九人：王玄照鑑、項孔彰聖謨、張君度宏、翁昇。)

謹按：《讀畫録》四卷，國朝周亮工著。記一時畫手，略有事實，兼及題詠，而附"畫人姓氏"於後。蓋亮工嘗作《畫人傳》，凡所及見之畫家，皆記其梗概也。應存其目。(《翁方綱纂四庫提要稿·史部·傳記類》)

字觸六卷　清周亮工撰

櫟園周先生攎摭古今字説之有據者，萃爲一編，曰《字觸》。觸者，隨意所觸，引而伸之，不必其字本義也。康熙六年丁未，盇山方文序。（"四詩六書學者"）

廋部：類及隱語、謡諺、讖夢之類。

外部："外"之爲義，與"觸"無殊，因一字而離合，連數字而引伸，多拆字占法。

晰部：以"剖析"爲名，不外離合近是，亦拆字，專以分晰言。

幾部：無字形而有朕兆，亦多夢兆。

諧部：方言俚俗，如稱名戲人之談。

説部：歸之正則。

順治丁亥嘉平望後二日，櫟下老人識于樵川之詩話樓。（"不讀非聖之書，不修賀問之好"）

王文恪六七歲時，附學於舅氏，一小女使送茶，王戲握其手，舅氏出對曰："奴手爲挐，此後莫挐奴手。"王對曰："人言是信，從今毋信人言。"（諧部）

燈謎，"虫""二"兩字，謂"無邊風月"也。

《説文》引孔子之言甚多，如"黍可爲酒""禾入于水"也，又"一貫三爲王"，此類恐未必孔子之言，班固所謂"宗師仲尼，以重其言"也。（説部）

謹按：《字觸》六卷，國朝周亮工著。亮工字元亮，祥符人。官至户部右侍郎。著有《賴古堂集》。此其摭古今説字爲一編，自"廋部"至"諧部"，觸類所記，夢占戲謎皆涉及焉。末卷"説部"，乃歸正論，然亦寥寥雜引數則，非實有神於字學也。至其前六卷則誠無關義要，大都拆字離合之類。桂陽鶴嘴，司農牛角，其文不雅，稽古者所訶也。或僅存目。（《翁方綱纂四庫提要稿・子部・術數類》）

賴古堂詩集四卷　清周亮工撰

浚水周亮工櫟園。

"雲綃霧縠，經衣史眼。"

汴梁河決後，民多有以書紙蔽體者。

第一卷末（缺頁）

第二卷（"孫北海夫子爲亮買田"）

此公詩音節不盡歸正，律詩一、三不甚講。

《蓬萊閣》五律第二首云："汩没空時序，波濤自古今。"（下句尚不應説古今。）

"臣亮"（"臣亮質閣日"云云）

《四憶詩》内"圖章"一首云："紅兒參錯好，葱意足人思。"注云："亡姬爲予布函中，反覆百十，皆不失位置。""墨"一首云："小閣年年拜，除糜凤所親。心期玄自守，畏見爾磨人。"注云："予歲時爲祭墨之會，同人咸有詩。"

"雷殷展蕉旂"，注：蕉聞雷始長。

五律對句第一字往往誤用仄，七言對句之第三字亦然，此何以言詩哉。

九月十九日，宋人亦以是日爲重九。吳冠五燈下偶得"花寒今十日，酒冷古重陽"之句，予頗爲擊節，奉和四章。

《因樹屋送秋》

《墨菊》二首，第一首起云"寂影模糊陶令門，玄霜冉冉借秋痕"，第二首結云"瀟瀟一夜重陽雨，玄對羲皇以上人"。有心犯複，何也？

謹按：《賴古堂詩集》四卷，國朝周亮工著。亮工字元亮，號櫟園，一號減齋，河南祥符籍，江西金谿人。官户部侍郎。此本有詩無文，有目無序，不著編輯時日。即以選本所錄之詩，此本尚有未盡載者，則詩亦非全稿矣。至王士禎所稱亮工詩"花開今十日，酒冷古重陽"之句，雖載此卷中，然是亮工述其友之作，非元亮詩，蓋士禎誤記耳。存目。（《翁方綱纂四庫提要稿·集部·別集類》）

陳　垣

周亮工著述，《四庫全書》著錄五種，存目三種。其《書影》一種，《四庫提要》恒引之，稱其記述典贍，足爲文獻之徵。乾隆五十二年，覆勘《四庫全書》，詳校官祝堃因亮工所著《讀畫録》有"人皆漢魏上，花亦義熙餘"之句，特行簽出，認爲違礙。於是亮工著述之已著錄及存目者一律扣除，已刻提要之有亮工名者亦一律抽改。所改字數與原本同，則行款仍舊；倘增删過甚，而不挨篇改刻，則行款即有密有疏。此通行廣州小字本《提要》所以時與殿本異也。試舉關於錢謙益者一條爲例。

《四庫提要》每半葉九行，行二十一字，殿本以至廣州小字本皆同。惟廣州本別集類二十四第二十四葉，每半葉八行，行二十字或十九字，何也？則以祝允明《懷星堂集》提要自"《藝苑卮言》以乞兒唱蓮花落詆之"之下，原本有錢謙益一段，云：

> 錢謙益《列朝詩集》乃謂其晚益自放，不計工拙，興寄爛漫，時復斐然，所錄《桃花塢》歌之類，殆於釘鉸打油。朱彝尊《明詩綜》凡例，謂謙益無是非之心，是亦一端乎。

凡六十一字，今本删之也。顧何以知原本有此六十一字？民國十年秋，余得四庫館精繕《提要》底本六十册，不全，中有紀昀塗改筆述，所改多與今同，而凡遇周亮工名，必行塗去，審爲乾隆五十二年以後删改之底本。其《懷星堂集》提要即有此被删錢謙益之一段，蓋《四庫總目提要》自乾隆四十七年初次告成，即付武英殿刊刻。至乾隆五十二年，因著錄書中仍有違礙之詞，乃將提要抽改。今殿本《提要》，率乾隆五十七年《四庫書》全體告竣後，挨篇改刻，故無行款疏密之殊。惟廣州小字本由湖州沈氏本覆刻，湖州本由文瀾閣所藏初印殿本縮刻，後經挖改，行款不一,極易考見,然不能知所改内容。今特將原本周亮工各條録出,以抉其隱,或亦譚《四庫》掌故者所樂聞也。

丹鉛餘録　明楊慎撰　雜家類三　第二葉前

今本:計其平生所叙録,不下二百餘種。

原本:周亮工嘗刊其書目,凡二百餘種。

所謂今本,指通行廣州小字本,湖州本俗稱揚州本同。所謂原本,指四庫館底本,即乾隆五十二年以前未改本。

此條文津閣書提要作"其生平所著之書目凡二百餘種",文溯閣書則作"流傳甚夥,世行書目凡二百餘種",皆避周亮工之名也。

又　同葉後

今本:書帕之本,校讎草率,訛字如林。

原本:周亮工《書影》稱其訛字如落葉。

此條文津本作"或者稱其訛字如落葉",文溯本則作"鋟板失于校讎,其訛字如落葉"。

疑耀　明李贄撰　雜家類三　第七葉後

今本:相傳坊間所刻贄四書。

原本:周亮工《書影》稱贄四書。

此條文溯本作"贄書多出依托,如四書"云云。文津本則删去周亮工以下三十字。

封氏聞見記　唐封演撰　雜家類四　第六葉前

今本:後人不察,有稱云云。

原本:周亮工《書影》稱云云。

以上各條,今本所改字數與原本同,故不見改板痕迹。惟此條殿本及文津、文溯本皆漏改,足窺原本一斑。

説郛　明陶宗儀編　雜家類七　第二一葉陵

今本:因樹屋《書影》稱。

原本:周亮工《書影》稱。

此條衹改周亮工三字,以"書影"二字不甚刺目也。惟殿本則删去周亮工以下三十字,文津本删去尤多,文溯本則改爲"或謂曾見秦淮"六字。

鷄肋　宋趙崇絢撰　類書類一　第四二葉後

今本：方中德之《古事比》，其體例實源於此。

原本：周亮工之《同書》，其體例實源於此。

此條今本多一字，故字數特密。惟殿本無“之”字，而有挖改之痕，文津本則改爲“朱謀墇之《駢雅》，文溯本則改爲“陳元龍之《鏡原》”，皆爲避周亮工名也。

空同集　明李夢陽撰　別集類二四　第二六葉後

今本：因樹屋《書影》載。

原本：周亮工《書影》載。

殿本删此六字，文溯本則改作“朱彝尊《詩綜》載”，文津本漏改，亦未删。

妙遠堂集　明馬之駿撰　別集類存目七　第二葉前

今本：萬曆季年，文體漸變，竟陵鍾惺、譚元春，倡尖新幽冷之派，以《詩歸》一編易天下之耳目。之駿於鍾惺爲同年，亦與王穉登之子留造作新聲，務以鮮警秀異相倡和，均別派也。鍾、譚之名最盛，後來受詬亦至深，之駿與留名不甚盛，故所作亦如花香草媚，不久而自萎，談藝者遂不復抨擊，此集蓋偶爾得存耳。（殿本無第二鍾字及而字）

原本：周亮工《書影》引張萊居之言曰：新野馬仲良同鍾伯敬起家庚戌進士，自造新聲，偕吳門王留亦房唱和，其詩抉鏤性靈，鮮警秀異，足以移易一世。王、馬之名，宜與鍾、譚並，乃世惟口鍾、譚，不及二子，則爲仲良者，不幸而詩不播於天下爲風氣所歸，抑幸而不列變中得免世詆訶耶。觀亮工所記，即之駿之詩可知矣。

此條百二十字，今本所改少三字，行款不異，蓋末行一字可作一行，惟殿本少五字，故少一行。

青谿遺集　清程正揆撰　別集類存目八　第五葉前

今本：又有題正揆畫詩。

原本：又有爲周亮工題正揆畫詩。

此條雖删四字，然今本此三葉行數特密，每半葉十行，蓋他條另有添改也。

貽清堂集　清張習孔撰　別集類存目八　第五三葉前

今本：施閏章序其詩。

原本：施閏章序其詩，而周亮工叙其文。

此條删去一句七字，適在末行，故行數不異。惟殿本則并删施閏章句，減少一行。

陋軒詩　清吳嘉紀撰　別集類存目九　第三一葉後
　　今本：其詩頗爲王士禛所稱，後刊板散佚。
　　原本：周亮工爲之刊板，王士禛亦亟稱之。
　　此條殿本所改同。

漢魏六朝百三家集　明張溥編　總集類四　第五一葉後
　　今本：明之末年，中原雲擾，而江以南文社乃極盛。其最著者，艾南英倡豫章
社，衍歸有光等之說而暢其流；陳子龍倡幾社，承王世貞等之說而滌其濫；溥與張
采倡復社，聲氣蔓衍，幾遍天下。然不甚爭學派，亦不甚爭文柄，故著作皆不甚
多。溥所撰述，惟刪定《名臣奏議》及此編爲巨帙。《名臣奏議》去取未能盡允，此
篇則元元本本，足資檢核，溥之遺書，固應以此爲最矣。
　　原本：周亮工《書影》曰：西蜀楊升菴太史著書至二百餘種，豫章朱鬱儀中尉
著書至一百十二種，當時曾未聞有茂陵之求；張天如雖一時名流，然無多撰著，當
時至見之章奏，求其遺書，人有幸有不幸如此云云。其於溥頗致不滿。今案溥所
論著，率不出當時坊刻之習，誠可付之無譏。若此一篇，則原原本本，足資檢核，
實遠勝其他作，雖使肩隨於二人，固亦無不可矣。
　　此條百三十九字，今本與原本字數適同，可見其有意遷就行款。惟文津本此
條漏改，尚留原本遺迹，文溯本則自周亮工以下，悉數刪除。

唐詩解　明唐汝詢撰　總集類存目三　第四十葉前
　　今本：《書影》曰。
　　原本：周亮工《書影》曰。
　　此條刪去三字，故今本此二行字數特疏，惟殿本則六字全刪去。

三蘇談　清高阜撰　總集類存目四　第五葉前
　　今本：祥符人。
　　原本：祥符人，與周亮工友善，此書以烏絲欄。
　　繕寫，板心有“賴古堂”字，猶亮工家舊鈔本也。
　　此條刪去二十九字，然不見改板痕迹，蓋前後條各添一字，一字遂占一行。

全閩詩話　清鄭方坤編　詩文評類二　第二十葉後
　　今本：尚以其全作七言律體，辨其出於依託。

原本：尚引周亮工《書影》之説，辨其出於依託。

此條殿本、文津本同，惟文溯本則作"爲《三山志》所載者，亦能辨其出於依託"。

右關於周亮工者凡十五條。

祝氏事偶　明祝彥撰　類書類存目二　第九葉後

今本：大致與後來方中德《古事比》約略相似，而不及其精密，每條後云云。

原本：後來李清之《諸史同異》，周亮工之《同書》，其體實權輿於此。然彥採摘疏略，既不能及李周二書之精密，而每條後云云。

此條今本少十九字，不見改板痕迹。惟殿本作"大致與同時陳禹謨之《駢志》約略相似，而不能及陳書之精密"云。

右關於周亮工與李清者一條。

李清著述，《四庫》始亦著録，與周亮工同。乾隆五十二年覆勘庫書，先發見清所著《諸史同異》，以順治與崇禎相比，認爲悖謬，遂將清所著各書撤出。惟提要稱引李清之處不如周亮工之多。此外曾見一條，亦被删汰，附録如後。

懿行編　清李瀅撰　雜家類存目十　第一葉後

今本：揚州興化人。

原本：揚州興化人，李清之從弟也。

今本删去"李清之從弟也"一句，故後三行字數特疏。

右關於李清者一條。

凡此所列舉，雖與殿本、閣本時有不同，然删除周亮工、李清諸人名字則一，非睹原本，孰知其所删者爲何？惜余所見僅得半部，未能全校。然因此《提要》行款疏密之疑問，略得解答，何快如之。原本尚有周亮工等著述提要多篇，今本悉已扣除，玆選録二篇，亦前此未經發表者也。

賴古堂藏書（無卷數　浙江巡撫採進本）

國朝周亮工編，其子在都續成之。亮工有《閩小紀》，已著録。是書凡十種：一曰《吉祥相》，周坦然撰；二曰《釋冰書》，孫沂如撰；三曰《皺水軒詞筌》，賀裳撰；四曰《六研齋二筆》，李日華撰；五曰《陳子旅書》，陳璜撰；六曰《客座贅語》，顧起元撰；七曰《强眻録》，彭堯諭撰；八曰《人譜》，劉宗周撰；九曰《三十五忠詩》，孫承宗撰；十曰《漁談》，郭欽華撰。在都《凡例》稱亮工嘗欲刻藏書百種未就，在都因先鐫爲此集，餘當次第續全。蓋一時雜採而成，苟盈卷帙，故絶無所持擇云。

右在雜家類存目十一《竹裕園筆語》後。

賴古堂詩集四卷(江西巡撫採進本)

　　國朝周亮工撰。亮工有《閩小紀》,已著錄。亮工所著《書影》載論詩諸條,皆極排七子,其《賴古堂印譜》并有一私印,曰"不讀王李鍾譚之詩"。故其詩多刻意爲新語,而所作終不逮其所論,去王、李誠遠,去鍾、譚咫尺間耳。王士禛所稱亮工詩"花開今十日,酒冷古重陽"之句,今載此集中,然是亮工述其友之作,非亮工詩,蓋士禛誤記也。

　　右在別集類存目八《古處堂集》後。

　　《閩小紀》等提要,民國二十年滬上曾有《四庫抽毀書提要稿》印行,故不復錄。惟抽燬對全燬言,謂書中有一葉或數葉應抽出毀板也。若周亮工、李清之書,除《諸史同異》有旨銷燬外,其他雖經奏燬,實衹撤出或扣除,撤出對著錄言,扣除對存目言。今故宮此類書繕本既殘留多種,可爲未燬之證,故此等提要,應名"四庫撤出書提要",或"四庫扣除書提要",較爲得實。附識於此,以諗高明。民國二十五年九月,新會陳垣。(《陳垣史學論著選‧四庫提要中之周亮工》)

余紹宋

　　讀畫錄　四卷　原刊本　海山仙館叢書本　雲烟過眼堂本　讀畫齋刊本

　　清周亮工撰。亮工字元亮,號櫟園,祥符人。明官御史,清官至戶部右侍郎。

　　《浙江採集遺書總錄》有此種,知當時已進呈,而《四庫》未見存錄,殆以其人黜之歟? 是編據其子在浚跋本爲未成之書,故於當時名家尚多缺略。《浙江採集遺書總錄》解題云:後附王時敏至王翬等姓氏一篇,皆未及列傳者。今據海山仙館本無之,遂不知未及列傳者尚有若干人矣。編中列傳者,自李日華至章谷凡七十七人,皆其生平所及交游者。而明季畫家實亦大體具此傳中。專言繪事,兼及交情,讀之使人忘倦,而遺事軼聞亦賴以不墜,洵畫史最好資料也。櫟園當時原隨所觸會,筆之於篇,初非有意爲畫人作傳,自不能以史例相繩,亦不能責其不備,茲故不入前兩目而列於此。前有張遺、毛甡兩序,後有康熙十二年其子在浚跋。(《書畫書錄解題》卷一)

吳辟疆

　　煙雲過眼錄二冊

　　卷首舊無標題,亦不著撰人姓氏,虞山趙次公題曰"周櫟園先生藏畫題記"。按:《浙江採集遺書總錄》載有寫本《煙雲過眼錄》二冊,清周在浚輯,云:在浚因其父亮工所獲明代及國初名人畫册題跋彙爲是錄,題曰《煙雲過眼》,則襲周公謹之舊也。今按此本卷帙內容皆與《遺書總錄》所述者合。又首帙有歙"鮑氏知不足齋藏書"一印識,是鮑渌飲藏本。渌飲流寓浙西桐鄉,藏書極富,四庫館開,進呈書至六百餘種。此本既經《遺書總錄》著錄,知即爲當時進呈本。按:櫟園《讀畫錄》曾經採入《四庫全書》,尋以有違礙語撤去。見《書畫記解題》。是編《四庫》未見存錄,殆以此而一併黜之歟。櫟園晚歲中蜚語繫詔獄,所蓄宋元名迹半遭豪奪,餘斥饘粥。金題玉躞,一時俱盡。獨於時賢投贈,不忍輕棄,此蓋其題記之裒集也。所錄凡一百九十三種,考諸雪客跋《讀畫錄》云"先大夫嗜畫三十年,集海内名筆千百頁,而此編所載僅此",知其徵集雖廣而抉擇惟嚴。朱一是《賴古堂寶畫記》稱其"求之也勤,得之也博,擇之也精是也"。《讀畫錄》所撰畫人傳七十七家,附錄姓氏未系傳者六十九家,合百四十六家,今見於此編者六十家,別有《讀畫錄》未載者五家,曰:徐旆、周沈、陸□夫、盛茂遠、磐山。又按《讀畫錄》傳中頗多引及題記中語,知當時櫟園撰傳皆自諸家題跋摭拾而成,惟程松圓傳敘董文敏題松圓畫語,此本作錢牧齋題,拈出俟考。(《書畫書錄解題補甲編》)

傅抱石

讀周櫟園印人傳

右周櫟園《印人傳》三卷,宣統辛亥排印本。予入蜀之次年,新建夏君出自南昌敵區郵傳來渝者也。原與汪啓淑《續印人傳》、葉銘《再續印人傳》合刊,曰《葉氏存古叢書》,計八册。后予復挖得周《傳》康熙刻本,秘之篋笥間。七七國難作,以奔走故,乃於歲暮拾所藏較不易經見之圖本譜錄,封十餘箱,買漁艇溯贛水六十里,拜存近市汉街之某村。寒生物力,僅能勝此。再越歲三月,南昌陷。先一日,某村被狂炸,屋半就圮。敵夜至,主人母子倉皇走峽江,存書遂無從問訊。年來爲此事最傷懷想,因趣懇戚友冒險搶救。新建夏廷綱君青年業商,僅知予名,舉力獨多,歷數月,竟泰半陸續携抵峽江矣。爰命族侄樹德,率車載歸新喻故里。峽江距新喻,小道信宿可達。頻行,遭書數十册,夏君錄目以告,盡印譜之屬,迨寄抵此,《印人傳》赫然在也。汪《傳》、葉《傳》各失其一,獨是書幸全,仿佛鬼神呵護之者。無意中得瞻故物,丹黃重對,雖康熙刻本尚不知存佚,喜慰亦殊無量。陪都日處轟炸中,遇警報,輒携就壕内,豆油燈下反復諷誦,然後予始知櫟園此作,不盡爲印人傳,而實以印人傳也。夫印章之學,向之目爲技而小者。周、秦以還,有史亦將三千年,然印人之見之專錄,是書實其嚆矢。以予論之,其價值非惟空前,其用心又豈印人所可限哉?櫟園諱亮工,字元亮,櫟園其號也,又號减齋,河南祥符人,移家白下。明崇禎十三年庚辰進士,由濰縣令行取御史。入清,授兩淮鹽運使,歷户部右侍郎,削籍。康熙初,復愈事,歷江安督糧道。好古圖史書畫,方名彝器。有《讀畫錄》《印人傳》《字觸》《書影》《入閩記》《閩小記》《賴古堂詩文集》《賴古堂文選》《鹽書》《同書》《蓮書》《尺牘新鈔》《藏弆集》《結鄰集》《删定虞山詩人傳》《耦雋》等書。明萬曆四十年壬子生,清康熙十一年壬子卒,年六十有一。錢陸燦云:"《印人傳》,櫟園先生未完之書也。先生故精深於六書之學,四方操是藝以登其門者,往往待先生一裁別以成名。先生於其患難相從、退食平居之隙,薈蕞其印,列於左方,人冠之小傳,大要指次其印學之所以然,而其人之生平亦附著。"然書固未完也。篇首載文信國鐵印、海忠介泥印、東林書院印、父自用印章、靖公弟自用印章、許有介自用印章諸章,托寄已可概見。繼傳文三橋(彭)至李箕山(穎)五十八人,附見六人(按:原作"附見五人",非。因《書沙門慧壽印譜前》篇中連及程穆倩傳,程爲重要印人,本應於書中單獨之傳補目者),不知姓名者一人,綜六十五人,鑿爲三卷。有名無傳者六十一人,如休寧朱修能(簡),歙縣吳亦步(迴),太倉何不違(通),漳浦劉漁仲(履丁),順天米紫來(漢雯),秣陵甘寅東(暘),皆極重要作家。使櫟園完此巨迹,則今日研究明末清初印史,當更增其確當,惜未能耳。間嘗謂中土印章,其原雖或肇自殷末,而發達應推戰國。於時書體龐雜,各以通行之文字以入印,天馬在空,自然生動,了無窒縛,印材印式,俱各服所好(從馬叔平先生(衡)序抽撰《刻印概論》語)。秦并天下,同一文字,獨於印章,其效未睹。故印章之統一,殆告成於兩漢,簡直方正,樸拙厚重,揮發已無餘蘊。唐、宋與元乃史家嘆爲無印時期,蓋晉宋以後,於書則隸□字隸衍入行楷,於印則隸任自然而趣尚盤曲,天真既失,衰敗自見。善哉!櫟園與黃濟叔(經)書曰:"此道與聲詩同。宋、元無詩,至明而詩始可繼唐;唐、宋、元無印,至明而印章始可繼漢。"是書實自有石章以來最初最重要之一章。且所傳者,多曾親接其人,親賞其藝,以感情充沛之筆,曲曲傳畫。一言一事,固今日絕大資證,而論印之卓解,尤爲藝林之珍,至堪玩索。嘗自謂:"予生好圖章,見秦、漢古刻及名賢手製,則愛玩撫弄,終日不去手,至廢餐寢,以求騁我欲。"又謂:"僕沉湎於印章者,蓋三十年於茲矣。自矜從流溯源,得其正變者,海内無僕若。"今讀其書,信非過語。良以沉潛既久,只眼獨具,一字之褒,亦淺深不失際限,觀其傳文三橋、何主臣(震)可知也。其論三橋秀潤之變於主臣,乃勢有不得不然者,主臣正布其猛利之種子矣,則又謂:"欲以一主臣而束天下聰明才智之士,盡俯首斂迹,不敢毫有異同,勿論勢有不能,恐亦數見不鮮。"蓋櫟園於此道,以能變動而有意有情者爲極詣,至若六書八體之研究,秦碑漢碣之摹勒,要皆從入之涂,究非參徵之的。揚州梁千秋(袠)步趨主臣,可以亂真,而登崇古堂譜者,盡乙其株守主臣之作。凜不敢變,責於何有?且評之曰:"大約今人不及前修有二,文國博爲印,名字章居多,齋堂館閣間有之;至何氏,則以世説入印矣;至千秋,則無語不可入矣。吾未見秦、漢之章有此纍纍也。欲追踪古人而不先除其鄙惡,望而知爲近今矣。"又國博當時自負家世,故非名人不爲作,即登膴仕而其人僉壬,亦婉辭謝絕。後者粟吏販夫以及黨逆仇正輩,或以金錢,或恃顯貴,人人可入鑴矣。江河日下,詩文隨之，圖章小道，每變愈下，豈不可慨也哉！故其於當時諸家最推重如皋黄濟叔，謂：“濟叔能以繼美增華救此道之盛，亦能以變本增華，爲此道之衰，一鐙繼秦、漢，而又不規規於近日顧氏木版之秦、漢，變而愈正，動而不拘。當今此事，不得不推吾濟叔矣。”又與濟叔書曰：“世間絶技，源流總同。世人所以不可傳者，無他，坐使人無所動耳。不孝得先生一字而心動，先生得不孝一字亦未嘗漫然於中，交相動而交相引於幻渺不可測，惡有所謂讐哉！今日滿部詩文，大套印譜，細細搜尋，總如疲牛拽重車入泥淖中，自不能動，何處使人動？及讀班、馬諸傳記，顧欲哭欲歌；見坐火北風圖，便作熱作冷；拾得古人碎銅散玉諸章，便淋灕痛快叫號狂舞。古人豈有他異，直是從千百世動到今日耳。”又《書吳尊生印譜前》曰：“倪鴻寶太史嘗誚今之爲時藝者，先架骸結肢，而後召其情。予謂今之爲印章者亦然，日變日工，然其情亡久矣。”凡此高論，竊以不徒爲印章説法也。考明嘉、隆間，石章尚未發達，花蕊石雖始自明初王元章（冕），而明末文三橋初期尚專攻牙質，青田、壽山尤較晚出。《印藪》《印統》《印範》諸譜，雖求天真於木刻，搜致或亦匪易。摸索而行，其難可想。矧印章小道，而當時印人蔚起，高雅之懷，一寄於分朱布白者，孰令致之？《書張江如印章前》曰：“予笑謂月坡，令子當爲其大者，請勿事此。月坡首肯余言，然江如卒不能自靳也。”《書顧中翰印章前》曰：“君方究心經世大業，亦不屑屑於此也。”《書程與繩印章前》曰：“近取士之額日隘，士無階梯者，不得不去而工藝，故工書畫、圖章、詞賦者日益衆。嗟夫！此皆聰明穎異之士，世所號爲有用才也，不遇於時，僅以藝見，亦足悲矣。”櫟園身當鼎革之會，異族君臨，其亦有感於俯仰之間乎？予於傳中，尤傾同情於許介介、薛宏璧。有介予已録入《明末民族藝人傳》（商務印書館版）。至宏璧，櫟園曰：“宏璧名居瑄，其先蓋閩之晉江人，後籍侯官。予之遇宏璧也，宏璧已七十餘。先是，侯官有以圖章名者，爲蘭揮使，知予癖此，致數方來，頗愜予意。已復以數方命之，益復工。後有見者曰：‘此非揮使作，宏璧作也。今賓王乃不遇何中郎將耶。’因以一章試宏璧，其工如揮使，而章法、刀法又無小異，竊訝之。乃召致宏璧詢其故，宏璧恂恂不竟言。已乃數爲予作數十方。間嘗過予節松堂，泫然泣下曰：‘瑄老矣！工此技垂四十年，顧無一人知瑄者。家貧無從得食，藉此飽妻孥，日坐開元寺肆中，爲不知誰何氏之人奏技。來者率計字以償，多則十餘錢，少則三數錢一字，體少不正，尚命刓之。如此垂數十年，不意今得之公。’語畢，復泣下點點，沾所鐫印上。”噫！此真一悲劇也。三百年來如宏璧者何限？而踵櫟園者誰歟？宏璧外，始終於窮者，揚州梁大年（年），歙縣鄭宏祐（基相），梁溪吳頌筠（明圩），吳門顧元方（聽）、欽序三（蘭）。瑰意特行者，婺源何主臣（震），平湖陳師黄（玉石），莆田林晉白（晉），蘭溪姜次生（正學）。婦女爲鈿閣女子韓約素。冠年而負高藝，爲白下王安節（概）、王宓屮（著），天都吳仁趾（麐）、錢雷中（履長）。嗚呼！櫟園潛世六十年,傳者不過數十人。一技之微,生死以之。後之覽者,未嘗不可因印以知人,因人而論世也。故予曰,櫟園此作,不盡爲印人傳,而實以印人傳也。庚辰九月望後三日重慶西郊鐙下記。(《傅抱石美術文集》)

張舜徽

《賴古堂集》二十四卷道光九年重刻本

祥符周亮工撰。亮工字元亮,一字緘齋,號櫟園。明崇禎十三年進士,官御史。入清,纍擢福建左布政使,官至户部右侍郎。康熙十年卒,年六十一。是集卷首有魏禧一序,稱亮工"博極群書,而未嘗好徵引故實,以自侈其富。筆之所至,浩浩瀚瀚,若江河之放,一曲千里,而不可止","每命一文,必深思力索,戞戞乎務去其陳言習見,而皆衷於理義,無詭僻矯激之辭,以驚世駭俗"云云。若禧所言不誣,則亮工之文必氣積勢盛,辭旨繁富,有使人讀之不可已者。今觀是集所載文字,短篇爲多,殊與禧言不類。蓋亮工晚而自焚其著述,今所存者,僅其殘篇賸簡,不足以概其全也。此本乃道光己丑其裔孫變收拾遺佚裒録而成,前十二卷爲詩;卷十三以下爲各體雜文,而以詩序、壽序爲多,尺牘皆言凌雜,題跋但品書畫,皆非亮工撰述之精華。考《販書偶記》有《賴古堂文集》二十四卷,《附録》一卷,康熙十四年乙卯刻本。是編卷數,雖與康熙刊本相符,而彼本但爲文集,此則詩文合刊,多寡不侔,出入甚大,二者固非一物也。姜宸英嘗稱亮工"爲文及詩,機杼必自己出,語矜創獲,不蹈襲前人一字,劌鉥湔濯,而歸之大雅。尤嗜繪事及古篆籀法。每天明盥漱,出外舍,從容談説古人圖史書畫,方名彝器,皆條分節解,盡其指趣。客退,則手一卷,燈熒熒然,至夜分歸寢以爲常"(見姜氏所撰《墓誌銘》,載《湛園未定稿》卷六),則其博涉多通,嗜學不倦,在清初自是淹雅之士。然即是集所存諸文觀之,固不足以窺其所學也。(《清人文集别録》卷二)

藝　術

王時敏

王翬山水長卷跋

書畫之道,以時代爲盛衰,故鍾、王妙迹,歷世罕逮;董、巨逸軌,後學競宗,固山水毓秀,亦一時風氣使然也。唐、宋以後,畫家正脉,自元季四大家、趙承旨外,吾吳沈、文、唐、仇以暨董文敏,雖用筆各殊,皆刻意師古,實同鼻孔出氣。邇來畫道衰熸,古法漸湮,人多出新意,謬種流傳,遂至衰詭,不可救挽。乃有石谷者起而振之,凡唐、宋、元諸名家,無不摹倣逼肖,偶一點染,展卷即古色蒼然,毋論位置蹊逕,宛然古人,而筆墨神韻,一一奪真。且倣某家則全是某家,不雜一他筆,使非題款,雖善鑒者不能辨此,尤前此未有。即沈、文諸公,亦所不及者也。余嘗謂石谷惜生稍晚,不及遇文敏公,使公見之,不知如何擊節嘆賞?石谷亦自恨無緣,時爲惘惘。今此卷雲烟滅没,林木鬱森,全從營丘、巨然得筆而兼燕文貴之景物萬變,尤稱生平合作。今秋將赴櫟翁少司農之招,即用爲贄,因以示余,而屬爲標識。蓋櫟翁風流博雅,爲士夫之宗、精鑒之祖,其於石谷相慕甚殷,一見欣合,固不待言。而石谷感遇知己,殫其靈心妙指,爲清閟几席之供者,瓌異更不可數計,所謂得夫子而名益彰也。初即不遇文敏,今得遇司農,已足快平生矣,又何生不同時之慨哉?康熙己酉立秋後二日,西廬老人王時敏題,時年七十有八。(《周櫟園讀畫樓書畫集粹》)

方　文

讀畫樓詩爲周櫟園憲使作

周公有畫癖,遠近無不搜。丹青纍千百,一一皆名流。擇其最精者,手自成較讎。裝潢十餘帙,林壑煙光浮。置之屏几間,可以當卧游。往歲逢世難,家破身羈囚。一切諸玩好,散逸如鳧鷗。念此心不釋,篋中長獨留。辟彼趙子固,箬笠風壞舟。手持《蘭亭》本,笑立蘆花洲。至寶幸勿失,其它復何求?今年官南國,署齋有高樓。四面環青山,居然見皇州。因取向所癖,貯之樓上頭。錫名曰讀畫,退食時稍休。讀畫如讀書,其義淵且幽。苟非真博雅,妙緒誰能抽。況公擅著作,詩文垂千秋。千秋果自命,睥睨輕王侯。借問徐中山,當年有此否?(《嵞山續集》卷一)

石　谿

櫟園翁,文章詩畫之宗匠也。嘗以其所作,如窮山海不能盡其寥廓,坡老云"神與萬物交,智與百工通"者耳。每欲作山水爲晤對思,其人早以塞却悟門。吾鄉青谿藏有黃鶴山樵《紫芝山房圖》,自謂輞川洪谷。今《紫芝》同青谿歸楚矣,夢寐尤在。戊申梅雨中,仿佛其意呈似翁棒喝之,使余又得痛快於筆墨之外矣。何如?何如?幽棲石道人殘。(陸心源《穰梨館過眼録》卷三十六,見《中國書畫全書》第十三册)

東坡云:書畫當以氣韻勝人,不可有霸滯之氣,有則落流俗之習,安可論畫?今櫟園居士爲當代第一流人物,乃賞鑒之大方家,常囑咐殘衲作畫,余不敢以能事對。強之再,遂伸毫濡墨作此。自顧位置稍覺安穩,而居士亦撫掌稱快,此余之厚幸也。(關冕鈞《三秋閣書畫録》卷上)

龔　賢

程正揆山水跋

今日畫家以江南爲盛，江南十四郡以首郡爲盛。郡中著名者且數十輩，但能吮筆者奚啻千人。然名流復有二派，有三品，曰能品、曰神品、曰逸品。能品爲上，餘無論焉；神品者，能品中之莫可測識者也。神品在能品之上，而逸品又在神品之上，逸品殆不可言語形容矣。是以能品、神品爲一派，曰正派；逸品爲別派。能品稱畫師，神品爲畫祖，逸品散聖，無位可居，反不得不謂之畫士。今賞鑒家見高超筆墨，則曰有士氣。而凡夫俗子於稱揚之詞寓譏諷之意，亦曰此士大夫畫耳，明乎畫非士大夫事，而士大夫非畫家者流。不知閻立本乃李唐宰相，王維亦尚書右丞，何嘗非士大夫耶？若定以高超筆墨爲士大夫畫，而倪、黃、董、巨亦何嘗在縉紳列耶？自吾論之，能品不得非逸品，猶之乎別派不可少正派也。使世皆別派，是國中惟高僧羽流而無衣冠文物也。使畫止能品，是王斗、顏斶皆可役而爲皂隸，巢父、許由皆可驅而爲牧圉耳。金陵畫家，能品最夥，而神品、逸品亦各有數人。然逸品則首推二谿，曰石谿，曰青谿。石谿，殘道人也；青谿，程侍郎也，皆寓公。殘道人畫粗服亂頭，如王孟津書法；程侍郎畫，冰肌玉骨，如董華亭書法。百年來，論書法則王、董二公應不讓。若論畫筆，則今日“兩谿”又奚肯多讓乎哉？詩人周櫟園先生有畫癖，來官茲土，結讀畫樓，樓頭萬軸千箱，集古勿論，凡寓內以畫鳴者，聞先生之風，星流電激，惟恐後至，而況先生以書召、以幣迎乎？故載几盈牀，不止如《十三經》《廿一史》，林宗五千卷，茂先三十乘。登斯樓也，吾不知從何處讀起。暇日偶過先生，先生出此册見示。余繙閱再四，皆神品逸品，其中尤喜程侍郎二幀，因誌數語。幸藻鑒在前，不然吾幾涉於阿矣。時康熙己酉仲冬望前一日，清涼山下人龔賢題。（《周櫟園讀畫樓書畫集粹》）

毛奇齡

讀畫樓藏畫記

好文必好畫，畫猶文也。司馬子長稱寫生家，而長卿《子虛》直欲以何有之人摹意爲賦，此非畫乎？顧好畫不甚耳。今之好畫之甚者，曰周先生。先生積心好畫者凡若干年，持購走四方，其有善畫者招來之，海內無遺。畫者汗牛而充車，歲得若干箱，箱得若干梱，易歲則損其與心迕者若干，乃爲之甲乙，或降若干乙，升若干甲。于是裝潢成帙，凡若干帙，其未成帙者若干紙、若干絹。其善畫有名，自隆、萬以後到今若干年，合得若干人。或其無畫名而能文，爲薦紳大夫，爲隱君子，願爲先生偶然畫入妙者若干。所畫山川、雲物、人馬、花樹、竹石、鳥禽、蟲魚，以逮吹噓榮落、冬春淒皎之若有若無者若干境。其爲倣古、爲摹舊，爲唐、爲宋元,爲倪黃、爲荊關董巨,爲范寬、李成、夏珪、馬遠,爲文待詔,爲董宗伯,爲法若干,爲規模若干。而凡題之者,或楷,或行,或鉅若指,或細若毫毛,或填上下方,或書左右,或詩歌記序,或藻品,又凡若干則,則若干字,合并而藏之一樓,名讀畫樓。畫猶文也。先生曰:吾以文爲畫,而讀名焉。戊申秋,予從江上謁先生,先生出畫冊命讀。予讀之,栩然若游板桐焉,翼翼然若翱翔於廖天,而徘徊于九環與十洲焉。予避人出走,所至名山水,間覽登之,然處壁中時多也。嚮使趙岐在壁中十年,得是畫讀之,其所著書,當不僅釋《孟子》七篇。而予也,栖栖廡下,早得藏讀畫樓,讀先生畫冊,必不至胸胃結輵,髮焦項槁,車曳其踵而豚圈其衣若今日者也。然則讀畫之感心,蓋如是其不可已也。或曰:先生當蒙難時,出陳待詔畫凡若干幀,貽之友人,乃爲兩題于其側,睠戀悲愴,如判所私者,如剞其肝腎,析其指爪,顧望痌痛而不能忍者。夫先生之蒙難亦甚矣。虎視於前,狼毚於後,舉赤肉而投之鑊湯之中,在彊無畏者,亦且瞻首顧末、傍徨躑躅之不暇。而先生獨沾沾焉留心于幹皴渲染、丹堊繢黻之瑣屑,而不之置。然則,先生之爲文何如也?先生號櫟園,名亮工,大梁人,當世能文家之所推爲櫟下先生者也。所畫人冗冗不詳其名字,先生曰記之。毛甡記。(《西河集》卷六十二)

邵長蘅

讀畫樓歌寄周櫟園先生并叙

櫟園先生讀畫樓在金陵秦淮南,峯巒環翠,煙雲嵐樹,朝夕異態。樓中貯古今名畫千餘幅,或取元人"讀畫似看山,看山似讀畫"句,賦詩美之。先生遂以名樓,一時名人皆有詩,余作此歌:

先生近卜秦淮築,高樓怡對青山麓。當窗碧巘三四峯,插架縹緗一萬軸。主人愛畫兼愛山,山色堪憑畫堪讀。讀畫樓成映遠巒,登樓髣髴畫圖看。得非黃子久,或是沈石田。後來好手不易到,畢竟二李與荊關。有時晴窗一散帙,屋裏轉驚嵐霧溼。空翠明滅三山煙,素練微茫江水急。先生此時映簾坐,讀畫看山無不可。注目山傳畫手神,卷綃畫奪青山趣。盤礴那知畫與山,杳冥但覺精靈聚。猿狖叫嘯凫兒嗁,松風瀑壑愁雷雨。我聞先生畫癖真絶奇,破縑敗絹爭高賚。丹青好客悉羅致,物聚所好良有之。乃知鑒賞心尤苦,才士逢君亦如此。大澤蒼莽饒龍蛇,珊瑚晶瑩出海底。忽憶秦淮追昔遊,烏巾紫綺舊風流。清秋興發滄江棹,一訪秦淮讀畫樓。(《青門簏稿》卷三)

汪懋麟

題周櫟園司農讀畫樓二首

看山如讀畫

金陵千萬山,山山發光怪。石狀多崢嶸,雲氣時靉靆。先生有高樓,瞠目静相對。四天挂青嶂,轉覺户庭隘。顧陸與董米,放筆争向背。快翦割峯巒,總入卷軸内。

讀畫似看山

畫師古無數,渺然不可攀。片紙買堪貧,千載傳人間。司農富收藏,拂拭深閉關。吐鋪得清暇,披圖滋歡顔。翻身入層巒,髣髴聞潺湲。五嶽徒虚願,卧游當往還。(汪懋麟《百尺梧桐閣集》卷七)

杜 濬

讀畫樓記

大凡天下之物,有聲則有形,形即畫也。六經子史百家之撰,其聲之爲書者,即形之爲畫,善讀人無先後也。是故古之人讀書必有圖,圖其所讀之書,俾夫讀者於書遇有凝滯,一按圖而了然矣。自古人讀書之法廢,於是圖自爲圖,而書自爲書,無復相資發明之益。而其見之仿佛者,獨在於方書、本草以及金元以來傳奇小説,淫哇鄙俚之末技。而先王先聖之法言,與夫漢、唐、宋大儒之文章,索然惟有訓詁音釋,炳若丹青者闕如也。雖其大指自不可没,然古人目擊道存之妙亦已亡矣。□雖然亡的,非一日之亡,至今日而必曰惟圖之是務,則必枝梧齟齬,而莫得其要領,徒貽白首梦如之誚,未睹復古之效也。吾意當斯時,必得真學者出焉,博極群書,才悟絶一世,得其精意,以觀其會通,所見天下之物無非書,天下之書無非畫,畫可以爲圖,而有餘地焉。蓋非盡如古人之圖,若《豳風》《禹貢》,《春秋》會盟、《禮記》制度、《周易》物象之類,即乎其書而爲之而已也。蓋舉凡古今藝成之士,所畫山水、人物、花鳥、宫室、器玩之屬,入乎其目,莫非六經之注義及紛綸萬卷之光怪變現,而讀下歷歷可思而不可言,此其爲圖之功較古人更高焉。畫者不知也,惟讀者知之,則當代讀書識字一人而已矣,周櫟園先生其人也。先生既讀畫而樂,於是爲樓以臨之,王内史所謂"仰觀俯察,兹樓不爲無功"。然諸從先生游暨先生群弟子,獲登兹樓者蓋寡。雖復躋其梯級,撫其欄檻,退而罔然,仍不識樓之所在。或曰樓在中州,當嵩嶽百泉之間;或曰在金陵,登之可挹鍾山;或曰豫章滕王閣之左近有此樓;或曰嘗有人飲燕市,突見此樓,極壯麗,額作擘窠大字曰"讀畫",明日訪之不可得;或曰在閩,入閩,踰仙霞嶺則樓在望,嘗有謀毁者,不能遂,若有物呵護之。而或以爲樓之始基,實在山東濰縣,樓前喬木千章,梗柟爲梁柱,先生書策琴瑟、干戈弓矢尚有留其上者。今揚州江都亦有樓,第寫其制而營之。傳者蓋不一,而吾獨以爲先生之樓無之而不在也。蓋古今之書所載之理,所載之事,所漸洎之方域,直之上下,横之四方,不可爲限量,其形而爲畫,亦不可爲限量。則其爲樓之所函蓋,亦不可爲限量,豈事矜尋丈以爲高,侈方幅以爲廣

哉？然後知看山讀畫之句，先生斷章取之，而義蘊深遠矣，是爲之記。(《變雅堂遺集》文七)

李澄中

讀畫樓賦

丁未孟夏，與杞園居士扁舟渡江，過櫟下先生署。先生開閣延入，徑數折，得小樓，洞洞幽幽，如對丘壑，颺爾扶昂，倏焉寥廓。先生曰："看山如讀畫，今取以名斯樓焉，子其爲我賦之。"余乃含毫捧牘而進曰："余聞嶽陽擅洞庭之勝，黃鶴跨湖湘之奇，元龍瑰岸而高卧，仲宣把鬱而舒辭。發一時之逸韻，標千禩之懿規，類難得而備舉，按緗帙而知之。先生之爲斯樓也，麗不侈丹堊，高不踰尋丈，挺雙林而弄姿，級穹石而徑上，田盧豹吠於叢薄，皋禽沼棲而競爽。時登陟而縱□也，揖牛首，控鷄鳴，祖堂巇嵥而獻秀，棲霞振彩於巖層，三山櫛比而峻峙，燕磯瞥起而孤縈。及夫青溪夕艷，白鷺宵蕪，渡桃葉而妍敬，湖莫愁而弔盧，靡不攢巒聳棟，匯波趨櫨，誠畫家之逸藻，而繪事之所都矣。迨夫公餘多暇，澹懷自寫，圖書在御，以風以雅，寄素情於綺霄，託遥心於曠野爾。其飛毫決貲，連闒冪茵，既幽討以延佇，亦容與而抗吟。義遞搜而愈出，境屢進而彌新。繹畫理之秘諦，當掃迹而入神。若乃春雲旖旎，緒飈摇颻，蘭畹薦芬，谷鳥哢吭。酌桂漿而嘯儔，漱仙□而命杖；嵐翳樹以窈藹，江流帆而暮壯；窮顧陸之丹青，恣磅礴而難匠。其或良夜凄清，庭虚月小，藻荇交戛，風篁自裊，送遥睇於江皋，散澄暉於地表；拾素娥之瑶華，與滄壑而俱邈；殫雲林之形摹，覺經營之草草。至如白帝乘威，少女漸屬，橘柚連空，芙蓉匝地，葭菼霜而沱分，木脱風而雲霽，聆朔管於吳宮，笑偏安之晉帝；引秋心而灑然，像馬遠之彫繪。及夫玄冬至密雪零湯，烏匿□比户垂繒，霏遥空之玉屑，踐廣庭之碎瓊，憑黄囊而觀象，啓疏寮以寂聽；疊嶂騫翠而流暎，迴岡凝素而韡形，嘆輞川之墨妙，運神會而恰情。蓋先生造化在握，虚若蹂藪，吐淵嶽於寸心，吞雲夢者八九，故能體萬類之歊感，涵二儀之妙有。偶寄身於境中，獨超境以攬取，惟不滯乎品物，爰即景而成趣。若夫搜魏晋之秘笈，披唐宋之遺圖，或尊古而删謏，或競今以操觚，極良工之陳迹，終斧痕而多誣。乃收藏之末事，而未足盡先生之厨也。"杞園於時斂容危坐，冠珮巍峩，奮藻思於率爾，起登樓而長歌。歌曰：登高樓兮步徘徊，望江山兮神悠哉！金粉盡兮丘隴改，振吾策兮獨後來。余復續爲讀畫之歌曰：畫卻視而層讀兮，讀匪口而寫目兮，採隱採山，動盈掬兮，朝斯夕斯，遂初服兮。先生歡然命觴觴二子，盡醉而歸。(《卧象山房賦集》卷一)

羅光忭

周櫟園年伯督糧江南,建樓於南郊,顏曰"讀畫"。友人因取"讀畫似看山,看山如讀畫"句爲題,作詩相贈,率和二首。

讀畫似看山

江山通尺幅,平遠望中收。揮毫鼓清思,尺几幻林丘。悠然下夕景,寒生風滿樓。幾處晴峯立,當窗面面幽。飄然登五嶽,一日成勝遊。如何謝康樂,登頓殊未休。

看山如讀畫

群峭摩蒼穹,浩落成奇觀。參差林壑深,怪石相凌亂。良工世所鮮,誰寫此異翫。點染亦復佳,布置更璀璨。蕭賁欲擬此,慘淡未易判。遥知會心處,徙倚忘日旰。(《國朝詩乘》卷十)

宋　犖

國初以來推具眼,櫟下(周公亮工)禾中(曹公溶)兩侍郎。鵲華秋色看題識,更爲禾中一瓣香。曹跋松雪卷云:畫似輞川圖,書似黄庭經,此卷實傳書畫衣鉢。(《論畫絶句》,見《美術叢書》第一册)

林　霔

秦、漢印章,俱用繆篆。緣無成書,故唐、宋以后惟小篆入印,致章法不古。明王延年《集古印格》《秦漢印統》兩書行,而人始知繆篆矣。國初閔寓五《六書通》採集繆篆附下,固爲篆刻家取法,然惜其未廣。近桂未谷博採兼搜,集《繆篆分韻》一册、《韻補》一册,頗稱詳備,有功印學不少,學者宜與《六書通》併之。講究印學者,宋有楊克一、王俅、顏叔夏、姜夔、王厚之,元有吾丘衍、趙孟頫,明則惟文彭、蘇宣、歸昌世、顧苓四家最爲大雅。若何震、梁褻輩,皆趨小巧,不足取重於世,況其下者乎?嘗閲周櫟園《印人傳》三卷,美惡兼收,毫無鑒別。即如《賴古堂印譜》數種,其出之名手者固有目所共賞,而出之俗手者亦復不少。豈高明如櫟園,而漫無區別若此?其或謬托先生之名以傳歟?(《印商·印説十則》)

沈裕本

吾皋摹印之學雄視四海内,而濟叔黄先生經尤推開山第一手。周櫟園先生一代法眼,於梁千秋、程穆倩輩皆有異議,獨推公爲神品。(《黄濟叔印存》題識)

包世臣

國朝書品

能品下二十三人

王鐸草書

周亮工草書

笪重光行書

吳大來草書

趙潤草榜書

張照行書

劉紹庭草榜書

吳襄行書

翟賜履草書

王澍行書

周於禮行書

梁巘真及行書

翁方綱行書

于令淓行書

巴慰祖分書

顧光旭行書

張惠言篆書

王文治方寸真書

劉墉行書

錢伯坰行及榜書

汪庭桂分書

陳希祖行書

黃乙生小真行書(《藝舟雙楫》)

馮承輝

印肇嬴秦,斯從其朔遂矣。兩漢人習雕蟲,而傳者反泯。宋元以來稍知學漢,明季諸家大暢宗旨,櫟園一傳稱備矣。(《歷朝印識》自序)

楊秉杷

刻印有書始《學古編》,印人有傳始周櫟園。(《歷朝印識》序)

黄賓虹

　　印要俗語,如周櫟園有大印,文曰"我在青州做一領布衫重七斤",本趙州和尚語,或其曾任青州道時刻此耶? 又金堡尺牘下鈐一印曰"軍漢出家",蓋已當易代後,在丹霞與人書如此。(《古印概論》,見《黄賓虹文集·金石編》)

馬　衡

　　近數十年來,刻印家往往衹講刀法,能知用刀,即自以爲盡刻印之能事,不知印之所以爲印,重在印文。一印之中,少或二三字,多或十餘字,字體之抉擇,行款之分配,章法之布置,在未寫出以前,先得成竹於胸中,然後落墨奏刀,乃不失爲理想中之印。周亮工《因樹屋書影》曰:"古人如顏魯公輩,自書碑,間自鑴之,故神采不失。今之能爲書,多不能自鑴。自書自鑴者,獨印章一道耳,然其人多不善書,落墨已誤,安望其佳? 予在江南,見其人能行楷,能篆籀者,所爲印多妙,不能者類不可觀。執此求之,百不一爽也。"周曾選輯明以來諸家刻印爲《賴古堂印譜》,去取至爲精審。又作《印人傳》,深知各作家之工力,故所言確有心得,非泛泛批評語也。(《談刻印》,見《凡將齋金石叢稿》卷八)

主要參考文獻

（清）周亮工《周亮工全集》（十八册），朱天曙編校整理，南京：鳳凰出版社，2008

（清）周亮工《同書》，碧琳琅館叢書本

（清）周亮工《閩小紀》，續修四庫全書本

（清）周亮工《書影》，續修四庫全書本

（清）周亮工《書影》，上海：上海古籍出版社，1981

（清）周亮工《書影擇録》，美術叢書本

（清）周亮工《字觸》，叢書集成新編本

（清）周亮工《字觸》，進步書局小叢書本

（清）周亮工《讀畫録》，續修四庫全書本

（清）周亮工《讀畫録》，海山仙館叢書本

（清）周亮工《讀畫録》，讀畫齋叢書本

（清）周亮工《讀畫録》，畫史叢書本

（清）周亮工《印人傳·讀畫録·書影·閩小紀·同書》，《故宫珍本叢刊》第三四二册子部撤出書，故宫博物院編，海口：海南出版社，2000

（清）周亮工《印人傳》，揚州：江蘇廣陵古籍刻印社，1998

（清）周亮工《印人傳》，續修四庫全書本

（清）周亮工《賴古堂集》，上海：上海古籍出版社，1979

（清）周亮工《賴古堂書畫跋》，美術叢書本

（清）周亮工《賴古堂未刻詩》，天津圖書館輯《天津圖書館孤本秘笈叢書》，北京：中華全國圖書館文獻縮微複製中心，1999

（清）周亮工等輯《尺牘新鈔》，海山仙館業書本

（清）周亮工等輯《尺牘新鈔》，清康熙刻本

（清）周亮工等輯《藏弆集》，清康熙刻本

（清）周亮工等輯《結鄰集》，清康熙刻本

（清）周亮工輯《周亮工集名家山水（一冊）》,（清）英和等輯《石渠寶笈三編》,
續修四庫全書本

《周櫟園讀畫樓書畫集粹》,故宮週刊二周年雙十號,1931

（明）張民表《原圃集塞庵詩一續二續三續》,清順治周亮工等刻本

（清）李漁《資治新書》,（清）李漁《李漁全集》,杭州:浙江古籍出版社,1991

（清）施閏章《學餘堂文集》,文淵閣四庫全書本

（清）顧與治《顧與治詩集》,金陵叢書本

（清）盛于斯《休庵集》,叢書集成續編本

（清）嵇永仁《抱犢山房集》,文淵閣四庫全書本

（清）杜濬《變雅堂文集詩集》,續修四庫全書本

（明）淩蒙初輯《南音三籟》,續修四庫全書本

（清）方文《嵞山集續集再續集》,續修四庫全書本

（清）蔣景祁《瑤華集》,北京:中華書局,1982

（清）冒襄《巢民詩集》,續修四庫全書本

（清）萬壽祺《隰西草堂詩集文集》,續修四庫全書本

（清）胡正言《印存初集》,續修四庫全書本

（清）許友《米友堂詩集》,民國二十年(1931)連江劉東明藏許友手稿影印本

（清）龔鼎孳《定山堂詩集詩餘》,續修四庫全書本

（清）龔鼎孳《定山堂古文小品》,續修四庫全書本

（清）宋琬《安雅堂文集》,續修四庫全書本

（清）王時敏《王奉常書畫題跋》,續修四庫全書本

（清）王翬《清暉畫跋》,沈子丞編《歷代論畫名著彙編》,北京:文物出版
社,1982

（清）朱一是《梅里詞》,續修四庫全書本

（清）張習孔《詒清堂文集》,四庫存目補編本

（清）王士祿《十笏草堂上浮集》,四庫存目補編本

（清）黎士弘《託素齋詩集文集》,四庫存目本

（清）黎士弘《仁恕堂筆記》,叢書集成續編本

（清）嵇宗孟《立命堂二集》,四庫存目本

（清）高珩《棲雲閣文集》,清刻本

（清）陳維崧《陳迦陵文集》,四部叢刊初編本

（清）陳洪綬《陳洪綬集》,杭州:浙江古籍出版社,1994

（清）程先貞《海右陳人集》,上海:上海古籍出版社,1980

（清）王弘撰《西歸日札》，清康熙三十七年刻本

（清）王弘撰《砥齋集》，清康熙年間刊本

（清）余賓碩《金陵覽古》，上海：上海古籍出版社，1983

（清）方苞《方苞集》，上海：上海古籍出版社，1983

（清）錢謙益《錢牧齋全集》，上海：上海古籍出版社，2003

（清）吳偉業《吳梅村全集》，上海：上海古籍出版社，1990

（清）吳嘉紀《陋軒詩》，續修四庫全書本

（清）吳嘉紀《吳嘉紀詩箋校》，楊積慶箋校，上海：上海古籍出版社，1980

（清）方以智《浮山文集前編浮山文集後編浮山此藏軒別集》，續修四庫全書本.

（清）吳應箕《樓山堂集遺文遺詩》，續修四庫全書本

（清）王士禎《漁洋詩集續集》，四庫存目本

（清）王士禎《漁洋山人文略》，四庫存目本

（清）王士禎《感舊集》，清乾隆十七年（1752）德州盧氏刻本

（清）劉思敬《努詢録》，清康熙六年（1667）周亮工刻本

（清）張岱《張岱詩文集》，上海：上海古籍出版社，1991

（清）宋琬《宋琬全集》，辛鴻儀、趙家斌校，濟南：齊魯書社 2003

（清）吳綺《林蕙堂全集》，文淵閣四庫全書本

（清）宋犖《西陂類稿》，清康熙五十年商丘宋氏刊《宋氏全集》本

（清）宋犖《綿津山人詩集》，四庫存目本

（清）曹寅著、胡紹棠箋注《棟亭集箋注》，北京：北京圖書館出版社，2007

（清）余懷《玉琴齋詞》，續修四庫全書本

（清）冒襄輯《同人集》，四庫存目本

（清）毛奇齡《西河集》，四庫全書本

（清）孫枝蔚《溉堂集》（前集續集文集後集），上海：上海古籍出版社，1979

（清）紀映鍾《戇叟詩鈔附補遺》，叢書集成新編本

（清）王曰高《槐軒集》，四庫存目本

（清）曾燦《六松堂詩集詩余文集尺牘》，叢書集成續編本

（清）王猷定《四照堂文集詩集》，叢書集成續編本

（清）陸圻《威鳳堂文集》，四庫未收書輯刊本

（清）胡介《旅堂詩文集》，四庫未收書輯刊本

（清）張貞《杞田集》，四庫未收書輯刊本

（清）李明嶅《樂志堂詩集》，四庫未收書輯刊本

（清）魏禧著、胡守仁等校點《魏叔子文集》，北京：中華書局，2003

（清）龔賢《龔半千自書詩稿》，上海圖書館藏抄本

（清）周茂源《鶴静堂集》，四庫存目本

（清）薛所藴《澹友軒集》，四庫存目本

（清）尤侗《西堂文集詩集》，續修四庫全書本

（清）楊鳳苞《秋室集》，續修四庫全書本

（清）全祖望《鮚埼亭集》，續修四庫全書本

朱鑄禹《全祖望集匯校集注》，上海：上海古籍出版社，2000

章培恒《洪昇年譜》，上海：上海古籍出版社，1979

（清）法若真《黃山詩留》，四庫存目本

（清）張潮《虞初新志》，石家莊：河北人民出版社，1985

（清）郭麐《濰縣竹枝詞》，揚州：廣陵書社，2003

（明）黃宗羲編《明文海》，文淵閣四庫全書本

（清）陳枚《寫心集二集》，北京：中央書店，1935

（清）沈德潛編《清詩別裁集》，上海：上海古籍出版社，1981

（清）徐世昌編、聞石點校《晚晴簃詩匯》，北京：中華書局，1990

（清）賀長齡輯、魏源代編《皇朝經世文編》，《魏源全集》，長沙：岳麓書社，2004

（清）楊淮輯、張中良等校《中州詩鈔》，鄭州：中州古籍出版社，1997

李時燦著．申暢等校補《中州藝文録校補》，鄭州：中州古籍出版社，1995

吕友仁主編《中州文獻總録》，鄭州：中州古籍出版社，2002

鄧之誠《清詩紀事初編》，上海：上海古籍出版社，1984

袁行雲《清人詩集叙録》，文化藝術出版社，1994

《明史》，北京：中華書局，1984

《清史稿》，北京：中華書局，1977

《清史列傳》，北京：中華書局，1987

（清）陳鶴撰《明紀》，四庫未收書輯刊本

（明）黃宗羲撰《弘光實録鈔》，《黃宗羲全集》，杭州：浙江古籍出版社，2005

（明）谷應泰《明史紀事本末》，北京：中華書局，1977

（清）談遷《國榷》，續修四庫全書本

（清）計六奇《明季北略》，北京：中華書局，1984

（清）計六奇《明季南略》，北京：中華書局，1983

（清）温睿臨《南疆逸史》，北京：中華書局，1959

（清）徐鼒《小腆紀年附考》，續修四庫全書本

《清世祖實録》,臺北:臺灣華文書局影印本,1987

《清聖祖實録》,臺北:臺灣華文書局影印本,1987

(清)蔣良騏《東華録》,續修四庫全書本

(清)王先謙《東華録》,續修四庫全書本

乾隆《欽定皇朝文獻通考》,文淵閣四庫全書本

(清)陳鼎《東林列傳》,文淵閣四庫全書本

(清)佚名《江南聞見録》,(清)留雲居士輯《明季稗史初編》,上海:上海書店,1988

(清)李浚之編《清畫家詩史》,北京:中國書店,1983

(清)錢謙益《列朝詩集小傳》,上海:上海古籍出版社,1983

(清)錢林輯《文獻徵存録》,續修四庫全書本

(清)李元度輯《國朝先正事略》,續修四庫全書本

(清)震均輯《國朝書人輯略》,續修四庫全書本

(清)彭蘊璨輯《歷代畫史匯傳》,續修四庫全書本

(清)錢儀吉輯《碑傳集》,北京:中華書局,1993

(清)錢儀吉《衎石齋記事續稿》,續修四庫全書本

(明)戔戔居士《小青傳》,天一閣藏明抄本

臺灣中央研究院歷史語言研究所編《明清史料》(乙編、丁編、己編、辛編),北京:中華書局,1978—1987

蔡冠洛編《清代七百明人傳》,北京:中國書店,1984

河南經川圖書館輯《中州先哲傳》,江慶柏主編《清代地方人物傳記叢刊》,揚州:廣陵書社,2007

傅抱石《傅抱石美術文集》,南京:江蘇美術出版社,1986

孟森《清初三大疑案考實》,成都:巴蜀書社,2002

孟森《心史叢刊》,北京:中華書局,2006

朱希祖《明季史料題跋》,北京:中華書局,1961

謝國楨《明末清初的學風》,上海:上海書店出版社,2004

謝國楨《增訂晚明史籍考》,北京:中華書局,1981

謝國楨《明清之際黨社運動考》,北京:中華書局,1982

謝國楨《明末農民起義史料選編》,福州:福建人民出版社,1981

謝國楨《清初農民起義輯録》,上海:新知識出版社,1965

錢實甫《清代職官年表》,北京:中華書局,1980

謝正光編《明遺民傳記索引》,上海:上海古籍出版社,1992

陳寅恪《柳如是別傳》,上海:上海古籍出版社,1980

陳垣《陳垣全集》,陳智超主編,合肥,安徽大學出版社,2009

陳垣《二十史朔閏表》,北京:中華書局,1962

陳垣《中西回史日曆》,北京:中華書局,1962

陳垣《釋氏疑年録》,北京:中華書局,1964

陳垣《清初僧諍記》,見《明季滇黔佛教考》,石家莊:河北教育出版社,2000

陳垣《四庫撤出書原委》,見《陳垣學術論文集 · 第二集》,北京:中華書局,1982

陳垣《四庫提要中之周亮工》,見《陳垣學術論文集 · 第二集》,北京:中華書局,1982

黃裳《關於周亮工》,見《黃裳文集 · 雜説卷》,上海:上海書店出版社,1998

夏承燾《顧貞觀寄吳漢槎金縷曲詞徵事》,見《唐宋詞論叢》,上海:中華書局上海編輯所,1962

《四庫全書總目》,北京:中華書局,1983

《四庫全書簡明目録》,上海:上海古籍出版社,1985

《續修四庫全書總目提要》(稿本),濟南:齊魯書社,1996

胡玉縉《續四庫提要三種》,上海:上海書店,2002

張昇編《四庫全書提要稿輯存》,北京:北京圖書館出版社,2006

中國科學院圖書館整理《續修四庫全書總目提要》(經部),北京:中華書局,1993

(清)黃虞稷《千頃堂書目》,上海:上海古籍出版社,2001

(清)耿文光《萬卷精華樓藏書記》,北京:中華書局,1993

(清)孫殿起《販書偶記》,上海:上海古籍出版社,1981

(清)姚覲元編《清代禁燬書目補遺清代禁燬書知見録》,北京:商務印書館,1957

鄧之誠《清詩紀事初編》,上海:上海古籍出版社,1984

錢仲聯主編《清詩紀事》,南京:江蘇古籍出版社,1987－1989

武作成編《清史稿藝文志及補編》,北京:中華書局,1982

王重民《四庫抽燬書提要》,見《四庫全書總目附録》,北京:中華書局,1965

胡文楷《歷代婦女著作考》,北京:商務印書館,1957

孫静庵《明遺民録》,杭州:浙江古籍出版社,1985

趙園《明清之際士大夫研究》,北京:北京大學出版社,1999

郭松義《清朝典章制度》,長春:吉林文史出版社,2001

范鳳書《中國私家藏書史》,鄭州:大象出版社,2001

(清)夏燮《忠節吳次尾先生年譜》,續修四庫全書本

（清）黄炳垕《黄梨洲先生年譜》，續修四庫全書本

（清）宋犖《文康府君年譜》，清康熙間刻本

（清）宋犖《漫堂年譜》，續修四庫全書本

（清）王士禎《漁洋山人自撰年譜》，四庫存目本

（清）王士禎撰，惠棟注《漁洋山人自撰年譜注補》，續修四庫全書本

（清）顧師軾《吴梅村先生年譜》，見吴偉業《吴梅村全集》，上海：上海古籍出版社，1990

金鶴沖《錢牧齋先生年譜》，見錢謙益《錢牧齋全集》，上海：上海古籍出版社，2003

羅振玉《萬年少先生年譜》，民國八年上虞羅氏鉛印本

黄湧泉《陳洪綬年譜》，北京：人民美術出版社，1960

任道斌《方以智年譜》，合肥：安徽教育出版社，1983

蔣寅《王漁洋事迹徵略》，人民文學出版社，2001

林樹中《龔賢年譜》，見上海書畫出版社編《龔賢研究》，上海：上海書畫出版社，2005

陸勇强《陳維崧年譜》，北京：中國社會科學出版社，2006

田綿昀等《歸德田氏家乘》，民國四年（1915）木刻本

陸莘行《老父雲遊始末》，叢書集成續編本

鄭鶴聲《近世中西史日對照表》，北京：中華書局，1981

（清）吴榮光《歷代名人年譜》，上海：上海書店，1989

姜亮夫《歷代人物年里碑傳綜表》，北京：中華書局，1959

楊廷福、楊同甫編《清人室名別稱字號索引》，上海：上海古籍出版社，2001

朱保炯、謝沛霖編《明清進士題名碑録索引》，上海：上海古籍出版社，1980

梁廷燦、陶容、于士雄編《歷代名人生卒年表歷代名人生卒年表補》，北京：北京圖書館出版社，2002

徐邦達《歷代書畫家傳記考辨》，上海：上海人民美術出版社，1983

汪世清、汪聰輯《漸江資料集》，合肥：安徽人民出版社，1984

（明）田汝成《西湖遊覽志》，文淵閣四庫全書本

《明一統志》，文淵閣四庫全書本

《大清一統志》，文淵閣四庫全書本

康熙《揚州府志》，四庫全書存目叢書

嘉慶《重修揚州府志》，中國地方志集成·江蘇府縣志輯，南京：江蘇古籍出版社，1991

道光《泰州志》，中國地方志集成·江蘇府縣志輯，南京：江蘇古籍出版

社,1991

　　《泰州新志刊謬》,中國地方志集成·江蘇府縣志輯,南京:江蘇古籍出版社,1991

　　康熙《蘭陽縣志》,民國二十四年(1935)河南建華印刷所鉛印本

　　道光《膠州志》,清道光二十五年刊本

　　民國《高密縣志》,民國二十四年鉛印本

　　光緒《廣平府志》,中國地方志集成·河北府縣志輯,南京:江蘇古籍出版社,1991

　　乾隆《掖縣志》,清乾隆二十三年刊本

　　咸豐《青州府志》,清咸豐九年刻本

　　民國《安丘新志》,民國三年石印本

　　雍正《畿輔通志》,文淵閣四庫全書本

　　雍正《福建通志》,文淵閣四庫全書本

　　雍正《江西通志》,文淵閣四庫全書本

　　雍正《江南通志》,文淵閣四庫全書本

　　雍正《陝西通志》,文淵閣四庫全書本

　　雍正《河南通志》,文淵閣四庫全書本

　　雍正《山東通志》,文淵閣四庫全書本

　　雍正《浙江通志》,文淵閣四庫全書本

　　雍正《湖廣通志》,文淵閣四庫全書本

　　雍正《廣東通志》,文淵閣四庫全書本

　　光緒《吉林通志》,續修四庫全書本

　　《八旗通志》,文淵閣四庫全書本

　　乾隆《杭州府志》,續修四庫全書本

　　嘉慶《新修江寧府志》,續修四庫全書本

　　嘉慶《松江府志》,續修四庫全書本

　　光緒《祥符縣志》,清光緒二十四年刻本

　　嘉慶《長沙縣志》,清嘉慶十五年刊本

　　光緒《重修安徽通志》,續修四庫全書本

　　光緒《重纂邵武府志》,清光緒二十四年刊本

　　民國《重修邵武縣志》,民國二十五年排印本

　　乾隆《延平府志》,中國地方志集成·福建府縣志輯,南京:江蘇古籍出版社,1991

　　民國《上杭縣志》,中國地方志集成·福建府縣志輯,南京:江蘇古籍出版

社,1991

　　宣統《山東通志》,民國四年華文書局股份有限公司重印本

　　宣統《諸暨縣志》,清宣統二年刻本

　　光緒《無錫金匱縣志》,中國地方志集成・江蘇府縣志輯,南京:江蘇古籍出版社,1991

　　乾隆《濰縣志》,清乾隆刊本

　　同治《上江兩縣志》,中國地方志集成・江蘇府縣志輯,南京:江蘇古籍出版社,1991

　　民國《濰縣志稿》,民國三十年刊本

　　《河南新志》,民國十八年刊本

　　康熙《河間縣志》,清康熙十三年(1674)刻本

　　康熙《商丘縣志》,中國方志叢書・華北地方志輯,臺北:成文出版社,1968

　　(清)周在浚撰、劉益安箋證《大梁守城記箋證》,鄭州:中州書畫社,1982

　　(清)白愚撰、劉益安校注《汴圍濕襟録校注》,鄭州:中州書畫社,1982

　　(清)陳作霖《金陵瑣志》,江蘇廣陵古籍刻印社,1987

　　(清)邵廷采《東南紀事》,續修四庫全書本

　　(清)李世熊《寇變紀》,見《清史資料》第一輯.北京:中華書局,1980

　　(清)陸世儀《復社紀略》,續修四庫全書本

　　(清)吳山嘉《復社姓氏傳略》,道光十一年刊本

　　(清)鄭方坤《全閩詩話》,文淵閣四庫全書本

　　(清)胡鳴玉《訂訛雜録》,文淵閣四庫全書本

　　(清)王士禛《池北偶談》,文淵閣四庫全書本

　　(清)王士禛《漁洋詩話》,文淵閣四庫全書本

　　(清)王士禛《分甘餘話》,文淵閣四庫全書本

　　(清)宋犖《筠廊二筆》,清康熙五十年宋氏刊印《西陂類稿》本

　　(清)王應奎《柳南隨筆》,續修四庫全書本

　　(清)徐釚《詞苑叢談》,文淵閣四庫全書本

　　甘熙《白下瑣言》,民國十五年江寧甘氏刊本

　　(清)閻若璩《潛邱劄記》,清鈔本

　　(清)王晫《今世説》,四庫存目本

　　(清)董含《三岡識略》,遼寧:遼寧教育出版社,2000

　　(清)楊英撰、陳碧笙校注《先王實録校注》,福州:福建人民出版社,1981

　　(清)徐世溥《江變紀略》,北京:中華書局,1990

(清)劉湘客《行在陽秋》,見(清)李遜之等《三朝野記》,上海:上海書店,1982

(清)霽崙超永、林野奇孫、道庵静嗣輯《五燈全書》,清康熙三十六年刊本

(清)陳洪綬《陳老蓮歸去來圖卷》,北京:中華書局,1933

(清)卞永譽《式古堂書畫匯考》,《中國書畫全書》第七册,上海:上海書畫出版社,1994

(清)陸心源《穰梨館過眼録》,《中國書畫全書》第十三册,上海:上海書畫出版社,1998

關冕鈞《三秋閣書畫録》,民國十七年(1928)蒼梧關氏鉛印本

《石刻史料新編》第二輯《考證目録題跋類》,臺北:新文豐出版公司影印本,1979

余紹宋《書畫書録解題》,杭州:浙江人民出版社據1932年國立北平圖書館排印本影印,1982

沙孟海編《中國書法史圖録》,上海:上海人民出版社,1991

盧輔聖主編《中國書畫全書》,上海:上海書畫出版社,1993-1999

黄賓虹、鄧實編《美術叢書》,南京:江蘇古籍出版社,1986

《歷代書法論文選》,上海:上海書畫出版社,1979

崔爾平編《歷代書法論文選續編》,上海:上海書畫出版社,1993

崔爾平編《明清書法論文選》,上海:上海書店,1994

韓天衡編《歷代印學論文選》,杭州:西泠印社,1999

《中國古代書畫圖目》,北京:文物出版社,1987-1994

《中國璽印篆刻全集》,上海:上海書畫出版社,1999

上海博物館編《中國書畫家印鑒款識》,北京:文物出版社,1987

方去疾編《明清篆刻流派印譜》,上海:上海書畫出版社,1980

黄惇主編《中國歷代印風系列》,重慶:重慶出版社,1999

《金石家珍藏書畫集》,臺北:大通書局,1997

朱天曙《周亮工及其〈印人傳〉研究》,北京:北京大學出版社,2013

HONGNAM KIM(金紅男)《The Life of a Patron》,美國普林斯頓大學博士學位論文,1996

陳聖宇《周亮工研究》,南京大學博士學位論文,2007年

郭羽《周亮工及其詩歌研究》,南京師範大學碩士學位論文,2007年

孟晗《周亮工年譜》,廣西師範大學碩士學位論文,2007年

來新夏《周亮工和他的雜著》,《中州今古》,1983年第5期

劉奉文、王輝《周亮工著述考》,《文獻》,1994 年第 3 期

袁慶述《〈冷齋夜話〉及〈書影〉校勘》,《古漢語研究》,2001 年第 4 期

袁慶述《〈書影〉版本研究》,《船山學刊》,2000 年第 4 期

劉奉文《〈四庫全書〉著録周亮工〈同書〉考並補〈四庫撤毁書提要〉》《社會科學戰線》,1991 年第 3 期

陸林《周亮工參與刊刻金聖嘆批評〈水滸〉、古文考論》,《社會科學戰線》,2003 年第 4 期

王憲明《周亮工與王蓀》,《中州今古》,2000 年第 2 期

謝淩《周亮工及其〈賴古堂印譜〉》,《文史雜誌》,1993 年第 3 期

雒宏茹《周亮工晚年焚書心迹略考》,《中國典籍與文化》,1997 年第 4 期

許文惠《周亮工與清初金陵畫壇》,南京藝術學院學報(美術及設計版)1998 年第 2 期

柴子英《周亮工與〈印人傳〉及其版本問題》,《書譜》1988 年第 5 期

黄惇《周亮工〈印人傳〉及其印章流派革新觀》,《書法研究》1991 年第 4 期

吕曉《周亮工"金陵八家"説考辨》,《美術研究》,2004 年第 3 期

吕曉《陳洪綬的〈陶淵明故事圖〉——兼論陳洪綬與周亮工的交往》,《榮寶齋》,2004 年第 3 期

張佳傑《明末清初福建地區書風探究——以許友爲中心》,臺灣大學藝術史研究所碩士學位論文,2002

傅申《王鐸及清初北方鑒藏家》,《朵雲》,1991 年第 1 期

胡藝《鄭簠年譜》,《書法研究》,1990 年第 2 期

陳傳席《關於"金陵八家"的多種記載和陳卓》,《東南文化》,1989 年第 4、5 期合刊

陳傳席《論"金陵八家"構成原因及有關問題》,《東南文化》,1990 年第 5 期

陸勇强《吴偉業的兩篇集外文》,《中國典籍與文化》,2001 年第 2 期

王方中《清代前期的鹽法、鹽商和鹽業生産》,《清史論叢》第四輯,中華書局,1982

薛宗正《清代前期的鹽商》,《清史論叢》第四輯,中華書局,1982

主要人名索引

（页码带星号＊者，为索引条目所在"世系"页码）

主要書名索引

（页码带星号＊者，为索引条目所在"世系"页码）

主要地名名勝索引

（页码带星号 * 者，为索引条目所在"世系"页码）